Baléares

ARCHIPEL D'UN AZUR ÉTINCELANT

Comment mettre des mots sur les îles Baléares qui sont, avant toute chose, une expérience sensorielle ? Si certaines parties de ces îles ont été sacrifiées au tourisme de masse, heureusement, cela n'en représente qu'une infime portion. Majorque réserve bien des surprises : la formidable architecture de Palma nous emmène dans un voyage à travers les siècles, tandis que les extraordinaires criques ou les à-pics indomptés de la Tramuntana forcent l'humilité. Classée réserve de biosphère par l'Unesco, Minorque, plus traditionnelle, a su préserver son essence : elle fascine par la splendeur de ses plages, parcs naturels et sites préhistoriques à la signification encore inexpliquée. Ibiza, la paradoxale, est sans doute la plus intrigante des îles. Depuis sa découverte par les hippies dans les années 1960, les nuits blanches et les paradis artificiels en ont fait la réputation. Bien que cette réalité existe, elle attire aussi artistes, intellectuels et sportifs. Cette île dispose d'un potentiel intarissable, des activités sportives aux découvertes gastronomiques, en passant par l'agrotourisme, en plein essor. L'étincelante Formentera a, tout comme Ibiza, été peuplée par les hippies qui y ont laissé une forte empreinte. D'un côté défilent les bateaux de plaisance, de l'autre les flamants roses qui peuplent les anciennes salines. Ses criques d'une pureté incomparable et sa tranquillité en font l'un des derniers édens de la Méditerranée. Bienvenue dans les îles, et bon vent !

PEFC
10-31-1895
Certifié PEFC
Ce produit est issu de forêts gérées durablement et de sources contrôlées.
pefc-france.org

Retrouvez cette offre en page 35 et 144

SOMMAIRE

© CARACTERDESIGN - ISTOCKPHOTO.COM

6 INSPIRER

Pour vous tenter. Mieux, vous convaincre, avec les plus de la destination, des idées de séjour, les festivités à ne pas rater et des infos pratiques à gogo.

© JUERGEN SACK - ISTOCKPHOTO.COM

© JULIEN HARDY - AUTHOR'S IMAGE

31 DÉCOUVRIR

Tout ce que vous avez toujours voulu savoir sur les Baléares sans jamais oser le demander, de ses plages à son passé rural, en passant par les nuits d'Ibiza.

89 IBIZA

La plus festive d'entre toutes, Ibiza est l'un des points de convergence mondial des nuits blanches. L'intérieur de l'île réserve pourtant bien des surprises.

© LUNAMARINA - ISTOCKPHOTO.COM

© ARTEM BOLSHAKOV - ISTOCKPHOTO.COM

© JOSEP BERNAT SANCHEZ MONER - ISTOCKPHOTO.COM

© CARACTERDESIGN - ISTOCKPHOTO.COM

MAJORQUE
20 KM
CALA SANT VICENÇ
PORT POLLENÇA
ALCUDIA
POLLENÇA
PORT D'ALCÚDIA
PARC NATURAL DE S'ALBUFERA
SA CALOBRA
CALA MESQUIDA
MONASTÈRE DE LLUCH
CAPDEPER
S'ESTANYOLA
PORT SÓLLER
FORNALUTX
ARTÀ
INCA
CALA DE SA FO
SÓLLER
BINIARAIX
ALARO
DEIÁ
SON SERVERA
VALLDEMOSSA
BINISSALEM
CALA MIL
PETRA
PORT DE VALLDEMOSSA
PORTO CRISTO
SINEU
BANYALBUFAR
SENCELLES
MANACOR
ESPORLES
ESTELLENCS
PALMA
DE MALLORCA
ALGAIDA
SANT ELM
CALAS DE MALLORCA
ISLA DE SA
DRAGONERA
ANDRATX
LLUCMAJOR
FELANITX
CALVIÁ
CAMPOS
SANT ELM
PORTO COLOM
SES ILLETES
CALA FORMELLS
I. DE LA CALETA
PORTO PE
CAMP DE MAR
SANTA PONSA
CALA D'OR
PORT ADRIANO
SANTANYI
Vers Barcelona
CAP DE
CELA FIGUEIRA
CAP BLANC
CALA PI
COLONIE DE SANT JOR
Vers Valencia
Vers Alicante
Vers Ibiza
Vers Cabrera
Vers Menorca
FORMENTERA
Baléares
Vers Ibiza
PLAGE DU LEVANT
PLATJA DE ILLETES
PLATJA DE SA ROQUETA
PLATJA DES CAVALL D'EN BORRÀS
ES PUJOLS
LA SAVINA
SANT FERRAN
CAN MARROIG
CALA EN BASTER
SANT FRANCESC DE FORMENTERA
ES VALENCIANS
SES PLATGETES
CALA SAONA
ES CALÓ
RACÓ FONDO
DE SANT AG
ES CÒDOL FORADAT
EL PILA
ES ARENALS
DE LA MO
ES COPINAR
ES RAM
CAP DE BARBARIA
ESCALÓ D'ES MORT
Altitude (en mètres)
1000
300
150
Réseau principal
Liaison maritime
Campos Ville
MAHON Capitale
10 KM

MINORQUE
Vers Barcelona
CAP DE CAVALLERIA
CALA DEL PILAR
CALA ALGAIERENS
CELA TIRANT
PUNTA NATI
FORNELLS
CALA MORELL
PLATGES DE FORNELLS
SON PARC
ARENAL D'EN CASTELL
NA MACARET
CIUTADELLA
CAP DE FAVARITX
PORT D'ADDIA
ES MERCACDAL
BARRANC D'ALGENDAR
SANTANDRIA
FERRERIES
MONTE TORO
A RATJADA
CALA MACARELLA ET MACARELLETA
ES MIGJORN
ES GRAU
SANT TÓMAS
ALAIOR
CALA MESQUIDA
A CANYAMEL
ARENAL DE SON SAURA
CALA EN TURGUETA
CALA GALDANA
CALA MITJANA
CALA TREBALLUGER
CALA ESCORXADA
PLATGES DE BINIGAUS
SON BOU
MAHÓN-MAÓ
CALA N'PORTER
ES CASTELL
CALES COVES
SANT LLUIS
CALA CANUTELLS
S'ALGAR
CALA DE BINIDALI
BINIBECA VELL
PUNTA PRIMA
FRANCE
ESPAGNE
Majorque
Ibiza
Minorque
Formentera
0
500 km
BALEARES
Vers Mallorca
10 KM
PORTINATX
PLAGE DE BENIRRÀS
CALA DE SANT VICENT
SANT MATEU D'ALBARCA
SANT JOAN DE LABRITJA
SANT MIQUEL
SANTA AGNÈS DE CORONA
SANT CARLES DE PERALTA
SANT LLORENÇ
SANTA GERTRUDIS DE FRUITERA
SA CONILLERA
SANT ANTONI DE PORTMANY
ES CANAR
CALA BASSA
SANT RAFEL DE SA CREU
SANTA EULÀRIA DES RIU
PORT DES TORRENT
CALA COMTE
CALA TARIDA
SANT AGUSTÍ DES VEDRÀ
CALA LLONGA
Vers Barcelona
CALA MOLI
SANT JOSEP DE SA TALAIA
CALA VADELLA
IBIZA – EIVISSA
JESUS
CALA CARBÓ
ES CUBELLS
A D'HORT – ES VEDRÀ
PORROIG
SA CALETA
SES SALINES
CALA JONDAL
Vers Valencia
ES CAVALLET
IBIZA
Vers Alicante
Vers Fromentera
10 KM

QUAND Y ALLER

JANVIER

6° / 14°

FÊTE DE SANT ANTONI ABAT

Célébrée en l'honneur de saint Antoine. À cette occasion, de grands feux de joie sont allumés dans les principaux villages.

CAVALCADA DE REIS (DÉFILÉ DES ROIS MAGES)

Lors de la parade des Rois mages, Melchior, Gaspard et Balthazar viennent récompenser les enfants qui ont été sages toute l'année.

$

FÉVRIER

6° / 15°

CAVALCADE DU CARNAVAL

La fête du carnaval se déroule traditionnellement sur toutes les îles des Baléares, juste avant le début de la période de carême.

$

MARS

8° / 17°

FESTIVAL INTERNATIONAL DE JAZZ DE MINORQUE

Un festival de jazz à l'excellente programmation organisé au printemps, sur des scènes et dans les rues des quatre coins de l'île.

SETMANA SANTA

Elle attire dans les rues les fidèles qui viennent assister aux processions spectaculaires retraçant les derniers jours du Christ.

$

JUILLET

20° / 29°

SANT JAUME

Célébration organisée en l'honneur de Sant Jaume, saint patron de l'île de Formentera. Elle se déroule à Sant Francesc Xavier.

FESTIVAL INTERNATIONAL DE JAZZ À SA POBLA

Ce festival réputé se déroule chaque année depuis un quart de siècle et attire un grand nombres d'artistes internationaux.

$ $ $

AOÛT

20° / 29°

SANT GAIETÀ *(LLUCMAÇANES)*

Touristes et locaux se retrouvent dans les rues de Llucmaçanes, à Minorque, pour participer aux célébrations de Sant Gaietà.

SANT BARTOMEU *(FERRERIES)*

Le saint patron de Ferreries est célébré chaque année. Au rendez-vous : musique folklorique et défilé dans toutes les rues.

$ $ $

SEPTEMBRE

18° / 27°

MARE DE DÉU DE GRÀCIA *(MAHÓN – MAÓ)*

Un défilé équestre de tradition médiévale, en plein centre-ville, au cours duquel les jeunes cavaliers rivalisent de prouesse.

DIADA DE MAJORQUE

Il s'agit du « jour de Majorque », qui commémore le serment prêté par le roi Jacques II en 1276 à la charte du Règne de Majorque.

$ $

Le climat méditerranéen des Baléares paraît délicieusement doux en hiver puisque la moyenne des températures ne descend pas en-dessous des 12 °C. Le printemps, comme les mois de septembre et d'octobre, est très variable, mais c'est à cette période que l'on goûte les plus belles semaines de l'année, avec un ensoleillement parfait et une température idéale. La grande saison touristique s'étire elle de juin à août. Côté évènements, le calendrier est plutôt chargé... toute l'année !

AVRIL

10° / 19°

MAI

13° / 22°

EIVISSA MEDIEVAL
(IBIZA – EIVISSA)
Un voyage à travers le temps avec des spectacles en costumes d'époque, des concerts de qualité, des danses et des expositions.

EL PRIMER DOMINGO DE MAYO
(SANTA EULÀRIA DES RIU)
Cette fête est l'une des plus populaires de l'île : défilés de chars, danseurs en costumes folkloriques... Un beau spectacle !

JUIN

17° / 26°

MENORCA EN EL PLATO
Rdv gastronomique pour tous ceux qui souhaitent découvrir la cuisine minorquine. Il se déroule sur dix jours dans tout l'île.

FÊTE DE LA SAINT-JEAN (SANT JOAN)
La Saint-Jean est, de loin, la fête la plus populaire de l'archipel. Un moment inoubliable à base de pétards et de feux d'artifice !

OCTOBRE

14° / 22°

IBIZA SABOR - OTOÑO
Une belle occasion de découvrir quelques délices *ibicenco* ainsi que de belles adresses. Se déroule également au printemps.

VOLTA MENORCA BTT
Événement de renommée internationale proposant un tour VTT non compétitif. Pour admirer la nature de Minorque tout en pédalant.

NOVEMBRE

10° / 18°

FESTES DE SANT CARLES
(SANT CARLES DE PERALTA)
Procession en l'honneur de Sant Charles, bal paysan et dégustation de produits typiques. L'occasion aussi du Grand Prix Pagès.

DÉCEMBRE

8° / 15°

FÊTE DU VIN PAGÈS
(SANT MATEU D'ALBARCA)

© RAQUEL PEDROSA - SHUTTERSTOCK.COM

Cet évènement populaire se célèbre chaque fin d'année à Sant Mateu. Une occasion de découvrir les coutumes de l'île.

LES BONNES RAISONS D'Y ALLER

© BALATE DORIN - SHUTTERSTOCK.COM

30 °C SIX MOIS PAR AN

Une météo au beau fixe plus de la moitié de l'année : la vie en tongs a du bon.

UNE MOSAÏQUE PAYSAGÈRE

L'archipel et ses mille visages : plaines, plages, côtes, forêts, garrigues et montagnes.

© MCS-PHOTOGRAPHY - ISTOCKPHOTO.COM

© SHEVDINOV - ISTOCKPHOTO.COM

BOUILLONNEMENT URBAIN

De Palma à Mahon, de Ciudadella à Eivissa, les amateurs d'urbanité trouveront leur compte.

© HELENA GH - ISTOCKPHOTO.COM

3 000 ANS D'HISTOIRE

Habité depuis l'âge de bronze, l'archipel a vu passer bien des civilisations.

© DIANAHIRSCH - ISTOCKPHOTO.COM

DESTINATION POUR GOURMETS

La mer est partout… et les poissons et fruits de mer sont dans toutes les assiettes.

© GRISDEE - SHUTTERSTOCK.COM

UNE ARCHITECTURE HÉTÉROCLITE

Fruit de multiples invasions : des legs architecturaux aussi variés que remarquables.

© KOVOP58 - SHUTTERSTOCK.COM

DE LA SUEUR EN PLEIN AIR

Un terrain de jeu fantastique : randonnée et vélo, kayak, plongée et voile sont à prévoir.

LES BONNES RAISONS D'Y ALLER

FIESTA

Ibiza et ses méga-discothèques porteront les oiseaux de nuit jusqu'au petit matin.

© ONEINCHPUNCH

© ELLOBO1 - ISTOCKPHOTO.COM

PLAYA

Des choix coriaces : sur quelle magnifique crique étendrai-je ma serviette aujourd'hui ?

© IAMJORGE - SHUTTERSTOCK.COM

TERRE DE TRADITIONS

De bals en fêtes villageoises, l'archipel vit au rythme de séculaires traditions.

LES 12 MOTS-CLÉS

#AD-LIB

Cette mode vestimentaire est née dans les années 1970 à Ibiza, promue par la défunte Smilja Mihailovitch. Contraction de l'expression latine *ad libitum* (« prenez le parti qu'il vous plaira »), la mode Ad-Lib, mélange harmonieux d'élégance et de sophistication, concentre désinvolture et fraîcheur, évoquant la luminosité et l'air de jeunesse d'Ibiza.

#AVARQUES

Tous les Espagnols les ont aux pieds. Affichant un air de famille avec nos espadrilles, il s'agit de sandales à lanière de cuir, portées autrefois par les bergers et dont la semelle était fabriquée avec de vieux pneumatiques. Originaires de Minorque, on les appelle *menorquinas* dans le reste de l'Espagne. Et même la famille royale en porte !

#CALDERETA

La *caldereta* est une sorte de bouillabaisse typique de Minorque, et plus précisément de Fornells, petite et charmante agglomération du nord de l'île. La principale différence avec le fameux plat français est qu'elle inclut de la langouste. Le résultat est donc beaucoup plus parfumé… et plus cher. Amateurs de fruits de mer, vous voilà servis !

© IMAG3S - SHUTTERSTOCK.COM

#DJ

Les clubs d'Ibiza en font leur plus grande publicité : qui aura le meilleur DJ… de la soirée. Depuis des années, le Ibiza DJ Awards récompense le meilleur DJ de l'année. Mais outre les boîtes de nuit, la plupart des bars branchés et des paillotes sur les plages parmi les plus prisées possèdent leurs DJ résidents et leurs propres discographies.

#ENSAÏMADES

L'équivalent de nos croissants. C'est un rien plus gras (à base de saindoux), enroulé comme un pain aux raisins, saupoudré de sucre glace… et c'est une véritable religion ! Chaque touriste rentre chez lui avec son carton souvenir ! Dans les halls de départ de l'aéroport comme à bord des bateaux, les boîtes hexagonales en carton blanc sont légion.

#HIPPIES

Les hippies sont arrivés sur l'archipel au milieu du XXe siècle et y ont laissé leur empreinte et notamment une distraction hebdomadaire de l'île d'Ibiza : les marchés hippies, dont ceux d'Es Canar et de Las Dalias, où l'on trouve des produits artisanaux, mais aussi d'importation d'Asie et d'Inde. Formentera dispose de plusieurs marchés également.

#MOULINS

Vous en verrez sur les quatre îles des Baléares. A Majorque et à Ibiza, ils sont trapus et leurs ailes sont courtes. Ils servent à capter l'eau douce dans le sol. A Minorque et à Formentera, leurs ailes sont longues (4 ou 5 m !) et sophistiquées, pour capter au mieux le vent et faire tourner plus vite les meules qui écrasent les grains de blé.

© AUTHOR'S IMAGE

#PITYUSES

Les îles Pityuses regroupent Ibiza et Formentera, ainsi que plusieurs petits îlots tels Espalmador et Espardell. Le toponyme Pityuse provient certainement de *pitys* qui signifie *pin* en grec ancien. Dans l'antiquité, les Pityuses étaient clairement différenciées du reste des îles Baléares. Majorque et Minorque formaient quant à elles les Gymésies.

LES 12 MOTS-CLÉS

#POMADA

Mélange de gin minorquin et de limonade, la Pomada (*pommade* en français), inventée dans la ville de Mahón en 1967, est une boisson typique de Minorque. Elle est surtout consommée en été et notamment à l'occasion des fêtes patronales, car il s'agit d'une boisson très rafraîchissante ! On en consomme bien évidemment dans l'ensemble de l'archipel.

#SOBRASSADA

Produit incontournable de Majorque, la *sobrassada* est élaborée à partir de viande de porc. Sa couleur rouge provient du paprika, mélangé avec du sel, du poivre, et la viande hachée. Malgré ses airs de gros saucisson, la *sobrassada* a la consistance du pâté, on l'étale donc sur du pain pour la déguster. Minorque produit également sa version propre.

#SES SALINES

Le sel d'Ibiza, renommé pour sa pureté, provient de cette réserve naturelle s'étendant d'Ibiza à Fomentera. Classée au Patrimoine de l'humanité en 1999 par l'Unesco pour son exceptionnelle beauté, les salines sont également une zone de protection spéciale pour les oiseaux, servant d'étape de migration aux hérons et flamants roses notamment.

© SEBAS ADROVER - SHUTTERSTOCK.COM

#TALAYOT

Entre 1 000 et 300 ans av. J.-C. naissait l'ère talayotique. De nombreux vestiges de cette période se retrouvent aux Baléares, en particulier sur l'île de Minorque. Ils se caractérisent par des *taules* : d'imposants mégalithes en forme de T pouvant mesurer jusqu'à 3,7 m de hauteur. La plupart du temps, ils sont entourés par un mur en forme de U.

© ZIANLOB - ISTOCKPHOTO.COM

VOUS ÊTES D'ICI, SI…

- **Vous parlez catalan,** ou tout du moins espagnol. Si vous connaissez deux mots d'espagnol, n'hésitez pas à les utiliser ! Ici, la population est habituée aux touristes et appréciera celui qui fera l'effort de parler espagnol, ne serait-ce qu'un peu.
- **Vous ne vouvoyez (presque) personne** ! Les Espagnols en principe ont horreur du vouvoiement et bannissent de leur vocabulaire le mot *usted* (le « vous » de politesse). Il convient toutefois de vouvoyer les personnes plus âgées et les employés.
- **Vous respectez autrui comme vous-même.** C'est une particularité des îles : dans les villes et villages des Baléares, chacun déambule sereinement sans être jugé sur son apparence, sa religion ou ses coutumes.
- **Vous respectez l'environnement** en ne laissant traîner ni plastique ni mégot sur votre passage. La nature, c'est sacré dans les Baléares.
- **Vous n'hésitez pas** à ajouter un glaçon dans votre café au lait.

MES BALÉARES

Par Martin Fouquet, auteur du guide

Interview

Originaire de l'Ouest parisien, Martin Fouquet, sitôt son diplôme de philosophie en poche, prend la direction de l'Amérique latine puis des Caraïbes, avant de parcourir quelques régions d'Afrique, d'Inde et d'Asie. Auteur régulier du Petit Futé depuis pas loin de 10 ans, c'est avec le même enthousiasme qu'il continue de partager ses impressions et bons plans avec les lecteurs !

IDÉES DE SÉJOUR

En une semaine, il vous sera impossible de faire le tour des Baléares. Pour un court séjour de découverte, mieux vaut poser vos bagages à Majorque. Sachez cependant que si vous séjournez dans la région de la Tramuntana (probablement la plus belle de Majorque), il ne sera pas aisé de vous déplacer dans le reste de l'île car vous serez obligé de passer par Palma pour récupérer les grands axes routiers. Pour vous faire une idée, sachez que le trajet Deià-Palma (18 km) dure une bonne demi-heure en voiture. L'idéal pour explorer Majorque est donc de séjourner dans sa capitale, Palma. Dans le reste des îles, vous n'aurez pas ce problème car les distances sont bien plus courtes et la circulation y est particulièrement aisée. Pour effectuer un tour complet des Baléares, nous vous conseillons donc de prévoir un séjour de 2 à 3 semaines, en y consacrant un temps proportionel à la taile de chaque île.

BALÉARES, UN SÉJOUR À TRAVERS LES ÂGES

Même si vous n'êtes pas un rat de bibliothèque, cet itinéraire à travers les âges des Baléares ★★★ devrait vous séduire. En effet, ce que nous vous proposons ici, c'est de parcourir les quatre îles principales en suivant un fil d'Ariane fait de légendes, de batailles, de piraterie et d'aventures. Vous ne mettrez pas un pied dans un musée, pas un œil sur un grimoire. Ce chemin vous guidera de remparts en criques, de collines en étals de marchands en partant de l'Antiquité jusqu'à l'électrisante modernité de notre siècle.

› La préhistoire à Minorque

Arrivée à Minorque ★★. La plus nordique des îles des Baléares conserve les vestiges les plus anciens, ceux de la civilisation talayotique, soit 1 500 ans av. J.-C. Direction la pointe ouest de Minorque ★★, vous y découvrirez la *naveta* des Tudons (p.329).

› Les Romains à Majorque

Un saut de puce et vous voici à Majorque ★★★ sur les traces des Romains qui se sont installés ici en 123 av. J.-C. A l'est de l'île, jetez un œil aux restes du théâtre romain de **Pollença** ★ (p.261). Ce site est situé à deux pas d'**Alcúdia** ★★ (p.265), ville cernée de remparts de l'époque maure.

› Palma : des Maures aux Espagnols

Vous continuez votre route avec les Arabes pour découvrir la vieille ville de **Palma** ★★★ (p.211). Un seul monument a survécu à leur occupation qui a pourtant duré plusieurs siècles, les *Banys àrabs* (p.211). La **cathédrale** (p.213), ou la Seu, a quant à elle été bâtie sur une ancienne mosquée… Elle symbolise non seulement la ville, mais aussi le passage de la domination maure à l'ère du christianisme.

› Les fortifications d'Eivissa

A présent, directions les îles Pityuses, en commençant par la plus grande, Ibiza ★★★. Las des corsaires anglais et français, Charles Quint fit édifier des remparts autour d'**Eivissa** ★★★ (p.91) (nom d'Ibiza ★★★ en catalan, mais aussi celui de son chef-lieu) au XVIe siècle.

› Formentera et ses cinq tours

Une petite balade en taxi-bateau vous mènera sur la plus petite île des Baléares, **Formentera** ★★ (p.171). Dans le même esprit qu'Ibiza ★★★, mais pour se défendre des pirates venus d'Afrique du Nord cette fois, l'île s'est équipée de tours de guet au XVIIIe siècle. Un circuit reliant ces cinq édifices fortifiés est une bonne manière de découvrir ce territoire aux dimensions somme toute assez restreintes.

› Des hippies aux clubbers

Sautez les siècles et revenez à Ibiza ★★★ découvrir un vestige vivant du mouvement hippie qui s'est enivré de l'île dans les années 1960. Tous les mercredis à **Es Canar** (p.151) se tient le plus vaste marché hippie des Baléares : **Las Dalias** (p.153). Et pourquoi ne pas en profiter pour faire un tour dans un de ces temples modernes de l'hédonisme, les discothèques géantes d'Ibiza ★★★ nommées Pacha, Amnesia ou encore Ushuaïa !

CINQ JOURS DANS LA CARAÏBE MÉDITERRANÉENNE

Bien que de dimension réduite, l'étincelante Formentera est un véritable sanctuaire de nature sauvage. Les constructions sont peu nombreuses et les plages d'un bleu qui jalousent certaines plages des Caraïbes. A la belle saison, l'atmosphère intemporelle qui y règne et ceux qu'on y croise – agriculteurs, artistes et estivants – créent un sentiment de profonde quiétude.

› Jour 1 : De la Savina à Ses Illetes la turquoise

Arrivée à **La Savina** ★ (p.174). C'est ici qu'on louera son véhicule avant de mettre le cap sur la Punta d'es Trucador : la plage de Ses Illetes est à ne pas manquer aux premières heures, car très touristique, à moins que l'on ait choisi de visiter l'île hors saison. En chemin, les paysages immobiles des salines teintées de rose sont superbes.

› Jour 2 : de St Francesc à St Ferran en passant par la mer

Petit déjeuner à **Sant Francesc** ★★ (p.181). Après une flânerie dans le village, on enfile son maillot, direction **Cala en Baster** ★★★ (p.192) pour une session snorkeling. Le midi, on déjeune dans l'une des bonnes tables d'**Es Pujol** ★ (p.198). De là, deux options : louer une embarcation (kayak, catamaran, paddle...) ou chiller sur la superbe plage. Le soir, direction **Sant Ferran** ★ (p.203), berceau de la culture hippie à l'ambiance animée.

› Jour 3 : plages de Migjorn, Cap de Barbarie et musique live

Découverte des plages du sud de l'île (Migjorn), préservées et d'un bleu saisissant. Dégustation des spécialités locales face à la mer dans l'un des chiringuitos du coin. En fin de journée, on file au **Cap de Barbarie** ★★ (p.197) pour observer le coucher du soleil, un vrai rituel ! Un passage par la **cova Foradada** (p.197) s'impose. Le soir, dîner à Sa Panxa (**Sant Ferran** ★ (p.203)) qui propose une excellente programmation musicale.

› Jour 4 : S'Espalmador, île vierge

Direction S'Espalmador, île privée et joyau de la Méditerranée bordé d'eaux cristallines. Pour s'y rendre, on loue une embarcation ou on monte à bord du Barca Bahia qui fait la liaison depuis le port de **La Savina** ★ (p.174) ou de la plage de **Ses Illetes** ★★ (p.179) (depuis le restaurant Es Ministre). L'île est vierge, l'esprit se repose.

› Jour 5 : randonnée et marché hippie de La Mola

Pour changer un peu des plages, direction **Es Caló** ★★ (p.192) et l'entrée du Camí de Sa Pujada pour une petite randonnée à flanc de falaise sur cette voie historique qui reliait **Sant Francesc** ★★ (p.181) à **La Mola** ★ (p.205). Après-midi relax sur la plage avant de se rendre au marché hippie de La Mola, de découvrir son phare, son église, et de dîner sur le plus haut point de l'île.

WEEK-END SUR L'ÎLE BLANCHE DES BALÉARES

Pour être séduit par le paysage à Ibiza, il suffit de longer les 210 km de côtes par les routes qui surplombent la mer. En effet, plages de sable blanc, soleil, maisons blanchies à la chaux, terrasses en pierres locales et mer turquoise font partie du décor. Il y a également de nombreux sites de plongée sous-marine sur l'ensemble de l'île pour les amateurs.

› Jour 1 : Eivissa, le jour et la nuit

Découverte du centre-ville d'Ibiza ★★★. Promenade culturelle dans le quartier historique de Dalt Vila, shopping dans les rues de la Marina, remplie de petites boutiques, et flâneries dans les ruelles de Sa Penya, quartier gitan au charme pittoresque. En soirée, on pourra par exemple sortir au Heart ou bien au célèbre Pacha.

› Jour 2 : le sud, ses ruines, ses salines et son sunset

Direction le sud d'Ibiza ★★★ pour visiter les vestiges du site phénicien de **Sa Caleta** ★ (p.123), explorer les paysages de salines du Parc Naturel de **Ses Salines** ★★ (p.122) et admirer le coucher de soleil face à l'îlot d'Es Vedrà. Pour s'offrir une baignade, ambiance hippie sur la plage d'**Es Cavallet** ★ (p.121) ou glamour sur la plage de **Ses Salines** ★★ (p.122).

› Jour 3 : le coeur rural (et hippie) de l'île

A l'intérieur de l'île, visite du village de **Santa Gertrudis** ★★ (p.158) où l'on fera escale au typique Bar Costa pour se régaler de *bocadillos* au jambon du pays. Puis, direction le joli village de **Sant Carles** ★★ (p.153)pour son marché hippie du samedi : **Las Dalias** (p.153). A partir de là, vous pourrez facilement rejoindre la sublime plage d'Aigües Blanques, célèbre pour ses eaux limpides.

› Jour 4 : le nord, ses criques et le Café del Mar

Au nord de l'île, journée farniente dans les criques aux eaux turquoise de la zone de **Portinatx** ★ (p.165). Longer l'ouest de l'île pour traverser les terres cultivées de **Santa Agnès** ★ (p.161) jusqu'à **Sant Antoni** (p.136), pour terminer votre séjour en beauté face au célèbre coucher de soleil du Café del Mar.

SE REPÉRER / SE DÉPLACER

DE L'AÉROPORT AU CENTRE-VILLE

Selon l'île sur laquelle vous arrivez, plusieurs options s'offrent à vous, à prévoir avant l'atterrissage. Si vous vous rendez à l'hôtel, voyez avec ce dernier s'il propose un service de navette aéroport. Autrement, il est possible de louer un véhicule directement à l'aéroport ou de recourir aux services d'un taxi (environ 40 € pour rallier le centre-ville).

Pour vous déplacer d'une île à l'autre, le bateau reste la solution la moins chère et la plus pratique. Il existe, certes, des vols entre Ibiza, Majorque et Minorque, mais les prix sont souvent élevés. A l'intérieur de chaque île, même si les réseaux de bus sont relativement bien développés, la solution la plus commode demeure la location d'un véhicule.

ARRIVÉE EN BATEAU

Depuis la France, on pourra rejoindre en ferry la ville d'Alcúdia (Majorque) depuis Toulon en environ 15h de voyage (Corsica Ferries). De là, plusieurs compagnies maritimes s'occupent des liaisons inter-îles, notamment Ciutadella (Minorque). On peut également rejoindre les Baléares en ferry depuis Barcelone (Majorque et Ibiza). Pour ce qui est de Formentera, le bateau est la seule et unique option d'accès (depuis le centre-ville d'Eivissa et les localités alentour).

TRANSPORTS EN COMMUN

Présents partout, ils sont très économiques mais pas très confortables en plein mois d'août. Quelques bus n'ont pas la climatisation et sont souvent bondés en pleine saison. Les offices de tourisme donnent tous les renseignements sur les trajets, les horaires, la fréquence et les conditions avantageuses d'utilisation (cartes). On peut vous donner aussi des dépliants aux arrêts principaux. Attention à ceux qui reviennent de la plage, les chauffeurs n'acceptent pas les touristes torse nu… Côté ferroviaire, les seuls trains que vous pourrez prendre aux Baléares seront ceux de Sòller et Inca (à Majorque).

Aux Baléares, c'est en bateau que l'on se déplace ! Plusieurs compagnies maritimes se partagent les liaisons avec la côte et les trajets inter-îles. Avec Trasmediterranea et Balearia vous pourrez aller d'une île à l'autre sans difficulté. De nombreuses petites entreprises proposent des liaisons de plage en plage. Sur les ports, faites le tour des possibilités qui s'offrent à vous.

VÉLO, TROTTINETTE & CO

Petite et écolo, Formentera offre un cadre idéal pour les amateurs de vélo. L'île étant sillonnée de « routes vertes », vous pourrez facilement remplacer la voiture par un vélo pendant votre séjour, à condition de disposer de quelques jours sur l'île, qui n'est pas si petite (autrement, préférez un scooter). Dans le reste des îles, vous aurez besoin d'un véhicule motorisé pour vous déplacer. Le scooter peut être une bonne option à Ibiza ou Minorque, si vous n'avez pas l'intention de quadriller ces îles, sachant que les trajets ne sont jamais très longs. Beaucoup de vacanciers optent pour ce choix, en particulier à Ibiza, pour rejoindre les plages environnantes. En revanche, vous aurez impérativement besoin d'une voiture pour explorer Majorque, car l'île est beaucoup plus grande.

AVEC UN CHAUFFEUR

Les tarifs des taxis sont moins élevés qu'en France, attention cependant aux divers suppléments qui peuvent vite faire grimper les prix.

- **Tarif journée :** prise en charge 3,12 €, puis 1,08 €/km.
- **Tarif soir et week-end :** prise en charge 4 €, puis 1,24 €/km.
- **Supplément ports et aéroports :** 2,90 €.

EN VOITURE

- **Conduite**. Votre permis de conduire français suffit. La vitesse est limitée à 90 km/h sur route, 120 km/h sur les *autovies* et 50 km/h en ville. Le port de la ceinture est obligatoire et celui du casque pour les motos et les mobylettes également. Les amendes sont élevées.
- **Stationnement**. On ne se gare ni sur les trottoirs ni aux arrêts d'autobus. En certains endroits, les policiers sont particulièrement sévères. Il y a des zones bleues (payantes) dans toutes les villes, mais aussi des zones réservées aux résidents (vertes). Ne vous garez en aucun cas sur ces places vertes, au risque de devoir aller récupérer votre véhicule à la fourrière. Les blanches sont gratuites (vérifiez qu'il n'y a pas d'horaires à respecter).

Routes. L'état général des routes est bon, même si dans les petites îles, elles peuvent être meurtrières : l'humidité tombe la nuit et les routes, recouvertes de terre et de poussière, deviennent un parfait terrain de glissades. Certaines routes, devenues trop étroites pour le nombre de voitures qui y circulent, sont vraiment dangereuses.

Quelques consignes que vous ne pouvez pas ignorer : le taux d'alcool autorisé dans le sang est de 0,5 g par litre. Cela correspond à deux bières ou deux verres de vin. Il est interdit aussi de conduire sous les effets de drogues et de stupéfiants ou autres substances, et même après avoir pris des médicaments pouvant altérer l'aptitude physique ou mentale requise pour la conduite des véhicules motorisés. C'est donc comme à la maison, sauf qu'ici les policiers ne sont pas toujours très compréhensifs avec les touristes.

Stations-service. En général, vous ne trouverez d'essence que dans les villes ou grandes stations balnéaires. Faites donc attention au niveau de votre plein et n'hésitez surtout pas à passer à la pompe avant l'heure…

LES PHRASES CLÉS

Bonjour, comment puis-je me rendre à…
Hola, ¿cómo puedo llegar a….?

Est-ce loin à pied ? Y a-t-il le métro ou un bus… pour y aller ?
¿Está lejos a pie? ¿Hay metro o autobús… para llegar allí?

Pouvez-vous me montrer cet endroit sur la carte s'il vous plait ?
¿Puede mostrarme el lugar en el mapa, por favor?

Où puis-je acheter les tickets de transport ? Est-ce que je peux payer en carte de crédit ?
¿Dónde puedo comprar los billetes de transporte? ¿Puedo pagar con tarjeta de crédito?

Où est la sortie ? A gauche, à droite ou tout droit ?
¿Dónde está la salida? ¿A la Izquierda, derecha o todo recto?

Je suis perdu et je suis en retard, s'il vous plait, aidez-moi ! Merci beaucoup !
Estoy perdido y llego tarde; ¡ayúdeme, por favor! Muchísimas gracias.

PRATIQUE

A VOIR / A FAIRE

HORAIRES

Les musées et instituts culturels sont généralement ouverts à partir de 10h dans les Baléares et ferment entre 19h et 21/22h selon la saison et l'établissement. Certains prennent un pause de 14h à 16/17h.

A RÉSERVER

C'est essentiellement pour participer à des visites guidées (musées, quartier, espace naturel, etc.) qu'il conviendra d'effectuer une réservation préalable.

LES ÉVÉNEMENTS

Aux Baléares, tout est prétexte à la fiesta. Les Espagnols ont ça dans le sang, si bien que leur calendrier des fêtes est assez chargé ! Au-delà des innombrables fêtes patronales, de nombreux événements sportifs, gastronomiques et culturels rythment l'année.

VISITES GUIDÉES

Dans les Baléares, si quelques visites guidées sont proposées dans les musées et centres culturels, la grande majorité permettent plutôt de découvrir villes et villages des îles, mais aussi trésors naturels (salines, grottes, parcs protégés, littoraux, etc.)

FUMEURS

Il est interdit de fumer dans les musées. Pour ce qui est des espaces en plein air et des espaces naturels, il est de la responsabilité des fumeurs de ne pas déranger les non-fumeurs et de laisser les espaces propres.

LES PHRASES CLÉS

Bonjour, puis-je avoir deux entrées adultes et un enfant s'il vous plait ?
Hola, ¿me da dos entradas de adulto y una para niño, por favor?

Le tarif enfant est jusqu'à quel âge ? Et pour les seniors, est-ce qu'il y a une réduction ?
¿Hasta qué edad comprende la tarifa infantil? Y ¿hay descuento para los mayores?

Est-ce qu'il y a des visites guidées en français ou un audioguide ?
¿Hay visitas guiadas en francés o una audioguía?

Combien de temps faut-il pour faire la visite ?
¿Cuánto tiempo se tarda en visitarlo?

J'ai du mal à monter les escaliers, avez-vous un ascenseur ?
Tengo problemas para subir las escaleras, ¿hay ascensor?

Excusez-moi, pouvez-vous me dire où sont les toilettes ? Merci beaucoup.
Disculpe, ¿puede decirme dónde está el baño? Muchísimas gracias.

SE RÉGALER

HORAIRES

Aux Baléares comme dans le reste de l'Espagne, les heures des repas s'étalent tout au long de la journée. Le soir, les restaurants se remplissent vers 22h, bien souvent les clients se seront retrouvés avant, devant un verre et des tapas, et commencent plus tard leur repas au restaurant. Dîner au restaurant est fréquent, les Espagnols aiment manger dehors. Vous trouverez beaucoup de petits établissements très bon marché et fréquentés par des locaux. Quand ils choisissent de dîner chez eux, ils passent à table vers 21h et aiment se retrouver autour d'un verre pour finir la soirée entre amis. De manière général, ce sont les horaires espagnols qui rythment les repas dans les Baléares, avec un service généralement assuré de 13h à 16h et de 20h à minuit. Certains établissements saisonniers s'adaptent toutefois au public venu de regions plus nordiques et ayant l'habitude de manger plus tôt. Les restaurants ouverts dès midi ne courent toutefois pas les rues !

BUDGET / BONS PLANS

On peut manger très correctement pour pas cher dans les Baléares. Les produits locaux sont bons et les restaurants nombreux. En optant pour quelques tapas à partager ou un menu-midi on peut s'en sortir pour 10/15 €. Toutefois, les bonnes tables sont également nombreuses et l'addition peut grimper facilement.On trouve toutefois en ville quelques tables servant un plat du jour autour de 10 €. Privilégier les produits et plats locaux : *frit mallorquí* (à base de viande ou de poisson, de poivrons et de pommes de terre frits dans l'huile d'olive) et la fameuse *ensaimada* (viennoiserie sucrée en forme de spirale, que l'on déguste à l'heure du petit déjeuner) à Majorque, la *caldereta de llagosta* (sorte de bouillabaisse mitonnée dans un petit chaudron à base de langouste) et le fromage Mahón à Minorque, la *burrida de ratjada* (raie bouillie au coulis d'amandes pilées), *sofrit pagès* (plat élaboré à partir d'agneau, poulet, de *sobrassada* et de pommes de terre) à Ibiza et Formentera.

© AMOKLV - ISTOCKPHOTO.COM

Restaurant à Cala d'Hort.

C'EST TRÈS LOCAL

- Commencer la journée avec un solide petit déjeuner à base de pain, fromage et charcuterie.
- Se rendre au marché pour dégoter quelques produits locaux à bon tarif.
- Clôre le repas avec une *hierba ibicenca* de la maison.

ENFANTS

Les enfants sont en général bienvenus dans les restaurants des Baléares. Quelques hôtels toutefois sont spécialisés dans une clientèle *adult-only*, notamment à Ibiza.

FUMEURS

S'il est interdit de fumer dans les restaurants (les mêmes règle qu'en métropole s'appliquent ici), la consommation de tabac est en général tolérée en terrasse tant qu'on ne gêne pas les autres.
Pour en avoir le cœur net, le plus simple est encore de poser la question au personnel de l'établissement.

LES PHRASES CLÉS

Bonjour, je voudrais réserver une table pour deux personnes pour ce midi ou ce soir.
Hola, me gustaría reservar una mesa para dos personas para este mediodía o esta noche.

Avez-vous un menu en français ou en anglais ?
¿Tiene una carta en francés o en inglés?

Je suis végétarien, y a t-il des plats sans viande ?
Soy vegetariano, ¿hay platos sin carne?

Je n'ai vraiment plus faim mais avez-vous une carte des desserts ?
No tengo más hambre, pero ¿tienen carta de postres?

Puis-je avoir l'addition s'il vous plait ? Je peux payer par carte ou en espèces ?
¿Me pasa la cuenta, por favor? ¿Puedo pagar con tarjeta o en efectivo?

C'était très bon, nous reviendrons. Merci et à bientôt.
Estaba todo muy bueno, volveremos. Gracias y hasta pronto.

PRATIQUE

FAIRE UNE PAUSE

HORAIRES

Les boulangeries, cafétérias et glaciers sont généralement ouverts toute la journée, jusqu'à 20h environ, voire un peu plus tard pour les glaciers (une bonne glace est toujours une bonne idée-dessert avec cette chaleur !). Toutefois, il n'y a pas ici de règle immuable et pour éviter de se déplacer en vain, mieux vaut passer un rapide coup de fil. Les bars ouvrent en général leurs portes vers 19h-20h et ferment autour de 2h du matin, voire 4h pour certains.

BUDGET / BONS PLANS

Le prix des pauses gourmandes et des consommations alcoolisées est généralement moins élevé qu'en France (exception faite des discothèques et autres établissements du même acabit). Les pâtisseries des Baléares sont tout à fait recommandables (les délicieuses ensaïmadas en particulier), tout comme les *liquores de hierbas*, celle d'Ibiza étant la plus célèbre : les fameuses *hierbas ibicencas*.

ENFANTS

Les enfants sont a priori acceptés partout où un permis de bar n'est pas en vigueur. Cependant, ils peuvent parfois être acceptés sur la terrasse d'un bar jusqu'en début de soirée.

FUMEURS

S'il est interdit de fumer dans les commerces gourmands, les cafés et les bars, les fumeurs sont en général bienvenus en terrasse de ces mêmes établissements.

LES PHRASES CLÉS

Bonjour, quelle est la spécialité de la maison ? Nous voulons découvrir.
Hola, ¿cuál es la especialidad de la casa? Nos gustaría probarla.

Avez-vous de la place en terrasse ?
¿Tiene sitio en la terraza?

Quel est votre nom ? Je m'appelle… Ravi de vous rencontrer !
¿Cómo se llama? Mi nombre es…. ¡Encantado de conocerle!

A votre santé ! Zut, j'ai renversé mon verre… pouvez-vous m'aider ?
¡A su salud! ¡Maldita sea!, se me ha derramado la bebida…. ¿puede ayudarme?

C'était très bon. Nous allons reprendre la même chose s'il vous plait.
Estaba muy bueno. Tomaremos lo mismo otra vez, por favor.

PRATIQUE

(SE) FAIRE PLAISIR

HORAIRES

Palma, comme toute grande ville, offre un large choix de boutiques et de grands magasins. Si ces derniers sont en général ouverts en continu de 10h à 22h, les petites échoppes, à Palma comme dans le reste de l'archipel, fonctionnent selon les horaires espagnols et ouvrent de 9/10h à 14h puis de 15/16h à 20/21h (plus tard encore dans la vieille-ville d'Eivissa). Notons que de nombreux marchés égayent les places publiques des Baléares tout l'été, et en particulier à Ibiza et Formentera, qui accueillent des marchés hippies.

Ibiza. A Eivissa, le long de la marina, chaque soir, des petits stands s'installent et vous proposent bijoux, peintures et divers souvenirs. A Es Canar se tient tous les mercredis le Hippie Market tandis qu'à Sant Carles c'est le samedi que les stands du marché de Las Dalias, assurément le plus dépaysant, ouvrent boutique. Signalons aussi le marché aux puces du samedi matin à Sant Jordi, et celui de Sant Joan où l'on trouve le dimanche matin des échoppes temporaires de commerçants proposant pièces d'artisanat, produits alimentaires, cosmétiques locaux et bio.

Formentera. Le marché de La Savina s'installe sur le port durant la haute saison touristique (de juillet à début septembre), celui de Sant Francesc Xavier (de mai à octobre) se tient tous les jours de 10h à 14h. Derrière l'église de Sant Francesc, tous les mardis et samedis de l'année, on trouve également un marché d'occasion. Sur la promenade de la *carrer Major*, le marché artistique de Sant Ferran rassemble des artistes venus du monde entier (de mai à octobre, tous les jours sauf le mercredi et le dimanche, de 20h30 à minuit). A Sant Ferran aussi, un marché artisanal installe également ses étals trois jours par semaine (de mai à octobre, tous les jeudis, vendredis et samedis, de 20h30 à minuit). Es Pujols dispose d'un marché hippie également, installé sur la promenade de bord de mer tous les soirs d'été (de mai à septembre, tous les jours de 20h à minuit), mais c'est sans doute à la Mola que l'on dégottera des trouvailles de meilleure qualité : artisans et artistes y exposent leur travail sur la place centrale pavée de mosaïques multicolores (de mai à octobre, le mercredi et le dimanche, de 16h à 22h).

BUDGET / BONS PLANS

On peut trouver dans les Baléares des chaussures, du cuir, des perles, des produits de l'artisanat et de l'industrie locale à des prix relativement intéressants. Certaines marques bien connues en Espagne telles que Camper et Jaime Mascaró restent encore intéressantes à l'achat car leurs usines ou leurs sièges sociaux sont installés aux Baléares. Côté artisanat, l'offre est très diversifiée. Attention aux prix et à la qualité ! Les boutiques sont plus nombreuses à Majorque que partout ailleurs. Des petits marchés artisanaux et hippies sont installés dans les endroits les plus touristiques, souvent

Figurines au marché de Sineu à Majorque.

sur les places des villages. Côté gastronomie, les Baléares regorgent de délices : vins, huiles d'olive et poisson séché, le fromage de Mahón et le gin de Xoriguer de Minorque, les ensaïmadas et la sobrassada de Majorque, les *hierbas d'Ibiza*... Ibiza et Formentera sont également réputées pour leurs créations vestimentaires dérivées de la mode Adlib, hautement méditerranéenne, proposant ensembles et accessoire à la fois simples et élégants.

SOLDES

Dans les Baléares comme dans le reste de l'Espagne, les soldes durent deux fois deux mois : les soldes d'hiver ont lieu de début-janvier à début-mars, celle d'été de début-juillet à début-septembre.

LES ATTRAPE-TOURISTES

Comme dans la plupart des pays, de nombreux souvenirs sont hélas fabriqués en Asie. Le objets-souvenirs en toc sont légion dans de très nombreuses boutiques. Quelques stands sur les marchés proposent également des produits parfois excessivement chers en comparaison de leur valeur réelle ! Assurez-vous donc d'acheter local et authentique afin d'encourager l'économie locale.

LES PHRASES CLÉS

Bonjour, c'est superbe, mais combien ça coûte ?
Hola, es genial, pero ¿cuánto cuesta?

Vous auriez ma taille ? Où se trouvent les cabines d'essayage ?
¿Tiene uno de mi talla? ¿Dónde están los probadores?

Est ce que je pourrai vous le rapporter et l'échanger si ça ne va pas ?
¿Puedo devolverlo y cambiarlo si no está bien?

J'ai trop dépensé aujourd'hui, pouvez-vous me faire une réduction sympa ?
Hoy he gastado demasiado, ¿puede hacerme un buen descuento?

Je prendrai celui-ci. Pouvez-vous me faire un paquet cadeau ?
Yo me quedo con este. ¿Puede envolvérmelo en papel de regalo?

Vous prenez la carte de crédit ? Où puis-je trouver un distributeur de billets ?
¿Aceptan tarjeta de crédito? ¿Dónde puedo encontrar un cajero automático?

PRATIQUE

BOUGER & BULLER

BUDGET / BONS PLANS

Les Baléares représentent l'endroit idéal pour la pratique de différents sports aquatiques tels que le kayak, la voile, le paddle surf, le kitesurf, sans oublier la plongée sous-marine. Chacune des îles abonde en sites encore peu exploités. Pour ceux qui souhaitent découvrir les Baléares sous un aspect différent, dans une ambiance plus calme, il est important de préciser que ces sports sont praticables aussi bien en été qu'en hiver, idéalement à partir de septembre-octobre, après la dernière vague de départs des touristes. Les incroyables conditions climatiques et les écrins naturels qu'offre l'archipel sont très favorables à la pratique du golf tout au long de l'année et font affluer des milliers d'amateurs de ce sport en provenance du monde entier. A considérer également, des sorties randonnées, notamment dans la sierra de le Tramuntana (Majorque), que ce soit à pied, à vélo ou même à cheval.

A RÉSERVER

Si vous souhaitez participer à des activités nécessitant une logistique particulière (sorties en bateau ou à cheval par exemple) ou même monter votre propre expédition de concert avec des professionnels, il faudra s'y prendre un peu à l'avance... et accepter que les plans changent au dernier moment, la météo pouvant parfois mettre quelques obstacles sur la route des plus braves.

LES ÉVÉNEMENTS

Les habitants des Baléares sont dans l'ensemble assez sportifs, du moins à en juger par la quantité d'événements qui rythment l'année : marathons, triathlons, courses de vélo, rallyes moto, régates, traversées à la nage... Pour connaître l'agenda sportif des Baléares, consultez le site internet www.illesbalears.travel.

LES PHRASES CLÉS

Bonjour, comment puis-je me rendre à... ? Est-ce loin ?
Hola, ¿cómo puedo llegar a...? ¿Está muy lejos?

J'aimerais aller courir. Il y a un coin sympa pour cela dans la ville ?
Me gustaría salir a correr. ¿Hay algún buen lugar en la ciudad para hacerlo?

J'adore cuisiner. Savez-vous où je peux trouver des cours de cuisine ?
Me encanta cocinar. ¿Sabe dónde imparten clases de cocina?

Vous pourriez m'indiquer une salle de sport pas très loin ?
¿Podría indicarme un gimnasio que no esté muy lejos?

Quel est le sport national ?
¿Cuál es el deporte nacional?

Pensez-vous que nous pourrions voir cela ou même participer ?
¿Cree que podríamos verlo o incluso participar?

HORAIRES

Que ce soit pour prendre un verre en terrasse ou s'embarquer sur des dancefloors toute la nuit durant, les Baléares ne manquent pas d'options. A Majorque, la cosmopolite Palma est sans nul doute le lieu de tous les possibles, dont les terrasses se remplissent vers 17h, même avant à la belle saison. A Minorque, on se dirigera plutôt vers Mahón ou Ciutadella pour jouir d'une ambiance festive. De manière générale, les bars dédiés à la vie nocturne ouvrent vers 18h et ferment entre 1h et 3h dans les Baléares, mais on trouvera à coup sûr plusieurs établissements ouverts dès le petit matin dans toutes les villes et villages de l'archipel. Si Formentera compte de nombreux lieux de détente, à commencer par ses chiringuitos (bars de plage), Ibiza fait monter la température de quelques degrés : à toute heure du jour et de la nuit, pendant la saison estivale, on trouve sur l'île blanche pléthore de bars et discothèques ouverts. Les clubs d'Ibiza commencent à se remplir vers 1h du matin.

BUDGET / BONS PLANS

Une bière coûte entre 2 et 3 € dans les bars espagnols, tandis que le prix des cocktails, selon le lieu, varie de 6 à 15 €. En discothèque, dont le ticket d'entrée peut coûter de 20 à 60 €, les consommations sont plutôt de l'ordre de 10 € la bière et 12/15 € (voire plus) la cubata (mélange simple d'alcool et de jus type rhum-coca, gin-tonic, etc.). Les prix pour entrer dans la plupart des boîtes de nuit de l'île peuvent en refroidir plus d'un, il existe quelques stratégies permettant d'en trouver des moins chères voire même des gratuites ! Le port d'Ibiza regorge d'opportunités. Il suffit d'y aller pour se faire harceler par les vendeurs ambulants qui proposent des tarifs réduits. Certains bars en font leur publicité : ils offrent jusqu'à 50 % de réduction à la seule condition de prendre une consommation dans leur établissement. Les entrées gratuites sont évidemment intéressantes, mais elles ne sont valables que tôt dans la soirée et la boisson n'est pas comprise ! Vous les trouverez dans certains magasins affichant les pancartes de la soirée sur leur vitrine ; mais aussi sur certaines grandes plages (Platja d'en Bossa, Ses Salines...), où les discothèques font parader des groupes de gogos faisant la pub pour la soirée les poches remplies d'entrées à distribuer.

TRANSPORTS NOCTURNES

En général, il est assez facile de trouver des taxis dans les villes des Baléares, qui circulent jusque tard. En revanche, pour ce qui est des clubs d'Ibiza, ces derniers se trouvant hors des villes, il n'est pas forcément évident de trouver un carrosse pour rentrer à l'hôtel. Mieux vaut prévoir le coup à l'avance : soit disposer de son propre véhicule, soit se mettre d'accord avec un taxi pour qu'il vous récupère à une heure dite.

A Ibiza, il est également possible d'utiliser les services des DiscoBus : ces cars sillonnent l'île, s'arrêtant devant les meilleurs *dancefloors* de début juin à fin septembre. Il existe cinq lignes : Sant Antoni-Ibiza, Platja d'en Bossa-Ibiza, Sant Antoni-Port d'es Torrent, Ibiza-Santa Eulària-es Canar et Sant Antoni-Platja d'en Bossa. Les horaires sont ceux des boîtes de nuit, de minuit à 6h30 ou 7h du matin, selon les lignes. Des renseignements sont disponibles à la gare routière où l'on vous offre un petit livret d'horaires mis à jour pour la saison. En regardant ce petit dépliant, vous verrez immédiatement quels sont les lieux incontournables : Pacha, Privilege, Amnésia, etc. Tarif : 3 € le trajet.

A PARTIR DE QUEL ÂGE

L'âge légal pour consommer de l'alcool en Espagne est de 18 ans. Même chose pour entrer dans les boîtes de nuit.

FUMEURS

Il est interdit de fumer dans les clubs et salles de spectacles des Baléares. Certains établissements sont plus souples que d'autres concernant le tabagisme et dans la plupart d'entre eux, il est toléré de fumer en terrasse. Les boîtes de nuit disposent toutes d'espaces fumeurs.

LES PHRASES CLÉS

Bonsoir, comment puis-je me rendre à…
Buenas noches, ¿cómo puedo llegar a….?

Est ce que cet endroit est tranquille ? Il n'y a pas de problème de sécurité ?
¿Es un lugar tranquilo? ¿Hay problemas de seguridad?

J'aimerais voir un spectacle typique ! Qu'est-ce qu'il y a en ce moment ?
Me gustaría ver un espectáculo típico del lugar. ¿Hay alguno programado para hoy?

Je ne comprends pas… pouvez-vous répéter s'il vous plait ? Merci.
No entiendo... ¿puede repetirlo, por favor? Gracias.

Est-ce que je peux vous offrir un verre ? Quel est le meilleur cocktail de la maison ?
¿Puedo invitarle a una copa? ¿Cuál es el cóctel especialidad de la casa?

J'ai la gueule de bois, auriez-vous quelque chose pour que j'aille mieux ?
Tengo resaca, ¿tiene algo que me haga sentir mejor?

PRATIQUE

SE LOGER

BUDGET / BONS PLANS

Pour ceux qui cherchent la tranquillité, de nombreux établissements d'agrotourisme (tourisme rural) ont ouvert leurs portes. Il s'agit en général d'anciennes fincas (maisons traditionnelles) reconverties en petits hôtels, habituellement de luxe. Bien souvent, ces maisons, situées dans l'arrière-pays, proposent 6 à 10 chambres et tout le confort d'un hôtel de 4 ou 5 étoiles. Le charme est au rendez-vous mais il faut y mettre le prix. Pour l'île de Majorque, l'agence Reis de Mallorca (www.reisdemallorca.com) répertorie des adresses de caractère disséminées aux quatre coins de l'île. Des propriétés typiquement majorquines à la situation privilégiée.

▶ **Camping.** Le camping sauvage est interdit et les campings officiels sont peu nombreux. Inutile d'emmener votre caravane en raison du prix prohibitif du passage en bateau. En camping-car, les îles se font accueillantes à partir d'octobre et jusqu'en mai. En dehors de cette saison creuse, les Baléares sont beaucoup trop fréquentées pour que la guardia civil tolère les arrêts hors camping. Et quoi qu'il en soit, vous aurez bien du mal à circuler et à vous garer.

À RÉSERVER

De manière générale, pour pouvoir profiter de bons tarifs, il est plus que conseillé de réserver son logement bien à l'avance pour un séjour dans les Baléares, en particulier pour la période juillet-août. Le reste de l'année, vous devriez trouver de quoi vous loger nettement plus facilement.

LES PHRASES CLÉS

Bonjour, avez-vous de la disponibilité pour une chambre double pour ce soir ou demain soir ?
Hola, ¿dispone de una habitación doble para esta noche o para mañana por la noche?

Avez-vous un code wifi… les enfants ne tiendront pas sans !
¿Tiene wifi? ¡Los niños no pueden estar sin él!

C'est bruyant, est ce que je peux changer de chambre ?
Hay mucho ruido, ¿puedo cambiar de habitación?

Jusqu'à quelle heure est-ce que nous pouvons aller à la salle de sport et à la piscine ?
¿Hasta qué hora podemos ir al gimnasio y a la piscina?

Est-ce que je peux laisser mon bagage et revenir plus tard le récupérer ?
¿Puedo dejar mi equipaje y volver más tarde a recogerlo?

Est-ce que vous pouvez nous appeler un taxi ? Merci beaucoup.
¿Puede llamarnos un taxi? Muchísimas gracias.

VIE QUOTIDIENNE

ALLO ?

Pour appeler des Baléares vers la France, composez le + 33 suivi du numéro de votre correspondant sans le 0. En revanche, pour appeler de la France métropolitaine vers les Baléares, composez le 00 + 34 + l'indicatif de la province (Baléares 971), soit 00 + 34 + 971 + le numéro de l'abonné aux Baléares (6 chiffres). Le réseau couvre très bien les grandes villes et les stations balnéaires, mais vous aurez plus de difficultés dans les petites agglomérations reculées et dans certaines plages vierges. Il n'y a désormais plus de suppléments pour les appels émis au sein de l'Union européenne. Les appels et les messages vers les numéros français vous coûteront le même prix qu'en France et vous pourrez surfer sur Internet comme vous le faites chez vous.

ACCESSIBILITÉ

La plupart des grands hôtels possèdent des installations accessibles aux personnes handicapées. Pour ceux qui préféreraient séjourner dans un hôtel rural ou un agrotourisme, il est préférable de se renseigner avant le départ, car toutes les chambres n'ont pas la même accessibilité. De petits pontons en bois sont installés sur certaines plages en haute saison et les secouristes de la Croix-Rouge se font un plaisir d'apporter de l'aide si besoin est.

SANTÉ

Aux Baléares, et donc en Espagne, vous êtes dans l'Union européenne, les risques sanitaires ne sont donc pas plus importants que chez nous. Il n'y a pas de paludisme en Espagne. Néanmoins, il est toujours préférable d'avoir de quoi se protéger des piqûres de moustiques et autres insectes, ne serait-ce que pour éviter perturbations du sommeil et autres démangeaisons. Vous trouverez de tout aux Baléares, inutile de surcharger votre valise en médicaments. Pour la pilule, pas de panique en cas d'oubli, vous pourrez l'acheter sans ordonnance dans toutes les pharmacies. Dans le cas où vous devriez consulter un médecin, rendez-vous au dispensaire (*centro de salud*) et armez-vous (parfois) de patience, même aux urgences. N'oubliez pas le formulaire spécial de la sécurité sociale (formulaire européen). Il y a beaucoup de médecins privés, mais les consultations sont chères. Avec la carte européenne d'assurance maladie, vous serez remboursé. Pour trouver une pharmacie de garde ouverte 24h/24, regardez sur la porte de n'importe quelle pharmacie ou rendez-vous sur www.cofib.es

URGENCES SUR PLACE

Partout dans l'Union européenne, le 112 est le numéro d'appel d'urgence pour contacter une ambulance, les pompiers ou la police. Ce numéro est gratuit et disponible 24h/24.

SÉCURITÉ

On ne peut pas mettre toutes les îles ni tous les lieux dans le même sac, mais il y a un pourcentage assez élevé de petite délinquance, surtout urbaine. Surveillez vos affaires sur la plage et pendant la baignade. Ne tentez pas le diable en laissant des objets trop en évidence dans une voiture. Faites particulièrement attention aux pickpockets à Palma, aux alentours de la cathédrale et du Paseo Marítimo, et à San Antonio (Ibiza) en soirée.

- **Police.** Il y a trois types de police en Espagne : la police locale, la police nationale et la garde civile (*guardia civil*) qui est l'équivalent de notre gendarmerie. En tant que touriste, vous aurez généralement affaire à la police locale qui patrouille en uniforme dans les rues et sur les plages. La police nationale gère des affaires plus lourdes comme les crimes, les affaires de drogue et le terrorisme. Le rôle de la garde civile a bien évolué depuis sa création et s'étend aujourd'hui au secteur routier, à la protection de l'environnement, à la sécurité des prisons et à celle des personnalités politiques.

- **Femmes seules.** Le regroupement des touristes éméchés à la sortie des bars et discothèques peut s'avérer déplaisant. Il est donc préférable de faire attention la nuit. A part cela, les règles de base s'appliquent.

LGBTQ

Ibiza est le paradis de la communauté gay, très présente dans les bars et boîtes de la ville. Au contraire, Minorque est une destination familiale, mais ouverte d'esprit. Au fin fond des terres de Majorque, les mentalités sont parfois un peu plus fermées que dans les alentours de Palma. Vous l'aurez compris, pour faire la fête avec la communauté gay la plus fun d'Espagne, direction Ibiza !

Palma de Mallorca.

AMBASSADE ET CONSULATS

Au niveau diplomatique, les Baléares sont rattachées au Consulat français de Barcelone (Ronda de la Universitat, 22b, Piso 4 - ✆ +34 932 70 30 00). On trouve toutefois des agences consulaires à Majorque et à Ibiza. A Palma, l'Agence Consulaire de France en Espagne (1 calle de Caro - ✆ +34 971 73 03 01 - www.consulfrance-barcelone.org - agenceconsulairepalma@gmail.com) est ouverte du lundi au vendredi de 10h30 à 13h (jusqu'à 13h30 le mercredi). C'est au consul honoraire d'Ibiza (M. Claudio Torres del Moral) qu'on rendra visite en cas de perte ou vol de papiers (10 Av/ Bartolomé Vicente Ramón - ✆ +34 971 312 031 - consulatibiza@ctorresa.com – claudiotorres@ctorresa.com). Après avoir fait le rapport à la police, le consul vous délivre des papiers ou un laissez-passer, notamment si vous devez reprendre l'avion.

POSTE

Depuis le 1er janvier 2020, le tarif pour affranchir une lettre normale à destination de la France métropolitaine (enveloppes format lettre et cartes postales, 20 grammes max) est de 0,65 €.

Les bureaux de poste ouvrent habituellement en semaine de 8h30 à 20h et le samedi de 9h30 à 13h (Calle Constitució, 6, PALMA - ✆ 34 971 228 610 / Avinguda Isidor Macabich, 67, IBIZA - ✆ +34 902 197 197 / Carrer de Ciutadella, 76, MAHÓN - ✆ +34 971 356 629).

MÉDIAS LOCAUX

Télévision. Au niveau national deux chaînes publiques, La 1 et La 2, et les chaînes privées Telecinco, Antena 3, Cuatro et La Sexta. Selon les chaînes, les bulletins d'informations sont présentés entre 14h et 15h et à partir de 20h30 ou 21h en soirée. Si la télévision publique émet en castillan, elle propose aux heures creuses des programmes à destination des îles Baléares (reportages, journaux télévisés...). La chaine TV3, ou Televisió de Catalunya, émet aux Baléares et propose des programmes d'information et de divertissement de grande qualité, en catalan. Quant à IB3, c'est la chaîne régionale. Elle diffuse des programmes locaux, uniquement en catalan.

Radio. Il existe cinq radios nationales en Espagne : le groupe public RTVE, qui compte cinq fréquences, la généraliste, classique, info en continu, et quatre stations privées : Onda Cero, Radio España, Cadena Ser et Cope. Chaque radio possède des décrochages régionaux et il existe en plus dans chacune des régions des stations locales publiques et privées.

Suite au Plan de normalisation linguistique adopté par le gouvernement des Baléares, les radios émettent 50 % de leur programmation en catalan. Ceux qui souhaitent écouter des radios françaises devront avoir un poste équipé de la bande GO ou GO/LW qui leur permettra de capter, parfois avec difficulté, France Inter, RMC, Radio France Internationale et RFI, pour se tenir au courant de l'actualité.

Presse nationale. *El País*, quotidien national de gauche est le quotidien généraliste payant ayant la plus grande diffusion en Espagne avec une diffusion moyenne de 370 000 exemplaires. Il est suivi d'*El Mundo*, quotidien de centre-droit dont la diffusion se situe actuellement à 270 000 exemplaires. Le quotidien conservateur *ABC* arrive en troisième position avec une diffusion de 240 000 exemplaires.

Presse régionale. Se côtoient des titres nationaux, des publications locales en castillan comme *El Diaro de Mallorca, Ultima Hora* et *El Diario de Ibiza*, des quotidiens publiés en Catalogne importés dans l'archipel comme *El Periódico* (édition rouge en castillan, édition bleue en catalan) et *La Vanguardia* (castillan et catalan). Le nouveau journal catalan *ARA* propose une édition exclusive sur les îles (Ara Balears).

Presse sportive. Le journal le plus lu en Espagne est *Marca*, journal sportif fondé à San Sebastián en 1938. Le 12 juillet 2010, le journal épuise les stocks et doit distribuer une deuxième édition l'après-midi (première fois dans l'histoire du journalisme espagnol) suite à la victoire au Mondial de football 2010 de la sélection espagnole. Autres journaux sportifs : *AS, Mundo Deportivo, Diario Sport*.

LES PHRASES CLÉS

Bonjour, mon téléphone ne fonctionne pas, pouvez-vous m'aider s'il vous plait ?
Hola, mi teléfono no funciona, ¿puede ayudarme, por favor?

Je ne me sens pas bien, pouvez-vous m'amener à l'hôpital le plus proche ?
No me siento bien, ¿puede llevarme al hospital más cercano?

Est-ce que vous avez un médecin qui parle français ?
¿Hay un médico que hable francés?

Je viens de me faire voler mes papiers, où est le poste de Police le plus proche ?
Me acaban de robar la documentación, ¿dónde está la comisaría más cercana?

Est-ce un quartier dangereux ou je peux y aller sans crainte ?
¿Es un barrio peligroso o puedo ir allí sin problema?

Avez-vous des timbres pour une carte postale à envoyer en France ? C'est combien ?
¿Tienen sellos para enviar una postal a Francia? ¿Cuánto cuesta?

DÉCOUVRIR

Quelle tâche incommode que de résumer toute la beauté mystérieuse, toute la diversité de paysages et d'influences historiques qui ont fait et font l'archipel des Baléares. Criques blondes de sables fins ou rocailleuses, petits ports de pêches pittoresques, doux soleil méditerranéen, arrière-pays agricoles et bucoliques, villes dynamiques au patrimoine historique métissé, gastronomie marine subtile, *fiesta* jusqu'au bout de la nuit... Le magnétisme de ces îles espagnoles n'est pas chose nouvelle : il a fasciné de nombreuses civilisations et continue d'exercer son indescriptible pouvoir d'attraction de nos jours encore. Creusons un peu plus en profondeur et tâchons de dresser un portrait aussi fidèle que possible de cette zone unique et lascive, rurale et moderne, catalane et cosmopolite. Les dossiers présentés ici, des moulins de Minorque à l'histoire du clubbing à Ibiza, osent un grand écart qui donne une idée de l'ADN des Baléares.

LE CLUBBING

Faire la fête tout au long de la nuit dans quelques-uns des plus immenses clubs d'Europe, c'est aussi ça Ibiza. Strass-paillettes et fêtes branchées ont fait sa réputation à travers le monde depuis quelques décennies, et continuent d'être au rendez-vous aujourd'hui encore. L'Amnesia, le Pacha, l'Ushuaïa ou encore le Privilège accueillent chaque année, de mai à septembre, les plus grands DJ du monde. Before et after sont légion dans les hôtels, les bars ou sur la plage, au lever comme au coucher du soleil. C'est que l'hédonisme fait partie de l'ADN d'Ibiza depuis l'arrivée des hippies jusqu'à l'avènement de la scène électro et ses monumentales discothèques. Dans les années 1980, naquit dans la nuit une nouvelle musique qui allait se répandre jusqu'au nord de l'Europe et au-delà : le Balearic Beat. Toutefois, le temps de l'insouciance et du Flower Power semble révolu, et on ne fait plus la fête en 2020 comme il y a 50 ans.

Histoire du clubbing à Ibiza : du Flower Power aux méga-clubs

Un refuge. L'émergence des monumentales fêtes d'Ibiza battant tambour au son de rythmes électroniques survoltés s'explique très certainement, en partie du moins, par l'arrivée des hippies dans les îles Pityuses tout au long des années 1960. Si depuis les années 1930 intellectuels, artistes, marginaux, et autres exilés fuyant la rigueur du franquisme avaient déjà trouvé en Ibiza un refuge aux mœurs simples et aux paysages intacts, ce n'est qu'avec la vague beatnik – mutins de la société de consommation et du conformisme bourgeois – que va réellement fleurir l'hédonisme sans limites emblématique des îles Pityuses. En remontant dans l'Antiquité, des indices laissent à penser qu'Ibiza était déjà une province propice au plaisir. On trouve par exemple, au début de l'*Odyssée* d'Homère, l'épisode de l'île de Calypso (que la tradition positionne entre Tanger et Ibiza), île qu'Ulysse peine à quitter, engourdi par les « paroles douces et amoureuses » d'une nymphe. Également, une légende phénicienne voudrait qu'Ishtar, déesse de l'amour, après avoir vécu une passion déçue sur la plus magique île des Baléares, l'aurait, de colère, maudit éternellement, frappant les amants de l'île d'un état d'extase perpétuel... C'est donc assez naturellement que dans les années 1960-1970, les âmes éprises de jouissances sans entraves virent en Ibiza une terre promise qui leur permettrait de vivre en communion avec la nature, d'édifier une société cosmopolite et émancipée des pesantes traditions.

Monument hommage au mouvement hippie.

Émergence des clubs. *Le Peace & Love* et le *Flower Power* – slogan prônant une idéologie non violente, né lors du Summer of Love, rassemblement à San Francisco (1967) à l'occasion duquel les hippies portèrent des fleurs dans leur chevelure – font des émules. Bientôt s'organisent des fêtes dans les *fincas* (fermes traditionnelles des Baléares) mises à disposition de propriétaires acquis au mouvement. C'est le cas du Pacha, aujourd'hui la boîte la plus emblématique d'Ibiza, qui ouvre les portes de sa casa de campo typique en 1973 (après l'ouverture en 1967 de l'établissement de Sitges, au sud de Barcelone), prônant l'expression libre du mouvement hippie et des hédonistes en tous genres. En 1975, c'est Sant Antoni qui voit fleurir un club spectaculaire : Es Paradis. Originellement à ciel ouvert, le dancefloor du Paradis remue sérieusement ce qui n'était alors qu'un indolent village de pêcheurs, si bien qu'il sera plus tard chapeauté de son iconique toit pyramidal. En mai 1976, un Madrilène rachète une *finca* du XVIIIe siècle pour y fonder une discothèque qu'il nomme The Workshop of Forgetfulness , cherchant à offrir une évasion du quotidien au public. Il le renommera plus tard adéquatement Amnesia. En 1978, le Pikes Hotel a également été édifié dans les murs d'une *finca* du XVe siècle par le mondain britannique Anthony Pike, célébrité d'Ibiza décédée il y a peu, qui parvint à faire de son établissement une véritable institution, terrain de jeu glamour pour les personnalités riches et célèbres en goguette sur l'île, où Freddy Mercury fêta son 41e anniversaire. De fait, à partir des années 1980, Ibiza attire ceux que l'on nommera les *beautiful people* : attirés par le climat et le côté branché de l'île, personnalités internationales du monde artistique (acteurs, chanteurs), économique (grands industriels et financiers), politique, sportif ou médiatique prennent pour habitude de venir passer quelques jours de repos à Ibiza. Un phénomène qui se perpétue jusqu'à aujourd'hui. Il convient d'évoquer enfin la naissance du Privilège, classé dans le Guinness des records comme étant la plus grande discothèque… de la galaxie et de tout l'univers ! Simple restaurant dans les années 1970, le lieu est racheté par un footballeur en 1979 qui ne tarde pas à le transformer en club : le KU, véritable institution connue dans les années 1980 comme lieu de débauche sexuelle, au public essentiellement gay, mais aussi d'*entertainment* musical : Freddie Mercury, Gloria Gaynor, Grace Jones et James Brown s'y produisirent. Le lieu fut à l'époque comparé à une version plein air du célèbre Studio 54 de New York.

DJs anglais et naissance du Balearic Beat. Le succès est tel que les boîtes de nuit ne vont pas tarder à fleurir sur l'île et avec elles, dans les années 1980/90, les grandes expérimentations du mouvement techno et du beat électronique. C'est à cette époque que trois DJs britanniques découvrent à Ibiza un style nouveau : le Balearic beat. Il s'avère en effet qu'Ibiza a eu une plus grande influence sur la scène des clubs et de la musique britannique que l'inverse, provoquant la naissance de vague Acid House en 1988. Si dans les années 1980, le Warehouse de Chicago et le Paradise Garage de New York révolutionnent la musique, à Ibiza, c'est à l'Amnesia que la magie opéra. En 1987, un groupe de jeunes Djs et producteurs londoniens – Paul Oakenfold, Danny Rampling, Johnny Walker et Nicky Holloway – visitant l'île, décida de se risquer dans cette boîte qui faisait tant parler d'elle, ouverte de 3h du matin à midi. Ils découvrirent cette nuit-là, à L'Amnesia, la musique d'Alfredo Fiorito, DJ argentin (DJ Alfredo) ayant fui la dictature et mêlant audacieusement des tubes de George Michael à des sonorités house, mais aussi une drogue nouvelle et euphorisante paraissant avoir été conçue pour les dancefloors électroniques : l'ecstasy.

L'atmosphère libérée – vêtements fantaisistes, consommation d'alcool et de drogues sans commune mesure, sexualité débridée – séduit les britanniques qui vont, à leur retour à Londres introduire des sons Chicago House et des Baléares dans leur *tracklist* qui d'ordinaire ne joue que des tubes souls d'Atlanta. La sauce ne prend pas tout de suite : la house est trop nouvelle pour le public, réservée alors à quelques clubs gays de la capitale. Convaincus du succès à venir de ces sonorités émergentes, ils organisent leurs premières soirées nommées Shoom, proposant un mélange de musique électronique européenne

© JULIEN HARDY - AUTHOR'S IMAGE

Affiches pour diverses soirées et festivals.

et de house américaine qu'ils nomment Balearic Beat. Malgré des débuts balbutiants, ils finissent par attirer de plus en plus de mélomanes néophytes dansant jusqu'au petit matin. Tout au long des années 1990, les productions house vont se hisser en haut des *charts* britanniques. En plus des clubs de Londres (Shoom, Spectrum et The Trip) vont naître ceux de Sheffield et Manchester (Hacienda), facilitant dans leur sillage le développement des raves, rapidement déclarées illégales, notamment en raison des drogues qu'elles charrient.

La face cachée de l'hédonisme à la sauce Ibiza

Industrialisation du plaisir. Tout au long des décennies 1980-1990, la fête bat son plein à Ibiza, que le tourisme, se massifiant peu à peu, vient alimenter. D'autres méga-clubs vont voir le jour, tels que l'Eden, l'Ushuïa ou encore le Space (récemment transformé en Hï Ibiza), que le DJ résident Carl Cox rendit célèbre grâce à ses soirées Music is Revolution, programmées 15 années de suite. Aujourd'hui, la scène électro de l'île Blanche justifie pour les clubbers du monde entier un voyage. Boîtes de nuit faisant la promotion des meilleurs DJs mondiaux, bars branchés et paillotes de plage écoulant leurs journées au son des caissons de basse sont devenus des machines à produire divertissement et plaisir à un niveau quasi industriel. Les promoteurs de soirées disposent d'un système de communication bien rodé pour séduire le chaland : shows sexy dans l'espace public, défilés de modèles et distribution parcimonieuse d'entrées gratuites ou réduites. Des voyages à prix modique sont même organisés depuis des capitales européennes, dont le tarif inclut vol low cost, hôtel bon marché, entrées en clubs et nourriture médiocre vite avalée.

Sur ce sujet, l'investigation du philosophe et sociologue français Yves Michaud *Ibiza mon amour : Enquête sur l'industrialisation du plaisir* (2012) mérité d'être citée. Il y décrit Ibiza comme un véritable laboratoire d'analyse de ce qui selon lui est l'un des rouages principaux de nos sociétés libérales, à savoir la recherche du plaisir, l'hédonisme. Et de fait, depuis la vague hippie des années 1960 aux monumentales soirées technos des années 2000, Ibiza, véritable capitale de la fête, a vu et continue de voir passer des individus provenant de toutes les classes sociales – des stars internationales les plus en vue aux familles les plus ordinaires – mais partageant le même désir de vacances. À la manière d'un journaliste, croisant de solides références académiques et une enquête de terrain poussée, Michaud propose une lecture subtile et un brin espiègle de cette machine à créer du plaisir qu'est, entre autres choses, Ibiza.

De More a Amnésia. Qui dit club, dit nuit blanche, et quoi de mieux pour tenir jusqu'au petit matin que l'usage de drogue. C'est qu'Ibiza met le corps de ses clubbers à rude épreuve : nuits sans sommeil, recherche de la fête sans fin, état de frénésie et de jusqu'au-boutisme, parfois jusqu'au coma éthylique. Quelques films parus à la fin des années 1960 exploraient déjà le sujet, et notamment *Hallucination Generation* (1966), du prolifique cinéaste américain Edward Mann, qui avait pour sous-titre « le cirque psychédélique des beatniks, des dérangés et des addicts à l'acide ». Si ce film passa inaperçu, *More* (1969), long-métrage réalisé à Ibiza par Barbet Schroeder, fit carton plein. En pleine période hippie, il met en scène, sur une bande-son de Pink Floyd, l'aventure d'un jeune Allemand qui découvre les plaisirs, mais aussi l'enfer de la drogue, à l'initiative d'une Américaine dont il tombe amoureux. On y découvre l'île d'Ibiza encore vierge de toute urbanisation en même temps que la fin du mythe des sixties, glissant du Flower Power au piège de l'héroïne.

En 2015, Shroeder remet le couvert avec *Amnesia*, plaçant son intrigue dans les années 1990. Il met en relation deux personnages : Martha, une Allemande vivant à Ibiza depuis bien longtemps, dans le déni de sa propre culture, et Max, un jeune DJ techno, Allemand lui aussi. Bien que le film ait pour sujet central les liens unissant les deux personnages et la vision renouvelée que chacun aura sur son propre pays, il permet en même temps de prendre la mesure des changements que le temps a pu opérer sur l'île blanche. Et parmi ces changements, l'un des plus notables, au-delà de la massification du tourisme nocturne, est celui des drogues consommées, à savoir Kétamine (utilisé comme anesthésiant pour les chevaux) et GHB (la fameuse « drogue du violeur »), nettement moins festives et autrement plus dangereuses que l'ecstasy. Et qui dit drogue, dit crime organisé. Depuis quelques années, alors qu'il en avait jusqu'ici été épargné, des individus liés à la mafia napolitaine sont fréquemment mis en état d'arrestation sur l'archipel. La fête, véritable manne financière, continue malgré tout, avec un arrière-goût de paradis artificiel.

Les rues d'Ibiza de nuit.

LES MOULINS

Véritables emblèmes de l'intérieur des îles, on les retrouvait sur toutes les cartes postales provenant de l'archipel au milieu du siècle passé. Les moulins, géants de pierre qui auraient donné à Don Quichotte bien du grain à moudre, garnissent en effet les plaines des Baléares en si grand nombre qu'ils en caractérisent à eux seuls le paysage rural. Ancêtres de l'éolienne, éléments patrimoniaux, ils sont les témoins silencieux d'une époque révolue, époque à laquelle ils constituaient des alliés essentiels à la survie des résidents, fournissant l'énergie nécessaire pour nourrir hommes et bêtes. De fait, la vie quotidienne dans la campagne baléare gravitait autour des moulins et de leurs occupants qui, à la manière des marins-pêcheurs, travaillaient au gré du vent. Après être tombés en désuétude au cours du siècle passé, des initiatives encourageantes laissent à penser qu'un second souffle est possible...

Patrimoine meunier

Des moulins, vous en verrez sur les quatre îles des Baléares. Si à Majorque et à Ibiza ils sont trapus et leurs ailes sont courtes, ceux de Minorque et de Formentera exhibent de longues ailes et s'avèrent assez sophistiqués. C'est que ces moulins n'ont pas la même fonction. Les premiers moulins édifiés sur les îles remonteraient au XIIIe siècle, à l'époque de la conquête catalane et servaient à moudre le grain en farine, et étaient vraisemblablement mis en mouvement par la force animale. Plus tard, ils servirent à extraire l'eau des nappes phréatiques par pompage (c'est ce type de moulins que l'on retrouve en quantité à Majorque). Il est important de signaler ici que la force motrice d'un moulin peut être de trois types, voire même quatre si l'on inclut la force électrique, nettement plus moderne. Les moulins les plus anciens étaient appelés *molinos de sangre* (moulins de sang) en raison du fait que les meules qui écrasaient le grain étaient actionnées par la force de la traction animale. Les *molinos de viento* (moulins à vent), munis de larges ailes et que l'on retrouve en quantité sur l'île de Minorque, étaient quant à eux mis en mouvement par la seule force du vent. *Les molinos de agua* (moulins d'eau), installés en bordure d'un cours d'eau, voyaient leur système mis en branle par l'action de l'eau. *Les molinos de fuego* (moulins à feu), enfin, sont les descendants de cette généalogie de moulins et fonctionnent à l'énergie électrique.

© VLADISLAV STATEV - SHUTTERSTOCK.COM

Moli des Comtes de Ciutadella.

Moulin des Gymésies. Si Majorque est l'île qui compte le plus de moulins modernes (à partir du XVIIIe siècle) – sur les quelque 4 000 qu'elle comptait jadis, trois quarts d'entre eux servant à pomper l'eau et caractérisés par leur « flèche », entre 2 000 et 2 500 ont survécu (dont 650 dans la seule zone du Pla Sant Jordi) –, c'est à Minorque que sont dans un premier temps apparus ces hautes tours cylindriques de 7 à 8 mètres de haut tirant profit de la force du vent. Plusieurs pistes sont considérées quant à la provenance originale de cette technologie. L'une d'entre elles soutient qu'elle aurait été introduite par l'ingénieur hollandais Paul Bouvy, qui, au XVIIIe siècle, adapta le système des moulins à vent de son pays natal aux plaines méditerranéennes du Pla de Sant Jordi, à Majorque. Une autre attribue l'arrivée des moulins dans les Baléares aux Perses qui, de fait, ont historiquement vu le jour en Afghanistan vers l'an 620 et ont commencé à fleurir sur tout le territoire européen dès le XIIe siècle. Quoi qu'il en soit, les moulins se multiplient sur Minorque au XVIIIe siècle et deviennent des éléments centraux de la vie agricole. Sur la quantité de moulins minorquins qui furent édifiés au cours des siècles, seule une trentaine a résisté à l'usure du temps. L'un d'eux, emblématique de l'île, fut construit en même temps que la ville qui l'abrite, Sant Lluis, vers 1760, à l'époque de l'invasion française : le Molí de Dalt. Sa structure a si bien traversé les siècles (sa façade originale a fraîchement été restaurée) qu'il a été choisi

© CHARLES_FOTOS - SHUTTERSTOCK.COM

Molí Vell de La Mola.

comme siège du musée ethnologique (p.313), où sont exposés des outils agricoles de l'époque et d'où l'on pourra entamer un itinéraire thématique autour des moulins de l'île. À titre d'exemple, on pourra visiter le Molí des Comte de Ciutadella, construit en 1778 pour moudre le blé en farine, qui est également très bien conservé.

Moulins des Pityuses. Dans les Pityuses (Ibiza et Formentera), si quelques moulins étaient utilisés pour broyer céréales et légumineuses pour en faire des produits de consommation aussi bien pour les hommes que pour les animaux, les édifices les plus représentatifs du patrimoine rural sont très certainement les moulins à farine, essentiellement à énergie éolienne (les documents relatant l'existence des moulins à eau des Pityuses sont rares). Les archives historiques dont disposent les archéologues permettent de faire état de l'existence passée d'une soixantaine de moulins sur les deux îles, même si moins de la moitié d'entre eux sont encore debout aujourd'hui. À Ibiza, la zone de Puig de Molins (« Mont des Moulins »), où se trouve par ailleurs une précieuse nécropole carthaginoise, accueillit vraisemblablement vers la fin du XIIIe siècle, plusieurs moulins, dont quelques-uns sont parvenus jusqu'à nos jours. À quelques encablures, on trouve par exemple le moulin de Puig d'en Valls, qui a fonctionné jusqu'en 1940 et a été restauré mérite une visite : c'est le seul sur l'île dont le mécanisme entier est intact. Également restauré, le moulin d'Es Porxet fait l'objet d'une attention particulière de la part des autorités d'Ibiza. Concernant Formentera, il semblerait que les premiers moulins soient apparus au XVIIIe siècle, en même temps que l'île se repeuplait. Outre les six moulins à farine encore debout, les deux tours construites à la fin du XIXe siècle pour moudre le sel sont également préservées. Le seul qui soit ouvert à la visite, qui est par ailleurs le plus ancien de l'île (1778) et le dernier à avoir été en fonctionnement est le Molí Vell de La Mola, magnifiquement restauré.

Un office difficile

Anatomie d'un moulin de Minorque. Édifices imposants de forme cylindrique, les moulins à farine de Minorque étaient d'ordinaire construits en grès, qu'on trouvait en abondance sur l'île. Pour les faire fonctionner, on avait recours à une machinerie composée d'engrenages de tailles variables qui étaient situés au sommet de l'édifice et auxquels on accédait via un escalier en colimaçon. C'est autour du mât central (9 m de haut) que tout se joue : y sont reliées roues et courroies qui sont actionnées par le mouvement des antennes (ou pales) de 7 à 8 mètres d'envergure couronnant l'extérieur de la tour. Par un jeu de petites poulies, le meunier était en mesure de contrôler la vitesse du moulin, mais aussi l'élévateur, une grande roue munie de récipients qui servaient à piocher le grain stocké en dessous du moulin. Le grain était finalement broyé entre deux puissantes meules, puis entassé dans des sacs. Afin de pouvoir tirer profit de toute condition climatique, le mât central était équipé d'un levier permettant de diriger les pales du moulin dans la direction du vent. Avant de broyer le grain, il fallait d'abord le récolter, et si récolte et conditionnement des céréales étaient des activités estivales, il n'était pas rare, lors de fastueuses récoltes, que les meuniers dussent travailler toute l'année et parfois à des heures indues, leur office étant totalement dépendant du vent qui pouvait souffler à n'importe quelle heure du jour et de la nuit. Lorsque ce dernier était favorable, ils pouvaient moudre 150 à 200 kilos de farine par heure. Inversement, avec peu vent, une pleine journée de travail était nécessaire pour obtenir 50 kilos.

DÉCOUVRIR

Marins de l'intérieur. Tout comme les marins, les hommes des moulins dépendaient intégralement des vents et les connaissaient. La rose des vents était leur boussole, leur permettant d'identifier les huit vents de Minorque : tramuntana, gregal, llevant, xaloc, migjorn, llebeig, ponent et mestral, autant de noms que pêcheurs, marins et meuniers psalmodiaient comme un mantra. Pour manier un moulin, il fallait en effet savoir déchiffrer les changements climatiques à l'avance, être capable d'anticiper pluies et tempête, sentir la brise tourner afin de diriger les ailes du moulin dans la direction du vent à l'approche. Par exemple, il n'était pas recommandé de broyer le grain à l'aide du mestral ou de la tramuntana, ces vents produisant de puissantes rafales capables de détruire les pales d'un moulin. C'est également en prévision des jours de gros vents que les moulins ont été équipés de deux portes : histoires orales et écrites relatent de nombreux accidents dus au choc des lames sur le corps de meunier sortant du moulin. La seconde porte permit à ces derniers de pouvoir s'extraire de l'édifice par le côté où les pales ne tournaient pas. À bien des égards donc, le maniement d'un moulin était comparable à celui d'un navire, et du fait du vocabulaire très similaire propre à ces deux offices – les antennes et les voiles, le nom des nœuds –, naquit un dicton « Quand vous écoutez les meuniers, on croirait entendre des marins parler ».

Abandon (et renaissance ?) des moulins

La seconde moitié du XXe siècle et la modernisation des techniques de culture s'appuyant sur une vaste batterie de machines pensées pour diminuer, voire supprimer l'effort humain, ont signé la fin de l'ère des moulins. Ceux qui continuèrent de fonctionner, un temps, le firent à l'aide de moteurs fonctionnant à l'énergie électrique – les moulins à feu –, délaissant la force éolienne. À cela s'ajouta la culture intensive, qui finit par rendre les terres cultivables infertiles, mais aussi la compétitivité des produits importés, qui n'incita pas les agriculteurs à poursuivre l'éprouvant travail de semailles et récoltes. Si bien que les moulins des Baléares ne sont plus aujourd'hui que les témoins d'une époque révolue, que les anciens considèrent avec nostalgie quand les plus jeunes les voient comme des éléments historiques trônant dans leur paysage familier. Quelques-uns ont été transformés en logements, d'autres en restaurants, tandis que certains sont utilisés comme centres culturels ou musées, à l'image de celui de Sant Lluís (Minorque), qui fonctionne encore comme il y a un siècle. Les autres tombent doucement dans la désuétude. À Majorque toutefois, il semblerait que les autorités aient des projets pour le Pla de Sant Jordi, qui compte quelque 650 moulins protégés, des moulins servant à pomper l'eau des sous-sols. Dans les années 1990, l'édification d'une station d'épuration dans la zone, doublée d'une crise agricole, poussa éleveurs et planteurs à délaisser cultures, bétail et moulins. C'est bien dans le but d'inciter les agriculteurs à valoriser leurs terres que le Conseil de Majorque a décidé en 2017 de subventionner la réhabilitation des moulins du Pla Sant Jordi, en leur rendant leur fonction originale, à savoir l'extraction d'eau. Le Pla de Sant Jordi est en effet battu par les vents, et il se trouve que c'est en été qu'ils s'avèrent plus réguliers. Qui plus est, c'est à l'époque estivale que le niveau des nappes phréatiques est le plus élevé, et donc que l'eau est plus facile à extraire, et c'est précisément à cette époque que les cultures horticoles ont le plus besoin d'eau. Mais la volonté des autorités est aussi d'ordre patrimonial : il s'agit de restaurer ces moulins dans le respect de leur mode d'édification d'autrefois, en faisant appel à des artisans qualifiés. Les 18 ailes des moulins à vent de Majorque auraient-elles le vent en poupe ? Cette initiative n'est pas le premier coup d'essai. Affaire à suivre...

Le Molí de Dalt à Sant Lluís.

GÉOGRAPHIE

Elles seraient bien tristes, ces îles, si nous ne les aimions que pour leur climat ! Plaines, plages de sable fin, côtes découpées en criques minuscules, forêts de pins et garrigues… Les Baléares, c'est tout cela à la fois. La nature demeure variée et omniprésente malgré les quelques épidémies bétonneuses de l'industrie du tourisme. Alors bien sûr, de ces îles, on revient avec des clichés de cartes postales : bikinis et mer turquoise bordée de sable doré. Mais les photos retiennent aussi les pentes abruptes de la montagne, les bosquets et les vastes plaines désertiques. Après un portrait des deux archipels qui forment les Baléares, nous irons aux origines de la transparence de l'eau, en partie due aux prairies sous-marines de posidonies, véritables régulatrices des écosystèmes marins de la Méditerranée, avant de proposer une sélection des plus belles plages de l'île blanche, la sensationnelle Ibiza.

Géographie des archipels

La communauté autonome des Baléares se compose géographiquement d'un groupement d'îles réparties en deux archipels distincts : Majorque et Minorque composent l'archipel des Gymnésies (« Grandes Baléares »), tandis qu'Ibiza et Formentera forment ensemble l'archipel des Pitiüses (« Petites Baléares »), qui signifie en catalan « couvert de pins », en référence aux forêts primitives de pins qui couvrent leurs territoires. Les quatre principales îles des Baléares, Majorque, Minorque, Ibiza et Formentera ont une superficie totale de près de 5 000 km². Plus grande île de la communauté, Majorque mesure 100 km d'est en ouest et 80 km du nord au sud pour une superficie de 3 640 km². C'est l'île qui possède la plus grande variété de paysages, avec des côtes sableuses et rocheuses, mais surtout deux cordillères montagneuses dont les sommets grimpent, pour la Serra de Tramuntana, à plus de 1 400 m, avec comme point culminant comme le bien nommé Puig Major (1 445 m). Entre les deux sierras, on trouve une vaste dépression où sont installées les principales, mais modestes, agglomérations de l'île. Le reste de l'espace est voué à l'agriculture et tout particulièrement à l'arboriculture (orangers, citronniers, figuiers, etc.). L'autre grande île de l'archipel Nord, Minorque (695 km²), est presque six fois plus petite que son imposante voisine, mais demeure toutefois la deuxième île par la superficie de la communauté autonome. Longue d'environ 48 km et atteignant 20 km dans sa plus grande largeur, elle est extrêmement ventée et traversée de murets qui en font son charme. Dotée d'un modeste couvert végétal, Minorque est dominée par un sommet, modeste lui aussi, le monte Toro, qui culmine à 357 m. L'île compte deux importantes agglomérations, Maó à l'est et Ciutadella à l'ouest, qui regroupent les deux tiers de la population. Entourant Majorque et Minorque, on trouve un semis de petites îles dont les plus importantes sont Sa Dragonera et Cabrera, respectivement à l'ouest et au sud de Majorque.

Le second archipel de la communauté autonome est celui des Pitiüses ou Pityusas, composé principalement par les îles d'Ibiza et de Formentera. Ibiza est, par sa superficie, la troisième île des Baléares avec 570 km². Longue de 40 km et large de 20 km, elle est extrêmement montagneuse et couverte encore, en certains endroits, d'une forêt primitive de pins, ces arbres qui ont donné leur nom à l'archipel. On y trouve de rares plaines, dominées par le mont Sa Talaiassa, haut de 475 m. Les autres massifs montagneux, principalement composés de roche calcaire datant du Crétacé, sont ceux de la Serra dels Mussols grimpant à 347 m, la Serra Grossa et ses 398 mètres d'altitude et la Mala Costa atteignant 410 mètres de haut. Ibiza est rattachée à sa voisine Formentera par une suite de rochers et d'îlots. Les deux îles sont séparées par un détroit de 3 km parsemé d'îlots, classé réserve naturelle (le détroit d'Es Freus). C'est la seconde réserve marine la plus importante d'Espagne, nommée Parc naturel de Ses Salines. Elle est réputée pour la richesse de ses fonds marins, où s'épanouissent les prairies de posidonie, classées au patrimoine de l'Unesco depuis 1999. Formentera (83 km² et 69 km de littoral) ressemble, par sa forme, à la Guadeloupe et est connue comme la plus petite île des Baléares, mais c'est également la plus plane et la plus aride. Elle est formée de deux parties bien distinctes, l'une très plate à l'ouest, et l'autre montagneuse à l'est, dominée par les 192 mètres du Puig La Mola, point culminant de l'île. Les deux extrémités de Formentera sont reliées par une étroite bande de terre bordée de plages. Au sud de l'île, le cap de Barbaria forme un promontoire aride semi-désertique dominé par un phare servant de repère aux navires qui entrent dans la mer Méditerranée par le détroit de Gibraltar, quant à l'est, le plateau de la Mola dévoile des paysages ruraux balayés par le vent qui s'achèvent sur d'abruptes falaises. La côte Est est également découpée de plusieurs pointes, de la Punta de sa Creu au nord, à la Punta Roja, au sud.

L'herbier de posidonie : trésor des fonds marins

Pur trésor des fonds marins, la Posidonia oceanica n'est pas une algue, mais bien une plante à fleurs qui, il y a près de 100 millions d'années, s'est adaptée du milieu terrestre au milieu océanique. Endémismes de la Méditerranée, elles forment ce que l'on appelle des « prairies » ou des « herbiers » de posidonie. Considérées comme de véritables « ingénieures d'écosystème », elles jouent un rôle écologique essentiel au sein du littoral méditerranéen. Si elles tapissent une bonne partie de la Méditerranée, les prairies de posidonie qui se concentrent dans la Réserve naturelle de Ses Salines, entre Ibiza et Formentera, sont parmi les mieux préservées. La plante se compose de racines enfouies dans les sédiments et de tiges dressées, toutes deux appelées rhizomes. Ce sont de véritables réserves à nutriments ! Les rhizomes dressés à la verticale produisent toute l'année des feuilles en forme d'écailles. Ces feuilles servent de refuge à de multiples espèces animales et végétales qui trouvent dans ces herbiers un habitat naturel. Lorsqu'elles tombent, les feuilles produisent une masse importante de matière végétale nécessaire à l'alimentation d'un bon nombre d'espèces animales : emportées par le courant, elles servent de nourriture aux oursins et crustacés, à certains poissons, mais aussi aux tortues marines. C'est à l'automne que débute la floraison de la plante (qui ne fleurit pas nécessairement tous les ans, cela dépend de la température de l'eau), qui donne ensuite un fruit parfois très sombre, visuellement proche de l'olive, après environ huit mois de maturation, ce qui lui vaut le surnom dans certains coins de la Méditerranée d'« olive de mer ».

Une importante source d'oxygène. Véritable « poumon de la mer », la Posidonia oceanica est une source majeure d'oxygénation de l'eau, favorable à la biodiversité de son écosystème. On dit qu'un mètre carré de posidonie produit plus d'oxygène qu'un mètre carré de forêt amazonienne ! Elle joue également un rôle de purification en « piégeant » les sédiments présents dans l'eau sous forme de particules fines. Stockés dans ce que l'on appelle « la matte », les sédiments contribuent à la croissance des rhizomes de la posidonie. C'est grâce à ce mécanisme que la plante participe à son tour à la transparence de l'eau. De plus, la présence des herbiers de posidonie freine l'hydrodynamisme, et par conséquent, limite la présence des suspensions de particules dans l'eau, favorisées par les différents courants marins.

Une espèce protégée. Depuis de nombreuses années, les herbiers de posidonie sont en régression. Le développement de la construction le long des littoraux, le déversement de substances chimiques néfastes dans la mer et la pêche non contrôlée dans des zones sensibles ont longtemps favorisé la régression de ce régulateur naturel des fonds méditerranéens. Les herbiers de posidonie sont aujourd'hui protégés, comme c'est le cas pour les prairies qui s'épanouissent au large d'Ibiza et de Formentera : la réserve de Ses Salines a ainsi été classée au patrimoine de l'Unesco en 1999. La posidonie fait aujourd'hui l'objet d'une surveillance particulière en raison de ses précieuses vertus écologiques, et ce dans tout le bassin méditerranéen.

Posidonies.

TOP 10

PLAGE

Vous vous apercevrez rapidement si vous louez une voiture que l'île est propice au vagabondage, rien de plus agréable que de trouver « par hasard » un petit coin de paradis, mais vous ne nous en voudrez pas de vouloir vous aider !

CALA JONDAL

Entourée de rochers, cette cala offre un paysage enchanteur. Le soir, la musique live est au rdv !

© LUNAMARINA - SHUTTERSTOCK.COM

BENIRRÁS

C'est de loin la plage la plus mystique de l'île. Le dimanche soir, les tambours hippies résonnent.

© EIVAISLA - ISTOCKPHOTO.COM

AIGÜES BLANQUES

Au pied d'une grande falaise, cette plage est certainement la préférée des naturistes... le matin !

© LUNAMARINA - SHUTTERSTOCK.COM

CALA D'HORT

Crique de sable et de galets dont le fameux rocher d'Es Vedra égaye mystérieusement le panorama.

© ARTYART - SHUTTERSTOCK.COM

PORTINATX

Succession de petites plages peu profondes : S'Arenal Petit, S'Arenal Grand et la plage du port.

© JUERGEN SACK - ISTOCKPHOTO.COM

CALA LLONGA

Eau transparente d'un bleu envoûtant et peu profonde : idéal pour les familles avec enfants.

© CRAIG WILSON - SHUTTERSTOCK.COM

CALA SALDA

Plage de sable fin, accessible en transports publics ou en bateau depuis Sant Antoni de Portmany.

© KRISTIYAN JELKOV - SHUTTERSTOCK.COM

CALA SAN VICENTE

Longue plage où les vagues peuvent parfois se déchaîner. Par temps calme, l'eau est limpide.

© NEONJELLYFISH - ISTOCKPHOTO.COM

SES SALINES

Avec son eau turquoise à profondeur variable, voici la « plage des people », on l'on aime être vu.

© YURUPHOTO - SHUTTERSTOCK.COM

PLATGES DE COMTE

Une des plus belles plages, avec sa mer turquoise et son sable aussi blanc que celui des maisons.

© LEO BUCHER - SHUTTERSTOCK.COM

NATURE

L'écosystème des Baléares offre à plantes et animaux de tous poils, plumes ou écailles un espace favorable : on recense de fait plusieurs espaces naturels protégés sur les quatre îles. La faune que l'on y rencontre est naturellement méditerranéenne, se composant d'oiseaux (dont une bonne part sont migrateurs) et de créatures marines, mais aussi de quelques bestioles terrestres typiques des sous-bois ouest européens. Côté flore, c'est dans la Sierra de La Tramuntana que l'on trouve la zone la plus verte de l'archipel, avec le chêne vert comme symbole. Minorque et Formentera, balayées par les vents, offrent une végétation propre composée d'arbustes et conifères, sans oublier l'emblématique figuier. Ici et là poussent également oliviers, amandier et citronniers. Mais la plus grande richesse naturelle des Baléares est à n'en point douter la posidonie, bienfaitrice des profondeurs, se déployant en prairies sous-marines entre les îles Pituyses.

Faune

La faune des îles Baléares montre une relative pauvreté quant à la variété des espèces prospérant sur l'ensemble de la zone qui sont majoritairement des oiseaux. Ils peuplent des espaces propices à la nidification, à l'écart des lieux touristiques. Il convient de faire une distinction entre les oiseaux sédentaires et les oiseaux migrateurs arrivés d'Afrique ou d'Europe du Nord, qui choisissent chaque année les Baléares comme lieu de nidification. Selon la nature de l'habitat (étang, bordure côtière, montagne, zone rocheuse, etc.), on aura l'occasion d'observer des passereaux – fauvettes, chardonnerets, merles ou encore l'étrange huppe fasciée –, des échassiers – flamants roses, hérons, cigognes –, des rapaces – faucons et aigles (principalement dans le massif d'Artà, à Majorque) – et des oiseaux aquatiques – pélicans, goélands et mouettes. Mais la faune des Baléares est également constituée des animaux de nos forêts et de nos sous-bois. On peut croiser en effet, lors d'excursions dans la sierra de Tramuntana (Majorque), lapins, perdrix et sangliers. Enfin, le long des rivages, la quasi-totalité des espèces marines peuplant la Méditerranée est visible, à découvrir, au choix, lors d'une excursion plongée ou dans les assiettes des nombreux restaurants.

À Majorque, on trouve de nombreuses espèces concentrées dans la sierra de Tramuntana, sur les étangs de l'Albufera dans le nord de l'île, ou sur les étangs de la pointe sud, près de Punta Volantina. Majorque compte 3 parcs naturels où l'on observe notamment une belle variété d'oiseaux migrateurs et marins. À Minorque, c'est à proximité de Maó (Albufera d'es Grau) qu'on aura l'occasion de découvrir la plus grande concentration d'oiseaux de l'île. Quant à Ibiza-Formentera, les plus beaux et nombreux spécimens d'oiseaux se rencontrent dans les

Flamants roses volant au dessus de Ses Salines.

anciennes salines. La faune des Pityuses inclut aussi une grande variété de petits lézards et de geckos, d'une couleur verte très soutenue ou dans des coloris bleu turquoise. Ils font partie, à Formentera, des espèces protégées. Dans une tout autre catégorie, citons le lévrier d'Ibiza, ou *ca eivissenc*, qui est un chien à poil ras de couleur claire ressemblant étonnamment à ceux que l'on voit sur les documents égyptiens du temps des pharaons.

Flore

À Majorque, les nombreuses espèces d'arbres peuplent principalement les parties accidentées des reliefs de l'île. Dans la sierra de Tramuntana règne en maître le chêne vert. Il bénéficie, principalement sur le versant nord-ouest de l'épine dorsale majorquine, de conditions climatiques particulières, marquées par des pluies fréquentes qui lui permettent de prospérer aisément. Sur le versant sud-est, on trouve des espèces beaucoup plus communes au monde méditerranéen : quelques chênes verts, mais principalement des pins d'Alep qu'accompagnent en nombre oliviers, amandiers, figuiers, ou encore caroubiers, importés au fil des siècles du continent européen et du continent africain, et qui composent aujourd'hui un paysage coloré et méditerranéen. Il est fort courant également de découvrir citronniers et orangers sur les pentes de la sierra comme en plaine lorsqu'ils font l'objet d'une exploitation intensive destinée à l'exportation. Hors de la Serra de Tramuntana, le poumon vert de l'île, le couvert végétal est relativement réduit, excepté dans les zones protégées et autour de Pollença. Minorque possède quant à elle une végétation qui lui est propre. Balayée par les vents, on rencontre beaucoup plus d'arbustes que d'arbres à proprement parler, des conifères essentiellement. De plus, les dieux phéniciens et grecs ne l'ont pas dotée d'une grande fertilité. On trouve des figuiers, quasiment les seuls arbres fruitiers de l'île. L'une des activités majeures de l'économie minorquine est d'ailleurs l'élevage et non la culture.

Comme Majorque, Ibiza est encore couverte d'une partie de sa forêt originelle. L'île abrite aussi une grande variété d'arbres fruitiers : amandiers, caroubiers, figuiers bien sûr, mais aussi palmiers ou encore bougainvilliers. En dépit de reliefs guère élevés, les arbres n'en sont pas moins omniprésents sur toute la superficie insulaire. Le couvert végétal est constitué de plusieurs dizaines d'espèces d'arbres, comme le pin, le noyer, le genévrier, l'olivier et le caroubier. L'arbre le plus courant à Ibiza est la sabine, sorte de pin au bois très dur qui entrait dans la construction de toutes les anciennes maisons de paysans, souvent sous forme de poutres ou comme élément décoratif. Toutes sortes de cactus sauvages donnent aussi un aspect rustique et sec à l'ensemble de la végétation. La modeste superficie de Formentera (moins de 85 km²) et son faible relief expliquent la nature très particulière de sa végétation qui ressemble beaucoup à celle de Minorque. On y trouve une variété de pins de très petite taille et quelques espèces d'arbres fruitiers, essentiellement des figuiers, mais aussi des amandiers.

© LALOCRACIO - ISTOCKPHOTO.COM

Lézard sur un figuier à Formentera.

La Posidonie, trésor des fonds marins

La *Posidonia oceanica* n'est pas une algue, mais bien une plante à fleurs qui, il y a près de 100 millions d'années, s'est adaptée du milieu terrestre au milieu océanique. Endémiques de la Méditerranée, elles forment ce que l'on appelle des « prairies » ou des « herbiers » de posidonie. Considérées comme de véritables « ingénieures d'écosystème », elles jouent un rôle écologique essentiel au sein du littoral méditerranéen. Si elles tapissent une bonne partie de la Méditerranée, les prairies de posidonie qui se concentrent dans la Réserve naturelle de Ses Salines, entre Ibiza et Formentera, comptent parmi les mieux préservées. Véritable poumon de la mer, la posidonie est une source majeure d'oxygénation de l'eau, favorable à la biodiversité de son écosystème. On dit d'ailleurs qu'un mètre carré de posidonie produit plus d'oxygène qu'un mètre carré de forêt amazonienne !

L'Organisation des Nations Unies a proclamé 2017 « Année internationale du tourisme durable pour le développement ». C'est dans ce contexte qu'est né le « Save Posidonia Project », un projet pionnier de financement participatif destiné à la conservation de la Posidonie de Méditerranée. Chaque participant peut devenir le « parrain » d'un mètre carré ou plus de Posidonie (1 €/m²). Les fonds levés sont donc entièrement destinés à la préservation de cette flore si particulière.

CLIMAT

Doux en hiver (le thermomètre ne descend que rarement au-dessous de la barre des 0 °C), chaud en été (la température peut alors franchir frôler les 40 °C), le climat des Baléares est typiquement méditerranéen. La température moyenne est de 18 °C et oscille généralement entre 10 °C en hiver et 25 °C en été, et on comptabilise en moyenne 300 jours d'ensoleillement à l'année. Le printemps, comme les mois de septembre et d'octobre, est très variable, mais c'est à cette période que l'on profitera des plus belles lumières et d'une chaleur idéale. Évidemment, pendant l'été, il fait plus chaud et beau (parfois même trop chaud dans les Pityuses), et juillet sonne le début de l'invasion touristique. Ce climat paradisiaque est toutefois en sursis. Le réchauffement climatique mondial pourrait bien avoir des conséquences importantes sur les Baléares. Si bien que depuis peu, les îles s'organisent pour protéger leur fragile environnement.

Climat et saisonnalité

L'hiver dans les Baléares, de type méditerranéen, s'avère délicieusement doux puisque les températures se situent autour de 12 °C. C'est précisément pour cette douceur que nombre d'Européens ont choisi de s'installer dans l'archipel, les mois d'hiver constituant l'époque la plus tranquille. Si le temps peut parfois paraître instable, les journées sont le plus souvent ensoleillées, claires et limpides. Attention toutefois : la température chute le soir avec des nuits bien fraîches ! Ainsi, veste ou manteau ne sont nécessaires qu'à la tombée du jour. Tout au long de la journée, un simple pull peut faire l'affaire, surtout à Ibiza et Formentera, plus méridionales. Au mois de février, les amandiers à Ibiza commencent leur floraison et le nord de l'île se couvre de blanc et rose, en particulier du côté des plaines de Santa Agnès de Corona. Les balades dans le centre de l'île, comme à Sant Mateu, sont alors de toute beauté.

Le printemps et l'automne sont des saisons très variables, mais c'est à ce moment que l'on peut goûter les plus belles semaines de l'année avec un ensoleillement parfait et une température idéale. Il peut y avoir quelques jours d'une pluie sporadique, mais forte. S'il est rare qu'il pleuve pendant une journée entière, cela peut en revanche durer une longue semaine à la période de l'équinoxe. Au printemps toutefois, même sous un ciel orageux, il ne fait pas froid. Quand vient un orage, sitôt après, au plus tard le lendemain, la température remonte à 20/25 °C. Le soleil parvient toujours à réchauffer l'air et à sécher la terre. Malgré ces pluies impressionnantes, l'archipel, à l'image de la péninsule Ibérique, subit la sécheresse depuis plusieurs années. Dernièrement, les pluies sont devenues plus sporadiques et la sécheresse aux îles Baléares a été plus importante que celle des régions dites très arides de la péninsule.

L'été est la grande saison touristique et commence en juin, parfois à la mi-mai pour ceux qui ont la chance de prendre des vacances à cette période précoce. Le temps est chaud et le soleil tape. Le ciel est bleu et l'eau est fraîche (environ 25 °C), mais les plages sont plus calmes. Le soir, la température fraîchit et on supporte une petite laine. Le vent d'est ou *levante* peut souffler. Juin sonne le début de l'invasion touristique. Évidemment il fait plus chaud, parfois même trop, jusqu'à 40 °C.

Changement climatique et Baléares

Aux Baléares comme ailleurs, le réchauffement climatique mondial a déjà un impact. Il faut dire que le bassin méditerranéen a enregistré en un peu plus d'un siècle une hausse de température supérieure à la moyenne mondiale, soit +1,5 °C. Même dans le cas où les objectifs d'une limitation du réchauffement à 2 °C fixés par les Accords de Paris seraient atteints, les conséquences à prévoir pour les pays que baigne la Mare Nostrum sont préoccupantes. La baisse de la pluviométrie estivale pourrait impacter les productions agricoles. La montée des eaux due à la fonte des glaciers et les inondations à prévoir est une autre menace sérieuse pour les Baléares qui comptent de nombreuses localités côtières. À cela s'ajoute le réchauffement de la surface de la Méditerranée – les îles Baléares comptent parmi les régions les plus touchées par ce phénomène – mais aussi son acidification constante, avec pour conséquence le bouleversement de l'écosystème marin et donc du secteur de la pêche. Le gouvernement des Baléares a voté en 2019 un plan d'action écologique visant à réduire drastiquement les émissions de gaz à effet de serre d'ici 2050.

ENVIRONNEMENT

L'archipel des Baléares offre plusieurs visages : celui d'un espace bétonné, façonné par le tourisme de masse, « sol y playa » qui a fleuri dans les années 1960. Cette baléarisation ne doit pas faire oublier les écosystèmes remarquables présents dans les îles, associés à des paysages exceptionnels. Mais ce jardin d'Eden est menacé par les activités humaines. L'urbanisation a ainsi contribué à la fragmentation et la dégradation des milieux naturels, et les millions de touristes accueillis chaque année dans les îles engendrent des pressions sur les ressources, produisant une grande quantité de déchets. Face au constat de pollution préoccupante de la Méditerranée, et de forte vulnérabilité au changement climatique, l'archipel s'est lancé dans une stratégie ambitieuse de réduction à la source de ses déchets et de lutte en faveur du climat. Le visiteur est lui aussi invité à participer à ces actions de protection, dans son voyage comme dans sa vie de tous les jours.

Espaces protégés

L'archipel possède un parc national maritime-terrestre, des parcs, réserves et monuments naturels. Ces aires visent à concilier préservation des écosystèmes et sensibilisation du public, via des sentiers découvertes et des activités nature. On citera :

- **Parc national maritime-terrestre de l'archipel de Cabrera** : il protège une biodiversité marine et terrestre exceptionnelle fragile et abrite des paysages et milieux absolument magnifiques, à l'image de la très connue grotte bleue Cabrera. On y accède en bateau et de nombreux itinéraires pédestres permettent de découvrir l'archipel. Le snorkeling constitue une autre manière de découvrir les trésors du parc.
- **Parc naturel de Mondragó** : situé au sud-est de Majorque, il protège une riche biodiversité, dont des espèces endémiques de fleurs. Il est également possible d'y observer de nombreux oiseaux.
- **Parc naturel de la Peninsula de Llevant** : situé au nord-est de Majorque, il possède un patrimoine naturel et culturel remarquable. Ses paysages, entre mer et montagnes, sont extrêmement variés et de toute beauté. Les passionnés de nature pourront y découvrir des espèces endémiques (millepertuis des Baléares, escargot des Baléares).
- **Serra de Tramuntana** : située à l'ouest de Majorque, cette chaîne de montagnes est classée au patrimoine de l'UNESCO. Elle offre des paysages d'une extrême beauté, au fil de ses sentiers de randonnée.
- **Parc naturel de Sa Dragonera** : situé sur l'île de Sa Dragonera, au sud-ouest de Majorque, il abrite une exceptionnelle biodiversité, dont les lézards à qui il doit son nom (« dragones »). L'accès y est réglementé.
- **Parc naturel de S'Albufera des Grau** : situé au nord-est de Minorque il possède une lagune, qui abrite une biodiversité floristique et faunistique remarquable, dont près de 270 espèces d'oiseaux. Vous pourrez en observer grâce aux stations d'observation présentes dans le parc.
- **Réserve de biosphère de l'UNESCO** : située au nord-est de Minorque, elle protège des milieux humides remarquables, habitat d'oiseaux migrateurs.
- **Parc naturel de Ses Salines d'Ibiza et de Formentera** : classé au patrimoine mondial de l'UNESCO, il protège des écosystèmes terrestres remarquables, mais également une riche biodiversité marine (associée aux herbiers de posidonies).

Outre les pressions anthropiques, les îles font également face à des espèces végétales envahissantes (dont le *Carpobrotus edulis*, surnommé « patata frita » ou « dent de león »). La crise de la biodiversité est également liée à la pollution et à la fragmentation des milieux, et accrue par le dérèglement climatique.

© NARESHBALAKRISHNAN - SHUTTERSTOCK.COM

Serra de Tramuntana.

DÉCOUVRIR

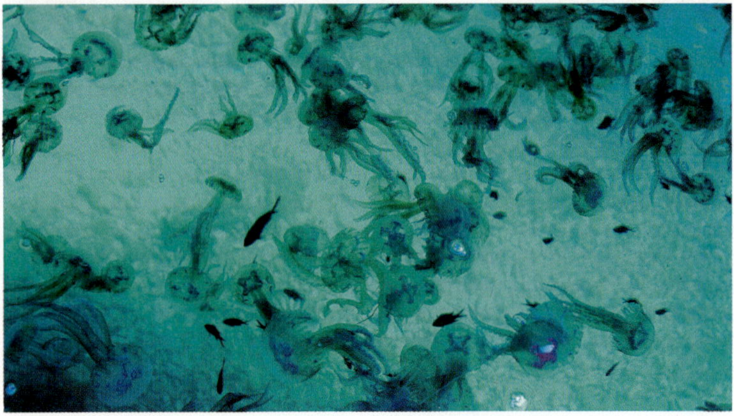

© ZAFERKIZILKAYA - SHUTTERSTOCK.COM

Les méduses protégées par le parc national maritime-terrestre de l'archipel de Cabrera.

Une politique ambitieuse de réduction des déchets

La production annuelle de déchets aux Baléares est estimée à environ 800 kg par habitant, un des taux les plus élevés d'Espagne (source zerowaste). Cette production, liée à la fréquentation touristique (20 millions de visiteurs en 2017), dépasse souvent les capacités des centres de traitements de déchets de l'archipel (incinérateurs). Cette situation contribue à la pollution plastique de la mer. La Méditerranée, qui constitue 1 % des eaux marines du monde, concentre en effet 7 % de la pollution plastique (source : www.wwf.fr). Il s'agit le plus souvent d'une pollution invisible à l'œil nu (plastiques sous forme de nano et micro-particules), issue des effluents aqueux. On trouve également des détritus plastiques solides dans l'île, souvent après des épisodes de pluie. Des campagnes de nettoyage de plages sont initiées régulièrement par des associations de protection de l'environnement. Face à ces enjeux, l'archipel a promulgué une loi en 2019 visant à réduire les déchets à la source. Elle engage les Baléares dans une démarche, pionnière en Espagne, d'économie circulaire, associée à des objectifs chiffrés. Elle interdit notamment de nombreux plastiques à usage unique contenant des micro-particules et nano-plastiques et les bouteilles d'eau. Cette loi s'applique aux ménages, mais également au secteur de l'hôtellerie, de la restauration et de l'événementiel. Elle s'accompagne de sensibilisations et d'incitations financières.

Les Baléares face au changement climatique

L'archipel est particulièrement vulnérable au changement climatique. Celui-ci pourrait prendre la forme d'une plus grande fréquence et intensité des événements extrêmes : sécheresses, inondations, vagues de chaleur, tempêtes, autant de phénomènes qui aggraveraient l'érosion des sols et la dégradation des milieux. A cela s'ajoute le risque de submersion des terres (par élévation du niveau de la mer). La hausse de la température marine induit quant à elle la perturbation des écosystèmes avec des effets délétères sur le plancton et l'ensemble de la chaîne alimentaire. Dès lors c'est l'ensemble du vivant – dont nous faisons partie – qui est menacé. Un rapport de l'ONU publié en décembre 2020 indique que nous suivons une trajectoire de +3,1 °C à l'échelle planétaire. Le réseau méditerranéen d'experts sur les changements climatiques et environnementaux (MedECC), qui regroupe plus de 600 chercheurs, a produit un rapport en novembre 2020 sur les risques environnementaux en région méditerranéenne, destiné aux scientifiques et aux décideurs. Il appelle à l'action afin de limiter le réchauffement climatique et à s'adapter à ses effets. Face à cette urgence, le gouvernement des Baléares a promulgué une loi en 2018 visant à établir une stratégie bas carbone. Celle-ci est fondée sur l'interdiction de nouvelles voitures diesel à partir de 2025, le développement des énergies renouvelables (dont solaire/thermique, parc de location de voitures électriques) et la fermeture des centrales thermiques d'ici 2035, afin de réduire la dépendance aux énergies fossiles. L'objectif est l'atteinte de la neutralité carbone en 2050. Le visiteur peut également contribuer à cette stratégie. L'archipel offre en effet de nombreuses possibilités d'écotourisme : mobilités actives (itinéraires pédestres et cyclables), consommation de produits locaux et sobriété dans l'usage des ressources. Une taxe touristique a été instituée en 2016, dont les sommes perçues visent au financement de projets environnementaux. Dans nos gestes du quotidien, nous sommes également acteurs du changement en faveur du climat et de la biodiversité.

HISTOIRE

Si elles forment bien un archipel, et sont aujourd'hui regroupées sous une autorité commune, les îles Baléares n'ont pas pour autant un passé similaire. Au fil des âges, l'une est devenue florissante tandis que sa voisine stagne, ignorée de tous. Une autre se recroqueville sous le joug de l'occupant, alors qu'à quelques encablures, l'autonomie est déjà la règle. C'est sans doute en raison de cette diversité de destinées que les Baléares nous apparaissent aujourd'hui sous des jours si différents d'un rivage à l'autre. Il existe toutefois un point commun historique à ces îles plantées entre l'Europe et l'Afrique du Nord : elles ont toujours été sur l'itinéraire marchand des grandes civilisations de la Méditerranée. Par conséquent, elles ont été alternativement convoitées par les Phéniciens, les Carthaginois, les Ibères, les Romains et les Maures. Méditerranéennes, les quatre îles des Baléares le sont et le seront éternellement.

4000 AV. J.-C

Aux Baléares, les vestiges mégalithiques de l'époque préhistorique attestent de la présence très ancienne de l'homme. À Minorque (Naveta des Tudons), à Majorque (Talaiot de Capocorb, Llucmajor) ou à Formentera (Ca Na Costa), l'homme préhistorique a laissé des traces de son séjour. Mais il est difficile de savoir à quel moment un pied humain foule pour la première fois les plages des Baléares. Les historiens estiment que l'homme y apparaît 4 000 ans avant notre ère. Il trouve sur cet archipel un gibier abondant, notamment une espèce d'antilope aujourd'hui disparue, le Myotragus. Il est donc d'abord chasseur, puis, assez logiquement, éleveur et cultivateur. Cette civilisation trouve refuge dans des grottes où les archéologues ont retrouvé les premières poteries et objets en métal (entre 3000 et 2000 av. J.-C.). On parle alors de culture pré-talayotique.

Naveta d'es Tudons.

1 500 AV. J.-C

À cette époque débutent les échanges commerciaux avec le bassin méditerranéen : Grecs, Ibères et Phéniciens font des haltes aux Baléares pour proposer leurs marchandises. Cette ouverture vers le reste du monde de l'époque va entraîner les premières constructions sur l'archipel.

Les récits des marins de passage alimentent les imaginaires locaux. Les descriptions des premières cités structurées (Athènes et Carthage notamment) influencent les îliens, si bien que les villages se forment à mesure que les grottes se vident. Au cœur de ces modestes agglomérations, des tours de pierre et de bois assemblées sans mortier sont érigées : il s'agit des *talayots*. Jusqu'ici peu organisées et visiblement pacifiques, les tribus dressent les premières fortifications.

1100 AV. J.-C

© SIMONA BALCONI - ISTOCKPHOTO.COM

Talayot.

645 AV. J.-C

Ces modestes systèmes de défense ne suffiront pas à arrêter les Carthaginois qui se rendent maîtres des Baléares en 645 av. J.-C. Ils détruisent les tours, bâtissent leurs propres villes et fortifications et surtout exploitent les richesses de l'archipel : les marais salants et le murex (mollusque carnassier dont est tirée la pourpre, un colorant très recherché dans l'Antiquité). Les envahisseurs tirent également parti du remarquable maniement de la fronde par les jeunes guerriers des Baléares. Ils les enrôlèrent dans leurs campagnes comme mercenaires dans les guerres puniques qui les opposèrent à Rome de 264 à146 av. J.-C.

123 AV. J.-C

Il ne faut que quelques années aux Romains pour comprendre alors l'intérêt de Carthage pour les Baléares. En 123 av. J.-C., le consul Caecilius Metellus intègre l'archipel à l'Empire romain. Il crée Palma et trace des voies de circulation à Majorque et Minorque. Néanmoins, l'Empire romain n'a pas laissé des traces profondes de sa domination. Il faut dire que 300 ans après s'être installé, l'empire n'est plus que l'ombre de lui-même. Sa chute, vers 400 de notre ère, plonge les Baléares dans une période de repli.

425 APR. J.-C

L'archipel est dévasté par les Vandales, et une civilisation paléochrétienne subsiste comme elle peut durant cette période.

553

Après la conquête du général Bélisaire, sous le règne de Justinien, empereur de Byzance, les Baléares sont intégrées en 553 à l'Empire d'Orient. Au VIIe siècle, les Wisigoths chassent les Byzantins, mais ce sont les Maures qui deviennent rapidement les maîtres des lieux.

Les Arabes font leurs premières incursions dès le VIIe siècle, sans que l'on puisse parler de véritable invasion. Malgré quelques pillages, ils cherchent surtout à commercer, profitant ainsi de la position privilégiée des îles sur les grandes routes maritimes. Charlemagne tente de rétablir durablement une domination
902 chrétienne sur Majorque, mais ses efforts sont réduits à néant en 902, lorsque le calife de Cordoue, Issam al-Jawlani, s'empare sans effort de l'archipel. À sa mort, en 1031, plusieurs suzerains maures d'Espagne se succèdent et entretiennent avec les chrétiens des rapports tolérants. Si aujourd'hui peu de vestiges sont visibles, les apports culturels, techniques (en agriculture notamment) et architecturaux des Maures sont à l'origine d'un sursaut de l'archipel.

Les îles demeurent terres musulmanes, mais pour la première fois depuis des siècles, elles deviennent un royaume indépendant. Entre 1113 et 1114, Ramon Berenguer, comte de Barcelone, très attiré par la situation géographique des Baléares, à la croisée des routes commerciales de la Méditerranée, s'allie à des corsaires de Pise pour occuper Palma. Traînant en longueur, la conquête laisse aux musulmans le temps de se réorganiser, et la tentative de reconquête échoue. L'archipel retrouve sa situation antérieure : la domination arabe.

1077

© FABIO LAVARONE - ISTOCKPHOTO.COM

Statue de Ramon Berenguer.

Animé d'un véritable sentiment de mission divine et profitant des dissensions entre les différents suzerains arabes d'Espagne et des Baléares, Jacques Ier d'Aragon prend prétexte d'attaques permanentes des pirates arabes contre les
9 SEPTEMBRE 1229 bateaux de commerce pour tenter de chasser les musulmans des Baléares. En septembre 1229, il envoie une puissante flotte. Le 9 septembre, le jeune roi (21 ans) sort vainqueur du principal affrontement entre les deux armées. Les Maures se sont toutefois réfugiés à Medina Majorica, le nom arabe de Palma. Jacques Ier devra patienter trois mois. La ville tombe enfin entre ses mains et c'est le début du royaume de Majorque.

1276

Jusqu'à sa mort, en 1276, le souverain contribuera avec succès au développement de l'économie des Baléares. À sa mort, il lègue Majorque à son fils cadet, Jacques II, avec le titre de roi des Baléares, tandis que l'aîné obtient le royaume d'Aragon. Avec ce partage, les îles constituent alors un royaume indépendant pour la dernière fois de leur histoire. Il le reste jusqu'en 1343, malgré les pressions de la branche aragonaise de la famille pour récupérer les Baléares. Ces tensions atteignent un premier sommet lorsque Sanche, fils de Jacques II et sans héritier mâle, désigne son neveu, le futur Jacques III, pour lui succéder, alors que l'Aragon réclame l'archipel. Le conflit est évité grâce au soutien qu'apporte la France à Jacques III mais, à l'avènement de Pierre IV d'Aragon, le conflit rebondit, et le royaume de Majorque est délaissé par le roi de France, plongé en pleine guerre de Cent Ans.

1343

Après s'être assuré du soutien de la population locale par la promesse de maintenir tous ses privilèges, Pierre IV s'empare du royaume de Majorque en écrasant l'armée de Jacques III. Ce dernier devient de fait une partie du royaume d'Aragon, et donc de la Couronne d'Espagne, et perd donc son indépendance. L'île y perdra dans le même temps beaucoup de son éclat. Assujetties à des impôts nouveaux, concurrencées par les promesses du Nouveau Monde fraîchement découvert, les Baléares ne sont plus l'enjeu des routes maritimes qu'elles ont été pendant des siècles. Pire, comme au temps des premières incursions arabes, la piraterie dévaste à nouveau l'archipel. Sans défense et trop dispersés, les habitants de Formentera sont même contraints de se réfugier à Ibiza. Leur île sera désertée jusqu'au XVIIe siècle, lorsqu'un réseau de tours de garde (encore bien visibles aujourd'hui) en assurera enfin la protection.

1713

La guerre de Succession d'Espagne oppose les Habsbourg et les Bourbons de 1701 à 1716. Philippe V sort vainqueur, mais les Anglais, bien que dans le camp des Habsbourg vaincus, conservent Minorque. Les Français, sous le commandement de Richelieu, viendront les en déloger en 1756. Finalement, à l'issue de la guerre de Sept Ans, la France rend le Canada, l'Inde et Minorque aux Anglais.

1802

L'Espagne ne regagne la souveraineté de Minorque qu'en 1802 par le traité d'Amiens qui rendra les Baléares à l'Espagne.

XIXE SIÈCLE

Le XIXe siècle est marqué par le développement agricole, industriel et urbain. Majorque, qui connaît sécheresse et famine, se voit dotée d'un chemin de fer, tandis que les cultures de l'amandier et de la vigne sont introduites à Ibiza et Majorque. En 1837, pour la première fois, est mise en service une ligne régulière entre la péninsule et l'archipel. Parallèlement, c'est aussi une période où la misère poussa de nombreux îliens à l'émigration. D'importants travaux dans le port d'Ibiza à la fin de ce siècle vont par ailleurs favoriser le développement des communications maritimes.

1847-1915

Archiduc Louis Salvador (Florence, Brandysnad Laben /Bohême)

Archiduc d'Autriche, il fut aussi un grand humaniste qui fit le tour du monde pour toujours revenir à Majorque où il jouissait de nombreuses possessions. Ardent défenseur des beautés naturelles et du patrimoine des îles Baléares, il écrivit plusieurs ouvrages, dont le plus fameux, *Les Baléares*, dans lequel il décrit les îles en mots et en images. Il reçut d'ailleurs la médaille d'or pour cet ouvrage lors de l'Exposition universelle à Paris en 1878. *Die Balearen geschildert in Wort und Bild (Les Baléares, description par le texte et l'image)* est toujours aujourd'hui une source d'informations précieuse sur tous les aspects des Baléares : histoire, géographie, faune et flore, coutumes… L'œuvre est d'ailleurs considérée comme la première étude globale de l'archipel. C'est aussi grâce à lui et à son travail de recherche que les Baléares ont pu se faire connaître ailleurs en Europe. Il invita de nombreuses personnalités politiques et intellectuelles (sa cousine Sissi, son ami Jules Verne…) à venir les découvrir. Son investissement auprès des îles, surtout de Majorque, était si important que déjà en 1909, le *Fomento de Turismo* (organe régissant le développement touristique) le nomma Président d'Honneur. L'écrivain français Jean-Louis Sarthou a écrit un livre (publié en 2013, éditions du Vieux Caroubier) sur cette figure emblématique qu'est l'Archiduc Louis-Salvador d'Autriche. Dans son livre *L'archiduc sans frontière,* Sarthou raconte comme Majorque devint le lieu idéal pour cet homme en quête d'épanouissement, l'endroit propice où promouvoir un tourisme social et équitable. Une lecture à conseiller.

L'ancien manoir de l'Archiduc Louis-Salvador à San Marroig.

1936

Au début du XXe siècle, Majorque se signale par un embryon d'industrie. Pendant la guerre civile, entre 1936 et 1939, les militaires présents à Majorque et à Ibiza se rallient presque immédiatement au général Franco, seule Minorque reste fidèle aux républicains jusqu'à la Seconde Guerre mondiale.

1963

Après des années de semi-autarcie, le gouvernement espagnol accélère le processus d'ouverture et les premiers touristes arrivent. Ibiza devient La Mecque des hippies. Enchantés et émerveillés, ces pionniers sont suivis de millions de visiteurs. Les années 1970 sont marquées par une véritable vague de touristes venus du nord de l'Europe – d'Allemagne tout particulièrement – qui prennent possession du littoral Baléares et des pittoresques villages de montagne. Cette invasion touristique transforme l'île et affecte une population dont une bonne partie conserve, contre vents et marées, les us et coutumes et un mode de vie d'un passé pas si lointain.

© OTOGRAFIAS - ISTOCKPHOTO.COM

Panneaux flower power à Ibiza.

1983

Au début des années 1980, les îles connaissent une véritable révolution avec l'accession à l'autonomie et la création d'un gouvernement autonome des Baléares le 25 février 1983. Un parlement baléare voit le jour. Régulièrement, depuis cette date, les électeurs baléares sont appelés aux urnes pour élire leurs députés. Un gouvernement est constitué, avec à sa tête un président : Gabriel Canella Fons.

Gabriel Cañellas i Fons (1941-)

Gabriel Cañellas i Fons fut le premier président de la Communauté autonome des Baléares, et ce jusqu'en 1995. Après de multiples réélections à ce poste (1987, 1991 et 1995), il est contraint de démissionner. L'année 1995 reste en effet une date noire dans l'histoire des Baléares, avec la découverte d'un énorme scandale de corruption (affaires Calvià et Sòller) qui jette l'opprobre sur la classe politique tout entière. Le 15 juillet, il remet sa démission et Cristòfol Soler lui succède.

1996

Démission de Cristòfol Soler et nomination de Jaume Matas Palau.

JUIN 1999

Élections européennes et municipales ; élections de la nouvelle équipe du gouvernement autonome des Baléares avec coalition anti Parti populaire de tous les partis politiques ; nouveau président : Francesc Antich, du Parti socialiste des îles Baléares, qui arrive en tête des élections du Parlement régional des Baléares.

2000 Les murailles de la ville d'Ibiza (Dalt Vila) deviennent Patrimoine mondial de l'Unesco. Au mois de mai, une fête dite médiévale se tient dans l'enceinte de la vieille ville d'Ibiza pour célébrer cet événement.

© LUNAMARINA - SHUTTERSTOCK.COM

Entrée principale de la Dalt Vila, Ibiza.

MAI 2003 Lors des élections régionales, le Parti populaire, gouverné par Jaume Matas Palau, a gardé la préférence des habitants de l'archipel en remportant la majorité des sièges à l'Assemblée.

MAI 2007 Lors des élections parlementaires, Jaume Matas Palau se présente une nouvelle fois aux élections et, si le Parti populaire (PP) reste de loin le premier parti en nombre de voix avec 46 %, il perd toutefois sa majorité absolue. Son adversaire, le socialiste Francesc Antich i Oliver, gagne la présidence en passant une alliance avec les partis régionalistes et forme un gouvernement de centre-gauche.

2008 Comme le reste de l'Espagne, les îles Baléares sont touchées par la crise financière et l'effondrement du secteur de la construction.

2010 Le scandale « Palma Arena » oblige Francesc Antich i Oliver à se séparer d'Unió Mallorquina, dont certains dirigeants sont impliqués dans cette affaire de corruption, pour gouverner seul sans la majorité.

2011 La droite est de retour au pouvoir lors des élections du 18 juin, avec une majorité écrasante. José Ramón Bauzà Díaz (PP) est le nouveau président du gouvernement des îles Baléares et doit affronter le problème du chômage. La même année, Iñaki Urdangarin – gendre du roi d'Espagne – fait l'objet d'une enquête dans le cadre de l'affaire Babel, dérivée de l'affaire Palma Arena. Il est mis en examen en 2012 pour détournement de fonds publics.

2013

En parallèle, la crise s'intensifie dans toute l'Espagne et particulièrement aux Baléares, où le taux de chômage atteint 28,5 % au printemps 2013. L'arrivée de l'été marque une courte période de répit, et le chômage descend à 22,5 % grâce aux emplois saisonniers. On est malheureusement loin des chiffres du début des années 2000, lorsque les Baléares connaissaient le plein emploi pendant la saison touristique. À l'automne, un profond malaise social vient se greffer au problème de la crise : la réforme du système éducatif, mise en place par le gouvernement de José Ramón Bauzá, menace l'usage du catalan dans les écoles des Baléares au profit de l'anglais.

2014

En septembre 2014, la Cour suprême des Baléares annule cette réforme du système éducatif, la jugeant non valide, du fait que l'Université des îles Baléares, organe compétent, n'a pas été consultée dans cette prise de décision. Suite à cela, la ministre de l'Éducation Juana Maria Camps est destituée de ses fonctions et remplacée par la porte-parole du gouvernement, Nuria Riera. Ces événements ont donné suite à de nombreuses manifestations anti Bauzá réclamant sa démission.

2015

Lors des élections, le pouvoir change de nouveau de main et revient aux socialistes. Francina Armengol devient la nouvelle présidente du gouvernement.

JUILLET 2016

Le gouvernement des Baléares instaure une taxe touristique sur les hébergements afin de pouvoir financer le développement des infrastructures touristiques et à la préservation des espaces naturels de l'archipel. Le tourisme, véritable moteur économique, connaît en effet un boom sans précédent depuis le début du nouveau millénaire, représentant plus de 45 % du PIB des Baléares. Mais parallèlement, les inégalités demeurent, puisque près de 20 % de la population des Baléares continue de vivre sous le seuil de pauvreté. La place occupée par le tourisme dans l'économie locale entraîne également une forte dépendance à l'activité saisonnière. Certes, le tourisme de masse remplit les caisses de l'État et fait gonfler l'économie nationale, mais on aurait tort de sous-estimer ses lourdes conséquences sur l'environnement et la qualité de vie.

JUILLET 2017

Le parlement des Baléares vote une loi interdisant les corridas avec mise à mort.

2 JUIN 2018

Pedro Sánchez, membre du Parti socialiste ouvrier espagnol (PSOE), devient le président du gouvernement d'Espagne. Il succède à Mariano Rajoy, qui a démissionné suite à l'adoption d'une motion de censure.

FÉVRIER 2019

Le gouvernement des Baléares vote une loi fixant à zéro l'objectif d'émission de CO_2 d'ici 2050.

2020

La pandémie de Covid19 n'épargne pas les Baléares, provoquant, en effet secondaire, la chute brutale du tourisme dans les îles à l'été 2020.

TOP 10

PERSONNAGES HISTORIQUES

Outre l'Archiduc Louis Salvador, dont nous avons déjà dressé un bref portrait, et Gabriel Cañellas i Fons premier président de la Communauté autonome des Baléares, certaines figures historiques ont profondément marqué l'histoire de l'archipel. Voici notre top 10.

MAGON BARCA
Général carthaginois qui lutta contre Rome puis trouva refuge à Minorque. Il donna son nom à Mahon.

MOUSSA IBN NOÇAÏR
Gouverneur de la province musulmane d'Ifriqiya (698), il achève la conquête des Maures des Baléares.

RAMON MUNTANER
Lieutenant de Jacques III, Muntaner mourut en 1336, laissant de précieuses *Chroniques* historiques.

© WIKIMEDIA COMMONS

BALEARICUS
Ce consul romain mit fin à 75 ans de résistance des pirates de Majorque et Minorque, en 123 av. J.-C.

FRANCINA ARMENGOL
Pharmacienne et première femme à présider les Baléares, sous la bannière du PSOE depuis 2015.

ANSELM TURMEDA
Ce grand écrivain majorquin du Moyen Âge émit un ensemble de prophéties politiques et religieuses.

JAUME I
Le jeune roi d'Aragon et de Catalogne mena à bien en quatre mois (1229) la conquête de Majorque.

© ALEXEY PEVNEV - SHUTTERSTOCK.COM

RAMON LLULL
Intellectuel chrétien béatifié, il est considéré comme l'un des inventeurs du catalan littéraire.

© RAULO BET - ISTOCKPHOTO.COM

BÉLISAIRE
Ce général reprit les Baléares aux Vandales en 534, réincorporant l'archipel dans le giron byzantin.

© EVERETT COLLECTION - SHUTTERSTOCK.COM

JOHN BYNG
Amiral britannique qui perdit la bataille de Minorque (1756) opposant l'Angleterre à la France.

© THOMAS HUDSON - WIKIMEDIA COMMONS

LES ENJEUX ACTUELS

Ce n'est qu'au début des années 1980 que le territoire des Baléares accède au statut d'autonomie, statut lui permettant de légiférer dans la majorité des secteurs clés de son économie et de prendre des décisions importantes au niveau social sans attendre l'approbation de Madrid. Après une dizaine d'années de gouvernance de droite, la communauté entame un mouvement d'alternance politique mandat après mandat, ponctué d'un certain nombre de scandales de corruption et d'interrogations identitaires, le tout sur fond de crise économique mondiale. Profondément rurales, vivant essentiellement de l'agriculture, les sociétés des Baléares ont, dès les années 1960, été forcées de se réinventer pour demeurer compétitives sur le marché, bouleversant les modes de vie traditionnels. La question du tourisme est également centrale dans ces îles fonctionnant à plein cinq mois sur douze, tant d'un point de vue économique qu'écologique.

Corruption politique et débats linguistiques

Premier président du gouvernement autonome des Baléares depuis l'accession territoire îlien à l'autonomie en 1983, Gabriel Cañellas Fons (droite) est contraint en 1995, après maintes réélections à ce poste, de démissionner. Il est en effet impliqué dans une vaste affaire de corruption dans laquelle une bonne partie de la classe politique est mouillée. S'ensuit une alternance politique entre le socialisme de Francesc Antich i Oliver et le Parti Populaire, jusqu'à ce qu'un nouveau scandale de corruption éclate en 2010 (Palma Arena), où cette fois-ci des dirigeants de gauche sont impliqués. Le président socialiste doit alors se séparer d'une partie de son soutien, mais ce ne sera pas suffisant pour asseoir sa position et c'est la droite qui l'emporte l'année suivante, année au cours de laquelle le gendre du roi d'Espagne Iñaki Urdangarin se trouvera compromis dans une affaire de détournement de fonds publics, l'affaire Babel, dérivée de celle de Palma Arena. Au cours des années qui suivirent la crise systémique mondiale de 2008, les ravages économiques n'épargnèrent pas l'Espagne, et les Baléares encore moins. L'emploi aux Baléares étant très saisonnier, en hiver la situation se dégrade, surtout dans les petites îles car, comme dans tous les endroits touristiques, les Baléares se distinguent par un rythme de travail calqué sur l'arrivée des touristes, surtout à Ibiza et Formentera. Majorque et Minorque se démarquent par une activité industrielle et agricole plus importante. Concernant le marché du travail, après avoir traversé une période difficile comme le reste de l'Espagne et une bonne partie de l'Europe, les chiffres du chômage n'ont fait que s'améliorer. Mais les chiffres sont à considérer avec parcimonie, les emplois étant beaucoup plus nombreux en saison. A ce problème économique s'ajoute bientôt celui de la réforme du système éducatif : le gouvernement de José Ramón Bauzá décide de remplacer l'usage du catalan dans les écoles des Baléares par l'anglais, créant un profond malaise social sur les îles. La réforme est finalement annulée à l'automne 2014 et la ministre de l'Education Juana Maria Camps est démise de ses fonctions. De nombreuses manifestations s'ensuivent en faveur de la démission de Bauzá. Depuis, la politique linguistique occupe une place prépondérante dans les débats politiques. En 2016, le gouvernement de Francina Armengol avait fait du catalan une condition obligatoire pour accéder à un poste de fonctionnaire régional. En 2018, un décret a même été mis en place faisant du catalan un prérequis pour travailler dans les hôpitaux publics des Baléares. Une mesure qui a provoqué l'indignation des services de santé et le départ de certains médecins étrangers (pour beaucoup issus d'Amérique latine ou de régions

© DIANAHIRSCH - ISTOCKPHOTO.COM

Orangeraie à Majorque.

© MUNIMARA - SHUTTERSTOCK.COM

Pêcheur à Formentera.

espagnoles où l'on ne parle pas catalan), alors même que le système de santé actuel souffre d'un sous-effectif.

Une agriculture qui se cherche

Les îles Baléares, avant la phase d'ouverture de 1963 décidée par le général Franco, ont une économie typiquement méditerranéenne, tirant leur richesse, toute relative, du travail de la terre. Le sol fertile et le climat très doux en font, jusqu'à aujourd'hui, un pays producteur de fruits et de vin : amande, caroube et citron sont toujours cultivés. L'olivier, qui a pendant de nombreux siècles fait la richesse de l'île, a été remplacé au cours du XXe siècle par l'oranger, qui continue d'être intensément cultivé à Majorque (et en particulier à Sòller). Des fruits traditionnellement ignorés des producteurs ont également trouvé une place de choix dans l'économie locale, comme l'abricot. Mais avec le temps, l'agriculture intensive a entraîné de profondes modifications du paysage îlien. La mise en valeur de nouvelles terres a fait reculer le couvert végétal et les forêts primitives des îles. La pêche continue d'occuper quelques familles à Majorque comme à Ibiza ou Formentera où l'on est pêcheur de père en fils. Les flottilles de petits bateaux qui faisaient le charme de nombreux ports majorquins ont toutefois été remplacées par des chalutiers, productivité oblige. Les salines, quant à elles, sont vouées à disparaître. Naguère, elles représentaient la principale activité d'Ibiza et de Formentera. Ce n'est plus le cas aujourd'hui, elles ont quasiment disparu. De même si les céréales, les fruits, les légumes, les tubercules et les agrumes sont encore des productions importantes, l'agriculture est néanmoins en régression constante, et ce depuis 1950. Le tourisme est devenu la principale ressource économique de l'archipel.

Un tourisme à maîtriser

Avec l'ouverture du pays vers l'extérieur, au début des années 1960, l'agriculture a ainsi perdu son statut de leader de l'économie insulaire. La faute en revient au tourisme. Cela concerne essentiellement les visiteurs étrangers, mais aussi les Espagnols continentaux. Dans les années 1960, le pays était bon marché, comme aiment à le rappeler les fidèles des Baléares. Question prix, tout a changé aujourd'hui. Mais chaque année, des millions d'amoureux continuent de filer sur les traces de Frédéric Chopin et de George Sand afin de passer quelques jours de bonheur sur les rivages de la mare nostrum. Malgré une mauvaise période en 2009 due à la baisse de la livre par rapport à l'euro (entraînant une baisse de 1 million de visiteurs en seulement un an), les Baléares se sont vite redressées, profitant des événements du « Printemps arabe », qui ont permis de capter de nouveaux visiteurs. Pour la seule année 2014, les Baléares ont accueilli plus de 13,5 millions de touristes soit plus de 4 % de plus qu'en 2013, avec une forte augmentation de touristes hollandais, mais aussi espagnols. Avec la nouvelle taxe touristique entrée en vigueur au début de l'été 2016, le gouvernement des Baléares est d'ailleurs parvenu à récupérer 40 millions d'euros en un an, budget réinvesti dans la protection du patrimoine et de la nature de l'archipel. Mais l'économie des Baléares est devenue dépendante de ce flot de touristes. Le tourisme représente actuellement à lui seul près de 35 % du PIB des archipels. En 2018, l'archipel a encore accueilli plus de 16 millions de touristes sur son territoire. Alors que l'année suivante les chiffres ont légèrement baissé. Quant à 2020, n'en parlons pas...

ARCHITECTURE

Oubliez tout ce que vous pensez savoir sur les Baléares et embarquez pour un voyage inédit au cœur d'un patrimoine architectural à la richesse insoupçonnée. Terres convoitées depuis des millénaires, les Baléares abritent les témoins des plus grandes civilisations et les routes sillonnant leurs terres d'ocre et de rouge vous mèneront à des sites étonnants. Vous y découvrirez les géants de pierre de la culture préhistorique talayotique et vous vous émerveillerez devant les nécropoles phéniciennes et les temples romains. Au cœur des villes, vous lirez derrière chaque pierre l'influence maure puis espagnole et serez emporté dans un tourbillon gothique et baroque. Dans les campagnes, vous serez étonné par l'ingéniosité d'un habitat rural unique. Et surtout, passez outre les « verrues » de béton, car dans leur ombre se cachent des trésors de modernisme et des réalisations contemporaines raffinées. Bienvenue aux Baléares, terre d'art et d'histoire !

Aux origines

Les plus fascinants témoins préhistoriques des Baléares sont ceux de la culture dite talayotique remontant à 1600 av. J.-C. Cette dénomination vient des talayots que l'on retrouve en grand nombre à Minorque et Majorque. De forme circulaire ou quadrangulaire, ces tours fortifiées impressionnent par leur appareillage dit cyclopéen, car formé de pierres imposantes assemblées sans ciment ni mortier. A ne pas manquer : les tours de Ciutadella et Trepuco à Minorque ★★. Ces tours de protection et d'observation appartiennent au système défensif mis en place dans les premiers villages talayotiques dont on peut apercevoir des vestiges sur le site de Ses Paisses à Majorque. Les *taulas* constituent un autre témoignage étonnant de cette culture. Il s'agit d'autels de pierre composés d'un menhir surmonté d'une pierre plate et le plus souvent protégés par des cercles de pierres sacrées. Enfin, ne manquez pas les *navetas*, sépultures ainsi nommées car possédant une structure semblable à celle d'une coque de navire renversée. Elles se composent d'une petite porte menant à une antichambre ou un couloir desservant une ou plusieurs chambres alors superposées. La plus célèbre est la Naveta d'Es Tudons (p.329) à Ciutadella de Menorca ★★★ (p.328). Remarquez ses imposantes dimensions et ses pièces décorées avec des plafonds à encorbellement. A Majorque d'autres édifices funéraires se développent comme les hypogées, structures funéraires creusées directement dans le sol. L'importance des rites funéraires se retrouve chez les Phéniciens et les Carthaginois qui ont laissé de très belles marques de leur présence, notamment à Ibiza. La Nécropole punique de Puig des Molins (p.99) est l'une des plus grandes au monde. Près de 4 000 hypogées y ont été retrouvés. Le site de Sa Caleta (p.124), lui, illustre la maîtrise phénicienne de l'urbanisme. Là, vous découvrirez les vestiges d'une véritable ville

Palau Reial de l'Almudaina.

découpée en quartiers et possédant des zones résidentielles peuplées de maisons, mais aussi des quartiers plus commerçants avec un four à pain ou encore un atelier de fonte. Une maîtrise urbanistique que l'on retrouve à l'époque romaine comme le montre le site de Pollentia sur l'île de Majorque. Trois *domus* y ont été mises à jour, dont la Maison des Deux Trésors avec sa belle façade à arcades. Le forum avec le capitole ainsi qu'un théâtre avec une partie de ses gradins y ont été également découverts. Maîtres dans l'ingénierie, les Romains ont aussi laissé les vestiges d'imposants aqueducs, tel celui de Santa Eularia des Riu à Ibiza.

Du Califat à la couronne d'Espagne

Développement de systèmes d'irrigation, aménagement des sols et des vergers en terrasses, développement des techniques du fer, de la céramique et du verre… grâce à leur savoir-faire, les Maures ont considérablement transformé le visage des îles. C'est également sous leur contrôle que se développent les premières grandes forteresses, les *almudaina* – tel **le Palau Reial de l'Almudaina** (p.215) à **Palma de Majorque** ★★★ (p.211) – ainsi que les premiers systèmes de remparts. On leur doit également une très belle architecture de l'eau avec la présence de fontaines sur les places et dans les nombreux patios des maisons, un agencement typiquement maure. Les bains sont aussi un précieux témoignage de la présence maure, comme en témoignent les Banys Arabs de Palma avec leur superbe hammam surmonté d'une coupole laissant pénétrer la lumière via de très jolies lucarnes. Les cœurs de ville comme celui de Ciutadella à Minorque portent encore la marque des *medina* d'alors avec leurs ruelles étroites et ombragées et leurs petites places. Malheureusement, la plupart des témoins de cette époque ont été considérablement modifiés, voire détruits par les différentes factions espagnoles. Les églises ont remplacé les mosquées et les forteresses se sont transformées en palais gothiques. Revenus dans le giron chrétien, les Baléares se couvrent de superbes édifices religieux, au premier rang desquels les cathédrales de Palma de Majorque et **Ibiza** (p.97). La première est un symbole du syncrétisme qui règne dans les îles puisqu'elle a été édifiée sur une ancienne mosquée, elle-même construite sur un temple romain. On admire ce superbe exemple de gothique dit catalan avec son toit presque plat, son absence de transept et de déambulatoire et surtout ses hautes voûtes dessinant un espace dégagé et éclairé par les dizaines de rosaces et vitraux perçant sa structure. Couvents et ermitages se multiplient également. A Ibiza, l'architecture des églises traduit l'évolution de la situation de l'île. Les premières églises sont de véritables forteresses, basses et solides, possédant des emplacements à canon comme l'**église de San Antonio** (p.137). Puis progressivement, l'architecture se fait plus ouverte, l'église devenant le centre de la paroisse, ce qui explique la présence de cours couvertes précédées d'entrées à arches permettant l'accueil des fidèles. Ces églises à la structure blanchie à la chaux se développent principalement à partir du XVIIIe siècle. A Ibiza, vous ne pourrez pas non plus manquer les tours de guet, le plus souvent de plan circulaire avec un appareillage calcaire, dont les silhouettes trapues et percées de meurtrières jalonnent les côtes de l'île, à l'image de la **Torre des Savinar** (p.127) et la Torre de Balafia. Ce besoin constant de protection se lit également dans la multiplication des remparts entourant les villes. Ceux que l'on peut observer à Eivissa datent du XVIe siècle. Avec leurs bastions et leur forme heptagonale, ils semblent indestructibles. Alcudia, sur l'île de Majorque, possède également une superbe muraille de pierre, et deux impressionnantes tours carrées et crénelées, la Porta des Moll et la Porta Sant Sebastia. Au sein de ces puissants systèmes défensifs se cachent d'autres trésors portant la marque du gothique, de la Renaissance et du baroque. La présence espagnole se lit, en effet, à travers de nombreux témoins de l'architecture civile : ayuntamientos (hôtels de ville), palais privés, bourses de commerces peuplent les villes. Ne manquez pas la Llotja, la très belle bourse de commerce de Palma de Majorque avec ses trois nefs somptueuses, ses voûtes nervurées et ses colonnes torsadées, très bel exemple de gothique flamboyant ; ou bien encore le Cal Marquès de Palmer, somptueux palais gothico-Renaissance et l'hôtel de ville dont la richesse décorative amorce une transition vers le Baroque. Ces édifices se concentrent le plus souvent autour de places qui deviennent le cœur vibrant des villes et le point focal de leur urbanisme. En parallèle de cette architecture très « officielle », vous pourrez admirer les richesses de l'habitat rural des Baléares, et plus spécifiquement celui d'Ibiza. Moulins à vent, citernes et murets de pierre sèche constituent un petit patrimoine unique illustrant la vie quotidienne dans les campagnes. Mais ce sont sans aucun doute les fincas qui font la fierté de l'île. Ces constructions, imaginées par les paysans eux-mêmes, sont conçues pour s'adapter parfaitement aux rigueurs du climat et se développer en fonction des besoins des habitants. Construites en pierres et en blocs de calcaire locaux blanchis à la chaux, elles sont le résultat de la juxtaposition de volumes cubiques simples. Les toits plats à poutres de bois local sont conçus pour permettre la récupération des eaux de pluie, tandis que le faible nombre d'ouvertures permet de conserver une température agréable, quelle que soit la saison. Une sobriété et une rationalité qui impressionnèrent Le Corbusier et les membres du Bauhaus !

© G.PAGOMENOS - SHUTTERSTOCK.COM

Façade du Can Corbella à Palma de Majorque.

Triomphe de la modernité

Au tournant du XXe siècle, les îles succombent, comme le reste du continent, à la vague historicisante des styles néo. A Palma de Majorque, le Can Corbella est un superbe exemple de style néo-mudéjar. Style que l'on retrouve dans bon nombre d'établissements commerciaux ou industriels avec ses arcatures très travaillées et ses célèbres plafonds à caissons. Puis progressivement, ce courant historiciste va laisser place à un modernisme unique faisant une étonnante synthèse entre les douces courbes de l'Art nouveau, les lignes géométriques de la Sécession Viennoise et les créations oniriques du Modernismo catalan. A Palma de Majorque, le Can Casasayas et la Pension Menorquina, avec les ondulations de leurs façades et leur richesse ornementale, rappellent les créations du chef de file du Modernismo, le génial Gaudi, dont on peut observer d'étonnantes créations… au cœur même de la Cathédrale de Palma de Majorque dont il a justement repensé le chœur à grand renfort de fer forgé ! Enfin, ne manquez pas le Gran Hotel de Palma (aujourd'hui siège de la Fondation Culturelle de la Caixa). Œuvre de Lluis Domenech i Montaner et premier établissement hôtelier de la ville, l'édifice se pare des plus belles couleurs de l'Art nouveau. A Ibiza, ce sont les modernistes Josep Lluis Sert, Sixte Illescas et German Rodrigues Arias qui ont laissé leur empreinte dans l'urbanisation du quartier de Can Pep Simo, projet des années 30, très largement inspirée des fincas rurales avec ses maisons blanches aux volumes simples. C'est également à Josep Lluis Sert que l'on doit l'atelier de Miro à Palma de Majorque. Entre innovation et tradition, entre béton et matériaux traditionnels, Sert a imaginé un lieu à l'image de son propriétaire : unique. En 1992, Pilar Miro, la femme de l'artiste, commande une extension à l'architecte Rafael Moneo. Surnommée « la forteresse d'albâtre », cette création est un chef-d'œuvre de pureté formelle et de sobriété. Et Moneo n'est pas le seul à avoir été inspiré par ces îles. Daniel Liebeskind a imaginé, à Port d'Andratx, l'atelier de l'artiste Barbara Weil en 2003. Par ses formes étonnantes et la pureté de sa lumineuse blancheur, l'édifice fait figure de sculpture parmi les sculptures, s'intégrant harmonieusement à l'environnement. Un souci d'intégration que l'on retrouve dans la villa d'Alvaro Siza à Palma. Toits plats, formes simples s'imbriquant les unes dans les autres… tout rappelle l'architecture des fincas. Les villas sont aujourd'hui les très belles représentantes d'une architecture contemporaine qui se veut respectueuse de l'environnement dans lequel elles s'intègrent harmonieusement, mais aussi des traditions locales multipliant l'emploi de matériaux et pierres produits sur place, privilégiant simplicité et sobriété, très loin des murs de béton de certaines zones côtières. La villa Mediterraneo01 signée par l'agence Metroarea en est un très bel exemple. En parallèle, chaque île multiplie les campagnes de préservation et de restauration de son patrimoine, tout en renforçant la législation en matière de protection de l'environnement. Démantèlement d'une grande partie du parc hôtelier à l'architecture « douteuse », application des arrêtés interdisant les constructions à proximité des plages… les Baléares, et surtout l'île de Formentera, ont bien compris que de cette protection dépend la survie de leur identité.

BEAUX-ARTS

Les Baléares ont toujours exercé un intérêt particulier. Depuis George Sand et Chopin, écrivains et artistes n'ont cessé d'enrichir la culture locale. Nombre de peintres ont trouvé refuge à Majorque ou Ibiza au cours du XXe siècle. En quête d'une vie plus douce ou d'inspiration, les hippies ont laissé une empreinte indélébile dans l'archipel. La luminosité qui redessine le paysage, les couleurs tranchées, l'eau translucide ont sans doute nourri l'imaginaire des plasticiens. L'avant-garde s'épanouit ici avec bonheur, peut-être parce que les Baléares ont su maintenir des passerelles avec l'Europe. Après la movida espagnole, des artistes locaux se sont imposés sur la scène internationale. Miquel Barceló en premier lieu, et d'autres artistes contemporains marquants tels que Tofol Sastre ou María Carbonero. De nos jours, une faune artistique variée trouve à Minorque, Majorque ou Ibiza un marché d'un dynamisme qui ne s'est jamais démenti !

Ouverture au monde

Les Baléares connaissent une période faste au siècle des Lumières. Malgré leur isolement, après l'invasion britannique, les îles s'ouvrent aux influences européennes. Le meilleur exemple de l'enrichissement culturel des Baléares est le peintre minorquin Pasqual Calbó i Caldès (1752-1817). Injustement méconnu, il trouve à Minorque l'endroit idéal pour satisfaire sa curiosité intellectuelle autant que sa créativité. Ce personnage érudit maîtrisait plusieurs langues, ce qui lui permit de se former à Vienne et Rome avant de traverser l'Atlantique. En 1787, il travaille comme paysagiste en Amérique puis peint la culture noire à La Nouvelle-Orléans avant de s'imprégner de l'esprit des Caraïbes. Il revient à Minorque à l'âge de 28 ans et renonce à ses ambitions commerciales pour s'établir sur son île en tant qu'artiste peintre. Il laisse des peintures religieuses, de rares paysages, en plus de nombreux portraits officiels et privés qui allient psychologie et finesse technique.

Avant-garde

Né en 1863 à Barcelone, le peintre impressionniste Laureano Barrau étudie les maîtres espagnols à Madrid avant de poursuivre sa formation à Paris. Il s'installe à Ibiza à l'âge de 47 ans, plus précisément à Santa Eulalia del Rio où il continue de produire jusqu'à l'âge de 98 ans. A sa mort en 1957, sa femme ouvre le musée de Puig da Missa qui abrite deux cents de ses œuvres. Barrau connut la première vague d'exil de 1930. Des têtes pensantes, des peintres et des architectes de toute l'Europe fuyant le fascisme s'installent dans les îles. La vie culturelle s'en trouve grandement dynamisée. Raoul Haussman, cofondateur du mouvement dadaïste, s'installe à Ibiza à cette époque et réalise des photos qui constituent aujourd'hui une véritable mémoire historique de l'île. La fin des années 1950 conforte l'attrait des îles. On peut même parler d'un engouement des artistes pour Ibiza. Les beatniks constituent la première contre-culture présente à Ibiza. La première galerie de l'île, baptisée El Corsario, voit alors le jour. Les musées, salles d'expositions et galeries fleurissent sur chacune des îles de l'archipel.

Grupo 59

L'Allemand Erwin Bechtold élit domicile à Ibiza en 1954, tout en préservant des ponts artistiques avec les capitales européennes. En 1959, il fonde avec Erwin Broner le Groupe 59 qui réunit l'avant-garde occidentale : les Allemands Hans Laabs, Egon Neubauer ou Katja Meirowsky ; les Américains Robert W. Munford et Erwin Broner, le Suédois Bertil Sjoeberg et les Espagnols Antonio Ruiz et Carlos Sansegundo. Il s'agit davantage d'une alliance que d'une école, chacun développant son propre style. Dans le même esprit, le Grupo Puget réunit en 1962 Antoni Marí Ribas « Portmany », Vicent Calbet, Ferrer Guasch et Toni Pomar.

La première biennale des Baléares a lieu en 1964, puis en 1969, le premier musée d'art contemporain espagnol ouvre ses portes à Ibiza.

Joan Miró (1893-1983)

Fils d'une Majorquine, le jeune Joan Miró naît à Barcelone, mais passe ses vacances à Majorque. C'est à Paris qu'il rencontre d'autres grands artistes espagnols comme Picasso, ainsi que les Surréalistes. Amoureux de Majorque, il retourne s'y installer après la guerre.

En 1955, l'architecte catalan Josep Lluís Sert dessine son atelier de Cala Major, près de Palma. Lorsque Miró meurt en 1982, sa veuve Pilar transforme selon ses volontés leur résidence en Fundacio Pilar i Joan Miró. On ne peut que recommander de prendre le temps de déambuler dans ce lieu magique. Peintre, sculpteur, graveur et céramiste, Joan Miró est l'un des rares artistes à avoir créé un langage unique, devenu universel. Qualifié de peintre « mirobolant » par Desnos, il aimait les couleurs vives, et par-dessus tout le bleu. Ses formes à la frontière de l'abstraction lyrique évoquent les oiseaux, les étoiles et le monde onirique, que ce soit dans ses gravures ou ses œuvres monumentales.

© S74 - SHUTTERSTOCK.COM

Fondation Pilar et Joan Miró.

Miquel Barceló

Né à Majorque en 1957, c'est sans aucun doute le plus célèbre des peintres nés aux Baléares, et l'une des grandes figures internationales de l'art contemporain. Après des études à Palma et aux Beaux-Arts de Barcelone, il se fait remarquer en 1981 à la Biennale de São Paulo. En 1996, la rétrospective que lui consacre le Centre Pompidou de Paris l'installe comme l'un des peintres les mieux cotés du marché. En 2004, il est le premier peintre contemporain à exposer son travail au musée du Louvre, avec ses aquarelles de la Divine Comédie. Influencé par l'art conceptuel, l'art brut, l'Action painting et par des artistes comme Miró et Antoni Tàpies, Barceló trouve sa principale source d'inspiration dans la nature. La découverte du Mali, où il vit désormais en partie, se ressent dans ses toiles. On peut admirer ses œuvres dans la cathédrale de Palma ou encore au Musée d'Es Baluard de Palma.

© JEANNE EMMEL - SHUTTERSTOCK.COM

Intérieur de la cathédrale de Palma, par Miquel Barcelò.

La relève contemporaine

A Palma, l'art urbain est un moyen d'expression populaire apprécié par tous. La meilleure façon de découvrir cet art en perpétuel renouvellement est de flâner. Pour les plus organisés, le blog Porta Mallorquina propose de suivre l'actualité du street art presque en temps réel. Quelques signatures sortent du lot, dont deux femmes : Marina Molada qui tapisse les murs de ses photos en noir et blanc et Esther Olondriz. Le plus international est sans doute Joan Aguiló. Formé aux Beaux-arts de Barcelone et de Mexico, il découvre l'art urbain à Berlin. De retour à Majorque en 2013, il développe son art dans la ville de Palma. Des instants volés montrent des anonymes dans des scènes issues de la culture locale. Ses fresques immenses émanent désormais de commandes officielles. Sa plus célèbre murale, qui représente un enfant géant tétant un biberon devant un petit train, est visible par les voyageurs en partance pour Soller. L'art local authentique se rencontre à la galerie Sargantana. Peintures à l'huile, aquarelles et cartes postales seront un excellent souvenir de votre séjour. Autre approche, la Gallery Corner jette un pont entre les artistes inspirés par les îles et le grand public en proposant des originaux accessibles à toutes les bourses : les photographies de la jeune danoise Rebeka Vodrazkova ou du Majorquin Rafael Forteza, ou encore les collages qui interrogent la figure féminine de Flor Rajo. Partout, on sent souffler l'esprit de Miro sur les Baléares.

MUSIQUES ET SCÈNES

Ibiza, ses nuits, ses DJ, ses fêtes, son clubbing… Passées les images d'Epinal conviant David Guetta les bras en l'air, Ibiza et l'ensemble de l'archipel des Baléares ont beaucoup à offrir. Une culture riche, ancestrale, qui compte par exemple quelques danses parmi les plus vieilles d'Espagne. Il suffit d'assister au spectacle du *Ball Pagès*, authentique chorégraphie, généreuse en costumes et bijoux et mimant la parade nuptiale pour être frappé par le contraste avec les aspects jet-set de l'archipel. Amoureuses de toutes les musiques, les Baléares ont en particulier un faible pour le classique qui, en été, se manifeste par divers rendez-vous souvent bien programmés. Un archipel qui sait séduire un large panel de mélomanes.

Les musiques et danses traditionnelles

L'isolement insulaire a sans doute aidé, mais les traditions musicales et chorégraphiques sont particulièrement bien préservées aux Baléares. Certaines des danses locales figurent d'ailleurs même parmi les plus anciennes d'Espagne. Si beaucoup d'entre elles miment des scènes réelles inspirées du monde agricole ou d'épisodes mythologiques, d'autres peuvent être associées à la parade nuptiale. C'est notamment le cas de l'iconique Ball Pagès, danse traditionnelle des Pityuses, aussi présente à Ibiza et à Formentera. Chorégraphie répétant des mouvements circulaires, elle voit l'homme tourner autour de sa partenaire en jouant des *castanyoles* (castagnettes d'environ 15 cm de longueur) tandis qu'elle avance à petits pas, fixant le sol. Outre la splendeur chorégraphique, les Ball Pagès se distinguent par la beauté des habits traditionnels. Les hommes sont généralement habillés en blanc et noir, la taille marquée d'une large ceinture, un bonnet rouge retombant sur la tête. Les femmes, elles, portent de longues robes, ont les cheveux couverts d'un voile et arborent leurs *emprendadas*, un ensemble de colliers en or, argent ou corail. L'*emprendada* accompagne la vie des jeunes filles, de la première communion à la puberté, la mère l'enrichissant année après année avec de nouveaux bijoux. Vrais trésors familiaux, ces colliers se transmettent de génération en génération. La musique accompagnant les Ball Pagès est généralement basée sur des rythmes répétitifs dont l'intensité va crescendo.

Autre pratique très célèbre de l'archipel, le Ball de bot désigne un ensemble de danses traditionnelles de Majorque et Minorque. Introduite ici au cours des XVIIe et XVIIIe siècles, le Ball de Bot comprend principalement le fandango, danse de couple dont le mouvement est marqué en frappant le talon, la jota (ou le jack), qui s'apparente au fandango mais en plus rapide, le boléro, assez lent et calme et divisé en plusieurs figures, et enfin le copeo, dansé avec des pas secs, rapides et latéraux. Citons aussi la danse des Cossiers, une des plus populaires de Majorque, symbolisant le bien face au mal et voyant trois couples mixtes, vêtus de blanc et de jupes vives danser en tenant un mouchoir et un rameau de basilic.

Toutes ces danses sont généralement rythmées par les instruments traditionnels de l'archipel comme les fameuses castanyoles mentionnées précédemment, la xeremia (sorte de cornemuse), le flabiol (petite flûte à cinq trous) et l'espasí (un tambour). Plus rarement intégré à un orchestre, mais tout aussi typique de l'île, le guitarró est, comme son nom le laisse deviner, un petit cousin de la guitare (à 16 ou 17 frettes, parfois moins).

Parmi les plus anciennes traditions de Majorque, citons également le chant de la Sybille. Classé patrimoine culturel immatériel par l'Unesco, il est chanté dans toutes les églises de l'île lors de la messe de minuit le 24 décembre. Un rite authentique qui a su conserver son essence à travers les siècles et continue de se transmettre génération après génération. Du côté de Minorque, la glosat, poésie chantée, courte et improvisée est une des traditions musicales le plus notables.

© DIETWAL - SHUTTERSTOCK.COM

Castanyoles.

© IVAN SMUK - SHUTTERSTOCK.COM

Danse traditionnelle à Ibiza.

Les amoureux de folklore pourront apprécier les danses de l'île à Sant Josep, Sant Miquel, Santa Eulària, Sant Agustí et dans la plupart des villages lors des fêtes patronales, comme par exemple la Sant Bartomeu à Ferreries. Se tenant les 23 et 24 août, les festivités de la Saint Bartholomé - le saint patron du village – sont l'occasion de concerts folkloriques et de défilés en costumes traditionnels. C'est également le cas d'Il Primer Domingo de Mayo à Santa Eulària, l'une des fêtes les plus populaires d'Ibiza où l'on croise défilés de chars et danseurs en costumes folkloriques. Ibiza toujours, la Fête du Vin Pagès de Sant Mateu d'Albarca se tenant à la mi-décembre propose de goûter les vins de la région, accompagnés de musique et danses traditionnelles. Citons également le **Can Casanova** (p.160), petit bar-épicerie au centre de Sant Llorenç, qui chaque samedi après-midi organise un baile tradicional où les Ibiziens du coin revêtent leurs plus beaux costumes et s'adonnent aux danses traditionnelles de l'île jusqu'au couchant.

La musique classique

Si les Baléares n'ont pas à proprement parler vraiment imprimé l'Histoire de la musique classique, l'archipel a tout de même offert quelques noms intéressants au genre. Particulièrement durant la période baroque où l'on trouve Francesc Guerau (1649-1717), compositeur pour la guitare et Antoni Literes, considéré comme le meilleur auteur de zarzuelas de l'époque (1673-1747). Citons également Joan Maria Thomàs i Sabater (1896-1966) organiste qui étudia à Paris et donna de nombreux concerts entre l'Espagne et la France. Il est bon de mentionner que l'archipel possède un ensemble philharmonique, l'Orchestre Symphonique des Iles Baléares (Orquesta Sinfónica de las Islas Baleares) basé à Palma de Majorque. Fondé en 1988, il est dirigé par Pablo Mielgo et réside à l'**Auditorium** (p.211). Les mélomanes de passage en été ne seront pas déçus, l'archipel multipliant les rendez-vous dédiés au classique durant cette période. On peut notamment assister au Festival Chopin et ses concerts de classique dans un cadre magnifique, au Festival international de musique d'Ibiza, rendez-vous incontournable pour les amateurs de musique de chambre et de solistes depuis 1987 (un concours international de piano se tient en parallèle) ainsi qu'au Festival de Pollença qui, chaque année, accueille les grands noms de la chanson espagnole, du jazz, du flamenco et de la musique classique.

La musique électronique

Le monde entier le sait, la musique électronique et (par extension) le clubbing sont des sports nationaux à Ibiza. Et si des superstars comme David Guetta font beaucoup de bruit et que le clubbing local est devenu une industrie en manque d'âme, on peut encore croiser de bons DJ comme Black Coffee au **Hï Ibiza** (p.120) (qui a remplacé l'iconique Space), Maceo Plex à l'Amnesia, Carl Cox au **Pacha** (p.118), DJ Harvey au **Pikes Ibiza** (p.139) ou encore Paul Oakenfold… un peu partout. A noter que ce dernier, acteur historique du son d'Ibiza, est à l'origine du balearic beat, genre de house né à Ibiza dans les années 1980/1990 et mélange de musique électronique et pop psychédélique. Très sereine et planante, cette musique porte en elle l'ADN des grandes années d'Ibiza. En marge du clubbing, la musique électronique locale a également produit des choses un brin plus raffinées – et moins connues – telles que Vacabou, duo au trip-hop très aérien évoquant Air.

LITTÉRATURE

L'archipel des Baléares jouit de vrais atouts pour attirer les artistes étrangers : hors du monde par son côté insulaire, il en est pourtant la quintessence par sa riche histoire aux influences multiples. Et ils furent nombreux à s'y promener, le temps d'un hiver ou d'une retraite bien plus longue. Le plus fidèle est certainement l'écrivain britannique Robert Graves (1895-1985) qui s'y installe à la trentaine, mais il faudrait aussi mentionner George Sand et Frédéric Chopin, Albert Camus, Jean Giono, Jorge Luis Borges, Georges Bernanos, Gertrude Stein, Romain Gary, William Butler Yeats, D.H. Lawrence… et ne surtout pas oublier de préciser que les Baléares ont également vu naître des auteurs d'exception. De Ramon Lull qui fixe à l'écrit les règles du catalan à Antoni Maria Alcover qui œuvre pour préserver le patrimoine culturel de son île, nombre d'entre eux partagent cet amour pour leur langue, et par extension, pour leur terre natale.

Première période

Son nom n'évoquera peut-être rien de ce côté-ci des Pyrénées et pourtant Ramon Lull fut l'un des plus importants écrivains du Moyen Âge, il est toujours aujourd'hui encensé ne serait-ce que son apport à la langue catalane. Il voit le jour à Palma aux alentours de 1232 alors que Majorque, trois ans auparavant, a assisté à la victoire de Jacques Ier d'Aragon sur les Maures qui l'occupaient, l'heure est en effet à la Reconquista. Au carrefour des civilisations et des langues, son île natale a sans aucun doute une grande influence sur Ramon Lull qui, érudit et doté d'une rare intelligence, devient rapidement le précepteur de l'infant. Après une vie joyeuse, il décide de se convertir au catholicisme en 1265, mais ne délaisse pas pour autant les lettres, il bascule simplement de l'écriture de chansons d'amour en occitan à la rédaction d'un monumental Livre de contemplation de Dieu. Polyglotte, il s'attelle à apprendre l'arabe afin de poursuivre ses croisades personnelles, ses œuvres – nombreuses ! on en dénombre plus de 200 – sont à son image, éclectiques, philosophiques et parfois un peu excessives. Mais outre son côté touche à tout – il a aussi bien écrit des ouvrages théologiques, des romans que des encyclopédies scientifiques – Ramon Lull est surtout considéré comme l'un des pères de la langue catalane écrite, ses expérimentations en termes de syntaxe et de vocabulaire ont en effet contribué à en fixer les normes et à la différencier définitivement de l'occitan. C'est le catalan, à nouveau, qui sera à l'honneur dans l'un des plus remarquables textes historiographiques du Moyen Âge, Les Quatre grandes chroniques, dont Ramon Muntaner, qui n'est pas né aux Baléares, mais a poussé son dernier soupir à Ibiza en 1336, signe la plus longue. Dans cette chronique qui porte son nom, il se fait le mémorialiste de la période s'étirant de la naissance de Jacques Ier (1207) au couronnement d'Alphonse IV (1328). Pourtant, il était dit que le Royaume de Majorque, autonome, finirait par être rattaché à la couronne d'Aragon, ce qui fut le cas en 1348 suite à de longues dissensions.

Statue de Ramon Lull à Puig de Randa, Majorque.

© JEANNE EMMEL - SHUTTERSTOCK.COM

Buste de Antoni Maria Alcover à Lluch.

La grande histoire laisse alors place à la petite, la réalité à la fiction, et Guillem de Torroella, dont on sait peu de choses à part qu'il aurait vu le jour au milieu du XIVe siècle dans une famille majorquine originaire de l'Empordà, écrit un conte fortement inspiré des romans de chevalerie français. Dans La Faula il explique comment il a été amené par une baleine sur une île mystérieuse, que d'aucuns assimilent à la Sicile, où résidait le Roi Arthur depuis la bataille de Salisbury. Abattu par le désintérêt de son temps pour les principes chevaleresques et courtois, le souverain breton, alors aux prises à une grave dépression, aurait invité Guillem à raconter son périple aux Majorquins pour que ceux-ci retrouvent, malgré tout, espoir. Pure œuvre d'imagination ou allégorie d'une époque, la traduction française de ce texte catalan se découvre aux éditions Classiques Garnier et permet à chacun de se faire sa propre opinion.

Le renouveau

C'est en poésie que ressuscite la littérature des Baléares à la fin du XIXe siècle, notamment sous la plume de Miquel Costa i Llobera. Né à Pollença en 1854, décédé à Palma en 1922, il suivra sa vocation religieuse en devenant prêtre, mais c'est au sacre de la nature qu'il dédiera ses plus belles odes. Lauréat des Jeux floraux, ces joutes poétiques en catalan alors populaires en Espagne, il saura se faire un nom grâce à *Lo pi de Formentor* publié en 1875, un poème dédié à un arbre de sa terre natale qui influencera, entre autres, le peintre Joan Miró. Son œuvre majeure, *Horiacianes* (1906), le hisse définitivement au titre des membres d'importance de l'École dite de Majorque à laquelle sont également assimilés Maria Antònia Salvà (1869-1958), Llorenç Riber (1881-1958), Emília Sureda (1865-1904), Miquel dels Sants (1864-1920), et surtout Joan Alcover (1854-1926) qui volontiers tient salon et dont l'un des poèmes, *La Balanguera*, est devenu l'hymne officiel de l'île suite à sa mise en musique par Amadeu Vives.

L'époque se prête aussi à définir une identité propre comme en témoignent les différents travaux d'Antoni Maria Alcover né à Manacor en 1862. En sus de ses activités ecclésiastiques, l'homme entreprend de retranscrire les légendes locales qu'il publie sous pseudonyme, tout d'abord dans la revue *La Ignorancia* puis sous forme de recueil. Son intérêt porte également sur la linguistique puisqu'en 1900 il initie une collecte de vocabulaire en dialecte local, le majorquin, puis lance l'année suivante la première revue de philologie d'Espagne. Ce projet deviendra le dictionnaire catalan-valencien-baléare auquel il contribuera activement et dont il dirigera la composition avant que le Minorquin Francesc de Borja Moll ne le remplace à sa mort survenue en 1932. Le premier volume de cette somme colossale, qui en comptera dix, sera publié en 1926, le dernier en 1962 seulement, la dictature franquiste ayant entre temps mis un frein à ce type d'initiatives.

Le XXe siècle s'émaille de noms qui ont marqué l'histoire de la littérature des Baléares. Ainsi, Llorenç Villalonga (1897-1980) fait paraître en 1931 ce qui est considéré comme le premier roman de l'archipel, *Mort de dama*, dont la fibre satirique et clairement moqueuse ne facilitera pas la bonne réception. Étonnamment, il est plus aisé de se procurer en français un autre titre de l'écrivain, *Un été à Majorque*, qui se veut comme une réponse au fameux texte *Un hiver à Majorque* de George Sand (Presses universitaires de Clermont-Ferrand). Marià Villangómez (1913-2002) et Jaume Vidal Alcover (1923-1991) exploreront quant à eux les possibilités offertes par le théâtre, tandis que le journaliste Baltasar Porcel, né à Andratx en 1937 et mort à Barcelone en 2009, s'essaiera à tous les styles, passant allègrement du récit de voyage au roman, de la nouvelle à l'essai politique, et raflant au passage quelques prix littéraires d'envergure. Une partie de son œuvre a fait l'objet de traductions par les éditions Actes Sud. Enfin, impossible de ne pas citer Carme Riera, née en 1948 à Palma, elle aussi couronnée par de prestigieuses récompenses dont le Prix national des lettres espagnoles en 2015 et dont *La Moitié de l'âme* à découvrir chez Points donne un aperçu de son talent, et son concitoyen José Carlos Llop, prolixe auteur protéiforme, que les éditions Jacqueline Chambon suivent fidèlement depuis 2005. En 2018 a été traduit *Rois d'Alexandrie* qui éveille le souvenir des années 70 à Majorque et des 18 ans de l'auteur, entre pop music, politique et drogues de toutes sortes.

TOP 10

LECTURE

Réduire l'archipel des Baléares à ses plages attrayantes, ses paysages époustouflants et l'amour de la musique électronique serait une grave erreur. Ici se sont écrit quelques-unes des plus belles pages de la littérature catalane qui se dévoilent parfois dans de belles traductions françaises. Petit panorama.

CUISINE

La cuisine catalane, volume 2. Pas moins de 400 recettes, dont les plus raffinées de l'archipel, pour prolonger le plaisir des vacances à la maison.
Éliane Thibaut-Comelade, *éditions Trabucaire.*

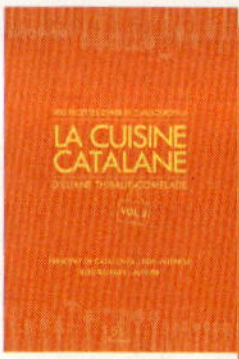

© EDITIONS TRABUCAIRE

HISTOIRE DE FAMILLE

Le Parfum des citronniers. Deux sœurs que tout sépare se retrouvent quand une inconnue leur lègue un moulin, vont-elles parvenir à rattraper le temps perdu ?
Cristina Campos, *éditions Pocket.*

© POCKET

BEAU-LIVRE

Miró à Majorque. L'île où le peintre a rendu son dernier souffle abrite une impressionnante collection de ses œuvres, ce catalogue lui rend hommage.
Collectif, *5 continents éditions.*

POÉSIE

Majorque, l'île aux poètes. Dans cette anthologie trilingue, les poètes nés après 1960 encensent leur île. Des photographies complètent le voyage.
Collectif, *éditions Illador.*

© EDITIONS ILLADOR

CLASSIQUE

La Faula. Pensant mettre le pied sur un récif, un noble majorquin monte en fait sur une baleine qui le mènera à la rencontre du Roi Arthur, en proie à une terrible dépression.
Guillem de Torroella, *éditions Classiques Garnier.*

© DR

NOUVELLE VOIX

Solstice. L'auteur revient sur les vacances qu'il passait en famille dans sa jeunesse, et sur les petits riens dont il faisait des trésors.
José Carlos Llop, *éditions Jacqueline Chambon.*

© ACTES SUD

ROMAN NOIR

Un, deux, trois, sol… Une détective privée féministe enquête sur une disparition inquiétante à la demande d'une voyante, un roman vif et *caliente*.
Maria Antónia Oliver, *éditions Gallimard.*

BANDE-DESSINÉE

Karmen. Quand Catalina se suicide suite à un chagrin d'amour, la mystérieuse Karmen – cheveux roses et combinaison de squelette – décide de prendre les choses en main.
Guillem March, *éditions Dupuis.*

RÉCIT DE VOYAGE

Un hiver à Majorque. Quand la santé de Chopin décline, le couple mythique n'a d'autre choix que de rejoindre le Sud. Une expérience que relate l'auteure dans ce texte méconnu.
George Sand, *éditions Le Livre de Poche.*

© LE LIVRE DE POCHE

CURIOSITÉ

Récits d'Ibiza. Qui s'attendait à croiser l'ombre du philosophe allemand à Ibiza ? Il y vécut ses derniers moments de joie avant l'exil incessant.
Walter Benjamin, *éditions Riveneuve.*

© RIVENEUVE

A L'ÉCRAN

Les îles Baléares ont pour attrait, auprès des cinéphiles, d'avoir accueilli de nombreux tournages espagnols et internationaux : de *Lucia y el sexo*, plaçant son intrigue dans la ville de Formentera, à *Cloud Atlas* (avec Tom Hanks) tourné pendant 6 semaines à Majorque en passant par Ibiza avec *More* et *Amnesia* de Barbet Schroeder. Les îles Baléares sont également la terre d'origine d'artistes renommés comme Agustì Villaronga, qui exporte bien ses films dans les festivals du monde entier, tels que le Festival de Cannes où il y présente *El Niño de la luna* en 1989. Originaires des îles, citons également l'acteur et chanteur Fortunio Bonanova (Josep Lluìs Moll de son vrai nom) vu dans *Elle et Lui* (1957, avec Cary Grant) ainsi que l'acteur Simón Andreu (*Les Chroniques de Narnia : Prince Caspian*, *Las Chicas del Cable*), qui reçoit le Prix Nosferatu pour son impressionnante carrière au Festival international de Cinéma Fantastique de Catalogne en 2013.

Voyage cinématographique dans les îles

Cinéphile et intrigué par les îles Baléares ? Sachez que si vous vous y rendez, un joli parcours du 7e art vous y attend. Pour vous plonger dans la magie de Formentera, ne ratez pas le film *Lucía y el sexo* (2001) du cinéaste espagnol Julio Médem. Il raconte l'histoire de Lucía (Paz Vega), une serveuse dans un restaurant de Madrid qui décide de s'échapper à Formentera pour faire le deuil de son ancien amour. Son itinéraire la conduira d'abord jusqu'à la plage Ses Illetes, où elle s'offre un bain solitaire à la hauteur du Molí des Carregador ; puis elle rejoint en mobylette l'énigmatique phare de Barbaria ou encore l'île d'Espalmador, au cours de la fameuse scène du bain de boue. En 2018, les caméras investissent de nouveau l'île pour planter le décor de *Formentera Lady*, réalisé par Pau Durà. Samuel, arrivé dans l'archipel dans les années 1970, suit son petit bout de chemin au lendemain de la révolution hippie. En 2013, la comédie romantique *Loving Ibiza*, réalisée par le Hollandais Johan Nijenhuis, a par ailleurs pour effet de multiplier le nombre de Hollandais visitant et s'installant à Ibiza. Plus récemment, en 2019, la ville est au cœur d'une œuvre homonyme, *Ibiza*, avec Christian Clavier et Mathilde Seigner dans les rôles principaux. Dans *Isla Bonita* de Fernando Colomo (2015), c'est Minorque qui est à l'honneur. En 2012, le tournage du film de science-fiction *Cloud Atlas* (avec Tom Hanks et Halle Berry), prend ses quartiers à Majorque, majoritairement à Escorca, Soller et dans la Serra de Tramuntana. Et enfin, en 2020, la ville est l'héroïne principale de la série policière britannique *The Mallorca Files*, diffusée sur France 2.

Phare du cap de Barbaria.

Agustì Villaronga et Barbet Schroeder

Originaire des îles Baléares (plus précisément de Palma de Majorque), le réalisateur Agustì Villaronga rend hommage à sa terre natale dans nombre de ses œuvres, notamment dans *Prison de Cristal* (1987) ainsi que dans *El mar* (2000), dont l'intrigue se déroule à Majorque. Le réalisateur est l'un des chouchous espagnols du monde du 7e art puisqu'on retrouve plusieurs de ses films dans de prestigieux festivals du monde entier tels que la Berlinale (nomination pour *El mar* et *Prison de Cristal*), le Festival de Cannes (en sélection pour la compétition officielle avec *El Niño de la luna*, en 1989) ainsi qu'à l'Académie espagnole, où son film *Pain noir* remporte le Prix Goya de meilleur réalisateur, meilleur scénario et meilleur film de 2011. Le réalisateur suisse Barbet Schroeder est également un fervent serviteur des îles. En 1969, Schroeder y tourne *More*, l'une de ses œuvres les plus célèbres. Ce long-métrage met en scène l'aventure d'un jeune Allemand qui découvre les plaisirs puis l'enfer de la drogue, initié par une Américaine dont il tombe amoureux. Tourné il y a plus de 50 ans, ce film dévoile l'île d'Ibiza encore vierge de toute urbanisation. En 2015, Barbet Schroeder remet le couvert avec *Amnesia*. Si les deux œuvres comportent une intrigue similaire (deux personnages dont la vision de leur pays sera renouvelée), il permet aussi de prendre la mesure des changements que le temps a pu opérer sur l'île blanche entre les deux tournages.

POPULATION

Avec plus d'un million d'habitants, la population des îles Baléares représente un peu plus de 2 % de la population espagnole totale. La distribution géographique est néanmoins très inégale : Majorque concentre plus de 907 000 habitants, Ibiza environ 150 000, Minorque pas loin de 95 000 et Formentera 13 000 habitants. Des chiffres à considérer et à manipuler avec des pincettes, la saison estivale voyant la démographie des îles exploser chaque année. La population de Formentera atteint par exemple les 35 000 personnes en été, soit le triple de sa population ordinaire ! Si des familles résidentes depuis plusieurs générations sont toujours présentes dans l'archipel, les habitants des Baléares d'aujourd'hui ne sont plus les mêmes qu'il y a un siècle. Le tourisme et l'immigration ont changé la donne, sans parler du mouvement hippie qui a profondément marqué l'identité baléare, en particulier à Ibiza et Formentera.

Identité baléare et richesse des langues

La question de l'identité baléare est un sujet riche en débats, de la même manière qu'en Catalogne ou au Pays Basque. Elle est de fait fortement liée à la langue. Depuis que les îles Baléares forment une communauté autonome, le catalan est la langue officielle de l'archipel. Accompagnée du castillan (espagnol), il s'agit, en fait, d'une co-officialité, selon les termes utilisés dans les textes de loi. La majorité des insulaires affirment comprendre le catalan, mais environ 30 % d'entre eux ne le parlent pas. En réalité, l'usage du catalan est limité aux institutions politiques. L'enseignement dans les écoles publiques est censé être dispensé dans les deux langues dès l'école maternelle, ce qui favoriserait une insertion professionnelle en Catalogne, ou bien une suite d'études universitaires sur le continent. Mais encore une fois, la réalité diffère : dans les écoles, le castillan est majoritaire dans la salle de classe, et les dialectes locaux (*mallorquí* à Majorque, *ibicenco* à Ibiza) sont principalement parlés dans la cour de récréation. Ces derniers sont même devenus des symboles de nationalisme pour les plus âgés. Ce modèle officiel a néanmoins été menacé à partir de 2013 par la réforme du système éducatif du gouvernement de José Ramón Bauzá (PP), qui propose un système trilingue catalan-castillan-anglais, en réduisant les heures de catalan au profit de l'anglais. Malgré son annulation par la Cour suprême en 2014, cette réforme a fait l'objet de nombreux débats. Actuellement, avec le Parti socialiste au gouvernement depuis juin 2015, les esprits se sont calmés et les deux langues devraient retrouver un équilibre au sein des établissements scolaires. Conséquence d'un tourisme très développé, certaines langues étrangères (l'anglais, l'allemand, l'italien et le français) sont parlées assez couramment, dans certaines zones de Majorque et d'Ibiza. À Minorque, le catalan demeure toutefois la langue la plus parlée, tout comme à Formentera, où il reste un pilier linguistique puisque 73 % de la population sait le parler et près de 90 % le comprend. Si ces deux dernières îles conservent une identité traditionnelle bercée par des us et coutumes séculaires, la population a malgré tout fortement changé de visage ces dernières années. Formentera est par exemple de nos jours très cosmopolite et compte près de 4 000 résidents étrangers, soit plus du tiers de la population totale de l'île.

Drapeau des Baléares.

Hippies à Ibiza.

Il faut dire que les Baléares accueillent aussi un bon nombre d'émigrés, travaillant sur toutes les îles. En 2009, les Baléares sont recensées comme la communauté autonome d'Espagne accueillant le plus grand pourcentage d'étrangers, avec plus de 20 % d'immigrés. Autrement dit, 1 personne sur 5 est étrangère aux Baléares. Les Majorquins distinguent les locaux et les *forasters* (étrangers) : cet adjectif désigne les familles espagnoles originaires de la péninsule. Bizarrement, les touristes sont mieux acceptés que les immigrés espagnols : un Madrilène, même installé aux Baléares depuis plus de dix ans, restera toujours un *foraster.* Parmi les principales nationalités représentées dans l'archipel, l'Allemagne arrive en première position, suivie de l'Équateur, du Maroc et de l'Argentine. Depuis 2010, les Baléares enregistraient une forte baisse de l'immigration, conséquence directe de la crise. Une tendance qui s'est inversée en 2017 avec une augmentation de 33 % du nombre d'immigrés étrangers.

Brève histoire du mouvement hippie à Ibiza et Formentera

Si Ibiza a acquis une renommée internationale avec l'arrivée en grand nombre des hippies dans les années 1960, l'île jouissait déjà depuis les années 1930 d'une réputation de sanctuaire de la vie douce. En effet, de nombreux intellectuels et artistes européens d'avant-garde, forcés de fuir les régimes autoritaires (la guerre civile espagnole notamment), trouvèrent refuge sur l'île blanche. Après la Seconde Guerre mondiale, le monde se reconstruit petit à petit et la créativité et la liberté sont des valeurs qui prennent de l'importance, si bien que de nombreux artistes déjà coutumiers de l'île commencent à affluer à nouveau, bientôt rejoints par de jeunes Européens et Américains, adeptes du mouvement hippie naissant. Pour ces âmes éprises de liberté et de paix, de rapport sain avec la nature, Ibiza – mais aussi sa petite voisine Formentera – offre tous les ingrédients du bonheur, si bien que des communautés hippies se forment rapidement dès le début des années 1960, principalement dans les zones rurales du centre de l'île.

Si San Francisco est considéré comme le berceau du mouvement, Londres et Amsterdam, en raison de leur atmosphère cosmopolite et bohème, sont également des foyers importants de cette culture émergente. Considérés comme adaptés à la pratique de la méditation, le Népal et l'Inde sont également des destinations de premier ordre. Ce que va offrir Ibiza aux hippies c'est un contact direct et simple avec la nature, un climat clément, mais aussi un territoire encore épargné par le tourisme de masse. Les habitants de l'île reçoivent cette nouvelle population avec curiosité et bienveillance, les nommant les « peluts » (« poilus » en catalan), en raison de leurs chevelures hirsutes, et la coexistence est plutôt bonne. Lors de cet âge d'or des hippies à Ibiza (1965-1975), penseurs, artistes, idéalistes et doux rêveurs opérant leur retour à la terre contribuent à populariser l'île et bientôt le tourisme commence à gagner du terrain, diluant peu à peu cet esprit hippie authentique de la première heure...

On pourra tout de même encore aujourd'hui approcher un peu de ce que fût cette époque se rendant au marché dominical de Sant Joan, dont les étals d'artisans demeurent peut-être les plus authentiques de l'île. La petite crique d'Atlantis ou celle de Punta Galera sont également des spots qui conservent encore de cette magie un brin psychédélique des années 1960. À voir aussi, le rassemblement des joueurs de tambours sur la plage de Benirràs, tous les dimanches de la belle saison, à l'heure de crépuscule. En 2016, une sculpture de bronze représentant un hippie et son enfant (inspirée d'une célèbre photographie de l'époque) a été inaugurée dans la Marina d'Eivissa, en hommage à cet épisode fondamental de l'histoire et de la culture d'Ibiza.

SOCIÉTÉ

Malgré les immenses changements auxquels les habitants de Baléares ont été confrontés depuis la moitié du siècle passé, les modes de fonctionnement sociaux ont dans l'ensemble été assez bien préservés. La famille continue d'être un élément central dans l'organisation communautaire, et les modes de vie sont demeurés assez traditionnels dans les villages. Si la position de la femme a récemment évolué, il reste encore une belle distance à parcourir sur le chemin de la parité. Côté traditions, bercés par leur insularité, les habitants de l'archipel ont su entretenir leurs coutumes les plus anciennes avec un chaleureux dynamisme, célébrant en grande pompe fêtes patronales et autres rites ancestraux, à l'image des Ball Pagès. C'est que la danse, vecteur de sociabilité, est une des pratiques les plus importantes dans les îles, comme le démontre, dans un registre nettement plus moderne, la vie nocturne d'Ibiza de ces dernières décades.

Vie Sociale

Famille et habitat. Comme dans l'Espagne en général, la famille est une notion très importante dans l'archipel. Les enfants sont les rois, mais les plus âgés, souvent très respectés, leur inculquent certaines valeurs. Dans l'ensemble, la structure familiale est encore traditionnelle et il n'est pas rare de voir cohabiter plusieurs générations sous le même toit. Les jeunes, même lorsqu'ils travaillent, restent parfois chez leurs parents jusqu'au mariage (et on se marie plus tard). Nombreuses sont les entreprises familiales où chacun a sa place, que ce soit dans les sociétés de service ou les restaurants. Les savoir-faire se transmettent de génération en génération, comme les prénoms : on donne habituellement le prénom du père ou de la mère à l'aîné de la famille, ou alors celui des grands-parents. Et s'il n'a pas directement été pioché dans l'arbre généalogique, tout comme sur le continent espagnol, la religion a encore une grande influence sur le choix des prénoms. On trouve ainsi beaucoup de Maria, Jesús ou Jose, bien que les prénoms à consonance anglophone aient tendance à se multiplier, le tourisme n'y est sans doute pas pour rien.

Dans les Baléares, le logement typique s'appelle une *finca*. Elle est généralement faite de murs très épais permettant d'éviter une trop forte chaleur en été et constituant une bonne protection contre le froid hivernal. La *finca* est traditionnellement organisée autour de la pièce principale, accueillant une cheminée qui servait jadis également de four et était placée juste à côté de l'évier. Le toit reste plat, ce qui permet la construction de nouvelles chambres en cas de naissances. Installées majoritairement en campagne, les propriétaires sont ces derniers temps de plus en plus nombreux à transformer leur habitation traditionnelle en hôtel d'agrotourisme, souvent plein de charme.

Chambre à coucher typique d'une finca.

© THEENDUP - SHUTTERSTOCK.COM

Drapeaux LGBT flottant à Ibiza.

La place des femmes dans la société des Baléares. En même temps que la grande révolution politique et culturelle de l'après-dictature, la situation des femmes a beaucoup évolué. Avant la chute du franquisme, elles étaient plutôt assignées aux trois « C » : la cuisine, les *chiquillos* (les gosses) et le curé. Aujourd'hui, la plupart d'entre elles vivent relativement tard chez leurs parents, font bien plus d'études que leur mère et se marient donc plus tard (l'âge moyen du premier mariage est passé de 24 à 30 ans en une génération). Les moyens de garde et la politique d'aide à la famille étant de nos jours toujours quasi absents, la présence des femmes est beaucoup plus rare dans les postes professionnels les plus élevés. Leur taux d'activité progresse malgré tout en moyenne d'un point par an, même si l'écart salarial entre hommes et femmes demeure très important.

Cependant, le gouvernement espagnol de Zapatero a été un exemple de parité, avec un total de 7 femmes parmi les 15 ministres, et notamment Carme Chacón, occupant le poste de ministre de la Défense de 2008 à 2011, nommée ministre alors qu'elle était enceinte de sept mois ! Une parité qui n'est plus présente dans le gouvernement mis en place par Mariano Rajoy en novembre 2011 : 4 femmes ministres sur 13 membres, même s'il convient de noter que c'est une femme, Soraya Sáenz de Santa María, qui occupe le poste de Vice-Présidente. Aux élections municipales de mai 2015, ce sont deux femmes, Ada Colau et Manuela Carmena qui ont été portées à la tête, respectivement de Barcelone et de Madrid. Cette même année, la première femme a été par ailleurs élue au poste de président de la communauté autonome des Baléares en la personne de Francina Armengol.

Le taux moyen de fécondité est de 1,37 enfant par femme et l'âge moyen pour le premier enfant est de 31 ans. En 2014, un projet de loi menaçant le droit à l'avortement (sauf dans deux cas de figure très spécifiques...) avait déclenché une forte opposition au niveau national, international et même au sein du PP. Il fut finalement retiré cette même année. En 2015, Mariano Rajoy a toutefois fait passer une loi interdisant l'avortement des mineurs sans le consentement des parents. Elle fut adoptée par le Sénat en 2015. Côté LGTBQ, la communauté gay est très présente à Ibiza, paradis de la fête et de l'extravagance. Au contraire, au fin fond des terres de Majorque et de Minorque, les mentalités sont souvent plus fermées. Ibiza demeure ainsi le véritable eldorado de la communauté gay venue de toute l'Europe. Le mariage homosexuel est légal en Espagne depuis 2005.

Traditions et fêtes

Les habitants des îles Baléares, certainement grâce à leur isolement géographique, ont su préserver leurs traditions. Le calendrier liturgique a longtemps été l'élément fédérateur de la vie sociale des habitants de l'archipel. Bien souvent, les festivités célèbrent un saint en particulier. C'est durant ces événements que la majeure partie des villageois se réunissaient dans les paroisses. Pour l'occasion, les jeunes se parent de leurs plus beaux atours et la fête se poursuit dans les rues ou dans la sphère familiale des maisons privées, par des jeux, des danses et des chants populaires. C'est aussi l'occasion de se retrouver entre amis, entre voisins et bien sûr, en famille. Les festivités du calendrier liturgique ont perduré jusqu'à nos jours et les habitants des Baléares restent très attachés à leurs traditions séculaires, et ce malgré l'arrivée du tourisme dans la seconde moitié du XXe siècle. C'est lors des fêtes populaires que les habitants font revivre ces rites ancestraux.

Des spécificités pour chaque île. Le Festeig, célébré à Ibiza, est une manière très élaborée de faire la cour à une dame et bien désuète à l'heure actuelle. Certaines de leurs danses, encore à l'honneur, sont parmi les plus anciennes d'Espagne. Les habitants d'Ibiza préservent également leurs instruments : la flûte, le tambour et les castagnoles – castagnettes d'environ 15 cm de longueur – sont joués par les hommes. Le costume des hommes, chemise et pantalon blancs, parfois veste noire, grand béret rouge tombant sur le côté (comme la crête d'un coq), est moins diversifié que celui des femmes. Celles-ci ont maintenu la tradition tout en innovant quant à la couleur des foulards. Les habits de fête – surtout les habits blancs – sont magnifiques, ornés à l'avant d'une superbe parure attachée aux épaules (s'emprendada). Hommes et femmes sont chaussés des mêmes *espardenyes*, version locale des espadrilles. Les amoureux de folklore pourront apprécier ces danses à Sant Josep, Sant Miquel, Santa Eulària, Sant Agustí et dans la plupart des villages lors des fêtes patronales. L'une des plus anciennes traditions de Majorque est le chant de la Sybille, ce dernier fut classé Patrimoine culturel immatériel par l'Unesco. Chanté dans toutes les églises de l'île lors de la messe de minuit le 24 décembre, il a su conserver son essence à travers les siècles et se transmet de génération en génération. Lors des fêtes populaires à Minorque, notamment la Sant Joan (24 juin), la tradition veut que le cheval de pure race minorquine soit le protagoniste. Les cavaliers défilent et font sauter les chevaux au rythme de la musique pour le plus grand plaisir des spectateurs. Le monde équestre tient une place très importante dans la vie quotidienne des habitants de l'île. La fête par excellence de Formentera est la Sant Jaume, en l'honneur du saint patron de l'île. Tous les habitants de l'île se rendent à Sant Francesc le 25 juillet pour la célébration.

Fêtes traditionnelles dans les Pityuses. Le *Ball Pagès* est la danse traditionnelle des Pityuses, qui se démarquent en cela de Majorque et Minorque, où se sont développées des danses espagnoles comme le *fandango* ou le *bolero*. Lors des *Ball Pagès*, hommes et femmes sont vêtus d'habits traditionnels. Les femmes portent de longues robes, sont parées de bijoux et ont les cheveux couverts d'un voile. Les hommes sont généralement habillés en blanc et noir, la taille serrée dans une large ceinture rouge, un bonnet rouge retombant sur la tête. Hommes et femmes sont chaussés des mêmes *espardenyes*, version locale des espadrilles. Les danses sont rythmées par les instruments traditionnels : les castagnettes, la flûte, le tambour, et le *xeremia*. Les *Cantades et caramelles* complètent le folklore musical des îles Pityuses. Les *cantades*, chansons narratives – pourvues de rimes – élaborées selon la technique du *cantar redoblat*, étaient également pratiquées durant les jours de fête, entre voisins et famille, le plus souvent dans un cadre privé. Les *cantades*, qui chantent l'amour et les récits personnels, sont encore pratiquées par quelques rares passionnés ou lors des festivités locales. Les *caramelles de Nadal* sont des chants religieux typiques d'Ibiza et de Formentera, qui résonnent dans les églises au moment de la messe de Noël et du dimanche de Pâques. Castagnettes, *espasi* – un instrument typique des Baléares en forme d'épée – flûte et tambour rythment la musique. Ces compositions traditionnelles ont ainsi été déclarées « bien d'intérêt culturel » en 2005.

Ibiza, temple de la musique électronique. Dans un tout autre registre, les immenses fêtes nées à Ibiza font de nos jours également partie du « folklore » des Baléares. On ne présente plus la scène musicale d'Ibiza, célèbre dans le monde entier pour ses clubs à l'ambiance survoltée, temples de la musique électronique. Dans les années 1960, époque où les hippies ont débarqué dans ce petit coin de paradis, l'histoire du tourisme sur l'île, et plus largement dans les Baléares, est alors encore à écrire, loin des clichés actuels d'une Ibiza engloutie par le tourisme de masse. Il n'y a alors pas encore de « clubs » à Ibiza et les premières fêtes importantes se déroulent dans de grandes *fincas* traditionnelles. Ce fut le cas du fameux Pacha, qui ouvrit ses portes en 1973 dans une *finca*. Le succès est tel que les boîtes de nuit ne vont pas tarder à fleurir sur l'île et avec elles, dans les années 1980/90, les grandes expérimentations du mouvement techno et du *beat* électronique, qui perdurent de nos jours encore.

DÉCOUVRIR

Danseurs en costumes traditionnels.

RELIGIONS

Bien que la Constitution de 1978 soit laïque et ne reconnaisse par conséquent aucune religion officielle, l'Espagne reste un pays fortement marqué par la tradition chrétienne catholique. Cependant, la religion, très présente et très pratiquée jusque dans les années 1970, est actuellement en perte de vitesse : environ 78 % des Espagnols se considèrent catholiques, mais seulement 26 % d'entre eux se déclarent pratiquants. Le protestantisme et l'islam, bien que minoritaires, sont également des cultes que l'on retrouve dans l'archipel. Mais avant le christianisme, les Baléares ont été occupées par d'autres civilisations dont l'héritage mystérieux, nécropoles puniques et mégalithes talayots en tête. À Ibiza, le folklore est riche d'histoires captivantes, mais aussi de mystères. D'aucuns diront que l'île d'Es Vedrà possède un magnétisme hors du commun, tout comme le lieu-dit Atlantis, où bien des hommes auraient reçu des révélations...

Christianisme et célébrations traditionnelles

La plupart des Espagnols sont catholiques, au moins de tradition si ce n'est de confession, et pour ce qui est de la religion, les habitants des Baléares se comportent à peu près de la même manière que les péninsulaires. Les mœurs évoluent toutefois, et les bancs des églises sont de plus en plus vides, notamment lors des messes dominicales. De fait, un bon quart des Espagnols se déclarent athées et les occasions de se rendre à l'église se résument aux moments de célébrations, qui à bien des égards sont plus des rassemblements sociaux que réellement religieux, que sont mariages, enterrements et baptêmes. Le catholicisme continue toutefois de jouer un rôle déterminant dans le déroulement de l'année. En effet, en plus des nombreux jours fériés à caractère religieux rythmant le calendrier, la *Fiesta de los Reyes de Oriente* (fête des rois, début janvier) ou la *Semana Santa* (semaine de Pâques) sont des moments d'authentique ferveur religieuse. À Palma de Majorque en particulier, les processions pascales sont impressionnantes ! Les villes et villages de l'archipel célèbrent également chaque année en grande pompe leurs fêtes patronales : ce sont des moments importants où petits et grands se rencontrent dans l'espace public et rendent hommage dans un esprit de fête bon enfant au saint patron de leur localité.

Ainsi, on célèbre Sant Sebastian en allumant des brasiers aux quatre coins de Palma le 20 janvier ; on rend grâce à la Vierge del Carme, protectrice des marins-pêcheurs, dans tous les ports des Baléares le 16 juillet, et même en mer ; Formentera louange Sant Jaume, protecteur de l'île, le 25 juillet ; la ville d'Eivissa est prise d'hystérie le 5 août pour célébrer Santa Maria de la Nieves, sainte patronne de la ville, puis à nouveau trois jours plus tard autour de la figure de San Ciriaco, patron de l'île ; le 9 septembre, c'est à Mare de Déu de la Gràcia que l'on rend honneur à Mahón (Minorque) par d'incroyables spectacles équestres. À ces célébrations religieuses se mêlent des fêtes païennes plus anciennes, incorporées ensuite dans le catholicisme, à l'image de la fête de Sa Pobla (Majorque) où

Semaine Sainte à Palma de Majorque.

Sanctuaire punique de la grotte d'Es Culleram, dédiée à la déesse Tanit.

apparaît dans les rues du village, le jour de la Sant Antoni (16 janvier), un personnage central du folklore majorquin : *el dimoni*, diable espiègle prenant en chasse les plus timorés, dansant et buvant dans un esprit farceur (à ne pas confondre avec les *correfocs*, diablotins munis d'un appareillage pyrotechnique qui n'apparaissent qu'au XXe siècle). La *Nit de Sant Joan,* le 24 juin, est une autre grande fête païenne, glorifiant l'arrivée de l'été. Notons par ailleurs, du fait de l'arrivée de nombreux ressortissants de pays étranger, la pratique d'autres religions comme l'islam ou le protestantisme qui, bien que minoritaires, ont également leurs adeptes et leurs propres lieux de culte dans les îles. Enfin, quelques sectes se trouvent implantées dans l'archipel, tels les témoins de Jéhovah, les bahaïs ou encore l'église mormone.

Cultures préchrétiennes

Mais les îles Baléares, avant l'arrivée de la chrétienté, ont été habitées par diverses civilisations possédant leurs propres systèmes de croyances qui ont laissé derrière eux quelques vestiges : les nécropoles et leurs milliers de sépultures datant de l'époque phénicienne-archaïque (VIIe siècle av. J.-C.) telles que celle de Puig des Molins (Ibiza) ou de Punta dels Fenicis (Majorque) d'où les archéologues ont pu extraire divers objets liés à des rites funéraires, mais aussi les mystérieux monuments mégalithes datant de l'ère talayotique (IIe siècle av. J.-C.) qui émaillent le territoire de Minorque et dont on ignore toujours le sens.

Concernant les amulettes des sépultures puniques (civilisation carthaginoise), pièces d'os taillés ou colliers de perles et de cloches de bronze à la typologie clairement égyptienne, la plupart ayant été retrouvées dans des tombes d'enfants, l'hypothèse la plus vraisemblable consiste à affirmer qu'il s'agissait de fétiches censés protéger les plus jeunes, et donc les plus faibles, des maladies. De l'époque punique nous vient également la figure de Tanit, déesse d'Ibiza. Son culte, qui dura plusieurs siècles sur l'île, exigeait des sacrifices humains. Diodore de Sicile évoque notamment des sacrifices d'enfants (on a d'ailleurs retrouvé des urnes contenant des ossements d'enfants, mélangés à des ossements d'animaux). On a jadis parlé aussi d'Ibiza comme d'un centre de plaisir ou de prostitution sacrée, voué au culte de Tanit : c'était il y a vingt-cinq siècles, si l'on en croit les figurines de terre cuite à caractère sexuel. Tout ceci reste cependant toujours très incertain.

À Minorque, l'héritage des anciens prend la forme d'une époustouflante collection de constructions mégalithes vraisemblablement érigées il y a plus de 2 000 ans. Si l'on en dénombre plus de 1 600 sur l'ensemble de l'île, le rôle que remplissait ces *navetes* – empilements de pierres effectués sans ciment ni mortier – reste aux yeux des historiens et archéologues toujours très mystérieux. Les ossements humains découverts dans la chambre funéraire de la Naveta d'Es Tudons (la plus grande et la mieux conservée de l'île, située dans la partie occidentale de Minorque, à quelques kilomètres de Ciutadella), mais aussi dans d'autres zones de l'île laissent à penser qu'il s'agissait de monuments funéraires. Mais les édifices résistant le plus à toute interprétation demeurent les *taules*, des structures colossales faites d'un pilier vertical chapeauté d'une immense pierre disposée horizontalement en forme de « T » qu'on ne trouve qu'à Minorque (une trentaine en tout). Sont-ils les piédestaux d'antiques espaces de sacrifices consacrés, les vestiges de soubassement de constructions plus imposantes... Aucune explication définitive n'a à ce jour pu être avancée. La quantité et la bonne conservation de ces monuments sont telles qu'en 2019, l'île se portait, en tant que *Menorca Talaiòtica*, candidate pour recevoir le label UNESCO.

© ALEXANDER RESHNYA - ISTOCKPHOTO.COM

Atlantis, lieu mystique caché à Ibiza.

Quelques légendes d'Ibiza

La légende des *fameliars*. Selon la légende, il existerait du côté de Santa Eulària des petits êtres particulièrement laids doués d'une force de travail absolument stupéfiante : les *fameliars*. Pour en capturer un, il faut se rendre sous le Vieux Pont de Santa Eulària, équipé d'une bouteille noire dans laquelle on aura préalablement versé un peu d'eau bénite, puis cueillir une fleur scintillante qui n'apparaît qu'en ce lieu la nuit précédant la fête de la Saint-Jean, pour l'introduire dans le récipient. Quelque temps plus tard, un *fameliar* y naît. Le propriétaire peut le libérer à volonté en s'assurant de pouvoir assouvir l'appétit féroce de ce petit être devenu son serviteur, à savoir, lui fournir en colossales quantités du travail ou de la nourriture. Car, à peine sorti de la bouteille, le *fameliar* réclame bestialement « *Feina o menjar* ! » (« *travail ou nourriture !* ») et ne se calme qu'une fois l'une de ses deux requêtes satisfaites. Dans le cas où le maître du *fameliar* se trouve dans l'incapacité de lui procurer une quantité de nourriture à hauteur de son appétit ou bien une masse de travail à la hauteur de sa force, le *fameliar* dévore l'intégralité du garde-manger. L'unique solution pour éviter une telle calamité serait de demander au petit être d'accomplir une tâche impossible... Le long de la rivière de Santa Eulària serpente un petit chemin le long duquel on pourra croiser quelques *fameliars*... statufiés !

Es Vedrà et ses légendes. La région sud-ouest d'Ibiza a toujours été féconde en mythes et légendes : on y rendit un culte à la déesse Tanit, on y chercha les sirènes de la cité engloutie de l'Atlantide, mais aussi, avec l'arrivée de la *new wave*, des ovnis, dans les profondeurs marines. Si la science a tendance à réfuter toutes ces hypothèses, l'expérience vécue par un moine quelque peu anticonformiste de l'ordre du Carmel sur l'îlot d'Es Vedrà en 1864, est, elle, tout ce qu'il y a de plus historique. Francisco Palau (1811-1872), élément devenu gênant pour l'Église en raison de ses idées peu conventionnelles, fut envoyé à Ibiza en 1854 par les autorités ecclésiastiques, où il fit un ermitage dans une grotte du côté d'Es Cubells. Début 1864, il est décidé à s'investir à nouveau dans la vie de la cité, avec comme objectif d'exorciser les paysans impies de l'île. Bientôt las de sermonner le tout-venant et aidé par un ami pêcheur, il se retire dans une grotte d'Es Vedrà, s'adonnant pleinement à la méditation. C'est alors que lui vient une série d'intenses révélations nocturnes qu'il compilera plus tard dans un recueil mêlant le thème de l'auto transformation extatique à un symbolisme lié au jardinage, activité que les habitants de l'île portent en haute estime. Francisco Palau devint alors une figure importante de l'île et son premier ermitage d'Es Cubells se convertit en un important lieu de pèlerinage. Le moine sera béatifié en 1988.

Le Bouddha d'Atlantis. À une centaine de mètres au-dessus des piscines naturelles du lieu-dit Atlantis, partiellement dissimulé derrière des branches de genévriers, on trouve l'un des trésors cachés d'Ibiza : une immense peinture circulaire imprimée à même la roche représentant un bouddha. La rumeur dit qu'elle aurait été réalisée par un vétéran du Vietnam d'origine japonaise, à en juger par la date qui accompagne le dessin, 1979, écrite en idéogrammes nippons. Il s'agit en réalité d'un Bodhisattva de la compassion aux multiples bras qui devint dans les années 1980 un symbole de l'île. En 2011 toutefois, l'œuvre a été vandalisée à grands coups de bombes de peinture, que des admirateurs du bouddha ont par la suite minutieusement reproduite. Aujourd'hui encore, le lieu est un sanctuaire pour qui cherche la paix et il n'est pas rare d'y croiser des apprentis méditant en position du lotus. Il n'en reste pas moins que le mystère demeure autour de l'auteur du bouddha d'Atlantis. Tout ce que l'on sait, c'est qu'il se nommait Mabo et qu'il avait quelque chose à voir avec l'île de Kyushu.

QUE RAPPORTER ?

Vu l'insularité et l'affluence touristique, les prix sont élevés aux Baléares. Cependant, quelques rares produits alimentaires sont meilleur marché que dans le reste de la péninsule ibérique. On peut cependant trouver des chaussures, du cuir travaillé, des perles, des produits de l'artisanat (dans les marchés hippies des îles Pityuses notamment) et de l'industrie locale à des prix relativement intéressants. Certaines marques bien connues en Espagne telles que Camper et Jaime Mascaró restent encore intéressantes à l'achat car leurs usines ou leurs sièges sociaux sont installés aux Baléares. Impossible de ne pas citer ici l'orfèvre Majoral, emblématique des Pityuses et à la renommée internationale. À prendre en compte également, les produits du terroir baléare, que ce soit le fromage de Mahón, les charcuteries et pâtisseries de Majorque, ou encore les vins et autres liqueurs d'Ibiza et de Formentera.

Art, artisanat et mode

L'artisanat dans les Baléares est très diversifié. Maroquinerie, sacs, vestes en cuir et ceintures (les principales zones de production sont la ville d'Inca à Majorque ; Ferreries, Ciutadella et Alaior à Minorque) sont en vente dans tous les magasins spécialisés. Tandis que l'on peut trouver des objets en terre cuite ou en céramique ainsi que des perles dans toutes les îles, Majorque se distingue par l'abondance de son artisanat populaire et la qualité de son verre soufflé. Les broderies locales, entièrement faites à la main, sont d'une finesse très appréciée par les amateurs, ce qui explique leurs prix relativement élevés. À Minorque, l'artisanat des chaussures – les fameuses *Avarques* – et leur fabrication sont également remarquables, mais on retiendra surtout la bijouterie artisanale. À Ibiza, si de nombreux artisans travaillent le cuir, la vannerie et la sandale en corde demeurent la marque de fabrique de l'île, sans oublier les vêtements et accessoires de mode Adlib ! Les différents marchés hippies d'Ibiza et de Formentera proposent quelques bons produits, ou fabriqués localement, ou importés des Indes.

Les marchés hippies d'Ibiza. À Eivissa, le long de la marina, chaque soir, des petits stands s'installent et vous proposent bijoux, peintures et divers souvenirs. Ce marché n'a pas grand-chose de hippie, mais ressemble plutôt à tant d'autres que vous aurez eu l'occasion de croiser sur vos lieux de villégiature. À Es Canar se tient tous les mercredis le Hippy Market. Vous y trouverez un grand nombre d'artisans qui exposent leurs créations, entre autres choses. À Sant Carles se tient tous les samedis le marché de Las Dalias, assurément le plus dépaysant. La plupart des marchands proposent des produits artisanaux qu'ils ont fabriqués ou qu'ils ont rapportés de leurs périples en Inde. De beaux produits variés pour la plupart (étoles, bijoux, vêtements, cuirs…), et les vendeurs sont décontractés. Vous pourrez même vous délasser devant un thé à la menthe, assis sur des coussins sous une tente à l'abri du soleil.

Les célèbres avarques.

© PALOMADELOSRIOS - FOTOLIA

Accessoires au marché hippie d'Ibiza.

À Sant Jordi le samedi matin se tient un marché aux puces où de plus en plus de hippies mettent en vente leurs marchandises. Intéressant pour ceux qui aiment l'ambiance vide-greniers. À Sant Joan le dimanche matin à partir de 10h30, l'un des plus récents et pourtant l'un des plus authentiques des marchés. Vente de produits artisanaux réalisés par les locaux allant de la nourriture aux œuvres artistiques en passant par les plantes médicinales. Concerts à partir de midi. Ambiance très *roots*.

Les marchés hippies de Formentera. La Savina : le marché de La Savina s'installe sur le port durant la haute saison touristique. On y trouve de tout ! Pas mal pour flâner avant de prendre son ferry (de juillet à début septembre). Sant Francesc Xavier : le marché de Sant Francesc envahit les ruelles piétonnes du centre du village (de mai à octobre, tous les jours de 10h à 14h). Un marché d'occasion est également ouvert au « Jardí de Ses Eres », derrière l'église de Sant Francesc, les mardis et samedis, toute l'année. Sant Ferran : sur la promenade de la *carrer Major*, le marché artistique de Sant Ferran rassemble des artistes venus du monde entier exposer leurs œuvres d'art inspirées par l'essence de l'île (de mai à octobre, tous les jours sauf le mercredi et le dimanche, de 20h30 à minuit). Un marché artisanal installe également ses étals trois jours par semaine à Sant Ferran (de mai à octobre, tous les jeudis, vendredis et samedis, de 20h30 à minuit). Es Pujols : le marché hippie d'Es Pujols s'installe sur la promenade tous les soirs d'été (de mai à septembre, tous les jours de 20h à minuit). La Mola : le marché artisanal de La Mola est le seul marché de l'île où les exposants sont tous de vrais artisans/artistes. C'est le marché le plus important et le plus fréquenté de Formentera. Des concerts animent la place centrale pavée de mosaïques multicolores (de mai à octobre, le mercredi et le dimanche, de 16h à 22h). Un parking gratuit se trouve sur place pour accueillir les nombreux visiteurs de l'été !

Enric Majoral, bijoux d'inspiration méditerranéenne. Fils d'artisan né à Sabadell en 1949, Enric Majoral s'est installé à Formentera en 1971. Après des études aux Arts et Métiers de Sabadell – et à l'Université polytechnique de Barcelone –, il fait ses premiers pas en tant qu'orfèvre autodidacte à Formentera, vendant sur les marchés de l'île ses créations contemporaines inspirées, conçues avec tout un panel de matériaux tels que l'or, l'argent, la pierre, le bronze ou les pierres précieuses. Il sera d'ailleurs un des fondateurs, aux côtés d'autres artistes, du marché artisanal de La Mola. Orfèvre, joaillier et sculpteur, sa renommée a dépassé les frontières, de l'Espagne aux États-Unis en passant par la France ou le Mexique. Deux de ses créations de la série *Joies de Sorra* font partie de la collection permanente du Museum of Arts and Design de New York. La marque a également ouvert une boutique à Ibiza. Ses créations, pleines de poésie et de légèreté, s'inspirent de son île, Formentera, de sa nature expressive et de la douceur des formes qui l'habitent. Enric Majoral travaille aujourd'hui avec son fils Roc Majoral, né à Formentera en 1976, dont la créativité et la vision singulière s'inscrivent dans une continuité de l'esprit Majoral. La maison a même sorti une collection « Posidonia is a jewel » (« La posidonie est un bijou ») qui ne pouvait pas mieux traduire l'inspiration infinie des artistes pour Formentera et les eaux fabuleuses qui éclaboussent ses rives paradisiaques.

À manger...

On trouvera de très bons produits sur les étals des marchés des quatre principales îles des Baléares. Quelques produits se démarquent néanmoins. De vraies petites douceurs à offrir ou à s'offrir. Le fromage de Mahón pour commencer, de son vrai nom *queso Mahón-Menorca* – afin de répondre à la DO (dénomination d'origine), car la production est répartie sur toute l'île et pas seulement sur la ville de Mahón – est une institution sur l'île. Bien qu'originaire de Majorque, l'ensaïmada, pâtisserie sucrée cuite au four, se déniche aux quatre coins de l'archipel et est sans doute le cadeau le plus emblématique à rapporter des Baléares. Tout aussi célèbre, elle aussi native de Majorque : la sobrassada, charcuterie assaisonnée de sel, paprika et herbes aromatiques, est faite d'une pâte molle qu'il est facile de tartiner sur une tranche de pain. Un régal ! Notons que les îles produisent également des huiles d'olive et des vins de très bonne qualité.

Les Pityuses possèdent quant à elles quelques spécificités gastronomiques, comme le fameux sel d'Ibiza que l'on retrouve dans tous les restaurants et épiceries de l'île. Intimement lié aux salines, le *peix sec*, est une ancienne spécialité des pêcheurs des îles du sud consistant à sécher le poisson afin de pouvoir le consommer toute l'année. Si le poisson séché peut être élaboré à partir de tous types de poissons, il est aujourd'hui surtout préparé à partir de poissons cartilagineux. C'est le cas de la raie, qui compose la majorité des préparations de poisson séché de l'île. Pêchée au large de Formentera et d'Ibiza, la raie est ensuite conservée dans la glace, le temps de rejoindre la cuisine du pêcheur. Le poisson est alors découpé en longs filets avant de passer une demi-heure à une heure dans la saumure, une préparation naturelle à base d'eau et de sel (fortement concentré) utilisée de tout temps pour la conservation des aliments. Les filets de raie sont ensuite pendus aux branches des genévriers sabine, un arbre typique du paysage de Formentera, où ils pourront sécher au soleil et se nourrir des embruns marins pendant 1 à 4 jours (voire plus), selon l'humidité, le soleil et le vent. Une fois séché, le poisson sera grillé au feu puis émietté avant d'être conditionné dans de l'huile d'olive. Il peut ainsi être conservé des mois durant. Il ne vous reste plus qu'à le déguster, en salade ou sur une tranche de pain grillé.

... Et à boire !

À Minorque, on trouve un gin hérité de la domination britannique. Le gin de Minorque diffère des standards anglais dans sa fabrication et sa présentation : on l'obtient par la distillation d'alcool éthylique d'origine agricole et de baies de genièvre. Mais la grande spécialité des Baléares, cette fois-ci venue d'Ibiza est sans doute la recette des *Hierbas Ibicencas* (Herbes d'Ibiza). La boisson qui se cache derrière cette appellation est un spiritueux populaire légèrement anisé, préparé depuis des siècles de manière artisanale par les familles de l'île, sans doute inspiré des préparations de moines qui peuplèrent les Baléares au Moyen Âge. Parmi les nombreuses herbes et plantes locales fermentées que l'on retrouve dans la recette (qui varie d'une famille à l'autre, chacune y ajoutant son ingrédient secret), on retrouve presque systématiquement romarin, thym, menthe, lavande, fenouil, verveine, sauge, genévrier, zestes d'orange et de citron. Depuis 1997, la dénomination géographique protégée (*denominación geográfica protegida*) Hierbas Ibicencas n'est attribuée qu'aux producteurs inscrits sur le registre du Conseil d'Ibiza, garantissant par là une certaine qualité au produit. Un digestif largement consommé sur toute l'île, et même au-delà !

Le vin des Pityuses, enfin, constitue un très bon souvenir gourmet. Si la culture de la vigne est attestée sur les îles depuis des temps anciens, depuis novembre 1996, après l'approbation d'un décret par le gouvernement des Baléares, a été créée la région viticole de « Ibiza » avec comme dénomination officielle *Vi de la terra de Ibiza*. Un nouveau décret vient préciser le précédent en 2003, autorisant aux vins produits sous la dénomination *Vi de la terra de Ibiza* quatre cépages pour le vin rouge (cabernet, sauvignon, merlot et syrah) et deux pour le vin blanc (malvasía et chardonnay), et en introduisant de nouvelles normes de contrôle de la qualité. Aujourd'hui, quatre *bodegas* produisent un vin tombant sous cette appellation : *Ibizkus Wines*, *Sa Cova*, *Can Maymó* et *Can Rich*, cette dernière étant la seule à produire un vin dit écologique. On pourra visiter les installations de la plupart de ces *bodegas*, qui ont une capacité de production limitée, sur réservation préalable, ou à défaut, organiser une séance de dégustation avec possibilité d'acheter quelques bonnes bouteilles.

À Formentera, le *Monastrell*, cépage traditionnellement cultivé sur l'île, domine la production. Deux vignobles sont présents sur Formentera : Cap de Barbaria, situé sur le cap éponyme, et Terramoll, sur les hauteurs de La Mola. Les cépages de Formentera s'épanouissent sur un terrain sableux, ils sont répartis sur toute l'île. La vigne s'est parfaitement adaptée au climat méditerranéen de la plus méridionale des îles Baléares. Les vins sont classés sous l'appellation *Vi de la terra de Formentera* dans le respect de certains critères de production qui garantissent la qualité du produit. Seuls les vins issus de l'île peuvent prétendre à garnir leurs bouteilles de cette appellation. Les vins de Formentera se caractérisent par leur « robe épaisse », leur teinte violacée et leur arôme fruité.

SPORTS ET LOISIRS

Les Baléares sont une terre de sportifs et comme partout en Espagne, on se passionne pour le football, le basket-ball ou le cyclisme. Le club de foot phare de l'archipel est le Real Majorque qui fait régulièrement l'ascenseur entre les deux premières divisions espagnoles. Mais le sportif le plus connu des Baléares est le tennisman Rafael Nadal, surnommé le Taureau de Manacor. Douze fois vainqueur de Roland-Garros notamment, il a porté haut les couleurs de cette cité de l'Est de Majorque. Côté sport traditionnel, il faut mentionner le tir à la fronde, qui perpétue une pratique qui remonte au VIIe siècle av. J.-C. et que l'on peut voir lors de compétitions folkloriques. Les frondeurs des Baléares eurent un rôle important au moment des guerres puniques. Enfin, les activités seront nombreuses lors de votre séjour, que ce soit dans l'eau (plongée, voile, ski nautique, paddle, etc.) ou sur terre (golf, randonnée, équitation…).

Une destination plongée

L'archipel est très prisé des plongeurs et vous trouverez des centres de plongée partout sur le littoral.

▶ **Majorque.** Les sites les plus remarquables se situent dans les trois baies de l'île : Palma, Alcúdia et Pollença. Faune et flore sous-marines y sont magnifiques et la clarté de l'eau rend la plongée inoubliable.

▶ **Ibiza.** Plusieurs sites valent le détour. On peut d'abord citer Cova de Ses Llegostes à Cala Gració. Ici, on descend dans une étonnante grotte calcaire marine et naturelle. L'eau de mer y pénètre créant une sorte de lac intérieur abritant de nombreuses espèces de poissons. À voir aussi, l'épave Don Pedro, au large du port d'Ibiza, El Caballo et ses deux arches superposées à 25 m avec mérous, murènes et corbs, ou l'îlot Llado Sud, une petite île rocheuse. À Santa Eulàlia, on observe de beaux tombants avec de nombreuses grottes, une faune abondante et même l'épave d'un navire hollandais. Sur l'Isla Tagomago, des failles abritent des murènes, des congres et mérous. Enfin, il faudra aller promener ses palmes au nord-ouest de l'île Es Vedrà au Sec de la Bota, une montagne sous l'eau qui culmine à 2 m de la surface et une base à 35 m de fond. Les blocs rocheux abritent mostelles, mérous, congres, murènes et des barracudas veillent au grain. Le spot se trouvant au large, il est apprécié par les thons et autres espèces pélagiques.

Snorkeling dans les eaux cristallines de Minorque.

▶ **Minorque.** Déclarée réserve de la biosphère de l'UNESCO en 1993, l'île est la plus septentrionale de l'archipel. Exposée aux rigueurs du temps, elle a été modelée par les éléments. Le résultat : une orographie sous-marine très particulière (grottes, cavités, labyrinthes…) qui forme également un tombeau abritant des centaines d'embarcations de toutes époques qui sont autant d'innombrables trésors archéologiques à observer par les plongeurs : amphores, canons, ancres… Des fonds sous-marins d'exception qui combinent récifs rocheux, tombants verticaux et prairies de posidonie. De belles plongées en perspective !

▶ **Formentera.** Formentera est une destination idéale pour les plongeurs débutants grâce à ses eaux calmes parfaites pour s'initier à la plongée sous-marine. Ils pourront réaliser leur baptême directement en mer par exemple dans la Réserve marine d'Es Freus. Cette réserve naturelle a été créée pour préserver l'environnement naturel de la zone. C'est ici que les points d'immersion les plus intéressants de l'île se trouvent.

Par ailleurs, les eaux limpides et cristallines de Formentera hébergent une exceptionnelle prairie de posidonies océaniques dans le Parc naturel de Ses Salines d'Eivissa i Formentera. Âgé de 100 000 ans, c'est le plus grand et le plus ancien herbier de toute la mer Méditerranée avec ses 700 km? Et il a été inscrit au patrimoine mondial de l'UNESCO en 1999.

© MALLINDER - ISTOCKPHOTO.COM

Golfeur à Majorque.

Des sports nautiques pour toutes les envies

Les Baléares sont un paradis pour les amateurs de sports nautiques. Pour ceux qui recherchent de l'adrénaline ou qui veulent s'offrir une balade tranquille sur les eaux limpides de l'archipel, il y a de quoi faire : voile, ski nautique, wake-board, scooters des mers, kayak, paddle, parachute ascensionnel, etc. Les îles disposent aussi de nombreuses infrastructures de ports de plaisance. Et pratiquement toutes les écoles et tous les centres nautiques vous proposent des cours d'initiation (en individuel ou en groupe), des locations, des balades guidées, voire même des forfaits à la semaine pour leurs nombreuses activités.

Un paradis pour golfeurs

Séjourner aux Baléares sans jouer au golf, c'est comme passer un hiver dans les Alpes sans faire de ski : depuis quelques années, Majorque s'est imposée comme étant l'île qui dispose du plus grand nombre de parcours de golf par rapport à sa superficie. Les conditions géographiques naturelles conjuguées au climat en ont fait un paradis pour les golfeurs. Pas moins d'une vingtaine de parcours de renommée internationale permettent aux amateurs locaux comme aux grands noms étrangers de venir passer du bon temps dans ces havres de paix. Citons le golf d'Andratx (p.238)et de Son Antem à proximité de la baie de Palma à Majorque, ceux situés au nord-est de l'île comme le Canyamel ou le Capdepera, Golf Ibiza à Ibiza ou encore le Golf Son Parc à Minorque.

Profiter de l'arrière-pays

Randonnée. La douceur de l'hiver permet la randonnée à pied ou à vélo. Minorque et la petite île de Formentera ont d'ailleurs bien compris l'attrait de ce sport en proposant toute l'année à ses visiteurs une flotte de vélos. Formentera peut être parcourue d'un bout à l'autre sur des pistes cyclables, en toute sécurité. Quant à Minorque, vous pourrez en faire le tour en prenant le Chemin des Chevaux, el Camí de Cavalls, une façon d'entrer en contact avec cette nature sauvage et préservée. Mais Ibiza et Majorque (notamment le nord-ouest montagneux) n'échappent pas à la tendance et les itinéraires de randonnée sont légion sur ces deux îles. De superbes sentiers que l'on emprunte avec bonheur à pied, à vélo ou en VTT.

Cyclisme. Les amateurs de cyclisme sont nombreux à profiter du climat printanier ou automnal pour parcourir les sentiers de Majorque. Routes plates à travers la campagne ou parcours très sportifs à travers la Tramuntana, les options sont nombreuses. A Majorque, les férus de vélo tous niveaux confondus ne manqueront pas de faire un tour sur le site Internet Cycling Friendly (www.cycling-friendly.com). C'est la vraie référence pour se concocter un séjour 100 % vélo en planifiant hébergements, services et itinéraires.

Equitation. Malgré l'impact touristique, les îles Baléares possèdent encore de nombreux lieux qui n'ont pas été touchés par le temps : des montagnes, des zones naturelles, des parcs naturels et des villages pleins de charme. La splendeur de ces sites, entre mer et montagne, peut être découverte à cheval. La tradition équine est très forte aux Baléares, et pratiquement toutes les stations balnéaires ont un centre équestre vous offrant la possibilité d'une randonnée à cheval adaptée à votre niveau. Cette tradition est particulièrement forte à Minorque, où les chevaux sont les protagonistes de grandes fêtes populaires. C'est le cas lors de la célèbre fête de Sant Joan, mais aussi lors des fêtes de village avec la programmation de multiples *Jaleo*, des défilés de chevaux au milieu de la foule.

GASTRONOMIE

De nature méditerranéenne, la cuisine des Baléares fait un usage généreux d'huile d'olive, de légumes frais ou secs, de céréales, mais aussi de porc et d'agneau. Sa situation insulaire a également permis d'intégrer une abondance de poissons et de fruits de mer dans les recettes locales. La gastronomie de cet archipel s'inspire directement des traditions culinaires importées par les différents conquérants et colonisateurs des îles au cours des siècles. Ses plus grands emprunts viennent sans aucun doute de la cuisine catalane, cette dernière ayant elle-même fort emprunté à la cuisine arabe, sans oublier la présence britannique et française entre le XVIIIe et le XIXe siècle. Les Baléares sont également connues pour leur diversité de vin et de liqueurs. Comme dans le reste du pays, dans l'archipel on mange à l'heure espagnole et les restaurants commencent généralement à se remplir à partir de 13h pour le déjeuner et 22h pour le dîner.

Produits caractéristiques et terroirs

La cuisine des Baléares fait appel aussi bien aux produits du terroir qu'à ceux de la mer. S'il existe des spécialités locales typiques sur chaque île, on retrouve certains produits dans tout l'archipel. C'est le cas de la sobrasada, une saucisse de porc emblématique des Baléares. De couleur rouge elle est parfumée avec du paprika – doux ou fort – et des herbes aromatiques (thym, origan, etc.). Celles produites à Majorque sont considérées comme les meilleures. Autre embutido – terme catalan pour désigner les saucisses – le camallot (également appelé camaiot, camot ou varia negra selon les îles) est fait de viande de porc hachée plus ou moins grossièrement avec du sang, des épices (poivre noir, paprika, anis) et du sel. Cette farce est placée à l'intérieur de la peau de la cuisse du porc, puis cousue, cuite et enfin séchée. Enfin les butifarrones sont de petites saucisses proches de butifarras catalanes, qui contient un mélange de viande, d'abats et de sang de porc, finement épicées. Ces saucisses étaient souvent préparées en hiver lors de la mantaça, un événement majeur dans la vie des insulaires où était abattu le cochon. Tout l'animal était utilisé et ce rituel réunissait traditionnellement les familles et les voisins pour préparer les différentes découpes de porc. Certains abats comme le foie – très fragile – étaient cuisinés immédiatement avec des oignons et quelques légumes d'hiver. On retrouve cette charcuterie régulièrement présentée sous forme de fiambres – comprendre « assiette anglaise » – avec du fromage, comme le queso Mahón-Menorca, de Minorque, bénéficiant d'une dénomination d'origine. En effet, l'élevage bovin a été fortement motivé par l'Empire britannique, dont faisait partie cette île et d'où la production locale de cette tomme au lait de vache plus ou moins affinée. Les légumes abondants de ces îles sont souvent associés à une huile d'olive omniprésente. A Majorque on produit par ailleurs une huile d'olive de haute qualité (aceite de Mallorca) à l'appellation d'origine contrôlée. Autre produit de qualité, le miel labellisé « Mel Certificada

Queso Mahón.

© TRAVELLIGHT - SHUTTERSTOCK.COM

Tumbet.

d'Eivissa » produit à Ibiza. C'est aussi le cas de la viande d'agneau protégée par un label, qu'on élève sur la même île.

Les classiques de la cuisine des Baléares

Culture espagnole oblige les tapas ont une place importante dans la région. Commun à tout l'archipel, mais aussi à la Catalogne, le fameux *pa amb oli* se compose de morceaux de pain imbibés d'huile d'olive puis frottés à l'ail et à la tomate. Parmi les autres tapas figurent diverses charcuteries, fromages, légumes à l'huile et fruits de mer. Sans oublier les *caracoles con sobrasada*, des escargots mijotés avec la fameuse saucisse au paprika. Si le débat fait rage pour savoir d'où viennent la mayonnaise et son pendant aillé, l'aïoli, les sources les plus probantes décrivent cette sauce comme originaire de Minorque. Elle aurait été rapportée par les Français lorsqu'ils reprirent l'île aux Britanniques en 1756. *El allioli* se prépare dans toutes les îles et se sert comme entrée accompagnant le pain et les olives. On retrouve également des viennoiseries salées, dont les plus communes sont les cocas, sorte de pizzas briochées locales. Après avoir été badigeonnées d'huile d'olive aillée, elles peuvent être garnies de poivrons (*amb pebres*), d'une mélange tomate-oignon-poivron (*amb trempó*), d'épinards-pignons-raisins secs (d'*espinacs*), de saucisse pimentée (*con sobrassada*) ou de sardines (*amb pinxes*). Les panades sont de petites tourtes de Majorque, garnies d'agneau haché, de petits pois et parfois de sobrassada. Parmi les spécialités de Majorque, vous pourrez goûter au *frit mallorquí* ou *frito mallorquín*, un plat emblématique à base de poivrons, pommes de terre et tomate frits dans l'huile d'olive avec des abats – et notamment du foie – de porc ou d'agneau, le tout assaisonné de laurier, graines de fenouil et piment. Autre classique, la soupe majorquine (sopes mallorquines), n'a de soupe que le nom puisque le bouillon est absorbé par des tranches de pain de seigle (*pan moreno*) cuites avec du chou, de l'oignon, des haricots verts, du chou-fleur et des asperges. Proche d'une ratatouille, le *tumbet* est un mélange d'aubergine, de pomme de terre, de poivron rouge et de sauce tomate. Les *huevos fritos al estilo de Sóller* sont des œufs au plat sur une fondue de poireaux avec de la sobrasada. Occupant les trois quarts des terres et de la population des Baléares, Majorque possède en effet le plus de spécialités comme le copieux *arroz brut*, un riz en sauce avec lapin, côtes de porc, saucisse, champignons et légumes variés. L'*escaldums* est une recette de poulet dans une crème aux amandes et au vin blanc. La *sepia alla mallorquina* est un plat de seiche longuement mijotée dans une sauce tomate au vin de xérès alors que la *sepia amb trempó*, est un chaud-froid de seiche grillée servi sur une salade de tomate-oignon-poivron. A Minorque, la cuisine met principalement en valeur les produits de la mer et le plat le plus typique de l'île est la *caldereta de llagosta*, sorte de boulllabaisse mitonnée dans un petit chaudron à base de langouste. Influence anglaise oblige un autre plat commun sur l'île est le *macarrons amb grevi*, une recette de pâtes – généralement des penne ou des macaronis – cuit dans un « gravy », une sauce épaisse de viande typiquement anglaise. A Ibiza et Formentera, vous pourrez goûter à la *burrida de ratjada*, de la raie pochée accompagnée d'une sofrito (sauce tomate au poivron et à l'ail) et agrémentée de picada, une préparation d'amandes pilées avec du persil et du piment. Le *sofrit pagès* est un solide ragoût paysan mêlant poulet, agneau, sobrasada et de pommes de terre, parfumé avec une généreuse quantité d'ail, de persil et de laurier. A Formentera, l'un des plats incontournables est le *frito de pulpo*, une version locale du *frit mallorquí* à base de poulpe.

Desserts et café

La pâtisserie la plus connue des Baléares est probablement l'*ensaïmada*, une viennoiserie sucrée en forme de spirale, que l'on déguste à l'heure du petit déjeuner. Initialement garni de beurre, on le remplace après la Reconquista par du saindoux, pour juger de la ferveur des juifs et musulmans convertis au christianisme. Le *greixonera* est d'ailleurs un pudding à base de *ensaïmada*, parfumé de citron et de cannelle. Sinon la *coca de patata* est une brioche à base de pomme de terre, parfois agrémentée de chocolat. Il ne faut pas oublier le *flaó*, gâteau typique de l'archipel élaboré avec du fromage de brebis frais. A l'origine, on le dégustait à la période de Pâques, mais aujourd'hui c'est un incontournable tout au long de l'année. D'autres desserts sont traditionnellement confectionnés à la même période comme les *robiols*, des chaussons friables garnis de fromage frais sucré ou de confiture. Quant aux *crespells*, des sablés parfumés à l'orange et au citron, on les prépare pour la Semaine sainte. Inévitables à Minorque, les *carquinyols* sont de petits biscuits croquants de forme carrée aux amandes.Le café est normalement noir. *Con leche*, il est additionné de lait chaud. Le café *cortado* est un espresso coupé avec du lait froid. Il peut être en sobre (en poudre) ou *de maquina* (espresso). *El carajillo* est un café allongé d'un trait de rhum ou de cognac, ou d'une liqueur locale des Baléares.

Vins, bières et liqueurs

Si l'archipel des Baléares n'est pas la région la plus réputée d'Espagne pour ses vins, on y retrouve une production notable qui gagne à être connue. Il existe deux dénominations d'origine contrôlée (denominación de origen) sur les îles, toutes deux situées à Majorque : Binissalem, qui produit d'intéressants vins rouges de crianza, et Pla i Llevant, qui se distingue par ses vins blancs de chardonnay. Chacune des îles produit également ses vins du pays – des vins de table intéressants issus de divers cépages. Côté bière, vous rencontrerez principalement la marque catalane Estrella, ainsi que plusieurs bières artisanales comme Isleña, La Payesa et la Ibosim (à Ibiza) ou encore Sa Bona Birra et Grahame Pearce Sant Climent (à Minorque). Se rapprochant de notre panaché, la clara est un mélange de bière et de Schweppes citron. A Minorque on mentionnera aussi la bière artisanale Cervesa Illa (la plus ancienne de l'île). Naturelle et sans conservateurs, elle est considérée comme l'une des six meilleures bières artisanales par le Guía Repsol (une version espagnole du Michelin). Les Anglais ne sont pas restés à Minorque plus de 90 ans au total, mais en partant ils ont laissé un goût sûr pour le gin et son intense goût de baie de genièvre. On le fabrique ici avec du raisin, le rendant plus fruité et moins amer que son équivalent britannique produit à partir de céréales. On pourra apprécier notamment le gin iNNat élaboré par la famille Quintana chez Licors Biniarbolla. Arrosé de jus de citron, le gin s'appelle alors pomada. Les liqueurs herbales ou hierbas sont très prisées et chaque île produit la sienne. Souvent préparées de manière artisanale, leur taux d'alcool varie de 20 à 30° environ. Le palo de Majorque était initialement une liqueur médicinale à l'écorce de quinquina, un remède contre le paludisme. Cependant le goût très amer et déplaisant de cette plante fut masqué par des épices et autres herbes aromatiques pour rendre le palo plus agréable en bouche. Originaire d'Ibiza la frígola est une liqueur parfumée aux feuilles et aux fleurs de thym. Enfin la hierbas ibicencas est un spiritueux populaire légèrement anisé, préparé depuis des siècles de manière artisanale par les familles de l'île d'Ibiza. La recette, qui varie d'un foyer à l'autre, peut compter jusqu'à 28 plantes différentes, mais contient presque systématiquement romarin, thym, menthe, lavande, fenouil, verveine, sauge, genévrier, zestes d'orange et de citron. Ce digestif bénéficie depuis 1997 d'une Dénomination Géographique Protégée. L'immanquable chupito est le nom du petit verre de liqueur, offert souvent par la maison après le dîner.

Le flaó est une spécialité sucrée des Baléares.

AGENDA

L'Espagne est un pays qui tient à ses coutumes, à ses traditions, et les Baléares n'échappent pas à la règle. De culture profondément catholique, les célébrations les plus importantes qui rythment l'année sont religieuses et continuent de structurer le passage du temps, à l'image de la Semana Santa ou du défilé des Rois Mages (sérieux concurrents du Père Noël de l'autre côte des Pyrénées). Chaque ville et village des Baléares est sous le patronage d'un saint, qui, le jour venu, fait l'objet des célébrations les plus enthousiastes ! Les bourgades de l'intérieur des terres, aussi bien à Majorque qu'à Minorque ou Ibiza, sont également très attachées à leurs coutumes anciennes qui ont plus à voir avec le passage des saisons qu'avec la religion, et c'est avec joie qu'on en verra les habitants, vêtus d'habits traditionnels, danser lors d'un bal paysan. Quelques festivals de musique jazz, mais aussi gastronomiques et sportifs sont à signaler.

CAVALCADE DU CARNAVAL

Dates variables.

La fête du carnaval se déroule traditionnellement sur toutes les îles des Baléares, juste avant le début de la période de carême. C'est certainement à Palma de Mallorca que le carnaval est le plus important : les fêtes traditionnelles commencent le jeudi gras et s'étendent sur toute la durée du week-end, avec au programme concerts, spectacles de danse et défilés costumés ! La coutume veut que la fête se termine le Mercredi des Cendres avec « l'enterrement de la sardine », symbole du carnaval, marquant le début du printemps et d'un nouveau cycle de vie !

FÊTE DE LA SAINT-JEAN (SANT JOAN)

Le 24 juin. Des festivités sont également organisées dans les jours qui précèdent ou suivent la Saint Jean.

La Saint-Jean (Sant Joan en catalan) est, de loin, la fête la plus populaire de l'archipel, voire de tous les territoires où le catalan est parlé. A cette occasion, les villes et villages accueillent des feux d'artifice organisés par les municipalités, mais c'est aussi un moment de joie vaguement anarchique où les pétards fusent dans tous les sens ! On se réunit alors massivement sur la plage pour faire la fête... jusqu'au petit matin pour les plus gaillards !

EL PRIMER DOMINGO DE MAYO

SANTA EULÀRIA DES RIU

1er dimanche de mai.

A Ibiza, il existe un mont appelé S'Eglésia Vella. La légende dit qu'autrefois, en haut de ce mont, se trouvait une petite église (d'où son nom). Un jour, à la fin de la messe, celle-ci, ainsi que son clocher, s'effondra brutalement et tomba au fond de la mer. Tout le monde en sortit sain et sauf. Cet événement fut considéré comme un miracle. Ayant eu lieu un premier dimanche de mai, cette date est depuis célébrée tous les ans. L'une des fêtes les plus populaires de l'île !

FÊTE DE SANT ANTONI ABAT

Le 17 janvier à Majorque et à Minorque.

La fête de Sant Antoni Abat est célébrée chaque année le 17 janvier en l'honneur de saint Antoine, patron des animaux domestiques. A cette occasion, de grands feux de joie, symbolisant la purification et la victoire du bien sur le mal, sont allumés dans les principales rues et places des villages de Majorque et de Minorque, et les habitants, déguisés, défilent et dansent. A Minorque, on fête aussi la reconquête catalane de l'île en 1287 par Alphonse III. Une célébration populaire d'envergure qu'il ne faut absolument pas rater lors d'une visite à la mi-janvier.

FÊTE DU VIN PAGÈS

SANT MATEU D'ALBARCA

Tous les ans vers mi-décembre.

Cet événement populaire se célèbre depuis 35 ans chaque fin d'année à Sant Mateu, zone connue pour ses cultures de vignes. S'y rendre sera l'occasion de goûter gratuitement une trentaine de vins de la région et des produits du terroir : charcuterie fraîche (*sobrassada*) ou braisée (*butifarra*), sucreries du terroir (beignets d'Ibiza et *orelletes*) à accompagner de vin chaud ou de chocolat chaud. Musique et danses traditionnelles égayent la journée. Une occasion de découvrir les coutumes de l'île dans une ambiance populaire et guillerette !

SANT BARTOMEU

FERRERIES

Les 23 et 24 août.

Les festivités de Sant Bartomeu (Saint Barthołomé) remontent au XVIe siècle. Le saint patron de Ferreries, commune au centre de Minorque, est célébré chaque année dans la joie et la bonne humeur par les habitants du village. Au rendez-vous : musique folklorique et défilés en costumes traditionnels dans toutes les rues pendant ces quelques jours. La tradition veut que juste avant que ne démarre la *qualcada* (cavalcade des chevaux), un homme monté sur un âne passe sur la place du village en jouant un air populaire à la flûte et au tambour.

MARE DE DÉU DE GRÀCIA

MAHÓN – MAÓ

Les 7, 8 et 9 septembre.

Les fêtes de Nuestra Señora de Gracia sont célébrées à Mahon (Minorque) tous les ans début septembre depuis le début des années 1890 par un défilé équestre de tradition médiévale, au cours duquel les jeunes cavaliers rivalisent de prouesse. Les chevaux, de race minorquine, et les cavaliers vêtus d'un costume traditionnel offrent un défilé en plein centre-ville. Le soir, un *jaleo* est organisé sur la place de la Mairie. Les festivités commencent le 7 au son des cloches de l'église à 16h et se terminent le 8 au soir, au balcon de la mairie avec un chant populaire.

SANT GAIETÀ

LLUCMAÇANES

Le premier week-end d'août.

Chaque premier week-end du mois d'août, touristes et locaux se retrouvent dans les rues de Llucmaçanes, commune à l'est de Minorque, pour participer aux célébrations de Sant Gaietà. De nombreuses animations sont organisées pour l'occasion comme l'illustre *qualcada*, chevauchée en l'honneur du saint patron. Profitez aussi de l'église du village, fondée en 1885, qui accueille une partie des célébrations. Une célébration très populaire qu'on ne manquera pas si l'on se trouve à Minorque débute août : la cavalcade est impressionnante !

MENORCA EN EL PLATO

www.gastronomiamenorca.es

Pendant 10 jours.

L'événement Menorca en el plato (que l'on pourrait traduire par « Minorque dans l'assiette ») est LE rendez-vous gastronomique pour tous ceux qui souhaitent découvrir la cuisine minorquine traditionnelle. *Menorca en el plato* se déroule sur dix jours et dans une multitude de restaurants de l'île. L'occasion de déguster un menu composé des spécialités typiques de la région (soupes, fromages, pâtisseries, vins…). Consulter le site Web pour découvrir la liste des établissements participants, ces derniers proposant pour l'occasion des plats typiques à prix abordables.

SETMANA SANTA

Dates variables (mars/avril).

La *Setmana Santa* est une commémoration de la mort et de la résurrection du Christ, particulièrement célébrée en Espagne. Elle débute le dimanche des Rameaux et se termine le dimanche de Pâques. Elle attire dans les rues autant de fidèles que de touristes qui, tous, viennent assister aux processions spectaculaires et autres reproductions liturgiques retraçant les derniers jours du Christ, organisées par les confréries. Dans les Baléares comme en Espagne, la Semaine sainte marque généralement le début de la saison touristique.

CAVALCADA DE REIS [DÉFILÉ DES ROIS MAGES]

Le 5 janvier.

Lors de la parade des Rois mages, Melchior, Gaspard et Balthazar récompensent es enfants qui ont été sages. Concurrencés par le Père Noël, les Rois mages demeurent une institution dans toute l'Espagne. Dans de nombreuses familles, les enfants reçoivent un petit cadeau le soir de Noël, mais il faut attendre l'arrivée des Rois pour recevoir un gros cadeau. Selon la tradition, les enfants qui n'ont pas été sages ne reçoivent qu'un petit sac en toile rempli de charbon de sucre. À Formentera, la procession des Rois mages arrive par bateau dans le port de La Savina.

FESTIVAL INTERNATIONAL DE JAZZ À SA POBLA

jazz.sapobla.cat

Concerts en plein air gratuits ayant lieu en juillet et août sur la Plaça Major de Sa Pobla.

Lancé en 1995, le festival international de jazz de Sa Pobla est un évènement musical réputé à Majorque, mais aussi au-delà des frontières espagnoles. En plus d'un quart de siècle d'existence, les scènes de la Plaça Major du village majorquin ont vu passer quelques noms célèbres du monde du jazz. En 2021, pour sa 26e édition (28 juillet-25 août), le festival aura lieu la scène du parc Can Cirera Prim et sera inauguré par le musicien majorquin Pere Dàvila.

FESTIVAL INTERNATIONAL DE JAZZ DE MINORQUE

www.jazzobert.com

Au printemps, sur plusieurs dates, à Minorque.

En 2021, le festival international de jazz de Minorque célèbre sa 23e édition ! D'envergure internationale, cet événement attire du beau monde sur des scènes installées aux quatre coins de l'île, aussi bien dans des salles de concert que dans la rue, de Ciutadella à Mahón en passant par Alaior et Ferreries. Depuis 1998, Minorque a accueilli des grands noms de la scène jazz : Avishai Cohen, Branford Marsalis, Elvin Jones, Freddie Hubbard et bien d'autres encore.

EIVISSA MEDIEVAL

Dalt Vila

IBIZA – EIVISSA

Deuxième week-end de mai.

Généralement organisée le deuxième week-end de mai, Eivissa Medieval est une grande fête célébrant la commémoration de la déclaration d'Ibiza comme faisant partie du patrimoine mondial par l'Unesco. Elle se déroule sur quatre jours dans la vieille ville et accueille plus de 100 000 visiteurs chaque année. C'est un véritable voyage à travers le temps avec des spectacles en costumes d'époque, des concerts de grande qualité, des danses et des expositions. Expositions d'objets allant de l'époque punique jusqu'à l'époque médiévale.

SANT JAUME

Le 25 juillet à Sant Francesc Xavier.

Célébration organisée en l'honneur de Sant Jaume, saint patron de l'île de Formentera. A cette occasion, la plus petite des îles de l'archipel fait revivre ses coutumes rurales anciennes, à l'image du traditionnel chant de la *cantada* : la mise en scène donne à voir un couple de paysans qui règlent leurs différends... en chanson ! Les festivités se déroulent à Sant Francesc-Xavier, autour de son église dédiée à Sant Jaume (une messe y est assurée), et démarrent une semaine avant la date dite avec expositions, ateliers et concerts plein air !

DIADA DE MAJORQUE

Le 12 septembre.

La Diada de Mallorca correspond au « jour de Majorque », qui commémore chaque année, le 12 septembre, le serment prêté par le roi Jacques II en 1276 à la charte du Règne de Majorque. Pendant plus d'une semaine, de nombreux concerts et conférences ont lieu, ainsi que toute une gamme d'activités, essentiellement dans la zone de Palma de Mallorca : régate de voile latine, compétition de tir à la fronde, course de trot à l'hippodrome de Son Pardo. Des prix et distinctions sont également remis aux Majorquins qui se sont illustrés dans l'année (art, culture...)

FESTES DE SANT CARLES

SANT CARLES DE PERALTA

www.ibiza.travel/fr

Le 4 novembre.

Une fois la messe célébrée dans l'église de Sant Carles, place à la fête : procession en l'honneur de Sant Charles, *ball pagès* (bal paysan) et dégustation de produits typiques de l'île. Le 4 novembre est également le jour du Grand Prix Pagès, une compétition à l'occasion de laquelle s'affrontent plusieurs équipes déguisées à travers diverses épreuves physiques et de réflexion. *Hierbas ibicencas* et vin paysan sont de la partie. Une fête traditionnelle d'Ibiza qui permettra de connaître un peu mieux le côté authentique de l'île tout en s'amusant !

VOLTA MENORCA BTT

www.menorcabtt.com

Trois jours sur la première quinzaine d'octobre à Minorque.

Evénement de renommée internationale proposant un tour VTT non compétitif, organisé par l'association *Penya Ciclista Ciutadella* à Minorque depuis plus de 10 ans. Pas besoin d'être un athlète pour y participer, mais une bonne forme physique est tout de même requise. Le tour de l'île se divise en trois étapes et toute l'organisation est assurée par des bénévoles amoureux du vélo et la nature de Minorque. Plus d'une centaine de cyclistes y participent chaque année. La Vuelta se termine par une grande fête où l'on partage nourriture sur fond de musique.

IBIZA SABOR - OTOÑO

www.ibizasabor.es

En octobre/novembre et au printemps.

Le festival Ibiza Sabor est organisé deux fois l'an par le Consell d'Eivissa en partenariat avec une quarantaine des restaurants parmi les plus emblématiques de l'île. Chaque établissement propose sa version des plats traditionnels d'Ibiza, à base des produits de saison (les tarifs proposés sont alors particulièrement compétitifs). Une belle occasion de découvrir quelques délices *ibicenco* ainsi que de belles adresses. Une édition est également organisée au Printemps : Ibiza Sabor - Primavera (aux alentours d'avril/mai). Avis aux gourmands-curieux !

IBIZA

Avec ses 572 km^2, Ibiza est la plus grande des îles Pityuses et la troisième plus grande île des Baléares. Longtemps restée une zone rurale et plutôt pauvre, vivant essentiellement de l'agriculture, Ibiza a changé du tout au tout dans la seconde moitié du XXe siècle grâce au prodigieux essor du tourisme. Du nord au sud, d'est en ouest, elle est un musée à ciel ouvert qui raconte histoires et légendes. Celle des Phéniciens qui s'installèrent sur l'actuelle Dalt Vila, majestueuse acropole qui domine le port d'Ibiza. Celle des pirates qui cachaient leurs trésors dans la grotte de Can Marçà. Celle des hippies qui firent de l'île leur éden mythique. Célèbre et pourtant méconnue, Ibiza évoque un champ lexical souvent réducteur : boîtes de nuit, yachts, tourisme de masse… Une réalité, certes, mais qui se conjugue avec des paysages encore vierges, des criques secrètes, des villages pittoresques et un riche patrimoine culturel.

PAGES

IBIZA - EIVISSA

Fondée par les Carthaginois au VIIe siècle av. J.-C., puis successivement sous domination romaine, byzantine, arabe et catalane, la ville d'Ibiza (« Eivissa » en catalan) conserve un riche patrimoine, hérité de ses divers occupants. Au sommet de la colline, Dalt Vila (la ville haute), construite presque en escalier, est entourée d'épaisses murailles Renaissance d'où émergent la cathédrale et le château et, un peu plus bas, l'église de Santo Domingo ainsi que de nombreuses maisons seigneuriales. C'est incontestablement le site le plus intéressant de l'île. Au pied de ces murailles se resserrent les anciens quartiers, peut-être les plus pittoresques, où les vieilles maisons blanches de pêcheurs semblent s'entasser de manière désordonnée et s'avancer sur le port. Plus l'on s'éloigne de Dalt Vila, plus les constructions sont récentes. Quelques bonnes adresses sont à découvrir dans la zone Marina Ibiza.

Carrer del Diputat Josep Ribas
Carrer de Carles III
Cafeteria Isla
Carrer de Felip II
Bidebide
Carrer de Gaspar Puig
Carrer de Josep Maria Quadrado
Carrer D'Antoni Jaume
Avinguda de Santa Eulària Des Riu
Carrer de Carles V
Avinguda de Bartomeu de Rosselló
Moll Interior
Carrer de Lluís Tur
Monument Hommage au mouvement hippie
Rental Boat Ibiza
Carrer Joan D'àustria
Carrer Ramón y Cajal
Carrer Vicente Cuervo
Gran Hotel Montesol
Dama d'Eiviss
Carrer Riambau
Carrer de Sa Cre
Hostal Juanita
Hostal & Apartamentos Ripoll
Cava
Gourmet Bocadillos - Can Gourmet
Carrer del Bisbe Torres
Carrer de Castelar
Platería Shambala
Lovy Ibiza, by the Sandal Shop
Cantonada
Ca N'Alfredo
Passeig Vara del Rey
Ibiza
Eivissa
Carrer del Bisbe Azara
Imprenta
Can Murenu
Pedro's
Majoral
Carrer Comte Rosselló
Plaça de Sa Font
Carrer D'anníbal
Casa de Huéspedes Vara de Rey
Carrer de Pere Sala
Pas Simó Poulet
Taberna del Parque
Brasa
Il Dek - Italian Bist
Carrer Miguel Gaietà Soler
Plaça D'es Parc
Carrer de la Muralla
Cafeteria Es Forn
Bebel Ibiza
El Olivo Mio
Carrer de Jaume I
Ronda Antoni Costa Ramón
Plaça de Vila
Plaça de la Vila
Via Púnica
Salus
Dispensa
Oliva
Torreta
Plaça del Sol
Restaurante Plaza del Sol
Carrer St. Antoni
Can d'en
S'Escalinata
Carrer de St. Lluís
Plaça Regent Gotarredona
Carrer de Sa
Via Romana
Parc Reina Sofía
Carrer Sant Josep
Carrer de Joan Xico
Carrer de la Conquista
Carrer Joan Roman
Carrer de la Tanit
Museu Puget
Appartements La Torre del Cañón
Carrer St. Ciriac
Carrer Major
Centre d'interprétation Madina Yabisa
Château de Dalt Vil
Ronda Almudaina
Carrer Joan Xic
THB - Los Molinos

Mar Mediterráneo
Ibiza
Es Martell
Estació Marítima
FORMENTERA
GLACIER - LOS VALENCIANOS
Plaça D'antoni Riquer
Avinguda de Les Andanes
TANGO BAR
Carrer de Barcelona
HOSTAL RYANS LA MARINA
105 SUITES @ MARINA MAGNA
LOS PASAJEROS
PIRATA
Carrer de Cipriano Garijo
GUILLEMIS
Carrer D'enmig
ARTE DEL MOJITO
Avinguda de Les Andanes
Carrer de St. Elm
Carrer D'emili Pou
Carrer de la Mare de Déu
Plaça de Sa Drassaneta
Carrer Alt
Carrer Fosc
Carrer del Retir
Carrer de la Verge
Plaça de Sa Riba
CAN LLUIS
CASA DE HUESPEDES LA PEÑA
MUSEU CASA BRONER
Carrer Miranda
MERCAT VELL
Carrer Manuel Sora
Carrer Des Passadís
PARADISE LOST
BAR 1805
Carrer de Sa Pedrera
Carrer de Sa Pedrera
Carrer Sarta Llúcia
BODEGA
TIRAPALLÁ
SA LLOVA
Ronda Narcís Puget Viñas
Carrer de Sa Carrossa
PORTALÓN
Carrer D'ignasi Riquer
Plaça Dels Desemparats
HOSTAL LA VENTANA
Carrer del General Balanzat
ÉGLISE DE SANTO DOMINGO
Ronda del Fratin
Ronda del Fratin
Plaça d'Espanya
Plaça D'espanya
HOTEL MIRADOR DE DALT VILA
70 M

SE REPÉRER SE DÉPLACER

La ville d'Ibiza se compose de plusieurs quartiers aux particularités propres. Vous reconnaîtrez aisément les limites de l'un ou de l'autre par l'architecture des maisons ou des immeubles et par la taille des rues en vous baladant dans la ville. Dans ce guide, la partie «Marina et Dalt Villa» rassemble le quartier de la Marina situé entre les quais et la ville haute, celui de Sa Penya (quartier gitan aux ruelles étroites et aux nombreux escaliers et passages) et Dalt Vila, la cité fortifiée. «Eixample et Ses Figueretes» rassemble le quartier d'Eixample - au pied des murailles, proche des rues du port, avec le Passeig de Vara del Rey, véritable noyau de la ville, comme axe principale - et celui, plus récent, de Figueretes. La partie «Paseo Maritimo et Talamanca» rassemble la promenade du vieux port, la zone du la marina Botafoch et la plage de Talamanca, de l'autre côté de la baie. A pied ou à vélo, Eivissa se découvre à petite allure !

AÉROPORT D'IBIZA

✆ +34 902 404 704

www.aena.es

Il est situé à 7,5 km du centre-ville d'Ibiza, dans la commune de Sant Josep. On pourra rejoindre le centre-ville en taxi (15 € pour le trajet, et 18 € en tarif de nuit) ou avec une voiture de location (par la route E-20). Côté bus, la ligne 10 (3,60 €) vous déposera en 20 minutes sur l'Avenida Isidor Macabich ou sur le port. Elle fonctionne l'été de 6h à minuit (toutes les 20 min) et l'hiver de 7h à 23h30 (toutes les 30 min). En été (seulement), la ligne 9 permet de rallier Sant Josep et Sant Antoni, la ligne 24 Es Canar et Santa Eulària.

BALEARIA

Estación Marítima

✆ +34 902 160 180

www.balearia.com

Baleària est une entreprise de transport maritime, d'origine espagnole dont le siège se trouve à Dénia, dans la province d'Alicante. Disposant d'une flotte considérable, elle se partage l'essentiel du trafic de passagers entre les îles Baléares, mais aussi depuis et vers la péninsule et les îles Canaries, avec l'autre grande compagnie espagnole Trasmediterránea. Baleària propose des liaisons vers les quatre îles de l'archipel depuis Barcelone, ainsi que des liaisons inter-îles. Elle permet de rallier Barcelone, Dénia, Palma, Formentera et Valence depuis Ibiza.

BARCAS DE TALAMANCA - PORT D'IBIZA

✆ +34 659 995 169

www.barcasdetalamanca.com

Idéalement situés en face de la Dalt Vila, les quais de la Marina Botafoch permettent d'apprécier la ville haute dans son ensemble, de jour comme de nuit. Pour rejoindre la luxueuse Marina Botafoch (située dans la zone du Paseo Marítimo) au départ des vieux quartiers de La Marina (dans le centre-ville, avec Dalt Vila dans votre dos), il suffit de longer les quais, à pied, pendant une petite demi-heure. Agréable, surtout en soirée pendant l'été, quand les bars s'animent.

EUROMER

✆ +33 4 67 65 95 13

www.euromer.net

Représentant des compagnies de ferries, Trasmediterránea et Baleària, Euromer autorise la réservation de billet par téléphone. On trouve également sur leur site internet tous les détails des traversées (tarifs et programme de croisière possibles), et l'agence peut vous envoyer gratuitement devis et brochures. Spécialisée dans les liaisons intra-Méditerranée. EuroMer vous propose aussi un large choix d'hôtels et de nombreuses offres promotionnelles sur toutes les îles à des tarifs très attractifs. Possibilité de réservations en ligne avec paiement sécurisé.

TRASMEDITERRÁNEA

Estació Marítima
✆ +34 902 454 645
www.trasmediterranea.com

Trasmediterránea est l'une des principales compagnies maritimes espagnoles, dont le siège se trouve à Madrid. La très vaste flotte de ferries dont dispose la compagnie la positionne en leader dans le domaine du trafic de passagers entre les quatre îles Baléares, mais aussi depuis et vers la péninsule et les îles Canaries. Son concurrent direct est la compagnie Baleària, avec laquelle elle partage les mêmes eaux. Trasmediterránea assure régulièrement plusieurs liaisons avec Barcelone, Palma de Majorque et Valence. Pensez à réserver votre billet à l'avance.

CASA VALENTÍN

Avinguda Bartolomé Vicente Ramón, 19
✆ +34 971 310 822
www.casavalentin.es
Ouvert tous les jours de 9h à 19h (20h en été).

Vous aurez le choix entre de multiples marques de voiture – Toyota, Renault, Nissan, Fiat, Peugeot –, mais aussi des fourgonnettes (6-8 places), 4x4, motos, des scooters et des vélos. Les prix sont dégressifs à mesure que la durée de location s'allonge, incluent le kilométrage illimité et une assurance tous risques. Accueil chaleureux dans cette petite entreprise familiale, l'une des plus anciennes de la ville (fondée en 1945 !). N'oubliez pas d'amener votre permis de conduire, qui est obligatoire pour la location d'un scooter.

IBIZA GREEN CAR

✆ +34 671 785 755
www.ibizagreencar.com
A partir de 39 €/jour (79 € en haute saison). Réservations en ligne et sur WhatsApp.

De la côte à l'intérieur de l'île, Ibiza Green Car permet de visiter tous les coins de l'île en préservant l'environnement, et sans renoncer aux prestations classiques. L'autonomie de 160 km de la flotte de Renault ZOE (5 places) est largement suffisante pour faire le tour de l'île 3 fois. Le réseau dispose de 20 points de recharge (gratuite et illimitée), un service de livraison-restitution 24h, un lieu de dépôt à votre convenance (aéroport, hôtel ou autre...), kilométrage illimité, assistance 24h pour les batteries déchargées. Une découverte 100 % green d'Ibiza.

MINI MOKE IBIZA

Zone industrielle Montecristo
✆ +34 690 324 439
www.minimokeibiza.com
120 € pour une journée. 300 €/3 jours. 540 €/6 jours.

Profitez de l'expérience Ibiza avec la location d'une jolie Mini Moke. Ces légendaires voitures décapotables et sans portes, conçues par Aston Martin du début des années 1960 à la fin des années 1990, débarquent sur l'île pour se fondre dans une ambiance chic et « happy flower ». Cette agence est la seule des Baléares à proposer ce service pour le moins original. Parfaitement adaptée au climat méditerranéen, la Moke et ses airs de petit buggy est également un véhicule de style, et on aura le choix entre plusieurs coloris en magasin.

DISCOBUS S.L.

Passeig Juan Carlos I
✆ +34 600 482 972
www.discobus.es
De début juin à fin septembre. 3 € le trajet.

Le Discobus est un service de bus nocturnes permettant de rallier les divers lieux d'animations et boîtes de nuit de l'île (Privilege, Amnesia, Pacha, Hï Ibiza) depuis les principales villes d'Ibiza (Sant Antoni, port d'Eivissa, Santa Eulària et Es Canar). Ils circulent uniquement en été, entre 0h et 6h (horaire variable selon les lignes). La L3 rallie Sant Antoni au Privilège, Amnesia, Pacha et Port d'Ibiza ; la L3bis Sant Antoni à Platja d'en Bossa) ; les L13 et L18 le Port d'Ibiza à Santa Eulària et Es Canar ; la L14 le Port d'Ibiza à Platja d'en Bossa.

LEGENDS CLASSIC MOTORCYCLES

Carretera d'Eivissa à Sant Antoni, km 2,2
✆ +34 971 078 608
www.legendsibiza.es

Ouvert en 2012, cette agence spécialisée dans la location de Vespa, dont certaines sont de véritables pièces de collection, est une machine à voyager dans le temps ! Certes les tarifs ne sont pas les plus bas du marché du scooter de location, mais ces véhicules-là sont de véritables petits bijoux de style et d'élégance qui semblent avoir été conçus pour arpenter les territoires ruraux et bucoliques de l'île blanche. Des visites guidées de 4 heures sont également possibles !

À VOIR / À FAIRE

Outre son ambiance festive, ses innombrables terrasses de charme et ses très bons restaurants, la capitale de l'île abrite quelques points d'intérêt qui donneront satisfaction aux mordus d'histoire, d'art et d'architecture, mais aussi aux curieux de tous poils. C'est à n'en point douter la vieille ville fortifiée – Dalt Vila – qui abrite la plus grande concentration de points d'intérêt culturels. Le mieux est peut-être encore de suivre une visite guidée à travers les ruelles et passages de la Marina, de Sa Penya et de Dalt Vila, trois quartiers constituant un véritable musée à ciel ouvert, tout en prenant note des musées et centres culturels qui vous plaisent pour y revenir ensuite, rien n'étant jamais très loin à Eivissa. Au nombre des attractions phares de la ville, signalons la cathédrale et le château, mais aussi le MACE pour qui apprécie l'art contemporain, et le musée Puget, pour les amateurs d'impressionnisme.

OFFICE DU TOURISME - CASA DE LA CURIA

Plaça de la Catedral
✆ +34 971 399 232
www.eivissa.es
Ouvert du mardi au samedi 10h-13h et 18h-21h.

Au sommet de Dalt Vila se trouve la Casa de la Cúria qui à l'époque médiévale abritait le palais de justice de l'île. Si son rez-de-chaussée est occupé par le centre d'information Madina Yasiba (Ibiza du temps de l'occupation arabe), s'est installé au niveau supérieur l'office de tourisme de Dalt Vila. On y entre depuis la place de la cathédrale en franchissant une ancienne fenêtre (gothique tardif) surmontée des armoiries de la Couronne d'Aragon et une inscription datée de 1503.

IBIZA CITY TOURS

Café Mar y Sol, Puerto de Ibiza
✆ +34 608 557 450
getyourtouribiza.com
La visite guidée de la vieille ville est disponible en français tous les dimanches matin à 10h30. 12 € par personne.

Cette agence, tenue par Silvio, jeune homme franco-italien, et son équipe, propose une visite guidée à pied de la vieille-ville d'Eivissa, en français, et ce chaque dimanche matin. Véritable voyage dans le temps, cette balade dans le centre-ville d'Ibiza, déclaré patrimoine mondial de l'humanité par l'Unesco en raison de son histoire millénaire et de l'excellente conservation de son architecture, est un incontournable pour qui cherche à en apprendre davantage sur le passé et les secrets de l'île, de l'incroyable épopée de la construction de la grande muraille Renaissance de Dalt Vila aux aventures des Phéniciens sur les flots méditerranéens, en passant par les exploits des corsaires d'Ibiza. On parcourt les couloirs de la ville, voguant de lieux emblématiques en d'autres plus cachés (comme le Soto, un tunnel secret par lequel les soldats d'Ibiza pouvaient pénétrer dans la ville sans être vus par l'ennemi), le tout emmené par les commentaires de Sivio ou de l'un de ses collègues, mêlant avec tact Histoire et petites anecdotes ou légendes tout en découvrant au passage quelques bonnes adresses. Il est tout à fait possible de privatiser un tour pour faire la visite en famille ou entre amis, mais aussi d'organiser des visites dans d'autres coins de l'île, voire même de Formentera, sur demande uniquement. Un service qui se démarque dans le paysage touristique de l'île de par le sérieux des connaissances transmises et par la sympathie naturelle des guides de cette petite structure. Testé et approuvé par nos soins !

CATHÉDRALE D'IBIZA ★

Plaça de la Catedral, 1
✆ +34 971 312 773
www.obispadodeibiza.es
Visites du mardi au samedi 10h à 13h30 et de 17h à 20h.

Bâtie peu après la reconquête catalane, à partir du XIIIe siècle, la Catedral de Ibiza, dédiée à la Vierge Marie et à Notre-Dame-des-Neiges, patronne d'Ibiza, occupe le site d'une ancienne mosquée arabe nommée Yebisah. L'abside et le clocher, de style gothique catalan, datent du XIVe siècle, tandis que l'intérieur a été entièrement remodelé dans le style baroque au XVIIIe siècle. De conception sobre et robuste (c'est l'édifice sacré le plus imposant de l'île), elle occupe le sommet de la Dalt Vila, aux côtés du château. Son emplacement vaut à lui seul une visite.

CENTRE D'INTERPRÉTATION MADINA YABISA

Carrer Major, 2
✆ +34 971 392 390
Avril-sept : mar-dim 10-14h, mar-sam 17-20h (été 18-21h). Oct-mars : mar-dim 8-15h (dim 10-12h). Entrée à 2 €.

Le Centre d'interprétation Madina Yabisa occupe une partie du bâtiment de la Casa de la Cúria, situé dans l'acropole de Dalt Vila. Construit en épousant les structures de l'ancienne muraille andalouse, ce petit musée propose une plongée dans l'époque de la domination musulmane à Ibiza : à grand renfort de maquettes, vestiges archéologiques et installations audiovisuels, on découvre ce que fut il y a plus d'un siècle la vieille-ville d'Eivissa. Instructif et ludique.

CHÂTEAU DE DALT VILA ★

Plaça de la Catedral, s/n
Ne se visite pas.

Situé au sommet du promontoire de la Dalt Vila, le robuste château d'Ibiza veille sur le littoral. Depuis le XVIIIe siècle, il est relié à l'Almudaina, après la démolition du pan de muraille et de la tour qui séparaient les deux constructions. L'Almudaina était à l'origine le siège du pouvoir arabe, avant d'être utilisé comme caserne militaire jusque dans les années 1980. Actuellement, cette enceinte fortifiée est l'objet d'une restauration pour être transformée en Parador. Il semblerait que l'hôtel devrait être prêt pour 2022.

ÉGLISE DE SANTO DOMINGO

Carrer General Balansat, 6
www.obispadodeibiza.es
Visites du mardi au samedi de 10h à 13h30 et de 16h à 19h.

L'église, érigée au XVIe siècle sur un site privilégié à l'extrémité des murailles, a été reconstruite au XVIIe siècle. Une silhouette très particulière et originale pour l'île, un tracé baroque représentatif du style ibizien de l'époque, elle dispos d'une nef et de onze chapelles latérales. L'ancien couvent de l'ordre des Dominicains – ces derniers y trouvèrent refuge en 1587 suite aux attaques des pirates –, accolé à la chapelle, abrite à présent les bureaux de l'hôtel de ville. La fête paroissiale a lieu le 29 juin, jour de la Saint-Pierre.

MUSEU ARQUEOLÒGIC D'EIVISSA I FORMENTERA

✆ +34 971 301 771
www.maef.es
Avril-sept : mar-dim 10-14h et 18h30-21h. Oct-mars : mar-sam 9h30-15h et dim 10-14h. Entrée 2,40 €, gratuit le dimanche.

Ce musée retrace 3 000 ans d'histoire dans les Pitiüses, des premiers habitants des îles jusqu'à la conquête catalane de 1235. La plupart des objets exposés – vestiges de l'époque punique – proviennent des fouilles effectuées à Ibiza. A deux pas, on trouve la nécropole et le musée de Puig des Molins, proposant un « voyage vers la mort dans l'ancienne Ibiza » (dixit le directeur). Un véritable questionnement sur la nature mortelle de l'homme. Métaphysique.

MUSEU CASA BRONER

Carreró l'Estrella, 3
✆ +34 971 310 644
Avril-sept : mar-dim 10-14h, mar-ven 17-20h (été 18-21h). Oct-mars : mar-dim 8-18h. Entrée libre.

Construite par l'architecte et peintre allemand Erwin Broner en 1959, la Casa Broner est installée sur la pointe de La Marina, face à la mer, dans le quartier de Sa Penya. Offerte par la veuve de l'architecte à la mairie d'Ibiza, cette sensationnelle demeure a été classée bien d'intérêt culturel en 2000 et a été entièrement rénovée. Elle présente toutes les caractéristiques de l'architecture rationaliste. Depuis l'été 2010, des visites guidées sont organisées pour le public. Une visite passionnante pour les amoureux d'architecture.

MONUMENT HOMMAGE AU MOUVEMENT HIPPIE ★

Carrer Lluis Tur i Palau

Depuis l'été 2016, on peut observer sur la balade piétonne de la Marina d'Ibiza, au niveau de l'intersection de la carrer Lluis Tur i Palau et de la carrer Guillem de Montgrí, une statue de bronze installée ici en hommage au mouvement hippie qui anima l'île dans les années 1960 et au début des années 1970. Le sculpteur catalan Ció Abellí en est l'auteur : l'œuvre est une transposition en 3 dimensions d'une célèbre image prise en 1972 dans un parc d'Amsterdam par le photographe Toni Riera représentant un père aux cheveux longs vêtus de fripes hippies échangeant un regard complice avec sa petite fille, pareillement accoutrée. L'artiste a choisi cette image en raison de la dimension iconique de l'île qu'elle est venue à occuper au fil des ans. Dès le début du mouvement hippie, de nombreux « peluts » (« chevelus », c'est ainsi que les habitants de l'île nommaient ces nouveaux arrivants, en raison de leurs chevelues généreuses) ont en effet trouvé à Ibiza un parfum de terre promise, où la possibilité d'une société libertaire et proche de la nature semblait accessible. Le Flower Power a de fait été le mot d'ordre à la fin des années 1960 et au début des années 1970, aussi bien à Ibiza qu'à Formentera. Aux pieds des deux personnages, on trouve une carte du monde où sont mises en avant les villes qui furent jadis des hauts lieux du mouvement : San Francisco, Amsterdam, Kathmandu, Goa et Ibiza. L'œuvre est une donation du fondateur du Pacha, Ricardo Urgell.

© CARMEN SÁNCHEZ

MUSEU D'ART CONTEMPORANI D'IBIZA (MACE) ★

Ronda Narcís Puget ✆ +34 971 302 723
www.Ibiza.es/mace

Avril-sept : mar-dim 10-14h, mar-ven 17-20h (18-21h en été). Oct-mars : mar-dim 10-14h, mar-ven 10h-16h30. Entrée libre.

Inauguré en 1969 dans un bâtiment du XVIIIe siècle situé à l'intérieur du bastion de Sant Joan auquel une annexe aux lignes avant-gardiste a été adjointe, le MACE dispose d'une collection permanente réuinssant divers artistes et supports, parmi lesquels une série de gravures japonaises, une collection d'affiches des années 1970 provenant de la galerie Carl Van der Voort, les dessins de « Portmany », des œuvres vidéo et une section dédiée à la photographie.

MUSEU PUGET

Carrer Major, 18
✆ +34 971 392 137

Mai-sept : mar-dim 10-13h30, mar-ven 17-20h (18-21h en été). Oct-avril : mar-dim 10-14h, mar-ven 16h-18h. Entrée libre.

Installé dans le splendide palais de Can Comasema, ce musée expose les œuvres de Narcís Puget Viñas (1874-1960), un passionné de l'impressionnisme, et de son fils Narcís Puget Riquer (1916-1983). On découvre des toiles consacrées à la vie rurale d'Ibiza, aux coutumes de l'île, à ses paysages... Egalement une belle série d'aquarelles dédiées à Dalt Vila et La Marina. Un musée qui mobilise à la fois le sens esthétique des visiteurs et qui donne à voir des scènes de vie authentiques, quasi ethnographiques, de la vie d'Ibiza au début du siècle passé.

QUARTIER DE LA MARINA

La Marina a fait l'objet de restaurations en 2016, proposant au visiteur une nouvelle promenade très agréable. Une sculpture en bronze représentant un père hippie et son enfant, inspirée d'une célèbre photographie de Toni Riera de 1967, y a d'ailleurs été installée en 2016 également. C'est un quartier commerçant rempli de boutiques, de restaurants, de bars musicaux qui déversent leurs décibels et de toutes sortes d'étalages proposant des bijoux en tout genre. Indispensable pour ressentir l'ambiance d'Ibiza. Le quartier est vivant jusque très tard dans la nuit.

ART PROJECTS IBIZA

C/ Alcalde Bartomeu Rosello
✆ +34 620 660 329
artprojectsibiza.com
Ouvert du mardi au samedi : de midi à 18h (octobre à mai) et de 13h à 20h (juin à septembre).

Travaillant en partenariat avec Lune Rouge, une collection d'art privée, le projet nommé Art Projects Ibiza cherche à promouvoir et dynamiser le monde de l'art, tant local qu'international. L'hiver, l'espace d'exposition est dédié à une sélection choisie de la collection de Lune Rouge ; l'été, il est investi par les travaux d'artistes en suivant des thèmes variés. D'année en année, le Art Projects Ibiza gagne en prestige. Une affaire à suivre de près pour les amateurs d'art. Deux autres lieux dédiés à l'art juste à côté : Lune Rouge et Hangar8289.

NÉCROPOLE ET MUSÉE DE PUIG DES MOLINS ★★

Via Romana, 31
✆ +34 971 301 771
www.maef.es
Avril-sept : mar-dim 10-14h et 18h30-21h. Oct-mars : mar-dim 9h30-15h. Entrée à 2,40 €, gratuit le dimanche.

Après d'importants travaux de rénovation, le musée de Puig des Molins a rouvert ses portes en 2013. La visite s'organise en deux temps : d'une part, le musée archéologique qui expose de véritables trésors phéniciens et puniques, notamment le célèbre buste de la déesse Tanit ; d'autre part, la nécropole de Puig des Molins, inscrite au Patrimoine de l'Humanité de l'UNESCO, fondée par les Phéniciens vers le VIIe siècle av. J.-C. Une escale hautement instructive !

PHARE DE BOTAFOC

Une idée de balade pour les plus courageux. Après Marina Botafoch et plus loin que l'hôtel Corso, entre les petites villas, vous arriverez à la petite crique de S'Illa Plana, plutôt tranquille le soir, et vous poursuivrez jusqu'au phare qui vous offre l'une des plus belles perspectives sur la vieille ville et ses murailles. Entré en service à l'automne 1861, il est l'un des rares phares à disposer de maisons de gardiens sur deux étages, en raison du manque d'espace sur l'îlot. Le phare de Botafoc émet une lumière toutes les cinq secondes.

SE LOGER

Dans la ville d'Ibiza, la majorité des hôtels proposent des chambres allant de tarifs moyens à élevés. Si vous visez quelque chose de vraiment pas cher (mise à part peut-être une auberge de jeunesse à tarif abordable), nous vous conseillons de sortir de la ville et de cherche dans les stations balnéaires environnantes ; pour des établissements de luxe, les meilleurs se trouvent dans Dalt Vila et au niveau du Paseo Marítimo. Les établissements situés dans la zone de la Marina Botafoch (de l'autre côté de la baie lorsqu'on a Datl Vila dans le dos), bien que plus modernes, ne manquent pas de charme non plus. De manière générale, si quelques institutions sont installées là depuis belle lurette, le centre d'Ibiza voit naître de nouvelles adresses à chaque saison. Notons que les adresses proposées dans cette rubrique sont également, dans l'ensemble, des établissements où l'on peut très bien se rendre pour boire un verre.

CASA DE HUESPEDES LA PEÑA €

Carrer de la Mare de Déu, 76
✆ +34 971 190 240

Ouvert de début juin à fin septembre. Chambre double à partir de 35 €.

La case de Huespedes La Peña (chambres d'hôtes) est équipée de chambres avec lavabos, tandis que douches et toilettes communes se trouvent sur le palier. Situé à deux pas du port, dans un emplacement idéal pour les fêtards, il fait partie des hôtels les moins chers de l'île, et malgré son emplacement central, il s'avère n'être pas du tout bruyant. Essayez de réserver bien à l'avance, l'hôtel affiche souvent complet. Et demandez une chambre avec balcon !

LA DAMA D'EIVISSA €

Carrer de la Creu, 20
✆ +34 971 310 771
www.ladamadeibiza.com

Ouvert toute l'année. À partir de 45 € la chambre double en basse saison (75 € en été, 3 nuits minimum)

Jolie maison d'hôtes très bien située, entre le port et le centre historique de Dalt Vila. Parfaite pour un séjour tranquille et bon marché. Les chambres à la décoration dans un style rétro-vintage très réussie ont beaucoup de charme et sont toutes indépendantes. Chacune d'entre elles dispose d'un lavabo, mais pour ce qui est de la douche et des toilettes, rendez-vous sur le palier. Ambiance conviviale, dans un esprit voyageur. Grande terrasse sur le rooftop permettant de prendre le soleil tranquillement. Une très belle adresse !

CASA DE HUÉSPEDES VARA DE REY €

Passeig de Vara del Rey, 7
✆ +34 971 301 376
www.hibiza.com

Chambre double de 50 à 95 € en fonction du confort et de la saison.

Pour un prix raisonnable, cette maison d'hôtes propose des chambres en pleine zone piétonne du centre-ville, à deux pas de la Marina et de Dalt Vila. Luis et Lia, les deux propriétaires, seront à votre écoute et n'hésiteront pas à vous donner de précieux conseils. Les chambres ont beaucoup de charme et sont toutes décorées dans un style différent, avec salle de bain privée ou commune. De nombreuses expositions sont organisées dans cette pension plutôt originale.

HOSTAL & APARTAMENTOS RIPOLL €

Carrer Vicente Cuervo, 10
✆ +34 971 314 275
www.ibizaripoll.com

Chambre double à partir de 45 €. Appartement pour 3 personnes à partir de 100 €.

Ouvert depuis 1960, cet hostal propose une quinzaine de chambres réparties sur 3 étages. Les chambres sont très propres et pourvues d'une douche, avec climatisation et wi-fi. Les toilettes sont communes, vous en trouvez à chaque étage. On pourra leur préférer l'un des 8 appartements, chacun pouvant accueillir un maximum de 3 personnes, et disposant tous d'une cuisine, salle de bains et terrasse. Ensemble moderne et confortable, accueil professionnel.

HOSTAL JUANITA €

Carrer Joan d'Àustria, 17
✆ +34 971 314 828
www.hostaljuanita.com
Chambre double standard 60/140 €. Chambre double avec lits superposés entre 50/100 €. Ouvert d'avril à octobre.

Très joli *hostal*, situé en plein centre-ville et décoré dans le style *ibicenco*, où dominent les tons clairs et boisés. Il est équipé d'une trentaine de chambres confortables. Plusieurs types de chambres sont disponibles : chambre standard, avec lits superposés ou chambre supérieure avec balcon, avec salle de bains privée ou commune. Le point fort de l'hostal Juanita ? Une terrasse sur le toit à l'ambiance *chill-out*, où l'on peut agréablement se prélasser à la belle saison. Un bon rapport qualité-prix dans le centre-ville d'Ibiza !

105 SUITES @ MARINA MAGNA €€

Carrer de Cipriano Garijo, 2 ✆ +34 695 101 017
www.105suites.com
Nov-avril : suite 3 personnes 85/115 €, double 120/155 €. Mai-Oct : suite 3 personnes 115/225 €, double 195/325 €.

Les sept appartements de 105 Suites, donnant sur la promenade de front de mer du vieux-centre d'Eivissa sont un enchantement. Un design contemporain et minimaliste prévaut ici, et le blanc, tonalité dominante, combiné à des matériaux bruts au caractère affirmé crée un tableau des plus apaisant. Coin salon, chambre à la literie élégante et douillette, cuisine tout équipée, coquette salle de bains... Tous les ingrédients sont là pour une escale chic et confortable en plein cœur d'Ibiza.

BG HOTEL NAUTICO EBESO €€

C/ Ramón Muntaner, 44, Figueretes
✆ +34 971 302 300
www.hotel-nautico-ebeso.bghotels.com
A partir de 100 € la chambre double en haute saison, moins cher en hiver.

Installé dans le quartier de Figueretes, de l'autre côté de Dalt Villa, le Nautico Ebeso constitue une option idéale pour profiter de la tranquillité de l'île tout en restant à 10 minutes à pied du centre-ville. Rénové en 2012 et proposant plus de 120 chambres lumineuses et confortables donnant sur une mer surmontée de la silhouette de Formentera au loin, le BG Hotel de Figueretes dispose en outre d'un spa, d'un restaurant de cuisine internationale et d'un très joli coin piscine surplombant la Méditerranée. Petit déjeuner gargantuesque !

HOSTAL LA VENTANA €€

Sa Carrosa, 13
✆ +34 971 303 537
www.laventanaibiza.com
Ouvert toute l'année. Chambre double 100/250 €, prix variable selon la saison.

Située au cœur de la vieille ville, cette ancienne maison transformée en boutique-hôtel dispose de 13 chambres chaleureusement décorées, certaines avec climatisation et TV, et à la literie fraîchement renouvelée. Les murs des espaces communs sont couverts d'un nombre impressionnant de tableaux et la petite terrasse donnant sur l'emblématique eucalyptus de Dalt Vila est un régal. C'est que l'emplacement de La Ventana est idéal : à deux pas des rues passantes, l'établissement permet de jouir de l'exclusivité et de l'atmosphère de Dalt Vila en toute tranquillité.

HOSTAL MAR BLAU €€

Puig des Molins
✆ +34 971 30 12 84
www.marblauibiza.com
A partir de 120 € la chambre double.

L'Hostal Marblau est une auberge des plus confortables, juchée sur une colline, filant doucement vers la mer, à seulement 500 mètres du centre-ville d'Ibiza. On y trouve une petite trentaine de chambres, disposant toutes d'une terrasse donnant sur les flots méditerranéens, d'une salle de bain privative et d'un réfrigérateur. L'ambiance y est calme et l'on pourra profiter du vaste jardin arrosé de brise marine pour jouir du panorama. Une option qui conviendra parfaitement à qui cherche le calme sans trop s'éloigner de l'animation citadine.

HOSTAL PARQUE €€

Plaça del Parc, 4
✆ +34 971 301 358
www.hostalparque.com
Ouvert toute l'année. Chambre double de 60 à 100 €.

L'Hostal Parque est un hôtel très propre et bien tenu équipé d'une trentaine de chambres climatisées. Situé en plein centre-ville, juste sur la Plaça del Parc, lieu de rendez-vous incontournable entouré de nombreux cafés et bars, il constitue une arrière-base idéale pour profiter pleinement de l'animation d'Ibiza. Une très belle terrasse sur le toit où il fera bon vous reposer sur les chaises longues ou simplement admirer la vue sur le port et la vieille ville. Très jolie décoration dans les chambres, dans un style contemporain.

HOSTAL RYANS LA MARINA €€

Carrer Andenes, 5
✆ +34 971 310 172
www.ryans.es
3 bâtiments. A La Marina, chambre double 60/100 €, chambre double avec terrasse et vue sur le port 120/190 €.

L'Hostal Ryans La Marina offre de très jolies chambres décorées en jaune et bleu, avec salle de bains privée et climatisation. Un classique, dans un des plus vieux bâtiments de la ville (édifié en 1862), entièrement rénové et rouvert en 2015 sous un nouveau nom, dans un style nettement plus boutique-hôtel. Les deux autres établissements sont ouverts seulement l'été et offrent des tarifs plus avantageux. La petite terrasse à même la rue est un must pour prendre le petit déjeuner. Un peu bruyant en été, mais c'est le prix à payer pour être au cœur de la fête !

HOSTAL TALAMANCA €€

Plage de Talamanca
✆ +34 971 312 463
www.hostaltalamanca.com
Chambre double standard de 80 à 200 € avec petit déjeuner, prix variable en fonction de la saison.

Ouvert tout au long de l'année, l'hostal Talamanca, situé sur la plage du même nom, propose une petite cinquantaine de chambres dont la moitié avec vue sur la mer, toutes équipées de la climatisation et d'une salle de bain. Au pied de l'établissement, un *chiringuito* des plus élégants avec vue sur la mer, très fréquenté en soirée, vous assure l'animation ! On y déguste de très bons cocktails, des tapas à partager et c'est aussi là que l'on prend le petit déjeuner. Excellent emplacement pour profiter de la plage et de la proximité du centre d'Ibiza.

HOTEL SES FIGUERES €€

Carrer Ses Figueres, 18
✆ +34 971 314 313
www.hotelsesfigueres.com
Ouvert de mi-mars à mi-octobre. Chambre double standard de 60/170 €. -50 % pour les enfants de 2 à 12 ans.

De simple pension en 1958, le Ses Figueres s'est petit à petit transformé en véritable hôtel à l'ambiance familiale plutôt agréable. Il dispose désormais d'une quarantaine de chambres avec terrasse, avec une vue imprenable sur la mer ou bien sur la rue. La décoration des chambres est assez classique, mais vous profiterez d'un confort sans failles (salle de bain, climatisation et téléphone dans toutes les chambres). Agréable bar en terrasse pour boire un verre et chaises longues pour faire bronzette. Un établissement idéal pour les familles.

HOTEL SIMBAD IBIZA & SPA €€

Carrer Ses Figueres, 22
✆ +34 971 311 862
www.hotelsimbad-ibiza.com
Chambre double standard entre 90 et 230 € selon la saison. Petit déjeuner à 10 € par personne.

Au pied de la plage de Talamanca, l'hôtel est idéalement situé pour bronzer la journée et aller faire la fête à la nuit tombée, puisqu'il est très proche du Pacha. Toutes les chambres (111 exactement), tout récemment rénovées, sont équipées de la climatisation et du wifi. Elles disposent également toutes d'un balcon avec vue sur mer et sont décorées dans un style assez classique où dominent le bois et les tons clairs. Le vrai « plus » de cet hôtel, c'est sa grande piscine au bord de la plage, qui se prête parfaitement au farniente.

CASA MACA €€€

Can Palau De Dalt
✆ +34 971 80 68 64
www.casamaca.com
A partir de 100 € la Junior Suite en basse saison, plutôt 170 €, voire plus, en haute saison.

Casa Maca est un petit coin de paradis que l'on gagne en s'éloignant du centre-ville. En 10 minutes de voiture depuis la Marina, on atteint les collines de Can Palau au creux desquelles, entourée de champs de lavandes, trône la bâtisse tricentenaire blanchie à la chaux. Charme et tranquillité de la campagne se combinent à l'élégance luxueuse des suites. Splendide vue sur les toits de Dalt Vila, avec la mer en toile de fond, service pro, excellent restaurant, centre de soin et piscine en pleine nature. Garden-parties animées par un DJ à l'occasion.

EL HOTEL PACHA €€€

Passeig Marítim
✆ +34 971 315 963
www.elhotelpacha.com
Chambre double de 130 à 350 € avec petit déjeuner et entrée gratuite au Pacha Club.

Comme son nom le laisse deviner, il s'agit de l'hôtel de l'incontournable Pacha. Décoration très design, un service attentif et un espace dédié au bien-être. De nombreuses soirées sont organisées dans l'hôtel, vous ne risquez pas de vous y ennuyer ! La chambre double, très spacieuse (40 m²), présente des lignes minimalistes et des équipements haut de gamme. C'est vraiment l'option parfaite pour les fêtards (le Pacha se trouve juste en face), en revanche vous devrez marcher un peu pour rejoindre la plage (comptez 10 minutes à pied jusqu'à Talamanca).

GRAN HOTEL MONTESOL €€€

Passeig de Vara de Rey, 2
✆ +34 871 515 049
www.granhotelmontesolibiza.com
Selon le standing, de 400 à 2 000 € en haute saison, à partir de 150 € hors saison.

Le Gran Hôtel Ibiza, inauguré en 1933 et absolument inratable n'est plus. A sa place se dresse depuis l'été 2016 la façade blanche et jaune du superbe Hôtel Montesol et ses 5 flambantes étoiles, de la collection *Curio* (Hilton). Sont réparties sur trois étages les 33 coquettes chambres doubles, toutes tapissées d'un solide parquet et aux tons bleu blanc bois. La moitié des logements donnent sur la marina tandis que l'autre est tournée sur le passage Vara del Rey. Au rez-de-chaussée, on trouve un bar-restaurant de la chaîne basque Sagardi.

HOSTAL EL CORSARIO €€€

Calle Poniente, 5
✆ +34 971 301 248
www.elcorsario-ibiza.com
Fermé en janvier. Chambre double dès 150 €, suite jusqu'à 600 €, petit déjeuner inclus. Meilleurs Tarifs hors saison.

Au cœur de la Dalt Vila, l'hostal El Corsario occupe une grande maison typique équipée d'une quinzaine de chambres, dont certaines sont petites, mais ne manquent néanmoins pas de charme, et toutes disposent d'une kitchenette avec micro-ondes. Il a su préserver la simplicité et le cachet de l'époque : patio, jardins intérieurs, fraîcheur, calme et vue splendide sur la ville et le port. Alors même qu'elle est située à seulement 5 minutes du centre de la vieille ville et de ses animations, cette adresse est très calme et reposante.

HOTEL ANCHORAGE €€€

Paseo Juan Carlos I
✆ +34 971 311 711
www.anchorageibiza.com
Chambre double de 130 à 240 €.

L'hôtel Anchorage est un petit établissement d'une vingtaine de chambres situé sur le port de plaisance de la marina Botafoch, un coin plutôt chic où viennent amarrer des yachts très luxueux. Décoration à l'ancienne dans les chambres, mais elles ont toutes la climatisation, salle de bains, téléphone, radio, minibar et balcon. L'hôtel est un peu bruyant la nuit, surtout en pleine saison, en raison de la proximité des bars et des clubs de la zone du port. Ce qui peut être un avantage pour cherche le divertissement nocturne : *this is the place to be !*

HOTEL IBIZA CORSO €€€

Carrer S'Illa Plana
✆ +34 971 312 312
www.ibizacorso.com
Comptez entre 130 et 330 € la chambre double, petit déjeuner inclus. Offres fréquentes sur le site Internet.

L'hôtel Ibiza Corso est un immense hôtel situé face à la plage de Talamanca – impossible de le manquer si vous arrivez sur l'île en ferry – et à deux pas de la Marina Botafoch, où sont amarrés les plus beaux yachts de l'île. Entièrement rénové, il propose des chambres contemporaines, une très belle piscine, un Spa luxueux et de belles vues sur le centre-ville d'Ibiza. Des soirées chic sont régulièrement organisées autour de sa grande piscine, qui est l'un des spots glamours de l'été. Le bar est par ailleurs somptueux et sert de très bons cocktails.

HOTEL MIRADOR DE DALT VILA €€€

Plaça d'Espanya, 4 ✆ +34 971 303 045
www.hotelmiradoribiza.com
Fermé entre novembre et mars. Environ 340 € la chambre standard, 240 € hors saison. Promotions sur le site Internet.

Un superbe hôtel 5 étoiles sur l'île. De par sa situation privilégiée, son histoire, son standing et ses services, l'hôtel Mirador vous offrira un séjour inoubliable et exclusif. Il comprend 11 chambres élégantes et raffinées, toutes avec une belle vue sur la mer ou sur la vieille ville. Cette maison seigneuriale du XIXe siècle a été transformée pour proposer les meilleurs services : restaurant, bar, service en chambre, terrasse, petite piscine, transfert aéroport en véhicule privé.

HOTEL OCEAN DRIVE €€€

Marina Botafoch
✆ +34 971 318 112
www.oceandrive.es
Ouvert toute l'année. Chambre double avec vue sur la mer à partir de 110 €.

L'Ocean Drive est un hôtel moderne situé dans le quartier de Marina Botafoch, dont l'esthétique s'inspire de l'esprit Art déco de Miami. Bien placé pour les amateurs de bateaux et de vie maritime ! Très près de la plage de Talamanca, il offre une vue panoramique sur la Marina et sur la vieille ville. En saison, lorsque les fêtes estivales sont de mise, l'hôtel organise également de nombreuses soirées privées autour de sa piscine. La décoration, contemporaine, est très soignée et les chambres, élégantes, sont des plus confortables.

HOTEL ROYAL PLAZA €€€

Carrer Pere Francès, 27
✆ +34 971 310 000
www.royalplaza.es
Ouvert toute l'année. Chambre double à partir de 100 €.

Un hôtel haut de gamme [quatre étoiles] situé à 5 minutes à pied du cœur de la ville. Derrière une façade peu engageante, on trouve une centaine de chambres très confortables et spacieuses [117 exactement, se déclinant en individuelles, doubles et suites Junior], décorées dans un style classique et chaleureux, jouant avec les tons bleus orange et blanc. Au 6e étage, vous profiterez de la belle piscine offrant de jolies vues sur la ville. Le petit déjeuner est exceptionnel et le service s'avère des plus professionnels. Adresse luxe.

IBIZA GRAN HOTEL €€€

Passeig Juan Carlos I, 17
✆ +34 971 806 806
www.ibizagranhotel.com
Chambre double à partir de 220 €, petit déjeuner inclus.

Grand hôtel de plus de 185 chambres et suites aménagées comme des lofts. Piscine, bain à remous, solarium avec une vue imprenable sur le port et la vieille ville d'Ibiza. Rien n'est laissé au hasard et tout le personnel se pliera en quatre pour vous faire passer un excellent séjour dont les mots d'ordre sont bien-être, exclusivité et confort. Les chambres sont somptueuses, spacieuses, toutes avec terrasse. Egalement à signaler un magnifique Spa avec soins du corps sur demande, un restaurant de haute semi-gastro, mais aussi un casino. Du grand luxe !

SIR JOAN HOTEL €€€

Passeig Joan Carles I, 1
✆ +34 871 182 520
www.sirhotels.com/joan
A partit de 200 € la chambre double.

Ravivant la nostalgie d'une Ibiza passée sans pour autant faire fi du confort moderne, le tout aussi récent que luxueux Sir Joan Hotel, installé non loin du Pacha, propose 38 chambres et suites élégantes et richement parées. L'impression recherchée par les architectes est celle de pénétrer dans une fastueuse cabine de yacht : et les différents bois qui en composent l'habitable, doublés de lignes d'acier poli, font leur petit effet. Chaque chambre est munie d'un balcon privé. Piscine *design*, bistro de burgers gourmets et un restaurant nickei.

THB - LOS MOLINOS €€€

Carrer Ramon Muntaner, 60
✆ +34 971 302 250
www.thbhotels.com
Ouvert toute l'année. Chambre double à partir de 120 €. Souvent des promotions sur le site Internet.

Le THB - Los Molinos est un établissement de luxe tout confort jouissant d'un très beau panorama. Si vous demandez à être logé dans une chambre avec vue sur la mer [coût supplémentaire], sachez que vous aurez la vue, mais aussi le bruit, car le quartier et la rue laissent un peu à désirer. L'hôtel dispose de toutes les commodités que l'on peut attendre d'une adresse de ce standing, et le service est professionnel. A noter également, un très bon restaurant, un bar au bord de la belle piscine, et un spa avec soin du corps sur réservation.

ECOIBIZA VILLAS €€€

Paseo Juan Carlos I
✆ +34 971 302 347
www.ecoibiza.com
Ouvert toute l'année.

Cette agence ouverte depuis plus de 20 ans est spécialisée dans la location de villas et maisons de luxe ainsi que dans divers services. Des packs sont également proposés comme le « pack hiver », qui comprend hébergement et voiture, ainsi qu'un panel d'activités : découverte de l'île à pied, en kayak ou en VTT, tour gastronomique… Toute la logistique est assurée par l'agence. Également présent dans le catalogue : les programmes « Rainbow » [LGBT] et « business » qui permettent de profiter au maximum de l'expérience d'Ibiza toute l'année.

IBIZA HOUSE RENTING €€

Carretera Cala Tarida, Km. 3
✆ +34 971 808 122
www.ibizahouserenting.com
En été (juin-sept.) ouvert tous les jours de 9h30-20h. Oct-mai : 9h30/19h, sauf le dimanche.

Cette agence spécialisée dans la location et la vente de villas, appartements et propriétés immobilières à Ibiza connaît bien le marché d'Ibiza et Formentera [30 ans d'expérience] et dispose d'un catalogue varié et d'options pour tous les budgets. Parmi les 200 villas disponibles, il est possible de trouver des villas proches d'Ibiza, mais aussi dans diverses zones exclusives de l'île, avec ou sans piscine, pouvant accueillir jusqu'à 15 personnes ou plus. Réservation en ligne possible, avec des offres « last minute » sur le site Web. Equipe francophone.

SE RÉGALER

En règle générale, les restaurants ouverts en saison proposent un menu le midi aux environs de 10 € et parfois le soir autour de 15 €. Dans le quartier du port, grande concentration de restaurants touristiques, proposant tous types de spécialités : locales, italiennes, chinoises... Les prix sont raisonnables, mais vous y trouverez peu la population locale. Dans le quartier Paseo de Vara de Rey, de petits restaurants aux prix tout aussi corrects vous proposent tapas et quelques plats plus typiques. Le quartier de Dalt Vila, bien plus cher, a l'avantage de vous plonger dans un décor très agréable. Les restaurants dans leur grande majorité vous proposent des spécialités ibiziennes et des poissons frais servis sur nappe blanche. Les fast-foods se sont multipliés et les ventes à emporter abondent du côté du port. Autre solution pour vous nourrir de manière économique et rapide, les boulangeries qui ont essaimé dans le centre-ville.

Ibiza et ses maisons atypiques.

BAR 1805 €€

C/ Santa Llùcia, 7

✆ +34 651 625 972

www.bar1805ibiza.com

En haute saison, ouvert d'avril à octobre tous les soirs de 20h à 3h. De 10 à 25 €.

Petite cantine française du soir tenue par l'inspiré barman Charles et sa joie de vivre communicative, le bar 1805 est installé sur une placette du pittoresque quartier de Sa Penya. Au menu : des spécialités hexagonales maîtrisées comme le croque-monsieur, la salade de chèvre, l'entrecôte et bien sûr les moules-frites (maison !) qui ont fait en partie la réputation du lieu. L'autre partie vient sans doute des talents de maître ès cocktails de l'homme avec en vedette le *Green Beast*, à base d'absinthe, de citron vert et de concombre.

CAN D'EN PARRA €€

Carrer Sant Carles, 6

✆ +34 971 391 114

Mai-octobre. Tous les jours de midi à 16h et de 20h à 1h du matin, dimanche le soir uniquement. Environ 45 €.

Caché au cœur de la vieille ville, Can d'En Parra est une agréable surprise. Ancienne maison au style méditerranéen, ce restaurant propose une carte simple où les produits locaux de l'île sont à l'honneur. Les viandes et les poissons sont préparés sur le gril et accompagnés de salades fraîches et légumes du potager. La terrasse, couverte de vigne, est atypique : les tables sont éparpillées autour des escaliers qui montent vers la rue étroite, un aménagement qui contribue à une ambiance romantique et différente. Un coin tranquille pour une occasion spéciale.

CAFETERIA ES FORN €

Plaça de la Vila, 6

✆ +34 971 302 639

Ouvert tous les jours à partir de 9h, jusqu'à 2h du matin.

La cafétéria Es Forn compte parmi les anciennes adresses du vieux centre-ville d'Ibiza à avoir survécu à l'intense gentrification qui sévit sur l'île depuis des décennies. De gestion familiale, si le personnel ne brille pas par leur sourire, le lieu n'en demeure pas moins un lieu d'escale de premier choix pour un petit déjeuner, un encas sandwich ou salade, ou un simple jus de fruits frais, à toute heure de la journée. Pour ceux qui décident de s'y attarder le soir, vous finirez votre repas sur l'un des cocktails proposés (mojito, piña colada, etc.).

CAN LLUIS €

Plaza Sa Riba, 9

✆ +34 659 35 72 30

Ouvert tous les jours de la semaine sainte à octobre. Comptez 15 €.

Fondé en 1961, le Can Lluis est sans doute l'un des restaurants les plus anciens de la zone portuaire. Un peu comme dans toutes les cantines typiques espagnoles, on y trouve une carte somme toute assez simple : on pourra ici grignoter quelques tapas, mais aussi goûter à des préparations de poisson – en particulier le *bacalao* (morue), cuisiné de mille façons – à la plancha pour pas cher. Une ambiance authentique de resto-bar à tapas et des assiettes qui sauront rassasier son homme, le tout pour des tarifs très honnêtes. Recommandée : *la tortilla de bacalao*.

CAFETERIA ISLA €

10, carrer Felipe II

✆ +34 971 66 87 65

Ouvert jusqu'à 1h. Fermé le lundi. Comptez entre 7 et 10 €.

Très bonne adresse pour le petit déjeuner, la Isla s'est offert en nouveau look en 2018, beaucoup plus moderne, tout en restant fidèle à sa réputation populaire. Plus de 50 plats différents, comprenant des assortiments avec du poulet, du porc, du bœuf, servis avec une énorme portion de frites. Fréquenté par les jeunes locaux et quelques fidèles clients venus d'ailleurs. Si la carte est uniquement en espagnol, tous les plats sont en photos. Des petits plats à déguster dans la salle de service ou sur la grande terrasse à l'ombre donnant sur une rue piétonne.

COMIDAS SAN JUAN €

Plaça de la Constitució, 2

✆ +34 971 311 603

Ouvert midi et soir. Fermé le dimanche et les jours fériés. Environ 15 €.

Ouverte depuis plus d'un demi-siècle, et toujours dans les mains de la même famille, cette typique *tasca* a su conserver son charme du siècle passé. On s'y repaît de solides assiettes de viandes et poissons variés, généreusement accompagnés. En saison, l'attente est souvent un peu longue, mais on apprécie les prix doux de cette cuisine simple et savoureuse. Attention cependant : ici, c'est à la bonne franquette, vous serez donc peut-être contraint de partager votre table… Convivialité, bonne humeur et bonne chère ! On apprécie !

CROISSANT SHOW €

Plaça de la Constitució, 2

✆ +34 971 317 665

Ouvert de 6h à 0h. Comptez 10 € le petit déjeuner.

Au confluent de Dalt Vila et de La Marina, la terrasse du Croissant Show est un grand classique ibicenco pour le petit déjeuner. On y mange d'excellentes viennoiseries françaises accompagnées de jus de fruits frais (quoiqu'un peu chers), ainsi que des sandwichs et des quiches à l'heure du déjeuner. On apprécie particulièrement la terrasse qui donne sur le marché. C'est ici que se mélange toute la faune estivale de la ville, artistes, *beautiful people*, gens du coin, voyageurs, donnant souvent lieu à des rencontres originales.

FORMENTERA €€

Plaça de la Tertulia, 5

✆ +34 971 578 664

www.restaurantformentera.com

En été : tlj 12-1h. Reste de l'année : mar-dim 13-16h et 20-0h. Fermé fev-mars. Environ 35 €.

Le Formentera, ouvert en 1939 par un habitant de l'île – Joan Tur Ramis – était jadis fréquenté par les pêcheurs de la ville car installé face à la marina, c'est la même famille qui a tenu cette *fonda* jusqu'en 2011, date à laquelle l'historique auberge a fait peau neuve. Le décor n'en est pas moins demeuré des plus rustiques et la cuisine toujours aussi traditionnelle avec en plats vedettes de superbes *arroces* et *paellas*. Poissons et viandes, petits légumes et aïoli, le tout servi en terrasse, face aux passants et aux bateaux. Il ne manque rien.

LA DISPENSA €€

Carrer de la Santa Creu, 10

✆ +34 971 124 365

www.ladispensaibiza.com

Ouvert tous les jours de 13h à 16h et de 19h à 1h. Compter 45 € le repas.

Impossible de manquer la Dispensa dans les ruelles charmantes de Dalt Vila : ses petites tables garnissent *carrer de la Santa Creu*. Un soin particulier est apporté aux détails, aussi bien dans l'antique épicerie que dans les trois salles à l'atmosphère vintage-chic que l'on trouve de l'autre côté de la rue. Si l'une d'entre elles abrite l'atelier d'un maître-sushi plus que rodé à l'art du poisson cru, c'est avant tout la cuisine italienne qui est ici à l'honneur. Les ingrédients, triés sur le volet, sont arrangés en de copieuses assiettes méditerranéennes.

GRAN HOTEL MONTESOL €€

Passeig de Vara de Rey, 2 ✆ +34 871 515 049

www.granhotelmontesolibiza.com

Tlj 7h-minuit, 2h pour le bar, 3h pour le rooftop-bar en été. 50-70 € en moyenne pour un repas complet.

Le restaurant du Gran Hotel Montesol allie une décoration coloniale à des touches plus modernes avec ses peintures sur céramiques incrustées dans les murs. La partie *lounge* avec ses élégants canapés bas se prête parfaitement à un apéritif, tandis que la partie restaurant se veut plus intime. Au menu, des plats typiques de la chaîne basque Sagardi : pintxos, chuletón et autres spécialités de nord-ouest de l'Espagne. Une belle et jeune adresse, ouverte également aux non-résidents. Notons également l'existence d'un rooftop-bar, ouvert en été jusqu'à 3h du matin.

IBIZA - EIVISSA

EL OLIVO MIO €€€

Plaça de la Vila, 9

✆ +34 971 300 680

www.elolivoibiza.com

Ouvert d'avril à octobre midi et soir, juillet-août seulement en soirée. Ticket moyen 50 €.

Si au cœur de la vieille ville une table se démarque, c'est bien El Olivo Mio, établissement emblématique de Dalt Vila. Vos hôtes sont la sympathique Rita et son équipe intégralement féminine virevoltant allègrement entre les tables dressées de blanches nappes de la jolie terrasse, d'où le spectacle sur la rue est épatant. Côté carte, les produits frais ont la part belle, se déclinant en une variété de plats tantôt méditerranéens tantôt italiens. La carte des vins oscille quant à elle entre France et Espagne. Une vraie bonne adresse !

GUILLEMIS €€

Calle Enmig, 15

✆ +34 971 124 432

www.guillemis.com

Ouvert le midi uniquement, du jeudi au dimanche. Compter 30 € le repas complet.

Situé dans la Marina, au cœur du port d'Ibiza, le restaurant Can Guillemis propose une excellente cuisine méditerranéenne, où prime avant toute chose la qualité des produits, sans oublier d'apporter un soin particulier à la présentation. En plus des très bons milkshakes et jus de fruits frais, on déguste les grands classiques de la cuisine espagnole – arroz, paella et toute une gamme de tapas créatives – mais aussi des salades, de la très bonne charcuterie et des plats de poisson et viandes. Tarifs très honnêtes et service amical.

HOSTAL LA VENTANA €€

Sa Carrosa, 13
✆ +34 971 303 537
www.laventanaibiza.com
Ouvert de mai à octobre. Comptez 30 € sans le vin.

Le restaurant de l'hôtel du même nom, installé à l'intérieur des fortifications de Dalt Vila, en première ligne, est une option recommandable pour qui veut profiter de vieux-centre dans un climat calme et détendu. On y sert une cuisine méditerranéenne très réussie, à base de viandes et poissons. Les petits déjeuners y sont excellents. Matin, midi et soir, on apprécie son atmosphère cosy et intimiste, dans la jolie salle de service et depuis la grande terrasse avec vue sur le petit parc juste en face. Service des plus sympathiques.

HOSTAL RESTAURANT LA MARINA €

Sur le port
www.hostalmarinaibiza.com
Ouvert tous les jours, de 9h à 12h, de 13h à 16h et de 19h à minuit en hiver et 2h du matin en été.

Le restaurant de l'hôtel du même nom. Prévoir 10 € pour une entrée (salade, légumes, terrine.), 12-13 € la paella, un plat de tagliatelles à la crème de crevettes… et entre 12 et 20 € un poisson ou une viande. Menu en français et belle carte de vins espagnols. Vous mangerez au choix dans une grande salle à l'ambiance populaire ou en terrasse. Jetez un coup d'œil au plafond pour découvrir les imposants morceaux de jambon serrano en train de sécher !

IL DEK - ITALIAN BISTROT €€

Calle De Antonio Palau, 1
✆ +34 871 035 173
www.decanteristorante.es
Ouvert tous les jours de 9h à 1h du matin.

Situé au pied du passage menant à l'entrée de Dalt Vila, Il Dek est une adresse italienne *trendy* avec aux fourneaux le chef étoilé Andrea Alimenti. Plats italiens typiques (les pizzas sont très bonnes et la focaccia au poulpe en séduira plus d'un), mais aussi quelques recettes fusion originales et des propositions de poisson cru de sushi-bar, à déguster matin, midi et soir, accompagné d'un jus de fruits, d'un café ou d'un cocktail. Ce n'est pas forcément donné, mais le cadre et la nourriture en valent la peine. Pensez à réserver en saison.

IL PAVONE €€

Carrer de la Virgen, 27
✆ +34 971 313 555
www.ilpavoneibiza.com
Ouvert en été, de 19h à 2h. Comptez de 20 à 30 € pour un bon repas

Ouvert d'avril à octobre depuis plus d'une trentaine d'années, Il Pavone est une petite perle napolitaine lovée dans une ruelle pittoresque – la fameuse carrer de la Virgen – étonnamment calme malgré le passage important de piétons. Dans l'assiette, des préparations typiques de la cuisine sud-italienne, à base de pizzas et d'une déclinaison de préparations de pâtes dans le plus grand respect des traditions. Petite terrasse très intimiste juste au-dessus des petites ruelles de la ville. Charmant petit restaurant et bonne ambiance.

LA IMPRENTA €€

C/ Bisbe Azara, 5
✆ +34 871 907 845
www.laimprentaibiza.com
Ouvert du lundi au samedi de 13h à 2h du matin (16h30 le mardi).

Installé dans l'ancienne imprimerie du *Diario de Ibiza*, construit en 1898, la Imprenta joue la carte du cabaret pour gangsters à l'ère de la Prohibition : lustre rutilant au plafond, mobilier élégant, serveurs sur leur 31. À l'étage, d'épais rideaux de velours sombre, une ambiance tamisée... De juin à septembre, c'est le *Chicago Show* qui donne le rythme au repas ! Alors que se succèdent des plats d'inspiration méditerranéenne, la lumière en poursuite suit les danseurs le temps de courtes apparitions burlesques et décalées. Une expérience unique et divertissante !

LOS PASAJEROS €

C/ Vicente Soler, 6 (1er étage)
✆ +34 971 317 828
Ouvert tous les jours de 18h30 à 2h. 15-20 € le repas complet.

Los Pasajeros (les passagers) est une toute petite cantine perchée au premier étage d'un local de la rue Vicente Soler. Très fréquentée par les locaux, aussi bien résidents permanents que travailleurs saisonniers, les espaces réduits sont chaque soir si pleins que l'on y mange en général au coude à coude dans une ambiance à la fois intime et animée. Le service est amical, et les plats (incluant quelques spécialités végétariennes) à la fois simples, variés, très bons, économique et joliment présentés. Parfait pour un repas entre amis !

LA OLIVA €€

Carrer de la Santa Creu, 2
✆ +34 971 305 752
www.laolivaibiza.com
Ouvert de mi-avril à mi-octobre de 18h30 à 1h. Comptez 40 €.

Mieux vaut réserver votre table, car l'endroit est petit : La Oliva dispose seulement de quelques tables installées sur une rue étroite de la vieille ville. Le cadre est tout à fait charmant, ce qui justifie les prix assez élevés. Côté cuisine, de savoureux plats d'inspiration provençale, avec une place importante accordée aux poissons et produits locaux : carpaccio de courgettes aux amandes grillées d'Ibiza ; saumon en croûte de sésame, légumes sautés au coco, teriyaki ; filet de bœuf, jus de truffe ; sans même parler du florilège de desserts.

RESTAURANTE PLAZA DEL SOL €€

Plaça del Sol, 7
✆ +34 971 390 773
www.plazadelsolibiza.com
Ouvert tous les jours d'avril à octobre de 11h à minuit. Environ 30-40 €.

On y arrive facilement en passant par le Portal Nou, à travers les murailles de la vieille ville, ou alors par la Plaça de la Vila pour remonter la petite ruelle au fond. Une superbe terrasse en haut des murailles dans un cadre tranquille, à l'écart de la foule. Le restaurant sert une cuisine méditerranéenne tout à fait correcte (classique steak tartare, parmentier de poulpe, côtelettes d'agneau ou thon rouge à la plancha), mais on vient surtout ici pour le cadre.

EL PIRATA €€

Carrer Cipriano Garijo 3-18
✆ +34 971 192 630
www.elpirataibiza.com
Ouvert tous les jours jusqu'à 3h.

El Pirata est une petite adresse italienne ouverte uniquement en saison donnant sur la port d'Ibiza et proposant essentiellement des pizzas très bien préparées. On y retrouve les grandes recettes classiques italiennes, de la quatre-saisons à la quatre-fromages, et la pâte est généreusement garnie (nous vous recommandons la pizza Tocacho pirate, qui ne figure pas sur la carte). Quelques autres préparations sont également au menu, parmi lesquelles nous citerons les spaghettis aux fruits de mer et l'escalope à la crème de champignon. Endroit pittoresque et festif !

SA COVA €€

Carrer Santa Llúcia, 5
✆ +34 665 383 944
Ouvert tous les jours d'avril à novembre de 19h à 3h. Compter 40 € le repas tout compris.

Une caverne naturelle au cœur du vieux-centre. C'est ici lové que l'on déniche cette petite perle de bistro français. Si le patron Nicolas est un fin sommelier ayant fait ses armes dans des adresses d'excellence de Paris ou New York, « français » ne saurait toutefois résumer la subtilité de la cuisine que l'on sert ici. La nouvelle cheffe Begoña Arizmendi s'active avec habileté dans sa cuisine ouverte, mêlant des savoir-faire des quatre coins du monde à des ingrédients pleins de fraîcheur : *ceviche*, turbot meunière, confit de canard... Impeccable mariage des vins.

EL PORTALÓN €€€

Plaça dels Desamparats, 1
✆ +34 871 110 925
www.elportalonibiza.com
Ouvert en haute saison seulement, du lundi au samedi de 20h à 23h30. Environ 70 € le repas complet.

A El Portalon, on pourra goûter à une cuisine méditerranéenne de très bonne qualité, à base de poissons frais ou de viandes. On prendra place sur une grande terrasse donnant sur la muraille de Dalt Vila joliment éclairée à la nuit tombée ou à l'intérieur, dans l'une des deux petites salles plus intimes. Rouvert récemment par un nouveau gérant, le restaurant est monté en gamme tout en conservant le charmant cadre médiéval de la vieille ville. Tout comme le reste, les desserts faits maison sont un enchantement pour les papilles.

SALUS €

Plaza del Sol, 1

Situé au niveau des remparts, la terrasse surplombe la ville d'Ibiza. Vous reconnaîtrez facilement, à l'aide de la décoration extérieure des murs : de nombreux instruments de musique y sont exposés, des roues de charettes ainsi que des fourches en bois, accompagnés de vieilles casseroles en cuivre. La cuisine est correcte ; comptez entre 15 et 25 € pour un repas complet. Pour les fans de tango, n'hésitez pas à demander du Carlos Gardel, les serveurs en sont friands et se feront donc un plaisir de l'écouter en votre compagnie.

BEBEL IBIZA €€

Carrer de Jaume I, 4
✆ +34 633 500 462
Du lundi au samedi de 20h à 0h. 35/50 €.

Installé au pied de la citadelle, au bout d'une petite et antique rue, le Bebel est un restaurant italien qui a ouvert ses portes en 2018 dans l'ancien local du très célèbre restaurant de poissons Romolo al porto, ouvert lui depuis 1968. Côté assiette, on a affaire à quelque chose qui s'approche de la cuisine gastronomique, fidèle à celle du Romolo : du poisson avant tout ! Ici, c'est la qualité des produits qui prime ! Passés entre les mains du chef cuistot, ils se déclinent en plats préparés ou en tapas de poissons crus. Pâtes et desserts maison excellents !

BIDEBIDE €

C/ Felipe II, 13
✆ +34 971 312 680
Ouvert de 10h30 à minuit. Fermé le dimanche.

Grand classique, le Bidebide est un restaurant de cuisine basque à l'ambiance de cantine, où l'on mange assis ou bien debout. Sur le bar est alignée toute une variété de *pintxos* (petite tranche de pain surmonté de nourriture) que l'on pioche soi-même en mettant les bâtonnets de côté qui permettront ensuite de payer son dû. Quelques bons vins, des cocktails tout simples (les gin tonics sont très réussis). Une adresse économique et chaleureuse dont on ressort le ventre bien rempli. Une bonne option à toute heure de la journée !

LA BRASA €€

Carrer Pere Sala, 3
✆ +34 971 301 202
www.labrasaibiza.com
Ouvert tous les jours de 13h à minuit, 1h en été. Environ 30 €.

Un petit restaurant en plein centre-ville à côté de la Plaça del Parc, qui mérite votre visite ne serait-ce que pour la beauté de son patio et de ses jardins. Un endroit semi-extérieur, bien au calme au milieu de la foule qui accueille une clientèle variée, aussi bien locale que de passage. Vous goûterez une savoureuse cuisine méditerranéenne (les paellas sont plutôt réussies), avec un large choix de viandes grillées et de poissons ainsi que de desserts et de glaces. Service agréable. Une bonne option pour commencer la soirée !

CA N'ALFREDO €€

Passeig de Vara del Rey, 16
✆ +34 971 311 274
www.canalfredo.com
Mar-sam : 13h-17h et 20-0h, dimanche le midi seulement en hiver. Menu à 35 €, à la carte autour de 50 €.

Fondé en 1934, le restaurant Ca N'Alfredo est une institution de la ville qui propose une cuisine typique d'Ibiza comme le *Guisado de pescado* ou le *Cuinat* (typique de la *Semana Santa*), d'excellentes soupes mais aussi de bonnes paellas, du poisson frais et des desserts faits maison. Le propriétaire, Alfredo, est souvent là pour surveiller la qualité du service. Vous y trouverez une carte fournie de vins des îles et de la péninsule (une centaine) qui pourront accompagner vos plats. Une bonne adresse pour goûter aux saveurs traditionnelles d'Ibiza.

LA CAVA €

Passeig de Vara del Rey, 4
✆ +34 971 316 074
www.grupomambo.com
Ouvert toute l'année de 9h à 1h du matin (plus tard le week-end).

Au pied de Dalt Vila, en plein Passeig de Vara del Rey, un endroit où se réfugier à toute heure pour savourer une cuisine moderne. Le petit déjeuner du matin est copieux (anglais ou norvégien, œufs Bénédicte, salades de fruits avec yoghourt et granola), la sélection de tapas à midi est étoffée (tortilla, patatas bravas, gambas à l'ail), et il faut essayer les brochettes accompagnées d'un bon vin le soir. Des intérieurs minimalistes, une ambiance cool et une terrasse extérieure pour observer le mouvement perpétuel d'une des artères principales de la ville.

COSITAS RICAS €€

Carrer de Pere Francès, 21
✆ +34 871 518 806
www.ibizacositasricas.es
Ouvert de lundi à samedi de midi à 23h. Compter environ 20 €.

Jose et sa femme ont ouvert en 2014 ce petit restaurant, installé à un coin de rue non loin du parking principal de Eivissa (Es Pratet), et proposent une nourriture saine et absolument délicieuse. Que ce soit tapas, entrées, salades, assiettes plus fournies, de viandes et de poissons, tout est très bon et élaboré avec beaucoup d'attention. Plusieurs options *vegan* et végétariennes, desserts artisanaux et tartes sans gluten. *Cositas Ricas* pourrait se traduire par « petites choses savoureuses », et en cela, le nom n'est pas usurpé !

ES TAP NOU €

C/ de Madrid, 18

✆ +34 971 399 841

www.estapnou.es

Ouvert du lundi au samedi de 7h30 à 21h. Autour de 10 €. Jus du jour à 3,50 €

Es Tap Nou est une adresse bien connue des locaux, où l'on se rend à toute heure de la journée pour une courte escale réparatrice en toute simplicité ! Maraîchers avant d'être restaurateurs, les tenanciers du lieu tiennent une boutique de fruits et légumes locaux et frais à laquelle ils ont ajouté une volée de tables en terrasse, proposant d'aussi copieuses que très bonnes salades, de solides tartines (fromage de chèvre notamment !), mais aussi de superbes *batidos* (jus) de fruits variés (à l'ardoise, le jus du jour). Tout est bon, sain, et pas cher !

EL PATIO €

Plaza del Parque

Tapas 4/10 €.

Sur la petite place au pied des murailles, un petit restaurant à la terrasse fort agréable propose une multitude de tapas à prix très abordables : tartines d'aubergines, guacamole et nachos, fruits de mer frits, salades variées… Vous aurez le choix entre petites et grandes portions. La musique de la petite *tienda* d'à côté donne au lieu une ambiance assez agréable. Sachez tout de même qu'en haute saison, il est possible qu'il faille certainement attendre qu'une table se libère, El Patio étant très fréquenté et le service malheureusement pas des plus rapides !

FUSION IBIZA €€

Passeig ses Pitiüses

✆ +34 971 605 452

Ouvert de 10h à 1h. Fermé de mi-octobre à mi-avril. Menu à environ 10 €.

Situé sur le passage maritime, en bordure de la plage de Figueretes, le restaurant Fusion vous accueille avec sa carte aux nombreux cocktails (on vous recommande le mojito fraise !), que l'on peut siroter sur de grands divans blancs et zébrés. Une large carte de plats traditionnels et de tapas, mais à signaler également des préparations de cuisine fusion avec de délicieuses recettes aux accents thaïs ou asiatiques. Le patron Jean-Louis et son équipe vous bichonnent, toujours avec le sourire... Une excellente adresse, recommandée à l'heure de l'apéritif.

EL SOLEADO €€

Passeig de Ses Pitiüses

✆ +34 971 394 811

www.soleadoibiza.com

Ouvert tous les jours dès l'heure du petit déjeuner et midi et soir. Fermé le mercredi. Environ 30 €. Menu du jour 24 €.

El Soleado propose une excellente cuisine française d'inspiration provençale, mais aussi de fusion méditerranéenne : carré d'agneau rôti au thym, spécialité de carpaccio et poisson habilement cuisiné, le tout à accompagner d'un bon verre de rosé bien frais… Un cadre agréable loin de la foule disposant d'une superbe terrasse en bord de mer, tenu par Aline et Philippe, un sympathique couple de Lyonnais. Parfait pour un repas romantique ou un verre à l'heure du coucher de soleil. Une véritable petite escale provençale sous le soleil d'Ibiza.

LOCALS ONLY IBIZA €€

Plaça del parque, 5

✆ +34 971 301 997

www.localsonlyibiza.com

Ouvert de midi à 2h. Fermé en hiver. Comptez 20 € pour un repas complet.

« *Think globally, eat locally* » peut-on lire sur la devanture du Locals Only, un petit restaurant inspiré des *osteria* italiennes, installé sur l'animée Plaça del Parque. Le patron Tito Piazza gère d'une main de maître son bataillon de serveurs qui virevoltent entre la jolie terrasse illuminée de chandelles ou dans la salle de service tamisée. Au menu, des plats simples et très bons élaborés à partir de produits locaux, mais aussi quelques petites douceurs venues d'autres coins de la Méditerranée. Ambiance très agréable. Vins espagnols et italiens.

LA TABERNA DEL PARQUE €

Plaça del Parque

✆ +34 971 30 73 70

www.latabernaibiza.com

Ouvert du lundi au samedi jusqu'à minuit. Environ 20 € le repas complet.

Situé sur une sympathique place derrière le paseo de Vara de Rey, très fréquenté le soir, les gens s'y retrouvent autour d'un verre avant de partir en soirée. A la carte, tapas (les excellentes « croquetas de la abuela » au poulet, frita de poulpe, calamars à la sobrasada et au miel notamment), tartares de bœuf, de saumon ou de thon (en tataki également), salades variées, lasagnes et pizzas sur fond musical, un bon aperçu de ce qui peut vous attendre si vous sortez en boîte de nuit. Agréable terrasse sur une des places les plus plaisantes de la ville.

LA BODEGA TALAMANCA €

Carrer Ses Figueres, 18

✆ +34 672 494 847

Tous les jours de 18h30 à 2h. Fermé en hiver. Environ 20 €. Réservation conseillée en juillet et août.

Petite sœur de la Bodega d'Ibiza, ce bar à tapas est l'un des endroits les plus prisés de Talamanca. Et pour cause : on déguste sur sa belle terrasse en bord de plage de bonnes tapas à des prix honnêtes (patatas bravas, anchois marinés de Cantabrie, tortilla, provoleta, boquerones, morcilla de Burgos) ainsi que des plats plus élaborés à base de viande (signalons le confit et le magret de canard) ou de poisson. Comme tout *hot spot* en règle, l'endroit est très courtisé... il est donc conseillé de réserver, tout particulièrement en haute saison !

SA NANSA €€€

Avenida 8 d'Agost, 27

✆ +34 971 318 750

www.restaurantesanansa.com

Mardi-samedi 13-16h et 20-23h, dimanche 13-16h. Fermé le lundi. Compter 45 € le repas complet.

Une adresse élégante, spécialiste de la cuisine *ibicenca* de mer. La déco elle-même invite à l'évasion marine, soutenue par de douces notes de jazz en fond sonore, tandis que le chef Pedro Tur s'active en cuisine. Véritable gardien des traditions culinaires de l'île, il se fera un plaisir de vous orienter parmi les nombreuses propositions à la carte : *arroces* (riz) et *fideuas* (nouilles), *bullit de peix* ou *borrida de ratjada*... On pourra accompagner tous ces solides plats de très bons vins. Nous recommandons le plat phare du lieu : le Sa Nansa. *Bona apetit !*

IZAKAYA IBIZA €€€

Passeig Joan Carles, 1

✆ +34 871 182 526

www.izakaya-restaurant.com/ibiza

Fermé en hiver. Compter 40 € le repas complet.

Le très *classy* resto-grill japonais Izakaya se trouve au rez-de-chaussée du flamboyant Sir Joan hotel. On peut y savourer, attablé autour du joli bar, en salle ou bien sur la terrasse entourant la piscine dans le jardin, une incroyable variété de préparations nippones, crues ou cuites : tempuras, sashimis, sushis de wagyu et autres makis, tout y est préparé selon les recettes traditionnelles ou revisitées avec inventivité. Cadre somptueux, saveurs exquises, service pro. Surveillez la note tout de même, elle a tendance à grimper sans que l'on s'en aperçoive !

SA PUNTA €€

Plage de Talamanca

✆ +34 971 193 424

www.sapuntaibiza.com

Ouvert d'avril à octobre de 13h à 2h. Environ 35 €.

Situé tout au bout de la plage de Talamanca, Sa Punta appartient au groupe Pacha. Ce magnifique restaurant propose une cuisine méditerranéenne raffinée (gambas avec leur sauce de wasabi, crème brûlée de foie gras, trio de carpaccio de poisson...) dans une ambiance lounge assurée par une musique *chill-out*. Superbe terrasse avec de grands canapés blancs, idéale pour prendre un cocktail. Ambiance classe et *beautiful people* : du 100 % Ibiza ! Fermé tout au long de l'été 2020, le restaurant prépare son grand retour pour le mois d'avril 2021.

EL PRINCIPE €€

Paseo Ses Figueretes

✆ +34 971 301 914

Ouvert d'avril à la fin octobre, de midi à 1h du matin. Carte en français. Comptez environ 20 €, sans le vin.

Installé sur le Paseo de Figuerretas, le restaurant El Principe (Le Prince en français) dispose d'une grande et belle terrasse étirant ses tables sous une pergola couverte de lierre, juste en face de la mer. Le menu est principalement composé de recettes italiennes et espagnoles classiques : en plus d'une sélection de salades variées (mixte, césar, grecque, burrata ou poulpe), on y mange de belles assiettes de pâtes et de solides et généreuses paellas (à partager). Service impeccable et polyglotte dans un cadre reposant. Bon rapport qualité-prix.

TRATTORIA DEL MAR €€€

Marina Botafoch

✆ +34 971 193 934

www.trattoriadelmaribiza.com

Ouvert de 13h à 1h (minuit le samedi). Fermé le dimanche midi. Environ 40 €.

Ouvert en juin 2007, la Trattoria del Mar est un restaurant italien de qualité situé sur le port de Marina Botafoch, offrant une vue privilégiée sur la vieille ville d'Ibiza. La cuisine y est très raffinée avec des plats de crustacés et des plats de pâtes somptueux. On a ici affaire à des recettes napolitaines appliquées dans le plus grand respect de la tradition. Les desserts faits maison sont de véritables petites douceurs. Nous recommandons, pour se faire plaisir sans se ruiner non plus, d'opter pour le menu fixe du midi, abordable et copieux.

FAIRE UNE PAUSE

Toutes les nationalités et tous les styles se mêlent et se superposent dans la vieille ville d'Ibiza durant la nuit. Vers 21h, les bars se remplissent, c'est peut-être l'heure où il y a le plus de monde dans la rue ! Les familles font un dernier petit tour en ville avant de regagner leurs maisons, tandis que les noctambules commencent à sortir de leur tanière. Comme à Saint-Tropez, on se promène en famille le long des quais pour admirer les yachts, ou tout simplement pour raccompagner les amis aux bateaux et ferries qui vont quitter le port vers 22h. Spectacle incessant : des files de voitures, l'arrivée des bateaux venant de Formentera, des jeunes, des vieux, des clowns, des saltimbanques, des individus déguisés annonçant les réjouissances de telle boîte de nuit, des personnages extravagants... A 1h, tout est possible : prendre une glace sur la terrasse du Valencianos, boire un verre, faire ses courses ou du lèche-vitrines.

ARTE DEL MOJITO

Carrer d'Enmig, 37
✆ +34 639 747 970
Ouvert d'avril à fin octobre, tous les soirs de 19h à 4h.

La spécialité de ce petit bar situé dans une ruelle piétonne est le cocktail de fruits frais, et plus spécifiquement, comme son nom le laisse délicieusement deviner, le Mojito. Tenu par une sympathique équipe française depuis une vingtaine d'années maintenant, l'ambiance y est très sympathique et les verres, en plus de faire l'objet d'une attention particulière et soignée, sont bien remplis. Ici, on ne lésine pas sur la fraîcheur des ingrédients, qui sont chaque matin choisis sur le volet. Quand on parle de mojito ici, c'est bien d'art qu'il s'agit.

LA BODEGA

Carrer Bisbe Torres Mayans, 2
✆ +34 971 192 740
Ouvert de 18h à 3h.

Ouvert il y a une quinzaine d'années par deux associés, Fernando et Miguel, La Bodega fait à la fois office de bar-lounge et de restaurant de tapas, le tout sur fond de décoration extravagante et soignée. Les tapas sont excellentes (les grands classiques espagnols – la pulpo a la gallega est très bon – ainsi que des propositions plus internationales), mais on viendra surtout dans cette bodega pour s'offrir un cocktail dans une ambiance assez glamour. Quelques tables à l'extérieur, mais la décoration intérieure du bar mérite le détour.

LA CANELA

Carrer d'Aragó, 54
✆ +34 971 305 040
www.lacanelaibiza.com
Ouvert du lundi au vendredi de 6h à 21h et le dimanche de 7h à 15h.

La Canela est une boulangerie réputée qui a ouvert ses portes il y a plus de trente ans sur l'île (en 1986 exactement) où vous trouverez des spécialités locales : *ensaimadas, flaó, greixonera, orelletes,* et bien d'autres douceurs sucrées encore. L'échoppe constitue également une bonne option en cas de petit creux, puisque vous y trouverez une grande variété de quiches, *coques* (la pizza catalane) et *empanadas*. Tout est fait avec passion par des boulangers-pâtissiers méticuleux, le jour même, et le choix des ingrédients n'est pas laissé au hasard.

GLACIER - LOS VALENCIANOS

Pl/ Antoni Riquer, 5
✆ +34 971 311 067
En saison, ouvert jusqu'à 4h du matin.

Dans le quartier de la Marina, on prendra plaisir à s'attabler à la terrasse de Los Valencianos pour déguster un cornet tout en admirant le ballet des bateaux juste en face. En plus d'offrir un large choix de coupes audacieusement montées à grand renfort de chantilly, biscuits et fruits frais, le glacier reste ouvert, jusque très tard dans la nuit, si bien qu'il n'est pas rare d'y croiser vers 3h du matin quelques noctambules exténués venus reprendre des forces ! Une institution.

KEEPER

Passeig Juan Carlos I, 25
✆ +34 971 310 509
Ouvert de 19h à 6h tous les jours en été, et à partir de 23h le reste de l'année.

Situé dans le port de Marina Botafoch, le Keeper Ibiza est un petit bar-club qui fait office de point de rendez-vous avant de s'atteler à une tournée des clubs en bonne et due forme alentour (dont le Pacha, situé à quelques minutes à pied, mais aussi le très bon Hearth). L'établissement est bien souvent bondé d'Espagnols qui apprécient les *copas* en plein air, sur sa grande terrasse, à accompagner de quelques plats snacks tout simples, mais parfois salvateurs. Attachez vos ceintures, vous êtes sur la rampe de lancement de la nuit !

TANGO BAR

Carrer Barcelona, 1
✆ +34 649 117 893
Tous les jours de 20h30 à 3h30. Fermé hors saison.

Le Tango Bar est une adresse bien connue des fêtards de tous poils. Cosmopolite, c'est un parfait point de départ pour un début de soirée, et les rencontres y sont courantes ! Serveuses efficaces et souriantes, bar-tender professionnel et méticuleux (les cocktails font l'objet d'une élaboration attentive), ambiance musicale assurée par un DJ, événements délurés et amusants – type élection de miss et mister de la soirée –, tous les éléments pour passer un bon moment sont réunis. En général, en haute saison, il y a foule sur la terrasse !

PARADISE LOST

Carrer Del Passadis, 14
✆ +34 627 58 92 05
www.paradiselostibiza.com
Jeudi-dimanche 19-0h.

Nommée d'après un poème de John Milton, cette rhumerie est peut-être la meilleure du quartier gitan. Tenu par le sympathique Jimmy, Écossais et amateur de spiritueux de qualité, le Paradise Lost a quelque chose de la taverne de pirates, avec cette touche *fancy* propre à la vieille-ville. On sirote, sur la petite terrasse en surplomb d'une ruelle à l'écart des passages trop touristiques ou bien dans la salle chaleureusement arrangée et tamisée, de splendides *long drinks*, cocktails et autres pintes de bière bien fraîche. Belle ambiance !

TIRAPALLÁ

Carrer Santa Llúcia, 8
✆ +34 634 517 221
Tous les soirs à partir de 21h30.

On ne manquera pas la superbe terrasse de ce bar, qui offre une vue magnifique sur la ville et la citadelle. L'endroit est d'ailleurs plutôt fréquenté par les gens du coin, car sa terrasse encaissée et joliment arrangée se trouve à l'abri des regards. Côté cocktail, on a affaire a des créations originales que l'on ne trouve pas ailleurs : n'hésitez pas à discuter avec les serveurs qui feront leur possible pour identifier la recette qui conviendra la mieux à vos goûts. Très bon point de départ pour commencer la soirée dans une ambiance à la fois intime et festive.

S'ESCALINATA

Carrer Portal Nou, 10ie
✆ +34 653 371 356
www.sescalinata.es/ibiza
Ouvert tous les jours de 10h30 à 2h30.

Unique en son genre, S'Escalinata se trouve installé le long d'un antique escalier de Dalt Villa. On vient ici à toute heure pour reprendre des forces grâce à un solide smoothie de fruits tropicaux ou un combo salade/sandwich ou tapas, mais aussi pour les très bons cocktails préparés avec amour quand le soleil se couche. L'originalité du lieu tient au fait que de gigantesques poufs sont étalés le long des épaisses et larges marches de l'escalier, laissant aux clients tout le loisir de s'adonner à la saine pratique du *chill* en plein air. Une institution.

VIVI'S CREAMERY

Carrer del Mestre Joan Mayans, 6
✆ +34 971 31 48 99
Ouvert du lundi au samedi de midi à 0h30.

C'est dans une petite rue partant de la Plaça de la Constitució que l'on débusque la jolie salle aux tons bleu pastel et la plaisante terrasse de la Vivi's Creamery, l'autre bon glacier de la vieille-ville. En plus d'un vaste choix de glaces aux parfums variés (les amateurs se laisseront tenter par la glace à la pistache) – à agrémenter à loisir de bonbons, chocolats et autres gourmands agréments –, on y déguste d'excellents milkshakes et de rafraîchissants smoothies. Service attentif et très bon emplacement. Parfait pour une halte sucrée.

(SE) FAIRE PLAISIR

Complément de la vie nocturne, la mode a rassemblé nombre de créateurs au cours des 25 dernières années. Reflet du cosmopolitisme d'Ibiza, la mode donne dans tous les styles et ne craint pas les excès. Le quartier du port abonde ainsi en magasins très variés. La maroquinerie reste intéressante à Ibiza, la bijouterie également : le choix est grand et les prix sont libres. En général, la mode Adlib est bien exposée dans les vitrines des magasins de vêtements et d'accessoires situés près du port (carrer Mayor, carrer de la Virgen et dans les ruelles du quartier). Les magasins restent ouverts en été jusque tard le soir. De nombreux artisans et bijoutiers du type marché hippie s'installent aussi en soirée dans les rues du port et plient bagage très tard. Le quartier de Vara del Rey, également commerçant, propose un bon nombre de boutiques, sans oublier la carrer Aragón et la ville moderne, où tout ferme entre 20h30 et 21h.

CAN MURENU

Passeig de Vara del Rey, 5
✆ +34 971 301 930
De 10h à 13h30 et de 17h à 20h (jusqu'à 21h30 en été). Hors saison : fermé sam après-midi, dimanche et tout février.

Curieuse boutique qui date de 1920, où l'on trouvait à l'origine des articles de chasse et de pêche. Aujourd'hui, ce petit commerce s'est diversifié et propose des articles en tous genres : espadrilles, chapeaux de paille, paniers, liqueurs, jouets… une vraie caverne d'Ali Baba. Il est tenu par Joan Murenu, l'une des personnalités de l'île. L'homme, auteur-compositeur, est l'un des fondateurs du groupe de musique folklorique « Uc », qui a remis au goût du jour de nombreux thèmes traditionnels de l'île. On trouve d'ailleurs ici quelques instruments ibicencos.

MERCAT VELL

Plaça de la Constitució
Fermé le dimanche.

Situé face au Portal de Ses Taules, le Mercat Vell est au cœur du quartier de La Marina. Il occupe un bâtiment construit à la fin du XIXe siècle sur le modèle des temples grecs, à l'endroit même où les paysans vendaient autrefois leurs produits. Le marché n'est pas très grand, mais on y trouve de bons produits pour faire ses emplettes, notamment des marchands de fruits et légumes écologiques et de produits typiques de l'île. Idéalement placé pour contempler le va-et-vient des commerçants et des passants. Quelque échoppes proposent des *bocadillos* excellents.

EL PALADAR - JAMONERÍA & DELICATESSEN

Carrer d'Extremadura, 11
✆ +34 871 71 71 41
www.elpaladar.es
Horaires variables selon la saison. Vente en ligne sur le site internet aussi possible.

Ouverte récemment (2018), cette épicerie créée à Minorque débarque à Ibiza pour proposer un choix complet de produits typiques et gourmets des Baléares, ainsi que des spécialités internationales. Un refuge tout trouvé pour les amateurs de bons produits, des prix raisonnables et un service au cordeau. On y trouve une impressionnante variété de jambon de très bonne qualité, mais aussi de fromages, de vins et liqueurs, d'épices en tout genre, et quelques pâtisseries typiques.

CANTONADA

Carrer Comte de Rosselló, 10
✆ +34 971 310 422
Ouvert de 10h30 à 13h30 et de 17h à 20h30, le samedi de 10h30 à 13h30. Fermé le dimanche et de novembre à mars.

C'est peut-être la boutique de mode la plus chic d'Ibiza ! Tenue par la créatrice Teresa Bermejo, représentante du mouvement fashion Adlib (née à Ibiza dans les années 1970, en parallèle du mouvement hippie, et dont la racine vient du latin « Ad Libitum » pour « librement », cette mode peut se résumer à l'expression « vêtis-toi comme tu veux, mais avec style »), on y trouve des vêtements en coton et lin blancs (certains avec de la dentelle et de la broderie) pour ceux qui recherchent le design et la qualité. L'atelier propose également un service sur mesure.

HOLALA !

Pl/ del Mercado Viejo 12
✆ +34 971 316 537
www.holala-ibiza.com
Ouvert tous les jours d'avril à octobre de 11h à 13h30.

Fondée en 1972, cette boutique de fripes de luxe est un véritable lieu de pèlerinage pour les aficionados du bien-se-vêtir. L'adage de Holala ! donne la couleur : « Unique clothing for unique people ». Et de fait, on ne trouve ici aucun article en double, chaque pièce ayant été glanée aux quatre coins de la planète, des Etats-Unis à l'Europe en passant par le Japon. Mine d'inspiration pour les créateurs de mode depuis des décennies, Holala ! dispose également de quelques boutiques à Barcelone. *Fashionistas*, voici votre temple !

PEDRO'S

Carrer Comte de Rosselló, 4
✆ +34 971 311 728
De 10h à 13h30 et de 16h à 21h (parfois jusqu'à minuit en été). Fermé le dimanche.

Pedro Planells, spécialiste du travail du cuir ayant fait ses armes à Londres, est l'un des artisans les plus réputés d'Ibiza. Il a collaboré d'ailleurs avec Jean Paul Gaultier et conçu des pièces extraordinaires pour des cheikhs arabes. Parmi les habitués qui ont coutume de passer par son atelier-boutique figurent Armani, Valentino, l'homme d'affaires Kike Sarasola ou le chanteur Nacho Cano. On pourra ici observer l'homme à l'œuvre et voir ses créations variées : ceintures, sacs, chaussures, lampes et objets en tous genres.

LUIS FERRER

Plaça de Sant Elm, 6
✆ +34 971 310 140
De 11h à 14h et de 18h à 0h. Fermé le dimanche et en hiver.

La boutique du créateur Luís Ferrer, un des pionniers de la mode Adlib à Ibiza a fait parler d'elle au-delà des frontières de l'île blanche. Vous y trouverez des créations pour hommes, femmes et enfants, pour un total look blanc ! Le coton qu'utilise l'homme pour ses élaborations est importé d'Égypte et est tissé à la manière ancienne, assurant aux vêtements une durée de vie remarquable et ne se démodant jamais ! Coupées en biais, les robes longues sont simples et s'adaptent à tout type de silhouette féminine. Une très jolie boutique !

PLATERÍA SHAMBALA

Carrer Vicente Cuervo, 8
✆ +34 971 190 848
Fermé le dimanche.

Des vêtements, pour la plupart rapportés d'Inde, mais aussi des bijoux, piercings, des objets de décoration… Le tout dans un univers hippie de l'Ibiza des années 1960. Pour ce qui est des bijoux, on trouve toutes sortes de montages à partir de pierres semi-précieuses ou précieuses (topaze, quartz rose, agates), mais aussi des boucles d'oreilles exubérantes dans le plus pur style Bollywood. Signalons également une belle collection de gemmes thérapeutiques et curatives. Les propriétaires ont également un stand au marché hippie d'Es Canar (tous les mercredis).

MAJORAL

C. Anníbal, 8
✆ +34 971 57 92 80
www.majoral.com
Ouvert du lundi au samedi de 10h30 à 21h.

Majoral s'est installé depuis peu au cœur d'Ibiza pour partager l'univers de pièces et joyaux d'inspiration méditerranéenne, créés et conceptualisés à Formentera. Innovation, modernité et qualité, le tout concentré dans une collection d'exception, reconnue à l'échelle mondiale. La boutique se transforme aussi en une élégante espace-galerie qui accueille plusieurs expositions temporaires programmées pendant l'année. Si vous souhaitez découvrir une collection plus vaste, rendez-vous à La Mola, sur Formentera : c'est que se trouve la boutique principale.

LOVY IBIZA, BY THE SANDAL SHOP

Paseo Vara de rey, 12
✆ +34 971 317 602
www.lovyibiza.com
Ouvert toute l'année de 10h30 à minuit.

Pièces de maroquinerie homme et femme fabriquées à partir de cuir espagnol. Côté femme, Lovy propose des ceintures simples ou incrustées de pierres taillées à la main, mais aussi une belle collection de sacs en cuirs : sacs de jour et de voyage, sacs à main, pochettes de soirée, portefeuille et autres accessoires finement ouvragés. Côté homme, citons les jolis bracelets en cuir et argent fabriqués à la main, les ceintures en cuir lisse ou encore les mallettes de travail.

BOUGER & BULLER

Si la ville-même d'Ibiza ne se prête pas forcément aux activités sportives en soi, c'est en revanche un très bon point de départ pour en organiser ! L'agence Rockid par exemple propose toute une gamme d'activités plein air pour petits et grands à faire sur l'ensemble du territoire de l'île, allant de la randonnée dans les paysages bucoliques de l'intérieur aux sorties jeep, en passant par les sports nautiques. Côté mer justement, les possibilités ne manquent pas, que l'on préfère voguer sur les flots ou bien en explorer les profondeurs ! En été, des centres de plongée comme Anfibios ou Sea Horse Diving encadreront les aventuriers sous-marins (avec baptêmes pour les débutants), profitant, les jours de beau temps, d'une visibilité sous-marine prodigieuse, tandis que le capitaine Jordi, à bord de son fidèle *Nadir*, emmènera les matelots d'un jour en excursion autour d'Ibiza et sur les côtes de Formentera.

ANFIBIOS - THE DIVING ACADEMY

Carrer Periodista Francesc Escanellas, 17
✆ +34 971 303 915
www.anfibios.com

Plongée sous-marine, mais aussi apnée, snorkeling... Tous les prix sur le site Internet.

Le centre Anfibios, fraîchement ouvert en 2016, est spécialisé en plongée du niveau débutant à experts. Ici, on pratique exclusivement la plongée. Le centre jouit déjà d'une très bonne réputation et bénéficie de l'expérience du Anfibios Sports Water. Son leitmotiv : qualité, sécurité et fun. Jaume Torres, le propriétaire, a été le responsable de l'association de plongée d'Ibiza. Né à Ibiza, plongeur et capitaine de bateau, c'est un fin connaisseur des fonds sous marins de la zone.

ROCKID

✆ +34 607 038 837
cliffdivingibiza.com

Ouvert toute l'année. Tarif 1 session cliff jumping à partir de 75 €. Stand-up paddle dès 40 €, kayak à partir de 25 €.

Agence outdoor spécialisée dans la découverte intégrale d'Ibiza. Propose tout un panel d'activités : excursions et sorties en jeep, découverte des paysages et plages, activités nautiques... En groupe, en couple, en famille, en solitaire... toutes les formules sont possibles, et ce, tout au long de l'année. Hors saison, les activités sont programmées sur mesure. Et pourquoi ne pas se laisser tenter par le *cliff jumping* et sauter d'une falaise en totale sécurité ? Une expérience excitante et adaptée à tous les niveaux. Équipe francophone.

RENTAL BOAT IBIZA

Carrer Lluís Tur i Palau, s/n
✆ +34 664 335 535

Mai-oct. Dès 650 € la journée. Maximum 11 passagers. Repas et boissons non inclus. Départ à 11h, retour à 19h.

Jordi, capitaine et grand connaisseur des Baléares et de la Costa Brava en Catalogne, vous invite pour embarquer sur *Nadir*, un beau bateau à moteur de 15 mètres tout confort. Une journée exceptionnelle « Day charter à Formentera ». Notre loup de mer est polyglotte et prend soin de son embarcation avec passion depuis 1991. Rénové en 2007, *Nadir* est totalement équipé pour sillonner les trésors des *Pitiüses*, avec clim, TV, DVD, hi-fi, cuisine complète, 2 salles de bain, cabine, etc. Une belle expérience qui s'amorce au pied du quartier historique.

SEA HORSE DIVING

C. Biscaia
✆ +34 629 349 499
www.seahorsedivingibiza.com

Sortie une plongée 40 € (avec équipement 50 €), 6 plongées 210 / 270 €, (plongée de nuit : ajouter 15 €).

Située sur la côte ouest d'Ibiza, un groupe de quinze îles forme la réserve naturelle marine de Cala d'Hort, où vous pourrez vivre l'une de vos meilleures expériences de plongée en Méditerranée. Les plongeurs de tous niveaux pourront partir en excursion quotidienne (d'avril à novembre) et découvrir les fonds cristallins avec une visibilité moyenne de 25-30 mètres. Sea Hors Diving, petit club familial depuis 1989, propose à la fois des baptêmes et des cours PADI. Egalement des tours en bateau pour voir les baleines et de nombreux sports aquatiques.

Les nuits ibiziennes, de réputation internationale, se prolongent souvent au-delà du petit matin. Beaucoup ne viennent que pour ça. Mais attention, il faut prévoir un budget pour les discothèques, toutes les boîtes pratiquent à peu près les mêmes tarifs. Comptez 50 €, un peu moins si vous achetez vos places en début de soirée dans certains bars. Comparez, car souvent votre boisson n'est pas comprise dans le ticket d'entrée. Une autre astuce est de repérer et vous faire repérer par les « promoteurs » d'une boîte qui viennent se montrer en ville le soir, et qui distribuent avec parcimonie des entrées gratuites ou des réductions. Des affiches placardées dans la ville vous annoncent le programme de chaque boîte.

A noter que le guide de survie des clubbers d'Ibiza s'appelle Ibiza Disco Ticket (www.ibizadiscoticket.com) ! Vous y trouverez la programmation de tous les clubs de l'île et un service d'achat de tickets.

HEART

Passeig Joan Carles I, 17
✆ +34 971 933 777
www.heartibiza.com
Réservation indispensable pour le dîner-spectacle.

Installé face à la pimpante marina de Botafoc, le Heart est la création du célèbre cuisinier catalan Ferran Adrià et de Guy Laliberté, fondateur du Cirque du Soleil, qui ont su combiner leurs spécialités respectives – la gastronomie et le divertissement – pour un résultat éblouissant. Tout est ici fait pour en mettre plein la vue et les papilles : les dîners-spectacles du Heart sont en effet réputés dans toute l'île avec des sons-et-lumières biens léchés valant bien leur pesant d'or. Plus tard, le lieu devient un club de musique électronique down tempo de qualité.

PACHA

Avinguda 8 d'Agost
✆ +34 971 313 612
www.pacha.com
Ouvert de juin à début octobre. Billet de 20 € à 80 €.

La boîte la plus emblématique d'Ibiza depuis son ouverture en 1973, lorsqu'elle prônait l'expression libre du mouvement hippie et des hédonistes en tous genres. Le Pacha se compose de plusieurs salles, sans oublier la terrasse, qui profite d'une vue agréable et de décibels un peu plus calmes. Une des soirées à ne pas manquer : la *Flower Power*. Musique rock, soul et disco des années 1960 à 1980, fleurs à l'oreille, on y recrée cette ambiance *peace and love* qui fut le terreau de la naissance du club. Nombreux événements en saison !

LÍO

Puerto Deportivo Marina Ibiza
✆ +34 971 310 022
www.lioibiza.com
Ouvert de mai à septembre, de 20h30 à 5h. 250 € le repas-spectacle, 23 € le mojito.

Le Lío est le restaurant-cabaret à la mode à Ibiza. Glamour, sexy, scintillant, le show musical est épatant et très bien ficelé, porté par des chanteurs et danseurs professionnels. Le lieu lui-même est gigantesque, ouvert aux quatre vents et paraissant flotter dans la marina (avec le château de Dalt Vila en toile de fond), et les assiettes servies par une équipe de service tirée à quatre épingles sont plutôt réussies. Il est toujours possible de venir prendre un verre après 1h, quand le spectacle se termine et que le lieu se convertit en *dancefloor*.

CASINO DE IBIZA

Passeig Juan Carlos I, 17
✆ +34 971 313 312
www.casinoibiza.com
Ouvert tous les jours de 18h à 7h.

Situé sur la promenade maritime, à proximité du port Marina Botafoch, intégré à l'édifice de l'Ibiza Gran Hotal et se partageant les locaux avec le club-discothèque Heart, le casino d'Ibiza abrite une salle de machines, une grande salle de jeux (Black Jack, poker, etc.), un bar et un élégant restaurant (qui se situe de fait dans la salle de service du Heart, avec des propositions culinaires des illustres frères cuisiniers Ferrán et Albert Adriá). Tenue correcte exigée à l'entrée. Possibilité de réserver un salon privé. Ouvert toute l'année.

JESÚS

La paroisse de Jesús fait partie de la municipalité de Santa Eulària, dont le centre-ville est à plus de 10 km, alors qu'elle se trouve à côté d'Ibiza et non loin de la plage de Talamanca. Ce quartier est la partie résidentielle d'Ibiza, qui s'étale sur les collines protégeant la plage de Talamanca et le port d'Ibiza. La visite de l'église de Jesús, assez cachée par les nouvelles constructions, mérite un petit détour pour son retable gothique du XVe siècle, attribué à Rodrigo de Osona. Passé l'arcade sous l'enseigne de la pharmacie, une petite allée entre les arbres vous conduira jusqu'à la porte où l'on respire un petit parfum d'antan.

P|ART IBIZA

Ca Na Negreta, 299
✆ +34 971 192 713
www.partibiza.com
Ouvert du lundi au vendredi de 10h à 14h et de 16h30 à 20h30. Fermé le dimanche.

En plus d'être une galerie, P|ART IBIZA se présente comme un laboratoire d'idées où artistes et artisans se rencontrent pour échanger et monter des projets. Peinture, sculpture, photographie, mode et design y sont autant de disciplines représentées tout au long de l'année, à l'occasion d'évènements divers. Depuis son ouverture en 2013, la galerie a déjà exposé le travail de plus d'une centaine d'artistes locaux et internationaux. Le joli local accueille en outre une collection d'immenses sculptures de *podencos* en céramique, ces chiens emblématiques de l'île.

PK2 L'ESTANYOL

Platja de s'Estanyol
✆ +34 971 187 034
www.pk2ibiza.com
Ouvert de 12h à 20h. Fermé hors saison.

Situé au bord de la Platja de S'Estanyol, le *chiringuito* nommé PK2 est un endroit très agréable pour se rafraîchir en journée ou faire un apéro avant de quitter la plage. Depuis ses tables en bois, on profite du panorama sur la mer dans une ambiance à la cool sur fond de musique *chill out*. C'est aussi une bonne adresse pour le déjeuner, les paellas et poissons frais, mais proposant également quelques très bonnes préparations de bœuf grillé à la mode uruguayenne. Engagez-vous avec précaution sur le chemin de terre qui y mène !

PLATJA D'EN BOSSA

Au sud d'Ibiza, cette longue plage de sable fin est bordée de grands immeubles, de gros hôtels, de bars, de restaurants… En été, cette concentration a tendance à compromettre la tranquillité de ce quartier pourtant paisible en hiver. L'extrémité de la plage est plus calme et agréable, un calme somme toute relatif, car l'endroit est sur la trajectoire des avions en phase d'atterrissage et l'été, l'aéroport est très fréquenté. Mais Platja d'en Bossa est surtout le rendez-vous des clubbeurs qui se donnent rendez-vous dans les beach clubs du bord de plage ou à l'Ushuaia et au tout récent Hï Ibiza pour danser. Le dress code sur la plage ? Fun et sexy !

PARC AQUATIQUE AGUAMAR

Platja d'en Bossa
✆ +34 971 396 790
Ouvert de juin à octobre de 10h à 18h. 17,50 € pour les adultes, 9 € pour les enfants.

Situé en plein centre de Platja d'en Bossa, le parc aquatique Aguamar conviendra aux petits et aux grands. Un lieu idéal pour passer une journée de loisirs en famille : toboggans à tire-larigot, cascades en tous genres telles que le Kamikaze ou le Black Hole, solarium, parc avec manèges pour les plus petits, café-restaurant… Le parc est équipé de nombreux espaces avec pelouse, parfait pour se détendre tout en prenant le soleil, et pour ceux qui ne souhaitent pas déjeuner au restaurant, des aires de pique-nique ont été aménagées.

COOLTRA MOTOS

Avinguda Pere Matutes Noguera, 109
✆ +34 672 662 990
www.cooltra.com
A partir de 25 € par jour.

Avec deux agences sur l'île et plusieurs points de location (aéroport, Ses Salines, Cala Llonga, Cala Bassa, Cala Tarida, Portinatx, etc.), Cooltra Motos est une référence pour la location de scooters. Un permis de conduire (moto ou voiture) vous sera demandé, ainsi qu'une caution. Possibilité de livraison directement à votre hôtel (avec supplément). Il faut dire que le deux-roues est un véhicule très commode et particulièrement bien adapté à la météo (à la belle saison tout du moins) et à la topographie de l'île blanche. Prudence tout de même !

HARD ROCK HOTEL IBIZA €€€

Carretera Platja d'en Bossa, s/n
✆ +34 971 314 210 - www.hrhibiza.com
Environ 500 chambres. A partir de 250 € la nuit en haute saison, dès 110 € en basse saison.

Depuis le printemps 2014, le gigantesque Hard Rock Hôtel surplombe la Méditerranée. On pourra entamer la journée au Body Rock Gymnase, puis faire un tour à la boutique Rock Shop pour parfaire sa collection, puis direction le Rock Spa pour se détendre. The Sound of Your Stay permet de s'improviser DJ dans sa propre chambre avant de s'abandonner sur la scène Hard Rock devant les meilleurs groupes internationaux. 4 restaurants (dont l'excellent Tatel, spécialités espagnoles de haute voltige) et 7 bars, la soirée est loin de toucher à sa fin.

HOTEL TORRE DEL MAR €€€

✆ +34 971 303 050
www.hoteltorredelmar.com
Tarifs sur demande.

Situé au tout début de la Platja d'en Bossa en venant d'Ibiza, le Torre del Mar est un établissement 4 étoiles moderne disposant de plus de 200 chambres dont la moitié donne sur la mer. Rénovées il y a quelques années, elles affichent une déco claire et agréable sans oublier d'être confortables. Le petit déjeuner buffet est époustouflant, tandis que le solarium ravira les amateurs de farniente, le clapotis des vagues en fond sonore. A noter également : au niveau -1 se trouvent une salle de sport équipée de matériel moderne et un espace Spa avec hammam et sauna.

PASSION CAFÉ €

Avinguda Platja d'en Bossa
✆ +34 971 305 130
www.passion-ibiza.com
Ouvert de mai à octobre de 9h30 à minuit. Environ 15 €.

Voici une très bonne adresse pour prendre un petit déjeuner ou un repas léger. A l'origine, le Passion Café, lancé par Lana, Croate voyageuse, n'avait pas plus de prétention que celle de proposer des jus de fruits et quelques sandwichs, mais avec le temps, il est devenu une vraie référence de la cuisine saine et organique (une bonne part des ingrédients est cultivée localement). Les petits déjeuners, servis jusqu'à 14h pour les lève-tard, sont une véritable institution pour les lendemains de fête. De quoi charger les batteries tout en flattant ses papilles !

NASSAU BEACH CLUB €€€

Carretera de la Platja d'en Bossa
✆ +34 971 396 714
www.nassaubeachclub.com
Fermé entre fin octobre et début avril. Service continu midi et soir, de 11h à minuit. De 30 à 60 €.

Nous voilà au cœur du style chic décontracté d'Ibiza. Grand fauteuil pour prendre le soleil en même temps que l'apéritif, décoration en bois avec de grands canapés blancs, bougies et bouddha alimentent l'environnement *chill-out*, que vous retrouverez dans le bar à cocktails du Nassau Beach Club. On y déguste notamment d'excellents sandwichs ou des salades qui sont servis directement sur la plage. La carte du restaurant est, quant à elle, beaucoup plus raffinée : homards, crabes et poissons frais sont devenus les rois du menu.

ANFIBIOS

Bâtiment «Edifici Acapulco»
✆ +34 971 303 915
www.anfibios.com
Plongées avec guide, à partir de 40 €.

Diverses activités sont proposées, telles que la plongée, le catamaran, la planche à voile ou le kayak. Tous les publics sont les bienvenus, du baptême au niveau professionnel, et les leçons sont données en groupe très réduit. N'oubliez pas votre licence et, pour ceux qui l'ont, un certificat médical datant de moins de 2 ans. C'est aussi l'endroit parfait pour tester le Stand up paddle, le sport à la mode qui fait fureur sur les plages de la Méditerranée. Le centre existe depuis 1979 et il est très réputé. Une adresse fiable et pro.

HÏ IBIZA

www.hiibiza.com
Tickets à partir de 45 €

Il a investi les locaux du Space, iconique club techno d'Ibiza qui a fermé ses portes, pour ouvrir les siennes à l'été 2017. Il s'agit du Hï, installé juste en face de son grand frère l'Ushuaïa, et est à ce jour la discothèque la plus récente de l'île. Au programme : musique électronique de qualité, portée aussi bien par des têtes d'affiche du monde de la nuit que par des DJs plus underground. Pour l'été, quelques soirées sont déjà au programme : *F***Me I'm Famous !* le vendredi, *Black Coffee* le samedi et *Glitterbox* le dimanche.

USHUAIA

Platja d'en Bossa, 10
✆ +34 902 424 252
www.ushuaiabeachhotel.com
De juin à début octobre. Environ 50 € l'entrée.

L'Ushuaïa est un hôtel 5 étoiles qui organise à l'air libre d'impressionnantes soirées où participent des milliers de fans d'électro réunis autour de son immense piscine, et tout cela en plein après-midi (de 17h à minuit). Le détail chic ? Des chambres à louer – sans lit – pour assister aux sessions des DJ en petit comité, avec une vue imparable sur la scène, et bien sûr un mini bar bien rempli, un bain à remous et un service de massage ! Il faudra quand même débourser quelque 2 500 euros par jour pour vous offrir ce luxe... Un lieu devenu culte.

JUL'S IBIZA €€

Edificio Can Toni Mariano, 145
✆ +34 871 035 330
www.julsibiza.com
Ouvert tous les jours de 20h à 2h. Compter 40 € le repas.

Installé en bord de route, Jul's a fait une entrée fracassante sur l'île en 2018. On vient y manger quelques spécialités méditerranéennes travaillées par un chef grec inspiré dans une ambiance cosy et branchée, le DJ s'occupe de l'ambiance. Le lieu est composé de multiples espaces que des serveurs élégants sillonnent souplement, servant tantôt des assiettes sophistiquées (mention pour le millefeuille), tantôt des cocktails finement préparés. Un lieu chic et branché qui conviendra parfaitement aux oiseaux de nuit sur la piste de décollage. *Eat, drink and dance !*

SANT JORDI DE SES SALINES

Le petit village de Sant Jordi de Ses Salines, appartenant à la municipalité de Sant Josep de Sa Talaia, sur la route de l'aéroport et Ses Salines, possède une très belle église fortifiée du XVe siècle (l'église de Sant Francesc), qui mérite le détour. Ce petit village, au croisement de plusieurs routes et don les constructions n'ont cessé de se multiplier. Notons que tous les samedis, à l'hippodrome, se tient un marché où l'on pourra faire le plein de denrées les plus diverses. A voir également la tour de défense d'Es Carregador : à quelques mètres après le rond-point, vous prenez la route de la crique de Sal Rossa et la trouverez au bout du chemin.

ES CAVALLET ★

Es Cavallet est une longue et belle plage de sable blanc bordée de dunes et de pins, située dans le Parc naturel de Ses Salines.
Elle commence tout de suite après la pointe, où se trouve la partie plus familiale, tandis qu'un peu plus loin, se trouve la partie gay et nudiste, vers le *Chiringay*. Mais Es Cavallet est surtout connue pour être la première plage nudiste de l'île, une pionnière en Espagne. Même si l'eau qui la borde est turquoise et transparente, la posidonie qui s'échoue sur la plage, sujette au vent, rend parfois la baignade moins agréable, ce qui lui vaut aussi d'être un (tout petit) peu moins fréquentée que la plage de Ses Salines.

VINYL - BURGERS & COCKTAILS €

Cantonada Montblanc, 6 – Sant Jordi de Ses Salines ✆ +34 971 395 935
www.vinylburgeribiza.com
Ouvert tous les jours de 12h à 1h. Comptez environ 12 € pour une assiette et une boisson. Cocktails à partir de 8 €.

Loin du classique concept « fast-food », Vinyl est une option idéale à tout moment de la journée. Carte simple, constituée de hamburgers très complets, de salades saines ainsi que de spécialités locales, comme les *huevos rotos* (œufs cassés) avec jambon ou champignons. Les desserts sont faits maison. Déco moderne et accueillante, avec une très agréable terrasse extérieure. Ouvert en 2012, cet établissement en centre-ville est une référence pour tous les locaux. Atmosphère sympathique.

EL CHIRINGUITO €€

Platja d'Es Cavallet
✆ +34 971 395 355
www.elchiringuitoibiza.com
Ouvert tous les jours d'avril à octobre, de 10h à minuit (21h en basse saison). Comptez 30-40 €.

Ce restaurant propose, presque les pieds dans l'eau, une excellente cuisine dans un cadre très soigné et bien ombragé. Le chef, Jérome Palayer, élabore une cuisine raffinée qui laisse la part belle aux produits de la mer, mais propose également des grillades de viandes (filet mignon et bavette à l'échalote) et des plats informels, à l'image de la sélection de six burgers ou des grandes salades bien garnies. L'endroit est franchement agréable, avec une décoration de style *chill-out* : on y passerait bien toute la journée ! Parfait également pour boire un verre.

LA ESCOLLERA €€

Platja d'Es Cavallet
✆ +34 971 396 572
www.laescolleraibiza.com
Ouvert tous les jours de 13h à 23h en été et de 13h à 18h en hiver. Environ 30 €.

Situé à gauche de la plage d'Es Cavallet, La Escollera a débuté ses activités il y a plus de 25 ans dans un cadre somptueux, avec vue sur l'île de Formentera. Eté comme hiver, on apprécie sa cuisine méditerranéenne authentique, qui a aussi le mérite d'être variée : fruits de mer, viandes grillées et une délicieuse sélection de plats végétariens. Si l'on trouve à la carte des sushis californiens et un très bon curry vert, les spécialités du lieu sont la paella, le Gallo San Pedro et ses patates à l'*ibicenca*, et le bar cuit au four dans une croûte de gros sel !

SES SALINES ★★

Le parc national de Ses Salines est un ensemble de marais salants d'une surface de 400 ha, qui ont été exploités par les Phéniciens, les Romains et les musulmans. Aujourd'hui, c'est un endroit d'une grande valeur écologique - récemment déclaré zone protégée - puisqu'il est le lieu de passage de plusieurs espèces d'oiseaux migrateurs. Un grand parking en terre battue, à gauche, devenu payant, permet un accès à pied entre les dunes et les pins. Vous débouchez sur la longue et belle plage de Ses Salines. Cosmopolite, très à la mode, c'est la plage pour voir et être vu, surtout lorsqu'on y arrive en bateau. Le Malibú est réputé pour sa cuisine.

CENTRE D'INTERPRÉTATION SES SALINES ★

Sant Jordi de ses Salines
En été : mar-dim 9h-14h et 17h-21h. Reste de l'année : lun, mar et dim 14h30-16h ; mer-sam 14h30-21h. Gratuit.

Le centre d'interprétation des salines des îles Pityuses se trouve au niveau du presbytère de San Francesc de s'Estany. La visite débute par la projection d'une vidéo explicative très instructive sur l'écosystème du parc naturel de Ses Salines d'Ibiza et de Formentera, composé de prairies de posidonie, biosphère classée au patrimoine mondial de l'Unesco depuis 1999. Une petite exposition composée de photos et d'anciens outils évoque l'histoire et les techniques d'exploitation des salines (panneaux explicatifs en français). On y apprendra notamment que la bactérie *Halobacterium salinarum* et l'algue microscopique *Dunaliella salina* sont toutes deux responsables de la teinte rose caractéristique des salines. A l'accueil, on remarquera aussi le bocal où gigotent de drôles de crustacés, roses et minuscules : ce sont des *Artemias salinas* (artémie en français) devenues roses après avoir ingéré ces micros algues. Et par suite, les flamants, qui viennent se nourrir d'*Artemia salina* dans le parc naturel, deviennent roses à leur tour. C'est la chaîne alimentaire.

▶ **En suivant le chemin en terre qui part du centre d'interprétation,** on rejoindra un observatoire en bois (en plus de celui installé juste derrière le centre) où il est possible d'observer les flamants roses venus se nourrir à quelques mètres de là. N'oubliez pas vos jumelles, les flamants peuvent être observés toute l'année, bien qu'on ait plus de chance de les voir en hiver. Beau spectacle !

GALERIE D'ART - LA NAVE SALINAS

Carrer la Canal, 2
www.liomalca.com
Ouvert en semaine de 10h à 22h. Entrée libre.

Édifié en 1941, cet entrepôt servait à l'origine à stocker le sel produit sur Ibiza, dynamisant l'économie de l'île de l'après-guerre civile. Par la suite, il fut laissé à l'abandon avant que le collectionneur d'art contemporain basé à New York Lio Malca ne s'en amourache et décide en 2015 de le convertir en lieu d'exposition tournante de sa collection personnelle. Ainsi, en 2017 la Nave exposa des œuvres de Keith Haring, de Bill Viola en 2018 et de Kenny Scharf en 2019. Unique.

BOUTIQUE HOSTAL SALINAS €€

Plage de Ses Salines
✆ +34 971 308 899
www.boutiquehostalsalinas.com
Ouvert de fin mars à mi-octobre. Chambre double à partir de 100 € en basse saison (220 € en haute saison, 5 nuits min.).

Caché parmi les dunes du Parc Natural de Ses Salines, cet *hostal* est une très bonne option pour un séjour calme et tranquille en bord de mer. Ancienne ferme *ibicenca* totalement restaurée, le Boutique Hostal Salinas compte 8 chambres confortables et très bien équipées (climatisation, mini bar, TV, salle de bain...), ainsi qu'un agréable patio avec un bar. Le petit-déjeuner est généreux et le restaurant, ouvert midi et soir, propose des spécialités méditerranéennes : paellas, risottos, salades, viandes et desserts faits maison.

EXPERIMENTAL BEACH IBIZA

Platja des Codolar
✆ +34 664 331 269
www.eccbeach.com
Tous les jours de 10h à minuit entre avril et octobre. Comptez 15-20 € le cocktail.

L'équipe de l'Experimental Club de Paris a repris ce lieu au printemps 2013 en apportant leur savoir-faire incontestable en matière de cocktails. *Tête de Mule* ou *Suze Me Up* sont autant de noms évocateurs que l'on retrouve sur la carte des cocktails. On recommande de s'y poser avant le coucher de soleil, pour observer la beauté mystique de Ses Salines, la terrasse du bar offre un point de vue privilégié sur l'horizon incandescent et l'îlot de Es Vedrá. Sur place, on trouve aussi un restaurant de cuisine méditerranéenne, un poil cher peut-être.

SA TRINXA

Platja de Ses Salines
✆ +34 618 960 500
www.satrinxa.com
Ouvert tous les jours de 10h à 22h.

Beach bar-restaurant au style un peu *old school*, niché tout au bout de la plage de Ses Salines. Ici on vient passer la journée sur la plage, manger une salade ou des pâtes aux fruits de mer, danser au son des *djs set* de qualité... Il faut marcher un peu pour y arriver et les tarifs du restaurant ne sont pas donnés, mais l'ambiance festive et décontractée en vaut la chandelle. C'est aussi un spot agréable pour voir le coucher du soleil, allongé dans les transats à louer sur place ou buller avec son masque et son tuba près des rochers bordés d'eau cristalline.

LA BELLA VERDE

Plage de Ses Salines
✆ +34 663 65 76 36
www.labellaverde.com
Avril-Oct. 100 € par personne la journée (7 pers. min., boissons inclus). Sorties coucher de soleil ou demi-journée.

La Bella Verde propose des sorties à la découverte des eaux cristallines des Pitiuses, à bord d'un catamaran. Moderne et 100 % green, c'est d'ailleurs la seule entreprise aux Baléares avec ce type d'embarcation qui garantit zéro émission d'huiles et de combustibles. Le point de départ s'effectue à la plage de Ses Salines vers 11h (horaire flexible). En route vers Formentera, en passant par l'îlot de S'Espalmador, ou vers Es Vedrà. Les navigateurs hollandais connaissent bien les criques, grottes, plages et les spots de plongée.

DC-10 IBIZA

Carretera de Ses Salines, km.1
www.circolocoibiza.com
De juin à octobre. Circo Loco tous les lundis de 16h à 6h.

L'ancienne petite ferme du DC-10 ne se présente plus dans le monde du clubbing. Ce club de musique house et techno où vous pourrez admirer le ballet des avions et frissonner à leur passage, à quelques mètres au-dessus de votre tête, est une légende dans le milieu. Situé dans un ancien entrepôt avec une immense piste de danse à l'air libre, DC-10 est surtout connu pour ses afters du *Circo Loco*, les lundis à partir de 16h. Le mercredi, les soirées *Paradise* font honneur à la scène underground du Royaume-Uni (Ben UFO et Julio Bashmore notamment).

SA CALETA ★

Très proche d'Ibiza par la route de l'aéroport. Avant l'entrée de celui-ci, tournez légèrement sur la droite pour le longer pendant un moment, puis prenez à nouveau sur la droite : non loin, Sa Caleta est annoncée. Si la route mène à Es Codolar, belle plage de galets, elle se trouve trop près de l'aéroport pour pouvoir se détendre. Toutefois, de là, divers petits chemins de terre conduisent à la petite crique de Sa Caleta. Bordée de mini falaises, cette plage offre une belle palette colorée et des eaux turquoise et chaudes ! Par contre, pas un arbre ni un palmier pour se protéger du soleil, mais un *chiringuito* et ses parasols, pour se restaurer.

ES BOL NOU ★

Pratiquement collée à Sa Caleta, cette plage offre un beau contraste entre les forêts de pins, la terre rouge, les eaux cristallines et le sable blanc. Très fréquentée par les locaux, Es Bol Nou offre un cadre relativement tranquille. Il n'est pas rare d'y voir des gens se couvrir le corps d'argile provenant des rochers, apparemment cela aurait des vertus exfoliantes, mais attention à vos maillots de bain car, tout comme pour les plages à Minorque, ça tache ! N'hésitez pas à monter sur les blocs de roches pour admirer le paysage d'un peu plus haut.

RUINES PHÉNICIENNES DE SA CALETA ★

Visite libre (le site est à l'air libre).

Ces vestiges d'un village phénicien (VIIIe s. av. J.-C.), classés au Patrimoine mondial de l'Unesco, sont un témoignage exceptionnel de l'urbanisation et de la vie sociale des colonies phéniciennes. Ses habitants, chercheurs de métaux, venaient du sud de la péninsule Ibérique qu'ils ont abandonnée pour fonder une nouvelle ville dans la baie d'Ibiza : Dalt Vila. On a découvert ici des fours, des céramiques, des ustensiles de cuisine et même des moulins en pierre.

CALA JONDAL ★

Très belle plage de galets qui s'étend sur 300 mètres de long. La baie de Jondal comprend, juste à côté, la petite crique de Es Xarco, également recouverte de galets, avec pour seuls aménagements un *chiringuito* et une petite boutique de vêtements et de souvenirs, élégamment camouflés entre les pins. A l'origine plutôt familiale, Cala Jondal attire aussi une clientèle cool et VIP dans ses *chiringuitos* à la mode, dont le célèbre Blue Marlin, repaire de starlettes et de célébrités de passage laissant leurs yachts de luxe au mouillage face à la plage garnie d'une odorante pinède. Le fond de la mer est sablonneux, rendant la baignade des plus aisées.

EL RINCON DE ES CODOLAR €

Carretera Sa Caleta

✆ +34 971 396 011

Jus et smoothies de 4 à 6 €.

Cette petite épicerie de bord de route aux murs bariolés – l'accueil est par ailleurs étonnamment chaleureux pour une épicerie, donnant plus la sensation d'entrer dans un bar tenu par des amis – abrite une cafétéria proposant, à des prix somme toute très honnêtes, cafés, thés, mais surtout de formidables smoothies et jus pressés sur le moment. Une halte hautement réparatrice et parfaitement indiquée sur le chemin de la plage, pour faire le plein de denrées de subsistance. Une toute petite adresse qui ne paie de pas mine comme on les aime.

ES XARCU €€

Plage Es Xarco

✆ +34 971 187 867

www.esxarcu.com

Fermé de novembre à mars. En saison, tous les jours de 12h à 23h. Environ 40 €.

Ne vous fiez pas à son aspect un peu rustique, Es Xarco accueille une clientèle fortunée qui vient passer la journée sur la tranquille Es Xarco, en alternant bronzette, baignades et plaisirs gastronomiques. Très apprécié des locaux, le lieu propose une délicieuse cuisine de la mer et de superbes assiettes de jambon ibérique, que le propriétaire achète lui-même dans son Andalousie natale. Le poisson frais est préparé au four, mais vous pourrez aussi vous laisser tenter par la divine paella ou le *guisat de peix*. Réservation indispensable !

SA CALETA €€€

Platja d'es Bol Nou

✆ +34 971 187 095

www.restaurantesacaleta.com

Ouvert tous les jours de 11h à 18h, et jusqu'à 1h en été. Comptez 40 €.

Sa Caleta est un petit restaurant, avec une magnifique terrasse juste au bord de la plage du même nom. Spécialisé dans le poisson frais, vous pourrez tester une *caldereta* ou le traditionnel *bullit de peix*. Les desserts, tous faits maison, réjouiront les plus gourmands. Ambiance marine dans la salle de restaurant, mais également un espace *chill-out* aménagé sous les pins, très agréable pour boire un verre. Service de massage et concerts les jeudis soir en été. Il s'agit d'un des seuls restaurants de plage qui reste ouvert toute l'année.

RESTAURANT YEMANJA €€

Cala Jondal

✆ +34 971 187 481

www.yemanjaibiza.com

Ouvert toute l'année de 10h à minuit. Comptez 30-40 €.

Situé à l'extrémité gauche contre la falaise depuis une bonne trentaine d'années maintenant, le restaurant Yemanja propose de déguster, les pieds dans le sable et dans un décor tropical sur fond de musique relax, une excellente cuisine ibizienne : poissons frais, paella et *arroces* variés, *bullit de peix*, mais aussi une sélection de salades et d'assiettes de pâtes fraîches. La meilleure saison, pour profiter de la plage et du restaurant, se situe en mai et juin et en septembre et octobre, lorsque le lieu retrouve un peu de sa tranquillité.

TROPICANA BEACH CLUB €€

✆ +34 971 802 640
www.tropicanaibiza.com

Avril-octobre. Restaurant 10h-23h. 20-30 €. En été, réservation par téléphone. Location transat/parasol 10 €.

Le *chiringuito* Tropicana Beach Club est à n'en point douter l'un des plus appréciables des alentours, d'abord pour son cadre, mais aussi, parce qu'on y mange bien et à prix raisonnable. L'ambiance est détendue, sur fond de musique *lounge*, des chaises longues et des parasols sont à louer sur la plage et la *sangria* est délicieuse ! On pourra également chiner dans la boutique de plage ou se faire masser pour une relaxation optimale. Le dimanche soir, le lieu s'anime des soirées « tropicales » aux rythmes brésiliens et caribéens.

BLUE MARLIN

✆ +34 971 410 117
www.bluemarlinibiza.com

Ouvert d'avril à mi-octobre, tous les jours de 10h à minuit. A partir de 50 €.

Le Blue Marlin est un *chiringuito* très chic qui fait partie des lieux favoris des jet-setteurs (le lieu possède même son propre magazine). On s'y restaure ou on s'y rafraîchit toute la journée, à l'ombre de la terrasse ou bien sur l'un des transats (payants) installés sur la plage de galets. La partie du restaurant est assez chère, mais l'endroit mérite au moins une visite à l'heure du cocktail, lorsque des DJ de renom se succèdent sur les platines pour mettre l'ambiance. Le dimanche soir est en général le moment le plus animé de la semaine au Blue Marlin.

LAS BRISAS DE IBIZA €€€

✆ +34 971 802 193
www.lasbrisasibiza.com

Chambre double à partir de 300 €, petit déjeuner inclus.

L'hôtel Las Brisas est l'une des plus belles adresses de l'île. Etablissement de luxe doté de six chambres superbes et trois suites, toutes avec terrasse privée et vue sur la mer. Il est situé au sommet d'une falaise qui domine la baie de Es Cubells, et son joli petit jardin est équipé d'une piscine. Un goût exquis dans la décoration, d'inspiration ethnique-zen, et une magnifique terrasse sur un site inhabituel de toute beauté. Le restaurant de cuisine méditerranéenne est lui aussi une belle adresse. Un endroit tout simplement magique...

ES TORRENT €€€

Cala d'es Torrent
✆ +34 971 802 160
www.estorrent.net

Mi-avril à octobre, tous les jours 13h-22h. Environ 50 €. Réservation conseillée, uniquement par téléphone.

Installé sur la petite plage solitaire d'Es Torrent, ce *chiringuito* est l'une des adresses les plus réputées d'Ibiza pour manger du poisson frais. Sous les paillotes, on y déguste *bullit de peix*, *fideuà* aux fruits de mer (sorte de paella où le riz est remplacé par du vermicelle), *caldereta* de homard ou à la langoustine d'Ibiza… Les becs sucrés seront aux anges avec la sélection de desserts : gratin d'ananas, tiramisu maison ou sauté de fraises... Après ce magnifique repas, il ne reste plus qu'à s'installer sur l'un des transats pour une petite *siesta* digestive !

PORROIG ★

La baie de Porroig séduira les visiteurs cherchant à éviter la foule ainsi que les amateurs de balades à pied, qui, une fois arrivés à Porroig, se dirigeront sur la droite de la plage pour rallier le Cap Roig. Ce majestueux promontoire, couvert de villas de luxe et entouré de petites, mais superbes criques, est bordé par une eau magnifique. Pour vous mettre à l'eau ici, le sable faisant défaut, vous tirerez profit de l'une des rampes des nombreux petits hangars à bateaux. Vous pouvez également atteindre en voiture le Cap Roig, ainsi que la playa d'Es Torrent, en suivant la route de Sant Josep (PM 810). La plage et le cap sont bien indiqués.

ES CUBELLS ★

Le petit village d'Es Cubells, accessible depuis Sant Josep par une superbe route sillonnant à travers les collines, a la particularité d'être niché à flanc de falaise : la vue s'ouvre ici sur les paysages côtiers couverts de végétation et de belles villas. Fondée au XIXe siècle, sa charmante église blanchie à la chaux domine le hameau. Au pied de la falaise, on aperçoit plusieurs criques, et juste en dessous, celle de Ses Boques. Vous y trouverez d'ailleurs de quoi vous restaurer à l'ombre. De là, un sentier piéton longeant la falaise permet de rejoindre en 30 minutes la Cala Llentrisca, fréquentée par les seuls pêcheurs du coin. Calme assuré !

IBIZA - EIVISSA

ÉGLISE D'ES CUBELLS

Es Cubells, s/n
✆ +34 971 800 165

Construite en 1864 et remodelée dans les années 1950, cette petite église suit les codes de l'architecture traditionnelle de l'île, avec sa nef centrale et ses chapelles latérales (notons également la présence de contreforts sur l'un des côtés de la bâtisse), et offre un point de vue fantastique sur la cala d'Es Cubells et le cap Llentrisca. Dédiée à la Virgen del Carmen (la fête paroissiale a lieu le 16 juillet), l'église se trouve à 6 km du village de Sant Josep. Il suffit de suivre la route à partir de la place de l'église jusqu'au village d'Es Cubells.

CALA D'HORT ★★

Cala d'Hort est une superbe plage de 200 mètres de long située dans un cadre sauvage, face à l'îlot bien connu d'Es Vedrà et à l'îlot voisin d'Es Vedranell. Point de détente idéale en demi-saison, car bien protégée du vent, cette plage orientée sud-ouest devient une vraie fournaise en été. Ce qui ne l'empêche pas d'être très fréquentée, notamment pour ses restaurants et sa vue époustouflante. A la tombée du jour, les falaises aux alentours offrent un point de vue splendide sur le coucher de soleil. Le spot est connu des habitants et des touristes. Ses eaux claires et turquoise sont aussi parfaites pour buller avec son masque et son tuba !

BAR LLUMBI €

Carretera Sant Josep - Es Cubels
✆ +34 971 802 128

Ouvert de fin mars à fin octobre, midi et soir. Fermé le lundi. Comptez 20-25 €.

Ce petit restaurant accueillant et familial, situé juste à côté de l'église d'Es Cubells, offre une cuisine méditerranéenne toute simple et savoureuse à prix tout doux. On apprécie la superbe vue panoramique sur la mer et les paysages côtiers appréciables depuis la terrasse du restaurant, les desserts faits maison (la tarte au citron est une petite merveille !) et le service agréable, et même chaleureux. Très fréquenté par les locaux, le bar-restaurant Llumbi est une véritable aubaine pour les petits budgets... et les autres !

ATLANTIS (PEDRERA DE CALA D'HORT) ★

Signalé sur la gauche de la route, à 1 km avant Cala d'Hort. Vous devrez vous garer et descendre à pied jusqu'à la mer.

Ancienne carrière de pierre, située au pied de la tour des Savinar, où l'on peut voir des visages taillés dans la pierre ainsi que des statues érigées par les visiteurs. Le site abrite aussi de belles piscines naturelles, creusées dans la roche, ainsi qu'une petite crique sauvage aux eaux cristallines. Bonnes chaussures indispensables, mais les plus courageux ne seront certainement pas déçus ! La descente (15 minutes), et la remontée (20 minutes), sont un peu raides !

SES BOQUES €€

Plage de Ses Boques
✆ +34 606 081 570
www.sesboques.com

Ouvert de mai à octobre, tous les jours de 13h à 20h (plus tard en été). Comptez 40 €.

Ce petit *chiringuito* niché à l'ombre des pins de la *cala* de Ses Boques, ouvert à la fin des années 1970 par Joan et sa femme Lourdes, est appréciable pour son caractère authentique au décor rustique. On s'attable sur des tables en bois installées face à la mer. Une des spécialités phare de la maison est la *Caldereta de langosta*, mais les poissons frais et les plats à base de riz sont toujours un régal. Petits bémols : l'addition salée et les longueurs sur le service en cas d'affluence, compensés par le cadre enchanteur. Un « classique » de l'île blanche.

ES VEDRÀ, ES VEDRANELL ET LES ÎLOTS DE L'OUEST ★★

✆ +34 971 301 460
www.balearsnatura.com

Renseignements sur la page Facebook et inscriptions par téléphone.

Ce parc naturel est formé par de nombreux îlots qui prennent place sur 787 ha : Es Vedranell, le magnifique Es Vedrà qui culmine à 382 m ainsi qu'une myriade d'îlots près de la côte ouest. L'accès à ces îlots se fait avec une autorisation préalable de la mairie de Sant Josep. Cependant, l'organisme Balears Natura organise tous les mois des ateliers de découverte (payants), ouverts à tous : promenade à la pleine lune autour de Platges de Comte, visite guidée à Sa Conillera, etc.

RUINES DE SES PAISSES DE CALA D'HORT

Découvert en 1917, le site de Ses Païsses est accessible depuis Cala d'Hort, en suivant la route en direction de Cala Vedella. Il s'agit des vestiges de deux bâtiments et de deux nécropoles ; l'une datant de l'époque carthaginoise et l'autre de l'époque byzantine. Elles reflètent une occupation très longue, du Ve siècle av. J.-C. au VIIe apr. J.-C. Lors de la fouille, on a découvert dans la nécropole carthaginoise une vingtaine de tombes renfermant un grand nombre de poteries.

TORRE DES SAVINAR ★

Connue comme la Torre del Pirata (« tour du pirate », ce surnom lui vient d'une nouvelle de Vicente Blasco Ibáñez, *Los muertos mandan* (*Les Morts commandent*, 1909), cette tour se dresse sur une falaise face aux îlots d'Es Vedrà et Es Vedranell, offrant un panorama absolument splendide. Sa construction fut achevée en 1763, afin de protéger le littoral des attaques venues d'Algérie. Pour y accéder, vous devrez laisser votre voiture sur la route de Cala d'Hort et suivre le chemin de terre vers les falaises. La balade dure environ 30 minutes.

HOSTAL EL CARMEN €

Platja Cala d'Hort
✆ +34 971 187 449

7 petites chambres doubles à partir de 80 € la nuit. Fermé de mi-octobre à fin mars.

L'Hostal El Carmen est le seul endroit où vous pourrez loger dans cette petite crique paradisiaque, idéale pour passer des vacances dans le calme, les « pieds dans la mer ». Toutes les chambres possèdent 2 lits simples, une salle de bains, l'air conditionné, un petit frigo et une terrasse avec vue sur la mer et sur l'impressionnant Es Vedrà. Pensez à réserver longtemps à l'avance, car c'est une adresse en or (en général l'hôtel affiche complet un an à l'avance !). Autrement, vous pourrez toujours vous rendre à son restaurant !

ES BOLDADO €€

Cala d'Hort
✆ +34 626 494 537
www.restauranteboldado.net

Ouvert tous les jours de 13h à 22h. Environ 40 €. Fermé entre mi-novembre et fin décembre.

Accroché à la falaise, ce splendide restaurant offre une vue plongeante sur la Cala d'Hort et sur Es Vedrà. Es Boldado propose une carte de poissons, paellas, *calderetas*, et bien d'autres choses encore. Les prix varient en fonction de votre choix de poisson, mais restent raisonnables pour une paella et une bouteille de vin. La qualité des produits et surtout la beauté du lieu méritent vraiment un détour. Attention, la maison n'accepte ni les chèques ni la carte bleue, prévoyez donc du liquide, car il n'y a aucun distributeur dans les environs !

RESTAURANTE EL CARMEN €€

✆ +34 971 187 449

Ouvert d'avril à octobre, tous les jours de 12h30 à 22h. Comptez 30 €.

On vient surtout dans ce restaurant traditionnel pour sa belle terrasse qui fait face à Es Vedrà. Il est aussi très pratique avec des enfants, qui pourront jouer sur le sable pendant que les adultes se régalent en terrasse d'une cuisine méditerranéenne et *ibicenca* : tortilla, *boquerones* et *pulpo a la gallega* en entrée ; *bullit de peix*, daurade au sel, lotte marinière, cassolette de homard ou langouste à l'ail en plat principal ; tarte banoffee, *greixoneira* ou cheesecake aux myrtilles en dessert. Il faudra être patient avec le service, mais le cadre est somptueux.

SANT JOSEP DE SA TALAIA ★

La vaste municipalité de Sant Josep occupe tout le sud d'Ibiza – avec dans son giron le petit village de Sant Jordi, d'Es Cubells et de Sant Agustí – et ses habitants vivent essentiellement sur les nombreuses collines et près des plages alentour. Le vieux Sant Josep vaut le détour pour son authenticité, et l'on prend plaisir à flâner sur les terrasses ombragées de la place principale, animée à toute heure du jour et de la soirée. La balade dans les ruelles bordées de larges trottoirs reste agréable malgré les boutiques de souvenirs très touristiques. Le 19 mars, le village honore son saint patron, Joseph, en organisant de superbes feux d'artifice.

CAPELLA D'EN BEIA

Carretera de Sant Josep a Sant Antoni, s/n

Pour accéder à la chapelle d'en Beia depuis Sant Josep de Sa Talaia, il faudra emprunter une sortie sur la gauche de la route à environ 1,5 km de la sortie de la ville. Au bout du petit chemin de terre apparaît le petit monument construit au XIXe siècle par Antoni Ribas Cardona, qui avait fait la promesse de construire cette chapelle si sa femme survivait à un accouchement difficile. La femme et le bébé furent sains et saufs, aussi Antoni Ribas Cardona tint sa promesse et fit construire l'ermitage. Il abrite une figure du Christ et quelques images religieuses.

CAPELLA D'EN SERRA

Chemin de Benimussa

L'accès à cette chapelle se fait par la route qui relie Sant Josep à l'aéroport (déviation vers le sentier Serra 1,5 km après avoir quitté la ville). Lieu de prière et de pèlerinage des paysans de la région. La chapelle fut édifiée au début du XXe siècle par un habitant de l'île (Vicente Serra : les lettres V et S se trouvent de chaque côté de l'entrée) parti faire la guerre en Algérie. Il avait fait la promesse d'élever une chapelle sur le Puig d'en Serra s'il revenait vivant. A l'intérieur se trouve une curieuse image du Christ vêtu de jupes paysannes.

ÉGLISE DE SANT JOSEP DE SA TALAIA

Plaça de la Església, s/n

✆ +34 971 800 165

La silhouette blanche de l'église se dresse au milieu du petit village. Elle a été construite entre 1726 et 1732 à la demande des habitants d'Es Vedrans et de Benimussa. La partie de la sacristie sous les porches est un endroit remarquable dans sa simplicité. A l'intérieur, on trouve une chaire en bois décorée par José Sánchez Oca en 1763, représentant les mystères. Si le retable d'origine a été brûlé au début de la guerre civile, en 1936, il a été remplacé par une réplique exacte.

HOSTAL CALA MOLÍ €€

Avinguda de Cala Molí

✆ +34 971 806 002

www.calamoli.com

Ouvert de mai à octobre. Chambre double de 95 à 135 €, petit déjeuner inclus. WiFi.

Charmant petit hôtel tout blanc surplombant la mer, à quelques pas d'une crique, proposant 8 chambres doubles simples et au style rustique, mais très bien tenues et confortables, disposant toutes d'un mini bar, d'une salle de bain privative et surtout d'une jolie terrasse avec vue sur le large. Jolie piscine avec terrasse et transats pour *chiller* face au soleil couchant, restaurant et bar ouvert toute la journée. Parfait pour un séjour au calme, avec en prime, l'accueil attentionné des propriétaires, Ines et Antonio. Copieux petit déjeuner en buffet.

CAN XÙXÙ €€€

Carretera Cala Tarida

✆ +34 971 801 584

www.canxuxu.com

Ouvert d'avril à octobre. Comptez de 190 à 320 € la double.

Avis aux amateurs de luxe et d'exclusivité ! Le Français Alexandre Narakas vous ouvre les portes de la *finca* de son enfance, aujourd'hui redesignée en boutique-hôtel exclusif au superbe décor balinais. Un site internet mystérieux, pas de réservation en ligne... voici un secret bien gardé. Au total, 11 chambres et pavillons javanais au charme singulier dans un écrin tropical. La décoration, pensée dans les moindres détails, transporte dès le premier coup d'œil. Sans oublier la piscine de 14 mètres entourée de palmiers et de lits débordants de coussins... le rêve !

LOS JARDINES DE PALERM €€€

Can Pujol d'en Cardona, 34 ✆ +34 971 800 318

www.jardinesdepalerm.com

Fin-avril à début-nov. Chambre double standard de 185 à 280 €, petit déjeuner inclus (+ 10 % de TVA non compris).

Hôtel de charme très intimiste tenu par un photographe belge et sa femme, qui ont divinement rénové cette *finca* traditionnelle du XVIIe siècle. Charme historique des vieilles pierres et décoration intérieure très contemporaine ponctuée çà et là de touches anciennes : voilà le décor de rêve que propose ce luxueux hôtel. Neuf chambres décorées avec goût et simplicité, deux belles piscines, superbes jardins garnis de palmiers de bougainvilliers, grandes terrasses et nombreux espaces dédiés à la détente... Nous avons adoré l'endroit !

Église de San Jordi de Ses Salines.
© JULIEN HARDY - AUTHOR'S IMAGE

ES GALLINER €

Carrer de l'Ajuntament, 2

✆ +34 971 801 554

Ouvert toute l'année de 10h30 à 23h (plus tard en été). Fermé en novembre et le mardi. Environ 15 €.

Tenu par un couple de l'île (Martín Torres et María Chillón), ce bar à tapas, grand spécialiste du poulpe et du porc frit, profite d'une clientèle d'habitués qui apprécie l'authenticité du lieu et ses prix abordables. A l'intérieur ou en terrasse, on peut tester les *huevos rotos* aux pommes de terre, les croquettes de champignons ou des lasagnes de légumes. Le week-end, le poisson grillé est l'honneur, tandis que le samedi, en basse saison, on pourra opter pour un délicieux menu à base de « bullit de peix ». Bons desserts maison : le flaó et gâteau à la menthe.

ES VERGE €

Carretera Sant Jose, km 12,8

✆ +34 971 800 041

www.esverge.com

Ouvert toute l'année, de 13h à minuit (coupure de 16h à 18h30). Fermé le lundi. Comptez 10 € la pizza.

Cette pizzeria s'est installée le long de la rue principale en direction de Sant Antoni, dans un bâtiment à la façade ocre. Elle propose d'excellentes pizzas artisanales élaborées avec des produits locaux par de véritables pizzaïolos, à déguster dans l'agréable terrasse extérieure, ainsi que des kebabs (la viande est très bonne), un excellent carpaccio de veau au parmesan et des fajitas préparées dans le plus pur style mexicain. Le restaurant est ouvert toute l'année et propose un service à emporter. Une adresse très appréciée des locaux.

RACO VERD €

Plaça de l'Església

✆ +34 971 800 267

www.racoverdibiza.es

Mars-oct : lun-sam 10h-2h. Nov-déc : lun-sam 11h-16h et jeu-sam 20h-1h. Fermé en janvier et février. Environ 15 €.

Voici un bar charmant doté d'un patio-jardin ombragé, bien agréable dès le matin. En hiver, le jardin est fermé, mais la salle intérieure est également bien appréciable. Luis vous sert des petits déjeuners accompagnés d'un délicieux jus d'oranges pressées. A midi, vous pouvez déguster de bons sandwiches ou tapas, ainsi que quelques spécialités mexicaines, et le soir, l'endroit devient un sympathique lieu de rencontres avec une riche programmation de concerts (rock, bossa-nova, blues et flamenco). Belle carte de vins 100 % bio.

CAN LIMO €€

Carretera de Sant Josep-Sant Antoni, km 12,5

✆ +34 971 800 550

www.canlimoibiza.com

Ouvert tous les jours sauf mardi de 20h à minuit.

Pour sortir de sa zone de confort en se laissant tenter par une cuisine fusion péruvienne aux accents asiatiques, dans un cadre intimiste pourvu d'une très jolie décoration colorée d'inspiration andine, Can Limo est la bonne adresse. Ce bar-restaurant ouvert en 2015 possède une belle terrasse pour s'attabler à l'extérieur et un petit espace *chill out* pour se désaltérer des cocktails de la maison (le Pisco Sour est la spécialité de la maison, tout comme la vaste gamme de Gin Tonics), en profitant d'une superbe vue sur la baie de Sant Antoni.

DESTINO €€

Carrer Talaia, 15

✆ +34 971 800 341

Ouvert de 13h à 1h. Fermé le dimanche et en hiver. Comptez 20-30 €.

Ouvert en l'an 2000 tout juste, ce bar à tapas et restaurant propose un vaste choix de plats aux influences méditerranéennes, marocaines et asiatiques. Tajines, lasagnes et spécialités thaïlandaises sont quelques-uns des éléments qui composent l'exotique carte du Destino. Clientèle internationale et bonne ambiance sur la terrasse, où, à la belle saison, il est indispensable de réserver pour obtenir une table. Les prix sont peut-être un peu élevés au regard de l'originalité et de la taille des portions servies, mais les produits sont très bons !

PASSION €€

Plaça de l'Esglesia, 44-48

✆ +34 971 801 085

www.passion-ibiza.com

Ouvert toute l'année, tous les jours de 9h à 17h. Comptez 20 €.

Sous les arcades d'un édifice blanc qui fait l'angle sur la rue principale, voici le dernier venu de la « famille Passion », temple du *healthy* fondé par Lana, jeune Croate expatriée à Londres qui a ouvert son premier café en 2002 sur la plage d'En Bossa. Aujourd'hui, l'île compte cinq cafés Passion. On s'installera en terrasse ou dans la grande salle intérieure à la déco épurée. Les produits sont sains et frais, les recettes équilibrées, recherchées, les jus fraîchement pressés sont à tomber... certes, ce n'est pas donné, mais la qualité est au rendez-vous.

SA SOCA €€

Carretera de Sant Josep a Sant Antoni, km. 18
✆ +34 971 34 16 20
www.restaurantesasoca.com
Ouvert tous les jours sauf lundi de 19h à 23h30, le week-end de 13h à 15h30 également. Compter 30 € le repas complet.

La Sa Soca est une vraie petite merveille de restaurant, à commencer par sa belle salle-terrasse s'étirant sous une pergola fleurie et donnant sur la nature alentour. C'est au cœur d'une petite jungle méditerranéenne que l'on se penche sur une carte faisant la part belle aux produits locaux préparés selon des recettes de famille et authentiques : *Bullit de peix*, *Sofrit pagès*, *Fideuá*, *Paella mixta*, *Arroz marinera* ou *Arroz negro*, poisson grillé à la mode *ibicenca*. Le service est chaleureux, la sangria excellente, le cadre enchanteur. On aime.

CAN DOMINGO €€€

Carretera de Sant Josep-Ibiza, Km. 9,8
✆ +34 971 800 184
www.candomingoibiza.com
Ouvert tous les soirs à partir de 19h. Fermé en hiver (ouvre à partir de Pâques). Comptez 40 €.

Bien indiqué sur la route de Sant Josep, long chemin de cailloux pour y arriver, mais vous ne le regretterez pas. Ce restaurant sert une cuisine italienne raffinée à base de produits locaux de première fraîcheur : risotto à la milanaise, tagliolini aux truffes, spaghettis aux moules, gnocchis maison... Chaque plat est accompagné d'un vin conseillé et excellent. Vous dînerez dans un jardin fleuri et illuminé, une tranquillité rare à Ibiza, ou à l'intérieur dans un décor chic et intimiste. Une charmante adresse pour une soirée romantique.

CAN PUJOL €€€

Carrer des Caló, 112
✆ +34 971 341 407
www.restaurantecanpujolibiza.com
Ouvert toute l'année sauf en décembre et le mercredi, de 13h à 16h et le soir à partir de 19h30. Environ 50 €.

Très réputé pour ses poissons, toujours frais parce que le patron les pêche lui-même, le Can Pujol est un restaurant situé tout au bout de la baie de Sant Antoni, à l'écart du centre-ville. Une ambiance de port de pêche, au bord de l'eau ; la terrasse est sur la plage ! Ne comptez pas trop sur un service attentionné, le personnel étant de toute évidence débordé en été, mais vous apprécierez sans aucun doute le *bullit de peix con arroz a la banda*, la spécialité de la maison. En saison, mieux vaut réserver sa table en terrasse à l'avance.

BAR CAN BERNAT VINYA

Plaça de l'Església
✆ +34 971 800 703
Ouvert tous les jours sauf le lundi de 6h30 à 22h, à partir de 9h le samedi, jusqu'à minuit en été.

L'établissement le plus fréquenté par les gens de l'île n'a presque pas changé depuis sa création vers la moitié du XIXe siècle et tenu depuis plus de quarante ans par Pep Rafal, qui déjà petit aidait au service. Vous pouvez vous installer au bar ou sur la terrasse-jardin ombragée faisant face à l'église, surtout le matin, mais au coucher du soleil aussi, sous les bougainvilliers et les arbres. L'établissement sert des hamburgers et des sandwichs, mais on y vient surtout pour boire le café ou l'apéritif dans une ambiance très locale à la saveur d'antan.

CAN LLORENÇ

C/ Ferrer, 5
✆ +34 971 801 601
Ouvert toute l'année, toute la journée.

Voici un tout petit bar à l'ancienne au décor boisé. Le lieu est chargé d'histoire : son propriétaire Llorenç Carbonell était l'ami de l'écrivain et artiste dadaïste Raoul Hausmann, un des fondateurs du mouvement à Berlin. Ce dernier, fuyant un régime nazi opposé à la mouvance surréaliste, s'installa à Ibiza de 1933 à 1936. L'artiste immortalisa en plusieurs clichés le Can Llorenç et son propriétaire. Le bar aujourd'hui rénové dispose d'une adorable terrasse dans une petite ruelle piétonne où flotte un parfum d'antan. Pour un sandwich ou quelques tapas à bon prix.

IBOSIM BREWHOUSE

Carrer València, 4
✆ +34 605 520 258
www.cervezaibosim.com
En hiver, jeu-sam 13h-23h, dim 13h-20h. En été, lun-sam 18h-minuit.

Il s'agit de la première fabrique de bière artisanale et 100 % naturelle d'Ibiza ! En 2016, Ibosim a ouvert les portes de la première micro-brasserie de l'île, à Port des Torrent où se trouve la fabrique, un espace de dégustation où s'initier aux classiques de la marque, cinq bières artisanales aux caractères singuliers. Les classiques : l'ambrée Rosemary, la fruitée Ibz summer, la douce Isla blanca, la blonde Posidonia, et la brune Garrova. Outre la fabrique (30 000 litres par an), on trouve une terrasse ombragée, un bar et une boutique.

IBIZA - EIVISSA

CALA CARBÓ

Cala Carbó est une petite crique située à l'intérieur de la réserve naturelle de Cala d'Hort qui est devenue aisément accessible, au grand dam des pionniers qui fréquentaient la plage du temps où un seul et unique restaurant occupait les lieux. Le site n'en est pas moins superbe, protégé par des collines au relief irrégulier et entouré de pins, et demeure relativement tranquille, même en haute saison. De fait, au mois d'août, nous recommandons de s'y rendre un peu avant le coucher du soleil pour assister au spectacle impressionnant du crépuscule sur les eaux transparentes de la Cala Carbó. On y trouve en outre deux très bons restaurants de poisson.

HOTEL CALADOR €€

Cala Carbó, s/n
✆ +34 971 808 574
www.caladoribiza.com
Chambre double 65-115 € (terrasse 85-145 €) ; appartement 115-370 €. Petit déjeuner 12 €. Demi-pension 38 €.

Situé au sommet d'une falaise face à l'îlot d'Es Vedrà, ce complexe hôtelier offre un cadre merveilleux et un excellent rapport qualité-prix. Plusieurs types de logements vous sont proposés : chambres doubles, appartements et studios pour 2 à 4 personnes. Les chambres doubles qui ont une vue sur la mer ont également une terrasse. Les appartements et le studio ont un salon avec une petite cuisine, TV et une terrasse privée avec vue sur la mer. Les décors sont un peu vieillots, mais vous apprécierez l'architecture traditionnelle des bâtiments. Belle piscine.

APARTAMENTOS PETUNIA €€€

Cala Carbó ✆ +34 971 808 157
www.apartamentos-petunia.ibiza.hotel-ibiza.net/fr
A partir de 175 € la nuit.

Cet ensemble d'appartements recrée l'ambiance d'un petit village. Avec une vue sur la mer ou sur le jardin, ils ont tous une cuisine équipée. Vous aurez le plaisir de trouver dès votre arrivée une bouteille de vin, et pour ceux qui le souhaitent, des croissants chauds peuvent être déposés le matin au seuil de la porte. L'accueil est plaisant. La grande piscine et l'aménagement d'un salon-lounge dans le jardin participent au charme de l'endroit. Une voiture est cependant indispensable pour vous y rendre et pouvoir vous déplacer librement.

BALNEARIO CALA CARBÓ €€

Cala Carbó
✆ +34 971 808 251
Avril-octobre. En juillet et août, tous les jours de 10h-23h. Le reste de l'année, fermé le mercredi. Comptez 30 €.

Depuis que le fondateur Pepe Benet a pris se retraite, ce sont Vicent Curtet et Toni Escarrer, également propriétaires de Can Vicent, qui ont pris la gérance de ce restaurant réputé à travers toute l'île pour ses plats de poisson cuits au four, qui varient en fonction de la pêche et de la saison. N'hésitez donc pas à demander la spécialité du moment, pour un savoureux déjeuner les pieds dans le sable. Voici quelques plats phares du lieu : sauté de seiche, *espardenyes*, gambas fraîches à la plancha, *guisat de peix*, sans oublier le melon *especial* Cala Carbó...

CAN VICENT €€€

Cala Carbó
✆ +34 971 808 155
Eté : tous les jours 13h-23h. Printemps et automne merc-lun 13h-22h. Fermé novembre-mars. Comptez 40 €.

Can Vicent, ouvert dans les années 1980, est le plus ancien restaurant de la cala et propose une grande variété de poissons dans un cadre tranquille et décoré avec goût dans le style ibère : la belle terrasse couverte d'une paillote et donnant sur le bleu méditerranéen accueille des tables nappées de blanc. Gaspacho, paellas, *bullit de peix* et autres classiques de la cuisine méditerranéenne composent la carte du restaurant. On prendra plaisir à s'attarder ici en dégustant quelques *hierbas* digestives, d'autant que le service est des plus sympathique.

CALA VADELLA

Large plage de sable blanc et fin (d'environ 250 mètres d'envergure), la Cala Vadella est une crique somptueuse abritée du vent par les flancs de falaises non moins spectaculaires, créant un port naturel qui permet aux voiliers de venir mouiller ici tranquillement. Connu des locaux aussi bien que des touristes, le site se démarque par la beauté de ses eaux cristallines, et c'est d'ailleurs pour cette raison que l'on trouve ici un centre de plongée. Bien qu'urbanisée et dotée de nombreux services (hôtels, deux très bons restaurants, quelques bars, centres de location de matériel de sport), Cala Vadella n'en est pas moins tranquille et familiale.

CLUB AQUARIUM €

Cala Vadella
✆ +34 971 808 100
www.club-aquarium.com
Appartement pour 2 adultes et 2 enfants de 60 à 110 € ; chambre double entre 60 et 100 € avec petit déjeuner.

Le Club Aquarium est un club familial, idéalement situé sur les hauteurs de la Cala Vadella, qui propose des chambres ou des appartements équipés, avec tous les services d'un hôtel : linge de maison changé plusieurs fois par semaine, ménage… Et si vous ne voulez pas faire la cuisine, vous pouvez choisir l'option demi-pension. Sur place, on trouve par ailleurs une piscine pour adultes et une pour les enfants, des animations diverses et variées et une supérette pour faire les courses. Excellent choix pour un séjour en famille.

PUERTO CALA VADELLA €€

Carrer Castelldefels, 22
✆ +34 971 808 013
www.hotelcalavedella.com
Appartement pour 2 personnes de 50 à 160 €, petit déjeuner inclus. Fermé hors saison.

Puerto Cala Cadela propose toute une gamme d'appartements, tous situés au pied de la falaise, à quelques mètres de la mer, avec une capacité de 2 à 4 personnes pour les uns et de 4 à 5 personnes pour les autres. Tous ont une cuisine équipée, un coin salon, une TV, un téléphone, une salle de bain, un coffre-fort et une armoire assez grande pour y ranger toutes vos affaires. Le complexe hôtelier Puerto Cala Cadela propose également un service de restauration, deux piscines et un mini-club pour surveiller et occuper vos enfants.

CAN JAUME €€

Calle Castelldefells, 5
✆ +34 971 808 488
www.canjaume.com
Ouvert toute l'année de 12h à minuit. Fermé le lundi hors saison. Environ 30 €.

Ouvert il y a plus d'un demi-siècle, Can Jaume est une institution de Cala Vadella. Cette modeste paillote en bord de plage est aujourd'hui un vaste restaurant avec une agréable terrasse et un coin *chill-out* où sont servis tapas et cocktails en soirée. Dans la partie restaurant, on déguste le traditionnel *bullit de peix* ainsi que des paellas, *arroces*, poissons et fruits de mer, sans parler des desserts maison comme les tartes aux fruits, la typique *greixonera* ou encore l'ananas gratiné… L'accueil est très agréable, tout comme la terrasse.

CANA SOFIA €€

✆ +34 971 808 273
www.canasofia.com
Mai-sept : tlj 9-0h. Oct-avril : 11-18h sauf lun. Plat du jour à 10,50 € et à 19 € en semaine, 24 € le week-end.

Considéré comme l'un des meilleurs de l'île, ce restaurant dirigé par le chef réputé Moises Machado – gagnant du prix du meilleur cuisinier des Baléares à plusieurs reprises – et son épouse Sofia-Mari, est situé à quelques mètres de la mer. Le chef propose une superbe sélection de viandes, ainsi que salades croustillantes, sushi-sashimi de thon rouge, crevettes aux figues… Le tout cuisiné de façon créative et moderne dans un style fusion méditerranéen asiatique. La carte se complète avec des recettes méditerranéennes plus traditionnelles.

BIG BLUE IBIZA

Cala Vadella
✆ +34 650 769 296
bigblueibiza.com
Ouvert de juin à octobre, tous les jours de 9h à 18h.

Le club Big Blue Ibiza, fort de plus de 30 ans d'expérience, propose des cours de plongée pour tous les niveaux ainsi qu'un service de location de matériel. Travaillant avec tous les principaux organismes de certification de plongée sous-marine, quelle que soit votre formation, votre trouverez un moniteur adéquat. On pourra aussi bien effectuer un baptême que suivre des formations ou simplement partir en expédition sous-marine depuis la plage ou en bateau (on accède ainsi à la zone d'Es Vedrá et Es Vedranell, mais aussi à d'autres coins de la côte ouest).

CALA MOLÍ ★

En bas de la falaise, Cala Molí est une jolie crique tranquille entourée de pins et de sabines qui s'étend sur 80 mètres. Pensez à prendre des chaussures en plastique si vous avez les pieds délicats, car les fonds sont en partie formés par de la rocaille. Sur place, on trouve un bar de plage équipé d'une piscine ainsi qu'un hôtel particulièrement bien adapté aux familles comme aux vacanciers en quête de tranquillité. Notons que depuis les falaises voisines de la Cala Molí, la vue sur toute la côte sud de l'île est splendide ! L'accès en voiture (via une route assez sinueuse) est très facile et bien indiqué au départ de Cala Vadella ou de Cala Tarida.

HOSTAL CALA MOLÍ €€

Avinguda de Cala Molí
+34 971 806 002
www.calamoli.com
Mai-oct. Chambre double 100-135 €, petit déjeuner inclus. Ajoutez 35 à 40 € en plus pour avoir un salon.

L'Hostal Cala Moli est un petit hôtel de charme, situé en hauteur sur la cala, offre un très bon rapport qualité-prix qui attire chaque année une clientèle fidèle. Il dispose de 10 chambres doubles avec terrasse, dont certaines ont une vue splendide sur la mer. La terrasse, très ensoleillée et agréable avec sa piscine, est un lieu idéal pour apprécier le coucher de soleil en soirée. Inés et Antonio feront tout leur possible pour que vous passiez des vacances plaisantes. Très bon restaurant et ambiance familiale. Nous avons adoré !

7PINES RESORT IBIZA €€€

Carrer Puig Delfín
+34 971 195 200
www.7pines-ibiza.com
D'octobre à mai, suite à partir de 350 € ; de juin à Septembre suite à partir de 590 €. Petit Déjeuner inclus.

Fraîchement ouvert dans l'ouest d'Ibiza, tourné vers l'îlot d'Es Vedrà, l'immense *resort* de luxe 7Pines se trouve au cœur d'une odorante pinède surplombant les flots. Intimité, discrétion et service de qualité se joignent à l'architecture traditionnelle de ces anciennes maisons d'Ibiza blanchies à la chaux pour offrir pas loin de 190 unités de logement élégantes et confortables, avec jardin privé. Spa, excellent petit déjeuner, deux restaurants, bar à cocktails sophistiqués, bar-resto snack, deux piscines, un salon de coiffure et un salon de beauté. Épatant.

CALA TARIDA ★

Pour vous y rendre au départ de Sant Josep, suivez les panneaux sur la gauche en direction de Sant Antoni de Portmany, puis Cala Tarida, très belle plage aux eaux cristallines, bien qu'un peu trop urbanisée. C'était, dit-on, la plus belle de toutes les plages d'Ibiza, car c'est l'une des plus grandes, avec du sable fin et blanc. De nombreux services sont à disposition sur place : hôtels, restaurants, un centre de plongée (juste à côté de l'hôtel Tarida Beach), location de chaises longues et parasols, navette en bateau jusqu'à Sant Antoni... Tout au bout de la plage, sur le côté droit, la petite crique d'Es Pujolets est fréquentée par des nudistes.

HOTEL VILLAGE IBIZA €€€

Cala Tarida +34 971 808 001
www.hotel-village-ibiza.com
Chambre double standard de 175 à 225 € selon la saison, petit déjeuner inclus. Les prix grimpent avec la vue sur la mer.

L'hôtel Village Ibiza est un établissement 4 étoiles qui propose des chambres doubles et des suites ; très bien situé, il bénéficie d'un calme rare pour Ibiza. De construction récente, le bâtiment respecte cependant le style *ibicenco* et offre un beau point de vue sur la plage. Les chambres, toutes de blanc vêtues, donnent sur la mer ou les pinèdes. Grande piscine avec des chaises longues, dans un cadre relaxant et bien ombragé. Ambiance internationale et bon restaurant de spécialités méditerranéennes n'hésitant pas à flirter avec des saveurs plus internationales.

INSOTEL TARIDA BEACH SENSATORI RESORT €€

Carrer Sant Ferran, s/n
+34 902 112 345
www.insotelhotelgroup.com
Ouvert de mi-mai à fin septembre. Studio à partir de 250 € en formule « all inclusive ».

L'Insotel Tarida Beacn Sensatori Resort est un complexe hôtelier qui propose des studios équipés avec kitchenette et coin salle à manger. Certains ont aussi une petite terrasse avec vue sur la mer. S'harmonisant assez bien avec le paysage, les bâtiments sont de petite taille et on trouve un joli parc avec une grande piscine, à deux pas de la plage. Idéal pour les familles avec toutes ses animations et ses équipements sans supplément : ping-pong, volley, water-polo, tir à l'arc, VTT.

C'AS MILÀ €€

Plage de Cala Tarida
+34 971 806 193
www.restaurantecasmila.com
Ouvert tous les jours en été, de 13h à 23h. Le reste de l'année, ouvert uniquement les week-ends. Environ 30 €.

Situé en hauteur sur la plage, le très bon restaurant Ca's Milà offre un point de vue privilégié sur la mer et le coucher de soleil depuis sa jolie terrasse. On y déguste une cuisine inspirée, qui réinterprète les recettes traditionnelles avec une touche de modernité. Le menu du jour est également une bonne option pour ceux qui surveillent leur budget : les plats sont moins raffinés qu'à la carte, mais l'ensemble offre un bon rapport qualité-prix. Un cadre romantique en soirée, qui convient parfaitement à un dîner en amoureux.

COTTON BEACH CLUB IBIZA €€

Carrer Posta de Sol, 21 ✆ +34 971 806 180
www.cottonbeachclub.com
Tous les jours de 13h à minuit. Fermé hors saison. Environ 50 €.

Un endroit agréable pour profiter d'une belle vue sur la plage et déguster une bonne cuisine locale et internationale : le ceviche est plus que recommandé en entrée, tandis que la côte d'agneau cuite 24h et accompagnée de houmous fera office de plat de résistance. Signalons également le sushi-bar, proposant une belle variété de préparations crues façon nipponne. L'accès est un peu difficile, il faut passer par la zone urbanisée derrière Cala Tarida pour descendre une grande côte vers le restaurant. Une bonne adresse également à l'heure du cocktail. Musique live.

SES EUFABIES €€

Cala Tarida
✆ +34 971 806 328
www.eufabies.com
Ouvert tous les jours de mai à fin octobre sauf le mardi, midi et soir. Comptez 20 €.

A l'origine, Ses Eufabies était une petite buvette plantée sur la Cala Tarida. Transformé en restaurant vers la fin des années 1980, il a pourtant conservé son caractère modeste et sans prétention, malgré son emplacement de rêve au bord de la Cala Tarida. Ainsi, on y déguste sur des tables rustiques une cuisine simple et bon marché : pâtes, salades, plats combinés, ainsi qu'une belle gamme de tapas où l'on retrouve les grands classiques espagnols (calamars *a la plancha*, *pan con tomate*, *papas bravas*, boquerones, etc.). Bon rapport qualité-prix.

S'ESPARTAR €€€

Carretera de Sant Josep- Cala Tarida, km 4
✆ +34 971 800 293
www.restaurantsespartar.com
Ouvert tous les jours midi et soir sauf le lundi (en août, ouvert tous les jours). Fermeture jan-mars. Autour de 40 €.

Ce restaurant, situé en bord de route, dispose d'une terrasse bien agréable et de plusieurs salles à l'arrière, avec un bon nombre de tables à l'abri de la fraîcheur de la soirée. Le restaurant S'Espartar est réputé pour sa bonne cuisine et ses spécialités de l'île. Le *bullit de peix* est un véritable régal. La paella et les grillades de poissons vous enchanteront. Les portions sont copieuses. Un bon rapport qualité-prix et des serveurs sympathiques qui, même si l'endroit est bondé, ne perdent pas le sourire. En été, il est prudent de réserver.

ORCASUB IBIZA

Torrent de Sa Fontassa
✆ +34 971 806 307
www.orcasub.es
1 plongée avec équipement complet 50 €. Baptême avec bateau : 100 €, scuba review 70 €.

Fondé en 1994, Orcasub est un club de plongée professionnel proposant aussi des sorties snorkeling, initiation en douceur au monde sous-marin. La majorité des points d'immersion se trouve dans la réserve naturelle de Es Vedrà, Vedranell e Islotes de Poniente. Orcasub est stratégiquement situé au centre de cette réserve, ce qui facilite les déplacements (10-15 min en moyenne). Les deux embarcations du centre peuvent accueillir 12 personnes. Le centre est autorisé à charger les bouteilles en Nitrox et Trimix et à effectuer les vérifications d'équipement.

CALA BASSA

Vous atteignez Cala Bassa et Cala Conta à partir du croisement en bas du village de Sant Agustí, à mi-chemin entre Sant Josep et Sant Antoni. Cala Bassa est un site magnifique serti de rochers surmontés d'une forêt de pins, genévriers et tamarins, et aux eaux particulièrement transparentes. Par ailleurs, à l'entrée de la plage, une vaste formation rocheuse aux airs de paysages lunaires attirera sans doute votre attention. Au cœur de l'été, la Cala Bassa a tendance à se remplir d'une foule d'Anglais et d'Allemands. A éviter donc, si vous cherchez le calme. Chiringuitos et bars ouvrent en saison. Liaisons en bateau et bus avec Sant Antoni.

CALA BASSA BEACH CLUB - CBBC

Playa de Cala Bassa
✆ +34 971 342 661
www.cbbcibiza.com
Ouvert tous les jours de 10h à 22h.

Ce luxueux Beach Club est installé sur un petit coin de plage privilégié de la Cala Bassa : plusieurs restaurants (méditerranéenne, japonais, fusion...) et bars *lounge* où l'on sert de très bons cocktails et du champagne, des boutiques, un espace massage et soins du corps, des canapés et lits à baldaquins à même la plage et quelques activités aquatiques à prévoir comme le jet-ski, la banane et la navigation. Une adresse huppée qui n'est pas donnée.

IBIZA JET SKI BEACH

✆ +34 645 87 15 90
www.ibizajetskibeach.com
Ouvert de mai à octobre.

Située en bord de mer, la base d'Alejandro et Mauricio organise des excursions et des tours à la découverte de la côte ouest d'Ibiza. Différents circuits sont proposés pour s'approcher des sites d'exception dont regorge la zone, exclusivité en prime, car ils ne sont accessibles que par la mer ! Après le briefing sur la partie technique, les règles de base et la sécurité, en route pour explorer les fonds rocheux d'Es Vedrà et les plages cristallines voisines. Matériel de qualité des instructeurs aussi professionnels que consciencieux.

SA CONILLERA

L'île de Sa Conillera – flottant à 1 km des côtes d'Ibiza et se trouvant à 6 km à vol d'oiseau de Sant Antoni de Portmany – entourée d'autres îlots plus ou moins grands (on pourra distinguer l'îlot des Bosc, au sud), s'étend sur 2,1 kilomètres de longueur pour une largeur maximale de 700 mètres. On distingue facilement sa forme faisant penser à un crocodile. La promenade en bateau privé, au milieu des îles, est très pratiquée, mais il faudra y mettre le prix. Sinon, de nombreux bateaux au départ de San Antoni proposent des excursions autour des plages et des îles du littoral ouest. L'île est inhabitée, mais abrite un phare, construit en 1857.

PORT DES TORRENT

Autour de la belle plage de Port des Torrent (tirant son nom de son emplacement à l'embouchure d'un torrent), d'une bonne centaine de mètres de long, des constructions modernes (hôtel et zones commerçantes) obstruent le paysage et en haute saison, les touristes sont nombreux et bruyants, ce qui donne un assez bon avant-goût ce que vous découvrirez un peu plus loin à Sant Antoni ! Néanmoins, juillet et août passés, Port des Torrent retrouve un peu de son calme et l'on peut jouir de sa situation de port naturel bien à l'abri du vent. Pour y accéder, suivez la route en direction de Platges de Comte et Cala Bassa, après le croisement de Sant Agustí.

SANT ANTONI DE PORTMANY

Troisième ville de l'île (et à la seconde place sur le plan de la fréquentation touristique), Sant Antoni de Portmany est située à l'ouest d'Ibiza, dans la baie éponyme, et a une longue histoire : une nécropole byzantine y fut découverte en 1906. La présence plus tardive des Arabes et ensuite des Catalans, des Turcs, des Algériens et des corsaires anglais est prouvée. Moderne et en pleine expansion, c'est la municipalité touristique la plus connue. En été, vous n'entendrez pratiquement pas parler espagnol : la ville devient le fief des touristes anglais attirés par les formules low cost. Quelques bonnes adresses méritent d'être signalées.

MAGÓN €€

Carrer València, 23
✆ +34 971 340 298
Ouvert de mai à octobre tous les soirs à partir de 19h. Fermé le lundi hors saison. Environ 20 €.

Un restaurant sans prétention, mais avec toujours beaucoup de monde. Il est situé dans une maison traditionnelle chargée d'éléments de décoration typiques de l'Ibiza rurale d'autrefois, avec un patio très agréable où l'on dîne sous les bougainvilliers dans une ambiance décontractée et plutôt joyeuse. Le menu, bon marché, permet de déguster des plats simples et goûteux typiques espagnols : viandes et poissons grillés, *arroces* et *paellas*, tapas variées... A noter qu'il n'est pas rare que des musiciens viennent égayer le lieu les week-ends.

CHAPELLE SOUTERRAINE DE SANTA AGNES

Carretera de Santa Agnès, km 0,6

On trouve ce petit temple à un kilomètre et demi de la commune de Sant Antoni de Portmany : déclarée monument national, cette chapelle souterraine est le lieu de culte chrétien le plus ancien de l'île. Elle se compose d'une petite nef de base rectangulaire séparée du presbytère où se dresse un autel. Lorsque cette chapelle a été découverte en 1907 dans la grotte de Santa Agnès, on y trouva des pièces de céramique arabe, laissant penser que le lieu ait pu servir à d'autres cultes.

ÉGLISE DE SANT ANTONI

Plaça de l'Església, 1
✆ +34 971 340 865

Après la cathédrale d'Ibiza, l'église de Sant Antoni est la plus ancienne construction religieuse de l'île. Edifiée à partir du XIVe siècle sur une petite colline près du port puis remaniée au XVIe siècle puis à nouveau au siècle suivant, elle est représentative du style traditionnel d'Ibiza, avec ses murs épais et sa tour de défense. La cour intérieure avec ses bancs qui entourent les oliviers est un havre de paix au milieu d'une ville turbulente, où se retrouvent les paroissiens pour discuter à la sortie de la messe. La fête paroissiale a lieu le 17 janvier.

PEINTURES RUPESTRES DE SA COVA DES VI

La grotte nommée Sa Cova des Vi, située à 50 mètres au-dessus du niveau de la mer, fut découverte en 1917 par l'archéologue français Henri Breuil. L'accès en est compliqué, il faut donc prévoir de bonnes chaussures, mais le panorama sur la baie de Sant Antoni et le littoral de Cala Salada est somptueux. Selon les dernières études, on estime que les peintures rupestres qu'elle abrite dateraient de l'époque punique, celle de la civilisation carthaginoise.

PUNTA GALERA

Situé à 4 km de Sant Antoni, ce petit cap autour de Cala Salada compose un paysage de toute beauté. Les roches lisses sculptées en terrasses de plusieurs niveaux sont le paradis des nudistes qui viennent y poser leur serviette et profiter des eaux cristallines de la mer. L'absence de signalétique ainsi que celle de plage à proprement parler permettent à ce petit coin de paradis de ne pas souffrir d'une fréquentation excessive. Ici, le silence est de mise, ce qui attire un grand nombre de pratiquants de yoga et de shiatsu. Un petit bijou en somme !

ESTACIÓ NÀUTICA SANT ANTONI I SANT JOSEP

Passeig Ses Fonts, 1 ✆ +34 666 508 717
www.ibiza-app.com

Organisme mixte public-privé qui regroupe l'offre touristique et nautique de l'ouest et du sud de l'île.

Installé le long de la baie de Sant Antoni, cet organisme public-privé spécialisé dans le tourisme actif – maritime et terrestre – et couvrant le territoire de l'ouest et du sud de l'île rassemble à peu près 150 entreprises impliquées dans le tourisme. L'offre proposée par la station est donc très vaste : services de water-taxi, sports nautiques et aquatiques, locations de véhicules en tout genre, excursions guidées, hôtels et logements, restauration, et bien d'autres choses encore…

CAPITÁN NEMO

✆ +34 659 535 435
www.nautilusibiza.com

Mai-octobre. 3 excursions possibles, à partir de 17 €.

Fondée il y a plus de 25 ans, l'agence d'excursions marines Capitán Nemo s'est imposée comme une référence dans le domaine. Elle propose notamment des excursions de deux heures et demie en bateau à fond de verre pour observer les fonds marins, avec bien sûr des escales pour se baigner ! L'excursion dans l'ouest de l'île permet notamment d'admirer Cala Bassa, Cala Comte, Cala Vadella, Cala d'Hort et les îlots d'Es Vedrà et Sa Conillera. Trois formules sont à la carte : sortie de 2h30, 4h (Es Vedra) ou 5h (Cala Bassa et Cala Conta).

WATER TAXI

✆ +34 646 836 249

Bateau toutes les 30 minutes de 9h30 à minuit. Ticket à 5 €.

Partant toutes les 30 minutes de 9h30 à minuit du port de Sant Antoni de Portmany, autant dire en plein centre-ville, des water-taxis permettent de rallier pour pas cher différents coins de la baie de Sant Antoni et de la côte ouest d'Ibiza très facilement. Au total, ce sont trois lignes qui sont empruntées par ces bateaux-taxis : la ligne 1 permet de rallier la zone dite de Sa Punta des Molí, la ligne 2 nous amène au niveau de S'Estanyol tandis que la ligne 3 a pour terminus la zone dite de Xinxó. Un moyen commode de se déplacer dans la zone.

DISCOBUS

www.discobusibiza.com

3 € le trajet, 3,50 € pour la ligne 3 bis.

Le fameux Disconus d'Ibiza dessert bien évidemment la zone de Sant Antoni. Plusieurs lignes au départ de Sant Antoni qui permettent de rejoindre les boîtes de l'île et les lieux d'animation. Ils circulent uniquement en été, de minuit à 6h du matin en moyenne (horaires variables selon les lignes, tarif : 3 € le trajet, 3,50 € pour la ligne 3 bis.). Les lignes : Ligne 2 (Sant Antoni – Port des Torrent), Ligne 3 (Sant Antoni – Privilege, Amnesia, Pacha, Port d'Ibiza) et Ligne 3 bis (Sant Antoni – Platja d'en Bossa pour les clubs Ushuaia et Hï Ibiza).

AZULINE HÔTEL MAR AMANTIS I & MAR AMANTIS II €€

Carretera Cala de Bou ✆ +34 971 344 170

www.azulinehotels.com

Ouvert de mai à octobre. Chambre double en demi-pension à partir de 80 € en basse-saison, 165 € en haute-saison.

Installé dans la baie de Sant Antoni, le Mar Amantis se compose de deux bâtiments : le premier, qui conviendra plus à qui cherche la tranquillité, donne directement sur la mer, avec son bel espace piscine et transat et son espace *chill-out* réservé aux clients de l'hôtel ; le second se trouve 100 mètres plus loin et est lui aussi doté d'une terrasse avec deux piscines. Les chambres sont propres et affichent une déco sobre. Une adresse décontractée et bien placée pour jouir de la ville.

HOSTAL MARÍ €

Carrer Progrés, 42

✆ +34 971 341 974

www.hostalmari.com

Ouvert toute l'année. Chambre double de 30 à 80 €. Possibilité de demi-pension.

L'Hostal Marí, installé au cœur du vieux Sant-Antoni historique, est un établissement géré par la même famille de père en fils. On y trouve une bonne quarantaine de chambres (simples, doubles et triples) décorées sobrement dans des tons clairs, divisée en plusieurs catégories (standard, supérieur et premium). Toutes sont équipées de l'air conditionné, d'un téléphone et d'une télévision. Rénové en 2014, l'établissement est propre et confortable. On trouve par ailleurs un restaurant-bar au rez-de-chaussée. Bon rapport confort-prix.

BELLAMAR HOTEL BEACH AND SPA €€

Carrer s`Espartar, 2

✆ +34 971 340 101

www.bellamarhotel.com

Fermé entre novembre et mai. Chambre double standard à entre 90 et 175 € selon la saison.

Le Bellamar Hotel Beach & Spa est un établissement confortable disposant d'un spa situé dans la baie de Sant Antoni. Toutes les chambres disposent de salle de bain, balcon, TV, air conditionné. Il y a également une piscine extérieure et une salle de gym. Très correct pour un court séjour lors d'une halte dans la ville. De juillet à septembre, ceux qui cherchent le calme feraient mieux d'éviter cette adresse, l'hôtel étant situé en plein cœur du QG des fêtards anglophones.

SMALL N FRIENDLY €

www.smallnfriendly.com

Les établissements sont ouverts toute l'année. Chambre double à partir de 40 €.

Lassés de l'invasion des grosses chaînes hôtelières et du tourisme de masse dévastateur, plusieurs petits hôtels familiaux se sont unis sous cette marque. Le concept est simple, il n'y a pas plus de 100 chambres dans les hôtels sélectionnés et tous les établissements ont été rénovés afin de fournir un hébergement et un service de qualité. Animés par leur passion pour leur île et pour leur métier, ces hôteliers ont pour objectif de transmettre la culture « Ibicenca » à leurs visiteurs à travers des conseils gastronomiques et d'excursions.

HOSTAL LA TORRE €€

Cap Negret, 25

✆ +34 971 342 271

latorreibiza.com

Mi-mars/mi-décembre. Chambre double 80-130 €. Séjour minimum de 3 nuits entre juin et septembre.

Situé un peu en dehors de la ville, sur une petite route desservant le quartier résidentiel et non loin des plages (à 10 minutes de marche), cet *hostal* propose des chambres en rez-de-chaussée, sous des alcôves, donnant sur une cour arborée. Terrasse avec vue panoramique sur le cap, un petit sentier descend jusqu'à la mer au bord des rochers. Vous pourrez aussi venir dîner au restaurant de l'hôtel et admirer le coucher de soleil (le lieu est d'ailleurs très prisé à l'heure de cette activité sacrée de l'ouest de l'île). Notre adresse préférée des environs.

HOTEL MITJORN €€

Metge Mateu Gasull, 2

✆ +34 971 340 902

www.esmitjorn.com

Ouvert de Pâques à fin octobre. Chambre double de 60 à 130 €, petit déjeuner inclus.

Cet hostal propose une petite vingtaine de chambres colorées, toutes équipées d'une salle de bains et de la climatisation. Décorées en bleu, vert ou orange, certaines ont vue sur la baie. Contrairement à la plupart des établissements de Sant Antoni, impersonnels et sans charme, Es Mitjorn se démarque par la gentillesse du personnel. Le lieu dispose d'une petite piscine non loin de la cafétéria où est servi le petit déjeuner et où l'on peut commander toute la journée salades, hamburgers maison et cocktails de fruits. Wifi gratuit et ascenseur.

HOTEL PUCHET €€

Av del Doctor Fleming, 51

✆ +34 971 344 222

www.hotelpuchet.com

65-120 € la chambre double. Transport A/R à l'aéroport offert pour les réservations faites directement sur le site.

L'hôtel Puchet, que l'on trouve à une dizaine de minutes à pied du centre de Sant Antoni, a fait peau neuve il y a quelques années, proposant à ses clients des infrastructures bien tenues : chambres spacieuses (standards, deluxe et junior suites) réparties dans plusieurs bâtisses dont la moitié donne sur la piscine et ses quelques transats, restaurant avec solide petit déjeuner buffet, salle de gym bien équipée et bar à cocktail. L'hôtel Puchet est un établissement moyenne-gamme bien au calme qui conviendra particulièrement bien aux familles.

IBIZA ROCKS HOUSE €€€

Camí de Sa Vorera, s/n

✆ +44 207 952 2919

www.ibizarocks.com/house

Fermé hors saison. Chambre double standard de 110 à 320 € avec petit déjeuner.

Un magnifique hôtel de charme situé à la sortie de Sant Antoni, dans une maison datant du XVe siècle. Environ 25 chambres décorées avec un goût exquis. C'est ici que George Michael et son groupe Wham ! ont tourné leur clip Club Tropicana dans les années 1980. Freddie Mercury, Julio Iglesias, Grace Jones… tous sont passés par cet hôtel créé par Tony Pike, figure légendaire de la fête. Après son départ à la retraite, l'établissement a été repris en 2011 par l'organisation Ibiza Rocks et de nombreux événements y sont organisés, au sein de l'espace nommé Pike's.

PIKES IBIZA €€€

Camí Sa Vorera

✆ +34 971 34 22 22

www.pikesibiza.com

Fermé en hiver. A partir de 140 € la chambre double. Les tarifs atteignent des sommets en haute saison.

Le Pikes Hotel est bien plus qu'un hôtel. Il s'agit d'une véritable institution de l'île blanche installée au cœur des collines de Sant Antoni, que l'on doit à Anthony Pike, mondain britannique devenu lui aussi l'une des figures emblématiques d'Ibiza, qui transforma en 1978 une *finca* (domaine agricole) du XVe siècle en hôtel glamour. Le Pikes a rapidement acquis une réputation de temple de l'hédonisme et du rock'n'roll dans les années 1980 (George Michael, Freddy Mercury y passèrent). 25 coquettes chambres, bars et monumentales fêtes se terminant à l'aube...

APARTAMENTOS FLEMING 50 €€

Av/ del Doctor Fleming, 50

✆ +34 971 341 335

www.fleming50.com

Autour de 80 €. Fermé en hiver.

On trouve à 10 minutes du centre-ville, juste en face de l'hôtel Puchet, le fringuant Fleming 50 qui propose des appartements tout équipés confortables et très propres pouvant accueillir de 2 à 4 personnes. Les logements mesurent 55 et 68 m² (deux chambres) et disposent d'un coin cuisine avec tous les ustensiles nécessaires, réfrigérateur et plaques de cuisson, tandis que les salles de bain sont pourvues ou d'une douche ou d'une baignoire. *Lounge*-bar, restaurant et terrasse avec piscine. Clientèle plutôt jeune. Une belle adresse !

ES TIBURÓN €

Passeig de la Mar, 20

✆ +34 971 340 803

En été, tous les jours de 8h à 2h, hors saison, jusqu'à minuit. Fermé en janvier. Environ 10 €.

Un bar typique, pour ne pas dire mythique, en bord de mer, fréquenté par les locaux depuis 1979. Il est connu pour ses rations de *jamón* Pata Negra, la star du jambon cru, et pour ses *bocatas* (sandwichs). On peut également y déguster, dans une ambiance portuaire et hautement populaire, une incroyable quantité de tapas classiques comme les *boquerones en vinagre*, le délicieux calamar, ou encore la *fritura de pescado* (*pescaíto frito*), autres spécialités de la maison. Le tout pour une note très peu élevée et un service des plus souriants.

RITA'S CANTINA €

Passeig de la Mar
✆ +34 971 343 387
www.ritascantina.com
Ouvert tous les jours de 8h à 1h. Environ 10 € le repas-snack.

Fidèle au poste depuis plus d'une vingtaine d'années maintenant, la cantine de Rita régale locaux et voyageurs de tout un tas de créations culinaires simples et bien faites. Les influences gastronomiques sont ici multiples, à l'image des préparations indonésiennes – shawarma, nasi et bami goreng valent le détour – ou des petits déjeuners continentaux, anglais, allemands... On pourra également s'y arrêter pour une petite pause tapas, pour un sandwich, ou encore pour une glace. Bref, vous passerez un bon moment sur cette petite terrasse toujours pleine de monde.

SA SOCA €

Carretera de Sant Josep, Km 2
✆ +34 971 341 620
Ouvert du mardi au vendredi 19-23h30, week-end 13-15h30 et 19-23h30. Fermé déc-jan, et dim soir en hiver. Environ 20 €.

Ouvert en 1979 par Antonia Marí et Andrés Asensio avec le désir d'en faire un lieu d'accueil familial, Sa Soca fait partie des tables typiques d'Ibiza. Ce sont aujourd'hui les enfants, Andrés et Alicia, qui ont repris le flambeau avec la même passion et le même savoir-faire que leurs parents. Situé à 5 minutes de Sant Antoni, l'établissement propose une cuisine espagnole traditionnelle, copieusement servie dans les petites salles à l'intérieur ou sur une grande terrasse abritée et fleurie en été. Bon rapport qualité-prix et accueil chaleureux.

TAPAS RESTAURANT & LOUNGE BAR €

Cami de Reguero, 4
✆ +34 971 341 125
www.tapasrestaurantibiza.com
Ouvert tous les jours à partir de 17h30. Tapas de 5 à 12 €.

Logé dans une *masia* reconvertie, ce restau est, comme son nom l'indique, spécialisé en tapas traditionnels, à ceci près qu'il est tenu par des Anglais qui n'hésitent pas à fusionner quelques spécialités bien britanniques. Le résultat est plutôt réussi et l'ambiance du lieu pas déplaisante, à l'écart du frénétique centre-ville. Plat-vedette : le Popeye, à base d'épinards, naturellement ! Très bons cocktails, événements musicaux et retransmissions de matchs. Terrasse.

EL CHIRINGUITO €€

Cala Gracioneta
✆ +34 971 348 338
www.grupomambo.com
Mai-oct, ouvert tlj 11-19h, plus tard en été. A partir de 35 €. Réservation plus que recommandée en haute saison.

Située à 1,5 km du centre-ville de Sant Antoni, la Cala Gracioneta est une jolie crique aux eaux turquoise. C'est là que le Chiringuito plante un décor chic et intime, au milieu des pins et face à la mer. Vous pourrez y déguster une bonne cuisine méditerranéenne avec paella et poissons grillés. L'endroit est tellement paradisiaque qu'il accueille régulièrement des repas de mariage. Le soir, ne pas rater le coucher de soleil en toile de fond... un doux rêve. Service à emporter pour les navigateurs qui s'approchent de la cala. Très belle adresse.

EL BISTRO DE STEPHAN €€

C/ Bisbe Torres, 3
✆ +34 871 714 917
Mars-avril, ouvert midi et soir. Mai-oct 18h30-23h30. Fermé nov-fév. Printemps/automne : menu midi 14 € (sem). 20 € àlc.

Tenu par un jeune et sympathique couple de Montpelliérains, on trouve au menu du bistro des entrées, tapas et plats de cuisine fusion au carrefour de la France et de l'Espagne, composés à partir de produits frais et locaux. Citons le foie gras maison et les moules, le steak tartare coupé au couteau, le magret à l'orange ou encore le filet mignon sauce au poivre, sans oublier le solide burger maison. Les desserts *de la casa* sont superbes et la belle carte des vins bien fournie. Grande cuisine ouverte et tarifs très honnêtes. On aime et on en veut encore !

ES NÀUTIC €€

Passeig Marítim
✆ +34 971 341 651
www.esnauticrestaurant.com
Ouvert tous les jours de 13h à minuit. Autour de 50 € le repas complet.

Au printemps 2013, le nouvel établissement du populaire Es Nàutic a ouvert ses portes. L'architecture contemporaine du lieu, monté sur pilotis au cœur de la station nautique, a été pensée pour laisser entrer un maximum de lumière, tandis que la nuit, c'est un charmant panorama sur la baie et les lampions des bateaux qu'offrent les larges baies vitrées. Côté cuisine, on se délecte de préparations méditerranéennes finement travaillées. Un lieu idéal pour un dîner aux chandelles ou pour célébrer un moment entre amis ou en famille.

MINT LOUNGE €€

Carrer Lepant, 3
+34 971 595 903
www.grupomambo.com
Mars-Oct. Ouvert de midi à minuit. 20 € à 40 € par personne. Réservation presque obligatoire en haute saison.

Nouveau concept de lounge-bar en plein « Sunset Strip » à Sant Antoni, le Mint Lounge est actuellement un des endroits chics, très fréquenté par les locaux : cuisine italienne (salades fraîches, pâtes et pizzas artisanales). Et déco minimaliste. Des cocktails innovants élaborés avec des fruits frais, dont la classique capiroska revisitée avec des fruits de la passion et la cairpirinha de mûres. La vue sur la baie de Sant Antoni est superbe, on est bercé par une musique *chill-out* de qualité. Un très bon lieu pour passer la soirée. Atmosphère cosmopolite.

ES REBOST DE CAN PRATS €€

Carrer Cervantes, 4
+34 971 346 252
www.esrebostdecanprats.com
Ouvert tous les jours sauf mardi de 13h à 16h et de 20h à minuit. Fermé en janvier. Environ 30 €.

Un tout petit restaurant charmant et accueillant, très fréquenté et reconnu par les locaux. La maison, édifiée au début du siècle passé, était à l'époque un magasin où les producteurs et fermiers des alentours pouvaient vendre ce qu'ils avaient. Aujourd'hui devenue un restaurant, on y sert une cuisine typique et paysanne, avec de nombreuses spécialités de l'île, comme le *sofrit pagés* ou la *frita de pulpo*. Les plats sont succulents, c'est un véritable festival de saveurs ! Une très bonne adresse pour échapper au tourisme massif et goûter aux spécialités du coin.

EL RINCÓN DE PEPE €€

Carrer Sant Mateu, 7
+34 971 340 697
www.rincondepepe.net
Ouvert de fin mars à fin octobre, de 11h à 1h, à partir de 19h le dimanche. Environ 20 €.

Une bonne adresse pour déguster de copieuses tapas. Ouvert en 1962 par le jeune Pepe Roselló, El Rincón de Pepe a depuis su garder cette atmosphère cosmopolite très agréable. En plus de portions à partager, vous pourrez également goûter aux spécialités de viande et de poisson. La qualité et le choix sont excellents. Mais compte tenu du nombre d'étrangers qui adorent s'y retrouver, n'attendez pas une ambiance véritablement espagnole, ni un service rapide en dehors du bar. Une halte tout en simplicité pour reprendre des forces !

S'AVARADERO €€

Passeig Marítim, 12
+34 971 342 955
www.savaradero.com
Ouvert tous les jours de 9h à minuit. Environ 25 €.

Le S'Avaradero se situe sur la promenade de Sant Antony de Portmany, en surplomb de la baie, et propose une carte très vaste (traduite en français). Le restaurant travaille en étroite collaboration avec les pêcheurs de la zone, nous vous conseillons donc vivement le poisson, cuit au gril ou au four, comme les sardines ou encore les gambas. Plus économique, des pizzas ou de la viande. Malgré la décoration vieillotte, vous apprécierez la grande terrasse en hauteur offrant une belle vue sur le port. Le service n'est pas des plus rapides, mais est agréable.

SAVANNAH €€

Carrer General Balansat, 38
+34 971 348 031
www.savannahibiza.com
Ouvert de mai à octobre, de 11h à 1h, parfois plus tard. A partir de 25 € par personne. Réservation recommandée.

Élégance et ambiance sont au Savannah, qui offre une expérience gastronomique : les viandes grillées en provenance du Brésil et d'Argentine sont succulentes, la langouste souvent spectaculaire, mais il y a aussi des options plus légères comme les salades et les brunchs. On déguste cela en terrasse au bord de la mer. L'ambiance musicale, omniprésente dans tous les établissements de Sant Antoni, est ici spécialement délicate et de bonne qualité, d'ailleurs les meilleurs DJ passent par la table de mixage en haute saison (réservation recommandée).

ES VENTALL €€

Carrer Cervantes, 22
+34 971 341 729
www.restauranteesventall.com
Ouvert de 20h à minuit et également de 13h à 16h du vendredi au dimanche. Fermé le mercredi. Comptez 30-35 €.

Es Ventall est un restaurant ouvert en 1982 par la famille Bonet, proposant une cuisine *ibicenca* et méditerranéenne qui n'a plus rien à prouver, la large proportion de locaux attablés faisant foi. On y déguste des recettes traditionnelles telles que *bullit de peix*, le *sofrit Pagés* mais aussi quelques plats de cuisine créative élaborés par le fils des tenanciers devenu chef émérite, Jose Miguel Bonet Cardona. Citons ici quelques-unes de ses créations : *tartar d'espardenyes* (concombre de mer) à l'orange ou la salade de *mollejas* (ris de veau) et de poulet caramélisé.

VILLA MERCEDES €€

Passeig de la Mar, 14
✆ +34 971 348 543
www.villamercedesibiza.com
Ouvert toute l'année de 13h à 23h du matin, à partir de 18h30 en basse saison. Compter 35 à 50 € par personne.

La Villa Mercedes appartient au prestigieux groupe Mambo. Situé dans une ancienne maison typique d'Ibiza vieille de plus d'un siècle (1901) totalement rénovée, le restaurant propose une sélection de recettes de tendance fusion méditerranéenne et internationale. Les points de vue sur la marina et sur le port invitent à la détente, et sur un fond de musique live on s'y sent à l'aise le soir autour d'un dîner. Lieu d'échanges avec les Eivissencs, allez y boire un cocktail et apprécier l'ambiance décontractée. Une belle adresse !

ES TRAGÓN €€€

Carretera Cap Negret
✆ +34 971 34 64 54
www.estragonibiza.com
Fermé en hiver. 3 menus dégustations : 9 plats à 55 €, 13 plats à 90 €, 17 plats à 115 €.

Es Tragón est une adresse qui n'a pas son pareil sur l'île. C'est en effet la seule table à proposer des menus dégustation (trois formules) permettant d'expérimenter un large spectre de la gastronomie méditerranéenne. Le jeune et inventif chef Álvaro Sanz est aux fourneaux, s'amusant avec les textures et les saveurs, donnant son interprétation des recettes de marché en n'hésitant pas à surprendre. Le cadre, en pleine nature, est superbe et la carte des vins compte pas moins de 80 étiquettes. Pour un repas un poil dispendieux, mais ô combien savoureux.

SA CAPELLA €€€

Carretera de Santa Agnès, km 0,6
✆ +34 971 340 057
Ouvert d'avril à fin octobre, tous les jours de 20h à minuit. Comptez 50 €.

Cuisine traditionnelle dans un cadre très inhabituel, car on est ici dans une ancienne chapelle du XVIIIe siècle, transformée en restaurant en 1979. Selon la légende de cet endroit, les matériaux des ouvriers disparaissaient toutes les nuits lors de sa construction. On les retrouvait au petit matin à côté de l'église de Sant Antoni – c'est pourquoi la chapelle n'a jamais servi d'église. En plus de la salle à manger intérieure, il y a aussi une belle terrasse en plein air. Vous y dégusterez de très bonnes viandes cuites à la braise et ambiance mystique !

CAFÉ DEL MAR

Vara de Rey, 27
✆ +34 971 342 516
www.cafedelmarmusic.com
Tous les jours de 16h à minuit. Fermé d'octobre à avril.

Un des deux endroits « in » de Sant Antoni pour admirer les couchers de soleil. Fréquenté par tous et de tous les âges, ce café est réputé pour sa terrasse face à la mer. Mais sans aucun doute, la renommée mondiale de ce bar est liée à la musique produite sur place, dans une ambiance house soft tendance new age, aux décibels égalant presque ceux des boîtes. Leurs compilations sont distribuées partout en Europe. La décoration très originale, bleue et rose avec des nuages, donne l'illusion d'être dans un rêve ou dans une immense meringue.

CAFÉ MAMBO

Vara del Rey, 40
✆ +34 971 346 638
www.cafemamboibiza.com
Ouvert de mai à mi-octobre, de 10h à 3h du matin. Compter entre 35 et 70 € par personne.

Etablissement emblématique situé au cœur du « Sunset Strip » à Sant Antoni, le Café Mambo est une véritable institution d'Ibiza *by night*. Tout comme au Café del Mar, on aime y prendre un cocktail pour admirer le coucher de soleil en compagnie des meilleurs DJ et artistes du panorama musical international. L'établissement est recommandé aussi en journée, du petit déjeuner au savoureux déjeuner, le tout dans un beau cadre méditerranéen et de belles vues sur la mer. En haute saison, nous conseillons fortement de faire une réservation !

CAN RICH

Camí de Sa Vorera
✆ +34 971 803 377
www.bodegascanrich.com
Visite d'1h30 environ + dégustation sur rdv : 25 €. Vente sur place en semaine de 10h à 14h, et également en ligne.

Située à 3 km de Sant Antoni, Can Rich, qui a présenté sa première production viticole en 2000, est la plus grande bodega de l'île et fait partie (avec 3 autres bodegas productrices de vin du cru) du label « Vino de la Tierra de Ibiza ». Dans ce domaine de plus de 40 hectares, on élabore du vin et de l'huile d'olive 100 % écologique, ainsi que les *hierbas Ibicencas*, la liqueur typique d'Ibiza. La visite de cette bodega permettra d'en apprendre davantage sur le processus de fabrication du vin ainsi que sur les mœurs rurales d'Ibiza. Prévoyez quelques emplettes !

CARNES MARCH

Carrer Rosell, 16
✆ +34 971 341 087
www.carnesmarch.com
Ouvert de 9h à 15h et de 17h à 21h. Fermé le samedi après-midi et le dimanche.

Une épicerie fine de qualité pour faire vos provisions en produits locaux ou de la péninsule : vins d'Ibiza, huile d'olive écologique, *sobrassada*, jambon bellota, etc. Fondée en 1965 par Vicente Roselló, cette enseigne était alors la première boucherie de Sant Antony de Portmany. Tenue par la même famille depuis trois générations, les petits-enfants de Vincente sont devenus éleveurs, prenant soin de leurs propres troupeaux de vaches et de porcs dans leur ferme nommée la Cigüeña Negra. Deux autres boutiques sur l'île (Eivissa et Sant Llorenç).

ES NAUTIC DE SANT ANTONI

Passeig Marítim
✆ +34 971 340 645
www.esnautic.com
Ouvert toute l'année.

Le club Es Nautic de Sant Antoni, fondé en 1973, a été entièrement rénové en 2013. Le club propose un large éventail d'activités qui saura satisfaire tous les passionnés de la mer. Apportant sa forte contribution au dynamisme de la ville, il comprend sa propre académie nautique dans laquelle sont proposés des programmes visant à obtenir divers diplômes de navigation. Des activités sportives telles que le kayak, le paddle et la voile sont également disponibles. Pour plus de détails, se renseigner auprès du club ou de l'office de tourisme.

IBIZA KARTING

Carretera Ibiza-Sant Antoni, km 14
✆ +34 971 343 805
www.ibizakarting.com
Entre 10 et 25 € selon le type de véhicule. Ouvert tous les jours de 10h à minuit. Fermé en hiver.

Ibiza Karting est une piste de karting pour adultes comme pour enfants ouverte tout au long de l'été (de nuit également), installée à l'extérieur de la ville qui ravira les amateurs de sensations fortes. Grâce à des machines Standard Protex Karting (des petites motos sont également disponibles), la sécurité est assurée et le système de chronométrage électronique permet de suivre à la seconde près vos performances. Signalons également sur place un café-bar proposant des plats snacks simples, une piscine et une aire de jeux pour enfants (avec trampoline).

SUP PARADISE IBIZA

Club Nàutic Sant Antoni
✆ +34 666 255 803
www.supparadiseibiza.com
Excursion 3h à 55 € par personne, repas inclus. Excursion « Sunset » 75 € par personne.

Depuis 2011, Ruben, pionnier du stand-up paddle à Ibiza, propose des sorties autour de l'île. Expert navigateur et fin connaisseur de sa terre natale, il vous accompagne vers les plages et criques les plus belles en toute sécurité. Le tour commence par une promenade maritime jusqu'à l'arrivée au point de départ et après quelques instructions basiques, on sort la planche et la pagaie, pour découvrir des endroits inaccessibles à pied. Une pause repas permet de s'essayer au snorkeling. Location de matériel sur plusieurs jours également.

SURF LOUNGE IBIZA

Camí des Molí, 10
✆ +34 971 34 47 97
www.surfloungeibiza.com
Mi-mars/oct, 12h-minuit. 35 € pour 1h de surf (matériel et instructeur inclus) : Enfants à partir de 12 €.

Que les surfeurs en vacances à Sant Antoni soient rassurés : à défaut d'avoir des conditions optimales en Méditerranée, il existe une piscine à vagues au sein de ce club sportif qui propose une bonne dose d'adrénaline à un prix raisonnable. Après l'effort, on a l'option de se prélasser sur la terrasse du bar en bord de piscine en sirotant un cocktail, en profitant de l'ambiance relaxant et de la programmation musicale du jour ; pour les plus téméraires, il reste le paddle surf et le beach-volley ! Un refuge à l'atmosphère agréable, à deux pas de la plage.

EDEN

C/ Salvador Espriu, 5
✆ +34 931 816 646
www.edenibiza.com
Ouvert tous les jours en été de 0h à 6h. Entre 30 et 40 € selon la soirée.

Fondé en 1999 et entièrement rénové en 2013, l'Eden a subi un vrai lifting en transformant ses diverses salles en un seul et même grand espace doté d'un nouveau système de son (Incubus Gold, de Void, exclusif à Ibiza). Le lieu a déjà vu passer du beau monde : Pete Tong, Disclosure, Goldfish, Markus Schulz, Luciano, Cristian Varela ou encore Lady Gaga... Fréquentation anglaise et très bonne soirée pour les amateurs de house. En plus de la salle principale, le club dispose d'un autre espace nommé NeXt, de plusieurs bars et de deux zones VIP.

CALA LLONGA

Plutôt touristique et entourée de nombreux hôtels, cette jolie petite baie (à 5 km de Santa Eulària) encastrée mérite néanmoins le détour le temps d'un après-midi, en dehors des fortes fréquentations de la haute saison. La plage est bordée de collines verdoyantes couvertes de denses pinèdes et de constructions blanches. L'eau très claire et très peu profonde est idéale pour la baignade des enfants. Une aire de jeux a d'ailleurs été installée sous les pins au bout de la plage. Des transats et des parasols sont à louer sur place. Le parking de la plage est payant lui aussi, mais vous pouvez vous garer gratuitement dans les ruelles des alentours.

CAN NUTS €

Calle Valle del Roncal, local 4
✆ +34 971 19 66 39

Ouvert tous les jours sauf mardi de 14h à minuit.

Une petite adresse pas chère et originale où règne une bonne ambiance. On vient picorer quelques tapas accompagnées de fraîches bières sous des parasols aux airs d'ombrelles chinoises. Staff super sympa et détendu, musique *live*, tout petits prix et *good vibes*. Quelques recommandations : le sauté de champignons au persil et à l'ail, les chips maison au romarin, le *veggie burger* – qui démontre qu'un hamburger sans viande peut être des plus plus savoureux –, ou encore l'incroyable entrecôte ! Excellent jus maison, à l'image du cocombre-pomme-melon-et-menthe.

CLASS RENT A CAR

Avinguda Cala Llonga, 131
✆ +34 971 196 285
www.classrentacar.es

Service « livraison-restitution 24h » aux agences de l'aéroport et du port.

Avec une douzaine de succursales sur Ibiza et une belle implantation dans l'île, il s'agit de la plus réputée compagnie de location de voitures. En permanente rénovation et modernisation, l'agence dispose d'une vaste flotte et offre toutes les couvertures possibles. Une expérience mise à la disposition des clients, une rigueur depuis plusieurs années avec toutes les garanties pour se déplacer à Ibiza en toute sûreté. De la décapotable à l'utilitaire, de la Mini au 4x4, du scooter à la berline automatique, le choix est large et s'adapte à tous les budgets.

AMANTE IBIZA €€

Plage de Sol d'en Serra ✆ +34 971 196 176
www.amanteibiza.com

Avril-oct, de 11h à 2h (à la carte à partir de 13h). Dîner-cinéma à 38 €, Yoga + petit déjeuner à partir de 30 €.

Certainement l'un des secrets les mieux gardés à Ibiza. Au cœur d'un paysage typique des Baléares, une plage cristalline cachée entre les falaises, le sable fin et la pinède. Amante Ibiza, dominant la baie de Sol d'en Serra, dispose d'un restaurant « rural », proposant une cuisine simple, à base de produits écologiques, tandis que dans le four à charbon grillent de délicieuses pièces de viandes et de poissons. En haute saison, des soirées cinéma en plein air sont organisées, et l'on peut participer au yoga matinal sur la plage plusieurs jours par semaine.

APARTAMENTOS CALA LLONGA PLAYA €

Carrer Monterrosa ✆ +34 629 244 887
www.calallongaplaya.com

Studio pour 2 personnes avec climatisation à partir de 110 € par jour, selon la saison (4 nuits minimum).

Une cinquantaine d'appartements équipés pour accueillir de 2 à 6 personnes. Situé à une centaine de mètres de la plage, le complexe comporte deux piscines (dont une adaptée aux enfants), un accès à internet et une salle de jeux. Décoration simple, mais bon rapport qualité-prix. Attention, tous les appartements n'ont pas la climatisation : seuls 16 d'entre eux en sont équipés ! Une option qui conviendra à qui cherche l'autonomie, à 12 km d'Eivissa et 5 km de Santa Eularia.

CASA PIEDRA €€

✆ +34 971 196 558
www.restaurantecasapiedra.es

Ouvert d'avril à novembre. Service midi et soir. Comptez 40 €.

A l'entrée de Cala Llonga, voici une adresse qui ne paye pas de mine : installé dans une petite maison paysanne au charme pittoresque, ce restaurant est pourtant une véritable perle ! Dans un cadre romantique à la déco rustique et *cosy*, doté d'une terrasse déployée dans un joli jardin entouré de paysages verdoyants, on sera surpris de la cuisine type « bistro gastro » fine et inventive qui garnit les assiettes : les recettes élaborées avec brio par le chef – d'origine vietnamienne – fusionnent spécialités méditerranéennes et asiatiques. Belle adresse !

RESTAURANTE SOS €€

Av. Vall des Roncall
Bâtiment Montecosta
✆ +34 971 196 460

Fermé de mi-octobre à avril. Tous les jours de 10h à 23h30. Entre 30 et 40 €.

Cala Llonga étant généralement envahie en été par les Anglo-Saxons, ce restaurant, idéalement situé en face de la mer, propose des hamburgers et sandwichs de toutes sortes, ainsi que des petits déjeuners typiquement anglais. Mais le SOS est également un grand spécialiste du poisson, que vous pourrez apprécier dans une bonne paella ou sous forme des simples tapas (sardines, poulpe, calamar) ou encore cuit à la plancha (les daurades sont excellentes et bien préparées). Une adresse simple et efficace qu'on ne fréquentera pas forcément uniquement en cas d'urgence !

MUSÉE ETHNOGRAPHIQUE DU PUIG DE MISSA

Can Ros des Puig de Missa
✆ +34 971 332 845

Avril-sept : mar-sam 10h-14h et 17h30-20h, dim 11h-13h30. Le reste de l'année : mar-sam 10h-14h, dim 11h-13h30. 3,50 €.

Cette splendide maison ibizienne, située sur le Puig de Misa, abrite une grande et intéressante collection d'objets populaires – allant des vêtements aux bijoux en passant par des objets ménagers et des instruments de musique – ainsi que la collection des œuvres du peintre impressionniste Laureà Barrau i Buñol, que la luminosité de Santa Eulària avait tant séduit. Vieille de plus de 300 ans, la maison de Can Ros est un magnifique exemple de la culture rurale d'Ibiza.

SANTA EULÀRIA DES RIU ★

Santa Eulària a une histoire et un patrimoine, et même lorsque les visiteurs ne sont plus là, elle continue à mener sa vie habituelle. Peu étendue, c'est certainement la ville la plus familiale de toute l'île, mais aussi la plus animée en hiver. Située à l'est de l'île, à 15 km du centre d'Ibiza, Santa Eulària des Riu et ses 35 000 habitants est divisée en trois zones ou quartiers : la vieille ville, qui est bâtie sur une colline au sommet de laquelle trône une blanche église ; la Plaça d'Espanya et le Carrer Sant Vicent et leurs nombreux restaurants, zone la plus animée en été ; et enfin le port de plaisance et la plage, tous deux mitoyens.

ÉGLISE DE SANTA EULÀRIA (PUIG DE MISSA) ★

Puig de Missa
✆ +34 971 330 072

L'église de la ville, qu'elle domine depuis le Puig de Missa, a été érigée au XVIe siècle, en même temps que la tour semi-circulaire qui lui sert d'annexe. Ce remarquable ensemble architectural, que vous pouvez contourner à pied, enclot le petit cimetière en escalier tout aussi remarquable. Le site offre une belle vue sur la ville nouvelle, les collines voisines, la côte et la mer. La fête paroissiale a lieu le 12 février, jour de la Sainte-Eulalie.

HOSTAL REY €

Carrer Sant Josep, 17
✆ +34 971 330 210

Ouvert de mai à octobre. Chambre double avec salle de bains à entre 40 et 60 €.

L'Hostal Rey est une pension familiale bien tenue et propre abritant une vingtaine de chambres à la déco simple et assez traditionnelle. Le lieu, donnant sur une place et depuis lequel on accède à la mer en trois minutes (300 mètres), a l'avantage d'être très bien situé en ville, à deux pas de tout ! Notons que depuis 2018, la nouvelle génération de la famille a pris les rênes de l'établissement, lui insufflant une nouvelle jeunesse. Le restaurant de cuisine *ibicenca* traditionnelle, avec sa splendide vue sur le port, est à cet égard des plus recommandables.

HOSTAL SA ROTA €

Carrer Sant Vicent, 59
✆ +34 971 330 022
www.hostalsarota.com

Ouvert d'avril à décembre. Chambre double avec salle de bain privée à partir de 65 €.

Situé dans la partie la plus calme de la rue, proche du centre-ville et à 250 m de la plage, l'Hostal Sa Rota est un hôtel d'une trentaine de chambres qui reste ouvert tout au long de l'année. Les chambres sont bien équipées – télévision satellite, chauffage, coffre-fort, draps et serviettes – mais ne disposent pas de la climatisation (au cœur de l'été, les ventilateurs seront vos meilleurs amis !). En revanche, toutes les chambres disposent d'un balcon. Au rez-de-chaussée, on trouve un bar-cafétéria où est servi le petit déjeuner.

CA NA JOANETA €€

Carrer Rafael Sáinz de la Cuesta
✆ +34 971 331 583
www.canajoaneta.es

De 100 à 170 € la chambre double selon le standing et la saison, petit déjeuner inclus.

Avis aux adeptes de tourisme rural ! A seulement 1 kilomètre du village de Santa Eulària, cet agrotourisme, installé dans une maison paysanne *ibicenca* restaurée, propose deux chambres doubles standards et une chambre double supérieure au charme rustique, équipées de la télévision, d'un minibar et de l'air conditionné. Palmiers, figuiers et amandiers bordent la belle piscine extérieure. Le petit déjeuner à base de produits frais est servi chaque matin dans la cuisine qui a gardé l'aspect authentique de la maison rurale *ibicenca*. Charmant.

CAN DOMO €€€

Carretera Cala Llonga, Km. 7,6
✆ +34 971 331 059
www.candomo.com

Chambre double 135-195 € selon le standing, petit déjeuner inclus et 10 % de TVA non compris. 3 nuits minimum.

Une excellente adresse d'agrotourisme située entre Santa Eulària et Cala Llonga, du côté du golf de Roca Lisa. Accueil français d'Alexandra, qui se fera un plaisir de vous louer l'une de ses 9 chambres. Couleurs pastel, poutres en bois et murs blancs, le décor est à la fois sobre et raffiné. Tout d'un agrotourisme : calme, raffinement, tranquillité, mais celui-ci possède quelque chose en plus : un ancien grenier à grain transformé en chambre, avec des murs en pierres en forme de dome, disposant d'un salon privé et d'une salle de bains à ciel ouvert !

DUQUESA PLAYA €€

Carrer Sant Llorenç, 16-18
✆ +34 971 319 337
www.duquesaplaya.com

Ouvert toute l'année. A partir de 85 € l'appartement classique standard.

A 200 m du Paseo maritimo et en plein centre de Santa Eulària se tient le Duquesa Playa, un établissement moderne ouvert tout au long de l'année qui propose de vastes chambres pouvant accueillir de 1 à 4 personnes ainsi qu'une bonne trentaine d'appartements avec cuisine équipée. Confortable et moderne, le lieu est équipé d'une piscine sur le toit et d'une très jolie terrasse donnant sur la Méditerranée. A noter qu'il est possible d'opter pour la formule demi-pension ou la formule pension complète. Un établissement parfaitement adapté aux familles.

GRAND HOTEL PALLADIUM €€€

Carrer Els Lliris, 1 ✆ +34 971 338 260
www.grandhotelpalladium.com

Ouvert de mai à fin octobre. Chambre double à partir de 200 €. Demi-pension possible.

Hôtel construit en 2000 dans un style Palazzo italien, situé juste en face de la petite plage de Siesta, qui propose des chambres de caractère, meublées avec du mobilier ancien, en même temps que très confortables ainsi que des soins de thalasso. Il abrite des piscines intérieures et extérieures d'eau de mer. Vous pourrez aussi prendre des bains d'aloe vera, profiter des deux saunas, du hammam, des baignoires spéciales de thalasso et du restaurant méditerranéen Caesar's. Le Grand Hotel Palladium est un lieu élégant et très reposant.

IBEROSTAR €€

C/ Mestral, 42 ✆ +34 971 330 607
www.iberostar.com

Avril-oct. Chambre double 100-390 □€, petit déjeuner compris. Enfants de moins de 16 ans non-admis.

Ce quatre-étoiles fraîchement rénové de la chaîne hôtelière Iberostar se trouve au bord de la plage de S'Argamassa. Il présente de grands espaces au design blanc et épuré. Les 188 chambres à la déco minimaliste disposent de terrasses, de grandes baies vitrées et sont toutes climatisées. A l'extérieur, on pourra profiter de la terrasse et de la piscine entourée de pins et de transats ou se relaxer au beach club de l'hôtel disposant d'un ponton sur la mer couvert de lits balinais. Restaurant au buffet très correct, Spa et salle de sport complètent les installations.

HOTEL LES TERRASSES €€€

Carretera de Santa Eulària
✆ +34 971 332 643
www.lesterrasses.net

Fermé entre novembre et mars. Chambre double standard de 130 à 220 €.

Une pierre bleue vous indique le chemin avant l'entrée de Santa Eulària vers ce bel hôtel qui propose une dizaine de chambres extrêmement bien décorées, installées dans des petites maisonnettes de pierre en pleine campagne. Tranquillité assurée au bord de la piscine encadré d'un joli jardin tropical, et toujours un charme spécial dans cet hôtel que Françoise, très bonne cuisinière, ne cesse d'améliorer. Un endroit magique, qui sert souvent de décor pour des sessions photo de magazines, où l'on prend soin et du corps et de l'esprit.

ME IBIZA €€€

Urbanización S'Argamassa
✆ +34 971 330 051
www.melia.com
Ouvert de fin avril à mi-octobre. Chambre double d'environ 210 à 560 €, petit déjeuner compris.

Me Ibiza offre la possibilité d'une expérience luxueuse et exclusive en bord de mer : depuis le *rooftop* de l'hôtel, pourvu d'un restaurant gastronomique, d'un bar à cocktails et d'une piscine privée à débordement, on jouira d'une superbe vue sur la mer. On pourra aussi se relaxer dans le spa au design contemporain installé sur la terrasse. Les chambres et suites (certaines disposent d'une piscine privée), confortables et spacieuses, présentent un décor minimaliste doté de mobilier design. On appréciera le service attentif de cet hébergement haut de gamme.

APARTAMENTOS EBUSUS €

Carrer Sant Vicent, 42
✆ +34 971 336 172
www.apartibiza.com
Fermé entre novembre et avril. Studio (2 adultes et 1 enfant) de 50 à 110 € selon la saison.

Apartamentos Ebusus loue des appartements très bien situés – sur la rue San Vincente, rue piétonne animée et connue pour ses nombreux restaurants, au centre de Santa Eulària – à seulement 5 minutes à pied de la plage. Ils sont tous équipés d'une cuisine, salle de bains, TV, balcon ou terrasse, wifi et climatisation. La décoration n'est pas des plus modernes, mais l'ensemble est très confortable. Une option de logement qui conviendra aux voyageurs cherchant l'autonomie tout étant au cœur de l'animation. Réductions à partir d'une semaine de location.

BISTRO 51 €

Calle San Vicente, 51
✆ +34 971 33 67 09
www.bistro51ibiza.com
Ouvert tous les jours à partir de 18h.

Le Bistro 51 se trouve dans la rue principale des restaurants de Santa Eulària et joue la carte de l'ambiance intime dans un cadre rustique chic : tables et chaises de bois sombre, bougies, musique douce... Côté assiette, on goûte à des préparations très bien réalisées à partir de produits frais et bio, à l'image du gratin dauphinois accompagné de ses petits légumes, du filet de bar aux asperges et tomates confites, ou encore du très bon burger maison. Belle carte des vins. Une adresse moderne qui se démarque dans le paysage.

CAOS IBIZA €

C/ del Mar, 2 – Bâtiment Cruz del Sur
✆ +34 639 614 195
Ouvert midi et soir, sauf le mercredi. Comptez 15 €.

Caos Ibiza est un restaurant « à la cool » avec une déco un brin hippie qui joue la carte du *healthy*, du kilomètre 0 et du *slow food*, installé sur la promenade maritime et ouvert en saison uniquement. Vue sur la mer depuis la terrasse, produits frais, bien présentés, originaux, avec des options végétariennes. Les jus de fruits frais sont excellents, tout comme le vermut en magasin, ce vin macéré typique catalan. On appréciera le service souriant, bien qu'un peu long lorsque le restaurant est plein, et le bon rapport qualité-prix.

KATHMANDU €

Carrer Sant Vicent, 49
✆ +34 971 33 96 35
kathmanduibiza.com
Ouvert toute l'année. Tous les jours sauf le jeudi à partir de midi. Comptez 15-20 €.

Le Kathmandu propose, comme son nom le laisse deviner, une cuisine indo-népalaise bien réussie à des prix tout doux. Une adresse parfaite pour changer un peu des traditionnelles tapas : poulet ou agneau Tikka, spécialités népalaises telles que le Tikka Masala, le Balti (gingembre, ail, piment, oignon et tomate) ou le Karahi (proche de balti, avec des graines de coriandre), ou encore le Mutter Paneer (pois, fromage et sauce curry). Le décor est un brin kitch et les tables assez rapprochées, ce qui n'empêche pas le restaurant d'afficher souvent complet !

PROJECT SOCIAL €

C/ de Lorenzo, 22
✆ +34 871 110 893
www.projectsocial.co
Ouvert tous les jours de 10h à 1h (service du petit déjeuner jusqu'à 14h, 23h30 pour le reste de la carte).

Ouvert en mai 2016, l'espace à l'ambiance *indus*' dans lequel s'est installé le Project Social est des plus séduisants et des plus originaux dans le paysage. On y sert des bières artisanales (une quarantaine en bouteille et 3 en pression), des cocktails, du vin, et de la *streetfood* inventive : petits déjeuners, tapas, buns, salades, burgers, *bowls* végétariens, sans oublier les desserts (du croustillant aux pommes et à la cannelle avec crème anglaise au pudding au caramel et sa crème glacée à la vanille)... tout est bon, local et frais. Une adresse à découvrir !

TACO PACO €

C/ Sant Jaume, 34
✆ +34 971 807 556
Mar-dim 19h-23h. Fermé mardi d'oct à juin, ainsi que la dernière semaine de février et la première semaine de mars.

Le Taco Paco, ouvert en 2011, est peut-être le meilleur restaurant mexicain de l'île. Il se trouve à l'entrée de Santa Eularia et dispose d'une jolie petite terrasse et d'une vaste salle à la déco chicano-vintage. On y mange de très bonnes préparations mexicaines, majoritairement élaborées à partir de produits frais et locaux par Franziska, une cuisinière allemande maîtrisant à la perfection la cuisine aztèque. Excellent rapport qualité-prix et ambiance relax, le service étant assuré par le sympathique Darío. Une adresse au caractère affirmé !

BLUEFISH €€

Carrer Sant Vicent, 26
✆ +34 871 110 521
www.bluefishibiza.com
Plats de 15 à 30 €.

Alex, le chef d'origine belge du Bluefish est passé par le Japon, et ça se ressent dans sa cuisine fusion gastronomique ! On s'installe en terrasse dans l'animée rue Sant Vicent ou à l'intérieur du restaurant dans un décor moderne épuré et boisé. La carte, présentée dans des exemplaires originaux de la bande-dessinée *Tintin*, fait la part belle aux produits de la mer, bien que l'on trouve quelques bons plats de viandes. La cuisine est équilibrée et originale, et les produits ultra-frais. Peut-être l'une des meilleures tables de la ville, à tarifs très honnêtes.

CA NA RIBES €€

Carrer Sant Jaume, 67
✆ +34 971 331 280
Ouvert toute l'année, de 13h à 15h30 et de 19h à 23h30. Fermé le dimanche. Comptez 30 €.

Fondé en 1926, ce restaurant est très fréquenté par les gens du cru. Situé en plein centre-ville, il est aujourd'hui tenu par la petite fille du fondateur, qui a su conserver tout le charme de la grande salle à manger rustique et du jardin intérieur. Côté cuisine, la carte propose des plats internationaux, des paellas et *fideuas*, mais aussi d'autres spécialités de l'île telles que *gallo al horno al estilo ibicenco* (poulet au four à la mode d'Ibiza), *lubina al hinojo* (bar au fenouil) ou *filetes de lenguado al champagne* (filets de sole au champagne) !

CELLER CAN PERE €€

Carrer Sant Jaume, 63
✆ +34 971 330 056
www.celler-canpere.com
Ouvert de 13h à 15h30 et de 19h à 22h30. Fermé le jeudi à midi. Fermé de janvier à avril. Comptez 30 € à 40 €.

Le Celler Can Pere est un restaurant traditionnel, mais qui manque un peu d'authenticité à vouloir faire trop « typique ». Les tables sont bien dressées, en terrasse ou à l'intérieur dans la salle climatisée. A la carte, vous trouverez des spécialités ibériques : paellas variées, poissons grillés, moules marinières, langoustes au martini, *cochinillo* (cochon de lait grillé), gaspacho bien frais, jambon Jabugo, sans oublier les très bons desserts maison tels que le soufflé à la glace. Une table assurant de bons et loyaux services depuis 1965.

DONDE MARIAN Y MIGUEL €€

Carretera de Es Cana, km 2
✆ +34 971 33 92 71
www.dondemarian.com
Ouvert du mardi au dimanche de 19h à 1h, le week-end de 13h à 16h également.

Ouvert en mai 2013, sur la route reliant Santa Eularia à Es Canar, Donde Marian y Miguel a plutôt bonne presse sur l'île. Alors que les jours d'hiver ou de pluies les clients se retrouvent dans la salle centrale munie d'une cheminée, c'est sous le grand porche ou sur la terrasse ensoleillée donnant sur le jardin qu'ils s'attablent aux beaux jours. Tapas, paellas, viandes grillées au charbon de bois et suggestions du jour préparées par le chef Andreu sont au menu, tandis que le barman s'occupera des cocktails. Musique live certains soirs.

ES TERRAL €€

Carrer Sant Vicent, 47
✆ +34 628 581 314
Mi-juin/mi-sept, tous les jours dès 19h. Le reste de l'année, 12h30-15h30 et 19h-23h30 (fermé lundi midi). Comptez 40 €.

Cette adresse est gérée par le chef français Matthieu Savariaud et Sandra, sa femme madrilène. Dans un décor provençal romantique, on déguste une cuisine raffinée d'inspiration méditerranéenne avec une touche à la française, élaborées à base de produits locaux. A la carte : moules, poulpe fondant, onglet de bœuf, risotto à l'encre de seiche... Du plat au dessert, voici une cuisine maîtrisée ! Fin décembre 2020, Es Terral a été la première adresse des Pityuses à recevoir la distinction Bib Gourmand (décernée par les guides Michelin).

SA CARBONERIA €€

Carrer Isidor Macabich, 3
✆ +34 971 339 282
www.sacarboneria.com
Avril-oct : jeu-dim dès 20h (+ week-end 13h-16h). Juil/sept : tous les jours dès 19h30. Comptez 25 €.

Sa Carboneria est un charmant restaurant à la décoration romantique et colorée. En été, vous pourrez dîner à l'air libre dans son agréable patio intérieur. Nous vous recommandons particulièrement les plats de viandes, très savoureux. Formé dans les cuisines du Bulli (célèbre restaurant gastronomique de Ferran Adrià), le chef Pablo Castillo élabore des suggestions du jour dans l'air du temps, selon les produits de saison. Le *Chuletón Dry Aged* (côte de bœuf) est un must, mais n'hésitez cependant pas à choisir les spécialités du jour.

BAMBUDDHA €€€

Carretera Sant Joan, km 8,5
✆ +34 971 197 510
www.bambuddha.com
Ouvert entre avril et octobre, tous les soirs à partir de 19h. Environ 50 €.

Un lieu sympathique, à l'image que l'on se fait d'Ibiza, installée sous une immense construction importée de Bali garnie de bambous et de bouddhas. Ambiance *chill-out* agrémentée d'immenses sofas. La cuisine est principalement méditerranéenne, mais souvent relevée d'épices et de saveurs exotiques. Un bar à sushis trône au milieu du restaurant, proposant des douceurs japonaises préparées juste sous votre nez. L'addition pourra paraître assez élevée aux budgets serrés, aussi, un simple cocktail en début ou en fin de soirée permettra de profiter de l'ambiance.

SA FINCA €€

Carrer Ses Gorgònies, 7
✆ +34 971 330 638
Ouvert d'avril à fin octobre. Fermé le lundi. Comptez entre 30 et 40 €.

Cette ancienne ferme à flanc de colline reconvertie en restaurant vous accueillera chaleureusement sur sa grande terrasse, offrant une superbe vue sur la baie de Santa Eulària, dans un cadre paisible. Les propriétaires, originaires de Belgique, proposent une cuisine française ainsi que des viandes exotiques (kangourou, zèbre, autruche…). Laissez-vous tenter ! Et gardez un peu de place pour la merveilleuse glace au spéculoos faite maison… On aime l'ambiance chaleureuse, la vue époustouflante et la cuisine succulente : une valeur sûre recommandée par les locaux.

NAGAI €€€

Carretera Sant Joan, km 9,5
✆ +34 971 807 308
www.nagairestaurant.com
Ouvert de mars à décembre, du lundi au samedi de 20h à 2h. Environ 45-50 €. Parking privé. Réservations acceptées.

Créé par Eleonora (italo-brésilienne) et Melchior (franco-américain), deux globe-trotteurs de la gastronomie autour du monde, le concept Nagai débarque à Ibiza comme une véritable expérience gastronomique, une redécouverte des sens. Lieu de référence pour les amoureux de la cuisine japonaise authentique, Nagai vous propose deux cartes : une japonaise et une de fusion méditerranéenne-orientale. Située dans une ancienne ferme *ibicenca* de plus de 200 ans, la terrasse se transforme, après le dîner, en un romantique *chill out* en plein air.

SES ESCOLES - CAN MIQUEL GUASCH €€

Route d'Ibiza à Portinatx, Km. 9,8
✆ +34 871 870 229
www.canmiquelguasch.com
Ouvert toute l'année. Tlj en été sauf lundi midi ; oct-mai, fermé lundi. Visites sur rdv (35 € avec menu).

Le restaurant Ses Escoles, ouvert par le producteur d'huile d'olive Miquel Guash, se compose de plusieurs espaces mêlant avec charme l'ancien et le contemporain. Le chef propose ici une cuisine d'auteur aux saveurs méditerranéennes qui puise son inspiration dans les recettes traditionnelles. L'huile d'olive, de l'entrée au dessert, est l'actrice principale de ce théâtre culinaire. A la carte : *tablas* de fromage et charcuterie, salades, *cocas ibicencas* et viandes. Petite boutique.

BODEGA MARÍ

Carrer Sant Vicent, 24
✆ +34 971 330 665
Avril-oct, 9h30-14h et 17h-22h. Le reste de l'année 10h-14h et 17h-20h. Fermé le dimanche.

Cet ancien *colmado* (épicerie) typique et bien connu du centre de Santa Eulària, fondé en 1967 par José Mari Palau et aujourd'hui tenu par sa fille Margarita, a été transformé en petite boutique de produits traditionnels d'Ibiza proposant une vaste sélection de vins et de liqueurs, dont les fameuses *hierbas ibicencas*. Vous y trouverez aussi quelques produits typiques d'Ibiza, comme le sel de Ses Salines et de l'huile d'olive locale. Une adresse shopping authentique et pour gourmets où l'on trouvera de très bonnes idées cadeaux !

LA CASA DE LOS IBERICOS

Carrer Sant Vicent, 55
✆ +34 971 807 096
Mai-sept : 10h-13h30 et 18h-23h. Reste de l'année 10h-13h30 et 17h-20h30. Fermé sam après-midi (sauf l'été) et dim.

Cette épicerie fine est spécialisée dans la vente de jambon et de charcuterie ibérique, de vins et d'huile d'olive des Baléares, ainsi que de fromage d'Ibiza. On peut donc y faire ses provisions, mais aussi tester avant d'acheter : les gros tonneaux installés devant la boutique, dans la rue animée de Sant Vicent, offrent un emplacement parfait pour un petit apéro ! Optez donc pour une ration de jambon découpée sur le moment par Jero, véritable expert en la matière, et laissez-vous conseiller pour le vin. Adresse recommandée !

KANDANI - LOCATION DE VÉLO ET TOURS

C/ de Cèsar Puget Riquer, 27 ✆ +34 971 339 264
www.kandani.es/fr
Ouvert du lundi au vendredi de 10h à 13h30 et de 17h à 20h30 et le samedi de 10h à 13h30. Fermé le dimanche.

Cette agence dispose d'une flotte de plus de 200 vélos de tous types disponibles à la location, ainsi qu'un large panel d'équipements de cyclisme. Outre la livraison à domicile du vélo de location, on aime les excursions organisées par l'agence suivant plusieurs itinéraires et accessibles à tous niveaux. On pourra par exemple faire le tour de l'île à vélo avec un guide (8 heures) ou partir explorer le nord-est de l'île en famille en VTT, depuis la localité de Santa Eulària (2 heures).

ES CANAR

Station balnéaire prisée par les Allemands et les anglophones, Es Canar est célèbre pour son marché hippie (tous les mercredis d'avril à octobre). Dans les petites rues bétonnées de l'hôtel club Punta Arabi, des centaines d'étalages proposent des marchandises en tout genre. Bien qu'il soit le plus important de l'île, il a perdu de son authenticité pour répondre à des attentes apparemment plus touristiques. Si le marché ne vous intéresse pas, vous préférerez peut-être une escapade sur l'une des jolies plages des alentours. Le soir, les hôtels, bars et restaurants assurent une ambiance festive. C'est ici aussi que l'on trouve les seuls campings d'Ibiza.

HIPPY MARKET PUNTA ARABÍ ★

Avinguda Punta Arabí, s/n ✆ +34 971 33 82 09
www.hippymarket.info
D'avril à octobre, tous les mercredis de 10h à 18h, jusqu'à 19h en juin, juillet et septembre et jusqu'à 20h en août.

Depuis 1973, ce marché hippie considéré comme le plus ancien et le plus grand de l'île propose de l'artisanat, des bijoux, des objets de décoration, de l'art africain, des vêtements Adlib, etc. Le marché s'organise dans les allées du Club Punta Arabí, où sont installés plus de 500 stands ainsi que des restaurants. Le midi (13h30-15h30) vous y pourriez goûter *paella* faite maison. L'après-midi, des concerts sont programmés à l'intérieur d'un chapiteau. Zone de jeux pour enfants avec ateliers et activités. Escale conseillée pour sa bonne ambiance.

CAMPING CALA NOVA €

Plage Cala Nova
✆ +34 971 331 774
www.campingcalanova.com
Ouvert de mai à fin octobre. Selon la saison, comptez environ 25 à 40 € pour un adulte, une tente et une voiture.

Le camping Cala Nova, tenu par la même famille depuis son ouverture en 1984, est situé à une cinquantaine de mètres de la plage (la jolie Cala Nova, au creux de dunes et entourée d'une odorante pinède). Il propose 125 emplacements pour tentes, des bungalows en bois (catégorie Deluxe et Relax), des tipis aménagés, ainsi qu'une multitude de services et d'activités à faire sur place (randonnée, sports aquatiques, équitation...). On appréciera surtout sa situation, ombragée et proche de la plage. Très animé en été, car fréquenté par la jeunesse.

CAMPING ES CANA €

Carretera de Santa Eulària
✆ +34 971 332 117
www.campingescana.com
Mai-oct. Emplacement pour 2 pax + voiture dès 33 €. Bungalow (5 pax) 90-145 €. Autres options de logement moins chères.

Un camping interdimensionel (comme l'annonce la pancarte hippie à l'entrée), proposant de nombreux services (deux blocs sanitaires, espace cuisine, piscines avec chaises longues, espace wifi au niveau de la réception) et situé à 300 mètres de la plage. On peut ici louer, en plus des espaces pour les tentes, une gamme assez hétéroclite de logements, tous installés à l'ombre d'une jolie pinède : bungalows classiques, petites cabanes en bois, tipis, chalets, barils en bois aménagés, pods et cubes à portes coulissantes. Ambiance relax.

IBIZA - EIVISSA

HOSTAL CASA PEPE €

Plage Es Canar, 178
✆ +34 971 330 256
www.hostal-casa-pepe.com
Ouvert de mai à fin octobre. Chambre double de 60 à 90 € (en fonction de la saison), avec petit déjeuner.

L'Hostal Casa Pepe est un petit hôtel d'une vingtaine de chambres tenu par une famille allemande (rien n'est écrit en français). Situé un peu en retrait de la rue principale, tout en étant dans le centre, l'hôtel propose des chambres doubles et triples (toutes sont équipées d'une salle de bain privative) à la fois confortables et disposant d'une vue sur la mer pour un tarif raisonnable. Le tarif inclut un petit déjeuner continental et l'établissement propose également quelques activités telles que randonnée, plongée sous-marine et canoë-kayak.

IL CARRETTINO SICILIANO €

Avenida Punta Arabi - Edificio Els Arcs, 13
✆ +34 619 88 53 30
Ouvert de mai à octobre tous les jours de midi à minuit (cuisine fermé de 16h30 à 18h). Compter 15 € le repas.

Ouvert depuis plus d'une trentaine d'années, Il Carrettino Siciliano est une véritable petite enclave gastronomique sicilienne fréquentée par de toujours plus nombreux clients fidèles. Tout est absolument délicieux et à tarifs très honnêtes, des plats de pâtes fraîches aux lasagnes et *canelones*, sans oublier les pizzas du chef (la calzone est absolument somptueuse). Ajouter à cela un tiramisu maison arrosé d'un limoncello, une jolie terrasse et un accueil chaleureux... Ça y est, vous faites partie des clients fidèles ! *Buon appetito !*

HOSTAL LAS ARENAS €

Avinguda d'Es Canar, 138
✆ +34 971 330 790
www.lasarenasibiza.com
Ouvert entre avril et octobre. Chambre double 140-200 €, petit déjeuner inclus.

L'Hostal Las Arenas propose des chambres confortables équipées d'un mobilier de caractère, avec toilettes et douche, et très bien situées, en première ligne sur la mer. Notez que les chambres avec vue sur mer ou terrasse sont plus chères. L'établissement, entièrement rénové en 2012, abrite également un bar, un restaurant, sa propre boulangerie-pâtisserie ainsi qu'une terrasse avec des chaises longues. Vous pourrez depuis l'hostal organiser des randonnées et des sorties à vélo. Très bonne option pour être au plus près de la mer et de l'activité d'Es Canar.

ATZARO BEACH €€

✆ +34 971 078 228
www.atzaro.com
Tous les jours en saison de 10h30 à 22h. Tapas de 8 à 25 € (Jamón ibérico). Plats de 15 à 35 €.

Restaurant de plage de l'enseigne Atzaro qui surplombe la cala Nova, décoré dans les tons bleus et blancs. Spécialisé dans les produits de la mer, on y dégustera *arroz*, paella et poisson frais face à l'étendue turquoise. A la carte : paella mixte, riz noir ou *bullit de peix* à partager, gratin de morue, pâtes fraîches, homard, morue gratinée, mais aussi *solomillo* ou hamburger. Il y a également un espace *chill out* avec de grands lits pour se relaxer en sirotant un cocktail. Pas forcément donné, mais le cadre comme la qualité des produits sont au rendez-vous.

AZULINE CLUB CALA MARTINA IBIZA €€

Av. Punta Arabí ✆ +34 971 330 650
www.azulinehotels.com
Ouvert de mai à octobre. Chambre double à partir de 100 € en basse saison, 225 € en haute-saison, petit déjeuner inclus.

L'hôtel Club Cala Martina Ibiza, rejeton de la très bonne chaîne hôtelière Azuline est une charmante adresse installée dans la petite localité d'Es Canar, à un jet de pierre de la jolie cala Martina. Entièrement rénové en 2017, l'établissement, d'un blanc éclatant, propose des chambres confortables ainsi qu'une gamme variée de services (restaurant, snack-bar, piscine) et accueille tous les mercredis le célèbre marché hippie de Punta Arabí avec ses quelque 500 stands d'artisanat !

JACARANDA LOUNGE €€

Avinguda Punta Arabí
✆ +34 609 074 663
www.jacaranda-lounge.com
Ouvert tous les jours de 9h à 2h en été. Fermé entre novembre et avril. Environ 30 € pour un repas et 10 € le cocktail.

Le Jacaranda Lounge est un *beach club* qui joue la carte de l'exotisme avec ses lits balinais alignés tout autour de la piscine et ses cabines de massage à l'air libre. C'est aussi un endroit prisé à l'heure de l'apéritif pour son ambiance *lounge* et son éblouissant panorama sur la mer. En plus de tout cela, il abrite un restaurant de cuisine fusion, une autre d'inspiration thaïe, ainsi qu'une cafeteria face à la plage. Vous l'aurez compris, une escale au Jacaranda Lounge, c'est un peu comme une journée au Club Med, version *hype*.

LA FINCA CAN SULDAT

Carrer Font des Murtar, 44
✆ +34 971 31 22 24
www.lafincaibiza.com
Ouvert tous les jours dès 18h.

Une adresse hors des sentiers battus (pas forcément évident à trouver par ailleurs) où l'on se sent très vite comme à la maison, tenue par un Suisse. Ce bar restaurant s'est installé de façon informelle dans une ancienne *finca*. Déco originale un brin rock'n'roll, l'adresse est connue pour ses concerts de guitare organisés le week-end, mais aussi pour sa fondue au fromage et son goulash ! Petite cour avec tables installées sous les arbres. Réservation conseillée en haute saison, notamment les soirs de musiques live. Un petit secret bien gardé !

SANT CARLES DE PERALTA ★★

Seulement quelques kilomètres séparent Santa Eulària de Sant Carles. Le village, qui conserve sa tranquillité d'antan, s'organise autour de sa belle, grande et blanche église érigée au XVIIIe siècle. Pour visiter Sant Carles, il est vivement conseillé de prévoir un déjeuner sur place. On s'installera volontiers au frais sous ses vastes voûtes à l'entrée du village ou sur une terrasse ombragée. Quelques maisons ont ici gardé leur cachet local, mais la plupart sont de construction récente. Pour s'imprégner d'une ambiance locale, on fera halte au Bar Anita, un café-restaurant populaire et mythique, l'occasion de tester les *Hierbas Ibicencas* de la maison.

LAS DALIAS ★★

Carretera de Sant Carles, km 12
✆ +34 971 326 825
www.lasdalias.es
Marché hippie ouvert toute l'année le samedi de 10h à 21h.

Le bar de Las Dalias était dans les années 1970 le point de rencontre des hippies après une journée passée sur le marché d'Es Canar. Les jam-sessions se transforment en véritables concerts et les premiers stands du marché sont installés en 1985. Aujourd'hui, Las Dalias accueille plus de 20 000 visiteurs par jour les samedis d'été, où sont réunis 200 stands de vêtements, tissus, bijoux, sandales, antiquités hindoues, etc. On est loin des années 1970, mais l'ambiance y est sympathique. Fidèle à ses origines, Las Dalias continue de programmer des concerts.

PLAGES D'ES FIGUERAL ET AIGÜES BLANQUES ★

Ces deux plages de sable fin, dans le bas de la falaise, sont très fréquentées. Elles sont contiguës bien que les chemins d'accès soient différents. Des panneaux vous l'indiqueront sur votre gauche à la sortie de Sant Carles. Des *chiringuitos* vous offriront de l'ombre et vous proposeront des douches. Cette plage accueille de nombreux surfeurs les jours venteux de l'hiver. Attention : à partir de 17h, on y est presque complètement à l'ombre en raison des falaises qui cachent le soleil.

IBIZA - EIVISSA

Sant Carles de Peralta.

TORRE D'EN VALLS

Punta d'en Valls

Datant du XVIIIe siècle, cette tour à deux étages a été terminée en 1763 pour la défense des côtes. Elle était alors équipée de deux canons et deux gardiens y étaient en permanence installés. Partiellement détruite en 1864 à cause d'une explosion déclenchée par la foudre (qui aurait mis le feu à la poudre à canon, bien que la tradition veut que c'eût été un acte de crime passionnel contre un gardien), elle n'a été restaurée qu'en 1982. Depuis cet emplacement, le panorama sur l'îlot de Tagomago – paradis du faucon d'Eleonora – est superbe.

CAN CURREU - HOTEL RURAL & SPA €€€

Carretera de Sant Carles, km 12

✆ +34 971 335 280

www.cancurreu.com

Ouvert toute l'année. Comptez entre 195 et 295 € la chambre double. Possibilité de demi-pension.

Superbe *finca* entourée d'orangers et de jardins fleuris, dans un environnement rural, à proximité de Sant Carles. Ouvert toute l'année, Can Curreu propose une quinzaine de chambres et suites très bien équipées et décorées assez simplement, avec un mix de mobilier moderne et ancien. L'hôtel se démarque surtout de ses concurrents par ses nombreux services, plutôt spécifiques de l'hôtel de luxe que de l'*agroturismo*. Simplicité, art du service et traditionnel savoir-faire ibizien.

FONDA SA PLANA €

Aigües Blanques

✆ +34 971 335 073

hostalsaplanaibiza.com

Ouvert de mai à octobre. Chambre double avec salle de bains dès 60 €.

Loin de l'agitation touristique, à cinq minutes de l'une des plus belles plages d'Ibiza (Aigües Blanques), la petite pension Fonda Sa Plana est un établissement à l'ambiance familiale et chaleureuse. On y trouve une piscine et un bar-restaurant assez ordinaire. La décoration est simple, voire rustique, mais nous avons aimé la tranquillité du lieu, son environnement rural et son emplacement stratégique près d'Aigües Blanques. Une voiture est indispensable si vous voulez partir à la découverte des environs ! Petit déjeuner inclus.

CAN TALAIAS €€€

✆ +34 971 335 742

www.hotelcantalaias.com

Ouvert d'avril à fin octobre. Chambre double de 165 à 300 €, petit déjeuner inclus.

La maison dans laquelle est logé le Can Talaias, vieille de plus de 300 ans, a été la demeure de campagne de l'acteur anglais Terry-Thomas, avant d'être convertie par son fils en un magnifique lieu d'agrotourisme. Aujourd'hui, elle abrite de belles chambres et suites décorées avec élégance et sobriété. Depuis la grande terrasse, le panorama sur la mer et les pinèdes est somptueux. La *finca* abrite également une très belle piscine, à l'abri des regards, qui s'intègre bien à la nature. Les clients disposent de vélos pour se promener.

HOSTAL ES ALOCS €

Platja d'Es Figueral

✆ +34 971 335 079

www.hostalalocs.com

Fermé hors saison. A partir de 45 € la double (lits jumeaux uniquement).

Ce petit hostal authentique et sans prétention donne sur la plage d'Es Figueral, en face de l'îlot privé de Tagomago. Il fait partie de ces établissements restés dans leur jus depuis les années 1970. L'hostal dispose d'un *chiringuito* à l'agréable terrasse installé sous feuillages d'arbres centenaires, idéal pour une pause café ombragée. Les chambres sont petites, la décoration datée, mais le confort reste correct. Pratique : il y a des bateaux qui partent vers l'île de Formentera juste en face de l'Hostal Es Alocs. Une jolie petite adresse.

BAR ANITA €

Plaça de l'Església

✆ +34 971 335 090

Ouvert tous les jours de 7h à 1h (de 9h à minuit le dimanche). Environ 10-15 €.

Le Bar Anita est un bar-restaurant connu sur toute l'île pour ses produits et son ambiance authentique. Son petit patio ombragé sert de boîte postale à tous les habitants de Sant Carles de Peralta (et alentour) tout en abritant une clientèle aussi bien locale que touristique. Le bar vaut son lever de coude. Ici, le Palo et les *hierbas ibicencas* sont faits maison. Vous pourrez manger de tout à petit prix : petit déjeuner, salades, pizzas, pâtes, viandes ou poissons. Une adresse à ne pas rater pour sa bonne ambiance et pour son authenticité.

EL BIGOTES €€

Cala Mastella

✆ + 34 650 97 633

Fermé de novembre à mars. Uniquement sur réservation (entre 11h et 13h). Deux services : à 12h et à 14h. Environ 25 €.

Dans la petite Cala Mastella, la famille du « moustachu » prépare devant vous du poisson à la plancha ou un délicieux *bullit de peix*. Le poisson est pêché par El Bigotes lui-même, tous les matins. Inutile de vous présenter si vous n'avez pas de réservation, l'endroit est toujours plein à craquer. La qualité des plats varie en fonction de la pêche, mais l'endroit mérite de toute façon une visite, pour la beauté du site et l'ambiance de cantine autour des grandes tablées en bois. Pour digérer, vous n'aurez qu'à faire quelques pas pour rejoindre la Cala Mastella.

RESTAURANTE LAS DALIAS €€

Carretera Ibiza-Sant Carles, km 12

✆ +34 971 326 825 - www.lasdalias.es

Bar ouvert toute l'année et restaurant seulement pour la saison, midi et soir. Autour de 20 €.

Bien avant la création du célèbre marché hippie de Las Dalias, il y avait ce bar mythique, monté en 1954 par un agriculteur du coin, et qui devint un lieu de rendez-vous incontournable dans les années 1960 pour ses jam-sessions improvisées et son salon de danse. Ce n'est que dans les années 1980 que le fils du propriétaire, qui avait repris les commandes du bar, imagina d'organiser un grand marché hebdomadaire ! Dans la partie restaurant, on peut faire un véritable tour du monde culinaire entre les tajines, woks, risottos et poissons proposés à la carte.

RESTAURANTE POU D'ES LLEÓ €€

Es Pou des Lleó, s/n

✆ +34 971 335 274

www.poudeslleo.com

En hiver, ouvert sam-dim midi. Entre avril et octobre, tous les jours de 13h à 16h30 et de 19h30 à 22h. Environ 40 €.

Au restaurant Pou d'Es Lleó, oubliez le glamour et les paillettes d'Ibiza : ici, vous êtes dans une traditionnelle *fonda*, simple et rustique avec ses grandes tables en bois, où l'on vient tout simplement se régaler de *suquet de peix* et d'*arroces*. Ce n'est pas un hasard si c'est l'une des adresses préférées des locaux. L'établissement fonctionne également comme pension et propose une dizaine de chambres coquettes, à quelques pas de la belle plage de Pou des Lleó.

VICCIO

Edificio Ses Olivares de Peralta, 15

✆ +34 647 164 793

www.viccio.com

Ouvert tous les jours de midi à 23h, fermé le lundi et mardi en basse saison.

Ce café-glacier à l'agréable terrasse est une adresse à retenir pour ses glaces artisanales – considérées par beaucoup comme les meilleures de l'île – élaborées à base de bons produits locaux, naturels et bio : les tenanciers cultivent d'ailleurs eux-mêmes citrons, oranges, fraises, pastèques et menthe. A se damner ! On trouve par ailleurs en vitrine des glaces peu ou pas sucrées, et des options de glaces gluten-free. On recommande aussi Viccio pour prendre un petit déjeuner composé de produits frais à prix doux. Bonne petite adresse.

MARCHÉ HIPPIE DE LAS DALIAS

Tous les samedis.

Ce marché hippie est très prisé ; des dizaines de points de vente proposent de l'artisanat, des instruments de musique… C'est, selon nous, le marché hippie le plus intéressant de l'île, plus typique et chaleureux que celui d'Es Canar. D'ailleurs, le propriétaire des lieux choisit lui-même les exposants en début de saison, de manière à favoriser la diversité des produits. Bien qu'un peu moins hippie que par le passé, Las Dalias reste le marché le plus emblématique de l'île.

KAYAK-IBIZA

Es Figueral

✆ +34 629 523 471

www.kayak-ibiza.com

Ouvert toute l'année. Location de kayak ou stand-up-paddle : 16 €/ les 2h, 40 € la demi-journée, 60 € la journée.

La très sérieuse agence de location de kayak et de Stand Up Paddle, gérée par le jeune et passionné Paolo, est une référence en matière de sports aquatiques à Ibiza. Disposant d'une large flotte d'embarcations adaptée à tous les niveaux, il propose, en plus de la simple location, des excursions guidées quotidiennes d'une demi-journée vers les spots les plus emblématiques de l'île au départ de l'une des trois bases de l'agence, selon les conditions météo. Il y en a pour tous les goûts, toute l'année, avec du bon matériel et encadré par une équipe pro.

SANT RAFEL DE SA CREU

Sant Rafel de sa Creu et ses 2 000 habitants est une petite commune – située à égale distance d'Ibiza et de Sant Antoni de Portmany, non loin des célèbres club Amnésia et Privilège – regroupée autour de son église du XVIIIe siècle qui se dresse sur une colline. Dominant la vallée et offrant un point de vue magnifique sur la ville d'Ibiza, l'église est fort bien illuminée la nuit. Le village, unique *Zona de Interés Artesanal* de l'île (zone d'intérêt artisanal), est réputé pour son artisanat, et plus spécifiquement sa tradition de poterie, exposée dans plusieurs boutiques le long de la route. Quelques très bons restaurants à découvrir ici.

LA MESA ESCONDIDA €

Av/ Isidor Macabich, 36

✆ +34 646 651 972

Ouvert tlj (sauf le mardi) 13h-16h et 19h30-23h. Fermé les 3 premières semaines de nov. Menu midi 15 € en basse saison.

La « table cachée », a été ouverte par Giulia et Renzo à l'été 2016. La salle, claire et affichant une déco rustique et contemporaine, s'étend en longueur pour déboucher sur une petite terrasse cachée à l'ombre d'arbustes en fleurs. On viendra ici pour le menu midi, voire même le soir pour un dîner aux chandelles. Les produits sont frais et locaux, les recettes sont italiennes, et le personnel très aimable. Mention spéciale pour les pâtes faites maison à la manière des grand-mères italiennes et le parfait de pistache ou le tiramisu du chef !

LA CASITA VERDE ★

✆ +34 971 187 353

www.greenheartibiza.org

Visites les dimanches de 14h à 19h. Indispensable de se faire membre (10 €).

Ne pas manquer une visite à la Casita Verde, à quelques kilomètres de Sant Rafel. Littéralement, son nom signifie « petite maison verte ». En effet, il s'agit d'un centre écologique constitué de volontaires du projet Green Heart Ibiza (www.greenheartibiza.org) qui ouvre ses portes tous les dimanches aux visiteurs. Ici, tout est écolo. Les maisons ont été construites avec des objets de récupération, tous les aliments viennent du potager, et vous pourrez partager un déjeuner bio et végétarien avec tous les visiteurs et les volontaires du centre.

LA BELLE IBIZA €€

Av/ Isidor Macabich, 6

✆ +34 971 198 335

www.labelleibiza.com/fr

Fermé d'octobre à avril. Repas complet 50 €.

La Belle Ibiza est un vaste restaurant à la déco *bohemian chic* très réussie proposant des dîners à thèmes variés, toujours avec le même goût pour la fête et le glamour. Côté assiettes, on a affaire à des plats mêlant diverses influences élaborés à partir de produits frais, le tout accompagné de vins finement sélectionnés. On peut également se rendre à la Belle Ibiza pour un apéritif ou un cocktail, à siroter sur la terrasse ou dans le bar *lounge*. Enfin, on trouve une boutique de vêtements et accessoires de mode. Un lieu hybride et *classy*, un poil cher.

IBIZA MTB

C/ Joan Castello, 1

✆ +34 616 129 929

www.ibizamtb.com

Ouvert du lundi au vendredi de 10h à 13h et de 17h à 20h, le samedi de 10h à 13h. Réservations ouvertes de 9h30 à 21h.

Ibiza MTB est un service de location de vélos de route et de VTT de qualité et très bien entretenus. Cette agence propose aussi des excursions à vélo de différents niveaux (facile, intermédiaire, difficile) à travers l'ouest d'Ibiza, la côte est, le Parc naturel de Ses Salines ou encore la zone montagneuse du nord de l'île. Le parcours le plus facile fait quand même 25 km, il faut donc être un minimum sportif avant de s'y aventurer ! Vous aurez ici affaire à des cyclistes passionnés qui connaissent très bien le territoire. En piste !

CAN PILOT €€

Av/ Isidor Macabich, 30

✆ +34 971 198 293

www.asadorcanpilot.com

Ouvert du jeudi au mardi de 13h à 16h et de 20h à minuit. Fermé 15 jours autour de Noël. Autour de 20 €.

Le Can Pilot ravira les carnivores. Dans une ambiance bruyante de typique cantine catalane, on passe commande au serveur, en indiquant la cuisson désirée, on patiente pour finalement déguster de superbes et généreuses portions de viandes ! Si la viande de boeuf grillée est la spécialité, on trouve également à la carte les grands classiques d'Ibiza (*frito de pulpo*, *frito de cerdo*, etc.). Les tarifs sont très honnêtes et les accompagnements réussis. Une adresse historique de San Rafael, majoritairement fréquentée par des locaux.

EL CLODENIS €€

Plaça de la Iglesia
© +34 971 198 808
elclodenis.com
Ouvert en été seulement.

Ouvert en 2017, El Clodenis s'est installé dans une *casa* typique de l'île de 1725 passée entre les mains d'un architecte cubain qui a su maintenir l'essence originale de la demeure. Transformée en restaurant récemment, le résultat est somptueux et mérite un passage, ne serait-ce que pour en apprécier le charme. L'atmosphère est parfaite. Côté cuisine, on goûte à des préparations aux influences des quatre coins du monde. Signalons le ceviche bar mais aussi la présence de maître ès cocktails, spécialistes du mezcal. Une adresse chic et *trendy* pleine de bon goût.

ES TANCÒ €€

Avinguda Isidor Macabich, 9
© +34 971 198 599
www.es-tanco-ibiza.com
Ouvert de 13h à 16h et de 19h à minuit. Fermé le lundi. De 25 à 30 €.

Cuisine italienne et *ibicenca*. Paella, *bullit de peix* avec son riz, mais surtout de bonnes pizzas et des pâtes fraîches préparées avec amour par un pizzaiolo transalpin. Vous pourrez y goûter la *graixonera*, un dessert typique d'Ibiza aux allures de pudding, mais également un très bon tiramisú fait maison. Une bonne adresse dont on trouve la sœur du côté de Ses Salines. Les gourmands noteront que le jeudi à partir de 20h, Es Tancó de San Rafael propose une formule « Pizza non-stop », permettant de déguster des pizzas à volonté pour une somme modique.

CERAMICAS ICARDI

Can Ferreret, 42
© +34 971 198 106
www.ceramicasicardi.blogspot.com
Tous les jours de 10h à 18h.

Atelier-boutique de Carlos Icardi, une des principales figures de l'artisanat traditionnel d'Ibiza, dont il est à la fois l'un des grands promoteurs et l'un des derniers représentants. Venu d'Uruguay et installé sur l'île depuis les années 1970, le personnage est attachant et connaît bien Ibiza. Vous y découvrirez son travail : vases, lampes, cendriers et objets décoratifs. Tout est très beau et vaut vraiment qu'on s'y arrête. Pour peu que vous parliez un peu espagnol, Carlos vous livrera quelques anecdotes sur l'île et sur son travail.

IBIZA EN GLOBO - IBIZA EN MONTGOLFIÈRE

Ca Na Francesca, 1
© +34 630 410 167
www.ibizaenglobo.com
180-200 € selon le nombre de participants (2/4) et 160 € pour les enfants (6-12 ans).

Certes, l'attraction n'est pas donnée, mais l'expérience tellement sensationnelle ! Les vols se font ordinairement ou tôt le matin, ou tard dans l'après-midi, aussi bien pour profiter de la plus belle lumière possible que pour tirer profit d'une température plus fraîche et d'un vent plus doux et plus stable. L'excursion inclut un vol de 45 à 55 minutes, une coupe de cava, un petit déjeuner et la remise symbolique d'un diplôme de vol. Une embardée poétique, la tête dans les nuages.

SUP IBIZA

© +34 690 324 439
www.supibiza.net
Ouvert toute l'année. Sorties 2h30/3h dès 35 € (nov-avril) et 45 € (juin-sept). Parking gratuit.

Découvrir Ibiza d'une façon authentique et naturelle, c'est possible avec seulement une planche et une rame. Rendez-vous au centre Sup Ibiza, situé sur l'autoroute entre Eivissa et Sant Antoni. Après avoir vérifié la météo, l'équipe vous amènera vers la plage la plus adaptée pour l'excursion. Centre pionner de paddle surf à Ibiza, vous recevrez toute la formation nécessaire avant de partir à la découverte des recoins plus beaux de l'île. Le centre dispose aussi d'une boutique, les plus férus pourront y acheter tout le matériel pour se lancer à l'aventure.

UNDERGROUND

Carretera Sant Antoni, Km. 7
© +34 971 198 015
www.ibizaunderground.com
Ouvert du mardi au samedi de 23h à 6h. Fermé entre octobre et avril, sauf pour des soirées ponctuelles.

L'Underground est un club-discothèque situé entre l'Amnesia et le Privilège (toutefois pas forcément facile à trouver), aménagé dans une ancienne *finca* typique d'Ibiza. Nettement plus intime que les méga-clubs de l'île, l'Underground attire des amateurs de musique house venus prendre un verre et danser dans un cadre atypique. Une adresse qui ne fait pas de publicité et n'utilise que très peu les réseaux sociaux, et c'est bien là la clef de son succès : un club de qualité hors radar et à tarif accessible. Public de connaisseurs.

SANTA GERTRUDIS DE FRUITERA ★★

Santa Gertrudis, petite agglomération bâtie autour de son église du XVIIIe siècle, se trouve au milieu de la campagne et des collines. Jadis, les habitants se réunissaient à la sortie de la messe pour un boire une verre dans les petits bars du bourg, dont le célèbre bar Costa. Depuis, le village a agréablement évolué, tout en demeurant vivant et sympathique. En été, vers 22h, les bars sont remplis d'une foule hétéroclite qui apprécie un repas dans une ambiance populaire. C'est un des villages les plus jolis d'Ibiza ; si vous voulez connaître la vraie Ibiza, l'authentique, c'est ici qu'il faut venir, vous ne serez pas déçus. Un très bel endroit !

CAN CAUS €

Carretera de San Miquel, Km. 3,5

✆ +34 971 197 516

www.cancaus-ibiza.com

Ouvert tous les jours, midi et soir, sauf le lundi hors saison. Comptez 20 €.

Ouvert par Joan Luis Ferrá il y a plus de vingt ans maintenant, le Can Caus est logé dans une maison paysanne où l'on concocte des produits typiques comme la *sobrasada*, le fromage de chèvre et le vin du pays. A l'intérieur ou sur une grande terrasse ombragée, on déguste quelques entrées de sardines ou de légumes grillés, ou bien une généreuse salade paysanne avant de se pencher sur les spécialités ibiziennes et les excellentes *carnes a la brasa* (viandes grillées), notamment celles de chevreau et d'agneau, copieusement servies et accompagnées de riz.

GATZARA SUITES €€€

C/ Vénda de Parada, 6

✆ +34 971 932 563

www.hotelgatzaraibiza.com

A partir de 300 € la chambre double en été, à partir de 170 € hors saison.

Véritable temple du zen, le tout récent hôtel Gatzara est un petit bijou de charme et d'élégance. Design épuré, matériaux naturels bruts travaillés avec finesse, mobilier contemporain, il y a quelque chose de très Feng shui dans ce lieu clair et lumineux. Les chambres sont confortables, le restaurant d'excellente facture et le personnel aux petits soins. Coup de chapeau à la piscine sur le roof top. Une oasis de sérénité dans le petit village typique de Santa Gertrudis, pour lequel il faudra toutefois être prêt à allonger quelques billets.

WILD BEETS €€

C/ Venda de Llatzer, 9

✆ +34 971 197 870

www.wildbeets.com

Ouvert tous les jours de 9h à 18h (23h en été). Environ 25 € le repas complet.

Dans une grande salle ouverte garnie d'épaisses tables de bois brut et au design moderne, on se repaît ici de plats *healthy* et savoureux. Le Wild Beets propose de la nourriture fraîche, à base de produits écologiques et locaux, adaptée à tous les régimes – végétarien, végétalien, crudivore, sans gluten, etc. – et met un point d'honneur à donner du goût à toutes les préparations : entrées froides et chaudes, salades, soupes, sans oublier une belle collection de smoothies et jus pressés aux riches propriétés nutritives. Le tout servi avec le sourire.

BAR CAN COSTA €

Plaça de l'Església, 6

✆ +34 971 197 021

Fermé le mardi. Comptez 10 €.

Le premier installé dans le village. Il propose des *bocadillos* frottés à la tomate et à l'huile d'olive, avec jambon et fromage du pays. Délicieux, même si ce n'est pas très bon pour la ligne, surtout si vous l'accompagnez d'une bonne *caña* (bière). Superbement décoré avec une grande collection de tableaux étranges. A voir aussi, les jambons qui sèchent au-dessus du bar et les tireuses à bière en forme de jambe de porc. Très bonne ambiance, car le bar est toujours rempli d'un savant mélange de villageois et de touristes de passage. Un lieu à ne pas manquer !

CAN PAU €€€

Carretera Sant Miquel, Km. 2,7

✆ +34 971 197 007

www.canpaurestaurante.com

En hiver 13h-15h30 et 20h-23h30 ; de juin à septembre 20h-23h30. Fermé en janvier et le lundi. Comptez 50 €.

Cette maison rurale, bien rénovée, jouit d'une considérable réputation pour ses spécialités catalanes servies dans un cadre très soigné. Alba, la cuisinière, a tout appris de sa mère et de sa grand-mère qui lui ont enseigné les plats traditionnels de leur Catalogne natale. Il en résulte une cuisine authentique et très savoureuse, composée de spécialités comme l'*escalivada* (légumes cuits au four) ou le *pastel de puerros* (tarte aux poireaux) en entrée, le *bacallà a la llauna* (morue) ou le magret de canard en plat, et une délicieuse crème catalane en dessert.

ES CUCONS LA TIENDA

Carrer Venda des Poble, 17
✆ +34 971 197 756
www.escucons.com
Ouvert du lundi au dimanche de 10h30 à 22h30.

Au cœur de Santa Gertrudis, cette boutique est une jolie trouvaille. Un petit coin très chic dans une authentique maison *de pagès* pour dénicher des articles de décoration, textiles, vêtements tendance... Une partie est consacrée à la déco et accessoires, allant du style *vintage* à l'artisanat local. Une autre fait la part belle aux articles de mode homme/femme, 100 % *ibizenca* (soies et cotons tout en couleurs) et présente une sélection de paréos, sandales... Un avant-goût de son ravissant agrotourisme « Es Cucons », situé à Santa Agnès de Corona.

SANT MATEU D'ALBARCA

Un autre petit village plutôt isolé. On est vraiment loin de la foule d'Ibiza, au sens propre comme au figuré. Terre rouge, agriculture, caroubiers, oliviers centenaires, orangers et vignes. Un concentré d'antan qui mérite un petit détour, pour le charme de ces quelques maisons autour de leur église et les beaux paysages environnants. Ne manquez pas la visite de la *bodega* Sa Cova ainsi qu'un repas au Can Cires, un des restaurants les plus emblématiques de l'île. Peu fréquenté car hors des circuits habituels, il est tenu par Victoria, originaire de Sant Joan, et Francis, Strasbourgeois expatrié. Un restaurant que les locaux gardent comme un trésor.

CALA D'ALBARCA

Superbe crique située entre Cap Rubió et Cap d'Albarca, la Cala d'Albarca est un ancien refuge de pirates en même temps que la plage la plus emblématique et l'une des plus impressionnantes de la zone connue sous le nom d'Es Amunts (« les hauteurs »). Un paysage spectaculaire de falaises et de côtes, où viennent s'abriter diverses espèces d'oiseaux – comme les faucons Eleonora de Madagascar. Pour les amateurs de randonnée, c'est l'une des plus belles et des plus faciles excursions à Ibiza, à seulement 3,5 km du village de Sant Mateu.

CENTRE VITICOLE - SA COVA ★

Près de Sant Mateu
✆ +34 699 054 055
Ouvert en semaine 10h30-18h et samedi 11h-14h (en été). Réservation recommandée. Visite et dégustation.

Ouverte en 1990, la bodega Sa Cova est la toute première à avoir entamé la production de vin *ibicenco*. Installée dans les hauteurs des environs de Sant Mateu, l'ancienne *finca* rénovée est ouverte à la visite de ses champs de vigne et de ses installations. On élabore ici plusieurs vins – blanc, rouge et rosé – à partir des divers cépages que l'on retrouve dans les 9 ha de culture. La séance se termine par une dégustation : 4 vins accompagnés de tapas (*sobrasada* et *tortilla de queso*) !

SES TORRES D'EN LLUC ★★

Depuis l'agrotourisme Can Pujolet (Santa Agnès), demander à Nina de vous expliquer la route à suivre.

Situées entre Santa Agnès et Sant Mateu, ces ruines archéologiques restent un mystère pour les historiens. Certains pensent que c'est une forteresse construite par les habitants pour se protéger des incursions fréquentes de pirates. Des deux tours d'origine, il ne reste que la base, ainsi qu'une petite partie de la muraille. Sa position stratégique et élevée permet d'avoir un point de vue superbe sur le paysage d'Es Amunts. On y peut accéder en voiture jusqu'au dernier kilomètre qu'il faut faire à pied parmi la pinède. L'itinéraire n'est pas signalisé.

CAN CIRES €€

Camí des Pla
✆ +34 971 805 551
www.cancires.com
Ouvert toute l'année merc-lun 11h-0h (excepté quelques jours de novembre). Compter 50 € le repas complet.

Située dans une ancienne maison de plus de deux siècles, la Can Cires abrite une terrasse romantique, parfaite pour déguster une cuisine élaborée à partir des produits de saison. Le potager et les jardins sont habités pour un mélange de sympathiques animaux : un âne autochtone de petite taille, chats, pigeons et un perroquet bavard, très célèbre dans le coin. On goûte ici à des salades, carpaccios, viandes et poissons bien préparés et sans chichis... un véritable éloge à la simplicité (des recettes pour les végétariens sont aussi proposées).

SANT LLORENÇ DE BALÀFIA ★

Encadré de terres agricles fertiles, Sant Llorenç de Balafià est un petit village fortifié, curieux, emblématique, collé à une tour de défense érigée au beau milieu des habitations. Comme dans la grande majorité des villages de l'île, c'est autour de son église (XVIIIe siècle), qui se caractérise par son unique arche d'entrée, que s'est développée cette petite agglomération. On trouve ici le centre d'interprétation de la zone naturelle protégée d'Es Amunts, mais aussi quelques jolies adresses comme La Paloma, Es Pins, le Can Casanova ou encore le luxueux et rustique complexe de l'Atzaró. On trouve la silhouette du bourg sur toutes les cartes postales.

ENSEMBLE ARCHITECTURAL DE BALÀFIA

Attention, les maisons sont privées et habitées, il n'est donc pas possible de visiter leur intérieur.

L'ensemble de Balàfia, probablement érigé sous la domination musulmane, est l'un des plus beaux exemples d'architecture paysanne. Il se compose de cinq maisons traditionnelles gardées par deux tours défensives circulaires qui servaient de refuges en cas d'attaques turques ou berbères. En se baladant dans les quelques ruelles du village médiéval, on remarquera les grandes croix blanches peintes à la chaux sur les murs en pierre, une bénédiction destinée à chasser les mauvais esprits.

ES AMUNTS ★

Carretera de Sant Llorenç, s/n
✆ +34 971 325 141
esamunts.caib.es
Ouvert en semaine de 8h à 15h. Fermé en août. Pour des renseignements plus précis, n'hésitez pas à les contacter.

Es Amunts (qui signifie en catalan « les hauteurs ») est le nom donné à une zone naturelle protégée qui occupe presque tout le nord d'Ibiza, de Cala Salada à Sant Antoni jusqu'à Aigües Blanques près de Sant Carles. C'est dans cette partie de l'île que les paysages, les coutumes et les traditions ont été le mieux préservés. Son centre d'interprétation, inauguré en 2009, permet de comprendre la richesse écologique et ethnologique de cette région, et vous donnera probablement des envies d'excursions – et elles sont nombreuses – dans la zone !

ATZARÓ €€€

Carretera de Sant Joan, Km. 15
✆ +34 971 338 838
www.atzaro.com
Tarifs sur demande.

C'est sur les fondations d'une ancienne ferme qu'en 2004 ouvre le splendide Atzaró, véritable temple zen inspiré des resorts du Sud-Est asiatique, dont les statues du Bouddha parsèment les orangeraies. C'est d'ailleurs dans le potager du jardin que les cuisiniers de La Véranda viennent piocher des produits frais. En plus des deux Spas, des lits à baldaquin de l'espace *chill-out*, et du très bon bar à cocktails, on trouve ici 24 chambres, chacune avec un style personnalisé, toutes confortables. Autant dire qu'il y en a pour tous les goûts. Un endroit unique.

CAN CASANOVA €

Carretera de Santa Gertrudis a Sant Llorenç
✆ +34 971 325 050
Fermé le samedi.

Le Can Casanova est un petit bar-épicerie qui se trouve au centre de Sant Llorenç, tout à côté de l'église du village. C'est ici que les résidents des environs viennent faire leur marché et discuter de la pluie et du beau temps. Difficile de trouver une adresse qui incarne mieux que le Can Casavanova l'authentique Ibiza ! Tous les dimanches, en fin d'après-midi, s'y tient un *baile tradicional*, à l'occasion duquel les habitants du coin revêtent leurs plus beaux costumes et s'adonnent aux danses traditionnelles de l'île jusqu'au couchant.

LA PALOMA €

C/ Can Pou, 4
✆ +34 971 325 543
www.palomaibiza.com
Juin-oct : tlj 12h30-16h30 et 20h30-0h. Le reste de l'année : mar-dim 9h-16h. Comptez 10-20 €.

La Paloma est un merveilleux petit café-restaurant posé au milieu des champs et qui propose une cuisine simple, savoureuse et exotique, élaborée avec des produits écologiques et de proximité : tapas du jour, soupes variées, plusieurs salades, de délicieuses focaccias maison farcies de fromages, quiches, plats végétariens... Des saveurs méditerranéennes agrémentées d'épices africaines ou asiatiques. Prendre un petit-déjeuner – jus de fruits maisons et croissants – en terrasse, parmi les orangers et les citronniers, est un vrai bonheur en chaque saison.

ES PINS €€

Ctra Sant Joan, Km 14,8
✆ +34 971 325 034
Ouvert de 13h à 16h et de 19h30 à 23h. Fermé le mercredi et en janvier-février.

L'histoire d'Es Pins est celle d'un couple de Sant LLorenç, Margarita et Joan, qui en 1970 construisirent de leurs propres mains un édifice le long de la route, qu'ils dotèrent d'un bar. Aujourd'hui encore, tous les mercredis de l'hiver, on procède à la *matanza del cerdo* (abattage du porc), que l'on cuit ensuite au feu de bois. On l'aura compris, Es Pins est une table traditionnelle et populaire, avec pour spécialités les *crostes*, l'*arroz de matanzas*, mais aussi le *sofrit pagès* et les poissons au grill. Le samedi, ne manquez pas l'excellent *guisat de peix.*

ATZARÓ €€€

Carretera de Sant Joan, Km. 15
✆ +34 971 338 838
www.atzaro.com
Ouvert tous les soirs entre juin et septembre. Réservation indispensable. Comptez 50 €.

L'Atzaró, splendide hôtel, possède un excellent restaurant – la Véranda – dont la terrasse, au cœur du luxuriant jardin, est chapeautée de palmiers. On dîne ici à la lueur des bougies, bercé des arômes d'orangers et de romarin poussant aux alentours, avec au menu des plats de cuisine méditerranéenne – dont une partie des produits proviennent du potager de l'Atzaró – à la fois traditionnelle et sophistiquée, toujours saine, avec des options végétariennes. On prendra plaisir, avant ou après le repas, à se relaxer au sein de l'espace *chill-out*,

MEKE COFFEE ROASTERS

Ctra. Ibiza-San Juan Km.12,9
✆ +34 971 325 058
www.meke.co
Ouvert toute l'année du lundi au vendredi, de 10h à 14h.

Arrivé il y a quelques années sur l'île, le torréfacteur Néo-Zélandais Sam Swinburn en a profité pour diffuser de bons arômes d'arabica sur tout le territoire de la *Isla Blanca*. Si l'on trouve ses cafés dans les bars, restaurants et épiceries de l'île, c'est dans son joli local rural de Sant Llorenç que l'on pourra se faire une idée plus large, et du processus de fabrication, et de la variété des grains moulus proposés par l'inspiré producteur, avec une formule dégustation. Vins et liqueurs fines sont également en vente dans la boutique-café.

SANTA AGNÈS DE CORONA ★

A l'intérieur des terres, le village de Santa Agnès est célèbre pour ses terres cultivées, lorsque les champs d'amandiers fleurissent au mois de février et embaument l'île de leurs senteurs. Les nuits de pleine lune, des excursions nocturnes sont organisées dans les champs, qui semblent enneigés par les pétales de fleurs blanches. Les champs d'oliviers et les collines sculptées par les cultures en terrasse complètent le panorama de ce petit *pueblo* qui semble figé dans le temps. Vous pourrez y visiter l'église et la crypte avec son autel, ainsi que les ateliers des artisans. On pourra aller à pied jusqu'aux falaises et îlots de Ses Margalides.

ÉGLISE DE SANTA AGNÈS

Plaça de l'Església
✆ +34 971 198 289

Située sur la place du village, lui même au coeur d'une splendide vallée garnie d'amandiers, l'église de Santa Agnès est typique de l'architecture locale, à ceci près qu'elle a pour particularité d'être assez basse de plafond, par comparaison aux autres églises de l'île. Construite entre la fin du XVIIe siècle et le début du XIXe siècle (les travaux auraient commencé vers 1785 pour s'achever en 1812), elle est l'une des plus petites et des plus sobres églises de l'île. Sa voûte sphérique recouvre une seule nef dotée de six chapelles.

CAN PARTIT €€€

Sta Agnès
✆ +34 971 805 556
www.canpartit.com
Chambre double 150-260 € selon la saison et le standing, petit déjeuner inclus.

Un superbe petit hôtel à l'architecture traditionnelle d'Ibiza situé à un lancer de pierre de l'église de Santa Agnès. Installé dans une belle maison traditionnelle, il dispose de six chambres au charme rustique, climatisées et confortables. Plantée au milieu des champs, la piscine a des airs de petit coin de paradis. Charme et tranquillité assurés avec vue sur les célèbres champs d'amandiers de Santa Agnès et l'incroyable spectacle de leur floraison. Une adresse à la fois rurale et moderne qui séduira ceux qui cherchent l'authentique et le calme.

CAN PUJOLET €€€

Santa Agnès, s/n
✆ +34 971 805 170
www.canpujolet.com
Chambre double 190-310 € selon la saison et la taille de la chambre. Petit déjeuner inclus.

Cette ancienne ferme, construite au siècle dernier, a été réaménagée tout en conservant son style original pour devenir le Can Pujolet. Située au milieu des vallées d'amandiers et d'oliviers, à mi-chemin entre Santa Agnès et Sant Mateu, elle offre un environnement authentique et de toute beauté. La dizaine de chambres que compte l'hôtel rural disposent toutes de la climatisation, d'une télévision et d'une salle de bains. La piscine, située en contrebas de la maison, est accessible par un joli chemin de pierre. Un lieu magnifique.

ES CUCONS €€€

Cami des Pla de Corona, 110 ✆ +34 971 805 501
www.escucons.com
Mi-fév/oct. Dès 175 € la chambre double en basse-s (295 € en haute-s). Accès libre au spa. Vélos en libre service.

Situé au cœur de la vallée des amandiers de Santa Agnès de Corona, Es Cucons est une oasis de tranquillité. Ancienne ferme typique datant de 1652 totalement rénovée en 1997, c'est désormais un refuge pour les amoureux de la nature, de l'architecture d'intérieur, du romantisme, et du mode de vie méditerranéen... On y trouve 14 chambres confortables, élégantes et toutes différentes (avec jardin, terrasse ou balcon), un restaurant proposant trois délicieux repas par jour (avec option végétarienne) et un spa prodiguant massages et traitements. Très belle adresse !

CAN COSMI €

Plaça de l'Església
✆ +34 971 805 020
Ouvert de 13h à 16h30 et de 19h30 à 22h30. Environ 10 €.

Ouvert en 1951 par María Costa et Pep Boned, Can Cosmi, aujourd'hui tenu par les fils Juanito et Toni, est le véritable cœur du village. On s'arrête sur sa terrasse, face à l'église, pour se régaler d'une tortilla paysanne aux légumes absolument somptueuse ou boire un petit verre de liqueur d'herbes locale (fabrication maison). Lors des belles journées d'hiver, c'est un lieu incontournable pour les locaux qui viennent admirer les paysages des amandiers en fleur. Le Can Cosmi est une véritable institution ! A ne surtout pas manquer.

CAN TIXEDÒ - ART CAFÉ €

Route de Santa Inés Km. 5
✆ +34 971 345 248
www.cantixedo.com
Ouvert tous les jours 8h-0h, fermé le lundi de novembre à mars. Repas complet autour de 12 €.

Impossible de le manquer : le Can Tixedò et sa terrasse installée sous de belles et blanches arches se trouve à un croisement de route, au beau milieu des champs. On trouve à l'intérieur une vaste salle dont les murs sont décorés des tableaux de l'expo de peintures du moment et un bar au solide zinc et à l'aspect ancien. On y fera une halte pour un verre en terrasse ou pour manger un morceau. Au menu, toute une gamme de tapas et de petites assiettes : végétarien, base viande ou poisson. Quelques influences indiennes et thaï dans les préparations.

CAS SABATER

Plaça de Corona, 3
✆ +34 971 805 051
En été, ouvert de 13h à 16h et de 19h30 à 22h, le reste de l'année de 13h à 18h. Fermé le mardi et le dimanche.

Installé au cœur des plaines rurales d'Ibiza, le Cas Sabater est l'atelier-boutique de Manfred Postel, artisan du cuir depuis plusieurs décennies. L'homme tient ce lieu ouvert au public depuis 1998, permettant aux curieux et autres amateurs de cuir d'apprécier ce travail manuel de précision, d'autant que Manfred utilise des techniques et des outils qui n'ont pas pris une ride depuis des siècles. Ainsi, on trouve toute une gamme de créations allant des ceintures aux sacs à main, en passant par les chaussures faites sur mesure. Qualité et respect des traditions !

SANT AGUSTÍ DES VEDRÀ ★

Le village de Sant Agustí des Vedrà, perché en haut d'une colline, se situe entre Sant Josep et Sant Antoni. Sa visite exige donc, à l'intérieur des terres, un petit détour qui vaut la peine, compte tenu de la vue qui s'offre sur le littoral, la baie de Sant Antoni et les îlots en face. Suivez l'indication Sant Agustí, à gauche, pour monter jusqu'à la place de l'église du XVIIIe siècle et ses bâtisses anciennes, encore bien conservée et classé au patrimoine architectural des Baléares. Le soir, le village est l'un des plus tranquilles de l'île. On en profitera pour faire une escale gourmande au Can Barri Vell et ses préparations rustiques et gourmettes.

ÉGLISE DE SANT AGUSTÍ

Plaça de l'Església, s/n ✆ +34 971 342 118

Petite église typique de l'architecture traditionnelle d'Ibiza, l'église de Sant Agustí des Vedrà est située au centre du village. Son édification remonte à la fin du XVIIIe siècle. De construction très simple, elle ne dispose que d'une seule nef à voûte semi-circulaire et est dotée de six chapelles latérales. On remarquera la présence de contreforts sur l'un de ses côtés et l'absence du portique extérieur, en faisant une église assez unique dans le paysage sacré d'Ibiza. La fête paroissiale y est célébrée le 28 août, fête de la Saint-Augustin.

CASA VICTORIA €€

Carretera Sant Agustí-Cala Tarida, Km. 3

✆ +34 971 340 900

www.victoriaibiza.com

Ouvert de mai à fin octobre. Chambre double à partir de 130 €, petit déjeuner inclus.

Le Casa Victoria est un hôtel quatre étoiles installé tout en haut d'une colline avec une vue magnifique sur la baie de Sant Antoni et la campagne environnante. Il abrite une vingtaine de chambres de luxe tout confort (climatisation, télévision, coffre-fort, wifi, etc.). On prendra plaisir à se détendre au bord de la grande piscine couverte tout en prenant le soleil (le coucher de soleil est d'ailleurs époustouflant depuis le Casa Victoria). Egalement, le restaurant de l'hôtel est réputé pour sa qualité gastronomique. Une adresse aussi calme que belle.

CAN DERRI VELL €€

Plaça Major, 2 ✆ +34 971 344 321

www.canberrivell.com

Juil-sept : ouvert tous les soirs. Avril-juin et oct : ouvert tous les soirs sauf dim. Fermé nov/juin. Environ 40 €.

En face de l'église, dans une vieille *finca* du XVIIe siècle, le restaurant Can Barri Vell propose une cuisine moderne et raffinée. Quelques recommandations : raviolis farcis au boudin et sauce aux champignons, thon au maïs croquant et sauce soja, carpaccio de bœuf au fromage Mahon, cochon de lait confit et sa sauce à l'orange ou la morue gratinée... Une petite terrasse est installée dans le patio, sous les arbres, tandis que les salons intérieurs offrent une atmosphère chaleureuse et rustique. L'endroit est charmant et la cuisine à la hauteur de son succès.

CALA DE SANT VICENT ★

On accède à Cala Sant Vicent par le haut d'une falaise. La couleur de la mer est superbe et le bleu turquoise impressionnant, mais attention : la route est très étroite, et les arrêts intempestifs pour admirer le paysage peuvent s'avérer dangereux. Cette cité balnéaire est installée à l'embouchure d'un vallon qui coupe les falaises et s'ouvre sur la belle plage de Cala Sant Vicent. Le front de mer est malheureusement enlaidi par un hôtel, ou plutôt une tour, plantée là au milieu. Une route mène à la Punta Grossa, colline arrondie sur la mer, couverte de pins et de villas. A 174 mètres d'altitude, c'est un véritable mirador sur la côte.

Balade

Les plus courageux pourront effectuer une promenade à pied jusqu'à la grotte d'Es Culleram, où a été découvert, en 1907, un temple carthaginois dédié à la déesse Tanit : le Santuari Pùnic Es Culleram (sanctuaire punique d'Es Culleram). La Talaia de Sant Vicent (à 30 m) et le Puig Claper (à 200 m) mettent en relief la hauteur des collines avoisinantes. Vous pourrez également faire une halte au hameau de Sant Vicent pour sa petite église : l'Esglésie Sant Vicent, construite entre 1827 et 1838 et dédiée à saint Vincent, dont le double porche voûté de la porte d'entrée fait face à une minuscule placette garnie d'un palmier solitaire, arbore une façade très simple, exception faire de la petite inscription indiquant que l'édifice est la maison de dieu et la porte du ciel. Le cimetière, non loin, est tout comme l'église un véritable havre de paix et de tranquillité.

COVA D'ES CULLERAM

Carretera Cala de Sant Vicent, s/n

Ouvert d'avril à octobre, du mardi au dimanche, de 10h30 à 13h30. Entrée libre.

La Cova d'Es Culleram est une grotte datée de 425 à 125 av. J.-C. Elle renferme le sanctuaire punique (rappelons ici qu'Ibiza a été occupée par les Carthaginois entre le Ve et le IIe siècle av. J.-C.) dédié à la déesse Tanit (divinité carthaginoise liée à la fertilité et à la fortune, gardienne d'Ibiza) et se trouve presque au sommet d'une montagne recouverte de sapins, très près de la crique de Sant Vicent, à 150 mètres au-dessus du niveau de la mer. Un buste de la déesse Tanit y a été découvert en 1907 (et se trouve désormais au musée d'Ibiza).

CRIQUES DE ALLÀ DINS

Les crique de Allà Dins sont de très belles plages accessibles depuis Cala de Sant Vicent, en longeant les hôtels du bord de plage jusqu'à l'urbanisation Allà Dins. A partir de là, un petit sentier qui traverse la forêt permet de rejoindre les plages (comptez 30 minutes de marche). Nichées au pied des falaises de Sa Punta Grossa, ces petites criques sont généralement peu fréquentées en raison de leur accès difficile et de l'absence de services sur place (prévoyez donc de l'eau et de quoi grignoter). Bref, le paradis des baigneurs en quête de solitude !

ON THE BEACH €

Cala Sant Vicent, s/n

✆ +34 971 320 115

Tous les jours de 10h à 2h. Fermé hors saison. Comptez 10-15 €.

Son nom ne laisse pas l'ombre d'un doute : ouvert il y a maintenant une quinzaine d'années, On the Beach est situé sur la plage, presque les pieds dans le sable ! Ambiance cool sur sa terrasse, où l'on peut s'affaler sur de grands canapés très confortables, à l'ombre des palmiers, en sirotant un jus de fruits ou en grignotant salades, burgers, bowls, sushis, pâtes ou lasagnes faites maison (toutes les propositions sont simples et bien faites). L'ambiance exotique et l'atmosphère relax sont une vraie bouffée d'air pur ! Recommandé.

CAN GAT €€

Cala de Sant Vicent, s/n

✆ +34 971 320 123

www.cangatibiza.es

Tlj mars-oct, 9h30-12h pour le pdj, puis dès 13h pour les services du midi et du soir. Fermé le dimanche soir. 30-40 €.

Ce restaurant familial installé face à la cala Sant Vicent (depuis 1974) est une véritable institution sur l'île. On y vient pour déguster une traditionnelle paella, un délicieux ***bullit de peix*** ou du bon poisson frais cuit au four. La grande terrasse ombragée en bord de plage est des plus agréables. Pour la petite histoire, le palmier qui y pousse est né d'une graine plantée par la grand-mère du propriétaire il y a plus de 100 ans ! Une belle adresse pour les amateurs de cuisine ibicenca et méditerranéenne servie dans un cadre charmant.

PORTINATX ★

Loin de la folie des clubs d'Ibiza, Portinatx, jadis petit village de pêcheurs, conserve toute sa beauté et son charme malgré les constructions récentes. Petite station balnéaire familiale à majorité anglophone, elle se compose de trois petites plages. Une agréable promenade le long du Passeig Marítim vous fera rapidement découvrir la transparence de la mer. Ne pas oublier les nombreuses petites criques aux alentours, notamment Cala Xuclar et Cala Xarraca, particulièrement tranquilles, tout particulièrement hors-saison (l'été, ici comme ailleurs sur l'île, attire les foules !). Attention aux méduses en été, très fréquentes dans le coin.

TOUR DE PORTINATX

Datant de 1763, la tour de Portinatx faisait partie du système de défense du littoral contre les attaques des pirates. Elle est située à près de 45 mètres au-dessus du niveau de la mer, au niveau de la Punta de Portinatx. Assez similaire à celle de la tour voisine de Balansat, son architecture fut imaginée par l'ingénieur Juan Ballester y Zafra : la tour se compose de deux étages surmontés d'une plateforme supérieure. La partie la plus proche du sol accueillait en son temps le magasin de poudres à canon. La tour a par la suite été transformée en maison.

CALA D'EN SERRA ★

Cala d'en Serra, s/n

Petite calanque d'une quarantaine de mètres de longueur encadrée de falaises et garnie d'une fraîche pinède, sur la route de Portinatx, la Cala d'En Sera est plutôt calme et peu fréquentée par les touristes de passage sur l'île. Une déviation à droite montre le chemin assez chaotique vers la plage. Sur place, quelques chaises longues et parasols, ainsi qu'un assez joli *chiringuito* qui propose des burgers, club sandwichs, cocktails et *smoothies*. On pourra se rendre à la nage, en suivant la rive droite, jusqu'à une autre crique déserte.

APARTAMENTS ES PUET BLANC €

Carrer Cala Arenal Petit, 35
✆ +34 971 320 606
www.espuet.com
Ouvert d'avril à octobre. Appartement de 50 à 100 €.

Situés sur une jolie plage de Portinax, ces appartements spacieux avec terrasse sont tout équipés et peuvent accueillir jusqu'à 2 personnes. Au choix, vous vous baignerez dans la piscine en admirant la vue sur mer ou directement sur la plage. Vous profiterez du bar-restaurant sur la plage avec les spécialités culinaires d'Ibiza mais aussi ses viandes et ses poissons. Endroit privilégié dans un cadre très séduisant, malheureusement pas accessible aux personnes à mobilité réduite.

CALA XARRACA ET CALA XUCLAR ★★

Deux petites criques aux eaux cristallines, la première protégée par une falaise et la deuxième par une pinède dense. Un peu de monde en juillet et août, quasiment désertes le reste du temps. Pour vous rafraîchir ou bien vous restaurer, le restaurant Cala Xarraca propose des spécialités ibiziennes dans un cadre magnifique. La Cala Xuclar abrite, quant à elle, un petit *chiringuito* qui propose des plats simples et du très bon poisson frit ! Parfait pour vous ressourcer, hors saison.

CABALLITO DEL MAR €€

Carrer Calo des Forn, 47
✆ +34 971 320 725
Ouvert tous les jours de 13h à 23h30. Vendredi et samedi jusqu'à minuit. Compter à partir de 10 €.

Installé à deux pas de la plage, Le Caballito del Mar (« Hippocampe » en français) propose des plats de mer simples et à bons prix : salades de crevettes, sardines grillées, poulpes et autres poissons savamment cuisinés. On y trouve également quelques préparations de poulet et de bœuf. Patronne très sympa et table de billard. Possibilité de se faire masser sous les pins, sur fond de musique *chill-out*. Une adresse de bonne cuisine marine traditionnelle à l'ambiance assez détendue assurée par une très agréable équipe de service.

S'ILLOT DES RENCLÍ €€

✆ +34 971 320 585

Ouvert midi et soir tous les jours. Fermé de fin octobre à mai.

S'Illot d'es Rencli est une calanque privilégiée aux eaux cristallines, bordée de maisonnettes de pêcheurs. Un endroit idéal pour ceux qui n'apprécient pas la foule. On trouve ici principalement des locaux le week-end et des voyageurs (francais, espagnols, anglais) en semaine. Sur les hauteurs de la falaise, vous trouverez un bon restaurant qui sert des spécialités de cuisine traditionnelle ibicenca (*bullit de peix*, paellas, poissons frais), avec aux fourneaux le très bon chef Vincent Basora. On y déjeune à l'ombre des pins, face à la mer.

CA SA VILDA MARGE €€

Venda de Xarraca, 10

✆ +34 971 333 234

www.casavildamarge.com

Ouvert toute l'année. Tarifs sur consultation.

Finca vieille de 400 ans, rénovée par un charmant couple de Toulousains, Fabian et Claire. 8 chambres en tout, avec une astucieuse combinaison de couloirs permettant à 4 personnes d'avoir l'impression de séjourner dans une suite. Toutes les chambres possèdent la climatisation et certaines ont aussi une terrasse. La salle de bains peut se trouver à l'extérieur de la chambre mais reste privée. Après avoir visité la Thaïlande, les propriétaires ont su donner un style particulier à cette maison, mêlant les éléments rustiques et exotiques avec beaucoup de goût.

SANT JOAN DE LABRITJA ★★

Charmant petit village préservé du tourisme de masse. Il incarne l'authentique ambiance hippie qui perdure dans la partie nord d'Ibiza. Son élégante église du XVIIIe siècle mérite un coup d'œil. A partir de Sant Vicent, la route, bien signalée, qui mène à Sant Joan, est l'une des plus belles de l'île. Peu fréquentée, elle donne en outre une image fidèle de l'Ibiza traditionnelle : habitat éparpillé, vertes collines, forêt méditerranéenne. Il faut compter une dizaine de kilomètres jusqu'au village où l'on prendra plaisir à boire un jus de fruit frais à la terrasse d'un café ou flâner autour des étals de son marché, tout petit, mais authentique.

CAN FUSTER €€

Venda Cas Ripolls, 1

✆ +34 971 337 305

www.canfuster.com

Chambre double de 115 à 125 €, petit déjeuner inclus.

A l'entrée de Sant Joan, sur la route entre Portinatx et Sant Joan. C'était une grande maison familiale vieille de plus de 150 ans que ses propriétaires ont transformée et aménagée en 8 chambres, toutes avec salle de bains, climatisation et terrasse ou balcon. Toutes ont accès à la piscine en passant par un grand jardin arpenté de nombreux arbres fruitiers. Rien de bien luxueux dans la décoration, mais le charme est au rendez-vous. Bon petit déjeuner à base d'oranges pressées, de tartines, de jambon et de tortillas. Bon rapport qualité-prix !

PORT DE SES CALETES

Tout proche de Sa Cala de Sant Vicent, la jolie crique de Port de Ses Caletes est fréquentée presque uniquement par les familles qui y ont un hangar à bateaux. Le fond de la mer est fait de roche et la plage de pierres. Aucun service sur place, pensez donc à prendre de l'eau et de quoi manger. L'avantage de cette crique est qu'elle compte parmi les coins de plage les plus méconnus de l'île tout en étant très facilement accessible depuis la route. De belles roselières profitant d'une source d'eau douce vous accueilleront à l'entrée de la plage.

GARE DU NORD B&B €€

C/ de sa Cala, 11

✆ +31 624 471 375

www.garedunordibiza.com

De 75 à 180 € selon le standing et la saison, petit déjeuner inclus.

Ce charmant petit Bed & Breakfast situé dans le centre du village propose 9 chambres confortables présentant chacune une décoration *cosy* et singulière. Certaines sont équipées d'un balcon, d'autres d'une terrasse, mais notez que c'est la catégorie « deluxe » qui offre les chambres les plus spacieuses. Le petit déjeuner rustique est servi chaque matin dans la jolie cour extérieure ou dans le petit bar situé au rez de chaussée. Il est possible de louer son véhicule depuis le B&B, à choisir entre une « deux chevaux » colorée ou un 4x4 pour les plus aventureux.

CA N'ESCANDELL €€€

Carretera de Sant Joan à Sant Miquel
✆ +34 971 333 540
www.canescandell.com
Ouvert toute l'année. 150-280 € la chambre double ; loft 4 pax 250-380 €. Pdj inclus. Animaux acceptés (10 €).

Voici un paradis rural et plein de charme qui séduira les amateurs d'authenticité. Pepi et Toni reçoivent leurs hôtes avec simplicité et gentillesse dans leur *finca payesa*, ferme typique d'Ibiza. Chaque chambre occupe l'une des dépendances qui permet de profiter d'un calme et d'une intimité rare. Toutes sont différentes, certaines disposent d'une terrasse privée ou d'un bain à remous, mais le charme rustique de la pierre est présent partout. Tous les matins, on se régale d'un petit déjeuner champêtre entre les pins, non loin de la grande piscine extérieure.

CAN MARTÍ - AGROTOURISME €€€

Venda de Ca's Ripolls, 29 ✆ +34 971 333 500
www.canmarti.com
Studios et appartements (2 pax) 150-250 €. Vélos à disposition des clients. Pdj 15 €.

Cet agrotourisme, implanté dans les superbes paysages ruraux du nord de l'île, habite les murs d'une ancienne *finca* restaurée datée de plus de 400 ans. Le couple de propriétaires, suisse, mise tout sur l'écologie, de la production agricole 100 % bio aux panneaux solaires photovoltaïques, en passant par la superbe piscine naturelle ou la récupération des eaux de pluie pour abreuver les cultures de la ferme. Côté hébergement, on logera dans de confortables studios mêlant charme rustique et contemporain ou dans une maisonnette bien équipée avec en prime, une cuisine.

CAN PERE SORD €€€

Route de San Llorenç, Km. 17,4
✆ +34 630 203 037
canperesord.com
130 à 250 € la chambre double, de 230 à 310 € la suite. Séjour de 3 nuits minimum. Fermé de novembre à mars.

Can Pere Sord s'est installé dans une superbe *finca ibicenca* à la façade blanche égaillée par les bougainvilliers. Vieille de plus de 200 ans, la ferme a été divinement restaurée sans ôter le charme originel de la bâtisse historique. L'agrotourisme propose 9 chambres aux poutres apparentes décorées de meubles anciens et équipées de tout le confort moderne. Les espaces communs conservent quant à eux l'aspect rustique de la maison paysanne. Le jardin et la piscine, nichée dans un écrin de verdure, invite à se relaxer au soleil.

THE GIRI RESIDENCE €€€

Carrer Alcalde Jaume Marí Roig
✆ +34 971 333 345
www.thegiri.com
Avril-oct. Comptez entre 275 et 475 € pour la chambre la moins chère (TVA non comprise), petit déjeuner inclus.

Splendide boutique-hôtel plusieurs fois récompensé pour son design unique, The Giri Residence est installé dans une vieille *finca* entièrement restaurée, dans la campagne de Sant Joan. Il propose cinq chambres luxueuses tournées vers la campagne, un spa (massages et traitements variés sont à la carte) et un restaurant gourmet, le Living Room. Autour de la piscine, on se croirait presque à Bali sous les paillotes. Rien n'est laissé au hasard et l'équipe qui assure le service fera tout pour que vous passiez un agréable moment ici.

CAN CURUNÉ €

Carretera a Sant Joan, km 17
✆ +34 971 333 054
Ouvert de 8h à minuit (la cuisine ferme de 16h à 19h30). Fermé le dimanche. Comptez 15-20 €.

Can Curuné, c'est un peu le point de rendez-vous de tous les résidents d'Ibiza venus des quatre coins du monde pour s'installer dans le tranquille nord de l'île. On y mange une cuisine simple servie sous forme de petites bouchées ou de plats plus costauds, d'inspiration *ibicenca* mais aussi marocaine, que l'on déguste au bar ou dans le restaurant, été comme hiver. Certains viennent seulement pour un café et pour, profitant du wifi, pianoter sur leur PC. La vraie force de Can Curuné est de savoir rassembler un public *ibicenco* et cosmopolite ; et de tous les âges.

VISTA ALEGRE €

Carrer Ibiza, 1
✆ +34 971 333 008
Tous les jours en été, fermé le dimanche hors saison. Fermé en décembre et janvier. Environ 20 €.

Établissement fondé en 1939, au cœur du village, point de rencontre des habitants du coin. A l'époque, Vista Alegre faisait un peu tout – bar, pension, bureau de poste, épicerie –, toute la vie du village se concentrait à cet endroit. Avec le temps, les choses ont évidemment changé, d'abord avec l'arrivée des hippies, qui se sont mélangés aux paysans du coin pour boire un verre en terrasse. Quelques stars sont même passées par là. Aujourd'hui, Vista Alegre demeure une référence du village, un lieu sans prétention où l'on mange de la cuisine simple et bon marché.

PLAGE DE BENIRRÀS ★

Une petite crique limpide, au paysage sauvage, vierge de toute urbanisation. Chaque dimanche, des centaines de personnes se retrouvent sur la plage pour jouer de tous les instruments de percussions possibles jusqu'au petit matin : la fête des Tambours a fait de la *cala* une des calanques les plus mythiques de l'île. En plein été, presque tous les jours, vous aurez droit à un concert improvisé de percussions. De la plage, on voit l'îlot Cap Bernat, ici également surnommé « le doigt de Dieu ». Si la Cala dispose d'un petit parking, il n'est pas rare que celui-ci soit plein en haute saison. Stationnez alors le long de l'une des chaussées.

THE GIRI CAFÉ €€

Plaça Espana, 5
✆ +34 971 333 474
www.thegiri.com
Ouvert tous les jours en saison, pour le petit déjeuner, le déjeuner et le dîner. Fermé hors saison. Comptez 25 à 40 €.

Ambiance branchée, potager intérieur et plusieurs espaces décorés avec beaucoup de goût. Dans la partie restaurant, on déguste des plats de saison élaborés avec des produits du coin et des légumes du potager. Quelques intitulés que l'on trouve à la carte : houmous et son pain pita, salade de tomates et burrata, croquettes de jambon de pays et oignon caramélisé, falafel burger et tzatziki, ceviche de légumes... L'endroit est surtout très sympa pour boire un cocktail après la plage ou en fin de soirée dans une atmosphère assez chic.

MERCAT DE SANT JOAN DE LABRITJA

Le dimanche matin à partir de 10h30 et jusqu'à 16h. Musique live à partir de midi.

Tout simplement le marché artisanal le plus authentique de l'île. Vente de produits réalisés par les locaux allant de la nourriture aux œuvres artistiques en passant par les plantes médicinales. Concerts à partir de midi. Ambiance hippie et très détendue. Artisans et agriculteurs, bijoutiers et torréfacteurs, musiciens et artistes... tous se retrouvent ici, chaque dimanche matin. Ce marché est un vrai spectacle en lui-même. À découvrir absolument !

ELEMENTS €€

✆ +34 971 333 136
www.elements-ibiza.com
Fermé mi-déc/mi-mars. Mi-nov/mi-déc : ouvert w-end uniquement. Tlj en saison jusqu'à 2h. Comptez 30 €.

A l'image de l'atmosphère mystique qui se dégage de Benirràs, voici un lieu qui mêle les influences pour créer une ambiance singulière, comme une invitation au voyage. Inauguré en 2012, Elements est un restaurant, certes, mais pas seulement… Ici, on peut s'offrir un massage tibétain, participer à un cours de yoga, dénicher un bijou ethnique ou un savon naturel dans l'espace boutique, boire un jus de fruits aux vertus qui détoxifient, ou énergisent, le corps… La carte du restaurant, plus sage, propose quelques classiques (pâtes, paellas), et de belles salades.

IBIZA HORSE VALLEY

Parc d'Es Murta
✆ +34 680 624 911
www.ibizahorsevalley.com
Ouvert de 9h30 à 14h30.

David, passionné de chevaux, a créé en 2010 cette association dont l'objectif est de recueillir des chevaux abandonnés ou destinés à l'abattoir. Les animaux vivent ici en liberté, au cœur d'un domaine de 70 hectares baptisé la « Vallée des chevaux ». Des excursions équestres sont organisées pour tous les niveaux à la découverte des lieux préservés de l'île. Un beau projet et une expérience hors des sentiers battus ! Contacter David lorsque vous serez de passage dans le coin pour vous mettre d'accord sur une heure de rendez-vous et une excursion.

RESTAURANTE 2000 €€

✆ +34 971 333 313
Ouvert tous les jours d'avril à octobre, de 13h à 23h. Comptez 25 €.

Fondé en 1979, le restaurant 2000 est connu et apprécié par les habitants de l'île pour sa cuisine de la mer *ibicenca*. Le patron, Joan Escandell, est pêcheur. Il possède ses propres embarcations pour pêcher et garnir nos assiettes de produits de première fraîcheur, à des prix très corrects. La terrasse sans prétention installée face à la superbe cala contraste avec le restaurant voisin qui joue la carte du bohème chic. Mais en cuisine, la qualité est là : on se régalera d'une bonne paella, d'une *parillada* ou d'un *bullit de peix*, dans une ambiance familiale.

SANT MIQUEL DE BALANSAT ★

Le village de Sant Miquel, dominé par son église en haut d'une colline, se compose de quelques maisons et commerces. Si Sant Miquel ne change guère, le village s'est agrandi et est aujourd'hui assez urbanisé, ce qui lui retire beaucoup de son charme passé. A la sortie du village, les petits chemins se multiplient, offrant aux curieux des possibilités de découvertes formidables à travers les collines, dominées par de vieilles maisons disséminées. Les points de vue sur la mer sont splendides, car la nature est restée très sauvage. Ne manquez pas ici Caló des Multons, une jolie crique peu fréquentée de 20 m de long flanquée d'un *chiringuito*.

ES PAS DE S'ILLA ★

Es Pas de s'Illa est une très jolie petite crique presque secrète au nord de l'île bordée de quelques cabanes de pêcheurs. Il s'agit d'une langue de sable d'environ 50 mètres de longueur qui relie l'îlot de s'Illa des Bosc et l'île d'Ibiza. Vous y trouverez un service de location de transats ainsi qu'un *chiringuito*. Depuis la plage, un petit chemin mène à l'îlot de s'Illa des Bosc. Malheureusement, l'accès est interdit car il s'agit d'une propriété privée, une villa de luxe dont on devine la silhouette derrière une épaisse végétation. Un petit coin bien au calme.

COVA DE CAN MARÇÀ

Port de Sant Miquel
✆ +34 971 334 776
www.covadecanmarsa.com
Mai-oct : 10h30-19h30. Nov-avril : 11h-17h30. Visites toutes les 30 minutes. 11 € (adulte), 7 € (enfant).

La grotte de Can Marçà, au nord d'Ibiza, témoigne d'une histoire qui remonte à plus de 100 000 ans. Il semblerait que les pirates furent les premiers à la découvrir, au XIXe siècle, et l'utilisèrent pour y cacher leurs marchandises. Des traces de peinture rouges et noires, dessinées par les contrebandiers pour s'orienter dans les galeries, témoignent de ce passé mystérieux. La visite est assez courte, mais permet de voir l'île d'Ibiza depuis un angle différent : depuis l'intérieur ! Des spectacles son et lumière y sont organisés occasionnellement.

TOUR DE BALANSAT O DES MOLAR

Comme pour rejoindre Es Pas de s'Illa, il faut suivre la direction de l'hôtel Na Xamena puis emprunter un petit chemin de terre sur la droite. La tour défensive, qui date du XVIIIe siècle, a été construite à près de 100 mètres au-dessus du niveau de la mer. Elle fut édifiée pour contrôler et prévenir des invasions pirates au nord de l'île. Le panorama sur S'Illa des Bosc, S'Illa Murada – et un peu plus loin sur le port de Sant Miquel – est exceptionnel depuis cet endroit.

IBIZA - EIVISSA

Façade de la Casa Pistachio à Sant Miquel.

CA NA XICA €€€

Carretera de Sant Miquel, km 10,2
✆ +34 971 334 409
www.canaxica.com
390 € la chambre double standard en haute saison, 220 € en demi-saison. Fermé de novembre à mars.

Ca Na Xica est un hôtel de charme situé au sud du village de Sant Miquel dans un environnement calme et apaisant fait de champs et de vallons. L'édifice principal se trouve au bout d'une longue piscine encadrée de pins et d'oliviers, conférant au lieu un air de petit palais méditerranéen, entouré de superbes jardins garnis d'élégants espace *chill-out*. Les 6 chambres sont très spacieuses et arborent une déco aux tons chauds et pastel, tandis que les 14 suites se trouvent logées dans des modules indépendants de style *ibicenco*, un peu à l'écart. Spa et restaurant.

CAN PLANELLS €€€

Venda Rubió, 2
✆ +34 971 334 924
www.canplanells.com
Fermé entre novembre et mars. Chambre double standard de 160 à 240 €, petit déjeuner inclus.

Can Planells est un hôtel rural qui réunit le côté cosy et confortable de l'hôtellerie, et le charme de la campagne. Les 8 chambres sont d'un grand confort. La maison est en harmonie avec la nature, entourée de figuiers, caroubiers et amandiers, mais aussi une culture d'orangers, avocatiers et d'autres arbres fruitiers. Les propriétaires, qui sont de véritables agriculteurs, sauront vous transmettre leur amour pour cette splendide zone rurale. Beaucoup de charme doublé d'un accueil chaleureux et convivial assuré par la famille Planells.

CAS PLA €€€

Venda del Rubio, 59
✆ +34 971 334 587
www.caspla-ibiza.com
Ouvert toute l'année. Chambre double standard de 150 à 225 €, petit déjeuner à 15 €.

Cas Pla est un hôtel de charme caché au milieu de la forêt avec, au loin, un formidable panorama sur la mer. Il propose de très belles chambres décorées dans un style élégant et chaleureux, qui mêle du mobilier importé de Bali avec de belles pièces d'antiquités. La piscine, entourée de végétation, est particulièrement agréable. Comme dans la plupart des hôtels de ce type, une voiture est indispensable… d'autant qu'il n'y a aucun service de restauration sur place, vous serez donc obligé de prendre la voiture pour aller déjeuner ou dîner.

HACIENDA NA XAMENA €€€

Urbanització Na Xamena
✆ +34 971 334 500
www.hotelhacienda-ibiza.com
Mai-oct. Chambre double 250-500 €. Jusqu'à 2 000 € la nuit pour une suite.

Réputé pour être le meilleur 5 étoiles de l'île, l'hôtel est situé dans un cadre exceptionnel, suspendu sur un promontoire qui tombe presque à pic dans la mer. Au cœur d'une typique pinède méditerranéenne, l'Hacienda propose 77 chambres et suites très luxueuses, avec vue panoramique sur la mer et bain à remous. Deux restaurants pour compléter l'offre de haut niveau. Pour les amateurs de grand luxe, trois piscines (une intérieure, deux extérieures), des terrasses, des jardins et un court de tennis extérieur. Sans oublier le spa La Posidonia. Du grand luxe !

LA LUNA NELL'ORTO €€

Carretera del Port-Sant Miquel de Balansat, s/n
✆ +34 971 334 599
www.lunanellorto.com
Avril-juin et oct : merc-lun 13h-16h30 et 20h-0h. Juil-sept : ouvert tous les jours de 20h à minuit. Environ 30 €.

A n'en point douter la meilleure adresse de Sant Miquel pour un dîner romantique. Le cadre est pittoresque, avec ses tables réparties ici et là sous les grands arbres d'une cour qui accueillit longtemps le tout premier marché d'artisanat hippie de l'île. La maison paysanne de plus de 600 ans abritant la cuisine et les salles intérieures est des plus authentiques, mais c'est à coup sûr pour le coquet jardin que l'on optera pour dîner à la lueur intime des bougies. Côté assiette, aucun mauvais choix ici. Une table intime et unique sur l'île.

RESTAURANT PORT BALANSAT €€

Port de Sant Miquel, s/n ✆ +34 971 334 527
www.restauranteportbalansat.com
Ouvert de mars à novembre, tous les jours de 13h à minuit. Environ 25 €.

Port Balansat est un grand restaurant très bruyant installé sur une immense terrasse donnant sur la plage du Port Sant Miquel. Possibilité de faire de grandes tables (à 20 ou plus !). Poissons, grillades de fruits de mer, de gambas, de clovisses, d'huîtres, mais aussi les classiques d'Ibiza, tel le *bullit de peix* accompagné de son *arroz a banda*. Également à la carte, on trouve une belle gamme de pizzas, à consommer sur place ou à emporter. Un peu l'usine, mais la qualité du poisson est tout à fait correcte. Parfait pour un repas en famille.

FORMENTERA

La plus petite île de l'archipel des Baléares distille un charme inénarrable. Sans doute ses 83,2 km² de territoire bordés de sable blanc et baignés par une mer topaze ont participé à créer le mythe du dernier paradis de la Méditerranée. Il faut dire que ce petit bout d'Espagne recèle dans ses eaux translucides l'un des trésors de la Grande Bleue, les plus vastes prairies de posidonie d'Europe, classées au patrimoine de l'Unesco depuis 1999. Entre traditions séculaires et cultures cosmopolites, l'île conserve un esprit bohème hérité des hippies qui y débarquèrent dans les années soixante et tombèrent en amour de ses plages caribéennes, de ses villages blanchis et de ses moulins à vent brûlés par le soleil. Phares du bout du monde, lumière spectaculaire, rivages intacts... L'île devenue huppée n'est plus le dernier secret de la Méditerranée, mais elle continue de fasciner ses visiteurs.

Formentera
Route principale
Route carrossable
Chemin
Côte rocheuse
Punta d'es Pas
PLATJA DE ILLETES
PLAGE DU LEVANT
PLATJA DES CAVALL D'EN BORRÀS
LA SAVINA
Punta de la Pedrera
PLATJA DE SA ROQUETA
Punta Prima
ES PUJOLS
Etang Pudent
Etang d'es Peix
CAN MARROIG
Punta de la Gavina
CALA EN BASTER
SANT FERRAN
PLAGE DE LA TRAMONTANE
SANT FRANCESC DE FORMENTERA
Punta de Sa Creu
Sa Miranda
CALA SAONA
Punta Rasa
ES CA MARI
ES MAL PAS
Ses Clotades
Racó de Sa Pujada
Punta d'es Estrips
RACÓ FONDO
ES VALENCIANS
SES PLATGETES
ES CALÓ DE SANT AGUSTÍ
ES CÒDOL FORADAT
ES CALÓ
EL PILAR DE LA MOLA
Can Parra
Torrent de s'Alga
Platja de Migjorn
ES ARENALS
Es Mirador
Punta d'es Cingle Mal
ES COPINAR
ESCALÓ D'ES MORT
Torrent Fondo
Cala Codolar
ES RAM
s'Estufador
Punta Roja
3 KM
Punta d'es

PAGES

FORMENTERA

© AUTHOR'S IMAGE

Voilier au large de Formentera.

LA SAVINA ★

Après une trentaine de minutes de traversée depuis Ibiza, c'est ici que les voyageurs feront leurs premiers pas sur l'île de Formentera. Dans le port de La Savina, on assiste au ballet incessant des bateaux qui embarquent et débarquent des flots de touristes, surtout en été. C'est aussi le point de départ de nombreuses excursions en mer, notamment vers S'Espalmador et ses rivages paradisiaques. Vous ferez toutefois vite le tour de ce petit village portuaire souvent considéré comme une simple zone de transit par les voyageurs. Hôtels, boutiques de souvenirs, restaurants, cafés et agences de location se sont installés sous les arcades du port.

SA PEDRERA ★

Une ancienne carrière d'où étaient extraites les pierres utilisées pour bâtir les villages de l'île. Aujourd'hui, il s'agit d'un site naturel d'une grande beauté fait de falaises et de piscines naturelles lovées entre les rochers (il est possible de s'y baigner !). De surprenantes grottes semi-immergées s'y sont formées. De la pointe, vous pourrez observer Ibiza d'un côté et la tour de la Gavina de l'autre. Depuis Sant Francesc Xavier, le « chemin vert » qui longe l'Estany des Peix vous mènera jusqu'au parc naturel de Can Marroig, tout près de la Punta Sa Pedrera.

ESTANY DES PEIX ★

Au nord de l'île, tout près de l'Estany Pudent, l'Estany des Peix (« étang des poissons ») est une lagune d'eau salée classée « Zone de protection spéciale des oiseaux » par l'Unesco, séparée de la mer par un mince bandeau de dunes et abreuvée par une étroite ouverture. De petites embarcations sont amarrées sur ces eaux placides et transparentes. La lagune est découpée de petites plages de sable (baignade, voile, kayak...). A la tombée de la nuit, le soleil couchant dessine en reflets les silhouettes des bateaux sur l'eau. Un joli spectacle !

SES SALINES ★★★

Les salines de Formentera constituent aujourd'hui une grande zone naturelle protégée. Le site est de toute beauté, avec ses eaux aux reflets rose et violet – dû au processus de salinisation – bordées de pistes cyclables. La réserve naturelle de Ses Salines, classée depuis 1955, englobe les salines du sud d'Ibiza, le nord de Formentera, ainsi que l'espace maritime qui les sépare, riche en posidonie (*Posidonia oceanica*), une plante océanique protégée. Les salines d'Ibiza et de Formentera ont en outre été classées au patrimoine de l'Unesco en 1999. Une belle balade.

ESTANY PUDENT ★

L'Estany Pudent est une étendue d'eau salée de 3,5 km². C'est le plus grand lac de l'île. Son nom, peu glamour, signifie l'étang qui pue (« pudent »), en référence aux mauvaises odeurs qui s'en dégageaient jadis. Au XVIIIe siècle, on construisit un canal pour le relier à la mer et assainir ses eaux stagnantes et puantes. Il était en outre surnommé l'étang des flamants roses. Heureusement, aujourd'hui, plus d'odeurs désagréables, mais un cadre plutôt plaisant pour se promener et observer les oiseaux. Attention, baignade interdite !

FORMENTERA NATURAL

✆ +34 661 141 411

www.formenteranatural.com

L'agence Formentera Natural organise vos activités et vos séjours sur mesure à Formentera. Ignacio et Paula gèrent cette structure familiale avec beaucoup de professionnalisme. Ils s'occupent de tout, de la location de votre véhicule, à la réservation d'activités sur place (excursions en voilier, catamaran, kayak, surf paddle, snorkeling, randonnées équestres ou encore pédestres...), en passant par la réservation de votre hébergement et de votre transport depuis Ibiza. L'agence organise en outre des mariages dans ce petit paradis bleuté.

AQUABUS FERRY BOATS

Port de La Savina, s/n
✆ +34 971 317 188
www.aquabusferryboats.com

Fonctionne toute l'année. Ferry low cost reliant Ibiza à Formentera. 15 € l'aller. 29 € A/R.

Une option qui conviendra aux petits budgets. Les bateaux sont plutôt simples, de taille modeste, mais fonctionnels. Ils vous permettront de rejoindre Formentera sans trop dépenser. Le trajet dure environ 45 minutes, parfois plus (jusqu'à 1h15 !). Ce n'est donc pas le moyen le plus rapide. A éviter si vous êtes très pressés ! C'est en revanche le plus économique. En plus du service de ferry, l'enseigne dispose d'un catalogue varié d'excursions autour d'Ibiza (îlot d'Es Vedrà, sortie vers le Hippy Market, découverte des grottes, tour complet de l'île...).

FORMOTOR

Port de La Savina, s/n
✆ +34 971 322 929
www.formotor.com

Scooter à partir d'environ 14 €/j. Voiture à partir de 30 €/j. et véhicule électrique à partir de 40 €/j.

Belle flotte de véhicules (boîte manuelle et automatique, petit modèle, monospace, cabriolet, jeep, électrique, mais aussi scooters cylindrées, vespas, quads, vélos et vélos électriques). Présence de deux agences, la principale à La Savina et une succursale à Es Caló. Couverture et assistance totale sur tout Formentera. Le gestion familiale de la structure offre un service attentionné et en même temps très professionnel. Sur place un garage pour la maintenance et la réparation des véhicules. On parle français. Très recommandé.

© CONSELLERIA DE TURISME DE FORMENTERA - ALEX MARTÍN

Ses Salines (Formentera).

FORMENTERA

FORMENTERA MEHARIS

✆ +34 626 057 473
www.formenterameharis.com

Selon la saison et la durée de la location, compter entre 55 et 95 € par jour.

Agence spécialisée dans la location de Meharis, un modèle iconique de voiture plein air fabriqué par la marque Citroën des années 1968 à 1988. A la base, il était conçu pour *rider* dans le désert et sur les terrains sablonneux. Simple, légère, tout terrain, peu gourmande en essence, la Citroën Méhari (dromadaire en arabe !) a le vent en poupe à Formentera. Il faut dire qu'elle s'adapte parfaitement aux caractéristiques de l'île, et est un moyen idéal pour visiter Formentera cheveux au vent, et avec style. Si vous souhaitiez passer incognito, c'est raté !

TRASMAPI

Port de La Savina, s/n
✆ +34 971 322 703
www.trasmapi.com

Service toute l'année. Enregistrement en ligne possible. Transfert aéroport-port gratuit pour un billet A/R.

Avec plus de 40 ans d'expérience, il s'agit de la meilleure compagnie de ferries inter-îles, Trasmapi propose une cinquantaine de trajets en haute saison et des services à bord. Située sur le port d'Ibiza, la compagnie met à la disposition des voyageurs une flotte de ferries d'une grande capacité pour les passagers et les véhicules (Castaví Jet). Tous les ferries sont modernes et confortables. Les salles intérieures sont spacieuses, équipées de téléviseur, climatisation, bar, accès handicapés, espaces pour changer les bébés et accès extérieurs au pont.

HOTEL LAGO DORADO €

✆ + 34 971 322 267
www.lagodorado.com
A partir de 80 € la chambre double. Wifi et parking gratuits, air conditionné.

A quelques mètres de la mer, vue agréable sur l'étang depuis cet hôtel à l'ambiance familiale, et en particulier depuis la terrasse du restaurant, Le Florit, qui mitonne une bonne cuisine méditerranéenne. Sans grand luxe, les chambres sont simples, mais confortables, toutes équipées d'un balcon avec vue sur l'étang ou, au choix, sur la campagne environnante. Sa tranquillité, son emplacement privilégié, sa belle piscine en extérieur et son service attentionné en font une bonne option pour séjourner sur l'île à prix convenable.

HOTEL BELLAVISTA FORMENTERA €€

Port de La Savina, s/n
✆ +34 971 323 324
www.bellavista-formentera.com
Chambre double standard à partir de 100 €, petit déjeuner inclus.

Ouvert en 1949, à deux pas du port de La Savina. L'hôtel Bellavista Formentera est l'un des premiers hébergements de l'île. Il s'est depuis refait une beauté et propose désormais une quarantaine de chambres de taille modeste (la salle de bain, surtout), équipées de climatisation. La nuit n'est tout de même pas donnée pour un 3-étoiles ! Le restaurant, spacieux, délivre un joli point de vue sur le port (à tester : la goûteuse *caldereta de langosta*).

HOSTAL LA SAVINA €€

Avinguda de la Mediterrània, 22-40
✆ +34 971 322 279
www.hostal-lasavina.com
Ouvert de fin avril à fin octobre. Chambre double standard de 75 à 250 € (vue sur mer), petit déjeuner inclus.

Voici une excellente adresse à Formentera. Chambres confortables et bien décorées, bien qu'un peu exiguës. Certaines bénéficient d'un accès direct sur l'Estany des Peix. Le restaurant de cuisine méditerranéenne, tout à fait recommandable, permet de profiter des superbes couchers de soleil sublimant la baie et les bateaux qui y mouillent. Sans doute l'une de nos adresses préférées à La Savina, pour son ambiance tranquille, sa position idéale et son remarquable rapport qualité-prix. Bon à savoir : les chambres côté rue sont un brin plus bruyantes.

ART CAFÉ €

Passeig de la Marina
✆ +34 971 32 32 66
Horaires variables en fonction de la saison. Tous les jours en été, de 8h à 23h. A partir de 15-20 € le repas.

Un petit café-restaurant très sympa situé tout au bout de la Marina. En plus, il est ouvert toute l'année. Simple, local, authentique, c'est le genre d'endroit qui finit par nous manquer à Formentera ! Petite terrasse pour boire son café, croquer un sandwich, une salade ou boire un verre en observant le va-et-vient des bateaux. La cuisine est ouverte toute la journée en saison. Au menu : tostadas, bocadillos et tapas à partager (*para picar*), salades, hamburgers et plateaux combinés. Rien d'extravagant, mais parfait pour l'apéro !

HOTEL BAHÍA FORMENTERA €€

Port de La Savina, s/n ✆ +34 971 322 142
www.hotelbahiaformentera.com
Chambre double à partir d'environ 85 €. Fermé hors saison.

Hôtel familial de 32 chambres joliment décorées dans un esprit marin assez sobre. Chambres plutôt spacieuses, lumineuses et bien équipées, avec terrasse privée (vue sur le port !), clim et TV. Bonne situation, juste en face de la marina et à 5 minutes à pied du terminal de ferries. Pratique et fonctionnel. Le personnel, aimable et serviable, est toujours prêt à rendre service aux voyageurs. L'hôtel propose une cuisine de la mer très correcte. Un bon rapport qualité-prix, surtout en été lorsque l'île est pleine à craquer et que les prix flambent.

CAN CARLITOS €€

Carrer de s'Almadrava
✆ +34 971 322 570
www.cancarlitosformentera.com
Fermé hors saison. Comptez entre 35 et 45 €.

Nandu Jubany, chef catalan de renommée internationale, et Francisquiño, propriétaire de l'élégant et mythique restaurant Can Carlos à Sant Francesc, se sont associés pour créer Can Carlitos, un *chiringuito chic* proposant une cuisine typique (tapas, omelettes, riz, poissons, fruits de mer...). Dans un cadre informel, boisé et coloré, et une situation des plus privilégiées, face à la mer, on déguste une cuisine méditerranéenne échafaudée à partir de produits frais et de premier choix ! Une adresse à ne pas manquer dans le village de La Savina.

QUIMERA RESTAURANT €€

Avinguda de la Mediterrània, 24
✆ +34 971 322 279
quimerarestaurant.com
Fermé hors saison. Comptez 35-40 €.

C'est le restaurant de l'hostal La Savina. Sa superbe terrasse ouverte donne sur les eaux immobiles de l'Estany de Peix. Avec sa décoration boisée et joliment végétalisée, et la vue magique, l'atmosphère est romantique à souhait ! Et elle l'est encore plus au coucher du soleil. Carte courte, faisant honneur à la cuisine méditerranéenne, avec une touche moderne. C'est la chef barcelonaise Ana Jimenez García qui s'affaire derrière les fourneaux (elle a notamment gagné une étoile Michelin en 2014 lorsqu'elle travaillait dans le restaurant Can Dani.).

MOLO47 RESTAURANT €€€

Port de La Savina
✆ +34 602 422 693
www.molo47restaurant.com
Fermé hors saison. A partir de 50 €.

Cuisine fusion japonaise échafaudée par le chef italien Antonio d'Angelo, servie dans un cadre chic parfumé d'embruns iodés (face à la marina !). Très cher, mais original. A la carte, la farandole de saveurs et d'exotisme donne l'eau à la bouche. Bons *ceviche* ou sashimis de saumon tataki en entrée. Les plats de résistance, à base de poisson pour la plupart (un délicieux cochon ibérique cuisiné à basse température est également au menu !), sont fins et inventifs. Portions maigres. Belle expérience, mais pas pour toutes les bourses !

CAFÉ DEL LAGO

Avinguda de la Mediterrània, 20
✆ +34 971 32 31 87
www.cafedellago.es
De mai à fin octobre. Plats autour de 20 €.

Joli café offrant une vue spectaculaire sur l'étang des Peix. Très bien pour un petit déjeuner copieux, un brunch à midi, un milk-shake l'après-midi ou un verre en soirée. A la carte, des salades, un large choix de pizzas (classiques ou spéciales), des pâtes fraîches (on recommande le plat de *Chitarrine con bogavante, salsa de tomate cherry y albahaca fresca* ou encore les *Spaghettis con almejas)*, poissons et viandes. Et pour ceux qui sont raides de pizza, on y propose même une pizza au Nutella, en dessert. Tarifs assez élevés, comme partout.

BARCA BAHIA

✆ +34 609 600 538
Plusieurs départs/retours par jour. Consultez les horaires sur le site du restaurant Es Ministre. Compter 22,50 € A/R.

Depuis la gare maritime de La Savina, cette embarcation privée vous conduira sur le magnifique îlot de S'Espalmador, avec une escale sur la plage de Ses Illetes. Une excursion qui vaut le détour, pour ses plages paradisiaques baignées d'eau azur. C'est d'ailleurs l'équipe du restaurant Es Ministre, posé sur la plage de Ses Illetes, qui propose ce service de navette payante (n'hésitez pas à les contacter pour plus d'informations !). On ne recommande pas le restaurant, en revanche, dont les prix sont exorbitants, au vu de la qualité proposée.

BLUE ADVENTURE

Carrer de la Almadrava, 67
✆ +34 971 321 168
Baptême de plongée autour de 80 €.

Yann, un Français installé sur l'île depuis de nombreuses années, a décidé d'ouvrir son centre de plongée à La Savina : Blue Adventure (centre de plongée SSI - Scuba Schools International). C'est l'un des plus appréciés à Formentera. Sur la terre ou sous l'eau, il connaît l'île comme sa poche ! L'équipe, très pro, vous emmènera dans les meilleurs spots de plongée de l'île. Le centre propose aussi bien des baptêmes que des sorties pour les plongeurs expérimentés et des formations complètes. Pour tous les niveaux et en français. Un centre à taille humaine.

CENTRO DE BUCEO VELLMARÍ

Port de La Savina
✆ +34 971 322 105
www.vellmari.com

Un centre de plongée à recommander sur l'île. Les équipes, très professionnelles, proposent des immersions au large de Formentera et d'Ibiza. Accessible à tous les niveaux, du baptême aux plongées plus profondes, réservées aux plongeurs aguerris. Le site de la « plateforme Espardell », oscillant entre 12 et 32 mètres, est l'un des plus prisés par les plongeurs expérimentés. Vellmari concocte en outre des formations spécifiques pour les plus avancés : spécialité navigation, spécialité plongée en eaux profondes, formation de sauvetage, etc.

CENTRO NAUTICO FORMENTERA

Carrer de s'Almadrava, 60
+34 627 478 452
centronauticoformentera.com
Location de kayaks simples à partir de 15 €/h, 65 € la journée. Double, même tarif horaire, 75 € la journée.

Centre nautique. Activités/cours ouverts à tous et pour tous les niveaux. Vous pourrez y louer des kayaks, à l'heure ou à la journée, ou encore un paddle-surf (plus ou moins au même tarif). Excellente option pour aller jeter un œil aux criques et aux grottes situées autour de La Savina. Autre possibilité : louer une planche à voile, une embarcation de type Zodiac (sans permis) ou encore réserver une visite guidée, telle l'excursion coucher de soleil en kayak.

ISLA AZUL

Avinguda de la Marina, 80
+34 611 494 530
fr.islazulformentera.com
En saison. Zodiac Pro 420 à partir de 185 €. Semi-rigide à partir de 220 €.

Agence sérieuse de location d'embarcations : zodiacs et semi-rigides, avec ou sans permis, goélettes (capacité jusqu'à 25 personnes) ou encore voiliers (capacité jusqu'à 10 personnes). Notre premier choix dans le port de La Savina. Equipe attentionnée. Outre la location de bateaux, Isla Azul Formentera organise aussi des excursions en mer pour les groupes et a lancé depuis 2020, un service de location de planches de paddle surf. Une expérience inoubliable ! Réservation anticipée fortement conseillée, surtout en haute saison.

FORMENTERA DIVERS

Carrer Almadraba, 7
+34 971 18 05 61
www.formenteradivers.com
Ouvert toute l'année. Service transfert. Boutique sur place.

Ce centre compte parmi les meilleurs centres de plongée de l'île. Equipe de confiance, avec une longue expérience. Sorties et tours proposés à Formentera et Ibiza. Au programme : baptême, plongée épave, plongée spéléo, plongée profonde, plongée murale ou encore plongée nocturne. Également des formations pour différents niveaux (introduction, perfectionnement, spécialisations et cours pour les instructeurs, cours de sauvetage...). Ils sont aussi de vrais spécialistes de la photographie-vidéo sous-marine (beaux souvenirs à la clé !).

NAUTICA PINS

Avinguda de la Mediterrània, 15
+34 971 322 651
www.nauticapins.com
À partir de 220 €/jour (essence non inclus) pour une embarcation, capacité 2 personnes (QUASAR 405 Yamaha F25 CV).

Une des entreprises les plus réputées de Formentera pour la location de tous types d'embarcations à moteur, avec ou sans permis (en cas d'absence de permis, vous pourrez naviguer avec le patron). Plusieurs options possibles selon le nombre de participants (de 2 à 12 personnes). Bonne option pour se déplacer librement autour de l'île et éviter de jouer les sardines sur la plage ou pour rejoindre les restaurants, *chiringuitos* et hôtels possédant leurs propres embarcadères. Nàutica Pins dispose aussi d'une boutique-magasin (plongée, pêche, vente de bateaux...).

HELIX RENT A BOAT

Port de La Savina
+34 638 118 780
www.helixrentaboat.com
En saison. A partir de 215 € par jour (pour un Valiant 430 Comfort / Mercury F15).

Agence de location d'embarcations située dans le port de La Savina. Location avec ou sans permis (vedettes). Au-delà des petits canots pneumatiques, le catalogue inclut aussi des voiliers et yachts (pour naviguer avec ou sans accompagnateur). Service de taxi-bateau et excursions personnalisées sont également disponibles. Bon à savoir : vous pouvez bénéficier d'une réduction de 10 % si vous effectuez votre réservation en ligne. Avant de prendre le large, renseignez-vous sur la distance à respecter le long des côtes, dans les espaces protégés.

SA BARCA DE FORMENTERA

Port de La Savina
+34 634 577 932
www.sabarcadeformentera.com
Selon saison et catégorie comptez de 260 à 520 €/j. Permis de navigation obligatoire. Service de patron à 120 €/j.

Sa Barca de Formentera offre un service de location et des excursions en *llaüt*. Ces embarcations en bois typiques des Baléares, également appelées « Menorquines », sont les héritières des traditionnels bateaux de pêcheurs. Ils disposent de tout le confort nécessaire pour passer une journée entière sur le bateau (matelas pour se dorer la pilule, tendelet si la chaleur redouble, équipement audio pour s'évader, glacière pour se rafraîchir...). Du côté des excursions, en *llaüt,* toujours, « snorkeling » et « coucher de soleil » sont proposés.

PLATJA DES CAVALL D'EN BORRÀS ★

C'est l'une des plages les plus proches du port de La Savina (juste avant la plage de Ses Illetes, à l'ouest des salines). De sable fin, elle est fermée par un petit bosquet de pins et de genévriers et baignée par une mer turquoise. Au large, les îlots Es Vedrà et Es Vedranell dominent le panorama maritime de leurs 382 et 128 mètres de hauteur respective. Très fréquentée en saison, la jolie plage est aussi surveillée en été. Elle est surtout fréquentée pour ses célèbres *chiringuitos* qui attirent une clientèle huppée venue siroter une *pomada* et s'évader face au coucher du soleil. Un parking, souvent plein, se trouve à deux pas de la plage.

BESO BEACH €€

Playa De Cavall d'en Borràs
✆ +34 971 349 900
www.besobeach.com
Ouvert tous les jours en saison. A partir de 40 € par personne.

Certains le considèrent comme un incontournable, d'autres comme un attrape-nigaud. Le genre d'endroit qu'on aime ou on n'aime pas ! Toujours est-il que ce *chiringuito* à l'ambiance mondaine continue d'attirer stars et touristes dans un cadre à l'atmosphère très Robinson ou « hippie chic », comme on sait si bien le faire sur l'île, les pieds dans le sable... A la carte, cuisine méditerranéenne et basque plutôt réussie (tarifs très « Formentera » !). Le soir, ses DJ sets séduisent le beau monde. N'oubliez pas de réserver, le lieu est très prisé en été !

EL TIBURÓN €€

✆ +34 659 638 945
tiburonformentera.com
Ouvert tous les jours en saison. A partir de 35/40 €.

Planté sur la plage, face à la mer, le Tiburón (« requin ») est un endroit à l'image de Formentera : relax, bobo et séduisant. Pourtant, il est loin de faire l'unanimité ! Avec ses tables en bois, l'ambiance se veut informelle, même si on y croise de nombreux propriétaires de yacht… Les plats sont hors de prix, tout comme les cocktails qui se sirotent, en compensation, face à un splendide coucher de soleil. Actif depuis près de 30 ans, le restaurant reste à citer parmi les classiques de l'île. A vous de voir si vous souhaitez mettre la main au porte-monnaie !

PLATJA DE SES ILLETES ★★

Du sable fin et blanc sur 450 m, une eau turquoise d'une pureté exceptionnelle… hors saison, la plage de Ses Illetes est un vrai paradis. En été, elle est victime de son succès et parfois complètement saturée. L'accès à la réserve naturelle devient d'ailleurs payant pour limiter l'affluence des voitures (mais il reste gratuit pour les vélos). Le vélo est donc une option à envisager pour vous y rendre (3 km depuis La Savina). La plage est baignée par une eau incroyablement bleutée et cristalline. En allant jusqu'à la pointe, vous profiterez d'un point de vue époustouflant sur Ibiza. Si le vent souffle sur Illetes, mettez le cap sur la plage du Llevant !

ÎLE DE S'ESPALMADOR ★★★

Compter 22,50 € l'aller-retour en bateau (contacter le restaurant Es Ministre).

En longeant Ses Illetes jusqu'à la pointe de l'île, vous verrez juste en face l'île de S'Espalmador, située à 150 mètres seulement de Formentera. Depuis le parking du restaurant Es Ministre, qui marque la fin du chemin de terre, il vous faudra compter une trentaine de minutes pour arriver à l'extrémité de la péninsule. Toutefois, pour rejoindre Espalmador (si vous n'avez pas de bateau), vous devez réserver votre traversée à bord du Barca Bahia (renseignements auprès du restaurant Es Ministre). La traversée à pied est strictement interdite ! Arrivé sur l'île, attention les yeux : de longues plages de sable blanc vous y attendent. Malgré l'affluence de bateaux en provenance d'Ibiza et de Formentera, on se sent ici au bout du monde ! Soyez prévoyant : apportez de l'eau et de quoi grignoter, il n'y a absolument rien pour se ravitailler sur place. Cette île, d'une superficie de 3 km², est une propriété privée, achetée en 1927 par Bernard Cinnamond James, connu sous le nom de Don Bernat. Il y a fait construire une superbe maison en bord de mer, ainsi qu'une petite maison vers l'intérieur de l'île où étaient logés les gardiens de l'île pendant son absence. Aujourd'hui, la grande maison appartient aux descendants de Don Bernat, mais l'île n'est plus vraiment « privée » puisqu'elle dépend du parc naturel de Ses Salines. En marchant en direction de la maison des gardiens, vous verrez une foule de gens se recouvrir de boue avant de s'étendre au soleil. Même si l'expérience vous tente, sachez qu'elle est absolument interdite.

ES MOLÍ DE SAL €€

Platja de Ses Illetes
✆ +34 971 187 491
esmolidesal.es
Fermé hors saison. Paella à partir de 40 € par personne.

Niché dans l'un de ces anciens moulins à sel illustrés sur les cartes postales. On aperçoit toute la côte d'Ibiza et, en contrebas de la terrasse, la plage de Ses Illetes. Décor sobre, murs de pierre et tables à nappe blanche. Poissons et crustacés (*bullit de peix*, poisson du jour, homard, gambas...), paellas, pâtes et quelques plats de viande (*solomillo*, côte de porc, entrecôte d'Angus noir...). Attention : si le choix est vaste, les prix ne sont pas à la portée de toutes les bourses. Sinon, venez y prendre l'apéritif au moment du coucher de soleil !

JUAN Y ANDREA €€€

Platja d'Illetes
✆ +34 630 258 144
www.juanyandrea.com
Ouvert d'avril à octobre, le midi uniquement. Comptez 100 à 150 €. Réservation anticipée fortement recommandée.

C'est l'un des restos les plus chers et les plus exclusifs de Formentera. Les héritiers de Juan et Andréa ont repris les rênes de l'établissement servant homards, gambas, langoustines, paellas et poissons dans un cadre idyllique. Les luxueux bateaux en provenance d'Ibiza en ont fait une étape quasi obligée sur la route des plaisirs estivaux. Ceux qui jettent l'ancre au large ont le même droit à un service de Zodiac réservé aux clients. Pour le commun des mortels, le restaurant est accessible par un chemin de terre. « Luxe, calme et volupté ».

PLATJA DE LLEVANT ★★★

La plage de l'est. Avec ses 1 500 mètres de sable blanc et sa mer topaze, elle est tout aussi populaire que sa voisine occidentale, Illetes, mais un brin moins fréquentée. Sauvage, la plage de Llevant est en réalité formée par une succession de petites échancrures de sable séparées par des saillies rocheuses et de fines langues de sable aux reflets roses. En arrière-plan, paysage dunaire et végétation caractéristique des sols sablonneux. Des chiringuitos pour se restaurer les pieds dans le sable. Deux accès possibles et un parking payant en saison. Vous pourrez par ailleurs y louer parasols et transats pour vous dorer la pilule au paradis.

MANOLITO €

Platja de Llevant ✆ +34 669 30 98 02
Ouvert de 10h à 20h (22h le vendredi et le samedi). Plats autour de 20 €.

Niché derrière les dunes, l'ancien Kiosko LLevant a changé de propriétaires en 2017 et s'appelle désormais Manolito, à l'image de sa carte et de son décor remixé à la sauce italo-chic. Burrata, salade de chèvre, tartare de saumon, spaghetti aux fruits de mer, hamburger, calmars de Formentera, solomillo à la plancha... Mousse au chocolat maison et tiramisu en dessert. Certes, moins authentique qu'avant, mais l'adresse reste agréable pour une pause aux abords de la plage de Llevant. Côté rapport qualité-prix-service, en revanche, on a vu mieux !

Ses Illetes.

TANGA €€

Platja de Llevant
✆ +34 971 187 905
www.restaurantetanga.com
Tous les jours en saison. A partir d'environ 30 €.
Restaurant populaire de la plage de Llevant, le Tanga possède une grande terrasse couverte et un joli décor rustique, tout en bois. A l'entrée de la plage, l'adresse est moins « bling-bling » que les restos de Ses Illetes et un poil moins cher, bien que les prix pratiqués dépassent la qualité proposée. On y mitonne des spécialités typiques type paellas et poissons fraîchement pêchés, viviers de la maison. Quelques plats de viande également au menu. Mais on s'y rendra surtout pour le cadre privilégié, face à une mer bleue comme l'azur.

PLATJA DE SA ROQUETA ★★

Entre la plage de Llevant et la tout aussi jolie plage de Ses Canyes, une petite plage de sable blanc tranquille, enserrée entre deux plateformes rocheuses. Ses eaux aussi turquoise que translucides sont un vrai plaisir pour les yeux. Le lieu, plus intimiste que les autres plages de la côte nord, est souvent fréquenté par des baigneurs en tenue d'Adam, mais pas que. Attention quand il y a du vent, la plage se couvre de vestiges de posidonie et quelques méduses peuvent s'inviter dans l'eau. Quand le vent est inexistant, en revanche, Sa Roqueta est une véritable piscine. A l'arrière des dunes cernant la plage, hôtels et restaurants se sont installés.

SANT FRANCESC DE FORMENTERA ★★

C'est le chef-lieu de l'île (1 600 habitants). Le petit village, tout de blanc vêtu, implanté à 3 km du port de La Savina, dégage un charme indéniable. L'église immaculée de Sant Francesc préside avec élégance la place centrale habillée de palmiers et de terrasses aux pergolas fleuries. A deux pas se trouve l'office de tourisme de Sant Francesc. Bonnes tables, boutiques bobos et cafés animés jalonnent ses pittoresques ruelles. En été, tandis que le marché hippie y installe ses quelques étals, Sant Francesc se remplit de vacanciers venus musarder sous le soleil. A l'heure de la sieste en revanche, le village est d'un calme absolu.

CHAPELLE DE SA TANCA VELLA ✞

Carrer del Diputat Mariano Serra
Au cœur de Sant Francesc, cette minuscule chapelle romane est le premier sanctuaire chrétien qui fut érigé sur l'île. Fondée en 1336, elle se distingue par sa structure rectangulaire surmontée d'une voûte en berceau, et par son absence totale d'ornementation. A l'origine, elle était dédiée à Sant Valero. Devenue trop petite pour accueillir le nombre croissant de fidèles, elle fut abandonnée au XVIIIe siècle au profit de l'église Sant Francesc Xavier.

ÉGLISE SANT FRANCESC XAVIER

Plaça de l'Església
Impossible de manquer cette belle église cubique immaculée, fièrement dressée sur la place du village. Dédiée à saint François Xavier, elle fut édifiée entre 1726 et 1738. C'est d'ailleurs la plus ancienne église de l'île. Remarquez l'absence totale de décoration qui caractérise sa façade, dépouillée. L'église fut en effet conçue comme une forteresse afin de protéger les habitants de l'île des invasions. Attenante, la salle d'exposition municipale présente des expos d'art contemporain.

MUSÉE D'ETHNOGRAPHIE DE FORMENTERA

Carrer Jaume I, 19
✆ +34 971 322 670
Entrée gratuite.
On rencontre ce modeste musée ethnographique caché à l'étage d'un édifice, dans l'une des rues principales du village. Vous pourrez y admirer une collection d'objets et d'outils liés au passé agricole et aux anciens métiers de l'île, et en particulier au travail de la terre, à la pêche et à l'exploitation des salines. Eh oui, l'île n'a pas toujours été entièrement tournée vers le tourisme ! Une visite touchante et intéressante, bien qu'on en fera très vite le tour.

FORMENTERA

FORMENTERA TURISME

1 Plaça de la Constitució ✆ +34 971 32 10 87
www.formentera.eco/fr

Entité officielle du gouvernement des Iles Baléares en charge de la promotion et du développement du tourisme.

Formentera Turisme est la marque officielle du Comité Régional du Tourisme qui gère le réseau des 3 offices de tourisme de l'île (La Savina, Sant Francesc Xavier et Es Pujols). Elle concentre toutes les informations sur les adresses, actualités et les activités présentes sur l'île, que vous pouvez consulter directement aux offices du tourisme, par téléphone ou sur internet. La marque est par ailleurs en charge de la création et du développement de nouveaux produits et thématiques touristiques (tourisme actif, découverte du patrimoine local, gastronomie...).

AGENCE RECEPTIVE VIAJES ES FREUS

Carrer de Sant Joan
✆ +34 971 32 22 84
www.esfreus.com

Es Freus, spécialiste des Baléares, possède des agences de voyages dans chacune des quatre îles de l'archipel. En tant qu'agence réceptive, il propose des formules sur mesure pouvant inclure le logement, les transferts, les excursions et la location de véhicules. Pratique si on veut se laisser guider et conseiller dans l'organisation de ses vacances. N'hésitez pas à poser vos questions directement auprès des agents, dans les bureaux de Sant Francesc Xavier.

CASA DE HUÉSPEDES CAN RAFAL €

Carrer Isidor Macabich, 10-12 bajo
✆ +34 971 322 205
www.casarafal.com

Chambre double autour de 90 € la nuit.

Un des plus anciens hôtels de l'île. Dans la rue qui descend de l'église à droite, en plein centre de Sant Francesc, cette petite pension dispose de 8 chambres propres et bien tenues. Ce n'est pas le grand luxe, mais les tarifs sont presque raisonnables pour Formentera. Son propriétaire a installé au rez-de-chaussée le restaurant du même nom, très fréquenté pour ses repas simples, mais bons. Quelques tables posées dans la ruelle invitent à la halte.

LA MASIA €€

Carretera de La Savina à La Mola
✆ +34 608 136 495
www.lamasiaformentera.com

Ouvert en saison. Bungalow ou appartement à partir de 130 €, petit déjeuner inclus.

Un ensemble de bungalows et d'appartements chics et *cosy*, à 5 min de Sant Francesc. Tous décorés avec goût, dans un esprit bohème et une touche d'inspiration orientale. On se croirait dans une hacienda andalouse ! Terrasse privée, cuisine équipée et climatisation. Autour de la superbe piscine, ambiance *lounge* et détente absolue. Le petit déjeuner, exquis et personnalisé, vous sera servi directement sur votre terrasse. Wifi dans tous les appartements, comme dans les parties communes. Service aux petits soins. Si votre budget vous le permet, foncez !

CAFÈ MATINAL €

Carrer Arxiduc Lluis Salvador, 18
✆ +34 971 322 547

Ouvert tous les jours de mai à octobre, de 8h à 15h (sauf dimanche). A partir de 10 €. Réservations et CB non acceptées.

Ouvert en 1988 par Ina, artiste autodidacte passionnée de cuisine, et Josep, un Catalan qui a fait le tour des cuisines des meilleurs hôtels d'Europe avant de s'expatrier à Formentera, le Cafè Matinal est une véritable institution ! Comme son nom l'indique, cette petite adresse dissimulée au détour d'une ruelle piétonne s'est spécialisée dans les brunchs et petits déjeuners à base de produits frais et faits maison. Cadre très mignon, tarifs raisonnables, on n'a pas peur de le dire, c'est l'une des meilleures adresses de l'île pour un petit déjeuner sucré/salé.

CAN GAVINU €

Carretera de La Savina a la Mola km 3,3
✆ +34 617 19 44 01

Ouvert de 20h à minuit. A partir de 30/40 €. Parking privé.

Voici une très bonne table au cadre romantique, agrémentée d'une terrasse à la lumière tamisée. Le restaurant est apprécié pour sa cuisine élaborée au bon rapport qualité-prix, autant que pour sa jolie décoration. A la carte, poissons et fruits de mer, travaillés avec inventivité, sont les grandes vedettes. Les spécialités fleurent bon la cuisine italienne. On vous recommande notamment les pâtes aux fruits de mer, délicieuses, sans oublier de mentionner les desserts maison, qui ne sont pas en reste. Bref, ça vaut le détour !

© HOTEL ES MARÈS

© HOTEL ES MARÈS

© HOTEL ES MARÈS

HOTEL & SPA ES MARES €€

Carrer Santa Maria, 15
✆ +34 971 323 216
www.hotelesmares.com

Chambre double standard entre 150 et 400 € selon la saison, petit déjeuner inclus. Parking privé.

Hôtel douillet, contemporain et design. Il tire son nom d'une roche omniprésente sur l'île : le grès. Faisant partie intégrante de son architecture, le grès contribue ici à l'authenticité du décor, s'entremêlant à merveille à la décoration aussi minimaliste que raffinée. La vingtaine de chambres, impeccables et sobres, le spa, le jardinet et la petite piscine extérieure confèrent un caractère paisible et serein à l'établissement. Le restaurant, à l'image de l'hôtel, est l'occasion d'une belle expérience culinaire. Une perle !

© HOTEL ES MARÈS

© HOTEL ES MARÈS

FONDA PLATE €

Carrer Jaume I, 1
✆ +34 971 322 313
Ouvert de 10h à 2h. Fermé le dimanche. Compter 15 à 30 €.

Ce bar-restaurant animé en soirée possède une jolie terrasse ombragée. C'est le lieu parfait pour partager quelques tapas, dont le très bon poulpe *a la planche*, les *croquetas* de poulet maison, les calamars à l'andalouse (frits), que l'on pourra accompagner de petits plats plus élaborés comme le saumon teriyaki ou le fondant solomillo au foie gras. En cas de petite faim, offrez-vous un peu de simplicité : le sandwich de *pan con tomate y jamón serrano* (pain à la tomate et jambon serrano) est très bon ! Des concerts certains soirs.

MARGARITA €

Carrer Santa Maria, 50
✆ +34 669 987 083
De 9h à 23h30. A partir de 15-20 €.

Décor contemporain, cuisine internationale, « de Tokyo à Lima », option *healthy* et bon café... Voilà le concept du Margarita. On vous recommande surtout les pizzas, pas mal du tout, avec une pâte légère et croustillante à la fois et des ingrédients de première fraîcheur. Les plats à base de pâtes sont également à signaler (Formentera, ce n'est pas l'Italie, mais presque !). En prime du joli décor, les tarifs sont raisonnables, ce qui est, vous l'aurez compris, plutôt rare sur l'île. Plusieurs options pour les végétariens. Ouvert dès l'heure du petit déjeuner.

S'ABEURADA DE CAN SIMONET €

Carrer des Pla del Rei, 111
✆ +34 971 323 562
En saison (jusqu'en janvier). Ouvert de 13h à 15h30 et de 20h à 23h. Fermé dimanche et lundi. A partir de 15 €.

Rita et ses fils mitonnent une cuisine typique mettant à l'honneur les spécialités de l'île dans ce restaurant servant tapas et bons petits plats. L'ambiance se veut bon enfant et locale. A la carte, testez le *frit de pop*, la salade au poisson sec ou encore le poulpe de Formentera. Vous pourrez aussi goûter de l'excellente charcuterie importée de la zone de Salamanca, en Espagne. C'est frais et bon, et en plus, servi dans un joli local décoré de mobilier en bois.

CA NA PEPA €€

Plaça de La Constitució, 5
✆ +34 608 576 060
www.canapepa.com
De 9h à 16h et de 20h30 à 1h. Autour de 20 € le midi, et 45-55 € le soir, à la carte.

A deux pas de l'église, ce coquet resto possède une belle terrasse végétalisée et une déco *cosy*. C'est une superbe adresse pour prendre son petit déjeuner (croissants frais, jus pressés, tostadas, œuf cuisiné sous toutes ses formes...), une halte sympa à l'heure du déjeuner et une escale gourmande, le soir, où les plats sont plus travaillés. A tester, la pluma iberica ou le spectaculaire *entraña* de wagyu. Pour finir sur une note sucrée, desserts et glaces faits maison. Mention spéciale pour la carte des vins, particulièrement intéressante.

CAN PEPITO FORMENTERA €€

Calle Es Vedrà, 1
✆ +34 689 191 622
www.canpepitoformentera.com
Tous les soirs en saison. Fermé le reste de l'année. À partir de 15/20 €.

Une excellente table qui habite les murs d'une ancienne maison de paysans. Terrasse sublime le soir, à la lumière des guirlandes. Derrière les fourneaux, on échafaude une cuisine du monde aux multiples influences (poke bowl, salade Thai, burger de seiche, roast-beef mayonnaise ou encore tartare de thon...), dont une touche française (fromages, steak tartare et pâtisseries maison). Mais la grande spécialité de la maison, ce sont les galettes de farine de sarrasin, garnies de produits frais. Bon, inventif. Une adresse à découvrir.

EL GIOVIALE €€

Carrer de Santa Maria, 59
✆ +34 672 713 419
Ouvert du jeudi au mardi de 13h30 à 16h et de 20h30 à 23h30. Fermé le mercredi. Plats autour de 15/20 €.

La mafia Dolce Vita a encore frappé ! A l'ombre, sur la terrasse, décorée de florissants bougainvilliers, on se régalera d'une cuisine italienne finement élaborée avec, en particulier, des plats de pâtes à tomber. Les sauces sont délicieuses, les aliments frais. Le tout rythmé par un service efficace et sympathique, malgré l'affluence en été (mieux vaut réserver sa table !). Viandes et poissons sont aussi bien préparés, tout comme les tapas à partager en entrée. En plus, les tarifs sont franchement raisonnables. Une adresse à retenir !

ES MARES €€

Carrer Santa Maria, 15
✆ +34 971 323 216
www.hotelesmares.com
Ouvert toute l'année. A partir de 35 €.

Restaurant de l'hôtel éponyme. Cadre soigné, déco épurée et très chic… On pourrait craindre une addition trop salée, mais il n'en est rien ! On reste sur des prix acceptables pour une cuisine de qualité et inventive. La carte, courte, se compose de quelques plats à base de riz, de belles pièces de viande ou de poisson grillé, à l'instar du poulpe à la braise accompagné d'une purée de pomme de terre et paprika. A citer, également, le burger gourmet au foie gras ou le chevreau désossé au thym, servi avec des spaghettis de *patata*. Carte renouvelée chaque saison.

CAN CARLOS €€€

Carrer des Pla del Rei
✆ +34 971 322 874
Ouvert tous les soirs en été. Plats autour de 30 €. Réservation fortement conseillée.

Une de ces adresses branchées de Formentera où l'on dîne dans un cadre élégant à la végétation abondante parmi une clientèle aisée. Cuisine moderne, à base de viande et de poisson grillé. Si vous appréciez la bonne viande, ne passez pas à côté du *chuletón*. Les assiettes sont bien présentées, l'atmosphère romantique, sur fond de musique *chill out*… L'addition en revanche, est très salée, mais ce n'est pas une surprise pour ce type d'établissement à Formentera. Le bar à cocktail est en outre très plaisant pour prendre l'apéro. Réservation fortement conseillée.

PANADERIA - FORN CAN MANOLO

Carrer Jaume I, 9
✆ +34 971 322 333
Ouvert de 7h à 14h et de 16h30 à 20h. Fermé le dimanche après-midi.

Vous la reconnaîtrez tout de suite avec sa jolie porte bleue, dans la rue principale de Sant Francesc. Fondée en 1925, la boulangerie de Manolo est le commerce le plus ancien de Formentera. Vous pourrez notamment y déguster les meilleures *cocas* de l'île, sorte de pizzas aux légumes. Si vous n'avez jamais essayé, c'est le moment de vous laisser tenter par une *ensaïmada*, cette viennoiserie typique de Majorque consommée dans l'archipel. Et bien sûr, du bon pain frais.

ALMA GEMELA

Carrer d'Isidor Macabich, 9
✆ +34 946 112 660
Ouvert tous les jours de mai à octobre.

Dissimulée dans une petite rue qui mène à un agréable patio, cette jolie boutique expose une collection de mode exclusive. Des sacs à main que vous ne trouverez nulle part ailleurs, des bijoux singuliers, quelques pièces en soie (vêtements et *kaftanes*) et surtout, les typiques *espadrilles*, chaussures traditionnelles d'Ibiza et Formentera (c'est la spécialité de la maison !). Cristina est la propriétaire et créatrice d'Alma Gemela (« âme sœur » en espagnol). Conseillère experte, elle saura sans doute vous trouver la pièce qu'il vous faut !

MAJORAL

Carre Jaume I, 29
✆ +34 971 321 148
www.majoral.com
Fermé le dimanche.

Artisan bijoutier. Très connue dans les Baléares, fondée en 1972 sur l'île de Formentera, la marque Majoral s'est aussi imposée à travers l'Europe avec ses créations contemporaines raffinées et poétiques. La bijouterie située à Sant Francesc Xavier est une vitrine de choix pour trouver des pièces exclusives. Les collections s'inspirent de la Méditerranée, avec des motifs végétaux et organiques, très élégants, en or ou en argent, à l'instar de ses pièces ondulées inspirées de la Posidonie de Méditerranée. Un travail d'une grande finesse !

MUY

Carrer Sant Joan, 55 ✆ +34 971 32 16 22

Alessandro Negri, décorateur italien, a fait de l'île son terrain d'inspiration. Il expose des œuvres originales d'intérieur (meubles, objets…), ainsi qu'une belle collection de prêt-à-porter. N'hésitez pas à passer par sa petite boutique-concept pour découvrir ses créations et ses bijoux. Pas franchement accessible niveau prix, mais la boutique est vraiment jolie et offre une occasion de plus de flâner et chiner quelques idées de déco à rapporter à la maison. Le mobilier est habilement sélectionné. Pour le plaisir des yeux.

VINTAGE

Carrer Santa Maria, 3
✆ +34 971 323 472
www.vintageformentera.com

Dans le centre du village, à deux pas de la place de l'église. Une boutique pour les *fashionistas* qui vend principalement des vêtements et des accessoires de mode (robes, shorts, écharpes, chapeaux, beaucoup de bijoux...), ainsi que quelques objets de décorations originaux. Ne vous fiez pas à son nom : il n'y a rien de *vintage* dans cette boutique, mais uniquement des pièces de petits créateurs. Les prix n'ont rien de *vintage* non plus, ne vous attendez pas à faire l'affaire du siècle, mais les articles de mode sont plutôt sympas.

RUTAS ES BOIXETS

Sant Francesc
✆ +34 669 572 896
www.rutasesboixets.com
Balade d'une heure 60 €.

Dans le milieu équestre depuis son plus jeune âge, Vicent a décidé d'en faire profiter les visiteurs de l'île en 2013 en proposant des randonnées à cheval. Il est d'ailleurs le seul de l'île à proposer ce type d'activité. Diverses excursions sont disponibles selon vos envies (dans la campagne, sur la plage...), ainsi que des cours particuliers ou en groupe, été comme hiver. Fortement conseillé aux amateurs d'équitation qui auront la chance d'arpenter les plus belles routes de l'île en montant des chevaux de pure race minorquine. Inoubliable.

YOGA FORMENTERA

✆ +34 676 872 851
www.yogaformentera.com
Ouvert toute l'année.

Flor Mauger, la professeur de Yoga Formentera, pratique cette discipline depuis plus de 20 ans maintenant. Elle transmet ses savoirs dans le cadre de ses classes hebdomadaires, mais donne aussi des cours particuliers et organise des retraites de yoga, deux fois par an. Les cours collectifs ont lieu plusieurs fois par semaine, généralement à La Mola (durée : 1h30). Les cours particuliers, dispensés en espagnol, en anglais et en français, s'adaptent à votre emploi du temps. Quant au calendrier des retraites, il est publié sur son site Internet.

ES MAL PAS

Mal Pas est la plus occidentale des plages de Migjorn (il s'agit en réalité d'une succession de plages de sable et de criques rocailleuses : Es Mal Pas, Es Ca Marí, Racó Fondo, Còdol Foradat, Es Valencians et Es Arenals). Plus sauvage, moins saturé, Es Mal Pas est l'un des coins préférés des locaux. Le sable est peut-être un peu moins fin que sur certaines plages du littoral sud, mais les eaux limpides et colorées qui la baignent sont un véritable enchantement. De charmants hôtels, cachés derrière les pins, à quelques mètres de la plage, se fondent dans ce décor authentique. Ils permettent en outre de profiter de la quiétude et de la magie de l'endroit.

HOTEL CASBAH €€

Platja de Migjorn
✆ +34 971 322 051
www.hostalcasbah.com
Fermé hors saison. Chambre double à partir de 100 €, avec petit déjeuner. Séjour minimum demandé certains mois. Parking.

Hôtel de charme secrètement niché à proximité de la plage d'Es Mal Pas. L'établissement dispose d'une trentaine de chambres spacieuses et plutôt sobres (simples, doubles et familiales), toutes avec terrasse, au cœur d'une odorante forêt de pins. Le cadre est superbe ! Une grande piscine, un jardin et un restaurant échafaudant une délicieuse cuisine méditerranéenne (et ouvert aux non-résidents !) complètent l'offre. Mention spéciale pour la décoration, à la fois chic et reposante, avec en prime, un service aux petits oignons.

PARAÍSO DE LOS PINOS €€

Plage d'Es Mal Pas
✆ +34 971 322 458
www.paraisodelospinos.com
Ouvert de début mai à fin octobre. A partir d'environ 200 € la nuit pour un appartement 2 pers. (petit déj. inclus).

Élégance, confort et tranquillité vous attendent dans ce complexe d'appartements haut de gamme. Les constructions, en matériaux naturels, se marient parfaitement à l'environnement, rural. 3 types d'appartements : suite (2 personnes), premium (entre 2 et 4 personnes) et supérieur (entre 4 et 6 personnes), ainsi que des bungalows avec terrasse et bain bouillonnant privé. Grande piscine, court de tennis et solarium complètent les installations, avec en prime, service de location de VTT-vélos électriques, de massage et de transferts. Idyllique !

SES EUFABIETES €€

Platja de Migjorn
✆ +34 971 322 595
www.seseufabietes.com
Ouvre à partir d'avril. A partir de 100/150 € l'appartement standard pour jusqu'à 4 personnes.

Plusieurs appartements situés à 250 mètres de la plage de Migjorn, sous les pins. Décoration classique et fonctionnelle, avec carrelage au sol, meubles en bois clair. Balcon ou terrasse. L'appartement « Superior Plus », propose terrasse et jardinet privé en prime. Tous disposent d'une petite kitchenette avec four et micro-ondes, d'une salle de bain carrelée de bleu. Ils sont aussi climatisés. Belle et grande piscine dans le jardin, et un restaurant concoctant une bonne cuisine typique de Formentera. Une excellente option, au calme.

SOL Y LUNA RESTAURANTE €

Plages d'Es Migjorn
✆ +34 629 040 265
Ouvert tous les jours en saison de 10h à minuit. A partir de 25-30 €.

On aime l'ambiance familiale et l'authenticité de ce *chiringuito* posé à quelques mètres seulement de la plage. Vue sur la mer turquoise. Très apprécié par les locaux, l'établissement prépare paellas, poissons et viandes, à des prix très raisonnables, mais surtout des tapas et *sardinades*. L'équipe est extrêmement aimable. L'huile d'olive est directement importée de la *finca* du propriétaire, implantée en Andalousie. Un restaurant simple, tranquille, au cadre sans prétention. Cuisine sincère comme on n'en fait plus à Formentera.

RESTAURANTE CASBAH €€

✆ +34 971 322 051
www.hostalcasbah.com
Compter 40-50 €.

Avec sa décoration chaleureuse faisant la part belle aux matériaux naturels et sa cuisine raffinée et inventive, le restaurant de l'hôtel Casbah a plus d'un atout en poche ! Si vous aimez la cuisine contemporaine recherchée, c'est l'adresse qu'il vous faut. Certains le considèrent même comme l'une des meilleures tables de l'île. C'est en tout cas une adresse à essayer pour découvrir de nouvelles saveurs. Viandes et poissons se partagent le menu (tartare de thon rouge, poulpe à la braise, homard grillé, canard avec couscous épicé et pommes…). Un vrai régal.

ES CA MARÍ

Facile d'accès, la zone d'Es Ca Mari fait partie des plages de Migjorn, vaste étendue de sable se profilant sur la côte sud. Elle abrite le fameux Kiosko 62, un chiringuito plébiscité par les touristes, comme par les locaux, pour siroter l'incontournable *pomada* (gin limonade), les orteils plantés dans le sable. La plage d'Es Ca Mari est d'ailleurs plutôt fréquentée par les îliens, pour sa tranquillité, en marge des plages les plus touristiques. Il n'est pas rare que les courants marins y déposent des restes de posidonie. Entre Es Mal Pas et Es Ca Marí, la tour de défense « Torre del Pi des Català » offre en outre une très belle vue sur la mer.

GECKO BEACH CLUB €€

Plages d'Es Migjorn
✆ +34 971 328 024
www.geckobeachclub.com
Fermé hors saison. Chambre double de 200 à 500 €, petit déjeuner inclus.

Un hôtel design proposant une trentaine de chambres ultra confortables. Emplacement de rêve, face à la Grande Bleue. Dino et Justin, les propriétaires, ont voyagé aux quatre coins du monde pour dénicher les objets et œuvres d'art exposés à l'hôtel. Un voyage qui les a menés jusqu'en Afrique du Sud et en Indonésie (on reconnaît la petite touche Bali !). Le Gecko Beach Club est en outre agrémenté d'une zone *chill-out* et organise des sessions de yoga, les matins, face à la mer. Ambiance à la fois très chic et zen, à l'image de Formentera.

HOSTAL AIGUA CLARA €€

Plages d'Es Migjorn
✆ +34 971 32 81 83
www.hostalaiguaclara.com
Ouvert de mai à octobre. Chambre double standard à partir d'environ 100 €.

Ouvert dans les années 70, cette agréable pension familiale loue une poignée de chambres, plutôt spacieuses, dans un cadre d'exception. Un vrai havre de paix bercé par les remous de la mer. Il est d'ailleurs possible de pratiquer le yoga et la relaxation dans les jardins entourant l'hôtel, le tout dans une ambiance très décontractée, plus authentique et moins bling-bling que chez les voisins. Depuis le balcon de votre chambre, vous pourrez admirer le coucher de soleil. Accès direct à la plage. Personnel aimable et serviable. Excellent.

KIOSKO 62 €

Plages d'Es Migjorn
✆ +34 697 84 07 95
Ouvert toute l'année à partir de 10h. Entre mi-octobre et fin avril, uniquement les week-ends.

C'est sans doute son authenticité qui lui vaut la sympathie des îliens et des voyageurs au parfum. Ce petit *chiringuito* en bois, à l'ambiance *chill* et familiale est un des bars de plage incontournables. Ne partez pas de Formentera sans avoir siroté la célèbre *pomada* minorquine du Kiosko 62 (une boisson à base de gin et de citron, typique de l'île de Minorque, en réalité). On y sert aussi une cuisine simple et bonne, mais le *chiringuito* est surtout « the place to be » à l'heure de l'apéro. Ses tables sont littéralement posées sur la plage... Le bonheur !

SA PLATGETA €€

Plages d'Es Migjorn
✆ +34 971 187 614
Fermé hors saison. Il est préférable de réserver (demandez une table à l'ombre). Environ 30 €.

L'accès est assez tortueux, n'hésitez pas à demander votre route car vous risquez de vous perdre en chemin (comme tout le monde). Très tranquille et sur la plage, vous mangerez les pieds dans le sable. Les rations sont généreuses et les prix ajustés. Vous y dégusterez des poulpes frits aux légumes verts, des *parillades* de poissons, des paellas... A citer, la langouste et le homard frits, ainsi que les œufs de ferme avec huile de langouste et en dessert les *bunyols de poma* (beignets de pomme). Excellent rapport qualité-prix. Accueil très sympa.

SOUTH BEACH CLUB

Platja de Migjorn
✆ +34 971 32 18 00
www.insotelhotelgroup.com
De mai à octobre. A partir d'environ 90 € la chambre double.

Ce centre de loisirs de l'Insotel Club Formentera déroule un large éventail de services et d'activités. Le restaurant lounge propose une carte de plats frais et chauds. Le Beach Bar est très plaisant pour siroter cocktails, smoothies et cocktails de fruits tropicaux. Sur le sable, le complexe dispose d'une école de voile, de plongée et de catamaran, avec location de matériel (kayak, snorkeling, paddle surf, catamaran). Vous pourrez aussi y prendre des cours de plongée PADI. Massages et organisation de mariage viennent s'ajouter au panel de services proposés.

RACÓ FONDO

Migjorn regorge de recoins idylliques bordés de pins, de dunes et de sabines. C'est d'ailleurs sur ces plages paradisiaques que le groupe Pink Floyd avait l'habitude de venir poser sa serviette... Troisième plage en partant de l'ouest, après Es Mal Pas et Es Ca Marí, Racó Fondo est sans doute la plage la plus vierge de la côte sud. Elle est de ce fait un paradis pour les nudistes. Mais on s'y rend généralement pour son *chiringuito* aussi emblématique que déjanté, le dénommé Blue Bar. Atmosphère intersidérale (Alien show en saison !) et décor cosmico-hippie (le bar est entièrement peint de bleu) à expérimenter lors de votre passage sur l'île.

TALAYA FORMENTERA €€€

Platja de Migjorn
✆ +34 971 18 51 64
talaya-formentera.com
De mai et octobre. Studios pour deux personnes à partir d'environ 145 € la nuit. Parking.

Une quinzaine d'appartements/studios très joliment décorés et parfaitement équipés (kitchenette, climatisation, moustiquaire, terrasse aménagée). Dans un style minimaliste, teintes douces, objets en bois, jardin (cactus, arbres, palmiers....). L'endroit, en plus d'avoir du cachet, est un cocon confortable. Autre plus : la proximité de la plage, à 20 mètres de l'eau. Petit déjeuner en supplément, servi sur votre terrasse (le pied !). N'hésitez pas à demander conseil pour organiser vos activités (vélo, kayak, paddle...). A recommander les yeux fermés !

REAL PLAYA €

Avinguda del Ca Marí, km 7.1
✆ +34 971 187 610
www.realplaya.es
Fermé hors saison. A partir de 30 € (au resto). Tarifs chambre sur demande.

Petit *chiringuito* sur le sable qui propose depuis un petit bout de temps déjà (1982 !) des plats locaux, paellas et poissons. Une adresse sans grande prétention (ça change !) qui a pour principal atout sa position stratégique, au bord de la plage, avec vue sur la mer intensément bleue depuis la terrasse. Transats et parasols sont à louer juste en face. La famille qui tient le business loue également des chambres, toutes simples, à l'étage du resto, avec salle de bain privée, réfrigérateur et grande terrasse. Service sympathique.

BLUE BAR

✆ +34 666 758 190
www.bluebarformentera.com
Fermé hors saison. Compter entre 30 et 50 €.

Incontournable est le Blue Bar ! Ouvert dans les années 1970 en pleine vague hippie, ce local a su conserver une ambiance authentique et relax, même s'il est aujourd'hui un véritable monument de la vie nocturne de Formentera. En journée, vous viendrez y prendre un verre et déjeuner en terrasse. Mais le Blue Bar ne montre son vrai visage qu'au moment du coucher de soleil : cocktails, DJ *sets, full moon parties*... L'établissement est si réputé pour sa programmation musicale qu'il édite régulièrement des compilations de musique *chill-out*. Visite obligatoire !

ES CÒDOL FORADAT RESTAURANT €€

Platja de Migjorn
✆ +34 971 32 82 81
Fermé hors saison. Comptez entre 25 et 40 €. Réservation recommandée en été.

Un resto doté d'une très jolie terrasse, idéal pour une soirée en bord de mer. On y sert des plats typiques, attablé sur de solides tables en bois : paella, poissons fraîchement pêchés, fruits de mer, salade paysanne.... Si vous avez une folle envie de fruits de mer, vous êtes au bon endroit ! Le rapport qualité-prix est très correct. Il ne s'agit pas d'un chiringuito, mais bien d'un restaurant, évitez donc d'y aller en tongs et en maillot de bain !

LUCKY BAR

Plages d'Es Migjorn
✆ +34 616 36 31 64
Ouvert de 10h à 21h. De mai à octobre.

A côté du Blue Bar, le Lucky bar est une alternative agréable. Ce petit *chiringuito* situé en face de la mer est parfait pour se rafraîchir en laissant divaguer son regard face à l'horizon marin. Il est aussi possible d'y manger sur le pouce, tapas ou sandwiches, les pieds dans le sable (mais attention, l'emplacement semble jouer sur les tarifs appliqués !). On appréciera d'autant plus le site à l'heure où le soleil se couche. Plus de place en terrasse ? Pas de panique, vous pouvez commander un cocktail et le siroter sur le sable !

ES VALENCIANS

C'est la deuxième plage de la zone de Migjorn en partant de l'est. La toute petite crique cristalline de sable fin est encadrée de *casetas varadero,* petites cabanes de pêcheurs dotées d'embarcadères, qui lui donnent un côté pittoresque. Pour y accéder, il faut suivre les panneaux indiquant Es Vogamarí, puis continuer sur la gauche. Vogamarí est aussi le nom d'un restaurant typique qui se trouve à 10 minutes de la page, juste à côté du parking où vous pourrez laisser votre voiture. La plage d'Es Valencians, généralement peu fréquentée, offre un coin tranquille pour se baigner. Un petit sentier permet de rejoindre les plages contiguës.

ES CÒDOL FORADAT

Une autre petite plage, calme et translucide, qui s'ajoute à la liste des plages de Migjorn, sur la côte sud de Formentera. Les paysages y sont de toute beauté ! La plage mixe des étendues sablonneuses et des zones couvertes de roche. Depuis la route de La Mola, après Sant Ferran, il faut suivre le panneau indiquant le Restaurante Es Codol Foradat qui se situe à proximité de la plage (à recommander, au passage !). Connue, mais pas noire de monde, Es Códol Foradat est appréciée par les nudistes pour son côté intimiste et sa quiétude. Notez que vous pouvez aussi accéder à la page en marchant depuis le restaurant Vogamarí (300 mètres).

VOGAMARI €€

Platja de Migjorn
✆ +34 672 06 98 09
vogamari.es
Ouvert de mai à octobre. Compter 30/40 €.

Situé juste en face de la mer, sur la plage de Migjorn (zone Es Valencians), ce restaurant simple et bon à l'ambiance relaxante propose des plats de poisson frais grillés, des ragoûts de la mer, des préparations à base de riz et des paellas, de délicieux fruits de mer frits, des plats de viande bien réalisés et des desserts tout aussi bons. Vous profitez d'une vue magnifique sur la mer depuis la grande terrasse. Le service avenant et attentionné est appréciable. Un bon rapport qualité-prix dans l'ensemble, bien que l'addition grimpe vite.

ES ARENALS ★★

Dernière plage de Migjorn, au sud-est de l'île, Es Arenals est une longue étendue de sable fin et d'eau turquoise aux paysages idylliques. Très fréquentée en été, c'est l'une des plages favorites des touristes. Elle est donc parfois bondée, en particulier au mois d'août. Il faut dire que la plage est superbe. Sur la route de La Mola, un panneau indique Es Arenals sur la droite, juste avant d'arriver au village d'Es Caló. Attention, lorsqu'il y a du courant, il est déconseillé de s'aventurer au large, bien que la plage soit en général assez calme. A l'heure du coucher de soleil, passez boire un mojito au mythique Pirata Bus. C'est un grand classique !

RESTAURANTE ES ARENALS €€

Plages d'Es Migjorn
✆ +34 971 328 112
www.arenals.com
En saison uniquement. Comptez 30 €.

Il s'agit du restaurant du complexe hôtelier du même nom. Il jouit d'un superbe emplacement à 20 mètres de la plage, face à une mer d'un bleu hallucinant. Décoration très classique. Sans fioritures. A la carte, sans surprise, ce sont les poissons et les fruits de mer qui priment (crevettes, moules, fritures, calamars, sole meunière, escalopes, entrecôtes…). A conseiller, la succulente *caldereta de langosta,* traditionnel ragoût de homard (une spécialité minorquine). Très bien pour une pause sans prétention face à la Grande Bleue.

KIOSCO LA FRANJA €

Plages d'Es Migjorn
✆ +34 616 94 78 62
Ouvert d'avril-mai à fin octobre. De 10h à 21h.

L'un des secrets les mieux gardés des plages d'Es Migjorn. Petit kiosque de plage, ultra authentique, à l'ambiance tranquille, pour casser la graine sur le sable. Gestion et clientèle locales, bons petits plats faits avec amour (grandes salades, omelettes au fromage, tortillas, sandwiches classiques, nachos...). La grande vedette, ça reste le hamburger maison (l'un des meilleurs de l'île, paraît-il !). Jugez-en par vous-mêmes... Lors de notre dernière visite, le restaurant était encore peu connu, et donc préservé des foules.

PIRATA BUS

Platja de Migjorn
www.piratabus.de

Ce n'est pas juste une cabane en bois, mais le mythique Pirata Bus ! 1970. Pascual et Pablo, deux hippies tombés sous le charme de l'île décident d'acheter un bus et de le transformer en bar. En 1983, les autorités ordonnent la fermeture du bar-bus et les propriétaires le remplacent par une construction en bois. Aujourd'hui, El Pirata est un minuscule xiringuito avec à peine quelques tables et tabourets. La plupart des gens s'assoient d'ailleurs directement sur le sable pour contempler le coucher de soleil sur un air d'Andrea Bocelli.

BEACH CLUB 10.7 €€

Route principale au km 10,7
✆ +34 682 08 04 65
www.10punto7.com
Ouvert tous les jours de mai à octobre. Comptez 40/50 €.

L'ambiance est plutôt festive dans ce xiringuito tenu par des Italiens, planté sur l'idyllique plage d'Es Arenals. Derrière les fourneaux, on s'affaire à mitonner une cuisine fusion de recettes méditerranéennes et orientales, à base de poisson et de fruits de mer. Ambiance italo-chic. La jolie terrasse en bord de mer attire les foules (le lieu est très fréquenté à l'heure de l'apéro, certains le considèrent comme un classique). L'endroit est parfois réservé pour des mariages ou des anniversaires. Attention, les tarifs y sont exorbitants. Vous voilà prévenu !

ES COPINAR ★★

Entre Es Arenals et Es Caló des Mort, vous voilà arrivé à l'ultime plage de la zone de Migjorn, à l'est de la côte sud. Longue plage de sable cerclée d'eau transparente et peu profonde. Quelques constructions, dont l'hôtel Riu La Mola, le restaurant Es Cupina et le kiosko Bartolo, un minuscule et authentique bar de plage, avec sa micro-terrasse, littéralement posée sur la plage. On préfère d'ailleurs cette partie de la plage, moins urbanisée. Un petit parking permet de laisser sa voiture tout près de la plage, mais il est souvent plein en été (il faut venir de bonne heure ou se garer près des plages voisines !). Plage nudiste, mais ouverte à tous.

HOTEL RIU LA MOLA €€€

Platja de Migjorn
✆ +34 971 327 000
www.riu.com
Fermé hors saison. Prix très variés. Chambre double en demi-pension d'environ 100 à 400 €. Activités, mini-club.

A l'orée du plateau de la Mola. Un vaste complexe hôtelier 4 étoiles tout blanc, posé en bord de plage. C'est même le plus grand de l'île ! Vous pourrez y louer des chambres ou des bungalows luxueux, avec vue sur mer. Toutes sortes d'équipements et services sont proposés sur place : 2 piscines, restaurants, bar *chill out*... L'hôtel 4 étoiles tout confort possède des chambres spacieuses et bien décorées. Evidemment, l'ambiance n'est pas très intime, mais cela reste un bon choix niveau confort, avec un accès direct à la plage (somptueuse !).

INSOTEL CLUB FORMENTERA PLAYA €€€

Plages d'Es Migjorn
✆ +34 971 195 150
www.insotelhotelgroup.com
En saison. Comptez entre 120 et 440 € la chambre double première catégorie, avec petit déjeuner.

Un énorme hôtel avec tout le confort d'un 4-étoiles. Vous y découvrirez des chambres, des studios et des suites classiques et climatisées à la décoration marine (certaines avec vue sur mer). Multitude de services (usage gratuit de vélos de montagne et bicyclettes, transats et parasols en accès libre sur la plage, terrains de tennis, gymnase, possibilité de prendre des cours de plongée, snorkeling, planche à voile, catamaran, kayak ou encore paddle...).

KIOSKO BARTOLO €

Plages d'Es Migjorn
Ouvert uniquement en saison.

A l'écart des foules, en toute discrétion, ce modeste mais très mignon *xiringuito* est le dernier point de passage avant d'arriver à la célèbre crique d'Es Caló d'Es Mort (une toute petite crique de rêve, hautement prisée en été !). Sandwichs, snacks et autres plats sans chichi sont présentés à la carte. Laissez-vous surprendre par la délicieuse tortilla faite maison. Vous nous en direz des nouvelles ! Oui, c'est simple, mais c'est bien fait. Attention, il n'y a que quelques tables lancées sur le sable. Mieux vaut prévoir un plan B.

RESTAURANT ES CUPINA €€

Platja de Migjorn
✆ +34 971 327 221
Tous les jours en saison. A partir de 40/45 €.

L'addition monte vite dans ce restaurant spécialisé dans les produits de la mer. Surtout que la qualité n'a rien d'extraordinaire, si on la compare aux autres restaurants de la côte. Pourtant, la vue à couper le souffle sur la mer a de quoi séduire. Vous y dégusterez la fameuse paella aux fruits de mer, une soupe de poissons aux fruits de mer ou un bar en croûte de sel, très conseillé. Accueil et service a priori chaleureux. Très correct dans l'ensemble. Pour avoir une table bien positionnée, n'hésitez pas à appeler la veille pour réserver !

CALÓ D'ES MORT ★★

Avant d'arriver à la falaise de La Mola, cette minuscule crique de sable fait suite à la farandole de plages de la zone de Migjorn. D'aucuns la décrivent comme la plus belle crique de l'île. Et on serait tenté de leur donner raison ! Quelques mètres de sable seulement composent ce petit panorama d'exception. La plage est isolée, il faut donc marcher un peu pour trouver de quoi se restaurer. N'oubliez pas votre bouteille d'eau ! En été, il faut arriver très tôt pour être sûr d'y trouver de la place, car l'espace disponible est minime. Si ce n'est pas le cas, ne soyez pas déçu, d'autres plages tout aussi belles vous attendent sur la côte sud.

ES RAM ★★

D'une beauté sauvage, Es Ram est une calanque de roche paradisiaque lovée au pied de falaises érodées, micro-port naturel où les pêcheurs ont installé leurs embarcadères. Le sport est idéal pour explorer les fonds marins avec son masque et son tuba. Du haut de la falaise, le panorama où contraste le bleu de la mer et les tonalités chaudes de la roche est somptueux. Vous pourrez y accéder à pied par le chemin vert n° 26 (attention, assez périlleux en voiture !). Depuis la crique, longez la côte jusqu'à Es Copinar : camaïeu de bleus, eau translucide, falaises déchiquetées plongeant dans le mer... C'est escarpé, mais on en prend plein les yeux !

PLATJA DE TRAMUNTANA ★

Sur la côte nord, un long tronçon de terre rocheux cachant de petits bancs de sable. Eaux cristallines avec vues impressionnantes sur les falaises de La Mola. La Platgeta est l'une des plus fameuses. On s'y rendra à pied depuis Es Caló par le sentier côtier. Un peu plus à l'est, Cala en Baster (à 2 km de Sant Ferran) est encore plus tranquille. La plage de Tramuntana (également appelée Costa des Carnatge) est une plage de rochers de plusieurs kilomètres, coincée entre Cala en Baster et Ses Platgetes. Ses fonds marins sont toutefois sablonneux. Elle est très peu fréquentée, sans doute parce qu'il n'y a aucun parking pour se garer à proximité.

CALA EN BASTER ★★★

Au pied des falaises érodées, la Cala en Baster est une perle cachée encore méconnue des touristes. Evidement, à Formentera, les secrets ne restent pas gardés bien longtemps. Tous les îliens connaissent ce site singulier. Depuis Sant Ferran, la calanque est d'ailleurs accessible en à peine 10 minutes. Bordée de rochers, il n'y a que très peu de place pour s'y installer. Mais l'endroit est parfait pour buller loin des foules avec son masque et son tuba. Et qui sait, peut-être aurez-vous la chance de voir passer une raie sous vos pieds ? Faites attention aux oursins dans ce coin de l'île (avec des chaussures aquatiques, c'est mieux !).

APARTAMENTS TRAMUNTANA €€

Carretera de La Mola, km 9,3 ✆ +34 667 69 04 44
www.formenteraapartaments.com

Ouvert en saison. Appartement pour 2 personnes à partir d'environ 80 €. Un séjour minimum peut être exigé.

Plaisant petit complexe d'appartements positionné dans une zone rurale, à seulement 2 kilomètres du village d'Es Caló. Décoration soignée, dans les tons turquoise, faisant écho à la mer que l'on aperçoit en toile de fond. La piscine, dans le jardin, est entourée de plantes et de palmiers (pas de doute, ça sent bon les vacances !). Bien équipé (terrasse, climatisation, chauffage ou encore télévision). Si vous visitez l'île en famille, optez pour l'appartement ou la petite maison paysanne qui peuvent accueillir jusqu'à 4 personnes.

ES CALÓ DE SANT AGUSTÍ ★★

Ce tout petit village de pêcheurs s'est développé autour d'un port naturel incrusté dans la roche, entre Ses Platgetes et Es Racó de Sa Pujada. C'était jadis le deuxième port naturel de l'île. Ici, pas d'hôtels ou d'immeubles démesurés, mais beaucoup de rochers et quelques coins de sable ourlés par une eau à la couleur stupéfiante. Il y a tout de même une petite supérette et quelques boutiques de souvenirs, mais l'endroit reste très serein et familial, ce qui procure une sensation d'authenticité. Quelques restaurants étalent ici leur terrasse face à la mer. Depuis Es Caló, vous pourrez rejoindre Ses Platgetes en quelques minutes par la plage.

CASES CAN MESTRE €

✆ + 34 971 327 030
www.alojamientosrafalet.com

Ouvert de mai à octobre. Tarifs sur demande. La propriété et la réception sont situées à Es Caló (Hostal Mar Blau).

Ces trois maisons rurales appartiennent aux mêmes propriétaires que les appartements El Pino et l'Hostal Mar Blau en Es Caló. Construites à 3 km du village de pêcheurs, elles sont toutes très bien équipées (chambre double, télévision, cuisine avec frigo, micro-ondes, grille-pain, salle de bains, air conditionné et terrasse privée). Leur capacité varie de 1 à 6 personnes, selon le type de logement sélectionné. Côté décoration, on ne saurait faire plus simple. Mais les maisons sont fonctionnelles. Très belle lumière à l'aube !

HOSTAL MAR BLAU €

✆ +34 971 327 030
www.hostalformenteramarblau.es

Ouvert de mai à octobre.

Huit chambres doubles et deux individuelles sont distribuées dans ce petit hôtel blanchi à la chaux (salle de bains, télévision, air conditionné, chauffage...). Les terrasses et balcons déroulent des vues spectaculaires sur la mer et le plateau de La Mola. Trini, Juan et Maria (de la dernière génération !) vous réservent un accueil ultra sympa. Ils ne manqueront pas de vous orienter ou de vous aider à réserver vos activités. Excellent rapport qualité-prix. Les propriétaires louent également des appartements et des maisons dans les alentours. Un bon plan, un vrai !

SA CALA SUITES €€

Carrer Francesc d'Aragó, 2
✆ +34 971 327 109
www.sacalasuites.com

Fermé hors saison. Studio à partir d'environ 90 € (peut monter jusqu'à 400 € en été !). Maximum 2 adultes et 2 enfants.

A 100 mètres de la plage d'Es Caló. Joli complexe aux murs blanchis. 13 studios et de 4 appartements tout équipés. Style méditerranéen : tons clairs, mobiliers en bois naturel, espace et lumière. Les appartements, et certains studios, sont pourvus d'une terrasse avec une belle vue sur la végétation typique de l'île. coin *chill-out* à la vue grandiose. Et une piscine entourée de jardins avec solarium et hamacs. Attenant, le restaurant Can Pasqual mijote en outre une bonne cuisine typique (testez le poulpe braisé !). A retenir !

HOSTAL RAFALET €

Centre-ville, en bord de mer.
✆ +34 971 327 016
www.hostal-rafalet.com

Fermé hors saison. Chambre double à partir de 80 € (petit déjeuner non compris). Un séjour minimum peut être exigé.

Dans le pittoresque port de pêche d'Es Caló. Surplombant la mer, cet hôtel proposant une quinzaine de chambres et un appartement offre un lieu tranquille pour séjourner sur l'île. Ambiance familiale et très belle terrasse donnant sur la Méditerranée. Toutes les chambres, équipées de la climatisation, sont aussi agrémentées d'une petite terrasse avec vue spectaculaire sur les flots. L'adresse est restée simple et authentique avec toutefois un petit bémol : l'insonorisation, qui est loin d'être optimale. Bonne adresse tout de même. Au calme.

ES PAS FORMENTERA AGROTURISMO €€

Carretera de La Mola, km 11
✆ +34 670 332 045
www.espasformentera.com

Compter entre 130 et 500 €. Location de vélo.

Havre de paix lové dans une *finca* vieille de 200 ans. Le site est privilégié pour un séjour nature, à un jet de pierre de la plage. 8 chambres spacieuses (dont 2 duplex pour 4 personnes) équipées de la clim, du chauffage et d'une TV. Atmosphère intimiste. Piscine avec chaises longues, zone *chill out* et salon *cosy*. Le petit déjeuner est servi sur la terrasse (excellents produits du jardin : olives, tomates, fruits, confitures maison...). Un lieu plein de cachet.

HOTEL ENTRE PINOS €€

Carretera de La Mola, km 12,3
✆ +34 971 327 019
www.hotelentrepinos.es

En saison. Chambre double à partir d'environ 100 €, petit déjeuner inclus.

A deux pas des plages d'Es Caló et d'Es Arenals. Hôtel et spa à taille humaine, au cœur d'une jolie pinède. Il accueille une quarantaine de chambres, très sobres, mais confortables. Personnel à l'écoute. Disponible. Agréable piscine. Spa avec sauna, bain bouillonnant et service de massage. Salle de gym. Coup de cœur pour le petit déjeuner buffet gargantuesque, aussi bon que copieux (les propriétaires possèdent une pâtisserie, la *pasteleria* Sucre, fondée en 1967). Une excellente adresse hors sentiers battus. Hautement recommandé !

APARTAMENTS CAVALL DE LLEVANT €€

Carrer Francesc d'Aragó, 37
✆ +34 686 38 69 39
cavalldellevant.com

A partir d'environ 95 € la nuit. Séjour minimum parfois exigé.

Dans le village d'Es Calo, ces appartements tout équipés, sis en face de la plage, sont à signaler. Le complexe est proche de la route principale, ce qui peut générer quelques nuisances sonores. Mais le lieu reste tranquille. Tout le confort et les équipements attendus (cuisine américaine, climatisation, lave-linge, télévision...). Les apparts disposent en outre de leur propre terrasse avec vue sur mer. Propreté impeccable. Parking en sous-sol. Bon plan.

ES CALÓ APARTAMENTS €€

Carrer de Sa Pujada
✆ +34 971 322 030
www.apartamentosescalo.com

Fermé hors saison. À partir de 70 €. Parking, draps, serviettes. Accueil téléphonique L-V de 9h à 13h.

Cachés à côté de la petite crique d'Es Caló de Sant Agustí, ces appartements et studios sont entièrement équipés (cuisine, salle de bains, plusieurs chambres, TV satellite, wifi, climatisation...) et et très bien tenus. Piscine et terrasse privée pour profiter au max du site. A deux pas, le restaurant Es Caló sert d'excellents plats de poisson et fruits de mer. Une bonne option si on cherche la tranquillité, sans lésiner sur le cadre qui est ici magnifique ! Un bon rapport qualité-prix, dans la lignée des apparts à louer à Es Caló.

CAN RAFALET €

Es Caló, s/n
✆ +34 971 327 077

Ouvert tous les jours de 13h à 23h30. Compter autour de 30 €.

Poissons frais, paellas, sandwiches, pizzas et autres plats internationaux occupent le menu de ce restaurant lové sur une plateforme rocheuse dominant les flots. Cuisine simple et bonne, à savourer en terrasse, baignée par les embruns. Vous pourrez aussi commander des tapas pour plus de variété. Calamars de Formentera à l'Andalouse, poulpe à la galicienne, tortilla espagnole, entrecôte, poulet au four, filet mignon, dorades, gambas à la plancha... Le choix est vaste ! Locale, l'adresse est fréquentée dès l'heure du petit déjeuner.

CAN PASQUAL €€

Carrer des Vicari Joan Mary, 2
✆ +34 971 32 70 14
www.canpasqualrestaurant.com
En saison. Prix moyen à la carte : 40 €.

Beau décor en matériau noble, inspiré des barques de pêcheurs. La cuisine raffinée à base de produits locaux Km0 sublimée de touches inventives est un régal pour les papilles, comme le cadre l'est pour les yeux. Il faut dire que le restaurant, ouvert en 1964, a depuis été entièrement remodelé. En cuisine, en revanche, on reste fidèle aux traditions et au savoir-faire transmis au fil des générations. On se lèche encore les babines en pensant aux poissons, viandes et légumes à la braise parfaitement grillés, ou aux paellas et *arroces* délicieusement cuisinés...

S'EUFABI RESTAURANT €

✆ +34 971 327 056
www.seufabi.com
Tous les jours en saison. Comptez entre 15 et 25 €. De midi à 15h30 et de 20h à 23h.

A la sortie d'Es Caló direction La Mola, ce restaurant familial qui fleure bon l'authenticité est une belle trouvaille ! Ouvert en 1973 par Antonio et Inma, l'établissement est actuellement géré par la nouvelle génération avec le même esprit d'hospitalité. Décoration marine, ambiance agréable et service sympathique. Paella, riz noir, *fideuà* (une spécialité valencienne) et autres spécialités locales (friture de poulpe, d'anchois, *amanida pagesa*...) sont servis sous un patio-terrasse ombragé. Le rapport qualité-prix défie toute concurrence !

RESTAURANT ES CALÓ €€

C. Vicari Joan Marí, 14
✆ +34 971 327 311
Comptez au moins 40 €. Réservation obligatoire en haute saison.

Tout près des appartements Es Caló, cette table réputée s'est imposée comme une adresse incontournable pour savourer des spécialités iodées face à une mer éblouissante. C'est ce qu'on appelle une valeur sûre ! On y échafaude une cuisine classique espagnole, bien faite. A la carte, des salades, des coquillages, des spécialités locales, de belles viandes, et surtout, du poisson frais et de très appétissantes paellas aux fruits de mer notamment (pour changer !). Les tarifs ne sont vraiment pas donnés. Mais le jeu en vaut la chandelle.

SES PLATGETES ★★

Rattachée au village d'Es Caló, ses Platgetes se divise en trois baies s'ouvrant sur une mer azure. Âmes solitaires, jeunes acrobates travaillant leurs positions de yoga, familles nombreuses... Il y règne une ambiance détendue, un brin hippie. En plein mois d'août, en revanche, il y a beaucoup trop de monde à notre goût. Mais en marchant quelques mètres, heureusement, on remarquera que les serviettes s'agglutinent surtout au début de la plage (côté Es Caló). Plus loin, il y a certes plus de rochers, mais quelques ouvertures sablonneuses appellent à la baignade. Un parking gratuit se trouve à l'entrée d'Es Caló, à deux pas de la plage.

APARTAMENTOS EL PINO €

Carretera de La Mola, km 11,5
✆ +34 629 323 433
www.elpinoescalo.com
Studios et appartements d'1 ou 2 chambres (capacité de 2 à 6 personnes).

Appartements et studios nichés à quelques minutes à pied d'Es Caló et à 50 mètres de Ses Platgetes. Parfaits pour un séjour relaxant, à l'ombre d'une forêt de pins. Pas de vue sur la mer, mais une piscine pour se rafraîchir après une longue et chaude journée de plage. Tous les apparts ont leur indépendance, avec une entrée qui se fait par la terrasse privée. Ils sont en outre très bien équipés (cuisine, frigo, micro-ondes, grille-pain, télévision, wifi, ventilateur...). Décor moderne et fonctionnel. Rapport qualité-prix excellent.

CALA SAONA ★★★

Superbe crique corsetée entre deux falaises de roche rougeâtre, entre la punta Rasa et la punta de la Gavina. Sable blanc, eau transparente et cabanes de pêcheur en font un écrin naturel au charme indéniable. Un hôtel-spa et quelques restaurants ont tout de même investi les hauteurs de la plage. Les nombreux parasols plantés dans le sable fin dénaturent quant à eux un peu l'ensemble en haute saison. Derrière le Kiosko Cala Saona, un chemin monte jusqu'à la punta Rasa, une falaise impressionnante. Un parking gratuit (peu de places) et un arrêt de bus se trouvent juste à côté de la plage. Vous pouvez y louer des transats et des parasols.

PUNTA RASA

Depuis Cala Saona, vous pourrez rejoindre à pied les magnifiques falaises de la punta Rasa qui se trouvent à moins de 10 minutes de marche. Attention les yeux, le panorama est sensationnel ! Une fois sur la plage, repérez le chemin en terre qui monte derrière le kiosko. Une fois arrivé là-haut, tenez votre droite jusqu'à la falaise. Continuez jusqu'au bout pour arriver à la pointe de la punta Rasa. On se sent comme sur le toit du monde ! Prenez garde à ne pas vous approcher trop près du bord. Et encore plus si vous êtes avec des enfants.

CALA SAONA HOTEL & SPA €€

Platja Cala Saona
✆ +34 971 322 030
www.hotelcalasaona.com
Fermé en hiver. A partir de 150 € (compter autour de 400 € en août !).

Hôtel de 90 chambres surplombant la baie de Cala Saona. Superbe adresse, agencée avec goût et décorée dans l'air du temps. Minimaliste et zen. Le restaurant concocte une cuisine d'inspiration méditerranéenne et orientale (réservation obligatoire en haute saison). Tous types de traitements sont à essayer dans le très beau spa (circuit thermal, massages, soins...). Gym et courts de padel pour les plus sportifs, ainsi que des cours de yoga pour une détente optimale. Le tout à 50 mètres de la plage où vous pourrez vous délecter de magnifiques couchers de soleil.

SOL POST €€

✆ +34 871 55 15 75
restaurantsol.com
En saison uniquement. Compter autour de 40 €.

C'est le restaurant de l'hôtel Cala Saona. Jolie terrasse pour un instant privilégié face à la mer turquoise. Le site est particulièrement appréciable au coucher du soleil. Sirotez un cocktail avant de vous régaler ! Entre tradition et inventivité, le chef y élabore des plats aussi bons que colorés en travaillant les produits du marché (philosophie « kilomètre 0 » !). Présentations soignées. Laissez-vous tenter pas une pièce d'agneau de Formentera cuite à basse température, des langoustines, du homard ou encore une copieuse paella.

KIOSKO CALA SAONA

Cala Saona
Ouvert tous les soirs en été.

L'un des *xiringuitos* emblématiques de Formentera, perché au-dessus de la Cala Saona. La vue sur la mer est très belle. Est-ce que ça justifie les prix, exorbitants ? Pas forcément ! Cela n'empêche pas les visiteurs d'y faire halte en cas de petite soif. Sur place, 2 ou 4 tables à tout casser. Résultat : les gens s'installent par terre, face à la mer, pour siroter leur mojito, la grande spécialité de la maison. Le service n'est pas toujours des plus agréables non plus, mais face à une mer aussi turquoise... la vie est belle !

CAP DE BARBARIA ★★

Immanquable, le panorama désertique et sauvage du cap de Barbaria (*cap des barbares*) fascine. La route qui y conduit, tantôt rurale, tantôt aride, parfumée par les pinèdes, procure déjà une sensation de bout du monde. Avant d'arriver jusqu'au phare, les vestiges mégalithiques de l'âge de bronze, bien que peu conservés, nous rappellent que l'île était déjà habitée il y a des milliers d'années. Le phare, immaculé, marque le point le plus septentrional de l'archipel. Un paysage rendu célèbre par Julio Médem, dans son célèbre film *Lucie et le sexe*. Le cap de Barbaria est enfin l'un des spots les plus sensationnels pour admirer le coucher de soleil.

COVA FORADADA ★

Rien n'indique la présence de cette grotte naturelle. Pour y accéder, à une centaine de mètres à la droite du phare lorsqu'on regarde vers la mer, un simple trou circulaire dans le sol où s'enfonce une échelle de fortune. Traversez le petit souterrain qui conduit à un balcon naturel. La vue est impressionnante ! Faites bien attention à ne pas vous aventurer trop près du bord, surtout lorsque le vent souffle, c'est dangereux ! Pour sortir de la grotte, il faut faire marche arrière. Les plus courageux viendront profiter du spot au lever du soleil... Magique !

PHARE DU CAP DE BARBARIA ★

Cap de Barbaria

Le phare du cap de Barbaria veille sur l'une des plus belles vues de l'île. C'est d'ailleurs l'un des spots privilégiés pour admirer le coucher du soleil. Inauguré dans les années soixante-dix, le phare continue de guider les marins naviguant sur la Méditerranée, bien qu'il soit aujourd'hui complètement automatisé. Deux autres phares ont été érigés à La Mola et dans le port de La Savina. Cerné de paysages lunaires, le phare du Cap de Barbaria offre une halte captivante. A l'est, observez la vue s'allonge jusqu'à La Mola et la plage de Migjorn.

TOUR DES GARROVERET ★

Une autre tour défensive en calcaire et en chaux érigée en 1763, à 65 mètres au-dessus du niveau de la mer. La porte d'entrée se trouve à l'étage. Il est possible d'y accéder par les escaliers accrochés aux parois inférieures de la tour. Le deuxième étage forme une plate-forme chapeautée par une échauguette en pierre. Belle vue ! La tour était jadis dotée d'une artillerie et aurait habité l'un des canons qui se trouvent aujourd'hui sur le toit de l'église de Sant Francesc. Désarmée au début du XIXe siècle, elle devint une simple tour de guet.

ES PUJOLS ★

Localité la plus touristique et la plus animée de l'île, Es Pujols est une vraie petite station balnéaire. C'est la ville favorite des Italiens qui y tiennent la majorité des commerces, hôtels, restaurants, bars et boutiques. Es Pujols est aussi l'un des rares endroits où vous pourrez faire la fête jusqu'à tard le soir (au Tipic, notamment). La ville conserve l'ambiance plaisante d'un village de pêcheurs, surtout lorsque l'on se promène le long de sa plage édénique de sable blanc, depuis laquelle vous pourrez pratiquer kayak, paddle, planche à voile et catamaran. Les soirs d'été, un marché artisanal de taille modeste s'installe sur la promenade.

VIGNOBLES DU CAP DE BARBARIA

✆ +34 647 707 572

www.capdebarbaria.com

C'est le second producteur de vin de l'île. Il associe des cépages comme le *Monastrell*, autochtone, et le *Fogoneu*, originaire de Majorque, à des cépages français, *Cabernet Sauvignon* et *Merlot*. Les variétés sont vendangées séparément, hormis le *Fogoneu* et le *Monastrell*. Les raisins sont récoltés à la main. Les grains sont ensuite pressés, puis conservés dans des cuves en acier inoxydable. Le liquide sera pressé une seconde fois avant le processus de fermentation malolactique.

CA NA COSTA ★

Ce monument mégalithique découvert en 1974, situé non loin d'Es Pujols, dans la partie orientale de l'étang Pudent, est un des mieux conservés des Baléares. Le site est protégé par de grandes barrières en fer. Ce monument funéraire fut probablement utilisé comme tombeau collectif à l'âge de bronze, entre 2000 et 1600 av. J.-C., comme en témoignent les restes humains de huit hommes et femmes, ainsi que les différents objets et outils en céramique retrouvés dans le tombeau lors des fouilles de 1974. Ces objets sont exposés au Musée archéologique d'Ibiza.

FORMENTERA

Es Pujols.

TORRE DE SA PUNTA PRIMA ★

La tour défensive de la Punta Prima fut construite au cours du XVIIIe siècle dans le cadre de l'installation d'un système défensif le long des côtes de l'île afin de protéger les habitants des incursions pirates. Rénovée en 2003 par le Conseil insulaire d'Ibiza et de Formentera, la tour circulaire élevée sur deux niveaux opérait un contact visuel avec les tours de S'Espalmador et de la punta de la Gavina. Vue panoramique depuis la falaise. Le silence et la plénitude ne sont ici perturbés que par le chant des *gavines* (« mouettes »).

HOSTAL SA VOLTA €€

Carrer Miramar, 94
✆ +34 971 328 125
www.savolta.com

Fermé hors saison. Chambre double de 100 à 225 €, petit déjeuner inclus.

Notre hostal préféré à Es Pujols. En plein centre. Si vous cherchez une adresse pas trop chère et très confortable, vous êtes au bon endroit. Dans un immeuble à la blanche façade, 25 chambres climatisées et spacieuses avec faux parquet, murs blancs, déco dans les tons crème. Très bien tenu. L'hostal se démarque par sa petite piscine et son bain bouillonnant installés sur le toit, d'où l'on profitera d'une jolie vue sur la ville. Personnel attentionné et serviable. Egalement un restaurant typique (petit déjeuner très correct !).

HOSTAL CAPRI €

Avinguda Miramar, 41
✆ +34 971 32 83 52
www.hostalrestaurantecapri.com

Chambre double entre 60 et 170 €. Petit déjeuner inclus. Parking privé.

A 150 m de la plage, cet hôtel a ouvert ses portes il y a plus de 40 ans. Pour les budgets serrés, les chambres basiques sont une excellente option. Pas facile de trouver des chambres à ce prix sur l'île. Le lieu est fréquenté par une clientèle fidèle qui apprécie son ambiance familiale. Dans le restaurant sont servis des poissons frais, des paellas et des fruits de mer. Ne passez pas à côté de la *caldereta* de langouste, très bonne. L'hôtel dispose d'une quinzaine de chambres doubles et triples, minimalistes et climatisées. Très bien.

HOTEL ROCAPLANA €€

✆ +34 971 328 335
www.rocaplana.es

Ouvert de mai à octobre. Chambre double de 119 à 198 € si on choisit l'option avec petit déjeuner inclus.

Encore un emblème de Formentera, tenu d'une main de fer par la même famille depuis 1966. Placé à 200 mètres de la plage d'Es Pujols, l'hôtel s'est doté d'une agréable piscine privée et le personnel est aux petits soins avec ses hôtes. Chambres spacieuses et fonctionnelles avec salle de bains privée, télévision, air conditionné et accès terrasse ou balcon. La terrasse du bar promet de passer de belles soirées à siroter des mojitos sous les bougainvilliers (une des spécialités de la maison). En somme, bon rapport qualité-prix.

HOSTAL ROSALES €€

Avinguda Miramar s/n
✆ +34 971 39 04 26
www.rosales-formentera.com

Fermé hors saison. A partir de 60 € la double, petit déjeuner inclus.

Un grand classique dans sa catégorie. Dans un petit immeuble sans grand charme, mais tout près de la plage. Hostal d'une cinquantaine de chambres toutes rénovées, simples et propres. Confortable dans l'ensemble, même si la déco est assez basique. Télévision et terrasse privée. Certaines chambres sont équipées de la climatisation. Dans la grande salle de restauration, toute blanche avec des photos marines aux murs, on sert des petits déjeuners copieux et bons. Rapport qualité-prix indéniable. En plus l'accueil est sympathique.

BLANCO HOTEL FORMENTERA €€€

Carrer Fonoll Martí, 50 ✆ +34 971 328 447
www.blancohotelformentera.com

De mai à fin octobre. A partir de 110 € la chambre double standard (plus de 300 € en août).

Très bel hôtel 4 étoiles, design et contemporain, situé en plein centre d'Es Pujols. La décoration, dans des tons blancs et clairs (d'où son nom !), est assez minimaliste, et confère aux lieux une ambiance des plus sereines. Grande piscine centrale pour se détendre. Le « lounge pool bar », l'espace *chill-out* et le « show-cooking » au petit déjeuner (tout est préparé devant vous) donnent une idée de l'esprit tendance de l'hôtel Blanco. Les 78 chambres, très bien agencées, disposent d'un maximum de confort. Plage et toutes les commodités à deux pas.

CAN AISHA €€€

Entre Es Pujols et Sant Ferran
✆ +34 616 654 982
www.canaisha.com
Fermé en hiver. Suite à partir de 280 €.

Sur la route qui relie Es Pujols à Sant Ferran, à la sortie d'Es Pujols, ce beau complexe de cinq studios modernes s'est implanté dans un environnement calme, à environ 600 mètres de la plage d'Es Pujols. La décoration, vraiment séduisante, qui mêle le bois et les tons pastel, mérite d'être signalée. Chaque studio dispose en outre d'une agréable terrasse privée. Kitchenette (frigo, grille-pain, machine à café...) et clim. Le petit déjeuner est servi au bord de la piscine, à l'ombre d'une paillote. Terrasse en caillebotis bourrée de plantes. Beaucoup de charme.

LAFFITTACASE FORMENTERA €€

Carrer Espalmador, 33 ✆ +34 609 680 788
www.laffittacase.com
Hiver : L-V 10h-14h, les week-ends sur rdv. Été : L-V de 10h-14h et 17h-20h, samedi 10h-14h et dimanche sur rendez-vous.

Silvia, Italienne expatriée à Formentera, a créé en 1988 Laffittacase, une des sociétés immobilières les plus réputées de l'île. Excellent service, sérieux et sympathique. Idéal pour les groupes et les familles qui cherchent une option adaptée. Vous pourrez y louer une maison avec deux chambres comme une villa de luxe en bord de mer avec piscine intérieure (et pourquoi pas ?). Laffitacase propose aussi tout un tas de services (conciergerie, location de bateaux de plaisance, voiture, moto, retraite yoga, garde d'enfants...). Excellente agence.

FIVE FLOWERS HOTEL & SPA FORMENTERA €€€

Carrer des Fonoll Marí, 84
✆ +34 971 32 81 60
www.fiveflowershotel.com
Fermé hors saison. A partir de 260 € la nuit.

Ouvert en 2019, c'est l'un des rares cinq étoiles des Baléares. Posé à 150 mètres de la plage, il affiche une déco pour le moins originale, entre luxe et hippie-pop. Chacune des chambres ultra-confortables affirme son propre caractère design. Spa et salon de beauté proposant toutes sortes de traitements. Piscines extérieures. Rooftop avec son bar-restaurant d'inspiration asiatique. Service attentif... L'une des plus belles adresses de l'île dans sa catégorie.

CAFÉ MIRANDA €

Av. Miramar, 30
✆ +34 616 559 964
www.cafemiranda.eu
Fermé hors saison. A partir de 20/25 €.

Alessandro Minelli, responsable du fameux restaurant Ca Na Pepa à Sant Francesc a ouvert les portes du Café Miranda en 2016, proposant un concept de restaurant servant tapas et portions. Au beau milieu de la façade maritime d'Es Pujols, le bistro d'aspect chic, décoré à la mode *vintage* années cinquante, est fréquenté à toute heure. Très belle terrasse pour profiter des douces soirées d'été et déguster des *tapas* classiques et bien réalisées : moules, ceviche, chipirones, croquettes, *jabugo* (un jambon ibérique), houmous… Très bien.

HOTEL TAHITI €€€

Carrer Fonoll Marí, 8-28
✆ +34 971 328 122
www.tahiti.es
Ouvert de mai à mi-octobre. Chambre double à partir d'env. 160 €, petit déjeuner inclus.

La vue sur la Méditerranée est sublime depuis ce charmant hôtel de 74 chambres (rénovées en 2018). Décor moderne et tendance tout confort aux tons neutres. Les chambres sont dotées d'un large balcon donnant pour la plupart sur la mer (à 10 mètres seulement !). Belle piscine ovale avec bassin pour les enfants. Bar « design » et grande terrasse. A recommander bien que la nuit ne soit vraiment pas donnée, pour son confort et sa situation privilégiée. Mention spéciale pour le petit déjeuner, aussi bon que copieux, à savourer sous la véranda.

ESPARDELL €

Avinguda Miramar, 6
✆ +34 971 328 357
Tous les jours en saison. Compter 20 €. Petit déjeuner complet pour 2 personnes 33 €.

Les clients s'attablent dès le matin sur la grande terrasse face à la mer, pour prendre le petit déjeuner en profitant de la vue (brunchs, croissants, yaourts, œufs brouillés, toasts confiture, pancakes au miel ou au Nutella...). Déco sans charme, mais emplacement de choix et prix pas trop élevés. Le soir, pour un repas informel : très grand choix de sandwiches, salades, hamburgers ou encore une douzaine de plats de pâtes. Sans oublier les tapas, classiques (bravas, poulpe, croquetas, coquillages, anchois, jambon cru...). Sans prétention.

BOCASALINA €€

Carrer des Fonoll Marí, 2
✆ +34 971 329 113
www.bocasalina.es
En saison. A partir de 50 €.

Sur la promenade d'Es Pujols. Restaurant italien déroulant son agréable terrasse couverte face à la mer. Egalement une grande salle ensoleillée, sobre et élégante. Cuisine typique méditerranéenne : bonnes paellas, délicieux tartare de thon, homard à la vapeur et ses légumes à la catalane, pâtes fraîches aux fruits de mer élaborées sur place le matin même, filet de dorade au gingembre et petits légumes croquants... Cave bien achalandée en vins (avec quelques recommandables étiquettes des Baléares, et même de Formentera). Addition salée, comme partout.

CAMINITO FORMENTERA €€

Venda des Molí s'Estany
✆ +34 971 328 106
Tous les jours en saison. Environ 45/50 €. Parking privé gratuit.

Cette table mitonne une cuisine argentine et internationale de belle qualité. Aux fourneaux, le chef réputé Stefano Trigo qui perpétue la tradition familiale depuis l'ouverture du restaurant, il y a plus de 20 ans. Recettes créatives à base de produits frais. On dîne au calme, attablé sur sa grande terrasse avec une piscine en guise de décor, à deux pas des marais salants de l'Estany Pudent. L'intérieur, rustique et élégant, est réchauffé par les braises du feu. A la carte, les viandes sont reines. Goûtez donc le tendre et savoureux « black angus », la spécialité.

CAN LOCA €€

Passeig Marítim, 2
✆ +34 971 321 883
Ouvert tous les soirs en saison. Comptez 40 €.

Une table tenue par des Italiens, sur la promenade d'Es Pujols. Can Loca étale sa grande terrasse (joliment illuminée le soir) face à la Grand Bleue. Repas iodé et rythmé par le bruit des vagues. Cuisine sans prétention (palourdes, calamars frits, moules, langoustines, homard à la catalane, carpaccios de la mer, poissons grillés à ou encore copieuses paellas à partager...) dans un cadre romantique à souhait. Pour conclure : une bonne adresse pour manger poissons et fruits de mer. Rapport qualité-prix très correct. Service avenant.

CAN VENT €€

Avinguda Miramar, 1
✆ +34 971 328 599
www.canvent.eu
Fermé hors saison. Tous les jours de 8h à 2h. Compter à partir de 30 €.

Can Vent surfe sur la vague italo-chic de Formentera : terrasse en bord de mer, décoration fraîche et *cosy* façon « coquillages et crustacés », canapés un peu partout pour s'affaler et clientèle branchée au rendez-vous. La devise : « mi casa es tu casa ». Le menu marie les classiques de la gastronomie italienne avec des plats traditionnels à base de poisson et des mets japonais élaborés sur le sushi-bar. Plats de pâtes, risotto à la sicilienne, poulpe croquant, tataki de thon, carré d'agneau, sushis créatifs... Sert aussi de bons petits déjeuners.

CASANITA CANTINA Y PESCADO €€

Carrer de Fonoll Marí
✆ +34 971 321 968
www.casanita.net
Fermé hors saison. Ouvert tous les soirs en saison. Réservation fortement recommandée. A partir de 30/35 €.

Coup de cœur pour cette table qui fleure bon l'Italie et les spécialités de la mer. Le restaurant s'est installé dans une coquette maison fuchsia, précédée d'un joli porche envahi par les bougainvilliers. Sur les tables se succèdent les goûteuses assiettes de spaghettis aux fruits de mer et les filets de poisson élaborés selon la pêche du jour. En dessert : mousse de ricotta, tiramisu, crème catalane... Prix un peu élevés, mais l'adresse vaut le détour.

INTEGRAL €€

Carrer de s'Espalmador, 39
✆ +34 971 329 107
Fermé hors saison. À partir de 20 €.

Quelques tables seulement et une petite terrasse extérieure (avec un arbre qui pousse au milieu !), voici un resto à l'ambiance chaleureuse et intimise. Helena, la propriétaire, propose des plats savoureux faits maison et élaborés avec des produits souvent bio (voire sans gluten). Falafels, burgers végétariens, gratins de légumes, salades inventives, soufflé fourré au fromage de chèvre et aux légumes, muffins et gâteaux à se damner. C'est par ailleurs une excellente adresse pour prendre son petit déjeuner à Es Pujols. On adore !

PINATAR €€

Avinguda Miramar, 25
✆ +34 971 328 137
www.restaurantpinatar.com
Ouvert de mai à octobre. Comptez 40 €.

Inauguré en 1996 par les propriétaires de l'Hostal Voramar, au bout de l'avenue principale, le Pinatar propose viandes, poissons, riz et crustacés. Ici, la cuisine traditionnelle est à l'honneur. On appréciera d'ailleurs la qualité et la fraîcheur des produits. A la carte, des spécialités de la mer, mais pas seulement. On trouve aussi de bons plats rustiques comme le poulet croustillant, le lapin style « chasseur » ou le « sofrit payés » (un genre de ragoût local, typique de Formentera et Ibiza). Jolie terrasse agencée dans la cour.

CHEZZ GERDI

Camí de s'Abeuradeta
✆ +34 648 020 106
www.chezzgerdi.com
Fermé en hiver. Plats autour de 25/30 €.

Un *xiringuito* exclusif (avec embarcadère privé), QG des *beautiful people* de l'île. Sur le toit, une Camper Fiat 850 rouge vous souhaite la bienvenue. Cuisine méditerranéenne et internationale : salades variées, poissons frais, pâtes maison farcies de verdure, viandes et spécialités ibériques. Claudio, le manager originaire du sud de l'Italie, gère son restaurant avec énergie, c'est un amphitryon hors pair ! N'hésitez pas à lui demander conseil pour faire votre choix parmi les spécialités présentées à la carte. Quelques cocktails originaux à découvrir.

PIZZA PAZZA €€

Carrer s'Espalmador, 46
✆ +34 971 328 434
www.pizzapazzaformentera.com
Ouvert de début mai à mi-octobre, tous les jours, uniquement le soir. Environ 20 €.

Le premier restaurant italien de Formentera, ouvert en 1980 par Silvia, une Milanaise, et sa famille. Géré par son fils Federico, c'est aujourd'hui un des bons fours à bois de l'île. Au-delà des classiques et des incontournables pizzas, parmi d'autres spécialités maison, les pâtes aux fruits de mer se défendent très bien et les desserts sont faits maison. Agréable terrasse surplombant la rue, complété par une vaste salle intérieure, végétalisée et entièrement peinte en blanc. Pas mal pour dîner dans le centre sans se ruiner.

WET4FUN

Platja Es Pujols
✆ +34 670 366 314
www.wet4fun.com
A titre d'exemple : excursion de 3h en kayak ou SUP à partir de 48 € par personne.

Cette agence jouit d'un emplacement on ne peut plus stratégique, sur la plage paradisiaque d'Es Pujols. Vous pourrez y louer des kayaks, des planches à voile, des surf paddles, des catamarans... Si vous êtes novice ou que vous souhaitez renforcer votre technique, vous pourrez aussi y prendre des cours ou réserver des excursions guidées. L'agence existe depuis plus de 25 ans, l'expérience est donc l'un de ses grands atouts. Activités nautiques adaptées à tous les niveaux. Le propriétaire possède un autre centre à Ibiza. Très professionnel.

SA PALMERA €€

Carrer s'Aigua Dolça, 74-92
✆ +34 971 32 83 56
Compter environ 25/30 €.

Lassé des pâtes et des pizzas ? Planté un peu à l'écart de la zone touristique du front de mer, Sa Palmera offre une terrasse toute simple (tables en bois, chaises en plastique), à quelques mètres à peine de la plage. Elabore des plats simples et savoureux faisant la part belle aux produits de la mer. Ne manquez pas la spécialité du coin, le *frit de sípia*, et les généreuses *parrillades* de fruits de mer. L'endroit est souvent plein en soirée, prévoyez de réserver une table. Un authentique restaurant espagnol pratiquant des prix respectables.

TIPIC CLUB

Avinguda Miramar, 164
✆ +34 676 885 452
www.clubtipic.com
Fermé hors saison et le dimanche. Comptez environ 20 € l'entrée.

Ce club mythique ouvert dans les années 1970 propose aujourd'hui un intérieur sur deux niveaux, moderne, épuré. Une petite cour extérieure permet de se rafraîchir entre deux danses endiablées, mais pour les accros à la nicotine, c'est surtout le coin fumeur. La programmation musicale oscille entre le hip-hop, l'électro et la musique des années 80. C'est ici, en somme, qu'on viendra terminer sa soirée jusque tard dans la nuit. Population éclectique, mais assez jeune (tout dépend de la programmation). L'une des rares discothèques de Formentera.

SANT FERRAN DE SES ROQUES ★

Ce tout petit village est l'ancien berceau de la culture hippie. Le mythique Fonda Pepe a d'ailleurs vu passer des stars mondiales comme Led Zeppelin, Bob Dylan ou les Pink Floyd. Juste en face, les artistes bohèmes de Formentera exposent leurs créations sur les étals du marché artisanal. Le soir, des musiciens investissent la place du village pour gratter leurs cordes de guitare. Certes, on fera vite le tour de Sant Ferran, mais c'est un endroit sympathique pour dîner ou boire un verre dans une atmosphère d'antan. A 2 kilomètres du village, vous pourrez accéder à la superbe Cala en Baster, une calanque parfaite pour faire du snorkeling.

CASTELLUM ROMAIN DE CAN BLAI

Juste avant d'arriver à Es Caló de Sant Agustí. Un campement romain en ruine daté du IIIe siècle (aussi connu sous le nom de Can Pins) composé de cinq tours défensives et d'une enceinte quadrangulaire. Le lieu était à la fois un refuge et un point stratégique pour observer Ibiza. Ce type de construction est commun dans la région méditerranéenne. Plusieurs campagnes de fouilles ont été menées par Musée Archéologique d'Ibiza et Formentera et l'Université de Nice Sophia Antipolis.

HOSTAL PEPE €

Carrer Major, 68
✆ +34 971 328 033
hostalfondapepe.blogspot.com
Ouvert de mai à octobre. Chambre double à partir de 40 €, petit déjeuner inclus.

En face du mythique café, dans la petite rue centrale de Sant Ferran. Ce sont les mêmes propriétaires qui tiennent les rênes de ce petit *hostal* bien positionné proposant des chambres très simples, mais propres. L'endroit compte aussi une petite piscine en forme de haricot, sur laquelle donnent les chambres, et un parking pour les vélos. Décoration quelconque, mais literie confortable, clim et ventilo. Salle commune avec billard. Tarifs imbattables. Propriétaires et ambiance sympathiques. Il n'a presque pas changé depuis sa création !

CASAS TURÍSTICAS CAN XICU CASTELLÓ €€

Lugar Venda De Ses Roques, 103
✆ +34 971 328 292
Ouvert toute l'année. A partir d'environ 70 € la nuit (maison avec une chambre).

Charmantes maisons rurales traditionnelles à louer à 500 mètres du centre, sur la route de La Mola. Jardins soignés. Tranquillité. Cuisine équipée. Terrasse avec barbecue. Capacité 2 ou 4 personnes. Les propriétaires, agréables et attentionnés, sont originaires de Formentera. Ils vivent sur place, dans une des maisons voisines. Le plus : la petite piscine pour se rafraîchir loin des foules qui se dorent la pilule sur la plage de Migjorn (située à 1,5 km seulement). Authentique.

BLAT PICAT €

Avinguda Joan Castelló i Guasch 30
✆ +34 615 995 604
Fermé hors saison. A partir de 10 €.

Restaurant végétarien étalant sa terrasse en bord de route. Bien que le service ne soit pas toujours des plus avenants, les petits déjeuners/brunchs aussi bons que beaux sont appréciés (toasts à l'avocat, jus pressé, milkshake, gâteaux maison, tartes, quiches, wrap...). Egalement de belles assiettes végétariennes et quelques options véganes. Trois ou quatre tables en terrasse, posée devant le petit local très joliment décoré avec des caisses en bois et des meubles dépareillés. Rapide, sain et léger. Pour les petites et grandes faims, à toute heure !

MACONDO RESTAURANT PIZZERIA €

Carrer Major, 67
✆ +34 638 31 70 33
www.macondoformentera.com
Fermé hors saison. Environ 20 €.

Le Macondo est considéré par certains comme le meilleur restaurant italien de Formentera. Au cœur de la bohème Sant Ferran, voici un endroit de référence pour se délecter de pizzas, pâtes et recettes italiennes. Toujours très fréquenté et animé, ce restaurant mérite le détour. En haute saison, pensez à arriver tôt pour être sûr d'avoir de la place (avant 20h30) car la terrasse est bondée. Si vous cherchez une ambiance calme et romantique, passez votre chemin !

QUARTIERI SPAGNOLI €

Carrer de Cala en Baster, 10

✆ +34 609 41 53 50

Ouvert tous les soirs en saison. A partir de 20 €. Réservation conseillée en été.

Si vous avez envie d'une bonne pizza cuite au feu de bois, mais que vous ne voulez pas faire comme tout le monde (c'est-à-dire vous attabler au Macondo), vous aimerez cette pizzeria très recommandable tenue par des Napolitains. Elle se niche dans une maison en pierre. Clientèle italienne, mais pas que. Les assiettes de pâtes, qui agrémentent également le menu, sont aussi bonnes. Pour finir, la terrasse qui donne sur la place offre un coin agréable pour s'attabler (le reste est plutôt quelconque). Service jovial, à l'italienne !

FONDA PEPE €€

Carrer Major

✆ +34 971 328 033

Réservation indispensable en été. Environ 30 €.

Un endroit mythique, connu de toute la population locale comme des touristes. Dans la salle du bar, les murs sont couverts de vieilles photos de l'époque hippie. Beaucoup d'ambiance en soirée, joyeux mélange de papys du village et de jeunes venus des quatre coins de l'Europe. Dans la partie restaurant, on y sert des repas à la carte, avec de bons poissons. Très bon rapport qualité-prix. On y mange de tout, notamment des poissons au grill. C'est également une bonne adresse pour prendre le petit déjeuner. Incontournable pour les nostalgiques des *sixties*...

LA TRASTIENDA €

Carrer de Joan Castelló Guasch, 5

✆ +34 722 61 44 08

Fermé le dimanche et en hiver. A partir de 10 € (petit déjeuner).

Charmante petite taverne avec terrasse, posée en bord de route. On y élabore de bons petits plats sous forme de tapas à partager, tantôt classiques, tantôt originales. Carte plutôt courte. Le menu est sans cesse renouvelé, mais on pourra par exemple goûter à la terrine de porc aux figues, l'osso buco de bœuf, les boulettes de viande aux ceps, le saumon teriyaki, la crème de courge au fromage de chèvre et aux graines de tournesol, la lotte au chou-fleur à la sauce ajada... Le service est accueillant et les prix relativement doux.

LA MARITERRANEA €€

Carrer Major, 42

✆ +34 674 274 298

Ouvert tous les soirs à partir de 20h30, de mai à octobre. Réservation conseillée. Prix moyen à la carte 35 €.

Une excellente adresse... Victime de son succès ! Avec quelques tables seulement, il est difficile d'y trouver une place en été sans réserver un peu à l'avance. On recommande les yeux fermés les paellas et fideus (estampillés d'une dénomination d'origine protégée) à l'instar de la goûteuse paella au homard. La dorade, le saumon en papillote, les calamars à la braise ou le secreto ibérico à la truffe, servis avec des piments Padrón, sont d'autres choix possibles. Une ode à la gastronomie méditerranéenne que l'on vous recommande chaudement.

CAN FORN €€

Carrer Major, 39

✆ +34 971 328 155

En saison, midi et soir. A partir d'env. 25 €.

Dans un décor rustique chaleureux tout en bois, vous goûterez une cuisine traditionnelle généreuse. Ventilateur à hélice, vieilles photos sur les murs, outils d'artisan... Une vraie petite taverne ! Salade paysanne, moules marinières, calamars à l'encre de seiche, salade de poulpe (tendre à souhait), *conill amb ceba* (lapin)... Le resto est également connu pour son excellent poisson frais (le patron a gagné plusieurs concours de pêche !). Ne faites pas l'impasse sur les desserts, ils sont à tomber ! Un incontournable, selon nous.

SA PANXA €€

Carrer de Joan Castelló Guasch, 48

✆ +34 971 329 106

www.sapanxa.com

Fermé hors saison. Compter 25/30 €.

Une pause gourmande au Sa Panxa est à ne pas manquer, tant pour ses succulentes pizzas, sa cuisine fraîche et finement élaborée (avec plusieurs options végétariennes), que pour les bons concerts et autres événements qui y sont programmés et animent les douces soirées d'été. A la carte également : crème de courge, salade de chèvre, lasagnes, gnocchis... On appréciera tout particulièrement sa terrasse pleine de plantes. L'ambiance est décontractée, le service attentionné et les tarifs très corrects. Sans doute l'une de nos adresses préférées à Formentera.

LA TORTUGA €€

Carretera de La Mola, Km 6.5
✆ +34 971 328 967
Pendant la saison, ouvert tous les jours de 19h30 à 23h30. Comptez 25/30 €.

Vous apprécierez son beau jardin planté de cactus et de figuiers, ses amples terrasses couvertes et sa goûteuse cuisine méditerranéenne et internationale. Vous pourrez par exemple entamer le repas par un tartare de guacamole aux langoustines ou un délicieux gratin de courgettes. L'agneau, le porc aux pommes, la fondue bourguignonne, la morue confite ou le saumon au miel en papillote feront de bons plats de résistance. Sorbets et mousse au chocolat en dessert. Le restaurant se situe sur la route qui mène au plateau de La Mola.

SA GARRAFA

Carrer Major, 21
✆ +34 699 95 61 96
Ouvert tous les soirs de 22h à 4h. Billard, baby-foot, fléchettes. Terrasse qui donne sur la rue et concerts fréquents.

Très animé le week-end, et ce depuis plus de 15 ans ! Le gérant a sûrement des tas d'histoires à raconter... Vous pourrez par exemple le questionner sur la décapotable qui trône sur le toit du bar. Des concerts *live* y sont organisés tous les vendredis et samedis soir (rendez-vous des locaux). La programmation est toutefois inégale, mieux vaut y passer pour tâter l'ambiance ou se renseigner avant de venir (cumbia, rock...). Ambiance remarquablement conviviale et patron particulièrement souriant. Un incontournable pour boire un verre dans un cadre informel.

MARCHÉ ARTISTIQUE DE SANT FERRAN

Sur la Carrer Major
Ouvert de mai à octobre, tous les jours de 20h à minuit sauf le mercredi et le dimanche.

Les artistes de Formentera exposent leurs œuvres dans ce marché nocturne, qui se tient sur la carrer Major de Sant Ferran. On en retrouvera certains sur le marché de La Mola. A la différence du marché artisanal, celui-ci est plutôt orienté créations artistiques : peintures, sculptures, photographies et bien d'autres propositions encore. Un très joli petit marché tenu par des artistes à plein temps. On y dégottera à coup sûr un joli cadeau, pour soi ou pour autrui !

CAN MARROIG ★

Au nord-est de l'île, la Finca Pública de Can Marroig abrite le Centre d'interprétation du Parc naturel de Ses Salines. Ses membres travaillent à la préservation de l'écosystème des salines et y proposent des activités ludiques et interactives. Vous y trouverez en outre un espace pique-nique et un joli bosquet de pins. Au départ du centre d'interprétation, vous pourrez faire une agréable balade à vélo jusqu'à la tour de la Gavina (40 minutes A/R). Un panneau à l'entrée du parc présente l'itinéraire. Signalons que la partie finale est très peu praticable à vélo, car très rocailleuse. La tour défensive de la Gavina date du XVIIIe siècle.

EL PILAR DE LA MOLA ★

Le décor change lorsque l'on emprunte la route qui serpente jusqu'au plateau de La Mola, à plus de 100 mètres d'altitude. On traverse une forêt de pin avant d'arriver au petit village d'El Pilar La Mola, havre de paix invitant à la balade, à la découverte de l'essence rurale de Formentera. Jetez un œil au vieux moulin à vent (Bob Dylan y aurait séjourné dans les années 1960 !), puis au phare que Jules Verne décrivait comme « La fin du monde ». Il y planta d'ailleurs le départ de son roman d'aventure *Hector Servadac* (1877). Mais la grande attraction du village, c'est son mythique marché artisanal où se produisent les musiciens de l'île.

BODEGA TERRAMOLL

Carretera de La Mola, km. 15,2.
✆ +34 971 327 293
www.terramoll.es
Visites guidés de mai à septembre, L-M-J-V, de 19h à 21h. Résa par téléphone ou WhatsApp +34 686 484 174.

La cave Terramoll s'est installée sur le plateau de La Mola dans les années 2000. Pourtant, la vigne est cultivée dans la région depuis des temps anciens : en 1246, les moines du monastère de Santa Maria de La Mola produisaient déjà du vin. La production est restée artisanale, avec des vendanges réalisées à la main. Plusieurs cépages utilisés, mais le plus important est sans doute le *monastrell*, un cépage endémique de l'île. Des visites guidées/dégustations et balades dans les champs de vigne sont proposées dans le domaine (sur réservation).

EGLISE DE LA MOLA ★

Elle fut construite en 1771 sous l'impulsion de l'archevêque de Tarragone suite aux réclamations des habitants du village. L'unique église de l'île, à Sant Francesc, était en effet trop éloignée de La Mola. Dédiée à la Vierge du Pilar, elle présente un plan rectangulaire à nef unique surmontée d'une voûte en berceau. Son architecture se compose d'un assemblage de formes rectangulaires immaculées, dénuées de décoration. Elle est en outre précédée d'un porche d'entrée. Dans le petit bâtiment attenant se trouvait la maison du recteur.

RESTAURANTE EL MIRADOR €€

Carretera de La Mola, km 14,3
✆ +34 971 327 037
Fermé hors saison. Comptez 30/35 €.

Sur la route de La Mole. Appréciez la meilleure vue panoramique de l'île depuis la terrasse de ce restaurant sans prétention qui porte bien son nom. Un spot qui mérite une halte, notamment le matin, car la lumière est très belle, mais aussi au coucher du soleil que l'on peut observer directement depuis la terrasse. Depuis une cinquantaine d'années, derrière les fourneaux, on mijote une cuisine à la fois typique et internationale, avec des plats simples et sans fioritures. Poissons, viandes et spécialités à base de riz à la carte.

CAN CAROL €

Avinguda de La Mola, 95
✆ +34 971 32 73 75
Ouvert de midi à 23h, fermé le lundi. Compter 15-20 €.

Sur l'avenue principale de La Mola, attablez-vous un instant dans ce bar-restaurant sympathique et sans prétention pour dévorer sandwiches, quesadillas, tapas, nachos et hamburgers gouleyants, tout en sirotant un cocktail *kingsize* ou un grand verre de sangria. Cuisine mexicaine, méditerranéenne et internationale. Vous pourrez y passer après avoir jeté un œil au fameux marché artisanal de La Mola, par exemple. Les tarifs sont abordables et l'ambiance généralement amusante. En dessert, craquez pour le cheesecake, très bon. Service dynamique.

MAJORAL

Avinguda de La Mola, 89
✆ +34 971 32 7516
www.majoral.com
Ouvert de mai à octobre.

Enric Majoral est l'un des joaillers catalans les plus réputés au monde. Autodidacte, il s'est distingué au niveau national et international (deux exemplaires de sa série *Joies de Sorra* font partie de la collection permanente du Museum of Arts and Design de New York). Son atelier original se trouve à La Mola, un lieu d'inspiration pour réaliser ses travaux et créations. Il compte désormais sur la collaboration de son fils Roc Majoral. Une bonne adresse pour trouver créations et objets représentatifs de l'artisanat catalan contemporain.

CAN TONI FORMENTERA €€

Plaça del Pilar, 1
✆ +34 971 32 73 77
www.cantoniformentera.com
Ouvert toute l'année. Comptez 25/30 €.

Depuis toujours Can Toni a été la « Casa del Pueblo », le point de rencontre du village. Tenu par un Français, Alex, le resto est resté, au fil des années, un endroit très animé. Entre tapas andalouses et bistronomie à la française, sélection de plats traditionnels, tous faits maison. En plus du burger de queue de taureau, quelques grandes spécialités comme le poisson du jour et le couscous servi certains jours. En été, des concerts de flamenco sont organisés. C'est enfin l'un des rares restaurants de l'île qui est ouvert toute l'année.

MARCHÉ DES ARTISANS

Avinguda de la Mola
De mai à octobre, les mercredis et dimanches de 16h à 22h.

Incontournable, le marché de La Mola réunit chaque année les artistes et artisans de Formentera et d'ailleurs. Pas si grand, mais pas si petit non plus, on y trouve tout un tas d'objets, sacs et objets en cuir, peintures, illustrations, vêtements, bijouteries fantaisistes... Les visiteurs viennent s'y balader, mais aussi profiter de l'ambiance et écouter de la musique : sur les coups de 19h, des groupes de musiciens viennent s'installer sur la petite place pavée de mosaïques pour jouer des airs de rock psychédélique. Sympa !

MAJORQUE

Avec plus de 870 000 habitants, Majorque est la plus grande île des Baléares par ses dimensions : 100 km d'est en ouest et 80 km du nord au sud. Sa capitale, Palma de Majorque, est aussi la capitale de la communauté autonome des Baléares. C'est l'île qui offre la plus grande variété de paysages, entre les sommets de la Tramuntana (le Puig Major, haut de 1 445 mètres, est le point culminant des Baléares), les paysages abrupts du cap de Formentor, les criques et les plages sauvages de l'est de l'île, les plaines d'orangers de Soller... Pour les amateurs d'histoire, les vestiges romains d'Alcúdia, les grottes de Porto Cristo et le patrimoine architectural de Palma permettent un véritable voyage à travers les siècles. Très touristique sur certaines zones déterminées, Majorque conserve cependant tout le charme de ses villages d'intérieur, comme Valldemosa, Artà ou Sineu, où vous pourrez vivre au rythme tranquille de ses habitants.

Majorque

MER MEDITERRANEE
Cap Formentor
CALA SANT VICENÇ
Bahía de Pollena
PORT POLLENÇA
Cap del Pinar
ALCUDIA
Punta Beca
SA CALOBRA
Cala de da Calobra
POLLENÇA
Tomir 1103 m
PARC NATURAL DE S'ALBUFERA
PORT D'ALCÚDIA
MONASTÈRE DE LLUCH
Puig Major 1445
Masanelle 1348
Campanet
Cuevas de Campanet
Bahía de Alcúdia
Cap Ferrutx
PORT SOLLÉR
FORNALUTX
Ca'n Picafort
Cela Mesquida
Cap d'Es Freu
SÓLLER
BINIARAIX
Sa Pobla
CALA MESQUIDA
Selva
Serra Nova
S'ESTANYOLA
Cala Angulla
DEIÁ
Muro
Isla Ravenna
CALA RATJADA
PORT DE VALLDEMOSSA
Cil de Sóller 500 m
INCA
Santa Margarita
Punta de Capdepera
Lloseta
Llúbi
ARTÀ
ALARO
BINISSALEM
San Serra de Marina
CAPDEPERA
Sa Costa des Pins
BANYALBUFAR
VALLDEMOSSA
CALA DE SA FONT
Consell
Maria de la Salud
Torre de Canyamel
Cuevas de Artá
ESTELLENCS
ESPORLES
Santa Maria
SENCELLES
SINEU
Arlany
CALA CANYAMEL
La Cabaneta
Galatzo 1026 m
PETRA
SON SERVERA
Cala Bona
ISLA DE SA DRAGONERA
Puigpunyent
Pina
Sant Joan
Sant Llorenç
CALA MILLOR
SANT ELM
Son Ferriol
MANACOR
Punta de Amer
ANDRATX
PALMA DE MALLORCA
Montuiri
S'ARRACÓ
CALVIÁ
Villafranca de Bonany
PORTO CRISTO
ALGAIDA
Cuevas d'els Hams
PORTALS
PORT ANDRATX
Paguera
Ciudad Jardin
Coll den Rebassa
Cuevas del drach
CALA FORMELLS
PALMANOVA
Cala Major
Playa Ciudad Jardin
Ca'n Pastilla
Randa
Las Maravillas
Porreres
MAGALUF
SES ILLETES
Playa de Palma
El Arenal
I. DE LA CALETA
CAMP DE MAR
LLUCMAJOR
SANTA PONSA
Bahía de Palma
FELANITX
CALAS DE MALLORCA
PORT ADRIANO
Portals Vells
Cala Blava
Cala Murada
CAP DE CELA FIGUEIRA
CAMPOS
PORTO COLOM
Badia Grande
Calonge
Capicorp
Cala Serena
St Alqueria Blanca
PORTO PETRO
CALA D'OR
Cala Llonga
Valigornera
La Rápita
CAP BLANC
Ses Salines
SANTANYI
CALA PI
Platja des Trencs
COLONIE DE SANT JORDI
Estany des Tamarelis
Cala Figuera
P. els Dols
Cala santanyi
Estany de ses Gambes
Platja de ses Roquetes
Platja d'es Caragot

PAGES

● ● LE SUD-OUEST

● ● L'OUEST

La côte ouest de Majorque est de loin la plus authentique. La plupart des villages ont résisté à l'assaut touristique des années 1960, même si on y trouve quelques stations balnéaires comme Port Sóller. Mais ce qui différencie cette côte, c'est la Tramuntana, chaîne de montagnes qui dissimule des petites criques plus belles les unes que les autres, des paysages rocheux spectaculaires, ainsi que des villages au charme enchanteur. Elle est d'ailleurs classée au Patrimoine mondial de l'Unesco. D'une beauté exceptionnelle, nous sommes bien loin de l'ambiance touristique des alentours de Palma… Attention les yeux !

● ● LE NORD

Le nord de Majorque attire un tourisme familial, concentré autour du port d'Alcúdia, une grosse station balnéaire sans charme. Au contraire, Pollença et la ville d'Alcúdia méritent une visite pour leurs vestiges romains et la tranquillité de leurs places. Le cap de Formentor, à la pointe de l'île, est un site naturel d'une beauté exceptionnelle et un lieu très connu pour ses rencontres littéraires et les prix décernés depuis 1961 (Borges, Beckett, Sarraute, etc.). Visite obligatoire !

● ● L'EST

MAJORQUE

PAGES

PALMA DE MALLORCA ★★★

Capitale des Baléares, Palma compte plus de 430 000 habitants. Dans la vieille ville, présidée par sa cathédrale gothique et son palais royal – résidence des rois maures, puis des Rois Catholiques – les façades colorées, les places bordées de palmiers, les palais et les patios végétalisés distillent un charme fou. On en oublierait presque les hauts immeubles qui ont poussé comme des champignons le long de la façade maritime. Constellée de trésors architecturaux, Palma n'en demeure pas moins l'une des plus belles villes des Baléares. Animée et séduisante, ancrée dans sa baie scintillant sous le soleil, la capitale *trendy* cultive sa douceur de vivre.

AJUNTAMENT DE PALMA

Pl. de Cort, 1
✆ +34 971 225 900
www.palma.cat

La mairie de Palma occupe les murs d'un élégant palais de style Renaissance érigé au XVIIe siècle sur la plaça de Cort. Elle abritait jadis l'ancien Hospital de Sant Andreu dont on peut encore observer le portail gothique. Sa façade baroque exhibe des éléments maniéristes d'une grande finesse. Au rez-de-chaussée, remarquez ses deux portes latérales décorées d'écus baroques et au centre, une large tribune populairement surnommée le « Banc des paresseux ». Elle est en outre couronnée par un très large avant-toit soutenu par des cariatides.

AUDITORIUM DE PALMA - PALACIO DE CONGRESOS

Passeig Marítim, 18
✆ +34 971 735 328
auditoriumpalma.com
Ouvert du lundi au vendredi.

Situé sur la promenade maritime, l'Auditorium de Palma est un palais hébergeant 9 salles, dont 2 théâtres. Il sert d'écrin à la scène théâtrale mallorquí et propose de nombreux spectacles de danse, ballets, concerts et autres événements culturels, en plus d'être un centre de conférences, conventions et réunions professionnelles. N'hésitez pas à consulter le site internet de Palais des Congrès pour connaître la programmation en cours. L'un des piliers de la culture aux Baléares.

BAÑOS ARABES ★★

Calle Serra, 7
✆ +34 637 04 65 34
Ouvert tous les jours de 10h à 18h30 (18h le dimanche). Entrée 3 €. Prévoir du liquide !

Bains arabes du Xe siècle cachés dans un dédale de ruelles, à l'est de la cathédrale, dans ce qui était le quartier de la Medina Majurka. C'est l'un des derniers vestiges de l'époque de la domination musulmane aux Baléares. Deux pièces à visiter, dont la plus importante est sans conteste la salle de forme carrée, surmontée d'un dôme soutenu par 12 colonnes surmontées de chapiteaux aux formes irrégulières – empruntés de toute évidence à des constructions romaines – et percé d'ouvertures servant à aérer la salle. Charmant, mais pas incontournable.

CAIXA FORUM PALMA

Plaça Weyler, 3
✆ +34 971 178 512
caixaforum.es/palma
Ouvert du lundi au samedi de 10h à 20h, le dimanche et les jours fériés de 11h à 14h.

Avant de pénétrer dans l'établissement, vous admirerez tout d'abord la très belle bâtisse qui l'abrite, sa façade décorée de verre, de fer forgé et de boiseries. Appelé le Gran Hotel, ce somptueux édifice a bénéficié d'une importante restauration qui a remis en valeur ses formes extravagantes. La fondation La Caixa organise, dans cet hôtel particulier, des expositions temporaires, des conférences et des concerts, en plus de l'exposition permanente consacrée aux œuvres du peintre et lithographe postimpressionniste Anglada Camarassa.

CAN FORTEZA REY ★

Plaça del Marquès del Palmer, 1

Après la cathédrale, Can Forteza Rey est l'édifice le plus photographié de Palma ! Construit en 1909 par le joaillier Josep Forteza Rey Aguiló, sa conception est inspirée du travail des modernistes catalans et en particulier des œuvres de Gaudi, à l'instar du fameux parc Güell ou de la Casa Batlló, à Barcelone. Can Forteza Rey se distingue par sa précieuse façade recouverte de sculptures, de fragments de céramique polychrome et de motifs végétaux, floraux ou animaliers, dont une tête de monstre flanquée de deux dragons, sculptée au deuxième étage.

CONSOLAT DE LA MAR

Carrer de la Llotja, 3

Cet édifice abritait jadis le Consulat de la Mer, créé en 1326, siège de la juridiction des affaires maritimes de la Couronne d'Aragon. Son rôle était de réguler le commerce et le droit des marchands. Sur sa façade à trois étages, on remarquera en particulier la loggia de style plateresque, pourvue de 5 arcades et d'une balustrade, donnant sur le front de mer. Le bâtiment, plutôt impressionnant, date du début du XVIIe siècle. Il est aujourd'hui le siège de la Présidence du Gouvernement de la Communauté autonome. Dans le jardin subsiste l'ancienne porte des quais.

CASAL SOLLERIC

Passeig del Born, 27

✆ +34 971 722 092

casalsolleric.palma.cat

Ouvert du mardi au samedi de 10h à 14h et de 16h à 20h, les dimanches et fêtes de 11h à 14h30. Entrée gratuite.

Cette galerie municipale est installée dans un ancien palais majorquin du XVIIIe siècle imaginé par Gaspar Palmer et décoré par le sculpteur italien Antonio Soldatti. Il accueille des expositions temporaires d'art contemporain. Le déplacement vaut autant pour les œuvres que pour le cadre : mentionnons ici sa façade ornée d'une loggia, son superbe patio doté d'arcs surbaissés et d'un escalier impérial à double volée – avec ses rampes joliment travaillées en fer forgé – que l'archiduc Luis Salvador décrivit comme l'un des plus beaux patios de Palma.

ÉGLISE DE SANT FRANCESC

Plaça San Francisco, 7

✆ +34 971 712 695

De 10h à 13h30 et de 14h15 à 17h. Fermé le dimanche.

L'église gothique de ce remarquable ensemble architectural, le couvent Saint-François, a été érigée au XIVe siècle. Elle contient une seule grande nef, assez impressionnante. Derrière le maître-autel se trouve le sépulcre de Ramón Llull, béatifié en 1988. La façade principale est du XVIIe siècle. Le portique est une œuvre de Francisco de Herrera. Quant au cloître, auquel on accède à partir de l'église, il offre un bel exemple d'architecture gothique. Quatre galeries s'ordonnent harmonieusement autour d'un patio central et de son puits.

CASTELL DE BELLVER ★★

Carrer Camilo José Cela, s/n

✆ +34 971 735 065

castelldebellver.palma.cat

D'avr. à sept. du mar. au sam. de 10h à 19h, dim. 15h. Fermé le lundi. D'oct. à mars, jusqu'à 18h (15h dim.). 4 €.

A 3 km du centre de Palma et à plus de 100 m au-dessus de la mer, cette étonnante forteresse offre une très belle vue sur la ville et sa baie. Vous ne pouvez pas le manquer : sa construction massive de forme circulaire est flanquée de quatre tours, dont un donjon. Construit au XIVe siècle à la demande de Jacques II, le château fut la demeure des rois de Majorque, mais également une prison militaire au XVIe siècle. Il abrite un petit patio rond, avec deux galeries d'arches, ainsi que le musée municipal d'Histoire. Visite gratuite le dimanche.

ÉGLISE DE SANTA EULALIA

Plaça Santa Eulàlia, 2

✆ +34 971 714 625

Située sur la place du même nom, près de la plaça del Cort, c'est la plus ancienne de Palma après la cathédrale (XIIIe et XIVe siècles). Sa façade principale, comme la tour du clocher, sont de style néogothique. Ils ont été remodelés après le tremblement de terre qui secoua Majorque en 1851. Les murs latéraux de l'époque gothique ont été préservés. L'intérieur recèle un magnifique retable gothique, niché dans la première chapelle, sur la droite. Le grand autel exhibe un style churrigueresque (baroque espagnol). Un bel ensemble restauré au début du XIXe siècle.

CATHÉDRALE ★★★★

Plaça Almoina, s/n
✆ +34 971 71 31 33
catedraldemallorca.org

Visites touristiques du lundi au samedi, de 10h à 14h15. Entrée : 8 € (cathédrale + musée).

Les Majorquins l'appellent La Seu (le siège). Il s'agit du deuxième lieu religieux le plus grand en Espagne. Majestueuse, faisant face à la mer, vous pouvez l'apercevoir du port de Palma. La construction de cette cathédrale gothique, de dimension imposante, a été entreprise en 1230 par Jacques Ier, sur l'emplacement de l'ancienne mosquée à l'aide des pierres calcaires de Santanyí. Un an plus tôt, le roi avait fait le vœu d'ériger un temple en l'honneur de la Vierge s'il échappait à la tempête essuyée lors de l'expédition de reconquête de Majorque. L'ensemble de l'édifice a été achevé en 1601, mais les travaux se sont poursuivis durant des siècles. Les dernières transformations (1903-1904), concernant la chapelle royale, ont été dirigées par Gaudí. La façade principale, reconstruite au XIXe siècle, est un bon exemple de style plateresque. La façade latérale, exposée au sud, est également très connue pour la représentation de la Cène sur le tympan et pour le portique del Mirador, orné de superbes sculptures dues à l'architecte majorquin Guillem Sagrera. La façade côté ville, avec le portique de la Almoina, qui touche le clocher, abrite une énorme cloche de 2 m de diamètre. A l'intérieur, une luminosité, qui souligne la simplicité de sa décoration, permet de découvrir les chaires, remarquables, ou encore le portique de l'ancien chœur, datant de la Renaissance. Observez enfin le portique de la salle capitulaire, de style baroque, et la chapelle de la Sainte-Trinité contenant les tombeaux de Jaime II et de Jaime III.

© JEA[illegible]MEL - SHUTTERSTOCK.COM

ES BALUARD

Plaça Porta Santa Catalina, 10
✆ +34 971 908 200
www.esbaluard.org

Mar-sam de 10h à 20h. Dim. jusqu'à 15h. Entrée 6 €, expo temp. 4 €. Les vendredis, c'est à vous de décider du prix.

C'est le musée d'Art moderne et contemporain de Palma. Situé dans un lieu privilégié, l'ancienne muraille datant de la Renaissance de Palma, vous pourrez admirer entre autres des œuvres de Picasso, Picabia, Magritte, Miró, André Masson, Maria Blanchard, Antoni Tàpies… La collection du musée se compose de plus de 780 œuvres, de la fin du XIXe siècle à nos jours. A faire si vous aimez l'art. Le musée présente également des expositions temporaires intéressantes. N'hésitez pas à consulter le programme sur le site Internet du musée.

FUNDACIÓN BARCELÓ

Carrer Sant Jaume, 4
✆ +34 971 722 467
www.fundacionbarcelo.org

Les horaires varient en fonction des expositions.

La Fundación Barceló occupe une belle demeure majorquine de la fin du XIXe siècle. Elle a été créée par la famille Barceló Oliver en 1989 et son activité est orientée vers l'éducation, la formation et la recherche de l'art, d'un point de vue didactique. Elle abrite notamment une collection de peintures majorquines du XIXe siècle et de la première moitié du XXe siècle. Elle n'est en revanche accessible au public que lorsqu'il y a des expositions dans la salle dédiée aux expositions temporaires de la fondation (programme dispo en ligne).

FUNDACIÓN BARTOLOMÉ MARCH SERVERA

C/ de Palau Reial, 18 ✆ +34 971 711 122
www.fundacionbmarch.es

D'avril à octobre, du lundi au vendredi de 10h à 18h30. De novembre à octobre, jusqu'à 14h. Entrée : 5 €.

La collection March est d'abord un incroyable palais moderne (réalisé de 1939 à 1945), le plus grand et le plus fastueux des Baléares. Précisons que Juan March était l'homme le plus riche d'Espagne, sinon d'Europe. Un des fils du milliardaire, Bartholomé, était un collectionneur d'art sans égal. La liste des merveilles est longue : citons la crèche napolitaine du XVIIIe siècle, le salon de musique de J. M. Sert ou encore le plafond en bois polychrome de la première salle.

FUNDACION PILAR I JOAN MIRO ★★

Carrer De Saridakis, 29 ✆ +34 971 701 420
miro.palmademallorca.es

En hiver, du mardi au samedi de 10h à 18h et dimanche jusqu'à 15h. En été, du mardi au samedi de 10h à 19h. 9 €.

La fondation Pilar et Joan Miró possède une collection permanente composée d'œuvres de Miró, léguées par le couple. Elle présente en amont des expositions temporaires mettant en exergue la création contemporaine. De l'extérieur, vous pouvez admirer l'atelier de l'artiste imaginé par son ami architecte Josep Lluís Sert en 1956. Miró y travailla pendant près de 30 ans et y créa plus de mille de ses œuvres. A cela s'ajoutent deux autres édifices, Son Boter (XVIIIe siècle) et Moneo (1992).

MUSEO DE ARTE SACRO DE MALLORCA ★

Carrer Mirador, 5
✆ +34 971 723 860

Du lundi au samedi de 10h à 14h. Visite comprise dans le billet d'entrée de la cathédrale.

Derrière la cathédrale, dans le palais épiscopal. Ne manquez pas de jeter un œil aux collections de ce musée, jadis connu comme le musée diocésain, renfermant une collection d'art sacré. Peintures, sculptures, céramiques et autres objets des XIVe et XVIe siècles, principalement. Egalement des objets de style gothique et mudejar. A signaler, le retable de San Jorge, peint au XVe siècle et présentant, en arrière-plan, la ville de Palma à l'époque médiévale.

MUSEU DE MALLORCA ★

Carrer de la Portella, 5
✆ +34 971 177 838
www.caib.es

Du mardi au vendredi de 10h à 18h, les samedis et dimanches de 11h à 14h. Fermé le lundi et fériés. Gratuit dimanche.

Niché dans un palais gothique, la Casa de la Gran Cristiana, le musée de Majorque se distribue sur trois étages (pas tous accessibles lors de notre dernière visite, car le musée était en travaux). De la préhistoire au XXe siècle, toute l'histoire de Majorque est retracée au sein de ces collections remarquables : les empreintes romaines, maures, catalanes et toutes les autres deviennent très palpables et concrètes après avoir parcouru ce lieu. Statuettes en bronze, statues romaines, peintures religieuses et vases décoratifs... Une collection riche et vairée.

MUSEU FUNDACIÓN JUAN MARCH

Carre Sant Miquel, 11 ✆ +34 971 713 515
www.march.es
Ouvert du lundi au vendredi de 10h à 18h30 et le samedi de 10h30 à 14h. Fermé dimanche et jours fériés. Entrée gratuite.

A deux minutes à pied de la Plaça Major. Ce très riche musée d'art moderne expose la belle collection de Juan March composée de toiles de grands artistes espagnols comme Dalí, Picasso, Miró et aussi d'artistes moins connus, comme Antonio López ou encore Chilida. Les collections sont présentées dans une élégante maison seigneuriale du début du siècle dernier et se composent, en grande majorité, de sculptures et de peintures reflétant les tendances de l'art espagnol du XXe siècle.

PALAU DE LA ALMUDAINA

C/ Palau Reial
✆ +34 971 214 134
Du mardi au dimanche de 10h à 19h (dernière entrée 18h). Fermé lundi. Gratuit merc. et dim. de 15h à 19h. Entrée 3,50 €.

Mitoyen de la cathédrale, cet ancien alcázar musulman a abrité les rois maures, puis les Rois catholiques de Majorque, d'Aragon et d'Espagne. En levant les yeux au ciel, vous remarquerez qu'une statue couronne l'édifice : il s'agit de l'archange Gabriel. Le palais de plan rectangulaire, rattaché au gothique levantin, comporte deux ailes : le Palais du Roi (dans la tour rectangulaire) et le Palais de la Reine, à l'ouest. Une belle collection de peinture, meubles liturgiques et tapisseries d'époque décore son intérieur, où le style mudéjar prédomine. Immanquable.

PALMA AQUARIUM

C/ Manuela de los Herreros i Sorà, 21
✆ +34 902 702 902
palmaaquarium.com
Tous les jours en été. En hiver, le vendredi, samedi et dimanche. Entrée adulte : 25,50 €. Enfant : 14 €.

Le grand aquarium de Palma, fondé en 2007, recrée fidèlement les habitats et les écosystèmes des océans et des mers du globe. Idéalement, à seulement 500 mètres de la mer, ses 55 aquariums et ses 5 millions de litres d'eau salée contiennent plus de 8 000 exemplaires de 700 espèces. Prévoyez donc 2 à 3 heures dans votre planning pour le visiter ! A ne pas manquer, l'AquaDome qui propose une expérience immersive à 360 °C pour découvrir les plus grands mammifères de la planète (activité recommandée pour les enfants de plus de 3 ans).

PASSEIG DEL BORN ★

Passeig del Born

L'un des axes majeurs de Palma, bordé de platanes et de belles demeures anciennes. Il a été imaginé par l'architecte Isidro González Velázquez au début du XIXe siècle. Jusqu'au début du XVIIe siècle, un torrent passait sur cet axe et descendait jusqu'à la mer. Il a été dévié à cause de nombreuses inondations. Ensuite des tournois de joute y ont été organisés et lui ont donné son nom le Borne. C'est aujourd'hui une promenade animée, jalonnée de boutiques. Sur le *passeig*, la Casal Solleric, palais majorquin du XVIIIe siècle et salle d'exposition, mérite la visite.

MAJORQUE

Palau Reial de l'Almudaina.

POBLE ESPANYOL

Carrer Poble Espanyol, s/n
✆ +34 971 737 070
www.puebloespanolmallorca.com
Ouvert de novembre à mars de 9h à 17h. D'avril à octobre de 10h à 18h. Entrée : 6 €.

Conçu dans l'esprit du Poble Espanyol de Barcelone (mais 30 ans plus tard et moins conséquent), ce village reproduit les monuments les plus représentatifs de l'ensemble des régions d'Espagne. Certains des bâtiments abritent des ateliers d'artisanat, des commerces, des magasins de souvenirs, des bars et des restaurants. Ourlé d'une grande muraille médiévale, le village présente 72 bâtiments, rues et places emblématiques du patrimoine espagnol, dont le Patio des Arrayanes, du palais de l'Alhambra, ou le quartier andalou et ses maisons blanchies à la chaux.

S'HORT DEL REI

Av. d'Antoni Maura, 18
Accès libre.

Situé à l'extérieur de la muraille, ce jardin d'origine médiévale s'est développé au pied du palais l'Almudaina. Dans les années 60, le remodelage de l'espace en jardin urbain fut confié à l'architecte majorquin Gabriel Alomarla qui maria des éléments traditionnels du jardin majorquin à des éléments d'inspiration andalouse, comme les diverses fontaines. Le jardin est en outre décoré de sculptures de Miró, de Subirachs et de Calder et une arche de style mauresque y a été restaurée. Le « jardin du roi » se prolonge sur le parc de la Mar.

SA LLOTJA ★★

Plaça de la Llotja
✆ +34 971 711 705
Ouvert tous les jours, sauf le lundi.

Un exemple somptueux du gothique civil majorquin, témoin du riche passé commercial de la ville. L'édifice, construit entre 1426 et 1447 par Guillem Sagrera, constituait la place boursière et le siège du Collège des marchands. Son architecture rectangulaire, flanquée de quatre tours octogonales, se divise en trois nefs séparées par des colonnes torsadées sans chapiteaux. Huit fenêtres de large dimension apportent de la lumière à sa splendide salle voûtée qui présente désormais des expositions temporaires de tous styles et tendances.

OFFICE DE TOURISME DE PALMA DE MAJORQUE

Plaça de la Reina, 2
✆ +34 971 173 990
www.infomallorca.net
Fermé les dimanches.

L'office de tourisme de Palma, qui vous renseignera également sur l'île dans son ensemble, s'est implanté en bas de l'immanquable *passeig del Born*, dans une petite rue adjacente. Plans de la ville, infos variées et agenda culturel sont distribués. Plusieurs points d'informations touristiques divulguant des informations sur la ville de Palma sont par ailleurs répartis dans le centre-ville, dont un kiosque ouvert toute l'année près du Parc de la Mar.

PALMA CITYSIGHTSEEING

www.city-sightseeing.com
Le ticket valable 24 heures coûte 18 € par adulte, 9 € par enfant.

Pour la visite de Palma, vous pouvez opter pour le très voyant bus rouge à deux étages, qui s'arrête aux points stratégiques de la ville. Une bonne solution pour se familiariser avec la ville. Des oreillettes vous sont distribuées avec votre ticket, vous permettant d'écouter en français un rapide commentaire de ce que vous apercevez. D'avril à octobre, la compagnie propose également des tours en bateau dans la baie de Palma sur le même principe que le bus. Deux types de tickets pour le bus (24h ou 48h) et deux lignes à suivre (la rouge ou la violette).

AÉROPORT DE PALMA DE MAJORQUE

✆ +34 91 321 10 00
www.aena-aeropuertos.es

Pour rejoindre Palma depuis l'aéroport, trois options s'offrent à vous : en bus avec la ligne 1 (5 € le trajet, 8 € l'aller-retour). Départs toutes les 15 à 30 min environ. La ligne 21 sillonne la baie de Palma jusqu'à S'arenal (départ toutes les 20 à 30 min) ; en voiture, via l'autoroute direction Palma-Santanyí (compter 10-15 min) ; ou en taxi (comptez environ 20 € pour Palma). Point d'information touristique, distributeur, loueurs de voitures et poste sur place.

FERROCARRIL DE SÓLLER

Eusebio Estada, 1
✆ +34 971 752 051
www.trendesoller.com
Entre 4 et 6 trajets pas jour, en fonction de la période de l'année. Tarifs : 18 €, 25 € A/R et 32 € avec le tramway.

Comptez une heure pour couvrir les 27 km de rails séparant Palma de Sóller. Le paysage de montagnes et d'oliviers est à couper le souffle, visible uniquement depuis les pittoresques wagons en bois de ce train d'une autre époque (1912). Depuis la gare de Sóller, vous pourrez prolonger l'expérience en empruntant le tramway historique tout aussi charmant reliant le port de Sóller. Il existe d'ailleurs des billets permettant de combiner train et tramway. Le prix n'est pas donné, mais c'est l'occasion d'un vrai voyage dans le temps ! Paiement en espèce.

FERROCARRIL PALMA-INCA-MANACOR

Estació Intermodal
✆ +34 971 17 77 77
www.tib.org
Départs de Palma entre 5h40 et 22h15 en semaine, et entre 6h10 et 22h10 les week-ends (plus tôt selon l'arrêt).

Ce train dessert Inca, Sineu, Petra et Manacor, entre autres, depuis Palma. Il faut compter environ 30 minutes pour rejoindre Inca, une heure pour Sa Pobla (avec un changement à Enllaç) et une heure également Manacor. Il fait halte à la gare ferroviaire de Palma, située sur la place d'Espagne. C'est ici également que se trouve la gare routière (pour prendre le bus). Notez que les départs sont plus fréquents pour Inca (toutes les 15 à 30 minutes en moyenne).

TIB

www.tib.org

Elle dessert quasiment tous les villes, villages et plages. Les lignes sont divisées en grandes zones géographiques. Lignes 100 Ponent (cette zone correspond à Andratx, Magaluf, Palmanova...) ; lignes 200 Tramuntana (pour Valldemossa, Sóller, Deià...) ; lignes 300 Nord (pour Alcúdia, Pollença, Formentor...) ; lignes 400 Pla-Llevant (pour Sineu, Cala Rajada, Artà, Manacor...) ; lignes 500 Migjorn (pour Felanitx, Campos, Llucmajor...). Également un service de bus desservant les différentes villes en fonction des jours de marché.

EMT

✆ +34 971 214 444
www.emtpalma.cat

Réseau de bus très développé, reliant le centre aux différents quartiers de Palma. Attention, les trajets sont parfois longs, en particulier si vous prenez le bus qui dessert les plages proches de la ville... En été, il est fréquent de mettre plus d'une heure pour faire une dizaine de kilomètres ! Passage toutes les 15/20 minutes, de 6h à tard le soir. La plupart des arrêts disposent d'un écran qui indique l'heure de passage du prochain bus. Listing bus/horaires dispo à l'office de tourisme. Il existe aussi un service de bus de nuit (lignes 41, 42, 43, 44).

HOSTAL APUNTADORES €

Carrer Apuntadores, 8
✆ +34 971 713 491
www.apuntadoreshostal.com
Chambre double avec salle de bains partagée à partir de 55 €. Avec salle de bains privée à partir de 60 €.

Un établissement d'une trentaine de chambres, fréquenté principalement par une clientèle de touristes à petit budget. Très bien placé, mais le bruit de la rue peut être gênant si vous avez le sommeil léger. L'hôtel affiche très souvent complet, il faut donc vous y prendre tôt pour réserver. Au rez-de-chaussée, une cafétéria propose des sandwichs et autres *bocadillos*, ainsi que quelques plats simples. La vue à 360° sur le cœur de Palma est exceptionnelle depuis la terrasse, sur le toit. Le rapport qualité-prix est indéniable.

HOSTAL BONANY €

Carrer Almirante Cervera, 5
✆ +34 971 737 924
www.hostalbonany.com
Environ 50 € la chambre double avec salle de bains, 73 € en été. Location de vélos depuis l'hôtel 6 €/j. (pratique !).

A 15 min du centre historique, un établissement au calme, en retrait de la bruyante et agitée avenida Joan Miró, gage de vacances reposantes et réussies. Les 27 chambres sont simples, mais fonctionnelles, avec une décoration assez quelconque. Literie confortable, petit frigidaire. Le gros plus, c'est la piscine pour se rafraîchir en été. L'ambiance est familiale, le petit déjeuner copieux (en supplément). Pas le grand luxe, mais bien positionné. On trouve généralement de la place pour se garer dans la rue de l'hôtel. Excellente adresse pour les petits budgets.

Vue aérienne de Palma de Mallorca.

HOSTAL TIERRAMAR €

Carrer de Berlín, 9
✆ +34 971 26 27 51
hostal-tierramar.el-arenal.hotels-in-mallorca.net
Chambre double autour de 60 € en saison.

Un hostal sans prétention et à taille humaine situé dans la zone d'El Arenal, près de la plage, mais loin du centre historique de Palma (il faut compter une vingtaine d'euros pour se rendre dans le centre en taxi, tout de même !). Les chambres sont propres, le confort suffisant et l'accueil plutôt sympathique. Conviendra aux budgets serrés, même si, il faut le dire, le quartier manque cruellement d'attraits. La plage en revanche, n'est pas bien loin, même si le front de mer est ultra touristique (et parfois trop festif le soir !).

AH ART HOTEL PALMA €€

Costa d'En Sintes, 6
✆ +34 871 600 030
artpalmahotel.com
A partir d'environ 160 € la chambre double. Petit déjeuner compris.

A deux pas de la Plaça Major, l'Art Hotel se niche dans un petit palais du XIXe siècle transformé en coquet boutique-hôtel. Idéalement placé pour découvrir les principaux attraits de Palma à pied, il dispose de 13 vastes et belles chambres (catégorie deluxe, junior suite et suite), à la fois lumineuses et élégantes, traditionnelles et confortables, réparties sur les 5 étages de la bâtisse. Intimité et service professionnel sont au rendez-vous et à la hauteur du cadre. Un 4-étoile au charme historique, en plein cœur du vieux centre.

PALMA PORT HOSTEL €

Carrer Son Catlaret, 4
✆ +34 628 630 847
www.palmaporthostel.com
Lit en dortoir (féminin, masculin ou mixte) à partir de 35 €. Carte des AJ demandée pour les + de 30 ans.

Ce n'est pas l'auberge de jeunesse la mieux placée de Palma. Il faut en effet compter environ 30 minutes de marche pour rejoindre la vieille ville. Le quartier n'a pas un grand intérêt non plus, mais c'est l'une des auberges de jeunesse les moins chères de la ville. Confort très correct, digne d'une auberge de jeunesse avec dortoirs. Ambiance propice aux rencontres, dans la grande cuisine bien équipée, notamment. La salle de bains est partagée, mais pas mixte. L'accueil est agréable et attentionné. Parfait pour les voyageurs solos.

HOTEL ALMUDAINA €€

Av/ Jaime III, 9
✆ +34 971 727 340
www.hotelalmudaina.com
Comptez de 100 à 220 € la chambre double, petit déjeuner inclus.

Un classique avec sa façade en pierre grise donnant sur l'Avenida Jaime III, cœur commercial et culturel de la capitale. Terrasse avec bar et solarium sur les toits offrant une vue sur la cathédrale et sur la baie de Palma, service sympathique. Côté chambre, on mise sur une décoration sobre, mais chaleureuse et moderne, avec la petite touche d'élégance en adéquation avec le standing proposé. L'emplacement est excellent, tout près du port, dans le centre historique. Mention spéciale pour le petit déjeuner, bon et copieux. Bonne adresse.

HÔTEL BORN €€

Carrer de Sant Jaume, 3
✆ +34 971 712 942
www.hotelborn.com

Chambre double basique à partir de 140 €, petit déjeuner inclus. Simple à partir de 100 €.

Très bien situé dans cette longue rue piétonne, il occupe un ancien palais du XVIe siècle rénové au XVIIIe siècle, auquel vous accédez par un vaste hall aux belles voûtes soutenues par des colonnes de marbre. Décorées avec goût, les 30 chambres sont confortables ; certaines abritent des fresques et donnent sur un patio arboré, toutes possèdent un minimum de confort : climatisation, TV satellite, téléphone… Le personnel de l'hôtel, très aimable, saura vous aider dans la recherche d'un restaurant ou vous renseigner sur les curiosités touristiques de la ville.

HOTEL CABALLERO €€

C/ de Neopatria, 3 ✆ +34 971 260 050
www.hotel-caballero.bghotels.com

A partir d'environ 70 € pour une chambre double standard. Possibilité de demi-pension. Fermé hors saison.

Hôtel 4 étoiles complètement rénové il y a quelques années dans un style classique et contemporain. 372 chambres tout confort, certaines avec vue sur la mer. L'établissement s'est implanté à seulement 100 mètres de la plage de Palma, à 5 km de l'aéroport et à 10 km du centre-ville. Piscine, terrasse avec solarium et transats, espace de détente et de bien-être avec sauna finlandais, bains turcs, douches thématiques, bains à remous... Bref, de quoi se détendre complètement ! Aux alentours, une zone commerciale permet de disposer de toutes les commodités nécessaires.

HOTEL ISLA MALLORCA €€

Carrer de Pilar Juncosa, 7
✆ +34 971 281 200
www.islamallorca.com

Chambre double standard à partir d'une centaine d'euros avec petit déjeuner.

Installé sur une petite place juste au-dessus de l'avenue Joan Miró, cet hôtel 4 étoiles est un établissement à la décoration moderne qui propose des chambres lumineuses, donnant sur la colline où trône le château Bellver ou sur le port. Les 154 chambres possèdent la climatisation, un minibar, la télévision... Certaines ont également une petite terrasse. L'hôtel dispose en outre d'une grande salle de restaurant, d'équipements sportifs de qualité (piscine, gymnase) et d'un Spa (hydromassage, fitness, esthétique avancée, solarium…). Classique.

WHALA ! FUN €€

Carrer Terral, 23
✆ +34 971 90 29 19
www.whalafun.net

Fermé hors saison. Chambre double à partir d'environ 60 €. Location de vélos. Petit déjeuner compris.

Attention, à ne pas confondre avec l'hôtel Whala Beach qui propose un standing inférieur ! Cette adresse au design propret se situe dans la zone balnéaire d'El Arenal. Décor soigné dans les tons jaune et blanc, petite piscine et bar aménagé sur le toit avec vue sur la mer, chambres confortables et très bien tenues. Rien à redire sur la prestation. Le personnel vous réserve de surcroît un accueil sympathique. En revanche, ne pensez pas vous garer dans la rue, mais au parking gratuit en terre battue situé à quelques minutes à pied (renseignez-vous à la réception !).

HOTEL CONVENT DE LA MISSIÓ €€€

Carrer de la Missió, 7A
✆ +34 971 227 347
www.conventdelamissio.com

A partir de 250 € la chambre double standard.

Ancien couvent du XVIIe siècle situé dans le vieux centre, cet hôtel met l'accent sur l'espace et la luminosité. Les 27 chambres sont décorées dans un style contemporain et minimaliste, tout en conservant des éléments architecturaux d'origine, comme les plafonds en voûte et les poutres apparentes. Terrasse sur le toit, sauna et bar-galerie (Art Bar). Son restaurant, le Simply Fosh, étoilé par le guide Michelin, est particulièrement réputé auprès des locaux. Magnifique.

HOTEL PALACIO CA SA GALESA €€€

Carrer de Miramar, 8
✆ +34 971 715 400
www.palaciocasagalesa.com

De 270 à 500 € (pour la suite luxe). Gratuit pour les enfants jusqu'à 10 ans.

Adresse splendide dans un édifice de 1576, dans le vieux quartier, à 5 minutes à pied de la cathédrale. Tout n'est que luxe et raffinement, des salons – décorés avec des vitraux, des sculptures et des peintures – aux cours intérieures à l'architecture Renaissance. 12 chambres à la déco singulière meublées dans un style majorquin des XVIIe et XVIIIe siècles (avec clim, télé, bain à remous, station multimédia...). Piscine inspirée des bains romains. Spa, salle de fitness. Charmant.

HOTEL PALAU SA FONT €€€

Carrer Apuntadores, 38
✆ +34 971 712 277
www.palausafont.com

Fermé hors saison. A partir d'environ 140 € la chambre double, avec petit déjeuner.

Ce palais du XVIe siècle a été reconverti en un très joli petit hôtel d'une vingtaine de chambres, au cœur de la ville historique. Avec une décoration moderne dans ce lieu au cadre ancien, l'ambiance est particulière, c'est très réussi ! Du style et un charme indéniable s'en dégagent. En plus, l'endroit est une oasis de tranquillité dans le quartier des bars et des restaurants, avec notamment une petite piscine en terrasse, face au bâtiment rose. Très bon accueil et service. Tarifs intéressants pour la prestation. Une excellente option.

HOTEL SAN LORENZO €€€

C/ San Lorenzo, 14
✆ +34 971 728 200
www.hotelsanlorenzo.com

Chambre double standard autour de 200 €. Plus cher avec vue sur le patio ou une terrasse. Réservé aux adultes.

Niché en plein cœur de Palma, dans l'ancien quartier de pêcheurs de San Pedro, l'hôtel San Lorenzo propose un total de neuf chambres distribuées dans un ancien petit palais du XVIIe. Un petit repaire verdoyant, avec sa belle piscine, sa végétation qui court sur les murs et sa coquette terrasse. La décoration de l'hôtel réserve quelques surprises, notamment un bar Art déco tout droit venu de Paris, des salles de bains décorées d'azulejos et de belles cheminées, dans certaines chambres. Un hôtel de caractère réservé aux adultes.

HOTEL SARATOGA €€€

Passeig Mallorca, 6
✆ +34 971 727 240
www.hotelsaratoga.com

A partir d'environ 150 € la chambre double (petit déjeuner en sus).

Très bien situé, l'hôtel Saratoga est un établissement luxueux, disposant de grandes chambres blanches. 187 au total, équipées de tout le confort nécessaire, et aussi de balcons pour jouir de la vue sur la promenade ou le bord de mer. Sur plusieurs étages, on trouve une cafétéria panoramique, deux piscines dont une installée sur le toit, et un agréable restaurant. Côté relaxation, il dispose d'une salle de remise en forme et d'un sauna. On ne manquera pas non plus de faire un tour au Blue Jazz Club (un lieu de référence pour les amateurs à Palma !).

PETIT PALACE HOTEL TRES €€€

C/ Apuntadores, 3 ✆ +34 971 717 333
www.hoteltres.com

Chambre double à partir d'environ 170 €, petit déjeuner inclus.

Vous apprécierez la position idéale de cet hôtel ultra confortable situé dans une rue jalonnée de restaurants, très animée le soir. Parfait pour visiter la ville haute. L'adresse s'est implantée au sein d'un ancien palais majorquin du XVIe siècle, rénové avec beaucoup de goût. Piscine sur le toit (vue sur la cathédrale depuis la terrasse), solarium, sauna, salles de réunion, salle de fitness et confort maximum dans toutes les chambres (climatisation, Wi-Fi, minibar, TV par satellite…). Tarifs pas donnés, mais belle prestation.

POSADA TERRA SANTA €€€

C/ de la Posada de Terra Santa, 5
✆ +34 971 214 742
www.posadaterrasanta.com

Fermé hors saison. Double à partir d'environ 150 € (petit déjeuner en sus).

Ce somptueux hôtel de luxe trône au cœur de la vieille ville. La splendide architecture de l'édifice, typiquement majorquine, force l'admiration, à commencer par la galerie aux arches gothiques du rez-de-chaussée qui accueille le très bon restaurant de l'hôtel. Les chambres aux lignes légères, vastes et lumineuses, sont subtilement agencées, sans oublier d'être aussi confortables que high-tech. Personnel aux petits soins et petit déjeuner délicieux. Au croisement de la Renaissance et du monde moderne dans ce qu'il a de plus réjouissant. Une perle !

PURE SALT GARONDA - ADULTS ONLY €€€

Carrer de la Mar Negra, 2
✆ +34 971 014 040
www.puresaltluxuryhotels.com/garonda

Ouvert de mars à octobre. Chambre double à partir de 140 € avec le petit déjeuner.

Hôtel réservé exclusivement aux adultes, en face de la plage de Palma. Une large palette de services est proposée (spa, golf, sauna, piscine couverte, location de vélos, salle de gym...) dans ce 4-étoiles à la fois douillet et chic. Les chambres joliment décorées possèdent un balcon et donnent sur la mer. Belle piscine extérieure, avec transats et vue panoramique sur la Grande Bleue. L'établissement dispose en prime d'un accès privilégié et direct à la plage.

PURO OASIS URBANO HOTEL €€€

C/ Montenegro, 12 ✆ +34 971 425 450
www.purohotel.com
Comptez autour de 200 € la chambre double.

Un hôtel fabuleux pour un coup de folie, à quelques dizaines de mètres du passeig del Born et tout près de la cathédrale. Adresse luxueuse au style travaillé, moderne, design. Beaucoup de classe. Sans doute l'un des hôtels les plus *hype* de Palma. Très belles chambres climatisées. Piscine sur le toit, bain à remous, restaurant au décor beatnik, spa avec sauna et bains turcs, proposant massages et traitements naturels... Des DJ sets se tiennent certains soirs sur la terrasse. Pour un week-end romantique et mémorable dans la vieille ville. Ultra tendance.

SANTA CLARA URBAN HOTEL & SPA €€€

C/ San Alonso, 16
✆ +34 971 729 231
www.santaclarahotel.es
Compter entre 100 et 200 € la chambre double, petit déjeuner inclus.

Juste à côté des jardins du couvent de Santa Clara. Depuis le « Rooftop Relax » vous pourrez admirer sa grande tour et son cloître. Egalement une superbe vue sur la cathédrale, le château de Bellver et la baie de Palma. L'hôtel a conservé le caractère historique de l'édifice dans sa belle façade, les poutres apparentes dans les 20 chambres et les murs en pierre. A l'opposé, la décoration est clairement contemporaine, avec du mobilier design et des équipements modernes.

BAR BOSH €

Plaza Rei Joan Carles I, 6
✆ +34 971 712 228
barbosch.es
Ouvert tous les jours. Comptez 10/15 €.

Cet établissement emblématique de Palma mériterait d'être classé monument historique ! Il a ouvert ses portes en 1936 et est devenu très rapidement le lieu de rendez-vous des Palmesans, mais aussi, en leur temps, d'un grand nombre d'artistes tels que Joan Miró, Miguel Barceló... Son livre d'or en témoigne ! La carte est simple, la nourriture quelconque. Salades, sandwichs... mais surtout tartes et glaces artisanales qui vont réjouir les gourmands. Il n'est pas possible de visiter Palma sans jeter un œil à son intérieur intemporel.

BADAL BURGER €

Plaça del Comtat del Rosselló, 7
✆ +34 871 238 462
Ouvert de 13h à 22h. Fermé le dimanche et le lundi. Comptez 15 € le repas complet.

Le local, *trendy* et minimaliste du Badal Burger se trouve à un coin de rue de la Plaça del Comtat del Rosselló, dans les hauteurs de Palma, et sert toute la semaine d'aussi copieux que délicieux hamburgers artisanaux. Le menu se présente sous forme de questionnaire à choix multiples dont le client coche les cases qui lui correspondent : type de pain, de viande et de garnitures, ainsi que l'accompagnement (les frites de patates douces sont à tomber). Tous les produits sont triés sur le volet et le personnel est très aimable. On recommande.

BODEGA BELLVER €

C/ Can Serinyà, 2
✆ +34 971 724 796
Ouvert de 19h à minuit, fermé le dimanche. Compter 10-15 €.

Une *bodega* presque centenaire à la décoration typique faite de gros tonneaux, de bouteilles de vin exposées, de petites tables en bois... C'est un endroit à retenir pour improviser un dîner-apéritif avec vin et tapas dans une chaleureuse atmosphère. D'autant plus que le local a gardé un esprit authentique et intemporel bien appréciable. Bonne sélection de bières également. Attention, car le lieu n'est pas bien grand et souvent plein. Ne manquez pas de goûter le sandwich de *sobrasada* au miel, c'est un grand classique (de Minorque) et c'est toujours très bon !

BODEGA LA RAMBLA €

Via Roma, 6
✆ +34 971 721 190
www.bodegalarambla.com
Généralement fermé en août. Environ 10-12 € par personne. Fermé le mardi et le mercredi.

La Bodega La Rambla est un établissement historique de Palma dans lequel se retrouvent beaucoup d'habitués. A midi ou en soirée, vous pourrez y déguster une grande variété de tapas dans une ambiance très animée. Côté décoration : tables en bois, poutres apparentes... Vous êtes bien dans une bodega ! Notre conseil : installez-vous au bar et commandez une ration de tapas variées (*Variado*). Le petit format, plus économique, se compose de quelques calamars frits, *ensaladilla rusa* (sorte de macédoine), croquettes, merlu... On adore !

CAFÉ LA LONJA €

Carrer de la Lonja, 2
✆ +34 971 72 27 99
https://cafelalonja.com
Ouvert tous les jours. Comptez 15/20 €.

Idéalement placé, sur la pittoresque place de la Llonja plantée de palmiers, ce café-restaurant dispose d'une grande terrasse et propose une remarquable sélection de sandwichs et de tapas. La quiche aux légumes ou bien encore le ragoût de bœuf sont absolument exquis ! Les prix sont un peu élevés, mais les tapas sont surprenantes et délicieuses. Le service est efficace et très accueillant. Un lieu certes touristique, mais qui a su garder son âme d'antan, avec son bar tout en bois, son sol en damier ou encore ses poutres apparentes.

CAN JOAN FRAU €

Mercat de Santa Catalina
✆ +34 971 737 862
Ouvert du mardi au samedi, de 5h à 17h. Environ 10 €.

Rendez-vous dans un petit coin du marché municipal de Santa Catalina pour vous accouder au bar de ce modeste local disposant de quelques tables seulement, et la plupart du temps occupées ! L'idée, c'est donc de grignoter les délicieuses spécialités de la maison au bar, assis, si on a de la chance, ou debout : aubergines farcies, *cocas* de légumes, soupes majorquines, ragoûts, calamars frits, plats à base de riz très bien cuisinés… Un incontournable pour goûter la cuisine majorquine dans une ambiance populaire et locale. Service sympa !

CAPPUCCINO GRAND CAFÉ €

C/ Conquistador, 13
✆ +34 971 717 272
www.grupocappuccino.com
Ouvert tous les jours.

Cet établissement très connu, appartenant au groupe Cappuccino, compte plusieurs adresses à Palma, mais aussi à Ibiza, Madrid ou Valence. Si la nourriture n'a rien d'exceptionnel, et les tarifs sont assez élevés, le cadre en revanche est romantique à souhait avec son emplacement privilégié et sa terrasse, agréable, bien que souvent bondée. En plus, que ce soit simplement pour un café, des tapas ou des lasagnes, le service est continu. Touristique oui, mais finalement sympa pour une pause en retrait de l'agitation de la ville.

CLARO MALLORCA €

C/ Annibal, 16B
✆ +34 871 034 993
www.claromallorca.es
Ouvert du lundi au vendredi de 8h30 à 17h ; le dimanche de 9h à 16h.

Cette petite échoppe italienne très centrale tombe à point nommé pour qui souhaite reprendre des forces sainement dans un cadre lumineux à la déco de bon goût. Que l'on opte pour des petites portions à partager ou pour une assiette de pâtes plus solide, pour un brunch plein de saveurs ou pour un simple café, on trouve à chaque fois, au Claro, un service également sympathique. *Healthy bowls*, toasts, sandwiches, salades, pâtes, risotto. Produits frais, ambiance calme et relax. Une halte très agréable à toute heure de la journée.

A MA MAISON €

C/ Soler, 18
✆ +34 971 919 697
www.tiasaloua.com
Ouvert du mardi au samedi de 13h à 15h30 et de 20h à 23h. 15/25 €.

C'est dans une petite salle de service aux couleurs chaudes que l'agréable tenancière Saloua Sfar accueille le chaland venu se requinquer. Ici, pas de chichi, mais des plats de cuisine franco-tunisienne absolument délicieux, préparés avec amour et savoir-faire. N'hésitez pas faire part à la patronne de vos éventuelles restrictions ou préférences alimentaires, elle se fera un plaisir de vous aiguiller. Une petite adresse au caractère singulier. A ne pas manquer dans le centre historique. Spécialité à tester : l'excellent couscous.

NANA CAFÉ & BISTRÓ €

Plaça del Mercat, 15
✆ +34 871 512 005
Ouvert tous les jours. Comptez 20/25 €.

La petite terrasse de ce restaurant, située sur la place du marché au milieu des arbres, est un atout majeur, à condition d'arriver à temps pour trouver une table. Le chef propose une cuisine méditerranéenne réussie à base de poisson et de viande, parfois dotée d'une touche fusion. Plats modernes et goûts inattendus. Le rapport qualité-prix reste correct, bien que les prix à la carte aient fortement augmenté ces dernières années. Les portions ne sont d'ailleurs pas très copieuses, mieux vaut le savoir avant de passer commande.

LA PALOMA €

C/ Apuntadors, 16
✆ +34 971 721 745
www.lapaloma.es
Ouvert tous les jours. Comptez 35 €.

Au sein de la vieille ville, côté port. Dans une surprenante salle voûtée à la décoration recherchée, un peu en dessous du niveau de la chaussée, La Paloma est un restaurant apprécié des habitants de Palma, autant pour sa nourriture que pour son cadre qui sort de l'ordinaire. Chez Paloma, vous viendrez surtout goûter aux tapas de style méditerranéen, espagnol-italien, tout en buvant un bon verre de *rioja*. Mentionnons aussi les belles pièces de viande au menu. Ambiance très détendue, service sympathique et respectueux de l'intimité.

ADRIÁN QUETGLAS €€

Passeig Mallorca, 20
✆ +34 971 781 119
adrianquetglas.es
Fermé le lundi. Menu midi 35 €, le soir 60 €.

Ce restaurant style bistro est tenu par le célèbre chef argentin Adrián Quetglas. Après avoir travaillé de longues années en Russie, il décide, en 2015, de s'installer de nouveau à Palma de Mallorca (où il avait déjà travaillé) afin de se rapprocher des origines de ses ancêtres. Le chef mitonne une cuisine internationale, mais toujours avec une note méditerranéenne. Fin et surprenant. A citer : la savoureuse Presa ibérica concoctée avec inventivité. Le menu est régulièrement renouvelé (menu gastronomique accessible au déjeuner). Un coup de cœur.

SA FORMATGERIA €

Carrer dels Oms, 30
✆ +34 971 717 572
saformatgeria.com
Ouvert de 9h à 21h. Fermé le dimanche.

Le fromage sous toutes ses formes. Fromage en salade, fromage en sandwich, plat de fromages du monde : majorquin, espagnol, italien, français, suisse. En plein cœur de Palma, cette petite échoppe à la verte façade est l'occasion de manger sur le pouce, des sandwiches surtout, des tapas aussi, et de boire une bière ou un café confortablement installé en terrasse, dans une plaisante rue piétonne. C'est aussi une fromagerie qui vend des fromages sous vide. Un lieu qui plaira aux amateurs de fromage désireux de goûter des produits locaux et internationaux.

AROMATA RESTAURANTE €€

Carrer de la Concepció, 12
✆ +34 971 495 833
www.aromatarestaurant.com
Ouvert du mardi au samedi de 13h à 15h30 et de 20h à 22h30. Compter à peu près 50 €.

Cette bonne table a ouvert ses portes dans le patio du centre culturel Sa Nostra, offrant un cadre très agréable, spacieux et lumineux. La décoration est élégante et sobre avec quelques plantes disposées dans la salle, apportant une réelle touche de fraîcheur. Cuisine majorquine moderne texturée et superbe présentation des plats. Derrière les fourneaux, c'est le chef réputé Andreu Genestra qui opère. Plan futé : le menu du midi est très intéressant et régulièrement renouvelé. De la cuisine fine à petit prix. Belle initiation à la cuisine majorquine contemporaine.

VINOS TAPAS BISTRO 13% €

C/ Sant Feliu 13A
✆ +34 971 42 51 87
Fermé le dimanche. Comptez 15 à 20 €.

Dans le centre de Palma et la jolie ruelle de Sant Feliu, voici un bar à tapas à ne pas manquer pour son cadre original et informel, comme pour ses bonnes tapas à prix doux. Il y a aussi un grand nombre de plateaux : fromages, spécialités mallorquinas… Le tout accompagné d'un excellent vin à choisir parmi la réserve (la bodega bien achalandée propose plus de 120 références !). On s'en sortira à bon prix, surtout si on choisit le menu tapas. En dessert, si vous êtes du genre gourmand, ne passez pas à côté de la tarte au chocolat avec *dulce de leche*.

LA BOVEDA €€

Carrer de la Boteria, 3
✆ +34 971 714 863
restaurantelaboveda.com
Fermé le dimanche. Environ 20-25 €.

Un lieu typiquement espagnol avec son décor de vieux bistro, ses tonneaux en bois, ses étagères remplies de bouteilles de vin, ses murs couverts d'azulejos… Et bien sûr, ses traditionnelles tapas ! Basée sur les produits de la mer, la cuisine jouit d'une excellente réputation. Sans être incontournable (les plats sont très classiques !), l'endroit s'avère agréable pour une pause typique dans le centre de Palma. Si vous n'aimez pas les ambiances bruyantes à l'espagnole, en revanche, ce restaurant n'est peut-être pas fait pour vous.

CELLER SA PREMSA €€

Plaça del Bisbe Berenguer de Palou, 8
✆ +34 971 723 529
www.cellersapremsa.com
Fermé le dimanche et le week-end en juillet/août. Environ 20 €.

Du 100 % typique : dans la décoration, dans l'assiette… Avec ses tables en bois, ses tonneaux à vin et sa cuisine régionale, Sa Premsa est en soi une véritable expérience. Vous pourrez y goûter tout ce qu'il y a de plus traditionnel : *frito mallorquin* (sorte de ragoût d'agneau), *huevos fritos con sobrasada, sepia a la mallorquin*… Et en dessert, *greixonera de brossat*, une spécialité majorquine aux allures de *cheesecake*, délicieux *pudding de ensaimadas* ou des tartes maison. Une institution depuis 1953, et qui n'a pas pris une ride !

NEO CULTURAL €€

C/ de la Boteria, 8
✆ +34 656 779 971
Ouvert en semaine de 13h30 à 15h30 et tous les jours de 18h30 à 1h. 15 € le plat de résistance.

Le Neo Cultural ne cesse d'innover dans ses créations culinaires. Vous pourrez y déguster leurs tapas créatives et des tapas plus traditionnelles, toujours avec une excellente présentation. Laissez-vous tenter par l'un des excellents cocktails présentés au menu, spécialités de la maison. Saveurs innovatrices et délicieuses. Le local vous plongera dans une atmosphère originale et tamisée, avec ses décorations murales et son mobilier hétéroclite. Un resto intéressant pour casser la routine, aussi bien côté cuisine que côté décor.

SAFRÀ 21 €€

C/ Illa de Corfú, 10
✆ +34 971 263 670
www.safra21.com
ouvert tous les jours. A partir de 20 €.

Ce restaurant surfe sur la tendance du « bistronimique » (bistrot économique), un concept de plus en plus branché dans les grandes villes européennes. Le principe : des menus gastronomiques réalisés par de jeunes chefs et inspirés des recettes des plus grands chefs (Ferran Adrià, Arzak…). C'est l'occasion de tenter quelques expériences culinaires à des prix défiant toute concurrence (calamar frais à la plancha, *chuletón*, magret de canard, *arroces*, paellas, *fideuás*…). Expérience des papilles garantie sans y laisser passer toutes ses économies !

SANTOSHA €€

Carrer Metge Matas 2
✆ +34 971 723 701
www.santoshapalma.com
Ouvert du mercredi au dimanche de 10h à 15h30. A partir de 15-20 € à la carte. Menu du jour 15 €.

Gros coup de cœur pour ce restaurant à la cuisine délicieuse et au joli cadre. L'endroit est réputé pour ses brunchs gorgés de saveurs et de couleurs, dans la vieille ville de Palma. Caisses en bois remplies de livres, meubles anciens ou design, poutres apparentes et arcs en pierre composent l'agréable décor éclectique de ce bistrot moderne. Côté cuisine, les producteurs locaux, le bio et le commerce équitable sont à l'honneur. Au menu, quiches, salades, omelette, tartes, toasts, œufs pochés, houmous et tagine d'agneau aux amandes, le plat vedette.

TOQUE €€

Carrer Federico García Lorca, 6
✆ +34 971 287 068
restaurante-toque.com
Fermé le dimanche. Compter environ 35 € à la carte.

Dans une salle de service décontractée un brin chic, cette excellente table échafaude des plats de tradition méditerranéenne mâtinés d'une touche de cuisine belge. La spécialité de la maison, c'est le filet américain (steak tartare à la Belge) préparé en manière originelle avec de la viande (cuisse) hachée à la machine (pas au couteau) et une excellente mayonnaise. Tenu par une famille belge expatriée en Majorque, Toque dégage cette agréable ambiance proche et chaleureuse qui fait que l'on se sent les bienvenus. A découvrir !

EL PILÓN €€€

C/ Can Cifre, 4
✆ +34 971 717 590
Ouvert tous les jours midi et soir. Comptez 40 €.

C'est dans une petite ruelle, juste à côté de l'office du tourisme, que se trouve El Pilón, fondé en 1967. La carte, disponible en français, propose un choix impressionnant de tapas, ainsi que des poissons et fruits de mer : anguilles, langoustes, scampis, coquilles Saint-Jacques… Sans oublier les viandes pour les plus carnivores : entrecôtes, brochettes, filets de porc ou de bœuf. Le tout vous sera servi dans une salle décorée par des murs recouverts de carapaces de tortues, de crocodiles, d'amphores : vous l'aurez compris, la mer y fait loi !

FORN DE SANT JOAN €€€

C/ Sant Joan, 4
✆ +34 971 728 422
www.forndesantjoan.com
Compter autour de 55 € à la carte.

Dans une ancienne boulangerie centenaire, le Forn de Sant Joan occupe un édifice entier du quartier de la Lonja. L'établissement se dresse sur 3 étages, chacun optant pour une décoration et une ambiance propres. Les fours et les dalles de l'ancienne boulangerie ont été conservés, et la conception de l'espace est particulièrement réussie. Vous pourrez goûter à une cuisine méditerranéenne et majorquine de grande qualité, qui fait les délices de célébrités comme Pedro Almodovar et l'actrice Rossy de Palma. L'un des restaurants les plus emblématiques de la Lonja.

QUADRAT €€€

Plaça de Sant Francesc, 5
✆ +34 971 495 000
www.hotelsantfrancesc.com
Compter à partir de 30 €.

Le Quadrat est le restaurant du luxueux hôtel 5-étoiles Sant Francesc, installé dans les anciennes écuries du palais et accessible directement depuis la Plaça Sant Francesc. Cette table propose des créations méditerranéennes revues et magnifiées par le chef Àlvar Albaladejo, toujours avec le souci du détail dans la présentation comme celui de la juste combinaison dans les saveurs. La blanche salle de service est lumineuse à souhait et le luxuriant jardin de l'hôtel invite les convives à un digestif à l'ombre des palmiers. Une adresse de haute-voltige.

ABACO

C/ San Joan, 1
✆ +34 971 71 49 39
www.bar-abaco.es
A partir de 20h.

De l'autre côté du Born, dans un palais du XVIIIe siècle, appelé jadis Casa Marcel. Poussez la belle porte en bois d'où filtre la lumière pour pénétrer dans une ambiance tout à fait fellinienne : candélabres, statues, cascades de fruits, arcs en pierre et beau jardin. Un décor baroque au charme fou qui vous plongera dans un fastueux passé. Même si le service laisse à désirer, c'est un lieu à voir. D'autant que vous pourrez y écouter de la musique live certains soirs, histoire de vous mettre encore un peu plus dans l'ambiance.

ALCHIMIA GIN CLUB

C/ Cervantes, 13
✆ +34 971 909 698
Ouvert de 18h à 1h30, jusqu'à 2h30 vendredi et samedi. Fermé le dimanche.

Dans une ambiance contemporaine, soutenue par un savoir-faire tout professionnel, ce bar à cocktails ravira les amateurs de gin passant par le quartier de Santa Catalina où l'on apprend la composition des liqueurs et les ingrédients complémentaires à y ajouter pour trouver… l'alchimie. Décor classique et classieux, avec sol en damier, bar laqué, canapé capitonné et murs immaculés. Incontournable si le gin est votre boisson alcoolisée préférée. Laissez-vous conseiller par le barman, expert qui saura vous guider vers la parfaite alchimie.

BAR FLEXAS

C/ Llotgeta, 12
✆ +34 971 425 938
Fermé le dimanche et le lundi.

Un bar loufoque, parfait pour improviser un *pica pica* dans une ambiance fascinante. L'endroit est célèbre pour ses soirées thématiques qui drainent tout ce qu'il y a de plus *arty* dans Palma. Incontournable à nos yeux si on souhaite baigner dans une atmosphère typiquement majorquine. Derrière le bar, outre les tapas, une belle variété de gins tonics échafaudés avec un certain savoir-faire, à base d'essences fruitées ou florales, comme l'écorce de pamplemousse, la fleur de jasmin, la cardamome, le thym ou autres fruits frais de saison.

LA BODEGUITA DEL MEDIO

Calle Vallseca 18
✆ +34 628 27 53 82
Ouvert tous les soirs en saison de 22h à 3h45/4h. Ferme plus tôt en hiver.

La Bodeguita del Medio est un sympathique bar cubain situé dans la zone du port. Au programme de la soirée : de la musique salsa et de bons cocktails à base de rhum (trop chers !). Le mojito est bien sûr la grande spécialité de la maison. Dans cette ambiance chaleureuse, vous commencerez peut-être à esquisser quelques pas de danse, accompagné par la musique, aidé par le rhum. En cas de petite fringale, vous pourrez également y manger un morceau. On y sert des plats cubains simples et généreux à base de riz et flageolets rouges.

MAJORQUE

CAFÉ L'ANTIQUARI

C/ Arabí, 5
✆ +34 871 572 313
Ouvert du lundi au samedi de 11h30 à 1h. Fermé le dimanche.

Implanté dans une ancienne boutique d'antiquités, le café Antiquari a conservé l'esprit de son prédécesseur : des meubles des années 1960 et 1970 confèrent à cet endroit un charme et un caractère bien particuliers. La plupart de ces objets et de ces meubles ont été rapportés de différents voyages et achetés dans des marchés aux quatre coins du monde. Si vous avez le mal du pays, vous pourrez goûter à la spécialité de la maison : la quiche ! L'établissement organise également des expositions et des concerts acoustiques. A voir !

GARITO CAFE

Dàrsena de Can Barbarà, s/n
✆ +34 971 485 644
www.garitocafe.com

Près du passage maritime, ce café club né dans les années 70 est un incontournable de Palma. En début de soirée, programmation jazz et électro dans une ambiance lounge. Plus tard, artistes et DJ prennent d'assaut les platines. L'endroit est pensé pour offrir une excellente acoustique à l'intérieur du local, et un espace de tranquillité sur la grande terrasse face au port. Le Garito est un local authentique, avec un décoration aux accents Art déco, une clientèle jeune. Une bonne manière de contourner les clubs lounge très branchés.

CAN POMAR

C/ Manacor, 3
✆ +34 971 467 951
www.pastisseriespomar.es
Ouvert tous les jours de 7h30 à 20h30. Le dimanche jusqu'à 14h.

Cette pâtisserie mythique de Palma, ouverte depuis plus d'un siècle, est une excellente adresse pour un pique-nique improvisé à base d'*empanadas*. Nos favorites : les *empanadas* à la viande. Deux nouvelles boutiques de la même enseigne ont récemment ouvert sur l'île, une à Palma, l'autre à Campos. Outre les *empanadas* (ces petits chaussons en pâte feuilletée généralement farcis à la viande), vous pourrez y faire le plein de douceurs : tartes, gâteaux, viennoiseries... Un grand classique dans le centre de Palma. Quelques tables pour se poser à l'intérieur.

HONKY TONK

C/ San Llorenç, 9
✆ +34 617 64 64 14
Tous les soirs sauf le lundi.

Ce bar-galerie est l'un des rares représentants de la culture alternative de l'île. Les portes poussées, la décoration parle d'elle-même : les murs sont parsemés de planches de skate et de posters d'icônes de la musique rock, soul et funk. Le local dispose d'une petite galerie où des expositions sont renouvelées tous les mois ; des jam sessions, DJ sets et petits marchés vintage sont organisés toutes les semaines. Un endroit chaleureux et plein de vie qui mérite bien une petite visite en soirée. Bon à savoir : le bar dispose d'un billard !

FORNET DE LA SOCA

Plaça de Weyler, 9
✆ + 34 673 499 446
www.fornetdelasoca.com
Ouvert tous les jours de 9h à 20h, sauf le dimanche.

Une très belle pâtisserie artisanale qui conviendra parfaitement pour s'offrir une douceur ou pour manger sur le pouce (délicieuses *cocas* et *empanadas*, à déguster sur le banc à l'entrée de l'établissement), le must étant quand même les recettes sucrées, qui sont tout simplement divines ! Des gâteaux à l'ancienne, inspirés des vieilles recettes de grand-mères, qui méritent vraiment une halte ! Vous pourrez bien évidemment y goûter les traditionnelles *ensaimadas* qui, tout comme le reste, sont à tomber. Notre pâtisserie préférée en ville, et de loin !

EL HORNO DE SANTO CRISTO

Carrer Paraires, 2
✆ +34 627 308 288
www.hornosantocristo.com
Du lundi au samedi de 8h à 20h30, le dimanche jusqu'à 13h30.

Une autre boulangerie historique (plusieurs adresses en ville) où l'on confectionne depuis 1910 les traditionnelles *ensaimadas* de Majorque. Si vous venez pour y faire le plein, plusieurs tailles de boîtes proposées. Outre la classique, vous pourrez y goûter l'*ensaimada* « cabello de angel », fourrée aux fibres caramélisées à base de pulpe de courge, celles garnies à la crème, au chocolat, à la frangipane, au chocolat blanc et aux noix, à la crème brûlée ou encore à la *sobrasada* et au miel... L'enseigne dispose d'une boutique en ligne.

MOLTA BARRA

C/ Pes de Sa Farina, 12
✆ +34 971 07 67 67
moltabarra.eltenedor.rest
A partir de 10-15 €.

Nacho et Oli, propriétaires de ce local, sont deux globe-trotters qui ont finalement décidé de poser leurs valises à Palma. Pour transmettre leur amour des voyages, ils ont créé cet espace de 300 m² qui a pour vocation d'être un point de rencontre et d'échange entre les voyageurs. En plus des expositions, des projections de diapositives et des conférences autour du thème du voyage, vous pourrez déguster de délicieux *pinchos* et tapas. Un lieu recommandé pour partager vos expériences de voyages et faire de nouvelles rencontres.

LA VINYA DE SANTA CLARA

C/ Santa Clara, 8
✆ +34 666 664 330
Ouvert tous les jours à partir de 13h, 17h le dimanche.

Un bar à vin très mignon enserré entre deux ruelles pavées, proche du passeig del Born, dans le vieux centre. Les étagères bien achalandées recèlent plus de 40 sortes de vin disponibles au verre : *rioja, ribera del duero, penedes*... Dans la modeste échoppe, un bar en bois en demi-cercle, quelques tonneaux et une petite terrasse avec quelques tables seulement posées sur le pavé. La dégustation de vin s'accompagne généralement de tapas et assiettes de charcuterie. Bohèmes et intellos se mêlent aux voyageurs de passage. On adore !

NOVO CAFÉ LISBOA

C/ Sant Magí, 33
✆ +34 661 785 667

Dans le quartier Santa Catalina, près du port de Palma. Le Café Lisboa est un local tranquille à l'atmosphère bohème. Le genre d'endroit apprécié pour passer une soirée entre amis dans un cadre informel. Une bonne adresse pour vous mélanger avec une clientèle locale, en somme. Sa réputation dans le domaine musical se confirme chaque jour un peu plus, avec une programmation orientée vers la musique Indie, rock, pop et électro-pop. Une petite faim ? Brochettes, mini-sandwiches et mini-quiches sont au menu. Programmation à consulter en ligne.

COLMADO SANTO DOMINGO

C/ Santo Domingo, 1
✆ +34 971 714 887
www.colmadosantodomingo.com
Tous les jours, sauf le dimanche.

En balade dans la vieille ville, ne manquez pas de passer par ce petit commerce ouvert sur la rue et plein à craquer de produits typiques : *sobrasadas* et autres charcuteries, pains de figue, confitures, conserves gourmet (pâté de foie de porc aux truffes, par exemple), fromage de Minorque, amandes toastées des Baléares, liqueur de lait d'amande (produite à Majorque)... bien que la sobrasada reste la vedette incontestée. Le propriétaire vous réserve en outre un bon accueil (il parle français !) et se fera un plaisir de vous conseiller.

PURO BEACH

C/ Pagell, 1
✆ +34 971 744 744
www.purobeach.com
Tous les jours à partir de 11h. Fermé en plein hiver.

C'est l'endroit pour voir et être vu, accessible seulement aux véritables amateurs de glamour... Une petite institution à Palma de Majorque, pour s'ambiancer tout en profitant d'une vue panoramique sur la mer. Pour les non-initiés, overdose de bling bling assurée au bout d'une heure. Le Puro offre en tout cas un spectacle inoubliable : l'espace est organisé autour d'une superbe piscine entourée de transats, avec la mer tout autour... Des lignes pures, une décoration minimaliste et soignée, et des DJ les week-ends pour mettre l'ambiance.

EL PALADAR MALLORCA

Carrer Bonaire, 21
✆ +34 971 71 74 04
www.elpaladar.es
Fermé le dimanche.

Les spécialistes du jambon ibérique, mais aussi des produits gastronomiques haut de gamme. L'équipe du Paladar propose un excellent choix de charcuteries, fromages, vins, conserves et des spécialités des Baléares, internationales aussi. Ce sont des experts dans la coupe du jambon, un plaisir pour les yeux, et encore plus pour le palais. Parmi les produits typiques de l'archipel : la sobrasada minorquine artisanale, *butifarro* blanc ou noir, fromage Mahón-Menorca, amandes de Majorque, gins produits à Minorque, *ensaimadas*, sel d'Ibiza...

ESTILO SANT FELIU

Costa de Santa Creu, 3
✆ +34 971 425 626
Fermé le dimanche.

Une très belle boutique d'objets en céramique, frais et colorés, où les techniques artisanales se conjuguent avec un design moderne, dans l'air du temps. Superbes services de table, récipients de toutes les tailles, coussins en tissus Ikat (une technique de teinture), sets de table et autres objets de décoration. La plupart des produits, réalisés par des artisans, sont fabriqués à partir de matériaux locaux comme la céramique ou encore le bois d'olivier dans un style très majorquin. Deux boutiques à Palma et une à Port de Sóller.

LITERANTA

C/ Can Fortuny, 4A
✆ +34 971 425 335
www.literanta.com
Du lundi au vendredi de 10h à 13h30 et de 17h à 20h, samedi le matin seulement, fermé le dimanche.

Non loin de la pittoresque plaça de Santa Eulàlia, une petite librairie très connue, tournée vers les Sciences Humaines. Entre les livres, un coin café avec son bar, ses chaises hautes et son canapé pour bouquiner ou échanger des recommandations, murs rouges et portraits en noir et blanc pour décor. Les libraires y sont accueillants et se feront un plaisir de guider les curieux vers la lecture qui leur conviendra le mieux. On y organise des ateliers de types ateliers d'écriture ou ateliers manuels (collage…). Ouvrages en anglais.

MERCADO GASTRONOMICO SAN JUAN

C/ de l'Emperadriu Eugènia, 6
✆ +34 971 78 10 04
www.mercadosanjuanpalma.es
Ouvert du mardi au dimanche de 12h30 à minuit.

Au cœur d'un édifice moderniste, dans le centre culturel et commercial S'Escorxador, ce marché gastronomique ravira les gourmets et fines bouches. On vient aussi bien se fournir en denrées alimentaires locales de qualité que pour manger un morceau sur le pouce, tout en profitant des animations qui s'y tiennent fréquemment : concerts de musique et DJs viennent à l'occasion égayer l'ambiance. Consultez le site internet pour être au parfum des prochains événements.

MERCAT DE L'OLIVAR

Plaça de l´Olivar, 4
✆ + 34 971 720 314
www.mercatolivar.com
Du lundi au vendredi de 7h à 14h30 et le samedi jusqu'à 15h. Fermé le dimanche.

Le plus grand marché de Palma avec plus de 50 ans d'histoire, il se situe dans une halle couverte, en plein centre-ville. Au fil des étals, fruits et légumes aux mille couleurs, viandes, poissons, fromages et charcuteries typiques, fruits secs et fruits séchés, olives vendues au poids… C'est aussi une excellente option pour manger sur le pouce, tapas traditionnelles, *pinxos* (mini tranches de pain agrémentées de multiples ingrédients), poissons frits, jambon cru (à accompagner d'un bon verre de vin au bar !). Une tranche de vie locale.

MERCAT PERE GARAU

Plaça Pere Garau
✆ +34 971 244 674
mercatperegarau.es
Tous les jours sauf le dimanche à partir de 6h et jusqu'à 14h30 (15h le mardi, jeudi, vendredi et 16h le samedi).

A l'est de la ville, faites un crochet par ce marché municipal très vivant qui se tient depuis 1943. Les mardis, jeudis et samedis, les fermiers locaux y exposent leurs produits en plein air, ainsi que quelques-uns de leurs animaux. Avec un grand nombre de stands, répartis sur plus de 1 000 m², le marché de Pere Garau compte parmi les plus grands marchés de Palma. Vous pourrez y casser la graine (des tapas, surtout). Outre les denrées alimentaires, on y vend entre autres du tissu au mètre avec des teintures typiques des Baléares.

RIALTO LIVING

C/ Sant Feliu, 3
✆ +34 971 713 331
www.rialtoliving.com
Tous les jours, sauf le dimanche.

Depuis son ouverture dans l'ancien espace du théâtre Rialto de Palma, cette immense boutique propose des articles de décoration et de mode. Les propriétaires de la boutique, un couple suédois installé à Majorque, ramènent de leurs voyages à travers le monde des meubles, des tissus, des vêtements, des livres… qu'ils exposent dans cette superbe boutique. L'étage supérieur accueille des expositions temporaires de jeunes artistes. Egalement un coin café pour prendre un petit déjeuner, un sandwich ou boire un verre. Un très bel endroit pour faire quelques achats.

SON VIVOT

Plaça Porta Pintada, 1
✆ +34 971 720 748
sonvivotpalma.com
Fermé le dimanche.

Une jolie boutique-épicerie où trouver les produits typiques des Baléares. Le magasin propose des *ensaimadas*, de l'huile d'olive de Mallorca, du *turrón*, des olives, du fromage de Mahon, de Majorque (Son Vivot), de la *sobrasada* (à base de porc blanc ou noir, piquante…), de la *longaniza* majorquine (une saucisse épicée), des pâtés, de la confiture artisanale (à la pomme tatin notamment !), des gâteaux et des boissons (vins, liqueurs, bières artisanales). Bref, le choix est vaste dans cette caverne d'Ali Baba pour amateurs de bons produits.

CENTRE ÉQUESTRE SON MAGRANER

Camí de la Real, 24
✆ +34 619 031 973
www.sonmagraner.com
Cours particulier de 30 minutes à 12 €, de 1 heure à 30 €. En groupe : 18 €.

Cours d'initiation ou confirmés, excursions, stage d'une semaine, camp d'été. Chevaux et professeurs de qualité. Voici l'un des centres équestres les plus réputés de l'île. Il est implanté dans les alentours de la capitale. On y propose des cours particuliers (à partir de 30 minutes) et des cours en groupe, sur trois pistes (réservation anticipée), ainsi que des sorties guidées. Outre l'école d'équitation, l'établissement vend des chevaux et est aussi très actif niveau concours.

PURO SPA

C/ de Montenegro, 12
✆ +34 971 425 450
www.purohotel.com
Sur rendez-vous.

Pour une pause chic et détente, direction le spa de l'hôtel Puro qui propose des soins réconfortants dans un cadre chic, élégant et exclusif. Les messieurs sont également les bienvenus pour un soin du visage ou un massage. Produits naturels et huiles bio. Au programme : soins corporels, soins du visage, traitements et massages, dont un circuit complet « skintox » de 4h pour une détente maximale. Bon à savoir : l'établissement dispense également des cours de yoga et des séances de méditation dans le cadre exclusif de l'hôtel Puro.

REAL GOLF DE BENDINAT

Campoamor, s/n - Urb. Bendinat
✆ +34 971 405 200
www.realgolfbendinat.com
Green fee 18-trous entre 91 et 97 € selon la saison.

Niché au fond d'un vallon, le golf royal de Bendimat, conçu par Martin Hawtree dans les années 1980, a le grand avantage d'être situé à une dizaine de minutes seulement de Palma. De difficulté moyenne, son parcours néanmoins assez bosselé offre des passages relativement techniques. Intéressant donc, si on aime les challenges ! Environnement superbe, verdoyant et arboré. Parfaitement tenu. On vous recommande grandement de louer une voiturette pour vous déplacer entre les trous qui sont parfois très éloignés. Restaurant très correct.

SON MUNTANER ET SON VIDA GOLF

C/ Miquel Lladó
✆ +34 971 78 30 30
www.sonmuntanergolf.com
Green fee : de 73 à 1 555 € au Son Muntaner, de 59 à 125 € au Son Vida et de 54 à 115 € Son Quint.

Depuis Son Vida, comme Son Quint, vous profiterez d'une belle vue sur la baie de Palma toute proche et sur la Tramuntana pour le premier. Son Muntaner est par ailleurs doté d'un très long parcours sur lequel sont disputés de nombreux tournois. Cadre magnifique, entouré de forêts de pins. Le terrain offre quelques défis à relever. Pitch & Putt, Pro Shop et restaurant. Pour l'anecdote : il abrite aussi le plus vieil olivier millénaire de Majorque !

BLUE JAZZ CLUB

Paseo Mallorca, 6
© +34 971 727 240
www.bluejazz.es
Les lundis, jeudis, vendredis et samedis.

Situé à l'intérieur de l'hôtel Saratoga, le Blue Jazz Club offre un espace très chic pour écouter des concerts de jazz et assister à des jam-sessions. Ambiance intime, vue panoramique sur la baie de Palma. Cocktails classiques. Pas mal de choix de vermouths et gin-tonics. Côté cuisine, les plats sont plutôt fins et joliment dressés. Tartare de saumon, hamburgers, *chipirones* au riz sauvage, tapas et salades. Vous pourrez également jeter votre dévolu sur l'assortiment de fromages à partager. Petit bémol : il y a parfois beaucoup de monde en été !

TEATRO PRINCIPAL

Carrer de la Riera, 2
© +34 971 219 700
www.teatreprincipal.com
Programmation dispo sur le site internet.

La plus prestigieuse salle de théâtre de Majorque. Une pure merveille, installée dans un bâtiment du XIXe siècle. Inauguré en 1667, le lieu exista d'abord sous le nom de « Casa de las Comedias ». Le théâtre actuel a été conçu par l'architecte majorquin Antoni Sureda i Villalonga et décoré par le scénographe français Félix Cagé (qui travailla aussi au Gran Teatre del Liceu, à Barcelona). Au fil d'une programmation aussi riche que variée, le théâtre municipal accueille des productions d'opéra, de théâtre, de cirque, de danse ou de musique.

TITO'S

Av/ Gabriel Roca, 31
© +34 971 730 017
www.titosmallorca.com
Tlj en juillet et août, de 23h à 6h ; le reste de l'année, J-D. Compter 40 à 50 € l'entrée selon la soirée.

Ouvert depuis 1923, ce lieu a su conserver sa réputation fêtarde décalée et son style excentrique. Cette ancienne salle des fêtes s'est en effet transformée en une méga discothèque ultra moderne digne des grands clubs d'Ibiza (dance, pop espagnole et techno). Le lieu accueille d'ailleurs des DJ à la mode. Ses ascenseurs transparents rétro-futuristes et ses personnages déguisés hauts en couleur valent à eux seuls la visite. Clientèle plutôt jeune. Entrée sélecte. Trois salles à l'intérieur. A faire si vous aimez sortir en boîte.

ILLETES ★

Une station balnéaire proche de Palma (10 km) qui s'organise autour d'une plage idyllique – Platja d'Illetes – aux eaux limpides et turquoise. Plus chic que Magaluf, Illetes abrite plusieurs adresses branchées et quelques bonnes tables. Elle est en revanche bien trop urbanisée, selon nous, ce qui brise un peu son charme. Autre bémol : elle est noire de monde en été. Mieux vaut donc y arriver très tôt le matin pour avoir de la place. Outre sa beauté, la plage d'Illetes a l'avantage d'être facilement accessible, à 20 minutes de bus de la capitale. D'où le monde ! Bref, passez votre chemin en haute saison, surtout si vous cherchez un endroit calme.

LIBERTY SPORT - LOCATION DE VÉLO

Paseo illetas, 4
© +34 971 405 527
libertysport.es
Ouvert tous les jours de 10h à 14h et de 15h30 à 19h (18h le samedi).

A 5 km du centre-ville de Palma, à Illetes, voici une agence fiable pour louer des vélos. Elle recèle une gamme variée de vélos et accessoires, du vélo de montagne, au vélo de ville en passant par le vélo de route. On trouve des engins adaptés aux hommes, comme aux femmes. Le matériel est de qualité et les équipes sont compétentes. Les plus : on vous aide à organiser vos itinéraires, à vous préparer bien comme il faut et on vous assistera en cas de pépin.

HOTEL ZHERO €€

Route de Palma à Andratx, 6
© +34 971 917 917
www.zherohotelmallorca.com
Chambre double classique entre 80 et 160 €, avec petit déjeuner. Fermé hors saison.

L'un des rares hôtels design du coin. Un endroit *trendy* pour une clientèle jeune et branchée. Lignes pures, teintes blanches, et fantaisie dans les détails. Egalement un restaurant qui propose une cuisine de fusion et un espace *lounge* à côté de la piscine (viandes grillées, sushis, poisson...). Son *beach club*, le Zhero, accueille des *pool parties* vibrant au son de la musique house. Côté chambres et prestation dans son ensemble, pour le prix, on pourrait s'attendre à plus de confort. Sans parler de l'insonorisation qui laisse parfois à désirer.

HOTEL BONSOL €€€

Paseo de Illetas, 30 ✆ +34 971 402 111
www.hotelbonsol.es

Ouvert de début février à début novembre. A partir d'environ de 260 € la chambre double classique.

Un 4-étoiles aux allures de château, entouré de jardins luxuriants. Fondé en 1953, juste devant la discrète et belle petite cala d'Illetes. Symbiose parfaite entre les services d'un grand groupe hôtelier et la personnalité et le service exclusif d'un hôtel de charme. Il dispose de 100 chambres et suites spacieuses, et d'une quarantaine de villas au confort optimal. Déco pleine de cachet, dans un pur style espagnol. Restaurant égayé par des airs de piano, piscines, nombreux terrains de sport, billard, spa avec sauna et hammam, cours de yoga... Le rêve !

ILLETAS PLAYA €€

Passeig Illetes, 7
✆ +34 971 701 896
www.illetasplaya.es
Plats de poisson autour de 16 €.

Il n'y a pas une multitude d'options dans le coin. Avec sa vaste et lumineuse salle donnant sur une splendide cala, l'Illetas Playa propose depuis plus de 25 ans des plats simples, savoureux et colorés principalement composés à partir de poissons et fruits de mer. A cela s'ajoute une belle carte de vins. Au menu, par exemple : sol, langouste, crabe, paella mixte... Si on est plutôt du genre carnassier, on pourra lorgner sur une pièce de viande grillée. Son cadre ne date pas d'hier, mais ça lui donne un petit charme, en fin de compte.

HOTEL MARINA PORTALS €€

Route d'Andratx, Km 10
✆ +34 971 677 500
www.hotelmarinaportals.com
Chambre double à partir de 90 € (hors saison). Petit déjeuner inclus. Demi-pension en sus.

Hôtel 4 étoiles relativement grand, qui propose autour de 200 chambres bien équipées avec TV satellite, climatisation et mini-bar. Il dispose d'une piscine extérieure, d'un spa et centre de bien-être avec bain à remous. Vous pourrez également profiter d'une salle de gymnase, de jardins aménagés, d'un parking ou encore d'un restaurant de cuisine méditerranéenne. A 400 mètres de la plage, jolie vue sur la mer (c'est l'un de ses principaux atouts). Un hôtel balnéaire classique, un brin daté et sans charme particulier, mais confortable.

PORTALS NOUS

Juste après Illetes, à environ 12 km de Palma, Portals Nous est une station balnéaire sophistiquée connue pour son immense port de plaisance fréquenté par les célébrités. Elle est attachée à la municipalité de Calvià. Face à la luxueuse marina, où mouillent les voiliers et les yachts rutilants, une promenade jalonnée de boutiques chics et design, et de restaurants huppés. Le port abrite également une école de voile et un club de régate. Vous pourrez y pratiquer tout un panel d'activités nautiques (voile, kayak, jet ski, pédalo...). A côté du port, deux plages paradisiaques, la plage de S'Oratori et la crique de Portals Nous. Beaucoup de monde.

MALBEC WINE & GRILL €€

Carrer Benito Jerónimo Feijóo, 2
✆ +34 971 676 901
A partir de 20 €.

On appréciera l'atmosphère chaleureuse et conviviale qui se dégage de ce petit restaurant installé à quelques embranchements de la plage. Il s'agit d'un *asador argentino* servant de généreuses tranches de viandes cuites dans le plus grand respect de l'art argentin de l'*asado* (« barbecue »). L'accueil est sympathique, la décoration originale et les tarifs tout ce qu'il y a de plus honnêtes, chose dont on sera assuré une fois goûtées les fondantes entrecôtes de bœuf arrosées de vin rouge. Une table on ne peut plus indiquée pour les carnivores.

HOTEL BENDINAT €€

C/ Andres Ferret Sobral, 1
✆ +34 971 675 725
www.hotelbendinat.es
Fermé hors saison. Autour de 300 € la double, avec le petit déjeuner.

Un hôtel d'une soixantaine de chambres de style majorquin avec de grands jardins et de belles terrasses. En plus de son service impeccable, l'hôtel se démarque par sa situation : il est entouré de forêts et en bord de mer. Tranquillité assurée, à quelques minutes en voiture de Palma. Pour les amateurs de golf, le terrain de Bendinat se trouve à 2 minutes en voiture. Le restaurant de l'hôtel offre une vue spectaculaire sur la mer et une cuisine raffinée. Au menu, poisson frais, salade de homard, jambon ibérique, carpaccios, tartares, viandes grillées...

SPOON €€€

Puerto Portals, Local 53
✆ +34 971 677 225
spoon-mallorca.com
Ouvert tous les jours de 13h à minuit. Environ 50 € à la carte.

Lové dans la marina de Portals Nous, le Spoon et sa vue panoramique – qui gagne en superbe à l'heure où le soleil se couche – dispose d'une longue carte proposant des plats de cuisine méditerranéenne élaborés tous meilleurs les uns que les autres. Accueil très sympathique et service attentionné. Le plus difficile consistera ici à faire un choix, car la carte est assez longue. A moins que l'on y retourne pour explorer un peu plus encore les richesses du menu. Clientèle germanique (si vous aimez les ambiances locales, ce n'est pas le lieu idéal).

JUNGLE PARC JUNIOR

C/ Arquitecte Francesc Casas, 16
✆ +34 630 948 295
www.jungleparcjunior.es
Ouvert toute l'année. 15 € pour les enfants non-résidents.

Jungle Parc dispose d'une première entité située à Santa Ponsa (un peu plus au nord de Port Adriano). Ce parc conçu pour les juniors permet aux enfants de passer un moment de « panique labyrinthique » encadré, dans des conditions optimales de sécurité. Une cinquantaine de plates-formes, 6 niveaux différents de difficulté, situés entre 1 et 6 mètres de hauteur pour une combinaison parfaite entre les sensations de hauteur, la diversité des parcours, l'apprentissage sur soi et le respect des règles. Pour les anniversaires, le parc propose une formule spéciale.

PALMANOVA

Palmanova se partage avec Magaluf une clientèle jeune, bruyante et noctambule, essentiellement anglo-saxonne. Les hôtels y sont un peu moins chers qu'ailleurs et les boîtes de nuit abondantes. Très touristique et trop envahi par les constructions, ce coin de l'île conserve cependant de belles plages et criques, évidemment très fréquentées en été. A moins d'être un fêtard assoiffé, on ne vous recommande pas de séjourner dans cette partie de l'île, bien que l'on y ait quand même déniché quelques adresses intéressantes. Sur la promenade, l'office de tourisme de Palmanova accueille en outre les visiteurs tous les jours en saison (www.visitcalvia.com).

CALA CAP FALCÓ

La cala Cap Falcó est une toute petite plage aux eaux turquoise bordée par un agréable restaurant de plage qui s'y est récemment installé, le Cap Falcó Beach et sa paillote qui se fond dans le décor. Vous y accédez par des escaliers : comptez une cinquantaine de marches et vous voilà les pieds dans l'eau ! Si vous souhaitez vous éloigner des grandes stations balnéaires, c'est une option à envisager, bien qu'il soit tout de même préférable d'y arriver tôt en saison pour réserver l'un des transats disposés sur la plage. En un mot : relax.

MUELL3 €

Plage de Son Caliu
✆ +34 871 238 766
muelletres.com
Prix moyen 25 €. Fermé le lundi.

Une belle trouvaille dans la zone de Palmanova, à quelques dizaines de mètres de la plage de Son Caliu. Ce sympathique restaurant mitonne des spécialités méditerranéennes et de tapas réussies. C'est aussi beau que bon dans les assiettes. Accompagnez le tout d'un bon verre de sangria et vous voilà pleinement en vacances ! L'endroit est agrémenté d'un joli patio où l'on prendra plaisir à s'attabler. Les tarifs sont en outre très raisonnables. Une adresse à retenir pour son excellent rapport qualité-prix et son accueil agréable.

CAP FALCÓ BEACH €€

Carrer Cap Falcó, 19
✆ +34 63 1425540
www.capfalco-beach.com
Ouvert tous les jours en saison (de mai à fin octobre). Compter 30 à 40 € (hors sandwiches).

Pittoresque *chiringuito* qui a posé tables et transats sur le sable de la petite crique du Cap Falcó. Si les tarifs y restent relativement élevés, la qualité est au rendez-vous. C'est le genre d'endroit où le cadre se paie. Outre les entrées et les sandwiches, burgers, viandes et poissons grillés sont à dévorer face à la mer. A tester également, le cocktail *Cala Falcó* élaboré à base de *cava*, fraise et citron vert. Fruité et rafraîchissant ! Vraiment sympa quand le site n'est pas noir de monde (mieux vaut arriver tôt pour être sûr d'avoir de la place !).

MAX GARDEN €€

C/París 2 (local 8)
✆ +34 871 200 494
Ouvert tous les jours de 10h à minuit. Comptez autour de 25 €.

Le Max Garden a ouvert ses portes il y a quelques années non loin de la plage, à Palmanova. Il présente un style à la fois pop et feng-shui, avec une devanture qui ne paie pas de mine. Cette table n'a rien à voir avec les attrape-touristes qui sont légion ici. La nourriture est saine et présentée avec originalité, proposant des saveurs franches et aux accents cosmopolites, à l'image du staff, accueillant et parlant quasiment toutes les langues. Différente et prometteuse, l'adresse amène un souffle d'air frais en ville. Une halte à ne pas manquer.

GOLF FANTASIA

C/ Tenis, 3
✆ +34 971 135 040
www.golffantasia.com
Ouvert tous les jours en haute saison (consulter le calendrier d'ouverture en ligne). Fermé en hiver.

Trois parcours de golf au milieu d'une végétation tropicale, entre cascades, chutes, grottes et passerelles. Un lieu qui plaira à coup sûr aux enfants, sans être exceptionnel ou immanquable. Le prix d'entrée est d'ailleurs assez élevé, malgré le cadre au demeurant très plaisant. Le parc dispose d'un snack-bar, d'une cafétéria et d'une aire de jeux. A tester également, le Katmandu Park à Magaluf, petit frère du Golf Fantasia qui propose une dizaine d'attractions, du minigolf à l'expérience 4D. Il fait partie de la même compagnie.

CALA DE PORTALS VELLS

C'est une petite plage nichée au fond d'une adorable crique bordée de pins et de rochers. Visitée régulièrement par les bateaux d'excursion, elle reste peu fréquentée en dehors des mois de juillet et d'août, vous y passerez quelques heures relativement paisibles loin du bruit et de l'affluence des grandes plages de l'île. Aux extrémités, des plateformes naturelles sur lesquelles vous goûterez aux délices d'un moment dominé par le seul bruit de la mer. Jetez un œil à la grotte aux parois sculptées située tout près de la plage : il s'agit d'une ancienne carrière.

MAGALUF

Dans cette grosse station balnéaire, les hôtels ont envahi le paysage et les prix attractifs attirent une clientèle jeune. La plupart offrent une prestation de qualité, bien qu'il s'agisse d'établissements sans charme tenus par de grands groupes hôteliers. Très touristique, Magaluf est très animée en soirée en raison de ses nombreuses boîtes de nuit, même si depuis quelques années, les professionnels du tourisme tentent de donner un autre souffle à cette station réputée pour ses soirées arrosées et ses jeunes noctambules. A éviter, sauf pour faire la fête ! L'office de tourisme (avenue Pere Vaquer Ramis, 1) est ouverte tous les jours en saison.

HSM SUNSET BEACH €€€

C/ Torrenova, 37
✆ +34 971 680 170
www.saintmichel.net
A partir de 45/50 € la nuit.

Tout beau tout frais, ce superbe hôtel de Magaluf donne sur un petit îlot trônant fièrement au-dessus des flots. La propriétaire française et toute son équipe se montrent très à l'écoute des attentes des clients, et les chambres, suites et studios sont clairs, spacieux et excellemment tenus. Un petit déjeuner buffet très complet est servi chaque matin. On appréciera en particulier le coin piscine et ses agréables transats, espace idéal pour se relaxer au son d'une musique *lounge* bien sentie. Des DJ sets sont organisés au bord de la piscine à l'occasion.

MAJORQUE

© AUTHOR'S IMAGE

Magaluf, une station balnéaire branchée.

HOUSE OF KATMANDU

Av/ Pedro Vaquer Ramis, 9
✆ +34 971 134 660
www.katmandupark.com
Ouvert d'avril à octobre. Fermé hors saison. Vérifiez le calendrier sur le site Internet. Adulte 27,50 €, enfant 20 €.

Une villa tibétaine transportée jusqu'à Majorque et installée à l'envers en raison d'une « explosion »… Voici le cadre séduisant de ce parc d'attractions local pour toute la famille, implanté dans le centre de Magaluf. House of Katmandu raconte l'histoire du personnage fictif de Kilgore Goode, un explorateur à la recherche du joyau de l'Himalaya. Petits et grands sont invités à découvrir les secrets de la maison et des légendes fascinantes. Les enfants adoreront ! C'est assez cher par contre, mais l'expérience s'avère amusante.

PIRATES ADVENTURE MAJORCA

Cami de sa Porrassa ✆ +34 971 130 411
www.piratesadventure.com
En saison. Pour l'emplacement le moins cher, comptez entre 50 et 75 € par adulte et entre 30 et 55 € par enfant.

Ce dîner-spectacle offre une performance acrobatique sur le thème de la piraterie. Un show façon Cirque du Soleil, à moindre échelle, qui s'accompagne d'un repas correct, mais sans plus, avec boisson à volonté. Le jeu des acteurs est volontairement exagéré (pour les enfants ?). Les dialogues sont en anglais, mais ils sont assez peu nombreux, on peut donc tout à fait profiter du spectacle sans comprendre tous les échanges. A faire si on aime ce genre d'endroit un brin kitsch.

T-GOLF & COUNTRY CLUB

Route de Cala Figuera
✆ +34 971 130 148
t-golf-poniente.com
Ouvert tous les jours de 8h à 20h.

De vertes pelouses à perte de vue cernées de collines verdoyantes plantent le décor de ce splendide golf ouvert depuis 1978. Il a été entièrement rénové à deux reprises pour ne rien perdre de sa superbe. Entretien méticuleux. Côté jeu, chaque trou est différent, ce qui rend le parcours réjouissant pour les amateurs. En revanche, pour les joueurs de haut niveau, ce n'est pas le parcours offrant le plus de challenge sur l'île. Son clubhouse s'est installé dans une ferme typiquement majorquine du XIXe siècle. Restaurant très bien.

PORT ADRIANO

Célèbre port de loisirs et de luxe mouillé par la Méditerranée, Port Adriano est une excellente base pour les yachts et autres bateaux de plaisance, comme pour la pratique des sports nautiques. En collaboration avec l'équipe du port, Philippe Starck a entièrement remodelé le lieu à l'image de ses créations : somptueux, éthique et pragmatique. La marina comprend une zone commerciale truffée de boutiques de luxe et une sélection de tables chics et gourmandes. Une multitude d'activités y sont organisées, notamment des excursions nocturnes de plongée sous-marine dans le Parc national de Cabrera. En bref, pour les curieux et les amateurs de design.

SANTA PONSA

Ville et station balnéaire toute proche de la grande Magaluf, au sud-ouest de l'île. Contrairement à sa voisine, le tourisme y est plus familial. Le lieu est surtout fréquenté par des Irlandais, Ecossais, Hollandais et Italiens, mais tout le monde y trouve sa place. Attendez-vous à y trouver aussi, comme pour la plupart des stations balnéaires de cette zone, de grands hôtels et immeubles qui entachent le panorama. Chaque année, en septembre, on y célèbre les *Festes del Rei en Jaume,* hommage à la reconquête de l'île par le roi Jaume I en 1229. Un festival haut en couleur ponctué de multiples animations (théâtre, musique, marché médiéval…).

GOLF SANTA PONSA

Avenida del Golf s/n
✆ +34 971 690 211
www.golf-santaponsa.com
Green Fee 18 trous de 93 à 99 € selon la saison.

Les plus grands joueurs et les têtes couronnées d'Europe se plaisent à Santa Ponsa. Ses arbres centenaires et ses fairways bosselés en font un golf au cadre privilégié, veillé par les collines verdoyantes, et fleuri par le rose des bougainvilliers. Le golf a été imaginé par Folco Nardi à la fin des années 70. Ambiance relaxée sur un parcours agréable offrant quelques défis intéressants pour les joueurs les moins expérimentés. Vous profiterez sur place d'un restaurant et de tous les services nécessaires pour passer la journée sur place. On y parle français.

JUNGLE PARC

Av/ Jaume I, 40A
✆ +34 630 948 295
www.jungleparc.es/fr
Fermé hors saison. Consultez le calendrier d'ouverture en ligne. A partir de 20 €/parcours.

Céline et Denis ont ouvert en 2006 le premier parcours accrobranche d'Espagne, ici, au sud de Majorque. Les parcours sont sécurisés, le personnel qualifié. 120 ateliers sont proposés (entre 1 et 10 m de hauteur). Le parcours Explorateur est réservé aux plus de 12 ans, en dessous de cet âge il faut mesurer au moins 1,35 m et être accompagné d'un adulte. Pour le parcours Extrême destiné aux plus sportifs, avoir minimum 12 ans et mesurer 1,50 m. Les bambins de 4 à 11 ans, enfin, peuvent s'éclater sur le parcours Piratas (7 niveaux de difficulté).

HOTEL PETIT CALA FORNELLS €€

C/ de la Cala Fornells, 78
✆ +34 971 685 405
www.petitcalafornells.com
Fermé hors saison. « Junior Suite » à partir d'environ 200 €.

Magnifique hôtel prisé par les familles, disposant de 30 suites junior et 10 grandes suites tout équipées. Espace, literie confortable, déco simple à l'ambiance méditerranéenne. 5 piscines, dont une couverte et chauffée, ainsi qu'un bassin adapté aux enfants. Outre le service impeccable, l'hôtel offre tout le confort nécessaire pour vous faire passer un remarquable séjour : gymnase, bain à remous, sauna… Sans oublier de signaler la très belle vue sur la mer.

CALA FORNELLS

Sur une petite route en sens unique, après avoir traversé des quartiers résidentiels, la mer se dévoile. Quelques virages plus loin, une minuscule crique, puis une petite plage. Les eaux sont cristallines et turquoise, quelques gros rochers calcaires jaillissent de la mer, et la possibilité de vous installer à l'ombre des pins s'offre à vous. Enclavé entre les rochers, le site est pittoresque. Bien que petite, la plage n'est d'ailleurs pas envahie de monde. Peu d'hôtels, encore moins de restaurants, mais voici quelques adresses les pieds dans l'eau pour ceux que ça intéresse. A noter : les places de parking sont chères en été (venez assez tôt !).

CAMP DE MAR

Autrefois appelé Biniorla, ce n'est qu'au début de son urbanisation que Camp De Mar, niché à l'ouest de la baie de Palma, a été rebaptisé. La petite station balnéaire aujourd'hui construite est dotée d'une plage de sable fin à l'eau transparente et d'un petit îlot sur lequel s'est installé un singulier bar-restaurant relié à la plage par une passerelle en bois. Tout autour s'élèvent des pinèdes et des montagnes parsemées de belles villas et d'hôtels alimentant la plage de son lot de touristes. Ce très joli site, bien agréable pour passer la journée, est ainsi très prisé en haute saison (comme beaucoup de plages majorquines, hélas !).

HOTEL CALA FORNELLS €€

C/ Cala Fornells, 76
✆ +34 971 686 950
www.calafornells.com
Fermé en hiver. Compter au moins 160 € la chambre double (petit déjeuner en sus).

L'hôtel dispose d'une petite centaine de jolies chambres à la décoration rétro alliant couleur framboise et motifs fleuris, toutes équipées de la climatisation, d'un minibar et de la télévision. Sis face à la mer (petite crique translucide), l'hôtel jouit d'une position exceptionnelle. Piscine sur le toit, délivrant de beaux points de vue sur la baie, bain à remous, sauna, terrains de tennis et billard pour les amateurs. Le restaurant est quant à lui réputé pour sa goûteuse cuisine méditerranéenne. Personnel aux petits soins.

FLOR DE SAL €€

C/ Francisca Capllonch Plomer, 11
✆ +34 971 235 566
www.restauranteflordesal.es
Compter autour de 35 €.

Si vous cherchez un restaurant concoctant une cuisine contemporaine créative face à la mer, c'est l'adresse qu'il vous faut ! Les assiettes sont joliment dressées, les produits travaillés de belle qualité et les saveurs parfois surprenantes. En entrée, laissez-vous tenter par le jambon ibérique sur son pain de campagne frotté à la tomate : un classique qui n'en finit pas de nous séduire. Enchaînez par exemple sur un délicieux poulpe à la braise ou encore un filet de bœuf cuit sur un barbecue japonais Kamado. Un brin cher, selon nous.

Cala Fornells, Majorque.

GOLF DE ANDRATX

Carrer Cromlec 1

✆ +34 971 236 280

www.golfdeandratx.com

18-trous de 80 à 120 €, selon la saison.

Situé dans un des principaux centres touristiques de l'île de Majorque, ce golf est entièrement entouré par les arbres et le maquis. Un cadre naturel superbe apprécié par les amateurs. Le parcours convient aux joueurs d'un niveau moyen, les principales difficultés étant constituées par les pièces d'eau et les nombreux bunkers. Vous pourrez vous entraîner dans le « driving range ». Un bar à tapas (Halfway House) et un restaurant italien (le Campino) revigorent les golfeurs. Boutique bien fournie en vêtements et équipements. Très bon golf.

ÉGLISE DE SANTA MARIA

Carrer General Bernat Riera

A son approche depuis la vallée et la route de Port Andratx, cette église fondée en 1248 a des allures de citadelle, de forteresse inexpugnable, tant ses murs sont élevés et dépourvus d'ouvertures, exception faite des lucarnes carrées au sommet des murs latéraux. Une façade sobre, dénuée de décoration, sans sculpture particulière. Un œil-de-bœuf surmonte un portail à arc ogival. Du minuscule parvis devant la porte, vous avez une excellente vue sur deux tours des anciennes fortifications qui protégeaient Andratx des pillages des pirates.

ANDRATX ★

En retrait de la côte, là où les incursions des pirates turcs ont poussé la population à venir se réfugier autrefois, la charmante Andratx reste à l'écart des grands itinéraires touristiques. Les audacieux y trouveront un traditionnel centre historique fait d'étroites ruelles escarpées, bordées de jolies maisons rustiques. Le village est le point de départ de nombreux itinéraires de randonnées pédestres qui sillonnent la montagne environnante, menant aux différentes localités qui composent la commune d'Andratx, tel l'historique Sant Elm. Les possibilités d'hébergement y sont limitées. Vous aurez beaucoup plus de choix à Port Andratx.

ROUTE DES MIRADORS

Les amateurs de sensations fortes et de beaux paysages pourront emprunter la route N710. C'est la route des miradors (belvédères parfois surmontés d'anciennes tours fortifiées). Elle longe la côte qui se découvre à partir du Coll de Sa Gran (343 m) auquel vous accédez très vite après la sortie d'Andratx. Ce beau trajet offre de multiples occasions de haltes (toutes bien indiquées) dans les miradors, dont ceux de Ricardo Roca et Ses Animas sont les plus fréquentés. La route traverse de paisibles villages extraordinairement calmes et pittoresques.

CENTRE CULTUREL D'ANDRATX (CCA) ★

C/ Estanyera, 2

✆ +34 971 137 770

www.ccandratx.com

Entrée 8 €. Tarifs réduits 5 €. Visite guidée 15 €.

Le plus grand centre d'art contemporain de l'île, et l'un des plus grands d'Europe. Fondé en 2001 par une famille danoise, le CCA bénéficie d'une surface de 4 000 m². Il est constitué d'une salle d'expositions temporaires, d'une galerie d'art, d'un agréable café et de studios pour les artistes résidents. Depuis son ouverture, plus de 500 artistes contemporains issus de Majorque et de toute l'Europe y ont exposé. Une visite à ne surtout pas manquer si vous vous intéressez à l'art.

BAR CUBANO €

Plaça Des Pou, 1

✆ +34 971 136 367

Ouvert de 8h à 23h45. Fermé le dimanche.

Agrémenté d'une petite terrasse, il accueille des habitués du village de tous les âges à l'heure de l'apéritif. L'ambiance y est plutôt sympathique, et les étrangers se mélangent assez bien avec les autochtones. Spécialités de tapas, et excellents *bocadillos* (*jamón* Serrano, d'York, etc.). Vous pourrez aussi y siroter un bon verre de sangria. La terrasse fort agréable s'est installée dans une petite rue peu fréquentée, en haut du village. Sans prétention, mais très plaisant, encore plus si on aime les ambiances locales. Prix doux.

MESON CAN PACO €€

C/ Pere Seriol, 8
✆ +34 971 137 908
www.mesoncanpaco.com
Ouvert tous les jours, sauf le lundi, de 12h30 à 16h et de 19h à 23h. A la carte, environ 20-30 €.

Une très belle vue sur les montagnes et une cuisine traditionnelle généreuse font la réussite de cette table à l'atmosphère familiale régulièrement plébiscitée pour l'organisation de mariages, communions ou baptêmes. Outre la cuisine majorquine, les plats internationaux à la carte offrent un large choix. Les grillades sont la spécialité. On mangera de préférence sur la terrasse ombragée ou bien dans une grande salle de service ornée de poutres apparentes et éclairée par une série de baies vitrées et un toit ajouré qui laisse pénétrer la lumière.

SA SOCIETAT €€

Av/ Juan Carlos I, 2
✆ +34 971 236 566
sasocietat1929.blogspot.fr
Fermé le dimanche soir et le mardi. Compter 10 à 20 €.

Un agréable restaurant implanté dans le centre d'Andratx où vous dînerez dans un charmant patio intérieur. Avant toute chose, on apprécie la gentillesse du personnel et l'ambiance chaleureuse qui règne ici. Ensuite, place à une cuisine savoureuse et créative. Même si le prix du menu est tentant, n'hésitez pas à commander à la carte : le rapport qualité-prix est de toute façon excellent ! On recommande en particulier le très bon carré d'agneau ou encore le traditionnel *frito mallorquin*. Une de nos adresses préférées en ville.

WINE HOUSE MALLORCA

Carrer Antonio Mulet, 17
✆ +34 665 18 12 03
winehousemallorca.com
Ouvert du mardi au vendredi de 10h à 13h et de 16h à 19h. Samedi de 10h à 14h.

Cette « maison du vin » tenue par Laurent, passionné d'œnologie et professionnel aguerri (il a travaillé en Allemagne, en France et à Ibiza avant de poser ses valises à Majorque) ravira les amateurs. Les étagères de sa jolie boutique regorgent de vins français, majorquins, sud-africains ou encore italiens, dont une superbe sélection de grands crus bordelais (Laurent est originaire de Bordeaux, région viticole par excellence !). Des expériences « dégustation » sont aussi proposées. Laissez-vous guider par le maître des lieux !

S'ARRACÓ

S'Arracó est un petit village de 844 habitants au charme rustique campé au sud-ouest de l'île. Jalonné de maisons en pierre, on le rencontre à mi-chemin entre Andratx et Sant Elm. Son histoire est liée à celle de la France : de nombreux habitants ont en effet quitté le village au cours du siècle passé pour aller faire fortune en France avant de revenir s'installer dans leur petit coin de paradis, chose dont on prendra la mesure en sillonnant les rues tranquilles de S'Arracó, à commencer par l'avenue principale, nommée Carrer de França (rue de France). Quelques bonnes tables à découvrir. Pour le reste, vous en ferez vite le tour, c'est très calme.

CAN BABILONI €€

Avenida de Sant Elm, 2
✆ +34 628 136 038
Compter 27 € par personne pour un plateau de fruits de mer.

Can Babiloni est une table qui fera le bonheur des amateurs de poissons et fruits de mer. Elle est tenue par un Français, Eric. C'est que la part belle est faite à des produits excellents et d'une incroyable fraîcheur étalés sous les yeux des clients qui, après avoir jeté leur dévolu sur le poisson de leur choix, le voient cuisiner en direct par le chef. On trouve également ici, parmi d'autres douceurs marines, de délicieuses huîtres venues du bassin d'Arcachon. Le restaurant s'est refait une beauté il y a peu et offre désormais une jolie déco.

EL BOHEMIO €€

Placa Toledo, 2
✆ +34 971 717 711
restaurantelbohemio.com
Tous les soirs, sauf le lundi.

Etabli au pied de l'église, sur la place centrale du village de S'Arraco, el Bohemio est tenu par un très sympathique argentin nommé Mariano qui accueille ses clients avec chaleur et simplicité. Le cadre est plein de charme, avec ses petites chaises en bois, tandis que la cuisine moderne et savoureuse, sans prétention, est servie en de copieuses assiettes, et l'ambiance à la fois calme et populaire conviendra à tous les voyageurs. Convivialité, bonne chère et petits tarifs. Voici un endroit à retenir pour une halte restauratrice dans le village.

PORT ANDRATX

Port Andratx occupe un site privilégié au fond d'une baie naturellement bien abritée, dont l'entrée est barrée par une puissante digue. Ce charmant port naturel est une extension du village d'Andratx, situé à 5 km de là. Envahi par les nouvelles constructions qui ont aujourd'hui gagné les collines boisées dominant la baie, l'endroit a gardé un certain charme malgré le béton, surtout si on s'aventure au-delà de son port de plaisance. Dans le port, on trouve pas mal de boutiques, cafés et restaurants, et à quelques encablures de ce dernier, un enchaînement de petites criques frangées d'eau claire, malheureusement urbanisées et pas toujours très propres.

APARTHOTEL LA PERGOLA €€€

Av/ S'Almudaina, 16 ✆ +34 971 671 550
www.hotelpergolamallorca.com
Studio à partir d'environ 100 €. Petit déjeuner en option.

Super complexe d'appartements tout blanc organisé autour d'une grande piscine. Plusieurs types d'hébergements sont ici proposés, de la chambre au studio en passant par l'appartement et la villa. Au total, une centaine de logements à louer, possédant tous un balcon ou une terrasse avec jardin, ainsi qu'une kitchenette. Les villas ont en plus une piscine privée et un salon. Buffet au large choix pour le petit déjeuner. Piscine chauffée à l'intérieur (en plus des piscines extérieures) et un bain à remous et un sauna. Confortable.

HOSTAL CATALINA VERA €

C/ Isaac Peral, 63
✆ +34 971671918
www.hostalcatalinavera.es
A partir de 85 € la chambre double. Petit déjeuner compris.

Implanté au débouché de la rue Alexandro Cartunets qui monte depuis le bord de mer, cet établissement tranquille construit en 1943, isolé au milieu des pins, des cyprès, des citronniers et des cactus, propose une vingtaine de chambres avec terrasse (au choix, vue sur le jardin ou sur la mer). Vous prendrez votre petit déjeuner dans la jolie maison des propriétaires au style majorquin ancien. Appréciez la farandole de meubles et tous les petits bibelots qui habillent les murs de la demeure. Un vrai voyage dans le temps. Excellent pour un séjour rural.

MON PORT HOTEL & SPA €€€

Finca la Noria
✆ +34 971 238 623
www.hotelmonport.com
Fermé hors saison. Chambre double à partir d'environ 110 €. petit déjeuner inclus.

Construit dans un style majorquin respectueux de l'architecture locale, cet hôtel charmant dispose de 140 chambres réparties dans plusieurs bâtiments faisant face à une belle piscine centrale. Il jouit d'un bel emplacement, à quelques encablures du port d'Andratx. Terrain de tennis, bar et spa avec piscine intérieure font partie des installations. Le copieux petit déjeuner est servi sur la terrasse fleurie (omelettes, crêpes, œufs brouillés, fruits frais, charcuterie...). Le charme local se mêle ici au confort d'un grand hôtel.

MAJORQUE

© HERVÉ BERNARD - ICONOTEC

Bateaux à Port Andratx.

COPPOLA €

Av/ Mateo Bosch, 13
✆ +34 971 23 85 81
coppolaonline.com/fr
Ouvert tous les jours à partir de 12h30. A partir de 15 €.

Face au port d'Andratx. Trois formats de pizzas : 25, 30 et 40 cm avec une carte étoffée d'une trentaine de pizzas (traditionnelles, végétariennes, au poulet, farcies, épicées ou aux fruits de mer). On vient aussi pour les grands classiques de pâtes, les lasagnes aux épinards et de Bologne. Sans aucun doute la meilleure pizza du port, sans chichis, avec la qualité en prime. Le service est surprenant pour un petit établissement, on s'y sent bien, d'ailleurs de nombreux fidèles viennent régulièrement. Idéal pour manger à prix doux.

BEACH CLUB GRAN FOLIES €€

C/ Tintorera
✆ +34 971 671 094
beachclubgranfolies.com
Ouvert uniquement en saison. Environ 30 €.

Situé au bord de la Cala Llamp, crique époustouflante aux eaux cristallines (mais sans sable), Gran Folies est à la fois un club social, un *beach club* et un restaurant. Un concept apprécié par ceux qui en ont les moyens (possibilité de louer des transats face aux flots, très chers...). A défaut de profiter des équipements de son *beach club*, vous pourrez tester sa cuisine méditerranéenne, malheureusement inégale, dans un cadre splendide. La clientèle allemande y est prédominante, et vous apprécierez l'ambiance détendue et familiale.

TRESPAIS €€

C/ Antonio Callafat, 24
✆ +34 971 672 814
www.trespais-mallorca.com
Compter autour de 30 €.

Le Trespais conviendra particulièrement pour une escale romantique et/ou gastronomique. La salle de service et sa cour intérieure est des plus *cosy*, avec ses murs aux tons crème et ses lumières tamisées, tandis que le service est assuré par un personnel au grand professionnalisme. Côté assiette, rien à redire, tant dans le choix des produits que dans leur savant et savoureux assemblage. Une belle adresse pour un dîner aux chandelles, certes un brin onéreux, mais qui vaut son pesant d'or. En somme, cuisine raffinée et joli cadre. Une réussite.

VENT DE TRAMUNTANA €€€

C/ Can Perot, 9
✆ +34 971 671 756
Fermé le mardi. Compter entre 50 et 60 €.

Excellente table au décor très plaisant située à côté du port. Dissimulé entre les maisons de pêcheurs, le restaurant propose une cuisine typiquement majorquine élaborée à partir de produits locaux de qualité. Les plats sont très savoureux. Le lieu dispose en outre d'une belle terrasse végétalisée avec vue sur la montagne, et pour les froides soirées d'hiver, on peut dîner au coin de la cheminée. Fortement recommandé par les locaux (c'est bon signe !). Un endroit authentique et charmant, qui ne vous laissera pas indifférent.

VERICO €€€

Avinguda de Gabriel Roca i Garcías, 24
✆ +34 871 871 271
www.verico-portandratx.com
A partir de 30-35 € à la carte.

Restaurant italien – pas si traditionnel que ça – où l'on mange très bien et où le service est à la fois amical et professionnel. Si ici comme en Italie on propose des formules classiques, savamment préparées, le chef s'amuse à en revisiter un certain nombre avec ingéniosité tout en restant sobre : mini-lasagne noire au saumon fumé, rouleaux d'aubergines à la *parmigiana*, Penne Arrabiate ou encore *Chuleta de cerdo iberico* au miel de romarin cuite à basse température. Décor élégant, présentation inspirée et belle carte des vins.

DIVING DRAGONERA

23 Almirante Riera Alemany
✆ +34 971 674 376
www.aqua-mallorca-diving.com/en
*PADI IDC 5***** ouvert toute l'année. 1 plongée 40 €. Baptême 90 €.*

Les plongées sont concentrées dans les environs de Port Andratx et en particulier à la Dragonera, parc national dans lequel la richesse de la faune est exceptionnelle. Les locaux possèdent une zone humide avec douches chaudes et bacs de rinçage ainsi qu'une zone sèche pour la détente avant, après ou entre les immersions. Une ambiance très sympathique et polyglotte. Vous trouverez tous les types de formations PADI, du Open Water Diver jusqu'à l'Open Water Scuba Instructor et le centre disposant de scooters, vous pourrez même apprendre à utiliser ces engins.

SANT ELM ★

Sant Elm est un petit port ancré à 7 km d'Andratx, face à l'îlot Es Pantaleu et à l'île de Sa Dragonera. Le village empreint de quiétude est enclavé dans la Serra de Tramuntana et conserve l'apparence authentique des bourgades majorquines épargnées par le tourisme de masse. C'est un point d'accès stratégique pour rejoindre l'île de Sa Dragonera, classée parc naturel depuis 1995. Au programme de la visite, randonnée, plongée et *birdwatching*. La compagnie Cruceros Margarita assure la traversée. Le premier week-end d'août, la Fête des maures et des chrétiens commémore le débarquement du roi Jaume sur la plage de Sant Elm en 1229 pendant la *Reconquista*.

HOSTAL DRAGONERA €

Av/ de Jaume I, 5

✆ +34 971 239 086

www.hostaldragonera.es

Compter 80-90 € la chambre double (avec ou sans balcon). Petit déjeuner inclus.

Hostal à taille humaine et à vue panoramique depuis la magnifique terrasse qui surplombe la mer. Les chambres sont simples et pas bien grandes, mais elles sont très bien tenues. Sans charme particulier, mais d'un confort suffisant. Le restaurant de l'hôtel est réputé pour ses poissons frais et son excellent rapport qualité-prix. La salle est entièrement illuminée par de larges baies vitrées donnant sur la mer. Avec la plage à trois minutes, les tarifs de l'hôtel sont plutôt abordables. On vous y réserve en prime un bon accueil.

PUNT BLANC RESIDENCE €

Carrer de Sa Punta Blanca, 12

✆ +34 30 063 113

www.puntblanc.es

A partir d'environ 70 €. Appartements pour 2 et 4 personnes. Maison pour 5 personnes.

Maisons de pêcheurs reconverties en appartements. Ambiance rustique, décor simple, mais sympa. Au rez-de-chaussée, un appartement pour 4 personnes et deux apparts pour deux personnes. Entièrement équipés (salle à manger, cuisine avec appareils électroménagers, salle de bains). Beau patio extérieur partagé avec accès direct à la mer juste en descendant un escalier en pierre. Au 1er étage on y trouve l'appartement plus grand (5 personnes), spacieux et avec un grand balcon privé. À deux pas, la propriété dispose aussi d'une maison du même style en bord de mer.

BAR STEFANO EL POROPO €

C/ Cala es Conills

✆ +34 971 237 567

Fermé hors saison.

Un couple de Français, Stéphane et Clarisse, s'occupe de ce charmant bar de la baie de Sant Elm. Pionniers dans le village, ils ont su créer un endroit idéal pour siroter un délicieux cocktail, apprécier une restauration rapide de qualité et les meilleurs vins locaux et internationaux. Stéphane étant un grand amateur de vins, il saura vous conseiller. Ils proposent également un petit service de cuisine : tapas, pizzas, sandwiches, bien pour prendre l'apéritif. Il est possible d'emporter tous ces bons mets dans un panier-repas à emporter sur la plage.

RESTAURANTE VISTA MAR €€

Av. Jaume I, 46

✆ +34 971 237 547

Fermé hors saison. Compter environ 40 €.

Restaurant spécialisé dans le poisson frais. Comme son nom l'indique, vous pourrez admirer la mer depuis sa terrasse, la vue est sensationnelle. Vous pourrez aussi choisir votre langouste directement dans le vivier. L'adresse est certes touristique, mais la cuisine est bonne et les tarifs tout ce qu'il y a de plus raisonnables au vu du cadre idyllique et de la respectable qualité. A la carte : paella aux fruits de mer, filet mignon de porc à la moutarde et au miel, grillades de poissons et fruits de mer, *caldereta* de homard...

SA DRAGONERA ★

Longue de 6 km et culminant à 360 m, Sa Dragonera est une île recouverte d'une garrigue méditerranéenne peuplée d'une faune dont les plus célèbres représentants sont le faucon marin et la *sargantana*, un lézard qui, par son aspect, aurait donné son nom à l'île. Temporairement occupée à la Préhistoire, les archéologues y ont aussi retrouvé des amphores romaines et des céramiques arabes. Au Moyen Age, elle sert de refuge aux pirates sillonnant les mers. En 1851, un premier phare est construit sur le site de Sa Popia, dont il reste des vestiges. Classée parc naturel, l'île est propice à la rando, la plongée (avec Scuba Activa) et l'observation des oiseaux.

ESTELLENCS ★

Estellencs est un charmant petit village typique de la Tramuntana. Bien que les rues du village soient vite parcourues, une petite halte reste très agréable, pour un *frit mallorquí* au restaurant Montimar notamment. Si vous avez un peu de temps devant vous, quelques jolies balades sont indiquées depuis la bourg : vous pourrez vous rendre au Coll des Pi ou à la Cala D'Estellencs (40 m aller, 1 h retour, la montée est rude !). La plage de galets de la Cala D'Estellenc, encadrée d'une falaise, a été très joliment aménagée pour permettre l'accès à quelques bateaux et des pontons installés pour faciliter les déplacements. Un lieu d'un grand calme.

BANYALBUFAR ★★

De passage dans le région, ne manquez pas de marquer un arrêt dans ce magnifique village doré entouré de terrasses cultivées. Il abrite notamment une église intéressante et une remarquable maison seigneuriale (devenue un hôtel-restaurant, La Baronia). Le mirador de Ses Animas, avec sa fière tour de défense, offre l'occasion de prendre de la hauteur et de jouir d'un splendide panorama, comme depuis la terrasse du Café Bellavista, où l'on se presse dès 10h pour le petit déjeuner. La plage toutefois, encaissée entre les falaises, est bien petite et bétonnée. Ce qui ne l'empêche pas de posséder une eau magnifique, sauf lorsqu'elle est envahie d'algues...

HOTEL RURAL NORD €€

Plaça d'es Triquet, 4 ✆ +34 971 149 006
www.hotelruralnord.com

Entre 85 et 150 € la chambre double en fonction de la saison et du type de chambre. Petit déjeuner inclus.

Une belle maison rurale décorée avec simplicité et bon goût. L'hôtel, installé sur une jolie place au centre du bourg, propose 8 chambres spacieuses, décorées dans des tons blancs et beiges, avec poutres apparentes, éclairage chaleureux, et lit à baldaquin pour certaines. Le petit-déjeuner est servi dans un charmant patio flanqué d'un ancien pressoir à huile d'olive et entouré de végétation. La plage se trouve à 1,5 km et l'hôtel propose un menu à l'heure du dîner. Le lieu propose également un très beau logement indépendant (cuisine équipée) pour 4 personnes.

PETIT HOTEL SA PLANA €€

Eusebio Pascual, 3
✆ +34 971 618 666
www.saplana.com

Chambre double de 100 à 135 €, petit déjeuner inclus.

Située à l'entrée du village, dans sa partie haute, le Petit Hotel Sa Plana est une jolie maison en pierre typique de la région. L'hôtel propose quatre chambres doubles et une chambre quadruple aux couleurs chaudes, toutes différentes et toutes dotées d'éléments rustiques et champêtres. Si vous passez hors saison touristique, sachez aussi que chaque chambre dispose également d'une cheminée ou d'un poêle à bois. La piscine est particulièrement agréable, et vous pourrez même déguster le vin de la maison, élaboré dans les terres environnantes.

HOTEL MAR I VENT €€

C/ Major, 49
✆ +34 971 618 000
www.hotelmarivent.com/fr

Chambre double de 80 à 150 €, petit déjeuner inclus. Fermé vers décembre-janvier. Restaurant autour de 25 €.

Depuis trois générations, la famille Vives accueille ses visiteurs dans une ambiance sympathique et familiale. L'hôtel propose une trentaine de chambres (chauffage, téléphone et coffre-fort), une belle terrasse avec vue sur mer (et sur la spectaculaire voûte étoilée à la nuit tombée) et une grande piscine avec un bassin pour les petits. Les sportifs profiteront du court de tennis et des nombreuses possibilités de randonnées aux alentours de l'hôtel. La décoration est assez vieillotte, mais la maison est charmante et le panorama superbe.

HOTEL SA BARONIA €€

C/ Baronia, 16
✆ +34 971 618 146
www.hbaronia.com

Avril-oct. Chambre double avec balcon et petit déjeuner à partir de 80 € (110 € avec la demi-pension).

Cet hôtel, installé dans un corps de bâtiments datant du XVIIe siècle et faisant face à un magnifique panorama, a beaucoup de charme. La bonne trentaine de chambres qu'il abrite sont simples, mais confortables (chauffage, coin bureau, salle de bain) et certaines ont un grand balcon qui domine le charmant petit village, avec vue sur la mer au loin. Le petit déjeuner se présente sous forme d'un buffet très complet, agrémenté de quelques produits cultivés dans les jardins du Sa Baronia, et l'hôtel dispose d'un service de location de vélos. Piscine.

SON BORGUNY €€

C/ Borguny, 1
✆ +34 971 148 706
www.sonborguny.com
Chambre double à partir de 90 €, petit déjeuner inclus.

En plein cœur du village, on trouve dans une bâtisse du XVe siècle ce charmant petit hôtel tout à fait accueillant, pour ne pas dire romantique. Les huit chambres aux noms évocateurs (El Sol, El Mar, La Lluna) sont propres et soignées (certaines donnent sur la mer), le service aux petits oignons et le petit déjeuner est un délice. Notons également que le restaurant de l'établissement jouit d'une belle réputation, y compris parmi les locaux ! Une adresse que l'on appréciera pour son calme et son charme à n'importe quelle époque de l'année.

CAN PACO €€

C/ Constitucion, s/n
✆ +34 971 618 148
Ouvert midi et soir, fermé le lundi. Environ 30 €

Le Can Paco a quelque chose de romanesque, de l'Espagne d'un autre temps. On en pousse généralement la porte alors que le soleil est à son zénith et que les rues brûlantes sont désertes, pour découvrir une belle ambiance gouailleuse assurée par les locaux en train de ripailler gaiement. Un restaurant où déguster une cuisine traditionnelle : paella, viande, et pour le poisson, tout dépend de ce qu'ils ont le jour de votre visite. La paella est délicieuse, et tous les légumes viennent du potager. Accueil vraiment chaleureux et joli panorama. A découvrir !

SON TOMÁS €€

C/ Baronia, 17
✆ +34 971 618 149
Ouvert toute l'année de 13h à 22h30, sauf le mardi. Horaires et jours d'ouverture réduits en hiver. Environ 30 €.

Le Son Tomás est un très bon restaurant de cuisine majorquine, dont les vues sur la mer depuis la belle terrasse sont absolument splendides. De gestion familiale, l'ambiance y est agréable et le service courtois, tandis que la carte est assez traditionnelle, proposant, en plus de quelques bonnes entrés typiques (mais aussi des préparations snacks plus internationales), essentiellement des plats à base de poisson, en particulier de bons *arroces*, dont le riz noir, qui change un peu de la paella. L'établissement a intégré la sélection Michelin en 2016.

ESPORLES ★

Esporles est un charmant petit village que l'on trouve sur la route de Palma (à 14 km), niché au creux d'une vallée traversée par une rivière, sur le versant sud de la Sierra de la Tramuntana. Habité par environ 4 000 personnes, le bourg se divise en deux zones : d'une part la pittoresque vieille-ville aux rues étroites, édifiée au XIIIe siècle, d'autre part la ville-nouvelle, sans intérêt particulier. On prendra plaisir en revanche à flâner sur l'une des terrasses de la vieille-ville. L'unique attraction de la zone réside en la Granja, une très belle bâtisse campagnarde qui reçoit de nombreux visiteurs, vestige du passé féodal de la contrée.

LA GRANJA

Carretera d'Esporles, Km 1,5
✆ +34 971 610 032
www.lagranja.net
Ouvert tous les jours de l'année 10h-19h (18h en hiver). Entrée avec dégustation 15,50 € (9 € enfant).

La Granja, ancienne ferme seigneuriale du XVIIIe siècle, fut le lieu de résidence de moines de l'ordre cistercien pendant deux siècles, puis passa entre les mains de familles nobles de Majorque : Vida, Fortuny, puis Seguí (les actuels propriétaires). La visite, qui se présente sous la forme d'un circuit de 64 étapes à travers les 2 000 m² d'un musée ethnologique, permet de découvrir tous les métiers liés aux activités d'une ferme : une teinturerie, une petite cuisine à confitures, un moulin à huile... et une collection d'instruments de torture ! La maison est immense et respire l'histoire : chaque pièce est un plaisir pour les yeux et un véritable voyage dans le temps. Dans le jardin, fontaines et cascades se font les témoins du passé de ce lieu unique truffé de sources naturelles où l'on trouvait jadis 11 moulins à eau, dont deux sont aujourd'hui encore en activité. On y trouve également une grande variété de fleurs et d'arbres, mais aussi de nombreux oiseaux et animaux de la ferme. A la sortie, ne manquez pas de goûter au vin doux local, aux confitures maison (courge, orange, figue et abricot), aux délicieux *buñuelos* (beignets de pomme de terre), aux galettes à la *sobressada* ou au saucisson, mais aussi au fameux pain aux figues et amandes assaisonné d'anis et autres herbes locales. Possibilité de faire quelques emplettes à la boutique située au niveau de la cafétéria. Il est également possible de se prélasser dans les hamacs, activité idéale lors des grosses chaleurs. Une visite à ne pas manquer pour les familles !

VALLDEMOSSA ★★★

Un des plus beaux villages de Majorque. A 400 m d'altitude, dans un décor fait de terrasses de pierre et d'oliviers centenaires, cette bourgade tranquille (2 000 hab.) a toujours été un lieu de vacances estivales pour les familles aisées de Majorque, comme le prouvent les belles et nombreuses *fincas* ou propriétés de maître. Le lieu est entré dans la légende depuis l'installation de Frédéric Chopin et de George Sand dans la chartreuse de Valldemossa (convertie en auberge, les chartreaux ayant été expropriés en 1835), au cours de l'hiver 1839. On prendra plaisir à flâner en terrasse, à l'ombre des arbres de la Plaça de la Cartoixa, juste en face.

ERMITAGE DE LA TRINIDAD ✝

Quittez la ville via la Ma-10 en direction de Deià et Sóller, puis, 3 km plus loin, au niveau du restaurant Can Costa, empruntez l'étroit chemin asphalté qui monte jusqu'à l'ermitage de la Sainte Trinité. C'est au tout début du XVIIIe siècle que Joan Mir de la Concepió, ancien disciple de Ramon Llull et créateur de la congrégation de Sant Pau et Sant Antoni, fonda cet ermitage, dont l'actuelle chapelle date de 1703. Il est occupé par une petite communauté d'ermites qui consacrent leur vie à la prière et au travail dans les champs. Beau panorama sur la mer !

CHARTREUSE DE VALLDEMOSSA 🏛 ★★

Plaça de la Cartoixa s/n ✆ + 34 971 612 106
www.cartujadevalldemossa.com
Tlj 10-16h30. Entrée 9,50 € (étudiant 6 €). Application audioguide à télécharger gratuitement sur son téléphone.

Cet ancien monastère, à l'origine résidence royale, est habité par des moines chartreux de 1399 à 1835. La chartreuse accueille le pianiste Frédéric Chopin et l'écrivaine George Sand pendant l'hiver 1838-1839. Vous remarquerez d'abord l'église de style néoclassique, puis une très belle pharmacie du XVIIIe siècle, les cellules du prieuré aux splendides céramiques, la bibliothèque et enfin des cellules où ont vécu Frédéric Chopin et George Sand. De nombreux souvenirs y sont exposés.

ES PETIT HOTEL 🛏 €€

C/ Uetam, 1
✆ +34 971 612 479
www.espetithotel-valldemossa.com
Chambre double dès 140 €, petit déjeuner inclus. Compter 20 % en moins déc-fév. Fermé 15-30 nov et 6-10 jan.

Un hôtel plein de charme de 8 chambres bien décorées et très confortables, dans une maison familiale où est né Gonzalo la propriétaire, qui vous reçoit avec Margarita. Autrefois école de couture, puis dépôt de courrier, cette belle affaire de famille est ouverte au tourisme depuis plus de 15 ans. On se sent vite comme à la maison dans le salon commun où la musique invite au repos et à la détente, avec un bar en libre-service. L'adresse est notamment appréciée par les randonneurs et cyclistes ; et le parking public est offert par l'hôtel. Vue splendide.

MAJORQUE

Chartreuse de Valldemossa.

Valldemossa, Majorque.

CASES DE CA'S GARRIGUER €€€

Route de Valldemossa à Andratx, Km. 2,5
✆ +34 971 612 300 - www.casesdecasgarriguer.com
Mars-oct. Chambre double avec balcon 150-200 € selon la saison, petit déjeuner inclus. Demi-pension possible.

Cases de Ca's Garriguer est une ancienne ferme majorquine entièrement rénovée et transformée en hôtel de tourisme rural. Elle abrite douze chambres seulement, assurant une certaine intimité et un service personnalisé, toutes équipées de climatisation et d'une télévision-satellite. Si l'atmosphère est rustique, les équipements mettent l'accent sur le confort et la détente, à l'image de la belle piscine, ses parasols et ses transats. L'hôtel propose également des plats à la carte pour le dîner. Un havre de tranquillité entouré de pins et d'oliviers.

HOTEL VALLDEMOSSA & FRÉDÉRIC RESTAURANT €€€

Carretera Vieja de Valldemossa
✆ +34 971 612 626
www.valldemossahotel.com
Chambre double de 300 à 400 €, petit déjeuner inclus. Possibilité de demi-pension.

Cette ancienne *finca* majorquine est certainement l'un des plus jolis hôtels de l'île. Piscine extérieure et piscine couverte, magnifique vue sur Valldemossa, grandes terrasses… Si vous cherchez le charme, la tranquillité et le confort, vous ne serez pas déçu ! On y trouve douze chambres uniques équipées de lits confortables et de mobilier de collection, disposant de grandes terrasses privées. Le bâtiment appartenait anciennement au domaine de la Chartreuse de Valldemossa.

FORN I PASTISSERIA CA'N MOLINAS €

Via Blanquerna, 15
✆ +34 971 612 156
www.canmolinas.com
Tous les jours sauf le lundi de 7h à 20h (horaires flexibles).

Au pied de la chartreuse, ce café-boulangerie ouvert depuis un siècle maintenant (fondée en 1920) est le lieu idéal pour manger une petite pâtisserie mais aussi quelques tapas, ou tout simplement se rafraîchir avec une bière ou un jus d'oranges pressées. Reposant et calme à l'ombre de l'imposant monastère. Les plus curieux goûteront ici à la *coca de patata*, un petit pain sucré typique de la ville élaboré à partir de pomme de terre, d'œuf et de sucre.

QUITAPENAS €

Carrer Vell n. 4
✆ +34 626 840 006
www.quitapenasvalldemossa.com
Ouvert de midi à 16h du lundi au samedi.

Ce petit local installé à un coin de rue de la belle Valdemossa est à la fois une boutique de produits artisanaux et traditionnels, à la fois une table de dégustation. Dans le joli petit patio fleuri (et rafraîchissant au cœur de l'été !), on déguste des spécialités locales présentées sur des planches : *pan tomate jamón, embutidos* artisanaux, délicieuses *sobrasadas*, fromages locaux et vins majorquins. En plus de passer un bon moment gastronomique, on est accueilli ici avec une simplicité et une convivialité des plus agréables. A déguster, puis à emporter !

ES TALLER €€

C/ Santiago Russiñol, 1
✆ +34 971 616 396
www.estallervalldemossa.com
Ouvert du mardi au dimanche de 13h à 16h et de 19h à 22h30. Autour de 25 € le repas complet.

Ouvert à l'été 2018, Es Taller apporte un vent de fraîcheur à l'offre culinaire de Valldemossa. La déco elle-même est moderne, entre plantes tropicales et tables d'inspiration industrielle, et l'accueil des plus aimables. Côté assiette, les produits locaux sont privilégiés, arrangés sous forme de tapas revisitées ou de plats plus copieux : quesadilla d'Halloumi aux épinards frais, ceviche de poisson, poulpe et crevette au fruit de la passion ou encore confit de canard croustillant. Sans oublier, pour le dessert, la panna cotta de coco aux fruits rouges !

RESTAURANTE CA'N COSTA €€

Route de Valldemossa à Deiá, Km. 2.5
✆ +34 971 612 263
www.cancostavalldemossa.com
Avril-oct : tlj 12h30-16h et 19h30-23h. Nov-mars : dim-ven (sauf mar) 12h30-16h, sam 12h30-16h et 19h30-23h. Env 25 €.

Dans une vieille ferme où l'on produisait de l'huile, cet agréable restaurant au décor rustique, propose une cuisine majorquine et internationale à base de viandes grillées à la braise et de poisson, selon la pêche du jour. En été, terrasse ombragée. En hiver, feu de bois dans la cheminée. Accueil très sympathique. Ne partez pas sans avoir visité toute la maison, le rez-de-chaussée et le premier étage avec son four à pain, sa machine à coudre… Le temps semble s'être arrêté ici et cette maison vous donnera une bonne image des maisons majorquines du siècle dernier.

PORT DE VALLDEMOSSA ★

Sur une route très sinueuse, à environ 5 km de Valldemossa, ce petit port construit au XIXe siècle à l'embouchure d'un ruisseau est un endroit charmant, voire même assez romantique, entouré d'un hameau de jolies petites maisons de pierres. La route panoramique, entre mer et vertigineuses falaises, vaut à elle seule le déplacement ! Bien que la plage soit très petite et recouverte de galets, le lieu est calme et l'eau y est claire. Un petit restaurant, le Bar Es Port possède une immense terrasse en hauteur. Il sert des tapas et une cuisine méditerranéenne issue de la pêche locale. Le coucher du soleil est particulièrement spectaculaire ici.

LLUCH ALCARI

Lluch Alcari est perché sur une colline en contrebas de la route Deia-Soller. Au sein d'une dense et luxuriante végétation méditerranéenne où dominent oliviers, pins et palmiers, ce hameau – considéré comme la plus petite zone habitée de Majorque – est le lieu de résidence de bon nombre d'artistes, surtout des peintres. On appréciera une halte ici, ne serait-ce que pour goûter à la calme tranquillité qui se dégage des montagnes alentour. D'ici, une autre petite *cala* est accessible par un sentier : c'est l'endroit préféré des naturistes.

DEIÀ ★★★

Deià est un petit village (850 hab.) de toute beauté et pittoresque au possible : l'église de San Juan Bautista le domine du haut de la colline, tandis que des maisons aux couleurs ocre, en terre ou en pierre, s'agrippent à la pente au milieu de massifs de pins, d'oliviers et de conifères. La réputation du village est méritée, et il n'est pas étonnant que de nombreux artistes l'aient choisi comme source d'inspiration. Deià, où il est si agréable de déambuler dans les rues piétonnes, est notoirement fréquenté par des musiciens et des acteurs. Le village possède une petite *cala*, une minicrique que les plus courageux peuvent atteindre à pied.

CA N'ALLUNY - MAISON MUSÉE DE ROBERT GRAVES

Route de Deià à Soller (Ma-10), Km. 1

✆ +34 971 636 185

www.lacasaderobertgraves.org

Avril-oct : lun-ven 10h-17h, sam 10h-15h. Nov-mars : lun-ven 9h-16h et sam jusqu'à 14h. Entrée 7 € (enfant 3,50 €).

Robert Graves, l'une des grandes figures de la littérature anglaise du XXe siècle, a vécu dans cette maison de 1929 jusqu'à sa mort, en 1985. Cette magnifique demeure de 250 m² sur un terrain d'environ 2 200 m² a été reconstituée de manière très fidèle, grâce à des photographies retrouvées après la mort de l'écrivain. Vous y trouverez donc des documents, cartes, tableaux, notes personnelles. Vous pourrez également assister à la projection d'un petit film sur la vie de Robert Graves.

SON MARROIG

Route de Valldemossa à Deià, Km. 65,5

✆ +34 971 639 158

www.sonmarroig.com

Ouvert du lundi au samedi de 9h à 18h en hiver et de 9h à 19h en été. Entrée 4 €.

Son Marroig est une demeure qui appartint – entre autres – à l'archiduc Luis-Salvador d'Autriche. Il en fit l'acquisition au début du XIXe siècle et la réforma, insufflant également une nouvelle vie aux vastes jardins de la propriété. Son apport le plus célèbre reste néanmoins l'édification d'un imposant belvédère en marbre de Carrare donnant sur la péninsule de Sa Forada. Au premier étage, des souvenirs de l'homme témoignent d'une existence privilégiée, et on trouve quelques volumes du fameux livre de l'archiduc consacrés aux Baléares.

PENSIÓN MIRAMAR €€

Camí es Recó, 2

✆ +34 971 639 084

www.pensionmiramar.com

Autour de 80 € la chambre double, petit déjeuner compris.

Située sur les hauteurs de Deià, cette maison typique du XIXe siècle transformée en hôtel de 9 chambres est gérée par la même famille depuis 1955 et jouit d'une vue magnifique sur la ville et la mer. Tout autour de la maison court un petit jardin arboré – où coule un petit torrent de l'automne jusqu'au début de l'été – et une terrasse bien agréable pour prendre votre petit-déjeuner ou pour profiter d'un spectaculaire et quotidien coucher de soleil. Une belle adresse au charme rustique et à l'accueil des plus chaleureux. Recommandé !

AGROTURISME SA PEDRISSA €€€

Route de Valldemossa à Déià, Km. 65,5
✆ +34 971 639 111
www.sapedrissa.com
Fermé en janvier. Compter de 200 à 400 €, avec petit déjeuner.

Ancienne propriété de l'archiduc Luis Salvador d'Autriche, le domaine a été racheté au début du XXe siècle par la famille Morey pour son exploitation agricole. En 1997, Sa Pedrissa a été déclarée « Bien d'intérêt culturel ». Depuis, cette superbe bâtisse du XVIIe siècle a été transformée en hôtel intimiste de 8 chambres et suites. Le lieu dispose d'une superbe terrasse avec vue sur la mer, d'une piscine et affiche une décoration très soignée. A noter : le séjour est interdit aux moins de 16 ans pour garantir la tranquillité et le calme du lieu.

HOTEL ES MOLI €€€

Route de Valldemossa à Deià, s/n
✆ +34 971 639 000
www.esmoli.com
Ouvert de fin mars à fin octobre. Chambre double de 90 à 250 €, petit déjeuner inclus. Possibilité de demi-pension.

Grande bâtisse de 87 chambres, avec une vue magnifique sur le village de Deià, l'hôtel Es Molí offre un havre de paix au cadre époustouflant, entouré de jardins plantés d'orangers et d'oliviers. La piscine offre un point de vue superbe sur la vallée et les chambres sont spacieuses et bien agencées. Autre point fort de cet hôtel : une plage privée située à l'abri des regards, que vous pouvez rejoindre grâce au service de minibus gratuit. Le personnel de l'hôtel est discret et très aimable, et l'ambiance générale invite à la relaxation.

LA RESIDENCIA - A BELMOND HOTEL €€€

C/ Son Canals, s/n
✆ +34 971 639 011
www.hotellaresidencia.com
Fermé entre début et fin mars. Chambre double classique à partir d'environ 400 €, petit déjeuner inclus.

Un merveilleux hôtel de luxe installé dans une grande villa du XVIe siècle bien restaurée, et une décoration – antiquités et peintures modernes – réalisée avec beaucoup de goût dans les 73 chambres et suites (dont certaines avec piscine privée). Parfois passent quelques personnalités… Belle vue sur le village de Deià et la sierra. Jardin, piscines (extérieure et intérieure), Spa, sauna, gymnase, tennis… Géré par la compagnie de luxe Belmond. Rien ne manque !

EL OLIVO €€€

C/ dels Son Canals
✆ +34 971 639 011
www.hotellaresidencia.es
Ouvert tous les soirs de 19h30 à 22h30. Fermé de début novembre à fin mars. Menu dégustation à partir de 128 €.

Installé à côté de l'hôtel La Residencia dont il dépend, ce restaurant jouit d'une réputation sans égal dans le village. Le chef Guillermo Méndez y prépare une cuisine d'auteur savoureuse, locale et internationale, servie dans un cadre romantique, sobre et chic. Quelques suggestions ? Carpaccio de crevettes, tataki de thon rouge aux fruits secs, filet de lotte aux agrumes, ricotta et truffes aux épinards et au parmesan… La cave à vin, sur laquelle veille un sommelier talentueux, a par ailleurs remporté le prestigieux prix *Wine Spectator* en 2020.

ES RACÓ D'ES TEIX €€€

C/ de Sa Vinya Vella, 6 ✆ +34 971 639 501
www.esracodesteix.es
Mars-oct : merc-dim midi et soir. Menu midi 38 €. Menu dégus 4 plats 78 € (116 € + vin), 6 plats à 115 € (164 € + vin).

Ouvert en 2000 avec une étoile Michelin à son palmarès, le restaurant Es Racó d'es Teix est dirigé par l'ancien chef du restaurant El Olivo, Josef Sauerschell. Haute gastronomie dans un cadre superbe, avec une terrasse qui domine toute la vallée. On trouve dans les colonnes du menu dégustation quelques prometteuses recettes telles que le filet de bœuf aux petits pois et raisins, les coquilles Saint-Jacques et leurs raviolis de champignons, le pigeon au foie gras sauce aux truffes, la tête de Moine et ses chutneys, et parfait au chocolat sauce orange et kumquats.

SEBASTIAN €€€

C/ de Felip Bauzà, 2
✆ +34 971 639 417
restaurantesebastian.com
Ouvert tous les soirs à partir de 19h30, sauf le mercredi. Plat principal autour de 30 €.

Le Sebastian est un élégant établissement installé dans d'anciennes écuries aux murs de pierres entouré du superbe panorama montagneux de la *Tramuntana*. Tenu par le chef Sebastian Pasch, la cuisine traditionnelle majorquine fait ici l'objet d'un dévouement particulier, que le patron n'hésite pas à revisiter avec des touches venues d'Asie. Dans une ambiance feutrée, sur de blanches nappes tirées à quatre épingles, on savoure à la lumière des chandelles de véritables petites œuvres gastronomiques accompagnées de quelques délicates liqueurs triées sur le volet.

MAJORQUE

SÓLLER ★★

Situé dans une plaine d'orangers et entouré de hautes montagnes calcaires, ce gros bourg de près de 14 000 habitants, longtemps isolé du reste de l'île, s'est enrichi grâce à la culture des orangers. Réputé aussi pour ses glaces, Sóller a sa personnalité propre, très espagnole. Ses balcons sont ornés de géraniums et ses palais des XVIIIe et XIXe siècles attestent de la prospérité d'une époque où la ville maintenait des relations étroites avec Sète, Toulon, Cannes et Marseille. Le lieu de rencontres à Sóller est la plaza de la Constitución, centre de la ville sociale. La façade de l'église et celle de la banque sur sa gauche sont assez étonnantes.

JARDINES DE ALFABIA

Route de Palma à Sóller, Km. 17

✆ +34 971 613 123

www.jardinesdealfabia.com

Avril-oct : lun-dim 9h30-18h30. La billetterie ferme à 17h30. Entrée 7,50 €.

La maison, le jardin et le verger qui composent le domaine d'Alfabia forment un ensemble d'une grande beauté, tant et si bien qu'ils ont été déclarés jardins historiques artistiques. Dans la propriété d'origine maure, reconstruite au XVIIe siècle, on peut admirer un splendide plafond à caissons datant de 1170. Lors de la promenade dans les jardins, à travers bougainvilliers, magnolias et orangers, ne manquez pas la belle pergola de style Renaissance, reconstruite au XVIIIe siècle. Une promenade hautement recommandée à tous !

CAN PRUNERA

C/ de la Lluna, 86-90

✆ +34 971 638 973

www.canprunera.com

Mars-oct : tlj 10h30-18h. Nov-fév : mar-dim 10h30-18h. Horaires réduits fin décembre. Entrée 5 €.

Le bâtiment moderniste de Can Prunera (ses formes sinueuses combinant éléments du monde animal et végétal sont remarquables), construit entre 1909 et 1911 et classé Bien d'intérêt culturel (BIC), a été restauré pour accueillir une collection permanente dédiée à l'Art nouveau, composée d'œuvres d'artistes nationaux et internationaux qui ont appartenu à ce courant artistique ou s'en sont inspirés. Des expositions temporaires de qualité sont fréquemment organisées par cette galerie devenue l'un des emblèmes culturels de Soller.

LLUÍS LÓPEZ

Carrer Moragues, 28

✆ +34 625 405 078

www.lluislopez.es

Ce sculpteur aragonais, qui a installé son atelier dans la bourgade de Sóller, se dédie au travail du bois. Ses œuvres expressives, taillées dans une seule pièce, généralement de l'olivier, donnent à voir le travail minutieux et appliqué de l'artiste qui insuffle forme et vie à la matière. Certaines sculptures sont également réalisées avec des techniques mixtes mêlant le bois au métal ou encore à la pierre. Des matériaux bruts qui traduisent l'attachement de l'artiste à la nature, ses formes les plus éloquentes, mais aussi aux sentiments humains.

JARDIN BOTANIQUE DE SOLLER

Route de Palma à Port Sóller (Ma-11) - Km.30,5

✆ +34 971 634 014

www.jardibotanicdesoller.org

Nov-fév : mar-sam 10h-14h. Mars-oct : mar-sam 10h-18h. Fermé le dimanche, les jours fériés et en décembre. Entrée 8 €.

Au total, on trouve dans le jardin botanique de Soller 13 aires différentes (correspondant à 13 habitats naturels) visant à détailler la flore des Baléares (642 espèces), mais également celle des îles Canaries (174 espèces) et d'autres îles de la Méditerranée (167 espèces). On trouve également des collections d'arbres fruitiers, et aussi de plantes médicinales ; tout ceci dans le but principal de conservation des espèces endémiques, mais aussi de recherche dans différents domaines.

TRAIN DE SÓLLER

✆ +34 902 364 711

www.trendesoller.com

Palma-Sóller aller-retour : 25 €, aller simple : 18 €.

On monte à bord de wagons du début du XXe siècle (la ligne est en service depuis 1912 !) qui dévalent sur une voie étroite. Le train de Sòller a conservé le charme de ses matériaux d'origine. Il vous fera découvrir de beaux paysages inaccessibles par la route, à travers les Serra de Tramuntana et celle d'Alfàbia, de Palma jusqu'à Sóller. Tout au long du chemin, on traverse treize tunnels (de 30 mètres à 3 km de long), on circule sur des ponts, dont le viaduc « dels cinc-ponts » et ses arches de 8 m de haut et l'on épouse des courbes impressionnantes.

TRAMWAY DE SÓLLER

Plaça d'Espanya, 6
✆ +34 971 752 051
www.trendesoller.com
Sóller-Port Sóller : départs 8h30-20h30, environ toutes les 30 minutes. 20-25 min de trajet. Tarif : 7 €.

Le premier train électrique de Majorque et des Baléares continue coûte que coûte de nos jours encore à relier le centre-ville de Sòller à son littoral : Port Sòller. Le départ se fait en contrebas de la gare et partout où vous verrez des petites boîtes orange avec les horaires. Un très bon moyen de rallier le port (et d'en revenir) tout en faisant l'expérience amusante d'un pittoresque voyage en train. Une fois arrivé à Port Sòller, on pourra apprécier le charme d'un village de pécheurs niché dans une baie aux eaux couleur émeraude.

CA'N ABRIL €€

26 Carrer Pastor
✆ +34 971 633 579
www.hotelcanabril.com
Mars-nov. Chambres 2-4 pax 130-250 €, petit déjeuner compris. Enfant accepté à partir de 12 ans.

Depuis une bonne dizaine d'années, niché au cœur de Soller, cet établissement aménagé dans une belle demeure accueille ses clients dans l'une de ses 10 chambres et suites. Le matin, vous prendrez votre petit déjeuner (chaque jour différent, copieux et raffiné) dans un joli patio fleuri avant de découvrir l'île à pied, à vélo ou en voiture de location. Les propriétaires français, disponibles et bienveillants envers leurs hôtes, seront de bon conseil pour vous aider à préparer votre découverte de cette île qu'ils ont adoptée. Une bonne adresse.

CASA MARGARITA €

C/ Reial, 3
✆ +34 971 634 214
Ouvert toute l'année. Chambre double de 35 à 65 €.

Cette pension bon marché, mais très recommandable, est située tout près de la plaça de la Constitucio. Ambiance très amicale. Elle ne dispose que de 7 chambres, dont 3 avec salle de bain privée et les autres avec salle de bain commune. Le petit déjeuner est servi dans les chambres. Margarita, la propriétaire, est dynamique et polyglotte ! Elle se fera un plaisir de répondre à toutes vos questions et de rendre votre séjour le plus agréable possible. Ici donc, rien de moderne ni d'exceptionnel, mais tout est propre, confortable et surtout l'ambiance est chaleureuse.

CAS SANT €€

Camí de Ses Fontanelles, 34
✆ +34 971 630 298
www.cas-sant.com
Autour de 150 € la chambre double.

Le Cas Sant est un vrai petit coin de paradis dont on ne soupçonne par l'existence à cinq minutes de centre-ville de Soller. La vaste et majestueuse demeure de pierres anciennes, trônant au milieu d'un magnifique et verdoyant jardin abritant une orangeraie, appartient à la même famille depuis plus de six siècles ! On y trouve 13 chambres très confortables au charme méditerranéen et décorées de mobilier ancien, mais aussi deux piscines. Le petit déjeuner est une merveille. Pensez à réserver à l'avance, ce petit éden est souvent plein !

Sóller.

EL GUIA €€

C/ Castanyer, 2
✆ +34 971 630 227
www.hotelelguia.com
Chambre double à partir de 90 €, petit déjeuner inclus. Possibilité de demi-pension.

Cet hôtel familial 4 étoiles ouvert depuis 1880 et entièrement rénové depuis 2018 se trouve en plein centre de Sóller, juste à côté de la gare. L'ancienne demeure pleine d'histoire donnant sur la montagne environnante compte 23 chambres spacieuses, lumineuses et propres ; toutes ont l'air conditionné. Depuis l'été 2019, une petite piscine extérieure de 6x3 m a vu le jour, à l'eau salée SVP ! ainsi qu'un spa avec bain bouillonnant, sauna et douche de sensation. Le restaurant propose une cuisine majorquine typique, savoureuse et généreuse.

BOUTIQUE-HOTEL - CAS XORC €€€

Carretera Deyà, 1
✆ +34 971 638 280
www.casxorc.com
A partir de 210 € la double standard, et dès 300 € la gamme supérieure.

Le boutique-hôtel Cas Xorc est un ancien moulin à huile habilement rénové, situé dans un exceptionnel cadre de verdure, sur la route entre Deià et Sóller. Très joliment décoré, dans un style majorquin rehaussé de quelques petites touches méditerranéennes, c'est un véritable écrin de luxe au charme rustique. On y trouve treize chambres arrangées avec caractère et bon goût. Bien qu'installé à seulement 6 km de la plage de Sóller, le chemin d'accès se mérite !

HOTEL CA'L BISBE €€

C/ de Bisbe Nadal, 10
✆ +34 971 631 228
www.hotelcalbisbe.com
Fermé entre mi-novembre et février. Chambre double avec terrasse de 120 à 160 €, petit déjeuner inclus.

Le bâtiment de centre-ville abritant l'hôtel Ca'l Bisbe, belle demeure en pierre typique de l'architecture des environs, était la résidence de l'évêque Nadal au début du XIXe siècle, personnalité importante de Majorque. Aujourd'hui, il propose des chambres spacieuses aux plafonds hauts, encadrées de murs en pierre et poutres apparentes, autant d'atouts permettant de jouir d'un peu de fraîcheur en plein été. Les salons, munis de baies vitrées laissant entrer une douce lumière, sont orientés vers la belle piscine qu'accueille le jardin.

GRAN HOTEL SOLLER €€€

C/ Romaguera, 18
✆ +34 971 638 686
www.granhotelsoller.com
Fermé mi-nov/mi-fév. Chambre double standard à partir de 120 € en basse saison, petit déjeuner inclus.

Le Gran Hotel Soller est installé dans une bâtisse en pierre à la façade spectaculaire datant de 1880 qui fut autrefois la maison d'un riche industriel, qui a fait sa fortune dans la fabrication des chaussures de marche pour l'armée espagnole (fabriquées jusqu'au début du siècle dans les caves mêmes de l'édifice). C'est aujourd'hui un hôtel de charme classique mais disposant de toutes les commodités du monde moderne : piscine, restaurant, spa et service de massage. Au total, on dénombre 53 chambres réparties sur deux bâtiments.

TURISMO DE INTERIOR - S'ARDEVIU €€

C/ Vives, 14
✆ +34 971 638 326
www.hotelsardeviu.com
Fermé de fin octobre à début février. Chambre double de 125 à 140 € en fonction de la taille, petit déjeuner inclus.

Situé en plein centre-ville, à deux pas de la plaça de la Constitució, l'établissement de tourisme intérieur nommé S'ardeviu est impeccablement tenu. Il dispose de cinq chambres, toutes différentes et bien meublées (TV par satellite, téléphone, minibar, climatisation…) et de deux suites. Parfait pour les randonneurs qui veulent explorer les sentiers de la Tramuntana. La plage la plus proche se trouve à 4 kilomètres. Petit déjeuner copieux et accueil cordial.

HOTEL RURAL CA N'AI €€€

Camí Son Sales, 50
✆ +34 971 632 494
www.canai.com
Avril-nov. 140-250 € la Junior Suite Premium, petit déjeuner inclus. Réservé aux adultes (plus de 16 ans).

Propriété de la famille Morell depuis 14 générations, ce domaine rural est également destiné à la production de bois et d'huile d'olive. La décoration est typiquement rurale, avec des poutres apparentes dans les chambres, des murs en pierre, le tout agencé avec un excellent goût. Dans les jardins du Ca N'Ai, vous serez entouré d'orangers et de citronniers et vous pourrez vous rafraîchir aux heures les plus chaudes de la journée dans l'agréable piscine de l'établissement. Sans aucun doute le plus bel hôtel de la région de Soller.

HOTEL SALVIA €€€

C/ de la Palma 18
✆ +34 971 634 936
www.hotelsalvia.com
165-235 € pour la chambre double standard (TVA 10 % non comprise). Petit déjeuner inclus. Réservé aux adultes.

L'hotel Salvia est un petit hôtel de charme 4 étoiles niché au cœur même de Sóller, dans une ancienne maison de marchands du XIXe siècle. On y trouve sept chambres, toutes uniques, tapissées de carrelage traditionnel ou de parquet, aménagées de meubles anciens et équipées de la climatisation et de télévisions. Toutes les chambres offrent par ailleurs une vue magnifique sur les montagnes. Piscine et jardin très agréable. Une véritable petite oasis de tranquillité. Citons également le restaurant de l'hôtel, proposant tapas et viandes grillées.

BARRETES RESTAURANT €€

Carrer Bisbe Nadal, 10
✆ +34 971 63 12 28
Mar-sam 13h-15h30 et 19h-22h30. Menu midi : 17 €. Menu dégustation proposé le soir : 42,50 €.

Cadre romantique et cuisine gastro vous attendent au sein de cette bonne table tenue d'une main de fer par le chef Luis Barretes : le Barretes Restaurant est la nouvelle table de l'hôtel Ca'l Bisbe. On appréciera la véranda joliment décorée s'ouvrant sur la piscine et le jardin, avec en arrière-plan les cols de Sierra de la Tramuntana. Côté cuisine, produits locaux et spécialités méditerranéennes auront raison des appétits les plus solides et des palais les plus exigeants. Ajoutez-y un service agréable et le compte est bon !

BAR SA BUTIGUETA €

7 Av. des Born
✆ +34 971 632 265
Ouvert tous les jours de 8h à 23h30.

On préfère de loin ce bar à tapas fréquenté par les locaux aux adresses plus touristiques installées sur la place. Les quelques tables à l'extérieur, face aux rails du tramway, invitent à la halte pour déguster des tapas à bon prix ou prendre son petit déjeuner, quand il y a de la place ! A l'intérieur, la salle est parfois bruyante, mais la décoration façon bistro est bien plaisante. En plein été, malgré l'affluence, l'équipe de service fait toujours le maximum pour se montrer aimable et sympathique (certains membres du staff parlent même français).

CA'N BOQUETA €€

Gran Via, 43
✆ +34 971 638 398
Fermé lun et dim soir. Menu midi 18 €, menu dégustation autour de 35 € sans les boissons.

Élégant restaurant avec nappes blanches et un petit patio arboré où l'on déguste une cuisine créative absolument délicieuse. Nous vous conseillons d'opter pour le menu dégustation, c'est l'un des points forts de la maison. Le menu midi se défend assez bien lui aussi, proposant entrée-plat-dessert à des tarifs compétitifs au vu de la qualité des produits et de l'originalité des propositions (« ensaïmada au fromage Mahon » ou « wok poissons-crevettes »). Victime de son succès, le restaurant affiche souvent complet en été : réservez donc en avance !

CAN PINTXO €

1 Carrer de la Rectoria
✆ +34 971 631 643
www.canpintxo.com
Brochettes à partir de 3 €, tablas à partir de 17 €. Réservation conseillée.

Ce petit restaurant niché au coin d'un ruelle de Sóller est né en 2011 au sein d'une famille d'amateurs de bonne cuisine, passionnés par leur île natale. Seuls des produits frais et les plus locaux possible sont utilisés pour la confection de la spécialité de la maison : le *pintxo*. Les *pintxos* sont de petites brochettes composées de divers produits de l'île, tous plus goûteux les uns que les autres. Ne ratez pas le « Solomillo Rockefeller », un délice de filet mignon au fromage de chèvre avec oignons caramélisés. Une adresse très prisée.

CA'N LLIMONA €€

C/ de la Victòria 11 Maig, 12
✆ +34 971 638 135
www.canllimonasoller.com
Ouvert de mardi à dimanche de midi à 15h et de 19h30 à 22h.

A deux pas du centre-ville, la Ca'n Llimona est une petite adresse au charme fou qui abrite sous son patio des tables réparties dans divers coins : salon, jardin, bibliothèque... autorisant une agréable intimité. Les tons de la décoration sont pastel et le mobilier désuet est plutôt original. La maîtresse de maison prépare chaque jour un nouveau menu dans lequel reviennent comme une litanie les raviolis « maison » (farine écologique). Notons également que le citron est un ingrédient récurrent. C'est bon, c'est léger, c'est frais. On aime !

EL GUÍA €€

Calle Castañer, 2 ✆ +34 971 630 227
restaurantelguia.com

Ven-mer 13h-16h et 19h-22h. Plats de viande et poisson entre 17-30 €. Paella 16,80 €/pers (2 personnes minimum).

Le chef majorquin Jaume Ordinas (pas loin de 50 ans d'expérience !) concocte dans les cuisines du restaurant de l'hôtel Guía une gastronomie classique et réussie de Majorque et des Baléares à base de produits frais et locaux. Après une sélection d'entrées plus appétissantes les unes que les autres (croquettes de poisson, *canalones* au parmesan, *frito de marisco*), on passe au plat de résistance : poisson, viande et autres plats typiques, sans oublier les paellas bien garnies. Déco rustique et jolie cour jalonnée de tables rondes. Simple, bon et sans artifices.

LOS GERANIOS €€

Paseo de la Playa, 15
✆ +34 971 63 14 40
fr.hotellosgeranios.com

Ouvert tous les jours de février à novembre, midi et soir. Compter autour de 30 € à la carte.

Quelques tables disposées face à la mer, le restaurant de l'hôtel Los Geranios propose un décor parfait pour s'octroyer une petite pause gourmande sous le soleil. Salades, poisson grillé, viande, paellas, pâtes... on ne trouve ici rien de particulièrement original, mais une cuisine bien réalisée. A la carte également, les traditionnelles tapas à partager pour accompagner l'apéritif : calamars à l'andalouse, *chipirones* frits, *croquetas*, gaspacho, gambas à l'ail, assiette de jambon et fromage *mallorquín*... Atmosphère conviviale.

LUNA 36 €€

C/ de sa Lluna, 36
✆ +34 971 942 179
luna36.es

Lun 18h30-22h, mar-sam 12h30-15h et 18h30-22h. Fermé le dimanche. Environ 30 €.

Dans un charmant patio entouré de magnifiques chandeliers, ou bien dans la grande salle intérieure, vous choisirez parmi une carte des vins de Majorque et d'Espagne. Pour vous restaurer, Le Luna 36 propose une belle sélection de tapas classiques et bien faites mais aussi des plats plus solides élaborés à partir de recettes majorquines traditionnelles. Seiche, poulpe et crevette sont au menu, mais aussi d'excellents filets de bœuf à la sauce espagnole, les poissons du jour.. Un régal pour les papilles, et aussi pour les yeux !

NAUTILUS

Carrer de Llebeig, 1
✆ +34 971 63 81 86
nautilus-soller.com

Ouvert de midi à 20h30. Fermé lundi/mardi.

On vous recommande le Nautilus pour sa vue magnifique, plus que pour sa restauration, car comme souvent avec les établissements offrant une vue privilégiée, les tarifs sont élevés et pas toujours justifiés au vu de la prestation. Mais quelle vue au coucher du soleil ! Côté carte on trouve tout de même pas mal de propositions allant des huîtres normandes aux rillettes de canard, du ceviche crevettes-poisson-avocat au tartare de thon, sans oublier les desserts maison comme les fraises farcies de crème catalane. Le tout à accompagner de bon vin.

SUNSET SUSHI LOUNGE

Calle Belgica, s/n
✆ +34 971 63 78 86
www.jumeirah.com

Tlj 17h-1h (dîner 19h-23h). Bière 3,50 €, cocktails 12-15 €. Service voiturier gratuit. Restauration autour de 50 €.

L'une des plus belles vues de Sóller se dévoile depuis ce bar-restaurant panoramique ouvert sur la baie. Une terrasse accrochée à flanc de falaise, appréciable à l'heure du coucher du soleil. On y viendra plutôt pour siroter un cocktail ou une bonne bière bien fraîche que pour manger à proprement parler, les plats étant certes préparés avec beaucoup de soin et à partir de produits de qualité, mais vraiment pas donnés. Quelques amuse-bouches types sushi ou autres petites assiettes feront l'affaire le temps d'un coucher de soleil.

MARCHÉ

Plaça del Mercado

Tous les samedis de 8h à 14h.

Tous les samedis matin, de nombreux stands s'installent sur la place du marché et les rues adjacentes pour proposer des fruits, des légumes, des produits typiques, mais aussi des vêtements. C'est l'un des marchés les plus populaires de l'île. Ne manquez pas de jeter un œil au stand de *Jabón de Mallorca*, cosmétiques naturels et artisanaux produits sur l'île (www.jabondemallorca.com). Un rendez-vous familial et populaire où l'on pourra aussi bien faire ses courses alimentaires que débusquer quelques souvenirs artisanaux et autres bonnes idées cadeaux !

PORT DE SÓLLER ★

En descendant la vallée, à 3 km, le port de Sóller (3 000 habitants) se découvre le long d'une grande baie en demi-cercle, très protégée du vent et de l'agitation de la mer. Etant l'une des premières stations balnéaires de l'île, elle abrite quelques constructions un peu vieillottes et il y règne une ambiance très familiale. Un petit tramway suranné continue, depuis l'ouverture de la zone au tourisme, à relier Sóller à son port toutes les 30 minutes. La balade sur le paseo de la playa est des plus agréables. A partir de Port de Sóller, vous pouvez faire des excursions en bateau à Sant Elm, Cala Tuent, Cala Deià, Sa Caldera et Puerto de Valldemossa.

LE CAMI DE SA FIGUERA

De Port de Sóller à Fornalutx

Trajet aller : 2 heures. Accessible à tous.

Depuis le terminus du tramway du port de Sóller, empruntez le chemin de Sa Figuera. Passé une oliveraie, comptez 30 min jusqu'au col d'En Marquès, puis prenez à gauche (un fil de fer vous aidera à traverser les passages difficiles), puis à droite pour traverser la plaine, continuez ensuite sur la droite. Au croisement de Bàlitx, poursuivez jusqu'à Ses Moncades. De là, empruntez le chemin ascendant puis le sentier muletier. Traversez la route Sóller-Lluc et prenez la route de Fornalutx. Sur la plaça de España, faites une halte, avant de rebrousser chemin.

HOTEL ES PORT €€

C/ d'Antoni Montis, 10

✆ +34 971 631 650

www.hotelesport.com

Fermé de novembre à janvier. Comptez autour de 150 € la chambre double standard, petit déjeuner inclus.

Pour rejoindre l'Hotel Es Port, il n'est qu'à suivre les panneaux : ils vous conduiront jusqu'à un manoir du XVIIe siècle parfaitement rénové et agrandi. Un cadre extrêmement typique et agréable pour cet hôtel touristique, qui a gardé un certain charme rustique avec son bar situé dans la cave où se trouvait le moulin à huile. L'établissement, passé 4-étoiles en 2018, propose un peu moins de 150 chambres réparties dans différentes bâtisses et dispose de 40 000 m² de splendides jardins. Piscine intérieure et piscine extérieure, spa et tennis.

HOTEL LOS GERANIOS €€

Paseo de la playa, 15

✆ +34 971 631 440

www.hotel-losgeranios.com

Fermé de décembre à février. Chambre double entre 80 et 180 €. Petit déjeuner inclus.

Installé dans un quartier calme de Port de Sóller, Los Geranios est un petit hôtel familial 4 étoiles de 24 chambres disposant toutes d'un balcon avec vue sur la mer, d'une TV par satellite avec chaînes françaises, d'un minibar, de la climatisation. Selon le confort de la chambre, la salle de bains dispose soit d'un bain à remous, soit d'une douche hydro-massage. Egalement une salle de massage, un sauna et un restaurant situé dans l'allée piétonne, de type méditerranéen avec une splendide vue sur la mer depuis la terrasse supérieure.

Port Soller, Majorque.

HOTEL AIMIA €€€

C/ Santa María del Cami, 1
✆ +34 971 631 200
www.aimiahotel.com
Fermé entre novembre et février. Chambre double de 130 à 215 €, avec petit déjeuner.

L'hôtel Aimia est probablement l'établissement le plus moderne de Port de Sóller. Cela se ressent dans la décoration aux accents design et les équipements proposés : bain à remous, salle de sport, sauna, piscines extérieure et intérieure... Comme le reste de l'offre hôtelière du secteur, l'édifice est moderne, il est doté d'une quarantaine de chambres, toutes très bien équipées (climatisation, chauffage, wifi, tv, coffre-fort et mini bar). Vous serez donc relativement tranquille dans cet établissement familial aux prestations de qualité.

SA TORRE €

Passeig Es Traves, 1
✆ +34 871 87 21 75
Ouvert tous les jours, sauf le lundi, de 12h30 à 16h et de 18h30 à 23h.

Excellente pizzeria ouverte en 2018 et tenue par des Français, la Pizzeria-Bodega Sa Torre jouit d'un emplacement privilégié face à la baie : c'est un véritable enchantement que de s'asseoir ici en terrasse à l'heure où le soleil se couche, colorant le ciel de teintes roses orangées. Côté assiette, le Sa Torra joue la carte du concept pizza au mètre et n'hésite pas à garnir les pâtes généreusement. On retrouve ici les grands classiques : parmesan, anchois, chorizo, jambon, saumon, quatre-fromages, végétarienne... Salades également au menu.

AIRES DE JAPÓN €€

Carrer de sa Romaguera, 17
✆ +34 656 95 93 37
airesdejapon.com
Ouvert de 13h à 15h et de 19h à 22h. Fermé dimanche et lundi midi. Autour de 30 €.

Une table dépaysante ouverte par deux Majorquins passionnés du Japon, de ses spécialités culinaires et de la cuisine fusion en général. Le résultat ? Une explosion de saveurs et des mets japonais finement réalisés à la sauce *mallorqui*. On trouve à la carte, entre autres choses, une belle sélection de salades, tartares, ceviches, carpaccios, gyozas et dim-sums. Une fois par an, les tenanciers s'offrent un voyage au Pays du Soleil levant pour inspirer leurs papilles et garnir le menu de nouveautés. Une adresse qui change des restaurants japonais classiques.

CASA ALVARO €€

Carrer de Vicari Pastor, 17
✆ +34 871 70 93 15
casalvaro.com
lun-sam (sauf mar) 12h-16h et 19h-0h, dim 13h-17h et 19h-0h. Tapas autour de 10 €. Pella à partir de 13,50 €.

Le chef Alvaro, originaire de Barcelone, nous présente en ce charmant décor tamisé une sélection de tapas améliorées (*patatas bravas ali oli*, tartines de fromage de chèvre et tomates, tortilla maison, crêpe de shiitaké et épinards), des assiettes de paella et des *fideuas* (une spécialité espagnole à base de vermicelles), ainsi que des plats de viandes et de poisson. L'addition est un brin élevée (attention, petites portions !), mais la qualité des produits est au rendez-vous. En saison, on jettera son dévolu sur les quelques tables installées à l'extérieur.

ES CANYIS €€

21 Passeig Platja d'en Repic ✆ +34 971 63 14 06
www.escanyis.es
Fermé le lundi. Menu environ 30 € par personne. À la carte, de 30 à 45 € environ. Vins de qualité à tous les prix.

Ce restaurant tenu par un francophone met à votre disposition des espaces intimes et accueillants pour profiter de sa bonne cuisine. Ici, on travaille en famille ! Au premier étage, vous trouverez la salle principale (60 couverts), la cuisine et le coin des desserts. Au deuxième étage, un autre salon privé (100 couverts) est utilisé pour les événements spéciaux. Les deux salles, qui jouissent d'une belle vue sur la baie, sont décorées dans un style méditerranéen. L'été, vous pouvez profiter de la terrasse sur la promenade de la plage. On recommande la paella !

ES PASSEIG €€

Sur le passage maritime de Port Soller.
✆ +34 971 63 02 17
www.espasseig.com
Mars-oct. Mar-sam 13h-15h30 et 18h30-22h. Compter autour de 40 € par tête.

Une adresse nichée dans la baie de Port Soller qui surprend avec sa cuisine créative et apaise l'esprit avec sa vue sur mer... Cette bonne trouvaille, tenue par Marcel et Yvonne, joue la carte de la cuisine gastro, sans manquer d'ajouter à ses plats le brin de fantaisie qui fait la différence. Au menu : tartare de bœuf Angus, tacos farcis de porc effiloché et salade de choux, ris de veau et croquettes aux truffes-bacon, foie gras de canard et ses pleurotes, filet de turbot rôti au beurre persillé à l'ail et sa crème d'artichaut...

ESPIRITU LIBRE €€

7 C/ Jaume Torrens
✆ +34 6929 615 577
Ouvert du jeudi au mardi de 13h à 22h. Autour de 20 € par personne.

Finesse et simplicité pour cette petite adresse qui ne paie pas de mine. Un peu en retrait des restaurants de bord de mer, on s'y sent à l'aise dès qu'on en franchit l'entrée : la déco est très originale et l'équipe de service on ne peut plus aimable. La carte est travaillée, avec des plats différents de ce qu'on trouve habituellement dans Port de Sóller. Le fait-maison prime ici. Le menu midi est une vraie bonne affaire, proposant des préparations très réussies à bon prix. Super rapport qualité-prix. On recommande cette adresse qui se démarque dans le paysage !

KINGFISHER €€

C/ de Santa Apol · lonia, 2
✆ +34 971 638 856
www.kingfishersoller.com
Ouvert midi et soir du mardi au samedi. Environ 40 € à la carte.

Le Kingfisher est une table spécialiste des préparations de poissons qui se démarque assez bien de bon nombre de restaurants du même type sur l'île. La cuisson et l'assaisonnement sont maîtrisés et les suggestions du jour bien senties. Amateurs de douceurs marines, voici une adresse à ne pas manquer : poissons et fruits de mer ont tous été pêchés le jour même. Pour les autres, pas de panique, la maison propose également des plats de viande très réussis et même un excellent hamburger Angus. Bonne sélection de vins et très bons desserts maison.

VILLA LUISA €€

20 Passeig Es Traves
✆ +34 871872177
www.villaluisasoller.com
Dim-lun+jeu 9h-17h, ven-sam 9h-22h (fermé mar-mer). Plats de poisson ou viande 15-28 €.

On repère facilement cette jolie villa à étage avec balcon qui étale ses tables le long de la promenade. Outre la vue bien agréable, on appréciera ses petits déjeuners gourmands et sa cuisine typique. Au menu, lotte à l'ail et au citron, turbo aux fines herbes, magret de canard mariné au cava et au vinaigre balsamique, filet de bœuf... On y mange très bien ! En haute saison la terrasse peut avoir tendance à être prise d'assaut par les nombreux estivants, pensez donc à réserver à l'avance (en soirée notamment) pour vous assurer une place au soleil... couchant !

FORNALUTX ★★

À 4 km de Sóller (et 7 km de la mer), Fornalutx est considéré par beaucoup de Majorquins comme le plus beau village de l'île. Classé lieu historique depuis 1972, ce village vaut plus qu'un détour. Très bien conservé, il a reçu en 1983, le second prix national d'embellissement et d'amélioration des villages d'Espagne. Ici tout est de pierre, du pavage des rues aux murs des maisons (les nouvelles demeures ont l'obligation d'utiliser la roche ocre locale). Fornalutx a la particularité d'être bâti sur le versant du plus haut pic de Majorque, le Puig Major. En haut de la colline, du côté du cimetière, le calme et la beauté du site sont émouvants.

© KHRIZMO - ISTOCKPHOTO

Dans les rues de Fornalutx, Majorque.

CA'N REUS €€

C/ de Alba, 26
✆ +34 971 639 866
www.canreushotel.com
Chambre double standard à partir de 140 €, petit déjeuner inclus. Minimum 2 nuits sur certaines dates.

Le nom de la maison est celui de son premier fondateur (début du XIXe siècle), qui a fait fortune en ayant le premier l'idée d'exporter les citrons de Sóller vers la France. Restaurée au début du XXe siècle, la Can Reus a emprunté son allure actuelle au style Art nouveau et à l'Art déco. Les propriétaires entretiennent remarquablement ce site plein de charme disposant de neuf chambres de caractère. Terrasse agréable et jardin donnant sur les montagnes. Une adresse qui plaira aussi bien aux couples en lune de miel qu'aux familles.

CAN VERDERA €€€

C/ des Toros, 1
+34 971 638 203
www.canverdera.com

Mi-mars/oct. Chambre double standard 150-200 €, petit déjeuner inclus. Un séjour minimum peut être demandé.

Un hôtel impeccable avec une touche de design, entouré d'un beau jardin planté d'orangers et de montagnes. Le lieu ne manque pas de charme avec sa grande véranda et ses immenses baies vitrées donnant sur les jardins à perte de vue… Can Verdera propose seulement une dizaine de chambres, toutes décorées différemment, mais toujours avec goût et simplicité, assurant une appréciable intimité. La piscine est par ailleurs impressionnante, donnant sur les montagnes alentour et encadrée d'arbres en fleur… Un vrai petit air de paradis ! Réservé aux adultes.

FORNALUTX PETIT HOTEL €€€

C/ Alba, 22
+34 971 631 997
www.fornalutxpetithotel.com

Fermé entre novembre et février. Chambre double avec vue sur le village de 160 à 220 €, petit déjeuner inclus.

Hôtel de charme installé dans un ancien couvent typique de l'architecture locale. La suite Sa Capella (la chapelle en français) tout particulièrement est magnifique : on se croirait dans le chœur d'une église. Les autres chambres sont assez spacieuses, décorées avec simplicité et bon goût. L'hôtel dispose par ailleurs d'une belle piscine, d'un sauna et d'un bain à remous en plein air. Le jardin est superbe, avec ses citronniers et ses orangers, les montagnes de la Tramuntana en arrière-plan… Vous l'aurez compris, c'est l'une de nos adresses favorites !

CA N'ANTUNA €

C/ Arbona Colom, 14
+34 971 633 068

Fermé le dimanche soir et le lundi. Environ 20 €.

Le Ca N'antuna, établi dans une maison restaurée du village, propose une cuisine régionale renommée d'un bon rapport qualité-prix. Installé sur sa jolie terrasse panoramique donnant sur Fornalutx et les montagnes, on y mange de bonnes petites préparations maison très variées et plutôt saines allant de la salade composée aux potages, en passant par des assiettes de poissons ou viandes avec leur accompagnement. Les desserts sont très recommandables, notamment le tiramisu et la tarte au citron. Appelez pour réserver, le lieu est victime de son succès !

CAFE MED €€

C/ Sa Plaça, 7
+34 971 630 900

Ouvert midi et soir sauf le jeudi. Comptez 40 €.

A deux pas de la place centrale. Un restaurant assez original, là où vous ne l'attendriez pas. Ici, ça fleure bon le mélange des cultures méditerranéennes. L'Italie semble un peu l'emporter quand même avec ce risotto au thym et fromage de chèvre. Le magret de canard et le très beau filet de bœuf-pommes de terre, haricots verts et foie gras viennent brouiller les origines. Au dessert, vous ne résisterez pas à l'assiette de fromages accompagnée d'une confiture d'oignons, raisins et pommes, ou encore à la tarte tatin. Au fil des saisons, la carte se renouvelle.

LA CUINA D'EN MARC €€

10 Camí de sa Figuera
+34 971 639 864
www.lacuinadenmarc.com

Ouvert du mardi du dimanche de 12h30 à 15h et de 19h30 à 22h30.

Le chef Marc Martínez propose dans son charmant restaurant aux airs de petit café tranquille une cuisine d'auteur innovante basée sur les produits du marché, et donc de saison. Le bistronomique s'approche ici, sans en faire des caisses, du gastronomique, tout en prenant ses distances avec les classiques préparations majorquines. Une recommandation ? L'un des burgers maisons, ou peut-être les gyozas aux crevettes, carotte fumée et fruits secs, croustillants à souhait ! Les desserts sont eux aussi à ne pas manquer. Original et savoureux.

BINIARAIX

Situé en contrebas de Fornalutx, ce village typique de la Méditerranée lui est assez semblable : ruelles et escaliers, maison et sol de pierre. Moins restauré, un rien moins « parfait », Biniaraix n'en est que plus authentique. En parcourant ses ruelles, le visiteur se mêle naturellement à la vie locale (ne cherchez pas à parcourir le bourg en voiture : garez-vous et partez à pied). Outre le palais de Pinasar qu'il ne faut pas manquer, nous vous recommandons de descendre au milieu des vergers en direction de Sóller pour débusquer une étonnante maison de style moderniste (Art Nouveau) le long du torrent, flanquée de son propre pont de pierre.

SA CALOBRA ★★

À partir de Lluch, cette plage est accessible en revenant sur Escorca. Elle est très bien indiquée, et c'est l'une des plus belles de Majorque. La route descend pendant 12 km (1 000 de dénivelé) dans un paysage accidenté et chaotique de rochers sculptés par l'érosion, avant d'atteindre la mer. Ses zigzags terribles lui ont valu le nom de « route de la cravate ». Elle n'est pas déserte, bien au contraire : en haute saison les bus sont légion, donc soyez prudent ! Une fois garé, 15 minutes de marche à travers la pinède vous mèneront jusqu'à une toute petite plage de galets, entourée par deux immenses colosses rocheux. Très fréquenté l'été.

LLUCH ★★

Au centre d'une belle vallée de la sierra Tramuntana, entourée de rochers calcaires aux formes étranges et de forêts touffues, Nostra Señora de Lluch est le centre spirituel de l'île. Fondé en 1250, le monastère est le plus grand et le plus connu des Baléares. Le bâtiment a été transformé plusieurs fois ; l'édifice actuel date des XVIIe et XVIIIe siècles. De nombreux pèlerins viennent aujourd'hui encore y prier la Moreneta, une petite statue gothique de la Vierge, en bois sombre, exposée dans l'église. Tous les ans, en août, le monastère est l'objet d'un pèlerinage nocturne qui a lieu à pied à partir de Palma et des villages alentour.

Lluch.

MUSÉE DU MONASTÈRE

Route Ma-2140
✆ +34 971 871 525
Tous les jours de 10h à 18h. Billet monastère + musée + jardin botanique 5 € avec parking compris.

Installé au 1er étage du bâtiment principal, le Musée du Monastère fut créé en 1952 afin d'accueillir dans un premier temps les objets retrouvés lors des fouilles autour du lieu saint. Avec le temps, il en est venu à abriter dans ses huit salles aussi bien des vestiges préhistoriques que des vêtements traditionnels régionaux, des céramiques, des objets religieux et des tableaux de peintres locaux. Le Trésor de la Vierge, le Chemin de Croix (*Via Crucis*), dont les bas-reliefs ont été réalisés par Antonio Gaudí, se trouvent à gauche du bâtiment conventuel.

CAMPING DANS LE PARC DU MONASTÈRE €

✆ +34 971 517 083
www.lluc.net
Environ 5 € pour l'emplacement d'une tente. Gratuit pour les moins de 14 ans.

Les alentours du monastère abritent un camping (situé au bout de l'ancienne route de Lluc, juste à côté du parking principal) tout simple mais équipé de sanitaires, de douches (attention, l'eau est froide !) et d'un espace cuisine avec un grill-barbecue. On y trouve des emplacements pour planter sa tente et le lieu est adapté aux personnes handicapées. Pour vous enregistrer, il faut d'abord passer par le centre d'information de la Serra de la Tramuntana.

HOSTATGERIA SANTUARI DE LLUC €

Plaça dels Peregrins, 1 ✆ +34 971 871 525
www.lluc.net
Ouvert toute l'année. Chambre double de 35 à 60 €. Appartement avec 2 chambres entre 70 et 90 €.

L'Hostatgeria Santuari de Lluc est une auberge n'offrant rien de luxueux, mais des appartements bien équipés (avec chauffage, cuisine, salle de bain et TV) et des chambres confortables, en plein milieu de la Tramuntana, idéal pour prendre le temps de rayonner dans les environs (les amateurs de randonnées seront ravis). Au total, on dénombre 81 chambres et 39 appartements. Les logements sont lumineux, calmes et bien tenus, certains donnant sur la Plaça dels Pelegrins.

CALA SANT VICENÇ

A la sortie de Pollença vers le port, la route à gauche traverse la vallée de Sant Vicenç entre la sierra de Cavall Bernat à droite et la sierra de Sa Font à gauche. Le paysage de montagnes rocheuses a été sculpté par l'érosion et la tramontane. A 4,5 km, un peu plus loin, s'ouvre une belle plage de sable fin et une mer aux eaux translucides. L'endroit est sensiblement plus tranquille qu'ailleurs, bien qu'on y constate déjà les effets de l'urbanisation. La Cala Sant Vicenç est en réalité une station balnéaire créée autour de 4 petites *calas* : Barquès, Clara, Molins et Carbó. Le soir, il y a peu d'ambiance, sauf dans les hôtels et les restaurants.

Cala San Vicenç, une plage aux eaux translucides.

ATALAYA DE ALBERCUIX, DITE « TOUR DE FORMENTOR »

Installée au début de la péninsule de Formentor, elle domine la mer ainsi que la route menant à la Cala Pi et plus loin au Cabo Formentor. A la fin du XVIe siècle, elle est érigée à près de 400 m d'altitude afin de surveiller la côte visitée, très régulièrement, par des pirates turcs venus piller les villages des environs. Pour la visiter, il faut rejoindre le parking des miradors de la Creueta. Un sentier mène, en 25 minutes environ, à la tour. De là, une superbe vue sur la côte.

COVES DE L'ALZINARET

Les Coves de l'Alziranet se situent à l'entrée de Cala Sant Vicenç, sur la droite de la principale route d'accès, au cœur du lieu-dit los Encinares et sa belle forêt de chênes. Ces grottes vraisemblablement découvertes par l'homme à l'âge du bronze étaient utilisées comme nécropole. Des fouilles archéologiques y ont été menées. Sur les 11 grottes « aménagées » (des bancs et niches ont été intégrées dans les plus grandes), la grotte n° 7, occupée dès 3 500 av. J.-C. semble-t-il, est considérée par les spécialistes comme l'une des plus belles.

HOSTAL LOS PINOS €

Ca'n Botana
✆ +34 971 531 210
www.hostal-lospinos.com

Ouvert de mai à mi-octobre. Chambre double de 70 à 95 €, petit déjeuner inclus.

Situé au milieu d'une pinède, à 150 m de la plage, l'hostal Los Pinos est un établissement de taille moyenne à l'ambiance familiale des plus appréciables. Son vaste jardin planté, où l'on prendra plaisir à se promener, est équipé d'une piscine mais aussi d'une terrasse donnant sur la Méditerranée. Au total, on y dénombre 22 chambres (de l'individuelle simple à la double confort, en passant par la suite familiale) à la déco rustique et dotées de salles de bains privatives (pas de climatisation). Très bon petit déjeuner servi sur la terrasse.

CALA SANT VICENÇ HOTEL €€€

C/ Maressers, 2 ✆ +34 971 530 250
www.hotelcala.com

Chambre double standard à partir de 120 €, petit déjeuner inclus.

A 200 m de la plage, le Cala Sant Vincenç Hotel est un établissement luxueux réservé aux seuls adultes. On y trouve une petite quarantaine de chambres (dont 17 junios suites) et un très bon restaurant. Ajoutez à cela un accueil sympathique, un excellent petit déjeuner, un beau jardin bien entretenu et une piscine : le compte y est ! L'hôtel se démarque par la grande variété d'activités proposées : séjour pour découvrir les environs de Pollença à vélo, excursions à pied avec pique-nique, observation de la faune. Parfait pour les sportifs et les curieux !

BAR MALLORCA €€

C/ Molins

+34 971 534 603

Ouvert tous les jours sauf mercredi de 9h30 à 21h (23h30 du jeudi au dimanche).

Au Bar Mallorca on déguste une belle sélection de sandwiches, hamburgers, salades, tapas, viandes et poissons, mais surtout quelques plats typiquement majorquins. Laissez-vous tenter par le *frito marinero*, cocktail de fruits de mer (crevettes, poulpes et moules) revenus dans de l'huile d'olive avec des poivrons, pommes de terre, oignons. Un régal ! Pour ceux qui préfèrent la viande, on trouve son équivalent avec de l'agneau (baptisé *frito Mallorca*), un plat qui fait également partie des spécialités culinaires de l'île. Excellent rapport qualité-prix.

CA'L PATRO €€

C/ Cala Clara

+34 971 533 899

Ouvert midi et soir. Fermé le mardi. Comptez 25 €.

On vient au Cal Patro d'abord pour sa parfaite situation (il est posé à même le sable de la Cala Clara) et pour son ambiance et son décor assez rustiques : il s'agit d'une ancienne maison de pêcheurs. Mais on se rend ici aussi pour déguster une belle sélection de poissons bien frais pêchés dans la baie et cuisinés avec savoir-faire. Délicieux ! L'équipe de service, réputée amicale, vous proposera également d'autres préparations de la mer très réussies (la paella et les moules sont recommandables) et de bons desserts maison (la tarte aux pommes notamment).

PEPE'S BAR €€

C/ Torrent de Can Botana, 13

+34 971 532 511

Le Pepe's Bar, ouvert en 1970, est un petit restaurant à l'ambiance familiale proposant essentiellement des tapas marinières, mais également quelques copieuses salades et savoureuses tranches de viande. On prendra plaisir à s'attarder longuement sur sa terrasse avec vue sur la mer avant d'aller s'offrir une sieste bien méritée à l'ombre d'un parasol quelques mètres plus loin. Le personnel est par ailleurs très sympathique et les tarifs pratiqués très honnêtes. Pensez à réserver en soirée au pic de l'été, le bar de Pepe est alors souvent plein !

POLLENÇA ★

Pollença (près de 17 000 hab.) est une petite ville nichée au milieu d'une campagne fertile, au pied des monts Puig de Pollença et Calavari. Sa fondation remonterait à la préhistoire. Le site fut occupé par les Romains, les Vandales puis les Arabes, chassés par Jaume I en 1229. C'est aujourd'hui une commune riche et pleine de charme au patrimoine important. En outre, elle est culturellement très active, comme en témoignent ses galeries d'art, ses fêtes traditionnelles et son festival international de musique et de peinture qui se tient dans le superbe couvent Santo Domingo. Les amateurs iront parfaire leur swing entre les oliviers du green de Pollença.

CASTELL DEL REI

Randonnée de difficulté moyenne. Durée : 2h30.

La visite du Castell del Rei, ruines d'une ancienne forteresse situées sur un spectaculaire promontoire rocheux à 492 mètres au-dessus du niveau de la mer, est l'occasion d'une randonnée qui demande un certain temps et exige une bonne forme physique. Le site était déjà connu des Romains, mais fut aussi l'un des derniers bastions de résistance musulmane (avec le château d'Alaró) à la reconquête de Majorque pas Jaume I en 1229. Le château fut abandonné au XVIIIe siècle. Notez qu'un permis est à demander à l'office de tourisme ou sur le site de la mairie.

CLOÎTRE DU COUVENT DE SANTO DOMINGO ★

Guillem Cifre de Colonya, s/n

La construction du cloître du couvent de Santo Domingo, superbe édifice baroque, fut commandée par les dominicains vers la fin du XVIe siècle et livré par les architectes au cours de la deuxième décennie du XVIIe siècle. Les moines occupèrent le lieu jusqu'à 1833. Outre quelques pièces architecturales remarquables, dont le portail donnant sur le jardin, il renferme le musée municipal et sert de décor chaque année au festival de musique classique de Pollença.

ÉGLISE DE NOTRE-DAME DEL ROSER

Guillem Cifer de Colonya, s/n

C'est l'église du couvent de Santo Domingo. Conçue comme une basilique et possédant dix chapelles latérales, elle mérite également une visite pour les trésors artistiques qu'elle abrite, à commencer par un superbe retable baroque du XVIIe siècle (1651) exécuté par Joan Homs ainsi que le tombeau de Joan Mas (1520-1607), natif de Pollença et héros des batailles contre les envahisseurs arabes. Admirez également l'orgue construit en 1732, véritable joyau instrumental.

PUIG DE MARIA

Mirador del Molí Vell

✆ +34 971 184 132

Excursion de 1h/1h30 aller-retour. Difficulté : facile.

Une balade à pied de 3 km permet de visiter l'Ermita de Puig de María, situé au sommet de la colline. Il a été construit aux XIIIe et XIVe siècles et abrite un refuge pour les randonneurs. Il s'agissait jadis d'un monastère qui servait notamment d'école pour les filles de la noblesse. La légende raconte que trois jeunes filles auraient ici vu apparaître la Vierge. Pour s'y rendre, garez vous au Km.51,8 de la route Ma-2200, à l'entrée de Pollença, et suivez l'unique chemin, signalé par des panonceaux. Tout du long, la vue sur la baie de Pollença est splendide.

ÉGLISE DE NOTRE-DAME DELS ANGELS

Plaza Major

Dédiée à la sainte patronne Pollença, l'église Notre-Dame des Anges présente une large et haute façade très sobre percée seulement d'un portail et d'une rosace. Antérieure au XIVe siècle, elle est construite sur l'ordre des Templiers, puis devient possession de l'ordre des chevaliers de Malte. Vous remarquerez sa haute tour-lanterne érigée sur les vestiges d'une ancienne tour de défense. A l'intérieur, plusieurs peintures du début du XXe siècle et un beau retable datant de 1759.

PUIG DEL CALVARI

A la façon d'un Calvaire, les visiteurs accèdent à l'ermitage du Mont Calvari en empruntant un impressionnant escalier de pierre de 365 marches installé par l'ordre des Templiers, bordé de cyprès et ponctué de 14 croix de trois mètres de haut, qui commence au niveau de la Carrer Jesús. Au sommet, se trouve un oratoire baroque de la fin du XVIIIe siècle. Depuis cette plateforme panoramique, la vue est magnifique. Vous remarquerez un pont romain à deux arches, unique en son genre sur l'île, dont les habitants de Pollença sont très fiers.

MUSEO DE POLLENÇA ★

C/ de Guillem Cifre de Colonya

✆ +34 971 531 116

www.ajpollenca.net/municipi/museu.html

Juin-sept : mar-sam 10h-13h et 17h30-20h30. Oct-mai : mar-sam 10h-13h. Gratuit.

Situé à l'intérieur du couvent de Santo Domingo, le musée abrite une collection de peintures contemporaines rassemblées à l'occasion du Prix international de peinture. Vous y trouverez également la collection Atilio Boveri, un mandala bouddhiste, des peintures gothiques et la salle de la préhistoire qui contient Els Braus de la Punta, un objet en bois du IVe siècle av. J.-C. à valeur rituelle et funéraire. On trouve également une salle d'exposition de céramiques avec comme pièce-maîtresse la collection de marmites de Can Martorellet.

L'HOSTAL - HOTEL DE INTERIOR €€

C/ del Mercat, 18 ✆ +34 971 53 52 81

www.pollensahotels.com

Fermé en novembre, décembre et janvier. A partir de 100 € la chambre double, en fonction de la saison.

Petit hôtel d'intérieur, il est tenu par les mêmes propriétaires que l'Hotel Juma (où est généralement servi le petit déjeuner). En plein centre-ville de la belle Pollença, une situation idéale pour découvrir son cœur historique, cette auberge a investi une ancienne bâtisse (qui portait le même nom qu'aujourd'hui) que les marchands de passage en ville utilisaient alors pour laisser leurs chevaux se reposer. L'ambiance y est chaleureuse et on s'y sent vite comme à la maison !

HOTEL JUMA €€

Plaça Major, 9
✆ +34 971 535 002
www.hoteljuma.com
Chambre double à partir de 85 €, avec petit déjeuner.

L'Hotel Juma, vaste et élégant, a été construit en 1907 et a ouvert ses portes aux premiers clients sous le nom d'Hotel Cosmopolita. Entièrement rénové et joliment arrangé, l'ambiance y est chaleureuse et le service aimable et tout en simplicité. Il jouit par ailleurs d'une excellente situation sur la Plaça Major, idéal pour ne manquer aucun événement de la ville ! Les chambres sont toutes équipées de la TV, de la climatisation et d'un coffre-fort. Vous pouvez choisir entre une salle de bains avec douche ou baignoire, les prix sont en fonction du confort.

HOTEL SON SANT JORDI €€€

C/ Sant Jordi, 29
✆ +34 971 530 389
www.hotelsonsantjordi.com
Chambre double standard à partir de 90 €, petit déjeuner inclus. Wifi et transfert vers l'aéroport.

Petit hôtel plein de charme très bien situé dans la vieille ville de Pollença, l'hôtel Son Sant Jordi est installé dans une ancienne demeure du XVIIe siècle. Doté d'une agréable piscine et d'un jardin, l'établissement séduit par sa décoration de caractère, mélange de style rustique et classique. Au total, on dénombre huit chambres claires, spacieuses et élégantes, toutes équipées d'une baignoire. On pourra aussi utiliser une cuisine commune pour préparer les pique-niques du jour et se servir des vélos mis à disposition des clients.

IL GIARDINO €€

Plaça Major, 11
✆ +34 971 534 302
www.giardinopollensa.com
Ouvert tlj en saison de 9h à 23h. Petit déjeuner servi jusqu'à 11h30, déjeuner de 12h30 à 15h, dîner de 19h à 23h.

Ce très joli restaurant de spécialités italiennes (avec une touche de gastronomie à la française) se trouve sur la pittoresque Plaça Major de Pollença. La terrasse ombragée est idéale pour un repas de *pasta* et autres *milanesa* à midi, tandis que l'on préférera la belle salle haute de plafond le soir. Tous les produits travaillés sont choisis avec soin chaque jour pour une fraîcheur maximale. Service très pro et courtois, tarifs raisonnables pour la qualité des plats. Atmosphère cosmopolite pour cette adresse bien connue de Pollença !

R3SPIRA €€

C/Miquel Bota Totxo, 6
✆ +34 971 508 059
r3spira.com
Ouvert du mardi au dimanche de 13h à 15h et de 18h30 à 23h. Compter 25-30 €.

Ouvert à l'hiver 2017, le R3spira sert dans une atmosphère fraîche et lumineuse une cuisine italo-méditerranéenne inventive et toute en simplicité. Le service est sympathique, les assiettes joliment présentées et le menu, bien que court, saura satisfaire tous les appétits. Les saveurs se mélangent bien – rouleau de daurade et fruits de mer, côtelette d'agneau, magret de canard, tagliatelles de crevettes ou de poulet, lasagnes au saumon – et une partie de la carte est revisitée chaque semaine. Gardez donc une place pour la tatin maison !

MAJORQUE

Eglise de Pollença.

PORT POLLENÇA ★

Cet ancien village de pêcheurs (3 000 hab.) a su conserver son âme d'antan malgré le développement touristique qu'il a connu au cours des dernières décennies. Rien à voir avec Port Alcúdia et son ambiance de fête foraine, ici, à certaines heures, on aurait presque la sensation d'être au bord du lac Léman. De son port ou de ses plages, vous admirez la baie superbe et vous vous surprendrez à envisager de partir à la découverte des deux caps qui ouvrent sur la mer. Les hôtels et les restaurants sont ici sensiblement plus chers qu'à Port Alcúdia, mais restent largement abordables et le permettront de jouir d'une fort agréable tranquillité.

HOTEL BARCELÓ FORMENTOR €€€

✆ +34 971 899 100
www.barcelo.com

Comptez entre 200 et 400 € la chambre double, petit déjeuner inclus. Fermé entre fin octobre et fin avril.

L'Hotel Formentor – appartenant à la chaîne hôtelière Barceló – est l'un des établissements les plus courus d'Espagne. Les grands de ce monde passent ou sont passés ici, notamment Winston Churchill dont le portrait est accroché derrière la réception. Les jardins sont féeriques avec leurs pelouses impeccables, leurs escaliers resplendissants, les allées et leur perspectives grandioses se perdant au loin. Construit en 1928, ce palace de pas loin de 130 chambres et grand standing a été entièrement refait à neuf. Du grand luxe !

HOTEL CAPRI €€

Paseo Anglada Camarassa, 69
✆ +34 971 866 202
www.hotelcapripollensa.com

Fermé de novembre à mi-mars. Comptez entre 70 et 150 € la chambre double avec petit déjeuner. Réservé aux + de 12 ans.

Sur la promenade longeant le bord de mer de Port Pollença, l'Hotel Capri est un établissement à l'ambiance familiale offrant une trentaine de jolies chambres rénovées au style méditerranéen (la décoration est d'inspiration marine, dominent ici les tons blancs et turquoise), certaines disposant d'un balcon donnant sur la mer. Toutes sont équipées d'une salle de bains et d'un mini bar. La grande terrasse est très agréable pour prendre le déjeuner, mais il est également possible de commander un dîner sur la jetée, juste en face de l'hôtel.

LOS FAROLES €€

Passeig Saralegui, 46
✆ +34 971 866 863

Ouvert midi et soir. Fermé le mardi, sauf en juillet-août. Comptez 30 €.

Los Faroles (« les phares » en français) est une adresse installée face au port, bien connue des Majorquins et très fréquentée, en fin de semaine notamment (pensez à réserver en haute saison !). Dans un cadre traditionnel et plutôt élégant, on goûte à une cuisine traditionnelle très bien faite, avec pour spécialités la morue aux poivrons, la daurade aux amandes, ou encore le lapin aux oignons. Les gourmands pourront conclure le repas avec une crème catalane maison ou un sorbet de fruits. La meilleure adresse du port pour manger du poisson frais.

HOTEL MIRAMAR €€

Passeig Anglada Camarasa, 39
✆ +34 971 866 400
www.hotel-miramar.net

Fermé hors saison. Chambre double standard à partir de 120 €, petit déjeuner inclus.

L'hôtel Miramar fait partie de ces adresses qui inspirent la nostalgie du siècle passé. Ouvert en 1912 (il ne proposait alors que quelques chambres et un simple service d'épicerie), il fait partie des plus anciens établissements d'hôtellerie de Majorque, et a vu passé de nombreuses personnalités au cours de ses plus de 100 ans d'existence. Le cadre même de l'hôtel vous donnera la sensation d'un voyageur en redingote plutôt qu'un touriste en bermuda. Le service y est courtois et le restaurant tout à fait à la hauteur. Vue splendide sur la mer et les montagnes.

REAL CLUB NAUTIC €€

Muelle Viejo
✆ +34 971 864 635
www.rcnpp.net

Ouvert toute l'année. Compter à partir de 30 €.

Situé sur le ponton central de la marina, dans l'enceinte du siège social du Club nautique du port de Pollença, ce restaurant possède une terrasse très chic avec piscine. L'intérieur, entièrement rénové, est également très élégant. On vient ici pour se repaître d'excellentes recettes de poissons et de viandes – mais aussi de préparations plus légères – dans une atmosphère intimiste des plus agréables. Le lieu propose une carte pour le déjeuner et une autre pour le dîner. Signalons aussi le bar à cocktails assez *fancy* nommé Terraza 360.

ALCÚDIA ★★

Située entre la baie de Pollença et la baie d'Alcúdia, cette petite ville fortifiée, à 60 km de Palma, est, sous le nom de Pollentia, la capitale romaine des Baléares au Ier siècle apr. J.-C., ce qui est fait la plus ancienne ville de l'île. Une fois prise aux Phéniciens qui l'ont fondée, le consul Caecillius Metellus l'organise avant de créer Palma. Elle est ensuite dévastée par les Vandales au Ve siècle, puis une nouvelle ville est fondée par les Maures qui lui donnent son nom actuel, Al Kudia signifiant « au sommet ». Le centre-ville est une invitation à la balade et la visite de ses superbes murailles restaurées au XIVe siècle est incontournable.

ORATOIRE DE SANTA ANNA

Disseminat, 9

Modeste construction religieuse du XIIIe siècle (dédiée à Santa Ana et San Joaquín), remaniée au début du XXe siècle, elle n'est constituée à l'intérieur que d'une seule nef soutenue par trois arcs de style gothique. Sur la façade au-dessus du portail, vous remarquerez un espace libre qui accueillait jusqu'à il y a peu de temps une fine statue représentant la Vierge de la Bonanova. Cette image, tout comme les retables et triptyques originaux, sont conservés au musée paroissial d'Alcúdia. L'oratoire se trouve à 400 mètres au sud de la ville fortifiée.

MURAILLES MÉDIÉVALES

La construction des ces imposantes murailles est ordonnée par le roi Jacques II à la fin du XIIIe siècle, afin de protéger Alcúdia des raids des pirates turcs qui sévissent alors dans toute la Méditerranée. Immense chantier, l'érection de ces murailles de 6 m de hauteur demande plus de 60 ans de travaux aux ouvriers et architectes royaux. Elles sont remaniées aux XVIe et XVIIe siècles sous le règne du roi Felipe IV. De cette époque, date la place forte de Sant Ferran que vous pouvez encore voir aujourd'hui sur la plaza de Toros.

MUSEO MONOGRÀFICO DE POLLENTIA

C/ Sant Jaume, 30

✆ +34 971 547 004

www.pollentia.net

Avril-oct : lun-ven 9h30-20h30 (jusqu'à 14h30 le week-end). Horaires réduits hors saison. 4 €.

Petit musée – installé dans une bâtisse datant du XIVe siècle – exposant des objets de l'époque romaine trouvés lors des fouilles dans la région et surtout sur le site de l'antique Pollentia. Cette collection d'objets va des objets du quotidien (ustensiles de cuisine, vaisselle, articles ménagers) aux ornements funéraires et esthétiques, complétée par quelques grandes sculptures et autres éléments architecturaux. Une visite certes courte mais instructive.

RUINES DE LA VILLE ROMAINE DE POLLENTIA ★★

Av/ Prínceps d'Espanya

✆ +34 971 547 004

www.pollentia.net

Avril-oct : lun-ven 9h30-20h30 (jusqu'à 14h30 le week-end). Horaires réduits hors saison. 4 €.

© TRABANTOS - SHUTTERSTOCK.COM

Ces ruines sont celles de l'antique cité de Pollentia, fondée par les Romains en 123 av. J.-C. Le site abrite trois zones d'intérêt : la maison dite « Les Deux Trésors », le forum et le théâtre romain. Le forum abrite les fondations de bâtiments civils et religieux dont le plus important est, semble-t-il, le temple dédié à la triade divine Jupiter, Junon et Minerve. A la fin du IIIe siècle apr. J.-C., Pollentia a été prise et pillée et le forum transformé en nécropole.

AUBERGE DE JEUNESSE - ALBERGUE JUVENIL LA VICTORIA €

Camino de la Victoria ✆ +34 971 545 395
www.reaj.com
Comptez entre 20 et 30 € la nuit.

L'auberge La Victoria fait partie de l'organisation du REAJ (Réseau espagnol d'auberges de jeunesse) et appartient à la mairie d'Alcúdia. Disposant de 200 lits, elle est souvent prise d'assaut par des groupes scolaires, il convient donc d'appeler à l'avance pour s'assurer de la disponibilité. Installée à 200 mètres de la mer, dans une zone de pinèdes, elle offre une option de logement économique particulièrement recommandable aux amateurs de randonnée et de sports nautiques.

FONDA LLABRÉS €

Plaça de la Constitución, 6
✆ +34 971 545 000
www.fondallabres.com
Chambre double avec salle de bains privée de 50 à 55 €.

Idéalement situé au cœur du centre historique d'Alcúdia, le boutique-hôtel Fonda Llabrés, ouvert en 1957, est l'un des plus anciens établissements hôteliers de la ville. Il abrite une vingtaine de chambres certes de petites dimensions mais propres, sobrement décorées dans des tons clairs, bien aménagées, disposant toutes d'une télévision et de la climatisation. Très bon petit déjeuner et restaurant sur place. Pratique, l'hôtel peut être néanmoins un peu bruyant, mais à ce prix-là, il est difficile d'être trop exigeant. Correct pour un court séjour.

C'AN PERE €€

C/ d'en Serra, 12
✆ +34 670 375 609
www.hotelcanpere.com
Entre 90 et 120 € la chambre double, petit déjeuner inclus. Hôtel ouvert toute l'année.

Très joli petit boutique-hôtel situé en plein centre-ville de Alcúdia, dans une charmante petite ruelle non loin des murailles. Décoré dans des tons pastel et du mobilier néoclassique, tout se marie très bien avec la pierre apparente de cette ancienne maison seigneuriale du XIXe siècle. Les lits à baldaquin participent à l'atmosphère romantique du lieu et les chambres sont équipées de l'air conditionné (et chauffage), d'une télévision, d'un coffre-fort et d'une baignoire (certaines même un bain à remous). Possibilité d'organiser des excursions depuis la réception.

CA'N SIMÓ PETIT HOTEL €€

C/ Sant Jaume, 1
✆ +34 971 549 260
www.cansimo.com
Chambre double à partir de 100 €, petit déjeuner inclus.

Ancienne maison seigneuriale du XIXe siècle, en plein centre-ville de Alcúdia, qui possède 7 chambres très joliment décorées et qui disposent toutes de la climatisation, d'un minibar et d'une télévision-satellite. L'hôtel possède par ailleurs un bar-restaurant, une piscine couverte, un sauna, ainsi qu'une salle de sport. Le petit déjeuner se prend dans le magnifique patio. Signalons qu'on trouve également ici une suite (la « suite élégance ») qui conviendra particulièrement bien aux couples pour une soirée romantique (piscine et sauna privés).

BOUTIQUE HOTEL & SPA FORUM ALCÚDIA €€€

Carrer Cristòfol Colom, 2-4 ✆ +34 971 579 271
www.hotelforumalcudia.com
Ouvert de mi-février à début novembre. Chambre standard autour de 100 €. Location de vélos depuis l'hôtel.

Deux demeures historiques du XVIIIe siècle divinement transformées en un boutique-hôtel plein de charme. L'hôtel abrite 18 chambres toutes uniques, au décor chaleureux et clair (murs en pierre et poutres apparentes), donnant soit sur la place du village ou soit sur un très joli patio intérieur. On y trouve aussi une petite piscine et un spa (sauna, bain à vapeur, douches à sensations), et le petit déjeuner, composé de produits locaux, est un régal. Coup de cœur !

HOTEL CAN MOSTATXINS €€€

C/ del Lledoner, 15
✆ +34 971 549 639
www.hotelcanmostatxins.com
Fév-nov. Dès 135 €.

Ce boutique-hôtel qui abrite une dizaine de chambres coquettes et bien tenues (climatisation, mini bar, télévision-satellite), inauguré en 2015 après de longs travaux de rénovation, est un véritable havre de paix. Le lieu est en soi ahurissant, formé par trois bâtiments historiques : la tour de l'ancienne prison médiévale, une vieille boucherie et une ancienne presse. Tout est fait ici pour vous transporter ailleurs. Rien que la salle accueillant la piscine intérieure est absolument incroyable. Restaurant et bar à cocktails pour les clients de l'hôtel.

OSTERIA EL PATIO €€

C/ Major, 2
✆ +34 871 577 249
Ouvert tous les jours midi et soir. Environ 25 €.
Table italienne de qualité disposant d'un calme patio intérieur où l'on pourra déguster pizzas au feu de bois (tous les grands classiques sont au menu) et autres plats de pâtes préparés dans les règles de l'art (les spaghettis aux fruits de mer sont particulièrement réussis), à accompagner de vins, l'Osteria proposant des vins italiens, majorquins et espagnols. Et de conclure par une panna cotta ou un tiramisu *de la casa* ! Le service, assuré par une équipe italienne, est professionnel et souriant, et la note reste raisonnable pour la zone.

APPARTEMENTS TOURISTIQUES - SES DALIES €

C/ de les Canyes, 1
✆ +34 971 890 236
www.sesdalies.com
Ouvert de mars à novembre. Appartements de 60 à 200 € selon la saison.
Ses Dalies est un petit complexe abritant une vingtaine d'appartements situés à 70 m de la plage d'Alcudia et 100 m des commerces, en faisant un point de chute particulièrement pratique pour un séjour en famille. La décoration des logements est simple et sans fantaisie, mais tous sont équipés de l'air conditionné, d'une salle de bain, et d'une kitchenette équipée (micro-ondes) ainsi que d'un balcon ou d'une terrasse donnant sur la piscine centrale.

MARCHÉ D'ALCÚDIA

Plaza Alcúdia
Les mardis et dimanches de 8h30 à 13h30.
Un marché très agréable qui prend place dans les ruelles de la vieille ville – autour du Paseo Mare de Déu de la Victòria – deux matins par semaine (la mardi et le dimanche), où vous pourrez faire vos provisions de produits gourmands mais aussi flâner dans les étals d'artisanat, vêtements, bijoux, etc. Il s'agit d'un des marchés les plus importants de l'île de par la quantité de produits qui s'y trouvent et l'ambiance cosmopolite et un brin festive qui y règne. On y trouvera aussi des étals proposant de savoureux jus de fruits frais faits sur le moment !

5 OCÉANOS CHILLOUT

Av/ Mal Pas, 1
✆ +34 971 548 710
Environ 20 € pour un repas. Ouvert de 10h à 2h.
Le 5 Océanos Chill Out est un restaurant à l'ambiance jeune et décontractée très prisé dans le port d'Alcúdia. Le lieu dispose de deux terrasses distribuées autour de la cabane/cuisine centrale, garnie de fauteuils et canapés bigarrés couverts de coussins... La musique compte parmi les ingrédients de base du 5 Océnos, tout comme le bar qui propose d'assez bons cocktails. Parfait pour un verre ou une assiette de tapas bien faites doublés d'un bain de soleil à toute heure de la journée, ou en soirée pour profiter d'une ambiance plus festive.

MAJORQUE

PORT D'ALCÚDIA

Situé à 3 km à l'extrémité nord de la baie d'Alcúdia, ce petit port est devenu une cité balnéaire très (peut-être trop ?) populaire, bouillonnant de monde et d'activités de juin à septembre. Entre les hôtels clubs et la mer, s'étirent bistrots, restaurants et magasins en tous genres. Musique live, spots lights, DJ, tout le monde vient ici pour faire la fête ! Toutefois, rien à voir avec Ibiza, la fiesta se fait ici en famille. Où que vous alliez, vos enfants rencontreront toujours des camarades de jeu. Les hôtels, eux aussi, sont conçus pour les familles. La mer est turquoise et la longue plage magnifique, manquant peut-être un peu d'espace en saison.

PARC NATUREL DE S'ALBUFERA ★

Entre le port d'Alcúdia et Ca'n Picafort, se trouve la plus grande zone humide de l'île, S'Albufera, un vaste ensemble de terres basses, classé parc naturel depuis 1998. Il s'agit du premier espace naturel protégé des Baléares. Inondée durant presque toute l'année, cette zone a une importance écologique capitale, non seulement par la présence des oiseaux migrateurs, mais aussi par les nombreuses espèces végétales qui vivent dans ce milieu. La visite comblera les amoureux de la nature et on vous prêtera même des jumelles pour pouvoir observer les oiseaux avec plus de précision. Vous accéderez à ce parc à pied ou à vélo par le Pont dels Angleses.

S'ESTANYOL

Depuis S'Estanyol, ancienne bourgade de pêcheurs aujourd'hui devenue zone résidentielle, on jouit une d'une vue sensationnelle sur les hauteurs de Artà et sur la Tramontana, dévoilant un paysage magique lorsque le soleil se couche derrière la montagne. Si l'on trouve beaucoup de rochers ici, quelques petites plages de sable fin bordées d'une eau cristalline sont tout de même à signaler : Es Racó de S'Arena au sud-ouest et la plage d'Arenal de Sa Rápita à l'est. Le village en soi n'a rien de particulier à offrir si ce n'est son agréable tranquillité. La balade du front de mer est ravissante, et le petit port de plaisance est non moins charmant.

PLAGES

La région d'Artà abrite de superbes plages, relativement peu fréquentées. En partant vers le nord, vous arriverez à la Cala Mitjana, puis à Cala Estreta. De là, vous pourrez emprunter le Camí dels Carabiners, qui parcourt toute la côte. Vous traverserez la plage d'Es Matzoc et sa tour défensive (vue magnifique sur le promontoire de l'Albarca) sous laquelle on trouve la falaise de Sa Falconera, repaire des faucons. En poursuivant, vous arriverez à la plage de Sa Font Celada, à une centaine de mètres de S'Arenalet d'Albarca, autre plage de sable blanc.

ARTÀ ★

La région d'Artà mérite le détour. La situation centrale de la petite ville (7 500 hab.) est idéale pour rayonner dans cette partie de l'île. Si vous venez d'Alcúdia, la route 712 vous conduira directement à Artà. Au départ de Palma, il faut prendre la C715 via Manacor. Artà, vieille cité, conserve un charme colonial. Au milieu d'une plaine, la ville se présente comme un ensemble de belles maisons bâties sur une petite colline dominée par l'église de San Salvador. Le site offre une belle vue sur la campagne environnante et sur la sierra de Levante. Artà abrite un monument mégalithique qui date de l'époque talayotique nommé Ses Païsses (Lloc Poligon).

SANCTUAIRE DE SANT SALVADOR

Puig de Sant Salvador

Le sanctuaire de Sant Salvador est une chapelle entourée d'une citadelle défensive d'origine musulmane qui a été reconstruite plusieurs fois durant les XIIe et XVe siècles. Les remparts existaient déjà à l'époque musulmane et servaient de défense et de refuge aux habitants. Le sanctuaire lui-même fut érigé en 1342 sous l'impulsion de Pedro III, roi d'Aragon. C'est aujourd'hui un lieu paisible et reposant qui offre une magnifique vue sur Artà et ses alentours.

ERMITA DE BETLEM ✝

Entreprendre la visite de cet ermitage – construction assez simple datant de 1805 dont la façade est garnie d'un cadran solaire et d'une rosace – est l'occasion d'une agréable balade ponctuée de points de vue sur la baie d'Alcúdia. Depuis l'urbanisation de Betlem, vous y accéderez en remontant la rue principale puis en prenant à gauche au carrefour de l'église. L'ermitage est situé au sein d'une zone préservée : n'hésitez pas à l'explorer de votre propre chef. En marchant ou à vélo, vous découvrirez d'intéressants petits recoins reculés comme le cap Farrutx.

BOUTIQUE-HOTEL - JARDI D'ARTÀ €€

C/ de s'Abeurador, 21

✆ +34 971 835 230

www.hotel-arta.com

Fermé hors saison. A partir de 125 € la chambre double.

Le Jardin d'Artà est un splendide boutique-hôtel qui a ouvert ses portes en mai 2013 à l'intérieur d'une typique maison majorquine construite au XIXe siècle. Le jardin est très joli et bien entretenu et l'établissement possède un spa où l'on pourra bénéficier de traitements bien-être. Ajoutons à cela que chaque spacieuse chambre est unique et affiche son propre caractère. Très bon restaurant et petit déjeuner au poil ! Une petite adresse toute jeune et pleine de charme.

CA'N MORAGUES €€€

C/ Pou Nou, 12
✆ +34 971 829 509
www.canmoragues.com
Chambre double à partir d'environ 80 €, petit déjeuner inclus. Un séjour minimum est parfois demandé.

Un petit hôtel au cœur du quartier historique d'Artá, installé dans une jolie maison du XVIIIe siècle. L'hôtel Ca'n Moragues est équipé d'un sauna, d'une piscine couverte, d'un solarium et d'une agréable terrasse. Les huit chambres dont dispose l'établissement sont spacieuses, avec de hauts plafonds et des murs en pierre, et aussi confortables que bien tenues. La décoration générale du lieu se veut discrète et de bon goût, et l'ambiance y est plutôt décontractée. Une jolie petite adresse à seulement quelques kilomètres des plages de l'est de l'île.

HOTEL PALACIO SANT SALVADOR €€€

C/ Pou nou, 26
✆ +34 971 829 555
www.santsalvador.com
Entre 100 à 230 € pour la chambre double, petit déjeuner inclus.

Situé au pied de la citadelle, le Sant Salvador propose 8 grandes chambres très bien équipées, décorées dans un style rustique. La piscine et le petit jardin avec terrasse sont un havre de paix. L'hôtel est également réputé pour ses trois restaurants : Es Passeig, au centre du village ; le ZeZo et le Gaudí (ce dernier étant à l'intérieur de l'hôtel), où vous pourrez déguster une bonne cuisine méditerranéenne-fusion. Le Palacio Sant Salvador accueille ponctuellement des concerts.

LA MAR DE VINS €€

C/ Antoni Blanes, 34
✆ +34971 596 410
Ouvert du lundi au samedi de 11h30 à 22h30. Environ 25 €.

Situé sur la rue principale du village, le restaurant La Mar de Vins s'est installé dans une jolie cour intérieure pour proposer aux gourmets du village et ceux de passage une belle sélection de tapas bien montées et une excellente sélection de vins. La décoration est particulièrement soignée, tout comme le service, assurant une expérience des plus romantiques. Une superbe adresse pour un dîner en amoureux ou pour profiter entre amis de l'une des soirées musicales proposées par le restaurant. Menu midi (entrée-plat-dessert-boisson) très bon et à prix doux.

SA GRIPIA €€

Carrer de la Rosa
✆ +34 971 83 69 25
Fermé le dimanche. Réservation recommandée le soir. Plats entre 12 et 18 €.

Avec son joli patio planté d'arbres et sa cuisine du marché inventive et réussie, Sa Gripia est l'une des adresses préférées des locaux, désormais bien connue des touristes, sans pour autant avoir perdu de son charme et de son authenticité. On y déguste, à l'ombre des arbres et des parasols de la petite cour encadrée de bâtisses aux grands volets bleus, une cuisine typique majorquine simple et bien faite dans une ambiance détendue de village : tapas et entrées à partager, pièces de viande ou de poisson grillées et leur accompagnement, desserts maison.

MAJORQUE

Artà.

SA TAFONA DE SON FANG €€

Route (Ma-3333), Km. 1,5
✆ +34 971 829 591
Jeu-mar 12h30-16h et 19h-23h.

Le Sa Tafona de Son Fang est une ancienne maison rurale type *masia* reconvertie en restaurant. Ici, générosité et simplicité sont les maîtres-mots : on déguste de solides portions de poissons et viandes (attention : la demi-portion est déjà très nourrissante) accompagnées de très bons légumes sobrement préparés. La terrasse est encadrée d'une sereine et bucolique campagne, et le personnel est tout ce qu'il y a de plus accueillant. À la nuit tombée, les jeux de lumière sur la façade de l'ancienne bâtisse sont du meilleur effet.

CALA RATJADA

L'ancien port de Cala Ratjada est devenu un important centre touristique. Les hôtels y sont nombreux, et les touristes aussi. Bien qu'installé dans une belle rade, les habitations défigurent les très jolies plages de Son Moll et de Cala Aguila, depuis lesquelles, par beau temps, on peut distinguer les contours de Minorque. La ville a malgré tout réussi à conserver son charme historique et reste très bien entretenue, avec de beaux espaces arborés, de nombreux commerces, et un marché le samedi. Ne vous étonnez pas si, dans certains bars ou restaurants, les employés ne comprennent pas votre espagnol, c'est simplement qu'ils ne parlent que l'allemand.

CALA MESQUIDA

Cala Mesquida est une belle plage de 350 mètres de long entourée de pins, tapissée de sable fin et eaux généralement calmes et claires, dont les Allemands et les Britanniques ont fait l'un de leurs lieux de vacances préférés. On peut y louer chaises-longues, parasols et pédalos, et on y trouve quelques infrastructures comme des douches de plages, un restaurant et un snack-bar. Vous pouvez y aller à pied par un chemin balisé à travers bois au départ du village de Capdepera, mais la balade, bien que très agréable, est tout de même assez longue (environ 8 km). Signalons ici qu'on trouvera d'autres plages non loin bien plus tranquilles.

PETIT HOTEL SES ROTGES €€

C/ Xuclamel, 21
✆ +34 971 563 108
www.sesrotges.com
Ouvert de mi-mars à mi-octobre. Comptez entre 60 et 110 € la chambre double standard selon la saison.

Le Petit Hotel Ses Rotjes est une magnifique ancienne *finca* majorquine – anciennement dédiée à la culture de figue de la variété « rotja », d'où son nom – réaménagée en hôtel et décorée avec beaucoup de goût. Les jardins et terrasses extérieures sont pleins de charme, la salle de séjour équipée d'une cheminée très agréable, et les sept chambres sont spacieuses et bien décorées. Il n'y manque peut-être qu'une piscine. L'hôtel est tenu depuis plus de quarante ans par un chaleureux couple français et les plages se trouvent à un lancer de pierre.

Cala Mesquida.

MAJORQUE

THE SEA CLUB €€€

Av/ d'Amèrica, 27
✆ +34 971 563 310
www.the-seaclub.com
Comptez entre 100 et 230 € la chambre double selon la saison et selon le standing, avec petit déjeuner.

The Sea Club est un très joli petit hôtel installé dans une résidence coloniale entourée de pins et abritant 17 chambres climatisées et des plus confortables, dont la décoration puise ses influences dans un style à la fois majorquin et anglais. Le grand jardin est garni de terrasses donnant sur la Méditerranée et d'une jolie piscine qui tout comme le restaurant est réservée à l'usage unique des clients de l'hôtel. L'hôtel propose également des studios et de petits appartements avec cuisine équipée particulièrement bien adaptés aux familles.

RESTAURANTE OLEO'S €€

Via Mallorca, 2
✆ +34 971 564 715
Fermé le lundi. Environ 25 €.

L'Oleo's est une adresse typiquement majorquine où l'on sert les grandes spécialités de l'île telles que la *paella ciega* (aveugle), le *solomillo a la pimienta*, mais aussi des bonnes petites productions artisanales d'Andalousie comme les fromages et le jambon de la Alpujarra de Grenade. D'autres plats sont également à la carte : crevettes à l'ail, aubergines au miel, carpaccio de thon, morue gratinée, poulet farci à la langouste et au bacon, magret de canard aux fruits rouges, côtelettes d'agneau à l'ail... Très bonne cuisine saine et fraîche. Clientèle espagnole.

HOTEL NA TACONERA €€

Route de Sa Font de Sa Gala
✆ +34 971 563 562
www.nataconera.com
Avril-oct. Chambre double à partir de 60 €, avec petit déjeuner. Possibilité de demi-pension et de pension complète.

L'hôtel Na Taconera est un vaste 3-étoiles planté juste en face de la Cala de Sa Font et encadré d'une odorante végétation typiquement méditerranéenne. Les un peu plus de 200 chambres qu'il abrite sont divisées en sept catégories (de la chambre simple à la suite junior) mais sont toutes bien équipées (TV à écran plat, coffre-fort, réfrigérateur et climatisation). Également : confortables salons, beaux jardins, deux piscines, un mini-golf et une aire de jeux pour les enfants. Pour les sportifs, 10 courts de tennis, volley-ball, basket, gymnase…

CALA DE SA FONT ★

La Cala de Sa Font est une petite plage familiale, essentiellement fréquentée par les Français et les Allemands, située non loin d'une source d'eau douce, à 3 km environ de Cala Ratjada. Vous pouvez vous y rendre en autobus ou en petit train depuis Cala Ratjada. Longue d'une centaine de mètres, on appréciera ses eaux cristallines et son sable fin sur lequel on pourra installer parasol et chaise longue de location. La plage est munie de douche, d'un restau-bar proposant des plats simples (type poisson grillé, burgers et tapas) et de centre de location de bateaux à pédales, stand-up paddle et matériel de plongée. On trouve également quelques hôtels ici.

CAPDEPERA ★

Capdepera (2 000 habitants), commune la plus à l'est de l'île, est connue pour son patrimoine historique et sa vannerie (en particulier pour ses paniers fabriqués à partir de feuilles de palmiers). Alors que le roi Jaume I avait reconquis Majorque et qu'il s'apprêtait à reprendre Minorque des mains des Maures, étant en infériorité numérique il usa d'un stratagème d'intimidation : en 1231, depuis le Cap de La Pera, il fit allumer 300 braseros, donnant l'illusion d'une gigantesque armée. Les Maures capitulèrent aussitôt. On visitera ici en particulier le château tandis que les golfeurs pratiqueront leur swing sur le spectaculaire 18-trous dessiné par Dan Maples.

CALA AGULLA ★★

Emprunter la déivation vers Cala Agulla, sur le route de Capdepera-Cala Ratjada

La magnifique Cala Agulla, baie garnie d'une dense pinède faisant partie d'une *Àrea Natural de Especial Interès*, se situe à un peu moins de deux kilomètres de Capdepera. Encerclée d'un terrain rocheux et composée de sable fin, cette plage, malgré ses dimensions fluctuantes pouvant varier de 10 mètres en fonction des saisons et des courants marins, est l'une de plus belle de Majorque et son accès aisé (sur la route de Capdepera-Cala Ratjada) a pour conséquence une forte fréquentation en été. Parking payant ouvert tous les jours de 9h à 19h.

CHÂTEAU DE CAPDEPERA ★★

C/ Castell

✆ +34 971 818 746

www.castellcapdepera.com

Mi-mars/mi-oct : tlj 9h-20h. Mi-oct/mi-mars : tous les jours 9h-17h. Entrée 2 €.

Il s'agit d'une enceinte fortifiée du XIVe siècle (édifiée sous Jaume II, fils du conquérant de Majorque Jaume II) dominant le village de Capdepera. Installé à 159 mètres au-dessus du niveau de la mer, le château était un point de vigilance de choix. Assez bien conservée, l'enceinte abrite la chapelle de Notre-Dame de l'Espérance, la tour de guet et la maison du gouverneur. Chaque année, durant le troisième week-end de mai, le Castell de Capdepera accueille un immense marché médiéval qui s'accompagne de représentations théâtrales, concerts et animations.

TORRE DE CANYAMEL €€

Ctra. Artà-Canyamel, km 5

www.torredecanyamel.com

Ce groupe d'hôtels englobe quatre adresses luxueuses, élégantes et tout confort pour un séjour tranquille et exclusif (réservé aux adultes) à Majorque, dont deux se trouvent à Capdepera : l'hôtel Can Simoneta et le Pleta de Mar Hotel, situés à 200 mètres l'un de l'autre. L'un comme l'autre disposent de magnifiques jardins donnant sur la mer, avec de vastes piscines, et des chambres (divisées en plusieurs standings) toutes archi-confortables et élégantes. Pour ceux qui souhaitent se concocter un séjour haut de gamme dans un 5-étoiles !

CAN SEROL APPARTEMENTS €€

Carrer Ciutat, 13 ✆ +34 971 565 776

www.canserol-mallorca.com

Ouvert toute l'année. A partir de 140 €. WiFi, TV satellite et climatisation.

Situés en centre-ville et à deux pas du château médiéval, ces deux appartements, totalement rénovés en 2019, sont particulièrement confortables et peuvent tous deux accueillir jusqu'à quatre personnes. Très bien équipés, ils disposent de deux chambres, d'une salle à manger, d'une cuisine avec tous les appareils électroménagers et un agréable patio-terrasse avec barbecue et chaise longue. Parfait pour se relaxer dans le cadre tranquille de Capdepera tout en jouissant d'une autonomie maximale. Une villa est également disponible du côté de Cala Ratjada.

L'ORIENT CAFÉ €€

Plaça de l'Orient, 4

✆ +34 971 563 098

cafelorient.com

Ouvert tous les jours du matin au soir.

Un petit café tout en simplicité installé sur la place centrale de Capdepera, à l'ombre à l'heure où le soleil se fait coriace. On y mange de copieuses et savoureuses tapas (tortilla, boquerones, croquettes, moules, crevettes, poulpe, etc.) sans autre prétention que de se nourrir. L'Orient Café propose également une belle collection d'une dizaine de salades, mais aussi des plats plus solides : entrecôte, cordon-bleu, filet de poisson, hamburger et *calamar a la plancha.* De 9h à midi, on y sert également de bons petits déjeuners.

RESTAURANT CASES DE SON BARBASSA €€

Cami de Son Barbassa

✆ +34 971 565 776

www.sonbarbassa.com

Fév-nov : 12h30-15h et 19h30-22h. Menu du soir autour de 35 €. A la carte, 40/60 €.

Situé dans la véranda d'une *finca* majorquine, le restaurant Cases de Son Barbassa, avec son jardin d'hiver, offre une vue fantastique sur le paysage environnant. Vous y dégusterez une cuisine méditerranéenne élaborée avec des produits frais issus du potager et du marché. Sélection de salades, pâtes, viandes et poissons : tous les plats sont affinés avec son huile d'olive, ses amandes et ses liqueurs artisanales (faites maison !). Le jeudi soir, barbecue à partir de 20h.

© CASES DE SON BARBASSA

© CASES DE SON BARBASSA

CASES DE SON BARBASSA €€€

Carretera Cala Mesquina ✆ +34 971 565 776
www.sonbarbassa.com

Ouvert de février à novembre. Chambre double à partir de 200 €. Petit déjeuner inclus.

Charmante *finca* composée de plusieurs maisons anciennes, entourée par le parc naturel de Llevant et située à quelques minutes du centre de Capdepera. La propriété s'étend sur 125 000 m² entre amandiers, oliviers et caroubiers : subtil mélange entre le rural et le modernisme. 20 chambres de grand confort, certaines avec terrasses panoramiques. Lits à baldaquin autour de la piscine extérieure, pool bar, spa extérieur avec bain à remous, sauna, salle de massage et solarium. Plusieurs activités aux alentours : 4 golfs, plongée, voile, cyclo-tourisme, randonnées.

© CASES DE SON BARBASSA

© CASES DE SON BARBASSA

© CASES DE SON BARBASSA

CANYAMEL

Canyamel est une petite station balnéaire située à l'extrémité est du territoire majorquin. Ce village de vacances dressé d'hôtels et de petits immeubles reste malgré tout très agréable. La plage de sable blond ponctuée de rochers est très belle et dispose de bons équipements : service de location de chaises-longues et parasols, snack-bars et douches de plage. Si le site attirera les fines bouches pour ses restaurants, les joueurs de golf ne seront pas en reste : le golf de Canyamel, en raison de la déclivité naturelle du terrain, est considéré comme le plus difficile de l'île, tandis que celui de Pula accueille de nombreux tournois.

PARK HYATT MAJORQUE €€€

12 Urbanizacion Atalaya de Canyamel, Vial A
✆ +34 871 81 12 34
www.hyatt.com

Chambre double à partir de 175 €. Piscine, spa, restaurants, salon de coiffure.

Pleine de charme et d'élégance, cette adresse prestigieuse se niche au creux de la vallée de Cap Vermell, à quelques encablures de la plage de Canyamel. On profite depuis ses terrasses d'une vue imprenable sur la vallée. Les 142 chambres, spacieuses et chics, offrent un confort indéniable, avec leurs salles de bains en marbre et leurs lits douillets. Côté bien-être, on appréciera le spa, la piscine revitalisante ou encore le sauna et ses douches sensorielles. Plusieurs restaurants (spécialités d'Asie du Sud-Est et cuisine majorquine). Un superbe endroit.

CUEVAS DE ARTA

Carretera de las Cuevas ✆ +34 971 841 293
www.cuevasdearta.com

Juil-sept : tlj 10h-19h (17h nov-mars, 18h oct+avril-juin). 15 € (enfant 7 €), gratuit - 7 ans. Paiement en espèce.

Magnifiques ouvrages de la nature, ces grottes sont bien présentées grâce aux effets de lumière. La visite guidée (il y a des guides francophones) dure 35 à 40 minutes (départ toutes les demi-heures environ) dans un environnement frais (18 °C) et humide. On fera d'abord la rencontre d'une imposante stalagmite de 17 mètres de haut, avant de s'aventurer dans la salle nommée l'Enfer pour un court son et lumière de 3 minutes. On découvre ensuite le Purgatoire, les salles du Théâtre, de l'Organe et celles de drapeaux, pour conclure par l'Éléphant. Accessible en bateau.

PORXADA DE SA TORRE €€

Route d'Artà à Canyamel, Km. 5
✆ +34 971 841 310

Ouvert midi et soir. Fermé le lundi midi. Parking privé. Environ 30 €.

La Porxada de Sa Torre, avec sa terrasse située aux pieds de la tour dans un magnifique cadre fait de pierres et de bois, appartient au luxueux groupe hôtelier majorquin Torre de Canyamel. On y sert les préparations traditionnelles de l'île, mais le plat phare ici est la fameuse *lechona* (cochon de lait grillé à la broche), également nommé *porcella*. Les cochons sont élevés dans la ferme du restau selon les méthodes traditionnelles avant d'être rôtis au feu de bois de chêne. Parfait pour un dîner en amoureux, à la faveur d'une douce nuit d'été.

TORRE DE CANYAMEL

Route d'Artá à Canyamel, Km. 5
✆ +34 971 841 134
www.torredecanyamel.com

Ouvert du mardi au samedi de 10h à 15h et de 17h à 20h, le dimanche de 10h à 15h. Payant.

La Tour de Canyamel figure parmi les édifices défensifs les plus remarquables de Majorque en raison de son âge, de sa bonne conservation et des vues splendides qu'elle autorise. De forme quadrangulaire, ses trois étages montant à 23 mètres de haut furent érigés au XIIIe siècle. Entouré d'une triple enceinte fortifiée, elle fut bâtie sur les bases d'une ancienne construction musulmane déjà destinée à la défense de la plage de Canyamel. Aujourd'hui, elle accueille des expositions, des concerts, ainsi qu'un petit musée dédié à son histoire.

CAFÈ SAÜC

Vial de Les Coves, 6
✆ +34 971 816 016

Ouvert tous les jours de 15h à 22h, sauf le jeudi.

On se rendra dans ce petit troquet à la rose devanture aussi bien pour une pause café agrémentée de gâteaux maison ou pour un délicieux jus de fruits frais que pour l'apéro, heure bénie du mojito que la patronne concocte à partir de menthe cueillie sur le moment. On trouve à la carte du Cafè Saüc des propositions très variées allant de la planche de fromages et charcuteries à la salade de légumes frais, en passant par les délicieux petits sandwichs et les savoureuses tartines préparées avec amour. Un lieu différent et très accueillant.

SON SERVERA

Son Servera s'est développé au pied du Puig de sa Font (273 mètres d'altitude) et se trouve à proximité de la Cala Millor, la plus grande plage de l'est de Majorque en forme de vaste cité balnéaire avec son lot d'hôtels (une centaine !) et de restaurants en bord de plage. En comparaison, la petite ville de Son Servera (12 000 hab) s'avère beaucoup plus authentique, et vous trouverez dans les environs quelques très jolis hôtels ruraux d'une grande quiétude. Si vous décidez d'aller passer une journée à la plage, préférez la Cala Bona, proche de Cala Millor, mais plus tranquille. On trouve ici aussi un golf, à 100 m de la mer, entouré de pins.

PORTO CRISTO ★

Ce petit port de 600 habitants (appartenant à Manacor) reste agréable malgré l'affluence. Ceux qui voudraient explorer la région auront choisi le bon endroit. En outre, les prix des hôtels à Porto Cristo semblent plus que raisonnables. De nombreuses possibilités d'excursions en mer s'offrent à vous à partir du port. Cette partie de l'île, très visitée, est montagneuse, mais les sommets ne dépassent pas les 500 m. En plus de l'ensemble des Coves Blanques (ancien refuge de pêcheurs), la visite des grottes de Hams et de Drac vous permettra d'apprécier la beauté des collines couvertes de caroubiers, d'amandiers et de figuiers.

HÔTEL RURAL - SON GENER €€€

Ancienne route de Son Servera à Artà, Km. 3
✆ +34 971 183 612 - www.songener.com
Compter autour de 340 € avec petit déjeuner. Fermé de novembre à mars.

L'hôtel rural Son Gener est un véritable hôtel de charme posé au cœur des terres de l'Est minorquin… Impossible de trouver plus tranquille à Majorque ! Il est situé dans une maison rustique du XVIIIe siècle et propose seulement une dizaine de chambres, assurant une certaine intimité aux hôtes. Décoration aux lignes pures, jardin parsemé d'amandiers et d'oliviers, spa, retraites de yoga, superbe piscine avec vue sur la vallée et un restaurant qui propose des plats majorquins élaborés à partir des produits du potager de l'hôtel. Quatre terrains de golf à proximité.

SON CORB €€€

Camino Punta Rotja
✆ +34 971 587 092
www.soncorb.com
Chambre double de 150 à 200 €, avec petit déjeuner. Fermé en hiver.

Son Corb est un boutique-hôtel situé dans une belle demeure du XVIIe siècle, entouré d'un terrain de plus de 300 000 m^2. L'établissement propose une bonne vingtaine de chambres avec vue sur la mer et la montagne et met des bicyclettes à disposition des clients, permettant en trois coups de pédale d'atteindre les champêtres paysages environnants. Décoration rurale avec une prédominance du bois (poutres apparentes, meubles en bois, cadres muraux). Une bonne adresse pour les amateurs de golf (plusieurs terrains de golf à proximité).

CUEVAS DEL DRACH ★★

Route de les Cueves
✆ +34 971 820 753
www.cuevasdeldrach.com
Nov/mi-mars : visite à 10h30, 12h, 14h et 15h30. Mi-mars/oct : 10h, 11h, 12h, 14h, 15h, 16h et 17h. 15 € (8 € enfant).

© BALATE DORIN - SHUTTERSTOCK.COM

Majestueuses, elles se découvrent après un parcours de 2 km d'une beauté surprenante, grâce à la présence de 5 lacs. Elles sont devenues célèbres après que le père de la spéléologie, le Français Edouard Martel, a exploré, en 1896, le lac qui depuis porte son nom ainsi que, sur l'autre rive, la « grotte des Français ». Le lac Martel est le plus grand lac souterrain du monde (177 m de longueur, 40 m de largeur). Vous serez sensible à la beauté du parcours, aux efforts des guides, aux effets de lumières et à la musique d'accompagnement.

MAJORQUE

© DENIS DORONIN - SHUTTERSTOCK.COM

CUEVAS DELS HAMS ★

Route de Manacor à Portocristo, Km. 11
✆ +34 971 820 988
www.cuevasdelshams.com
Juil-oct : 10h-17h. Fin-mars/juin + 1/15nov : 10h-16h30. Mi-nov/fin-mars 10h-16h. 21 €.

La découverte des grottes de Hams remonte à 1905. Moins vastes que celles du Drac ou d'Artà, leur originalité tient aux stalactites transparentes en forme de harpons (*hams* en catalan) et à leur beau lac souterrain (navigation proscrite !). Un petit film documentaire nous raconte l'histoire des grottes et de leur découverte par le spéléologue Pedro Caldentey Santandreu ; et un *show* de lumière LED accompagné de musique complète l'expérience immersive dans ce monde souterrain de stalactites et de stalagmites niché à 30 mètres sous terre.

TORRE DEL SERRAL DELS FALCONS

Av/ Joan Servera Camps

La tour del Serra dels Falcos est une tour de guet et de défense construite en 1577 dans le but de surveiller la côte et de prévenir à temps les populations littorales d'un débarquement de pirates turcs. On lui ajouta deux terrasses en 1693, puis en 1769 un imposant canon en bronze. Partiellement détruite par les forces franquistes au siècle passé, elle fut reconstruite dans les années 1960. Sa situation, en bordure de falaise, est tout à fait remarquable.

SON MAS €€€

Route de Porto Cristo

✆ +34 971 558 755

www.sonmas.com

Ferme en hiver. Chambre double à partir d'environ 300 €, petit déjeuner inclus. Demi-pension possible.

Son Mas est un hôtel rural situé dans un environnement calme, à 5 km de Porto Cristo, et dans des bâtiments du XIIe siècle qui ont été soigneusement restaurés et équipés de tout le confort. Le domaine est immense (300 000 m²) et les jolis jardins sont munis d'une belle piscine extérieure. La décoration puise dans les palettes de blanc et de beige, d'une extrême élégance. En plus des 16 Junior suites, l'hôtel est équipé d'un spa avec bain à remous, et d'un très bon restaurant de cuisine majorquine typique. Nombreuses promenades à prévoir alentour.

PORTODRACH APARTHOTEL €€

Passeig d'es Cap d'es Toi, 25 ✆ +34 971 820 848

www.aparthotelportodrach.com

Appartement à partir de 50 €.

Rénovés en juillet 2013, les appartements de Portodrach sont logés au cœur d'un bâtiment moderne situé à deux pas du port de plaisance de Porto Cristo. Spacieux et lumineux, ils sont nettoyés chaque jour à l'heure souhaitée et permettent une appréciable autonomie. Une dizaine de différents types de logement sont proposés, du studio de 35 m² au grand appartement de 60 m² équipé de deux chambres doubles et d'une terrasse de pas loin de 90 m². Le complexe dispose également d'une piscine commune bien exposée. Une bonne adresse bien située.

QUINCE €€

Carrer del Veri, 1

✆ +34 971 82 18 30

restaurantequince.com

Ouvert midi et soir, en saison uniquement. Compter autour de 30 €.

Cette bonne table tenue par un Argentin, bien que touristique et un brin chère, est des plus agréables pour siroter un cocktail accompagné de quelques tapas internationales (guacamole, rouleaux de printemps, tataki de thon rouge, coquilles Saint-Jacques, falafels au cœur de camembert, velouté de tomates pimentées, gyosas aux légumes) face au port ou pour déguster les excellentes spécialités au menu, telles que les ceviches, les moules, les poissons et bien évidemment, Argentine oblige, d'excellentes viandes grillées. Décor éclectique bien sympa !

MAJORQUE

THB FELIP CLASS €€

C/ Burdils, 41

✆ +34 971 820 750

www.thbhotels.com

Fermé de début janvier à fin mars. Chambre double dès 65 € avec petit déjeuner. Réservé aux adultes.

Le THB Felip Class est un établissement 4 étoiles de Porto Cristo (face à la plage et au port) équipé d'une petite centaine de chambres spacieuses et confortables : TV écran plat, air conditionné, minibar, tout y est ! Les balcons de chaque unité sont munis de tables et de chaises, tandis que la cafétéria de l'hôtel vous propose quelques préparations snacks (pizzas, pâtes et sandwichs). Une piscine, un joli spa et une agréable terrasse surélevée complètent les installations. Une bonne adresse pratiquant des tarifs raisonnables.

ROLAND €€

C/ Sant Jordi, 5

✆ +34 971 820 129

www.roland-restaurant.es

Ouvert du lundi au samedi de 13h à 15h et de 18h30 à 22h30. Comptez 30-40 €.

Baptisé d'après le nom du chef cuistot Roland Schulte, si ce restaurant ouvert depuis plus de 20 ans maintenant n'offre pas de vue sur la mer, c'est parce que le spectacle a lieu au niveau de l'assiette. Le cadre est sobre, classique et élégant et c'est sur de blanches nappes que sont servis de délicieux plats de cuisine internationale élaborés à partir de produits du marché. Avis aux amateurs : la spécialité ici est le loup de mer au safran. Une cuisine inventive et surprenante, avec en prime un très bon rapport qualité-prix.

HOUSE OF MAJORICA

33 Carretera de les Coves
+34 971 869 250
www.majorica.com/fr-tienda-porto-cristo

Voici la toute dernière boutique de Majorica, le célèbre fabricant de perles de l'île. Elle s'étend sur plus de 1 000 m² et est consacrée tant à l'exposition qu'à la vente des produits de la marque. Cette superbe boutique est située à une centaine de mètres de l'entrée de Las Cuevas del Drach, ne manquez pas de vous y arrêter, ne serait-ce que vous le plaisir des yeux. Sur place, on trouve également une agréable cafétéria avec une belle terrasse ensoleillée où vous pourrez vous reposer ou vous restaurer. Une halte recommandée !

PUIG DE SAN SALVADOR

La visite et la montée au Puig de San Salvador sont des plus intéressantes. La balade peut se faire à pied, à partir de la route qui va à Porto Colom. Après 2 km, un chemin balisé mène au Santuario de San Salvador. Vous y parvenez aussi en voiture en suivant la direction de Santanyi. Le sanctuaire a l'aspect d'une forteresse, mais il conserve un retable gothique et une image de la Vierge remarquables. S'élevant à près de 500 m d'altitude, la vue est époustouflante sur la côte, mais aussi sur les terres, jusqu'à la Tramuntana.

FELANITX ★

Felanitx est une petite ville de 18 000 habitants restée fidèle à elle-même et qui a su conserver son savoir-vivre. Vous goûterez le charme de ses ruelles et de ses maisons joliment coquettes. Vous apprécierez le calme de ses petites places ou la paisible animation de ses terrasses où s'attablent les autochtones. Le marché local, le dimanche, attire les amateurs de savoureuses *sobrasadas* et de bons vins du cru. Signalons ici une très jolie boutique de céramique située au 54 de la carrer Sant Agusti, proposant plats, pots et vases. Côté activité, les golfeurs seront ravis au golf Vall D'Or, et les cavaliers ne manqueront pas de passer au Son Menut.

HOTEL RURAL SA POSADA D'AUMALLIA €€€

Camino Son Prohens
+34 971 582 657
www.aumallia.com

Fermé en hiver. A partir d'environ 115 € la chambre double, petit déjeuner inclus.

L'Aumallia est un établissement de charme équipé d'une quinzaine de chambres divisées en plusieurs catégories (de la double standard à la suite premium). Tout a commencé par une famille qui a décidé de transformer sa maison en hôtel, c'était en 1991. Meubles d'époque, soirées au son du piano dans le salon, accueil des plus sympathiques... La piscine et le patio sont plaisants. Vous y viendrez pour vous reposer et profiter du calme de ce joli domaine.

CHÂTEAU DE SANTUERI

Cami des Castell
+34 691 223 679
www.santueri.org

Visite tous les jours en saison de 10h à 18h30.

Le château de Santueri est une forteresse du Moyen Age construite au XIe siècle et inscrite au patrimoine culturel des Baléares depuis 1949. Si l'enceinte abritait jadis une chapelle et même un moulin, on ne pourra aujourd'hui apprécier que ses meurtrières, le chemin de ronde et les murailles. Depuis ses tours de guet, culminant à 400 m d'altitude, une vue magnifique récompense ceux qui s'aventurent à pied jusqu'au bout d'une route pas forcément commode. Renseignez-vous auprès des habitants de Felanitx qui vous diront le meilleur moyen d'y accéder.

EL CASTILLO DEL BOSQUE €€

Route de Felanitx à Porto Colom, Km. 8
+34 971 824 144
www.elcastillodelbosque.es

Tous les jours sauf le mercredi de 13h à 15h30 et de 19h à 22h30.

C'est, comme son nom l'indique, un véritable château fort dans les bois qui sert de décor à ce très bon restaurant ! Les parents avec enfant pourront laisser leur marmaille explorer les environs, pendant qu'ils se régaleront en terrasse d'une cuisine créative et savoureuse. Après quelques amuse-gueule (croquettes maison, dattes au bacon, petits calmars frits ou moules sauce piquante), on attaquera le plat de résistance : filet de bœuf avec foie flambé au vermouth, carré d'agneau au miel et romarin, magret de canard au Porto… La carte se renouvelle chaque saison.

CALES DE MALLORCA ★

En poursuivant la route qui longe la côte est de Majorque, à partir de Porto Cristo jusqu'à Porto Colom, vous aurez l'embarras du choix en matière de plages. On en dénombre une bonne quinzaine, englobées sous le nom général de « Cales de Mallorca ». Nous citerons notamment Cala Antena (150 mètres de long), Cala Romaguera (70 mètres de long) et Cala Murada, cette dernière étant une petite station balnéaire particulièrement fréquentée en haute saison. Ces plages se situent soit sur le territoire de la municipalité de Manacor, soit sur celui de Felanitx. La route Manacor-Felanitx vous fera découvrir un paysage inchangé malgré le tourisme.

PORTO COLOM

Ce paisible port de pêche semble, en apparence tout du moins, résister au tourisme. Porto Colom (ou Portocolom) est un village rattaché à la commune de Felanitx abritant quelque 4 000 résidents, qui eux-mêmes le nomment plus prosaïquement « Es Port » (le port). On y distingue deux zones : la vieille-ville, considérée comme l'une des mieux préservée de Majorque, et le port, qui existe vraisemblablement depuis le XVIIIe siècle, où l'on prendra plaisir à faire une halte en terrasse pour profiter de son inspirante sérénité. Dans la vieille-ville, on appréciera l'église néo-gothique du XIXe siècle dédiée à Notre-Dame du Carmel, célébrée le 16 juillet.

HOTEL BAHIA AZUL €

Ronda crucera balear, 78 ✆ +34 971 825 280
www.bahia-azul.de

En janvier et février uniquement sur demande. Chambre double autour de 70 €, petit déjeuner inclus.

Cet hôtel juste à côté de la mer comporte 15 chambres doubles, toutes climatisées avec douche ou baignoire, et pour la plupart un balcon avec vue sur la mer. Jolie piscine, ambiance amicale et forte clientèle allemande. L'hôtel offre également des avantages à ceux qui souhaitent faire de la plongée sous-marine, il est possible d'y passer différents niveaux. Ce petit hôtel assure également un service de restauration. Parmi les *bocadillos* et les pâtes, le regard s'arrête sur la sélection de tapas. Pour un plat de viande ou de poisson, comptez à peu près 20 €.

CELLER SA SINIA €€

C/ Pescadores, 28
✆ +34 971 824 323
www.cellersasinia.com/contacto

Ouvert midi et soir. Fermé le lundi et de novembre à février. Comptez 30 € pour un repas complet.

Restaurant typique majorquin dont la décoration est un charmant mélange de bric-à-brac, entre objets nautiques et vieilles photos accrochées au mur, le Celler Sa Sinia a pour principales spécialités la paella de fruits de mer et les poissons en sauce. La carte propose également une belle gamme de produits de la mer à déguster en tapas, mais aussi de robustes plats de viande. Prenez garde à laisser de la place pour les desserts maison : ils sont absolument délicieux ! Une bonne adresse pour vous offrir un repas copieux à bon tarif.

Porto Colom.

SA LLOTJA €€

C/ Pescadors
+34 971 825 165
www.restaurantsallotjaportocolom.com
Ouvert du mardi au dimanche de 13h à 15h et de 19h à 22h30. Repas complet autour de 50 €.

Avec sa vue plongeante sur le port et son espace de service tout de verre et de métal conçu, le Sa Llotja est d'abord un bel endroit. Mais quand on jette un œil au menu de la semaine, une escale ici prend tout son sens. On commence par une entrée finement préparée (tartare de thon ou crème de carotte) pour attaquer le plat de résistance (bœuf Stroganoff, langouste en curry, nouilles à la lotte) avant de terminer par le dessert du jour, le tout accompagné d'un très bon vin majorquin. Une table qui se démarque des autres dans le port de Porto Colom.

PORTOCOLOM ADVENTURES

C/ de la Mar, 2
+34 971 825 842
www.portocolomdivingclub.com
Ouvert du lundi au samedi de 9h à 19h. Possibilité de transferts depuis votre hôtel.

Ce centre de kayak et paddle surf est géré par Mido, un Égyptien expatrié sur l'île depuis de nombreuses années, et Magdalena, qui est originaire de Porto Colom. Plongeur professionnel, Mido a décidé de reconvertir son centre de plongée en 2017. Idéalement situé en bord de mer et en face d'une petite baie tranquille baignée d'eaux transparentes, Porto Colom Diving Club propose des sorties en kayak et padde surf à la découverte des grottes et des paysages secrets de la côte sud-est. Une façon très amusante de découvrir des lieux attractifs tout en s'activant !

CALA D'OR

Voici un autre exemple des dégâts de l'urbanisation sur l'île, causés en grande partie par le tourisme de masse. La construction d'hôtels et de résidences a endommagé le paysage de la jadis somptueuse Cala d'Or sur plusieurs kilomètres. Une véritable station balnéaire qui s'articule autour de plusieurs petites plages (néanmoins charmantes) et de petits ports qui servent à exposer bateaux et yachts de luxe. On pourra toutefois aller frapper à la porte de l'Office de tourisme situé au n°10 de la rue Perico Pomar pour débusquer quelques activités dans les alentours (ouvert toute l'année, du lundi au vendredi de 8h30 à 14h et le samedi matin en saison).

PORTO PETRO

Porto Petro est un ancien village de pêcheurs qui abrite dans son port quelques yachts et un grand nombre de barques en bois de pêcheurs typiques, les fameux *llaüts* des Baléares. Depuis le club nautique (Real Club Nàutic de Portopetro) on pourra partir en excursion dans les alentours. Quelques cafés et restaurants typiques émaillent la promenade du port et deux petites plages sont accessibles à pied depuis le centre du bourg (un service de bus régulier peut aussi vous emmener à la plage de Mondrago en 10 minutes). Signalons enfin l'immense *beach resort* 5-étoiles Blau Porto Petro qui attire pas mal de monde en saison avec ses plus de 200 chambres.

CAMPOS

A l'intérieur des terres se trouve la localité de Campos, que l'on peut qualifier de gros village ou de petite ville, habitée par environ 10 000 personnes. Fondé au XIIIe siècle, Campos a conservé ses tours de défense médiévale et a pour activité principale la récolte estivale de câpres et d'amandes. On pourra s'arrêter face à la belle bâtisse de la mairie, construite au XVIe siècle, et entreprendre la visite de l'église de San Julian qui abrite un tableau de Murillo, grand peintre sévillan du XVIIe siècle. La commune englobe également les localités de Colonia de San Jordi, Sa Rápita et Ses Covetes. Voici les quelques adresses à retenir ici.

FONTSANTA HOTEL €€€

Route de Campos à Colonia de San Jordi, Km. 8,2
+34 971 655 016
www.fontsantahotel.com
Chambre double standard de 170 à 350 €.

Il s'agit du seul établissement balnéaire des îles Baléares. L'hôtel propose un total de 36 chambres, décorées avec un goût exquis. La demeure en pierre est spacieuse, avec de hauts plafonds et des poutres apparentes. Vous aurez accès à de nombreux traitements dans des installations modernes et harmonieuses. Une adresse splendide tout près d'une des plages les plus belles de Majorque : la plage de Es Trenc. Consultez le site internet de l'hôtel pour profiter des nombreuses offres et packs incluant circuit thermal et dîner-tapas. Hôtel réservé aux adultes.

SON BERNADINET €€€

Route de Campos à Porreras, Km. 5,9
✆ +34 971 650 694
www.son-bernadinet.com
Fermé entre novembre et mars. Chambre double entre 220 et 270 €, petit déjeuner inclus.

Son Bernadinet est une luxueuse adresse donnant dans le tourisme rural. L'édifice central – vaste demeure ancienne réhabilitée – héberge une belle salle à manger et trois salons, tandis que les chambres sont réparties dans des bâtisses plus petites – mais non moins charmantes – dans le jardin planté d'orangers et d'amandiers, autour de la spectaculaire piscine. Le restaurant de l'hôtel utilise les fruits et légumes du potager. Un lieu qui respire l'harmonie et qui a obtenu un prix de meilleure initiative d'hôtellerie rurale d'Espagne.

MOLÍ DE SAL €€

Route de Campos à Sa Colònia de Sant Jordi, Km. 8,3 ✆ +34 971 655 404
www.molidesal.eu
Ouvert du mardi au dimanche de 19h à 22h.

A l'écart des sentiers battus, c'est dans le cadre enchanteur d'une ancienne maison de campagne entouré d'un magnifique jardin que l'on est accueilli comme des amis par Marie-France. Ici, on cuisine avec amour des petits plats simples et savoureux – poulet au feu bois et pommes de terre grillées, cailles rôties, carré d'agneau, pour n'en citer que quelques-uns – accompagné de pain maison et de sauces splendides comme la création locale et pimentée « salsa africa ». Convivialité, produits frais, cadre plein de charme. A découvrir !

RESTAURANTE CLUB NAUTICO SA RAPITA €€

C/ Explanada Port
✆ +34 971 640 413
Ouvert tous les jours. Environ 30 €.

Il s'agit du restaurant du club nautique, situé au bord de la plage de Sa Rápita. Poisson frais, cuisine majorquine, viandes… La carte est exhaustive et les plats savoureux. Nous vous conseillons cependant la paëlla de fruits de mer, à déguster sur la terrasse du restaurant. Et pour digérer le tout, pourquoi ne pas vous laisser tenter par un *naranjito* (jus d'orange-vodka) ! Cette boisson n'est pas sur la carte, mais les habitués sont de véritables *aficionados* de ce digestif !

COLONIA DE SANT JORDI ★

Colonia de Sant Jordi, installé dans un cul-de-sac composé de quelques plages (la Platja d'Es, près du port de plaisance principal, mais aussi les criques plus calmes d'Es Caragol, Es Carbó et de Ses Roquetes, protégées du vent et aux eaux tranquilles) et de falaises nombreuses, était jadis un village dédié à la pêche. La zone a été occupée par les Romains qui l'appréciaient pour la production de sel ici permise. On y trouve en outre la seule source chaude de l'île, désormais utilisée par un hôtel. Colonia de Sant Jordi est aussi le point de départ idéal pour faire la traversée vers l'île de Cabrera, distante d'une quinzaine de kilomètres.

HOTEL HONUCAI €€

Carrer Gabriel Roca, 55
✆ +34 971 655 178
www.hotelhonucai.com
Mi-mai/oct. Chambre double à partir d'environ 150 €, petit déjeuner buffet inclus. Demi-pension possible.

C'est dans l'ancien port de pêche de Colònia de Sant Jordi que l'on trouve cet assez récent boutique-hôtel quatre étoiles dont le nom vient du mot hawaïen *honu-kai*, qui est le nom d'une tortue de mer du Pacifique. On y trouve pas loin de 80 chambres réparties en quatre catégories, toutes à la décoration marine et toutes très confortables. Petit déjeuner en buffet, salle de fitness, spa, restaurant, piscine à débordement, roof-top bar... Tout y est ! Notons que l'établissement est *cycling-friendly*, et donc aidera les cyclistes à profiter au mieux de la région.

LAOS CLUB €€

Av/ Primavera, 26
✆ +34 971 655 873
www.laoscoloniasantjordi.com
Ouvert tous les jours midi et soir, sauf le lundi. Repas complet autour de 25 €.

Impossible de louper le Laos Club et son élégante tour de verre sur le boulevard. Dans une ambiance *lounge* minimaliste, on déguste d'excellents plats – en salle ou en terrasse – allant des spécialités majorquines de mer aux plats européens les plus variés ; plateaux de fromages et charcuteries, camembert pané, tempura de légumes, crevettes à l'ail, salade césar, saumon au poivre rose (le steak tartare est une petite merveille !). Ajoutons à cela du très bon vin et une équipe de service souriante et à l'écoute et le tour est joué. On aime !

CABRERA ★

Située au sud-est de Majorque, l'île de Cabrera mesure 7 km de long pour une superficie totale de 15,7 km². La plus grande d'une série de 18 îlots qui composent un petit archipel, ses côtes très découpées – émaillées de trois jolies plages – sont impressionnantes. Si vous disposez d'un bateau, vous jetterez l'ancre en toute liberté à proximité de n'importe lequel de ces îlots pour partir à la découverte de la beauté de cette Méditerranée préservée, si près des côtes… Et si loin de la foule. L'île de Cabrera elle-même ne peut être visitée, actuellement, que durant la journée. C'est un terrain militaire, et il est interdit d'y passer la nuit.

SA GALERA €€€

Route de Santanyi à Cas Concos, Km. 6,2
✆ +34 971 842 079
www.hotelsagalera.com
Fermé déc-jan. Chambre double standard de 130 à 180 €, petit déjeuner inclus. Possibilité de demi-pension.

Hôtel rural et restaurant situés dans une maison du XIIIe siècle, qui abrita le plus important corps de cavalerie aragonais du temps de la reconquête de Majorque par le roi Jaume I. Très joliment entretenue, cette belle bâtisse propose une vingtaine de chambres rustiques et agréables : toutes disposent de la climatisation, d'une télévision, d'un minibar, d'un téléphone… Les mots d'ordre ? Qualité, confort et tradition. Piscine et sauna. Restaurant de cuisine méditerranéenne avec une agréable terrasse (ouvert à partir d'avril).

SANTANYÍ

De l'autre côté de la langue de terre qui s'achève au cap des Salines, Santanyí est un autre village fortifié du Moyen Age, qui conserve encore une belle porte médiévale, la Porta Murada, vestige d'une époque à laquelle de nombreux pirates écumaient cette partie de la Méditerranée. L'église du village mérite également une visite, car elle abrite un orgue baroque et la petite chapelle Capilla Dans Roser, remarquable oratoire romano-gothique. A partir de Santanyi, la route tranquille du cap de Ses Salines constitue une balade agréable. Vous risquez de trouver moins de monde que sur les plages habituelles de la région qui sont trop urbanisées.

CALA FIGUERA ★

Non loin de Santanyí (6 km), Cala Figuera est un petit port on ne peut plus pittoresque lové au milieu de deux falaises qui a beaucoup de charme. De nombreuses maisonnettes ont presque les pieds dans l'eau parfaitement turquoise de la cala, avec en arrière-plan des jardins garnis de palmiers, d'hibiscus et de bougainvilliers, eux-mêmes encadrés par les figuiers et pins poussant sur les falaises... Une vraie carte postale. On trouvera quelques bons hôtels et tables recommandables ici. Si vous êtes de passage pour la journée, n'hésitez pas une seconde : faites une halte café au Bon Bar, il surplombe le port et offre la meilleure vue sur Cala Figuera.

JARDIN BOTANIQUE - BOTANICACTUS

Route de Ses Salines à Santanyí, Km. 1
✆ +34 971 649 494
www.botanicactus.com
Avril-août : tlj 9h-19h30 (mars 18h30, sept-oct 19h). Nov-fev : 10h30-16h30. Entrée adulte : 9,50 €, enfant : 4,50 €.

Un immense jardin botanique qui réunit sur 150 000 m² de nombreuses espèces végétales (un millier environ, pour 15 000 individus) : cactus (12 000 en tout, dont une bonne partie vient d'Arizona), bambous, palmiers, mais aussi des espèces endémiques de Majorque comme les oliviers, amandiers, grenadiers, pergolas… Une visite à Botanicactus donne l'impression de parcourir divers paysages du monde : des grands espaces du désert à la jungle luxuriante. Intéressant.

PARC NATUREL DE MONDRAGÓ

Carretera de Cala Mondragó s/n
✆ +34 971 181 022
Centre d'information ouvert tous les jours de 9h à 16h.

Cette zone de 785 hectares a été déclarée parc naturel en 1992 en raison de la très riche variété d'écosystèmes qu'il abrite : plages, côtes rocheuses, petites dunes, étangs, garrigues méditerranéennes, pinèdes, cultures traditionnelles… La mer reste le principal attrait de Mondragó. Le visiteur pourra se baigner à la magnifique plage de s'Amador au cœur d'une époustouflante mosaïque de paysages tout en admirant les espèces maritimes qui s'y logent. Le parc fait aussi partie du Réseau Natura 2000 en tant que zone de protection spécifique pour les oiseaux.

HOTEL ROCAMAR €

C/ Juan Sebastian Elcano, 38
✆ +34 971 645 125
www.rocamarplayamar.com
Ouvert de mai à octobre. Compter autour de 80 € la double. Demandez une chambre avec vue sur la mer.

Ouvert uniquement en saison, l'hôtel Rocamar est un établissement tranquille d'une quarantaine de chambres bien situé, juste en face de la mer. En partie rénové en 2017, chaque habitation dispose d'une petite terrasse indépendante (certaines donnent sur la mer), d'une salle de bain privée (avec douche ou baignoire), d'une télévision satellite et d'un téléphone. Pour ceux qui préfèrent l'autonomie, l'établissement met aussi à disposition des appartements. Possibilité de pratiquer plusieurs activités (plongée, tennis, golf, etc.) à proximité de l'hôtel.

HOSTAL Y APARTAMENTOS MARBLAU MALLORCA €€

C/ Iglesia, 24
✆ +34 971 645 227
marblau.eu
Chambre double à partir de 70 €.

A quelques encablures de la Cala Figuera, le Marblau propose des chambres simples et bien tenues pouvant accueillir deux à quatre personnes qui ont l'avantage d'être équipées d'une kitchenette équipée, avec réfrigérateur, bouilloire et micro-ondes, permettant de jouir d'une relative autonomie. On trouvera dans le bourg tout ce qu'il faut pour faire des courses. Une option à mi-chemin entre l'hôtel et l'appartement de location. Logements propres et au calme.

ES PORT €€

C/ Virgen del Carmen, 88
✆ +34 971 165 140
Ouvert tous les jours sauf mardi, de midi à 23h. Environ 20 €.

Es Port est un restaurant populaire et très fréquenté à la belle saison. On y mange une très bonne cuisine méditerranéenne servie en copieuses portions, en salle ou en terrasse d'où l'on jouit d'un excellent panorama sur la cala. Mention spéciale pour les aubergines farcies, pour le pain coca à la sobrasada et pour l'aïoli maison ! Mais Es Port est également spécialiste des pizzas, très réussies et bien garnies ! Le service est aimable et souriant et les tarifs raisonnables. Essayez d'arriver tôt en saison, il y a souvent foule !

LA PETITE IGLÉSIA €€

Carrer marina, 11
✆ +39 971 645 009
Fermé le dimanche midi. Compter de 20 à 30 €. Réservation conseillée. Ne prend pas la carte bleue.

La Petite Iglésia est un restaurant installé dans une adorable chapelle entourée d'une terrasse déployée sur le parvis. Des nappes à carreaux rouge et blanc habillent les tables. À l'intérieur, l'architecture d'origine s'associe à un décor de bistrot parisien. Certains l'auront deviné : les propriétaires sont français et mitonnent une cuisine française réussie avec des produits de saison. La présentation est très soignée et les plats sont concoctés avec amour (gardez une place pour la tarte au citron !). Quelques longueurs sur le service, toutefois attentionné.

CAP BLANC

Non loin de la localité d'Arenal, un itinéraire vous invite à quitter Cala Blava en direction de Bahía Grande et de Cap Blanc, qui offre un magnifique point de vue grand ouvert sur la mer. L'emblème de ce cap est son phare : haut de 12 mètres, il fut construit en 1862 et inauguré l'année suivante. Il a été conçu par l'architecte Emilio Pou, à qui l'on doit une vingtaine de phares sur l'ensemble des îles Baléares. Bien que de petite taille, c'est sans doute l'un des plus beaux phares des quatorze que l'on trouve sur le territoire de Majorque. De là, on pourra repiquer vers l'intérieur des terres pour visiter le village talayotique de Capocorp Vell.

CALA PI ★

Avant d'arriver à la superbe Cala Pi, vous passerez par Cap Blanc, qui offre un joli panorama sur la mer. De là, en repiquant vers l'intérieur des terres, vous aurez la possibilité de jeter un œil aux vestiges du village talayotique de Capocorp Vell, avant de reprendre votre route vers la Cala Pi. En y arrivant, vous pourrez garer votre véhicule sur un parking gratuit avant de découvrir cette très belle plage se déployant au bout d'une gorge. Le sable y est fin, l'eau limpide. Quelques embarcadères de pêcheurs bordent la crique aux eaux peu profondes. On trouve non loin un restaurant de plage et un supermarché. Fréquentation correcte en saison.

MANACOR

Deuxième ville de l'île de Majorque, Manacor l'industrieuse est bâtie dans une plaine. De loin, elle apparaît comme une ville moderne, impression confirmée par les grands immeubles qui entourent ses quelques bâtiments historiques. Cité industrielle sans charme particulier, le vieux Manacor est regroupé autour de son église gothique. La mairie est installée dans un ancien couvent du XVIIe siècle qui possède un joli cloître. Notons aussi une tour du XVIe siècle sur la Plaça Rubi. Aujourd'hui, Manacor fabrique des meubles traditionnels et exporte les célèbres perles Majorica et Orquidea. Les tennismen passeront par le club Rafa Nadal, natif de Manacor.

VILLAGE PRÉHISTORIQUE HOSPITALET VELL

Route de Cales de Mallorca, Km. 1

museu.manacor.org

Le site de l'Hospitalet Vell est situé dans la partie sud de la commune de Manacor, à proximité de la côte en direction de Calas de Mallorca. Il s'agit de l'un des plus importants vestiges préhistoriques de Majorque. Il regroupe des ruines de la période talayotique jusqu'à la période romaine. La singularité du site tient dans la découverte de murs cyclopéens, très éloignés de l'architecture talayotique, possiblement liés au recrutement de troupes mercenaires au IIIe siècle av. J.-C.

MUSÉE D'HISTOIRE DE MANACOR

Route de Manacor à Cales de Mallorca, Km. 1,5

✆ +34 971 843 065

www.manacor.org

Mi-juin/mi-sept : lun+mer-sam 9h30-14h et 18h-20h30. Mi-sept/mi-juin : lun+mer-sam 10h-14h et 17h-19h30, dim 10h30-13h.

Installé dans la « tour des Enagistes », une enceinte défensive et demeure rurale des classes seigneuriales du XIVe siècle, ce musée aide à mieux comprendre l'histoire des invasions de Majorque. Les salles de ce joli petit château réunissent des éléments trouvés lors de fouilles de villages talayotiques ainsi que des pièces datant de l'invasion romaine. Bien que petit, ce musée d'histoire est intéressant et gratuit, il serait donc dommage de s'en priver !

ES PLA DE LLODRA €€

Route de Manacorà Felanitx, Km. 4,5

✆ +34 610 634 697

www.espladellodra.com

Appartement pour 2 personnes de 80 à 120 €, pour 4 personnes de 140 à 170 €.

Es Pla de LLodra est une belle maison en pierre construite en 1860, à 5 km du centre de Manacor, qui dispose de cinq appartements pleins de charme récemment rénovés d'une capacité de 2 à 4 personnes. Chaque unité de logement est équipée d'un salon, d'une salle de bain, d'une cuisine, d'une terrasse indépendante, et d'une télévision satellite. Le jardin est un enchantement, avec ses murets de pierres, ses recoins tropicaux, ses salons plein-air, et surtout sa jolie piscine encadrée de chaises longues. Une adresse coquette dans un écrin de verdure.

PERLES MAJORICA

Via Palma, 9

✆ +34 971 550 900

www.majorica.com

Horaires variables. Vérifiez sur le site internet.

C'est dans cette usine que l'on vous propose d'assister à la conception des perles uniques et organiques de Majorque. Celles-ci sont fabriquées manuellement avec les mêmes matières et caractéristiques que celles que produit l'huître. Lors de la visite de la fabrique, gratuite, vous verrez également le musée de l'enseigne, qui retrace ses 120 ans d'histoire. La fabrique est ouverte tous les jours de l'année, jours fériés inclus. Les horaires étant variables tout au long de l'année, il est préférable de consulter le site internet avant d'entreprendre une visite.

SOS FERRES D'EN MOREY €€

Route de Manacor à Colònia de Sant Pere, Km. 10,7

✆ +34 971 557 575

www.sosferres.com

Chambre double à partir d'environ 130 €, petit déjeuner inclus.

Située à 10 minutes de la plage, cette belle demeure de campagne a été construite en 1896 puis transformée en charmant hôtel de tourisme rural. Les 60 hectares qui constituent le domaine de Sos Ferres d'En Morey sont consacrés à la culture d'amandiers et de figuiers. L'hôtel propose six chambres (deux Senior suites, deux Junior suites et deux chambres doubles standard) toutes décorées avec du mobilier en bois et des équipements contemporains. Il se trouve à proximité des terrains de golf les plus importants de l'île. Luxe et ruralité.

SON AMOIXA VELL €€€

Route de Palma à Manacor, Km.3,4
✆ +34 971 846 292
www.sonamoixa.com

Chambre double standard entre 130 et 260 € selon la saison, petit déjeuner inclus. A partir de 220 € la suite standard.

Son Amoixa Vell est un superbe domaine restauré – avec un soin particulier apporté aux détails – par ses propriétaires allemands Claudia et Manfred Bangerth. Installée au beau milieu de collines, de figuiers et d'amandiers, la demeure elle-même, splendide, date du XVIe siècle et abrite 16 logements : 9 chambres doubles, 3 Junior suites, 3 Senior suites et un appartement. La terrasse est magnifique, tout comme le jardin (équipé d'une piscine) aux airs de parc. Parfait pour un séjour bien au calme dans un décor rural somptueux.

ALGAIDA PETIT HOTEL €€

C/ de la Ribera, 1
✆ +34 971 54 99 27
www.algaidahotel.com

Fermé hors saison. A partir d'environ 60 € la chambre double standard.

L'Algaida Petit Hotel se trouve en plein centre du village, installé dans une ancienne maison de bourg rénovée. Il abrite une petite dizaine de chambres au charme rustique et simple (climatisation, ventilateur au plafond, chauffage, salle de bain privative) ainsi qu'une jolie piscine extérieure garnie de chaises longues. Le petit déjeuner en buffet se prend au rez-de-chaussée, sous les arches de la grande salle de service ou dans le patio encadré de vieilles pierres. Le calme villageois à 10 minutes de Palma ! Excursions et paniers-repas sur demande.

ALGAIDA

Réputée pour sa cuisine majorquine, Algaida est la mini-capitale d'une grande région productrice de figues. Son nom dérive de l'arabe al-gaida, signifiant « la base », le village abritant à l'époque de la domination arabe de grandes fermes nommées al-gaida. La localité actuelle s'est développée autour de la belle église gothique (1435) enrichie d'apports baroques et, si elle vécut jusqu'au siècle passé d'élevage et d'agriculture, elle est de nos jours principalement connue pour la fabrication de verre. Les Majorquins la fréquentent surtout le week-end et viennent déjeuner dans la dizaine de restaurants qui se trouvent sur le chemin.

CA'L DIMONI €

Route de Palma à Manacor, Km. 21
✆ +34 971 665 035

Ouvert de 8h à 23h, fermé le mercredi. Environ 15 €.

Vous êtes, littéralement, « chez le diable » ! Ce restaurant, peut-être le plus typique de la zone, existe depuis 1957, en faisant l'un des plus anciens de l'île toujours en service. On y déguste une cuisine majorquine très bonne – les spécialités ici sont la soupe traditionnelle et la *sobrasada* – servie en copieuse portions. Le plus amusant ici est peut-être la venue, à l'heure du dessert, du « Dimoni » (démon), en personne ! Certains jours, on le voit débarquer, faisant des pitreries entre les tables et donnant des bonbons aux enfants.

MUSEU DEL VIDRE I FÀDRICA CAN GORDIOLA

Route de Palma à Manacor, Km. 16
✆ +34 971 665 046
www.conselldemallorca.net

Lun-sam 9h-19h et dim 9h-13h30. Démonstration de fabrication de verre : lun-ven 9h30-13h30 et 15h-18h, dim 9h30-13h30.

Sur la route Palma-Manacor, à Can Gordiola, se trouve une fabrique/musée du verre. Dans ce grand atelier sous verrière (c'est là que fut installé en 1719 le tout premier four à verre de Majorque), vous assisterez, lors d'une courte visite, à une démonstration de fabrication du verre soufflé. On y vend des verres aux couleurs superbes. Le musée, très fréquenté, est situé au premier étage. Vous y découvrirez aussi l'histoire de la famille Gordiola. Une visite *kid-friendly*, gratuite !

ES 4 VENTS €€

Route de Palma à Manacor, Km. 21,7
✆ +34 971 665 173

Ouvert midi et soir. Fermé le mardi. Environ 35 €.

Le restaurant Es 4 vents, inauguré en 1981, est reconnu comme un classique sur l'île de Majorque. On s'installe sur la vaste terrasse entourée d'un jardin ou bien dans l'une des vastes et élégantes salles de l'intérieur avant de se plonger dans la carte. Toutes les grandes spécialités majorquines sont au rendez-vous, ainsi que d'exquises paellas, de belles pièces de viande grillées au bois chêne et de très bons poissons frais. Les gourmands garderont un peu d'espace pour l'un des desserts maison. Service prévenant et bon rapport qualité-prix.

LLUCMAJOR

Cette ville d'un peu plus de 35 000 habitants est surtout connue pour ses usines de chaussures. Néanmoins, le couvent de San Buenaventura du XVIIe siècle, l'église paroissiale du XVIIIe siècle et un grand monument représentant Jaime III en pleine bataille nous rappellent que Llucmajor est une ville historique. C'est en effet ici que le royaume indépendant de Majorque a perdu son indépendance. La zone côtière de Llucmajor et ses moulins à vent est plus fréquentée que la ville elle-même. On trouve par ailleurs ici l'Iberostar Golf de Son Antem, composé de deux parcours : le East Golf Son Antem destiné aux débutants, et le West Golf Son Antem, plus ardu.

BODEGAS VI REI ★

Carretera Cap Blanc, km 25
✆ +34 971 007 460
bodegasvirei.com
Ouvert tous les jours de 10h à 19h. Visite guidée en petit train + dégustation : 18 € par personne.

Une autre référence en matière de viticulture à Majorque. On cultive ici des variétés autochtones, telles que le Premsal Blanc, le Giro Ros, le Mantonegro ou le Callet, mais aussi des cépages venus d'ailleurs. Les Bodegas Vi Rei proposent des visites guidées, des séances de dégustation et des expériences plus exclusives dont une balade commentée à bord d'un petit train partant à la découverte des champs de vignes, suivie d'une dégustation de vins et produits gourmets (comptez environ 2h). Une visite aussi gastronomique qu'instructive !

BOUTIQUE-HOTEL - SON JULIA €€€

Route de S' Arenal à Llucmajor
✆ +34 971 669 700
www.sonjulia.com
Fermé de mi-novembre à début mars. Chambre double à partir de 160 €, petit déjeuner inclus.

Un superbe hôtel aux airs de villa méditerranéenne installé dans une demeure datant du XVe siècle. Le domaine, couvert d'amandiers, d'oliviers et de figuiers, s'étend sur plus de 150 000 m² et les 32 chambres sont coquettes à souhait. A la *bodeguita* de l'hôtel, vous pourrez déguster une excellente sélection de vins dans un splendide cadre historique. Son Julia est également équipé d'un spa et d'un restaurant de prestige. Idéal pour un séjour au calme, à seulement 15 minutes de Palma.

ALARÓ

Cette ville de 5 500 habitants est bien connue pour son château du XIIIe siècle dont les ruines dominent la cime de la montagne et d'où on jouit d'un panorama époustouflant sur la baie de Palma (accessible en voiture ou par une promenade de 2h depuis le centre-ville), mais aussi pour ses anciennes industries et son église, située sur la place à arcades du village. Une trentaine d'usines de fabrication de chaussures employant plus de 2 000 personnes étaient autrefois implantées à Alaró, dont il ne reste aujourd'hui plus grand-chose . Dans les alentours du village, l'hôtel rural S'Olivaret ravira les amateurs de demeures de charme et d'histoire.

BINISSALEM

Sur la route d'Inca, Binissalem est la patrie du vin et en vit presque exclusivement. Ne vous fiez pas à ce que vous en verrez depuis la route : dédaigné par les touristes qui lui préfèrent le littoral, ce charmant village mérite une visite. Autour de son église massive se dressent quelques platanes sous lesquels, le samedi matin, les marchands d'oiseaux viennent vendre pigeons, coqs ou canaris. Binissalem abrite aussi quelques *bodegas de vino* (Jose Luis Ferrer notamment) où l'on pourra s'adonner à de savoureuses dégustations. Si vous êtes là en septembre, ne ratez pas les *festes des vermar* : une festivité qui a lieu tous les ans après les vendanges.

Église Santa Maria de Robines de Binissalem.

MAJORQUE

ES QUATRE CANTONS €€

Cami dels O llers, 1 ✆ +34 971 870 162
www.esquatrecantons.es
Fermé de fin novembre à début février. Chambre double autour de 100 €. Séjour minimum parfois demandé.

Belle *finca* centenaire située au cœur des terres qui propose une quinzaine de chambres confortables et pleines de charme (doubles, doubles supérieures, Junior suites, suites familiales) – pierres apparentes et mobilier en bois ancien – chacune avec une petite terrasse privée. Les grands jardins et la belle piscine d'Es Quatre Cantons sont particulièrement agréables, concourant à un séjour reposant. Le lieu est particulièrement apprécié des amateurs de vin. Possibilité d'organiser des excursions directement depuis l'hôtel (randonnée, cyclisme, golf, etc.).

CAN ARABÍ €€

Camí de Bellveure, Km. 1,2
✆ +34 971 512 211
www.restaurantcanarabi.com
13h-15h30 et 20h-23h30. Fermé le lundi. Comptez 30 €.

Situé sur les hauteurs de Binissalem, le vaste restaurant Can Arabí (250 couverts !) offre un beau panorama sur le village. Vous pourrez y déguster, dans le jardin ou dans l'immense salle de service, une belle variété de spécialités de Majorque allant des plats de riz aux poissons finement cuisinés sans oublier ces délicieuses pièces de viande passées au grill selon la fameuse technique de la *parillada*. Une adresse traditionnelle pratiquant des tarifs très honnêtes et au service professionnel. La carte des vins vaut vraiment le détour !

TERRA DI VINO €€

C/ de sa Creu, 3
✆ +34 871 910 226
Ouvert midi et soir en semaine, le soir uniquement le week-end. Compter 25 € par personne.

A deux pas de la place de l'église de Binissalem, discrète, cette table italienne vaut le détour. Au beau milieu de la petite salle de service aux tables dressées de blanches nappes se trouve la cuisine où l'on peut voir le chef à l'œuvre. Les produits sont excellents – poissons, viandes, légumes et pâtes « maison » – et associés avec inventivité. Les assiettes sont présentées avec élégance : risotto à l'encre de seiche, pâtes farcies aux crevettes et aux tomates, burrata aux légumes grillées, il y en a pour tous les goûts. Service aimable et vins abordables.

INCA ★

Troisième ville (31 000 hab.) de l'île après Palma et Manacor, agricole et industrielle, Inca vit grâce à ses usines de vêtements en cuir et à ses fabriques de chaussures de marque, très connues en Espagne et au-delà : Yanko, Lotusse, Camper... Vous trouverez des points de vente (tarif fabrique) à la sortie de la ville. Dans le centre historique, on trouve plutôt des boutiques de marques, mais également quelques monuments intéressants, dont la massive église Santa Maria la Mayor, entourée de quelques bistrots aux terrasses tranquilles, et le Couvent des Dominicains. Ne manquez pas le marché du jeudi matin pour sa production agricole et artisanale locale.

COUVENT DE SANT FRANCESC

C/ Vent, 10

Erigé à l'aide de belles pierres de taille, si sa construction initiale date de la première moitié du XIVe siècle, les édifices actuellement visibles remontent au XVIIIe siècle et XIXe siècle. Avec leurs façades dénuées de toute ornementation, les différents bâtiments composant le couvent se caractérisent par une grande sobriété. L'église à nef unique mérite que l'on s'y attarde un moment pour apprécier les quelques œuvres du XVIe siècle qu'elle recèle, notamment une statue de Gabriel Moger et un retable de style Renaissance représentant la Purissima Concepción.

ÉGLISE ET CLOÎTRE DE SANTO DOMINGO

Av/ de les Germanies

Construite au XVIIe siècle, époque où le style baroque rayonnait dans toute l'île, cette église affiche une façade singulière, curieusement dépourvue des reliefs et des sculptures propres au style baroque. A l'intérieur, vous découvrez une nef bordée de chapelles latérales renfermant bon nombre d'objets de grande valeur artistique et de retables baroques, ceux du Rosaire et de Saint-Vincent étant les plus remarquables. A côté de l'église a été ajouté un cloître au XVIIIe siècle.

ÉGLISE SANTA MARIA LA MAYOR

Pl/ Orient, 36

Erigée sur le site d'une église antique, l'église Santa Maria la Mayor est un massif bâtiment baroque dont la construction s'est étalée sur près de deux siècles. Sa sobre façade, percée d'un portail sans relief, est dominée par une imposante tour-lanterne des XVIe et XVIIe siècles. L'intérieur abrite une œuvre peinte du XIVe siècle, ainsi que plusieurs statues de valeur dont celle représentant Santa Maria la Mayor remontant également à la même période. Deux beaux retables également.

CELLER C'AN MARRON €€

C/ Rector Rayo, 7

✆ +34 971 504 160

Ouvert du lundi au samedi midi et soir. 20-25 €.

Le Celler C'An Marron accueille ses clients dans une très grande salle de service à la décoration typique majorquine donnant la sensation d'être totalement hors du temps (les immenses tonneaux de vin qui ornent le mur font leur effet). Les plats servis sont non moins locaux : viandes grillées (côtelettes d'agneau, épaule de mouton, escalope milanaise entre autres), mais aussi de copieuses salades et des plats de poisson à tarifs très honnêtes. Le tout à arroser de vin du pays ou d'ailleurs dans une joyeuse ambiance populaire.

CELLER SA TRAVESSA €€

C/ de sa Murtra, 16

✆ +34 971 500 049

Ouvert de 13h à 16h30 et de 19h à 23h. Fermé le vendredi. Comptez 20 € à la carte.

Le Celler Sa Travessa est l'une des tables les plus typiques de la catégorie table traditionnelle minorquine, avec ses lampions de verre soufflé au plafond, ses poutres apparentes et ses impressionnants tonneaux : tout est authentique. On y mange une cuisine simple et goûteuse, comme le traditionnel *frit mallorqui* ou la *caldereta*, mais aussi de très bonnes paellas de *mariscos* (fruits de mer), des plats de viandes et poissons grillés accompagnés de petits légumes ou des assiettes de salades plus légères. Bon rapport qualité-quantité-prix.

SENCELLES

Avec un peu plus de 3 000 habitants, Sencelles est un petit village de l'intérieur de Majorque qui ne manque pas de charme. Tirant sa subsistance de l'agriculture depuis des temps immémoriaux, le village a pris un sérieux coup dur lorsque les vignobles de la commune furent ravagés par un puceron (le fameux phylloxera) à la fin du XIXe siècle. Les habitants sont toutefois parvenus à redresser le tir et la culture de la vigne (et celle de la figue) va bon train de nos jours. On viendra ici pour effectuer le trajet de la route archéologique Sencelles-Costitx, avant d'aller se désaltérer au Toutatis et d'aller manger un morceau en terrasse, au Molico.

RUTA ARQUEOLÓGICA SENCELLES-COSTITX

✆ +34 971 872 853

www.ajsencelles.net

La route archéologique de Sencelles-Costitx (qui peut également s'emprunter dans le sens inverse) est une balade de cinq kilomètres qui s'effectue en une bonne heure de marche et qui permet de découvrir de multiples vestiges archéologiques de l'île. On croise en effet des dolmens érigés ici il y a plus de 3 500 ans, mais aussi des grottes et des cabanes de pierres qui servirent d'abris aux hommes de l'âge de bronze, ou encore le sanctuaire de Son Corró, datant de la même période.

MOLICO €€

Carrer de l'Església, 21

✆ +34 971 592 070

Ouvert mercredi de 10h à 16h, jusqu'à minuit jeudi et dimanche, et jusqu'à 1h vendredi et samedi.

Ce resto-brasserie est installé à l'entrée de la ville, fiché entre un antique mur d'enceinte et une non moins vieille tour de pierres. On vient ici aussi bien pour sa terrasse à l'heure de l'apéritif, quand le soleil, se couchant derrière le massif du Tramontana, colore superbement le ciel, que pour dîner de quelques spécialités méditerranéennes simples, bien faites et à tarifs honnêtes. Le Molico est l'un des points de rencontre principaux du village et organise de fréquentes animations musicales nocturnes en fin de semaine.

TOUTATIS

Cas Canar
✆ +34 649 412 338
www.toutatis.es

Ouvert mercredi et jeudi de 17h à 22h, le vendredi jusqu'à 23h, le week-end de 12h à 23h (22h le dimanche).

Monté par un architecte et voyageur au long cours d'origine belge, Toutatis propose, dans une vaste salle au plafond garni d'arches peintes en blanc et orange, quelques très bonnes bières belges, mais aussi et surtout des productions locales et artisanales issues de la microbrasserie de l'inspiré maître brasseur. Une halte chaudement recommandée aussi bien pour faire des emplettes que pour goûter aux spécialités de Toutatis ! Vous ne manquerez sans doute pas de remarquer l'atelier de brasserie, qui occupe une bonne partie de l'espace.

PETRA

Habité par environ 3 000 personnes, le petit village de Petra se trouve à quelques kilomètres de Sineu et est surtout connu pour être le lieu de naissance, le 24 novembre 1713, de Fray Junipero Serra, un célèbre prêtre missionnaire de l'ordre des Franciscains. On peut aujourd'hui visiter sa maison natale, une humble bâtisse majorquine du XVIIIe siècle, transformée en musée où sont exposés des souvenirs et des documents relatifs à l'évangélisation des Indiens de la Californie. Signalons également le sanctuaire de Bonany (route de Manacor) : à 317 m d'altitude, le lieu a été planté de palmiers et cyprès. Magnifique vue sur Pollença et d'Alcúdia

MUSEO DE FRAY JUNÍPERO SERRA

C/ Barracar, 6-10 ✆ +34 971 561 028
www.juniperoserra.info

Lun-sam 10h-14h. Le dernier samedi de chaque mois jusqu'à 13h30. Entrée 5 €. Visites guidées sur rendez-vous.

Musée consacré au moine Junípero Serra, né à Petra en 1713, fondateur de neuf missions en haute Californie qui sont, par la suite, devenues d'importantes villes telles que San Francisco et Los Angeles. Sa forte contribution à la création de l'état de Californie lui a valu d'être considéré comme une des « pères fondateurs de patrie nord-américaine » et par conséquent, un personnage historique d'une valeur indiscutable. Sa maison et lieu de naissance est également ouverte aux visiteurs.

SINEU ★★

Le petit village de Sineu, situé en plein dans le centre de Majorque, compte parmi les plus anciens de l'île : il a été fondé par Jacques II d'Aragon (1267-1327). Son église, dédiée à Santa Maria, est certainement l'édifice le plus remarquable du village : bâtie en 1248, elle fut ravagée par un incendie en 1505 pour être reconstruite dans un style gothique. On prendra plaisir à flâner dans les ruelles piétonnes ponctuées de charmantes places de charme à l'allure médiévale, et plus encore à la nuit tombée : lorsque les lumières de l'église s'allument, l'ambiance est à la fête. Chaque mercredi matin Sineu accueille un marché artisanal... depuis 700 ans !

MARCHÉ

Sa Plaça

Chaque mercredi, un des plus anciens (et des plus célèbres) marchés de l'île prend place dans les ruelles du village. En 2006, les habitants célébraient d'ailleurs l'anniversaire des 700 ans du *mercadillo*. Bien qu'il soit de plus en plus touristique, vous trouverez de nombreux produits régionaux, issus de l'agriculture ou de l'artisanat local, mais c'est également le seul marché des Baléares à vendre encore des animaux (lapins, oiseaux, chevaux…) comme cela se faisait au Moyen Age. Un passage obligatoire pour connaître un peu mieux l'authentique Majorque.

CAN SERRETE €€

71 C/ del Bouls
✆ +34 652 911 796
www.canserrete.com

A partir de 80 € la chambre double en basse saison.

Voici une belle maison du centre-ville vieille de plus d'un siècle complètement rénovée, transformée depuis 2017 en un hôtel très agréable de huit chambres coquettes et bien tenues (doubles, triples et familiales). Le propriétaire argentin sera aux petits soins, tandis que sa fille (qui parle français), qui se charge de la réception, prendra plaisir à vous aider à préparer vos journées autour du beau petit déjeuner servi dans la cour intérieure, au bord de la petite piscine. Simplicité et bonne humeur pour un service et des prestations de qualité.

SA BARCELLA €€

1 Llorito

✆ +34 686 307 292 /+34 971 855 103

juan@villasabarcellamallorca.com

À partir de 90 € pour la chambre double avec petit déjeuner. Fermé du 15 novembre au 15 janvier. Salon de massage.

Ce petit établissement de 5 chambres en plein centre de la vieille ville de Sineu est installé dans la plus ancienne maison du village. Elle date du XIIIe siècle et certains de ses murs sont d'époque ! Giusi et Anna, deux Italiennes professionnelles de l'hôtellerie très compétentes, vous y accueilleront avec gentillesse et vous proposeront des petits déjeuners copieux et de qualité, mais aussi, sur demande, d'excellents dîners. Une belle piscine dans le jardin, flanquée d'un bar à cocktails, vous permettra de vous rafraîchir après vos découvertes de la journée.

ANTIC CELLER SAN TOREÓ €€

Plaça Es Fossar, 3

✆ +34 659 477 955

Ouvert tous les jours de midi à 15h30 et de 18h à 23h30.

Depuis cinq générations, l'Antic Celler de San Toreó sert aux habitants de Sineu une cuisine typique majorquine dans le on ne peut plus pittoresque d'une demeure du XIIIe siècle. Les côtelettes d'agneau, mignons de porc et lapins braisés passés sur le grill d'une splendide cheminée sous l'œil curieux et ravi des clients attablés. La salle de service s'étire entre des murs d'épaisse rocaille qui semblent avoir été taillés à la main il y a des siècles, sous les voûtes anciennes du plafond. Une expérience culinaire authentique dans un décor qui respire l'histoire.

HOTEL CAN JOAN CAPÓ €€€

C/ Degà Joan Rotger, 4

✆ +34 971 855 075

www.canjoancapo.com

Chambre double entre 100 et 180 € selon la saison, petit déjeuner inclus. Fermé hors saison.

L'hôtel Can Joan Capó est une excellente adresse qui propose un savant mélange d'architecture traditionnelle et d'équipements contemporains dans une ancienne demeure retapée. La dizaine de chambres aux murs en pierre et poutres apparentes affichent toutes une touche discrètement *design*. Un hôtel lumineux qui met l'accent sur le bien-être de ses visiteurs (seuls les adultes sont autorisés) avec petit déjeuner en buffet des plus spectaculaires, une très agréable piscine, un sauna et une salle de sport. Bien situé, en plein centre-ville.

FORN CA'N TONI

Sa Plaça 3

✆ +34 971 520 842

Du lundi au samedi de 7h à 14h et de 17h à 20h30, dimanche de 7h à 14h.

La boulangerie-pâtisserie Forn Ca'n Toni, située sur la jolie placette Sa Plaça, est une affaire de famille vieille de plus d'un siècle. Dans le plus grand respect de la tradition majorquine, on y fabrique chaque jour, de manière artisanale et à partir d'ingrédients triés sur le volet, une gamme variée de douceurs sucrées typiques de l'île comme les *ensaimadas* et les *crespells* (petits biscuits). On pourra également aller y acheter son pain, qui se décline sous de nombreuses formes : pain blanc, pain brun, pain intégral, baguette, ciabatta...

LA NATA €

C/ Major, 9

✆ +34 639 465 289

Ouvert midi et soir le mercredi, à partir de 19h du jeudi au dimanche et le mardi. Autour de 15 €.

La Nata est un petit restau portugais sans prétention proposant de copieuses assiettes, dont l'ingrédient principal est la morue, mais pas que. Citons quelques plats comme la Francesinha (sorte de croque-madame garni de saucisse), la Tomatada de Atun (gratin de thon à la tomate), mais aussi des hamburgers, quelques bons morceaux de viande, des tapas variées (champignons, poulpe, crevettes...). Le service est très agréable et les incontournables *pastéis de nata* sont au rendez-vous. Pour qui voudrait faire un voyage dans le voyage !

CAN GILI - RICARDO GAGO

Carrer Major, 13

✆ +34 653 837 859

www.galeriacangili.com

Ouvert en semaine de 10h à 13h30 et de 17h à 20h, le samedi de 10h à 14h. Fermé le dimanche.

Il y a maintenant plus de 30 ans, en 1998, l'artiste-peintre espagnol Ricardo Gago acquiert cette maison ancienne nommée Ca'n Gili, qui depuis le XVe siècle était la demeure de la même famille, pour en faire à la fois sa galerie et son atelier de peinture. Si l'architecture-même de la maison, garnie de peintures murales médiévales ou datant de la Renaissance, est saisissante, c'est bien pour la prolixe et inspirée œuvre de l'homme que l'on s'aventure ici ! La galerie est ouverte au public et gratuite. Une petite perle dont la découverte est hautement recommandée.

MINORQUE

Minorque invite à prendre son temps et à apprécier le paysage. Avec 216 km de côtes alternant falaises, criques au milieu des pins et plages de sable blond, les vues sur la belle bleue sont exquises ! En 1993, Minorque a été déclarée réserve mondiale de la biosphère par l'Unesco. Ses deux villes principales, Maó et Ciutadella, sont situées respectivement à la pointe est et ouest de l'île. Loin de la folie d'Ibiza et du tourisme massif de Majorque, Minorque est une destination calme et familiale. Même si quelques stations balnéaires viennent gâcher le paysage, vous pourrez échapper à la foule même en plein mois d'août, en particulier sur les plages du nord-est de l'île. Si Formentera a ses chiringuitos et Ibiza ses boîtes de nuit, Minorque se réserve les meilleurs restaurants des Baléares. Amateurs de longues soirées estivales autour d'une bouteille de vin blanc et d'un plateau de fruits de mer, voici votre paradis…

Minorque
CAP DE CAVALLERIA
Cala Torta
Cala Farragut
Cala Mica
Cala Pregonda
CELA TIRANT
FORNELLS
SON PARC
ARENAL D'EN CASTELL
NA MACARET
Punta Timons
CAP DE FAVARITX
Cala Presili
Cala Morella Nou
Cap de Monsnyer Vives
Cala de Sa Torreta
Isla Colom
PORT D'ADDIA
350 m.
Cap Gros
CALA DEL PILAR
Binimel-La
PLATGES DE FORNELLS
CALA ALGAIERENS
Falconera 205 m.
CALA MORELL
PUNTA NATI
S.Almudama
Nau des Tudons
Torre Llafuda
ES MERCACDAL
FERRERIES
MONTE TORO
Puig de S'Albaida
Sialbufera
ES GRAU
Talati de d'Alt
CALA MESQUIDA
Los Delfines
Cabo Menorca
CIUTADELLA
BARRANC D'ALGENDAR
SANTANDRIA
Cala Blanca
ES MIGJORN
S.Almudama
Sant Cristofo
ALAIOR
Rafal Rubi
Son Catlar
Torre Saura
Santa Galdana
SANT TÓMAS
Torre d'en Gaumes
Torralba de Saloro
Torralba d'En Salort
CALA MACARELLA ET MACARELLETA
Sant Jaume
SON BOU
Talati de Dalt
MAHÓN-MAÓ
Cala Llonga
ES CASTELL
Punta del Espero
Cap d'Artrutx
Tamarinda
ARENAL DE SON SAURA
Platja de Son Xoriguer
CALA EN TURGUETA
CALA GALDANA
CALA MITJANA
CALA TREBALUGER
CALA ESCORXADA
PLATGES DE BINIGAUS
San Clemente
Torrello
Talaiot de Trepuco
Villacarlos
Bintadrix
CALA N'PORTER
CALES COVES
SANT LLUIS
Cala St Esteban
CALA CANUTELLS
S'ALGAR
CALA ALCAFAR
CALA DE BINIDALI
Binisafulle
Torret
PUNTA PRIMA
BINIBECA VELL
MER MEDITERRANEE

PAGES

●● L'EST

L'est de Minorque s'articule autour de la ville de Maó. Bien que plusieurs stations balnéaires y soient installées (notamment Punta Prima), l'est de Minorque demeure la partie la plus sauvage de l'île. Au nord de Maó, de Sa Mesquida au Cap de Favàritx, les plages préservées se succèdent le long du Camí de Cavalls.

●● L'INTÉRIEUR DES TERRES

L'intérieur des terres de Minorque conserve le charme authentique de l'île. A Ferreries, les fêtes populaires du mois d'août réunissent locaux et visiteurs dans une ambiance festive. Es Mercadal, avec ses jolies places ombragées, est un passage obligé pour déguster la délicieuse cuisine locale.

●● L'OUEST

L'ouest de Minorque s'articule autour de la ville de Ciutadella. C'est ici que l'on trouve les plus belles plages de Minorque, célèbres pour leurs eaux turquoise et leurs paysages sauvages. Cependant, ces plages ne sont plus un secret pour personne, et pour profiter d'un peu de tranquillité, les plages situées au nord de Ciutadella (Cala Pilar, Cavalleria) sont tout aussi belles et bien plus calmes. Au sud de Ciutadella, les plages sont belles mais envahies de touristes et fortement urbanisées. Cap d'Artrutx, Cala en Bosc, la plage de Son Xoriguer ou, plus prés de la ville, Cala Blanca et Cala Santandria. Uniquement si vous êtes en peine d'âme sœur. Heureusement, il existe encore des plages intactes au sud de la ville, et de nombreux ravins abritent des criques de sable fin et d'eau claire sous les pinèdes. Munissez-vous d'une bonne carte et suivez le guide !

Les eaux turquoise de Cala Macarella, Minorque.

MAHÓN - MAÓ ★★

La tradition attribue sa fondation au général carthaginois Magon, frère d'Hannibal, qui se réfugie sur l'île après sa déroute sur la péninsule. De l'Antiquité au début du XIXe siècle, Minorque et le port naturel de Maó ont constitué un enjeu stratégique majeur pour le contrôle de la Méditerranée. L'île fut occupée par les Romains, les Vandales, les Byzantins, les Sarrasins, les Aragonais, les Turcs du redoutable Barberousse et les Anglais ! Aujourd'hui, la capitale de l'île, bâtie sur une falaise d'une altitude de 50 m, est une destination calme et familiale où l'on prend plaisir à flâner. On y trouve de nombreux restaurants, cafés et boutiques.

Quartiers

Orientation. Vous perdre à Maó sera très difficile : la Plaça del Carme et la Plaça d'Espanya, qui mènent au port par la Costa de Ses Voltes (Rampa de l'Abundància), servent de points de repère. Le centre historique de Maó se situe tout autour, dans un rayon de 300 m. Désertée à l'heure sacrée de la sieste, Maó s'anime un peu lorsque les commerces ouvrent leurs portes, mais la capitale de Minorque demeure une petite ville très rarement turbulente ou bruyante. Le centre de Maó multiplie les héritages. Anglais d'abord. Si les sujets de sa Gracieuse Majesté n'ont occupé l'île que fort peu de temps dans son histoire, l'architecture de la ville en a été néanmoins très marquée. En flânant dans les ruelles pavées et sur les petites places, vous apercevez les maisons basses aux *bow windows* (fenêtres à guillotine) et aux murs chaulés. En face de l'hôtel de ville, édifice néoclassique du XVIIe siècle (dont la tour s'orne d'une horloge anglaise du XVIIIe siècle), le principal de *guàrdia* (siège de la police) avec sa façade rouge et blanche témoigne de l'architecture britannique. Sur les quais du port de Maó au Moll de Llevant, l'ambiance est très animée en soirée. Le centre-ville de Maó est plus calme car surtout fréquenté par les résidents (les touristes étant sur le port). Le port est un quartier à lui seul. Les nombreux bateaux qui permettent au visiteur d'en faire le tour passent entre les nombreuses îles de ce grand canal qui ressemble à un fjord. Dans l'histoire de la ville, cette particularité physique est déterminante, le port étant le point d'accès vers le reste du monde. Aujourd'hui encore, la capitale de Minorque est tournée vers ses quais immenses.

CENTRE D'ART ET D'HISTOIRE HERNANDEZ SANZ ★

Carrer Anuncivay, 2
✆ +34 971 356 523
canoliver.menorca.es
Mai-oct : mar-sam 10h-13h30 et 18h-20h, dim 10h-13h30 (gratuit). Hiver : mar-dim 10h-13h30 et jeu-sam 18h-20h. 5 €.

On pénètre ici dans la demeure de la famille Oliver, une des familles de commerçants les plus influentes de Minorque entre le XVIIIe et le XIXe siècle. On admirera l'élégante fresque néoclassique des escaliers, mais aussi les œuvres léguées par Hernández Sanz et Hernández Morades (intellectuels et artistes), des gravures et des cartes anciennes, témoins de l'histoire de l'île. Ne manquez pas d'accéder à la tour qui offre une vue éloquente sur la ville !

ÉGLISE DE SANT FRANCESC

Pla d'es Monestir, s/n
✆ +34 971 362 555
www.bisbatdemenorca.com

L'église de Sant Francesc, qui domine la ville de Mahón, fut fondée en 1459 par le Frère franciscain Bartomeu Catany avant d'être détruite par les troupes turques de Barberousse, pour être finalement reconstruite au XVIIIe siècle (à partir de 1719). Les franciscains seront par ailleurs expulsés de l'île en 1835. Notons également que l'église fut largement pillée lors de la guerre civile (1936). Ses voûtes de style gothique en font l'un des plus beaux exemples de l'architecture religieuse minorquine. Belle vue sur le port et la rade, de la terrasse voisine.

ÉGLISE DE SANTA MARIA

Carrer Isabel II, 4
www.bisbatdemenorca.com
Donation : 2 €. Concerts d'orgue 5 € (à 13h en été).

Cette immense église baroque, reconstruite en 1772, abrite un orgue somptueux, fabriqué à Barcelone en 1808 par le célèbre facteur d'orgue (allemand !) Johann Kiburz. Selon une légende, il était destiné à la chapelle Sixtine, mais le vaisseau qui le transportait fut pris dans une tempête qui faucha une partie de l'équipage. Le capitaine de la frégate, pris de ferveur religieuse, fait vœu de l'offrir au premier port où il accostera sain et sauf, ce qu'il fait en parvenant à Maó. L'instrument est considéré comme l'un des meilleurs d'Europe.

MINORQUE

ÉGLISE NOSTRA SENYORA DEL CARME ★

Plaça del Carme ✆ +34 971 362 402
www.bisbatdemenorca.com

Cette église du XVIIIe siècle est unique de par son ornementation discrète. L'intérieur est surprenant de clarté et de luminosité. L'élégant cloître de l'église, qui appartenait jadis à un couvent carmélite, abrite aujourd'hui l'immanquable marché de la ville. Les origines de cette église furent toutefois houleuses : sa construction débuta en 1726 dans une atmosphère de conflit entre l'ordre carmélite et franciscain, ce dernier s'opposant à l'installation du premier sur l'île.

ILLA DEL LLATZERET ★

✆ +34 971 351 700

Mai-oct : traversée en barque + visite guidées de 2h30. Adulte 18 €, enfant (8 à 15 ans) 9 €. Billets en vente à l'OT.

L'Île de Llatzeret est ancrée dans l'histoire minorquine puisqu'elle a été aménagée au XVIIIe siècle durant la domination espagnole. En réaction à la peste, arrivée sur l'île par les navires étrangers, on ordonna la construction du Llatzeret, ensemble de structures destinées à la mise en quarantaine des personnes infectées. Ce complexe sera utilisé pendant un siècle. Une partie est désormais consacrée à l'accueil de congressistes, et le reste de l'île accessible aux touristes qui veulent faire un bond dans le passé de Minorque.

FORTALESA DE LA MOLA ★

Carretera de La Mola
✆ +34 971 364 040
www.fortalesalamola.com

Avril : mar-dim 10h-18h. Mai-sept tlj 10h-20h. Oct 10h-18h. Fermé mi-déc/fin-janv. Entrée 8 €.

La forteresse de la Mola, aussi connue sous le nom de Isabel II, a été construite dans la moitié du XIXe siècle pour défendre le port de Maó des attaques britanniques. Ces derniers voulaient en effet faire de Minorque un point d'ancrage pour lutter contre les Français et renforcer leur contrôle dans la zone méditerranéenne. Par la suite, cette forteresse devint le passage obligé pour les voyageurs désirant poser le pied sur Minorque, où ils devaient subir une quarantaine. Différentes agences de types de tours guidés en proposent la visite.

ILLA DEL REI ★

Port de Maó
✆ +34 609 161 662
islahospitalmenorca.org

Mai-oct : croisière + visite le vendredi. 20 € (adulte), 10 € (-12 ans). Avril-oct : croisière seule à 10 € par adulte.

Situé au milieu du port de Mahón, l'île du Roi fut nommée ainsi en référence à Alphonse II de Catalogne et III d'Aragon qui y débarqua pour la première fois lors de la conquête de l'île en 1287. L'île abrite deux grands sites d'intérêts : les ruines d'une basilique paléochrétienne et un ancien hôpital militaire qui lui valu le surnom de « Bloody Island ». Ce dernier a été réhabilité après de nombreuses années de décadence et transformé en musée dédié à la médecine abritant la Colección Médica-Biológica Hospital Isla del Rey.

Centre de Mahon.

MUSEU DE MENORCA

Avinguda del Doctor Guàrdia, s/n
✆ +34 971 350 955
www.museudemenorca.com

Juin-sept : mar-dim 10h-14h et mar-sam 18h-20h. Oct-mai : mar et jeu 10h-18h, merc et ven-dim 10h-14h. Entrée 4 €.

Le Museu de Menorca (Musée de Minorque) est situé dans l'ancien couvent Sant de Francesc (construit aux XVIIe et XVIIIe siècles), sur le port même. Vous y trouverez d'importantes pièces archéologiques découvertes sur l'île. Un complément indispensable aux grottes, talayots et dolmens de l'île. Y sont notamment rassemblées presque toutes les trouvailles des différentes fouilles, des premières aux dernières (XVIIIe et XIXe siècles). Entrée gratuite les dimanches, les mardis et les jeudis de 15h à 18h et lors des expositions temporaires.

PORTAL DE SAN ROC

Le Portal de San Roc est l'unique vestige de l'ancienne muraille d'enceinte de la ville, cette porte de style gothique du XIVe siècle (construite vers 1359) est surmontée de deux grandes tours de défense à mâchicoulis. C'était l'une des entrées médiévales de la ville. L'axe qui la traverse est celui de la route qui menait jadis à Ciutadella. Le portail fut restauré après avoir détruit par une attaque turque en 1535 et est aujourd'hui conservé en tant que monument historique. Plusieurs associations en occupent actuellement les locaux.

TOUR DE RAMBLA

Parc naturel Albufera des Grau

Site fermé au public mais visible de la mer et de l'intérieur du parc.

Presque entièrement conservée dans son état d'origine, la Torre de Rambla est une tour de défense côtière qui fut érigée par les Anglais entre 1799 et 1802. On la trouve, dans un état de conservation relatif, au niveau du cap Rambla, qui sépare la Cala de Sa Torreta de la Cala dels Tamarells. Elle est composée d'un rez-de-chaussée (qui servait aussi bien à stocker les vivres que la poudre à canon), d'un étage intermédiaire (où logeait la garnison en charge de la surveillance de la tour) et d'une terrasse d'observation et de combat.

VILLAGE TALAYOTIQUE DE TREPUCÓ ★

Camí de Gràcia - Trepucó

✆ +34 971 157 800

Le village talayotique de Trepucó a été découvert en 1931 par l'archéologue anglaise Margaret Murray, et fut aussitôt classé monument historique et artistique. C'est l'un des sites archéologiques les plus vastes et les plus impressionnants de Minorque : s'étirant sur plus de 5 000 m², il est constitué d'un monumental *talayot* – édifice en pierre prenant la forme d'une tour – et d'un *taula* très bien conservé – mégalithe en forme de « T ». Une escale recommandée aux mordus d'histoire.

MENORCA ISLAND BY LODGE ATTITUDE

✆ 06 78 70 34 06

www.menorca-island.fr

david@lodge-attitude.fr

Ouvert toute l'année. DMC réceptif spécialisée en voyages personnalisés sur l'île de Minorque.

Le seul réceptif francophone installé à Minorque et ouvert pendant toute l'année. David et Clothilde, fins connaisseurs des secrets minorquins, ont réussi à créer une réseau de partenaires locaux les plus authentiques de l'île pour proposer des séjours et voyages sur mesure uniques et mémorables. Des voyages sur mesure qui s'adressent autant aux particuliers qu'aux entreprises. Très bonne adresse pour découvrir la vraie essence de Minorque de la main des spécialistes.

NURA TRAVEL

Carrer Vassallo, 14

✆ +34 971 36 68 86

www.nuratravel.com

Mai-oct : lun-ven 9h-13h et 16h30-20h, sam 9h-13h. Nov-avril : lun-ven 9h-13h.

Un des réceptifs les plus réputés de Minorque avec plus de 30 années d'expérience en tourisme et transport de voyageurs. Vaste flotte de bus et minibus pour tout type de transferts privés : mariages, voyages d'entreprise, dîners de gala, transferts vers l'aéroport/port. En plus de la logistique classique, Nura Travel est spécialisé en service de transport pour tout type de randonnée et sortie cyclotouriste le long du Camí de Cavalls (GR223 qui fait le tour de l'île). En été, l'agence programme des tours à la découverte de l'île adaptés aux familles.

GOB MENORCA

Camí des Castell, 53

✆ +34 971 350 762

www.gobmenorca.com

Le Gob, organisation écologique, organise des excursions pour des groupes réduits avec des circuits à la campagne, ou à la plage pour découvrir les oiseaux vivant à Minorque. Original et sympathique. C'est aussi l'occasion de passer une demi-journée avec quelqu'un du pays. Egalement au programme, des sorties à la découverte du patrimoine archéologique de Minorque, accompagné par un chercheur expert en la matière. Consultez directement l'association pour connaître le calendrier des excursions (et voir s'il est possible d'avoir un guide francophone).

MENORCA EN LLAUT

Carrer Andana de Ponent
✆ +34 667 90 35 57
www.menorcaenllaut.com
En basse saison, à partir de 400 € la demi-journée et 650 € la journée complète pour 10 personnes maximum.

Manu et Jordi proposent des sorties en groupe (10 personnes) à bord de Llaüt, typique embarcation minorquine. Les deux bateaux – le Binifabini et le Riu Pla, tout deux aussi élégants et stables l'un que l'autre – sont en mesure d'atteindre des coins de l'île absolument splendides, inaccessibles autrement que par la mer. L'équipe est on ne peut plus aimable, guidant l'équipage avec passion à la découverte de véritables petits coins de paradis. Le matériel de *snorkeling* est fourni. Une belle activité à faire en famille ou entre amis.

AÉROPORT DE MINORQUE

✆ +34 913 211 000
www.aena.es

N'hésitez pas à vous renseigner dès votre arrivée à l'office de tourisme situé au terminal des arrivées à l'aéroport. Concernant les liaisons aériennes inter-îles : Maó est reliée à Palma et à Ibiza (avec escale à Palma), mais la solution la moins chère reste de prendre le bateau. Pour rejoindre Maó depuis l'aéroport, si vous n'avez pas de voiture, vous pourrez prendre le bus : la ligne 10 (Autocares Torres) assure la liaison avec le centre de Maó (5h55-0h25 en été, jusqu'à 22h15 en hiver) pour 2,65 €. Sinon, il reste le taxi, qui vous prendra 10 à 15 €.

MINORQUEVACANCES

Camí des Castell, 19
✆ +34 667 757 251
www.minorquevacances.fr
Horaires et services sur mesure.

Cédric est Bordelais mais réside à Minorque depuis de nombreuses années, marié à une Minorquine. En plus de son activité de guide touristique, il a fondé Minorquevacances.fr, le seul blog en français dédié à Minorque. Il vous propose découvrir l'île, et toutes les astuces et bons plans des locaux. Depuis 2017, Cédric aide de nombreux Français à organiser leurs vacances : location de villas, voitures, activités etc. il organise aussi des séjours pour les randonneurs et des séminaires d'entreprise. Du sur-mesure, rien que pour vous !

AUTOS VALLS

Carrer Bajoli, 68
✆ +34 971 573 740
www.autosvalls.com
Tlj 7h-22h (agence près de l'aéroport).

Autos Valls est une société ayant pas loin d'une trentaine d'années d'expérience dans la location de voitures et motos sur l'île de Minorque, possédant une quinzaine bureaux de location réparties dans les zones les plus touristiques de l'île. Large choix avec des voitures compactes, économique, familière, cabriolet, 4x4, minibus 7 ou 9 places, fourgonnettes ou des voitures de luxe pour les mariages, sans oublier la location de voiture low cost. Autos Valls propose également de la location de vélos et de scooters. Bonne agence.

YELLOW CATAMARANS

Moll de Llevant, 12
✆ +34 639 676 351
www.yellowcatamarans.com
Avril-oct : visite du port de Maó à 12,50 € (adulte), 6 € (-12 ans).

Avec une flotte de 2 embarcations, Yellow Catamarans propose le plus beau tour du port de Maó avec commentaire historique en français et vision sous-marine dans les eaux claires à la bouche du port : le fond des bateaux est équipé d'une épaisse vitre transparente ! Durée : 60- 70 minutes. Bar et toilette à bord. Entre 6 à 9 départs tous les jours, dont les plus agréables (peu de passagers) sont l'après-midi et les dimanches. Impossible de les rater : ce sont les bateaux jaunes ! Parking gratuit et sans limitations les dimanches.

COCHES MENORCA

Carrer de s'Era Alta, 73
✆ +34 671 01 37 72
www.cochesmenorca.es
Ouvert toute l'année. Livraison aéroport, port et alentour.

Entreprise réputée, familiale et fiable, Coches Menorca dispose, comparé à ce qu'il est coutume de trouver sur l'île pour ce type de structure, d'une vaste et très variée flotte de véhicules, des petits utilitaires aux plus volumineux. Livraison à l'aéroport, port et alentours sans attente où transferts. Manel et son équipe, à l'aise avec la mécanique, sont à l'écoute et efficaces, mettant à disposition leurs véhicules toute l'année, et ce 24h/24. Réserver sur le site web est facile et rapide. Une valeur sûre depuis des décennies !

MENORCA ON WHEELS

Carrer Bajolí, 65
✆ +34 666 36 01 78
www.menorcaonwheels.com
Ouvert toute l'année. Service assistance 24/24h tous les jours. Livraison/retour directement à l'aéroport.

Equipe très professionnelle et attentive qui saura vous conseiller sur le choix d'un véhicule adapté à votre séjour. Flotte variée allant du petit utilitaire au véhicule grande capacité ou doté d'une boîte automatique. Conditions faciles et sans mauvaises surprises. Les contrats de location comprennent toujours l'assurance tous risques et sont sans franchise. Avant de prendre le volant, profitez de leurs connaissances pour en savoir un peu plus sur les plus beaux endroits à visiter sur place. Ils connaissent Minorque comme leur poche !

TRAMUNTANA RENT A CAR

Aeropuerto de Menorca, Carretera de Sant Climent
✆ +34 971 48 13 09
www.tramuntanarentacar.es
Ouvert en saison.

Disposant d'un bureau à l'aéroport, l'agence de location de véhicule locale Tramuntana (gérée avec passion par Joan depuis des années) est des plus recommandables pour un séjour à Minorque. Tous les véhicules sont neufs et parqués à l'aéroport même, mais il est également possible d'effectuer des transferts gratuits depuis les ports et hôtels de l'île. Aucun frais cachés, une assistance efficace et fonctionnant 24h/24, il s'agit d'une agence de confiance pratiquant les tarifs les plus bas de Minorque. Agence ouverte uniquement en saison.

MOMPLE RENT A CAR

Carrer Bajolí, 27 ✆ +34 971 36 09 18
www.momplerentacar.com
Ouvert toute l'année. A partir de 98 € par semaine en baisse saison. Poussette et siège-auto pour les enfants gratuits.

Ouvert depuis 1974, Momple Rent a Car est une institution à Minorque. Qualifiée par les autorités de l'île comme l'une des meilleures agences de location de véhicule, Momple propose un service rapide, efficace et personnalisé. La livraison et le retour s'effectuent normalement au parking de l'aéroport, mais il est aussi possible de le faire dans n'importe quel établissement ou village de l'île. Flotte variée et complète : de la Fiat Panda aux voitures de grande capacité en passant pour les véhicules plus standards. Equipe familiale et service impeccable.

HOSTAL JUME €

Carrer de la Concepció, 6
✆ +34 971 363 266
www.hostaljume.com
Mi-jan/mi-déc. Chambre double dès 60 € en basse saison (72 € avec pdj) et dès 70 € en haute saison (84 € avec pdj).

Situé dans le centre historique et commercial de Maó, L'Hostal Jume rénové en 2018, propose des chambres standards confortables habillées de tons clairs. Salle de bains, TV, wifi, air conditionné et coffre-fort dans chaque chambre. Le petit déjeuner en buffet est complet et assez bon. L'hostal dispose également d'un accès adapté aux personnes à mobilité réduite, de chambres familiales pouvant accueillir jusqu'à 5 personnes, et d'un parking payant (sur réservation préalable). Location de véhicules et réservation d'excursions.

BINIAI NOU €€

Carretera General, km 5
✆ +34 699 065 684
www.biniainou.es

Ouvert toute l'année. Avril-oct : double dès 80 € (pdj inclus). Nov et mars : ouvert aux groupe, dès 65 €.

Belle propriété sans luxe, mais authentique où à la différence des boutiques-hôtels ruraux, on trouve une vraie structure d'agrotourisme. Qui plus est, le domaine héberge certaines des ruines les plus anciennes de l'île. Remarquable. La demeure dispose de huit chambres confortables à la déco rustique simple typique minorquine, une piscine, un barbecue en libre-service, un parking gratuit, et le petit déjeuner est composés de produits locaux et typiques. Une adresse simple, familiale et authentique. Fromagerie artisanale juste en face.

HEVRESAC €€

Carrer d'Anuncivay, 20
✆ +34 655 997 349
www.hotelhevresac.com

95-135 € en octobre, plutôt 125-235 € en août. Location de vélo. Parking public gratuit près de l'établissement.

Au cœur de la vieille ville, ce boutique-hôtel sis dans une élégante bâtisse du XVIIIe siècle, conserve çà et là de superbes détails historiques, à l'instar de ses sols en mosaïque hydraulique, ses poutres en pin ou son escalier en fer forgé. Décoré avec beaucoup d'attention, le mobilier vintage se mêle à une décoration éclectique et créative qui confère au lieu un charme résolument contemporain. Baignées de lumière, les 8 chambres spacieuses, minimalistes et tout confort font la part belle aux matériaux naturels et aux énergies vertes.

HOTEL ARTIEM CAPRI €€

Carrer de Sant Esteve, 8
✆ +34 971 36 14 00
www.artiemhotels.com

Chambre double standard à partir d'environ 70 € en basse saison, petit déjeuner inclus.

Situé un peu à l'écart du centre-ville, l'hôtel Capri (de la chaîne Artiem) se déploie sur cinq étages et offre un très beau point de vue sur la ville de Maó. Cet édifice moderne propose une bonne soixante-dizaine de chambres (certaines avec terrasse) et quelques appartements. Le vrai « plus » de l'hôtel, c'est son petit spa : un espace entièrement dédié au bien-être avec piscine extérieure, bain à remous, bains de vapeur et solarium avec vue sur la ville. Un hôtel moderne avec d'excellents équipements et une équipe de service agréable et à l'écoute.

HOTEL PETIT MAÓ €€

Carrer de la Infanta, 17
✆ +34 661 020 254
www.hotelpetitmao.com

Ouvert toute l'année. Chambre double 85-165 €, petit déjeuner inclus. Location de vélos sur demande. Piscine.

Ce petit hôtel de charme installé au cœur du centre historique de Maó dans une ancienne maison coloniale d'un armateur et commerçant entend bien réveiller les standards de l'hôtellerie par son caractère alternatif. Une des prérogatives phares de la maison : l'hospitalité ! De fait, Ignasi vous réserve un excellent accueil dans ce havre tranquille et éclectique. Côté installation, le cadre est assez épuré : aucune des chambres ne dispose de télévision par exemple. Le petit déjeuner, élaboré à base de produits locaux est quant à lui frais et copieux.

HOTEL SAN MIGUEL €€

Carrer Comerç, 26
✆ +34 971 364 059
www.hotelsanmiguelmenorca.com

Chambre double à partir de 65 € hors saison, petit déjeuner inclus.

L'Hotel San Miguel est un établissement qui propose une quinzaine de chambres (divisées en cinq catégories) avec climatisation, TV et accès Internet. Les murs en pierre donnent du charme et du caractère aux chambres et la terrasse commune est très agréable. L'ensemble des prestations offertes est très satisfaisant. Bien situé dans le centre-ville de Mahón, tout près de lieux emblématiques comme le *Mercat d'es Claustre* (marché du cloître), un ancien couvent qui abrite le marché de la ville. Bon rapport emplacement/qualité/prix.

MATXANI GRAN AGROTURISMO €€

Carretera Binidali Km 1,5 ✆ +34 971 153 337
www.matxanigran.com

A partir d'environ 90 € la double. Fermé de novembre à fin mars.

En 1987, cet hôtel de campagne a été le troisième à se lancer dans le tourisme rural à Minorque. Située aux alentours de la petite ville de Sant Climent (tout près de Mahón et de l'aéroport), cette très belle ferme reconvertie en hôtel a su garder un caractère authentique. On y trouve une dizaine de chambres aussi rustiques que confortables. Les propriétaires mettent à disposition une cuisine pour les clients. On trouve par ailleurs une jolie piscine encadrée d'un jardin verdoyant et très agréable. Une adresse qui plaira aux amateurs de grand air.

CASA ALBERTÍ €€€

Carrer Isabel II, 9
✆ +34 971 354 210
www.casalberti.com
Avril-sept. Chambre double 100-200 €, petit déjeuner inclus. Séjour minimum demandé certains mois.

Cet hôtel de 7 chambres se trouve dans une grande et belle demeure ancienne, construite en 1740 et entièrement rénovée. L'escalier central est une véritable pièce de musée, qui donne tout son caractère au lieu. Les chambres sont spacieuses et décorées avec goût et le petit déjeuner buffet est un vrai poème : fromage de Maó, *sobrassada*, *ensaimada*, confiture et fruits achetés chaque matin au marché. Vous le prendrez dans le salon principal ou sur la petite terrasse. Citons enfin le joli Spa offrant circuit, traitements et massages.

CASA LÁDICO BOUTIQUE HOTEL €€€

C/ d'Anuncivay, 26
✆ +34 971 573 700
www.boutiquehotelcasaladico.com
A partir d'environ 140 € la chambre double.

Installé au cœur du vieux centre de Mahón, le récent boutique-hôtel Casa Ládico est plein de charme et de bon goût. L'édifice lui-même, reconnu pour sa valeur architecturale, a jadis appartenu à des commerçants grecs arrivée sur l'île en 1753. Le rez-de-chaussée est composé d'un salon avec cheminée, d'un café et d'un splendide patio intérieur équipé d'une piscine aux airs antiques. Aux étages, on trouve 14 chambres aussi confortables que finement arrangées. Très beau spa.

CUGÓ GRAN €€€

Cami Forana, 236
✆ +34 971 157 447
www.cugogranmenorca.com
À partir de 325 € la chambre double avec petit déjeuner.

Situé dans le village de Sant Climent, non loin de Mahón, le récent Cugo Gran est une adresse de tourisme rural de haut rang qui a tout d'un boutique-hôtel. La *masia* restaurée est en effet l'unique de ce type à avoir décroché 5 étoiles sur l'île. 12 chambres claires et élégamment meublées, une déco chic aux accents méditerranéens, un gigantesque terrain de plus de 100 hectares, une belle piscine, un excellent restaurant. Une très belle adresse. Possibilité de privatiser le lieu pour des événements spéciaux, anniversaires... ou juste pour s'évader de la routine.

JARDÍ DE SES BRUIXES - BOUTIQUE-HÔTEL & CAFÉ €€€

Carrer Sant Ferran, 26 ✆ +34 971 363 166
www.hotelsesbruixes.com
Ouvert toute l'année. 115-300 € la chambre double. Circuit spa (ouvert aussi aux non clients de l'hôtel).

Cette ancienne maison datant de 1812 a été entièrement rénovée en hôtel de luxe, en plein cœur du centre historique. Anja et Nando, architectes minorquins, ont transformé leur rêve en réalité, avec un grand souci du détail. L'établissement compte 16 chambres, élégantes et lumineuses, distribuées autour des 4 étages de la maison. En haut, un solarium et un petit belvédère offrent une belle vue sur la ville, depuis lequel il est possible de distinguer le port, la mer et le Monte Toro.

BONNIN SANSO €€

Carrer Nou, 14-16
✆ +34 971 35 04 05
www.bonninsanso.com
Ouverte toute l'année, du lundi au vendredi de 9h à 14h et de 17h à 20h. Samedi de 9h30 à 13h30 (agence de Mahón).

Voici une agence immobilière professionnelle installée à Minorque depuis plus de 27 ans, dont la réputation n'est plus à faire. L'équipe juridique et l'assistance en français vous accompagnent en toute sérénité dans votre désir de vous installer ou d'acquérir une propriété sur Minorque ou Majorque. Avec un portefeuille de plus de 5 000 biens immobiliers, Bonnin Sansó, qui dispose de cinq bureaux à Minorque (à Mahón, Cuitadella, Es Castell, Es Mecrada et Sant Lluis), et d'un bureau à Majorque (Cala Millor), est une agence de référence.

HG CALA LLONGA €€

Urbanización Cala Llonga
✆ +34 971 353 800
www.hghoteles.com
Appartements ouverts de mai à octobre. Les prix varient de 60 à 210 €, en fonction de la saison, petit déjeuner inclus.

Appartements appartenant au groupe hôtelier HG Hoteles, situés au calme de la baie de Mahón, de « l'autre côté du port », pour reprendre l'expression des autochtones. On y trouve au total une trentaine de logements disposant de tout le confort nécessaire pour un séjour tranquille. Plusieurs services disponibles tels que Wi-Fi, piscine et navette gratuite jusqu'à la jolie plage de Sa Mesquida et le centre de Mahón. Idéal pour les familles ou pour tout visiteur qui souhaite jouir d'une plus grande autonomie qu'en se rendant à l'hôtel.

CRISTANAL Y GRADINATA €

Carrer Isabel II, 1
✆ +34 971 363 316
www.gradinata.es
Lun-ven 9h-15h (sam 12h-15h) et 19h-23h30. Fermé le dimanche et une partie du mois de septembre. Environ 10 €.

C'est avant tout un bar, mais on peut aussi y picorer des mini-sandwichs façon tapas, pour combler les petites faims : les *manolitos*. Un endroit plein de charme : sa terrasse est une invitation à la lecture du journal, tranquille sous le soleil du matin, dans cet endroit plutôt fréquenté par des locaux. L'intérieur est très accueillant, avec ses banquettes couleur bordeaux, ses tables de type bistrot, un joli bar en bois... Une petite adresse parfaite pour reprendre des forces lors d'une promenade dans le centre-ville. Service à emporter également.

ANNA & PEPE RESTAURANT €

Carrer Bonaire 12
✆ +34 971 103492
www.anateamenorca.com
Lun-jeu 19h-23h30, ven-sam 12h-15h30 et 19h-23h30. Compter 10-15 € le plat. Tapas moins de 10 €.

Faisant face au marché aux poissons, c'est-à-dire en plein centre-ville, ce resto est tenu par un sympathique couple originaire de Barcelone proposant des tapas créatives élaborées à partir de produits frais et de saison. Tout se déguste en petites et savoureuses portions à partager : salade russe, *bravas* à l'aïoli, tartare coupé au couteau, poissons et autres fruits de mer cuisinés... tout est très bon ! N'hésitez pas à demander conseil pour choisir votre vin, le patron est un passionné. Parfait pour les petites faims comme pour les sérieux gueuletons.

CA'S MESTRE D'AIXA €

Moll de Llevant, 209 ✆ +34 971 966 801
www.mestredaixa.es
En hiver, du mercredi au lundi, de 13h30 à 16h et de 19h30 à 23h30. Tous les jours en été. Comptez 15-20 €.

Cuisine traditionnelle et internationale servie dans un décor de bateau conçu comme un hommage aux charpentiers de bateau (traduction de « Mestre d'Aixa ») du port de Maó. On pourra par exemple commencer par quelques *croquettas* maison, une des salades du chef ou un gaspacho de tomates vertes, avant de poursuivre avec un *bacalao escarchado con pisto y huevo*, un ramen de poulpe, quelques *canelones* de poulet ou encore *ceviche de corvina y gambón*, pour conclure avec un délicieux pain perdu ou une savoureuse tarte au citron. Appétissant non ?

CAN XAVI €

Carrer s'Arraval, 1
✆ +34 971 363 829
canxavimahon.com
Fermé le dimanche. Environ 10 €.

Super cantine pour manger des tapas, mais aussi des plats un brin plus élaborés, au coude à coude avec la population locale. Le menu de midi est très copieux et les rations généreuses. Un vrai bar de *pueblo* comme on les aime en somme. Pour ouvrir l'appétit des passants, les 36 photos des sandwichs que l'on peut commander au Can Xavi sont affichées à l'entrée, autant dire qu'il y a du choix ! Côté bière, on aura le choix entre une bonne vingtaine de propositions. Une adresse populaire, typique, au charme indémodable et où l'on en a pour son argent.

EL ROMERO €

Plaça de la Conquesta, 5
✆ +34 651 45 90 18
www.elromero.bio
Accessible aux fauteuils roulants, Accessible aux personnes à mobilité réduite.

C'est en plein cœur de Mahon, faisant face au marché aux poissons, que le Romero régale habitués et voyageurs de passage de plats marins et frais, très joliment arrangés, s'inspirant de la tradition menorquine sans oublier pour autant d'en proposer un version plus moderne et inspirée. Fabio et Francesca, un couple d'italiens, vous accueilleront avec le sourire et se feront un plaisir de vous orienter selon vos goûts : poissons, huîtres et fruits de mer on ne peut plus frais et plats végétariens biologiques à déguster en terrasse ou en salle. Testé et approuvé.

MIRADOR CAFE €

Plaça Espanya, 2
✆ +34 971 352 107
Ouvert de 18h à minuit, jusqu'à 1h vendredi et samedi. Fermé le dimanche. Compter entre 10 et 15 €.

Le Mirador Cafè propose une variété de sandwichs, salades et tapas élaborés de façon créative dans un style méditerranéen. Ce café, d'un excellent rapport qualité-prix, est idéalement situé et dispose – son nom vous aura sans doute mis la puce à l'oreille – d'une terrasse offrant une vue imprenable sur le port de Maó. Nous vous recommandons toutefois de vous munir d'une petite laine si vous optez pour un repas en terrasse, car le lieu est très venteux, de jour comme de nuit ! Une adresse économique au cadre plutôt remarquable.

EL RAIS €€

Moll de Llevant, 314
✆ +34 971 362 345
Ouvert pour le déjeuner et le dîner. Hors saison, fermé le lundi et le mardi. Comptez 30 à 40 €.
Le restaurant El Rais invite à une expérience gastronomique inventive dans le port de Mao ! Cette nouvelle adresse est née à l'initiative des propriétaires du restaurant Ses Forquilles (aujourd'hui fermé). La maison est spécialisée dans l'élaboration de plats à base de riz, d'où son nom, « El Rais », un jeu de mots qui rappelle « rice » (riz en anglais). Les tapas à partager, gourmandes et originales, feront une très bonne introduction. Les proportions sont petites, mais les saveurs sont au rendez-vous ! Belle carte des vins.

ES MOLÍ DE FOC €€

65 Carrer de Sant Llorenç
✆ +34 971 15 32 22
www.esmolidefoc.es
Ouvert toute l'année midi et soir. Fermé le lundi. Compter entre 45 et 75 €.
Situé dans le village de Sant Climent, non loin de Maó, ce restaurant est une véritable institution. Vicent Vila, expert restaurateur valencien expatrié à Minorque depuis longtemps, a posé ses valises dans cet ancien moulin en 1996 pour le convertir en restaurant spécialisé dans la préparation de plats à base de riz : les excellentes paellas, le riz noir et le superbe *arròs caldós* font partie des incontournables. Egalement salades, viandes et poissons frais du jour (provenant de la halle aux poissons de Maó) alimentent les recettes méditerranéennes à la carte.

MERCAT DE PESCADOS €€

Plaça del Carme, 28
Ouvert du lundi au samedi de 11h à 23h.
En plein coeur de Mahon, le Mercat de Pescados (Marché aux Poissons) est une institution. En plus d'être le lieu consacré pour aller faire ses courses de poissons et fruits de mer depuis toujours, c'est également devenu avec le temps, un gourmet espace de convivialité grâce à l'enfilade de petits restaurants faisant face aux étals à poissons. On fait son choix parmi les diverses spécialités proposées puis, muni de son plateau, on s'installe dans la petite et pittoresque cour pour faire bombance dans une atmosphère cosmopolite et marine. Escale conseillée.

CASAS EN MENORCA €€

Plaça Reial, 4 ✆ +34 971 363 300
www.casasenmenorca.com
Ouvert du lundi au vendredi, de 9h30 à 13h30 et de 17h à 20h, le samedi de 9h30 à 13h30. WhatsApp +34 610 08 95 15.
Agence immobilière avec une grande expérience professionnelle dans le secteur. Spécialisée en achat-vente de propriétés typiques de l'île, charmantes villas, appartements fonctionnels, situés en bord de mer, en campagne ou au cœur des principaux villages de l'île. Depuis plus de 40 ans, les agents aident, guident et accompagnent le client dans tous les processus d'achat/location/vente et dans toutes les démarches administratives, fiscales relatives à votre projet à Minorque. Les formalités légales restent à la charge de l'agence.

MINORQUE

PASSIÓ MEDITERRÀNIA €€

Port de Mao, 298
✆ +34 971 354 704
En été : jeu-mar 12h30-16h et 19h-23h. En hiver, ven-lun 12h-15h30 et 19h30 à 23h. 35-40 €.

Cette adresse *cosy* et moderne du port de Maó propose une délicieuse cuisine méditerranéenne réinventée, à déguster en terrasse ou dans la petite salle du restaurant toute de blanc vêtue ! Petites proportions, mais recettes goûteuses soigneusement présentées : *huevos bravos*, carpaccio de bœuf de Minorque, paellas variées, saumon mariné ou morue confite, sans oublier les très bons desserts tels que le carrot cake au chocolat ou le sorbet au citron et au gin. Service professionnel et attentionné. Réservation recommandée en haute saison.

NOU BAR

Carrer Nou, 1
✆ +34 971 365 500
www.barnou.com
Ouvert tous les soirs de 18h à 1h.

Le Nou Bar est un endroit curieux : au rez-de-chaussée, on y débusque un bar plutôt tranquille, tandis qu'à l'étage se déploie une salle très animée où la nuit se termine souvent en dansant. Ce bar se trouve dans un local emblématique de Mahón, un édifice de style Art nouveau que le propriétaire Joan Saura transforma en débit de boissons en 1986. C'est également un lieu convivial d'échanges et de rencontres pour les locaux, jeunes ou moins jeunes. On y mange quelques préparations simples ou des plats plus costauds sans prétention.

AKELARRE

Moll de Ponent, 41
✆ +34 971 368 520
akelarrelivemusic.com
Ouvert de midi à 4h.

Installé dans le port de Maó, le Akelarre est une adresse vivante proposant de nombreux concerts en saison (consultez l'agenda de programmation sur leur site web). On pourra au choix s'asseoir en terrasse ou dans la très jolie salle de service aux pierres et poutres apparentes (la maison est tout de même vieille de plus de deux siècles !), ou encore faire un tour à l'étage pour danser au son de la playlist du DJ. Un lieu, trois ambiances en somme ! Une très bonne adresse pour sortir, mais aussi pour se régaler de quelques tapas ou plats plus copieux.

PAPUT

Carrer Andana de Ponent, 133
Ouvert tous les jours de 11h à 1h. Fermé hors saison.

Le Paput est un chiringuito (bar de plage) au décor boisé, à ceci près qu'il se trouve sur le port et s'inspire de la tendance « streetfood ». Ici les spécialités, ce sont les cocktails et les burgers ! Des concerts et DJ sets y sont également organisés dans une ambiance décontractée hippie chic tout au long de la belle saison. On y viendra plus souvent pour boire un verre que pour manger, même si les burgers sont tout de même assez bons : sept propositions sont à la carte, dont le Kiri Kiri (au poulet), le Malahierba ou encore le Full Moon Party.

CAFÈ BAIXAMAR

Moll de Ponent, 17
✆ +34 971 365 896
Tous les jours sauf le mercredi, de 9h à 1h. A partir de 10h le week-end.

Ancien magasin de grains reconverti comme bar en 1980 (il s'agit du plus ancien établissement du port de Maó), le lieu a du caractère, avec ses petites tables et tabourets en bois de fabrication manuelle, les anciens mâts en guise de poutres, de vieux lampadaires pour les colonnes, un tiroir-caisse d'époque (plus ancien que l'établissement) et une superbe salle à l'étage. La carte est simple, mais très bien faite, et surtout très abordable : tapas délicieuses, salades complètes, assortiments de charcuterie et de fromages minorquins, toasts variés...

SA FALUA

Carrer Moll de Llevant, 94
✆ +34 971 363 169
Ouvert tous les jours de 20h à 4h.

Sa Falua est un lieu de vie nocturne bien connu des habitants de Maó, installé dans le port de la ville. On y vient en général entre amis pour goûter aux cocktails dont les recettes originales sont finement travaillées (la maison dispose également d'une vaste sélection de gin), servies sur un fond musical de qualité. L'ambiance y est plutôt détendue et le patio intérieur aux murs de pierres et garni de plantes est assez accueillant. Parfait pour ouvrir la soirée, pour une escale digestive après le repas ou pour un dernier verre.

SES PALMERES

Plaça Colom, 6

✆ +34 971 364 717

Le Ses Palmeres est un petit bar tout en simplicité qui dispose d'une agréable terrasse donnant sur la place Colom, à l'ombre des palmiers (d'où son nom). Il est tenu par Roberto, sympathique italien expatrié à Minorque. Vous pourrez vous arrêter ici pour un bon petit déjeuner, un solide repas à base de plats maison à midi, envisager une escale-glace dans l'après-midi, ou encore pour y boire un verre entre chien et loup. Notons, et ce n'est pas rien, que c'est au Ses Palmeres que nous avons goûté le meilleur cappuccino de Maó !

BURAGUN SURF & SKATE MENORCA

Plaça de la Constitució, 10

✆ +34 971 35 35 76

Buragun Surf et Skate Menorca : tout est dans le nom. Cette boutique très centrale propose toute une gamme de vêtements et accessoires de sport des plus grandes marques du monde de la glisse. On trouve ici des chaussures et des sandales, des T-shirts et des chemises, des maillots de bain, des combinaisons en néoprène, des lunettes, articles de surf (farts, housses, planches) et de skate... Les amateurs y trouveront très certainement leur bonheur.

EL TURRONERO

Carrer Costa Hannover, 48

✆ +34 971 362 898

De juin à septembre, ouvert du lundi au samedi de 10h30 à 21h30, le dimanche de 18h30 à 21h30.

Fondée en 1894, El Turronero est une petite entreprise qui fabrique son *torró* à Xixona (Valence) et l'importe tous les ans pour le vendre dans la boutique. Les nouvelles générations ont apporté leur savoir-faire en matière de glaces, proposant, en plus des grands et incontournables classiques, quelques parfums typiquement valenciens comme la *orxata* et le *granissat*. On y trouve également les produits typiques de la région : *sobrassada, ensaimada* et fromage de Maó. Une maison incontournable de la ville, vous ne pourrez pas la manquer !

CA N'AURÈLIA

Plaça des Carme, s/n

✆ +34 638 920 259

Ouvert du lundi au vendredi de 7h à 21h, le samedi jusqu'à 18h et le dimanche jusqu'à 15h.

Dans la charcuterie/épicerie fine Ca n'Aurèlia, on débusquera tous les bons produits typiques de l'île ! Nichée au cœur de Mercat des Claustre, la maison a bonne réputation pour la qualité de sa sélection. On trouvera ici d'excellents fromages, des assortiments de jambons, saucisses et saucissons, des vins et liqueurs variées (dont le fameux gin minorquin), sans oublier les pâtisseries traditionnelles des Baléares et autres sucreries... Une petite adresse centrale et parfaite pour faire le plein de denrées typiques et gourmandes avant de quitter l'île !

MINORQUE

AUTÈNTIC

Plaça de s'Esplanada, 13

✆ +34 971 366 291

Mai-oct : lun-sam 9h30-20h30, dim 10h-14h.
Nov-avril : lun-sam 9h30-13h30 et 17h-20h, dim 10h-14h.

L'Autèntic est une boutique qui propose uniquement des produits de la région, autant dire une adresse idéale pour ramener quelques souvenirs gourmands à la maison. En vrac, on trouve ici des fromages et charcuteries produits par les tenanciers eux-mêmes, les fameuses et savoureuses *ensaimadas*, du gin de Minorque, du miel et des confitures. Le plus de l'Autèntic ? La maison a le matériel nécessaire pour mettre tous vos produits sous vide, très utile si vous souhaitez charger vos bagages de victuailles (en particulier les charcuteries et les fromages).

LA CERERIA

Carrer Isabel II, 6

✆ +34 971 352 540

www.lacereriamenorca.com

Du mardi au samedi de 10h à 14h et de 17h30 (18h le samedi) à 20h30.

La Cerería est une très belle boutique de mode pour homme et femme ouverte il y a maintenant un peu plus de dix ans. La volonté des tenanciers était de créer un espace ouvert d'esprit et profondément engagé dans la défense de l'artisanat et du savoir-faire manuel propre à l'univers de la mode. Et le résultat est on ne peut plus authentique et frais : on trouve dans les rayons de la Cerería de beaux vêtements légers, méditerranéens, qui tombent à point nommer pour parfaire son style bobo-chic. Quelques articles de déco et accessoires également.

DISTILLERIE DE GIN XORIGUER

Moll de Ponent, 91
✆ +34 971 362 197
www.xoriguer.es
En été : lun-ven 8h-19h, sam 9h-13h. En hiver : lun-ven 9h-13h et 15h-18h.

Célèbre distillerie familiale, l'entreprise Xoriguer est rapidement devenue une institution sur l'île. Le gin est apparu à Minorque pendant la présence anglaise au XVIIIe siècle, alors qu'aucun alcool fort n'était ici produit. C'est au début du XXe siècle que fut créée la marque Xoriguer par Miguel Pons Justo. Son nom lui vient de l'ancien moulin à vent où le blé était transformé en farine blanche. Il est devenu l'emblème de la marque, visible sur toutes les bouteilles.

MORASCHI 1957 SOUFFLE

Carrer d'Alaior, 15
✆ +34 971 35 25 76
www.moraschisouffle.com
Ouvert de 9h30 à 13h30 et de 17h à 20h.

Pamela, Milanaise expatriée à Minorque, propose dans sa boutique de la rue d'Alaior une belle collection de chaussures, sacs à main et accessoires de mode italiens de très bonne qualité. Tout ici est d'élaboration artisanale : le cuir et d'autres matières nobles sont travaillés à la main, avec précision et savoir-faire, pour des créations uniques et exclusives. La maison Moraschi 1957 Souffle dispose également de boutiques dans le centre de Milan. Avis aux amateurs de belles matières et d'accessoires uniques, hommes comme femmes.

MARCHÉ D'ES CLAUSTRE

Plaça des Carme, s/n
✆ +34 638 920 259
www.mercatdesclaustre.com
Du lundi au vendredi de 7h à 21h. Samedi de 7h à 18h. Dimanche jusqu'à 15h.

Situé juste à côté de l'Église néoclassique du Carme (1750), cet ancien couvent de l'ordre des Carmélites, devenu palais de justice et pénitencier, accueille aujourd'hui le marché d'alimentation de la capitale : on y trouve pêle-mêle fruits, légumes, viandes, poissons, fromages, liqueurs, charcuterie, mais aussi des petites échoppes de restaurations sur le pouce plutôt recommandables. Notons qu'un parking souterrain se trouve juste à côté. La Terrassa d'Es Claustre à proximité est l'un des centres artistiques de référence de l'archipel.

POISSONNERIE SA LLOTJA

Moll de Ponent, 113
✆ +34 971 091 635
www.sallotja.es
Ouvert du mardi au vendredi de 9h à 13h30 et de 17h30 à 20h30, samedi de 9h à 14h. Fermé le dimanche.

Six pêcheurs de l'île, menés par le loup de mer Pito Quintana, ont décidé de monter le projet Sa Llotja en 2013. Après avoir investi un bâtiment abandonné face à la mer, ils ont peu à peu fait de leur poissonnerie une véritable référence auprès des restaurateurs et des habitants de l'île venus s'approvisionner en poissons et fruits de mer de qualité. Rafel et son équipe sauront par ailleurs vous conseiller dans vos achats. Ils possèdent d'autres points de vente au marché de Maó et à la Coopérative de Sant Crispí, dans la zone industrielle d'Alaior - La Trotxa.

MIBO HANNOVER

Costa Hannover, 24
✆ +34 971 15 73 90
www.abarcasmenorquinas.com
Ouvert tous les jours de 9h30 à 20h30, le dimanche jusqu'à 14h.

MIBO, fabricant d'*avarques* traditionnelles de Minorque (cousine de l'espadrille), dispose de deux boutiques dans la capitale, celle de la rue Costa Hannover étant la plus importante. Récemment inaugurée, n'hésitez pas à vous y rendre pour essayer d'élégantes sandales ou une paire d'*avarques*. Vous y trouverez des modèles classiques ainsi que des exemplaires des nouvelles collections. Une bonne adresse pour faire quelques achats et se mettre à la mode minorquine ou pour faire des cadeaux à toute la famille une fois l'été venu !

POU NOU

Carrer Hannover, 50 ✆ +34 971 363 552
www.pounou.com
Plusieurs boutiques à Minorque (Maó, Ciutadella, Es Castell, Fornells, Mercadal, Sant Lluís, Cala'n Bosch).

Créée par Joan Carrés Armengol, originaire de Barcelone, Pou Nou est une marque de prêt-à-porter homme/femme/enfant purement minorquine. Une vraie référence pour les amateurs de style méditerranéen. Les vêtements s'inspirent des éléments naturels de l'île comme la mer cristalline ou les couleurs vibrantes. Dessinateurs et artistes locaux sont à l'oeuvre des esquisses imprimées sur les vêtements. Des créations uniques donc, qui ont permis à Pou Nou d'avoir la qualification de « Chef d'œuvre artisanal ». Une belle combinaison entre l'art et la mode.

CONSEIL RÉGULATEUR A.O.C. QUESO MAHÓN MENORCA

Carretera d'Es Grau, km 0,5
✆ +34 971 362 295
www.quesomahonmenorca.com

Le Consell Regulador Denominació d'Origen Queso Mahón-Menorca est une organisation constituée en 1985 qui veille sur l'authenticité du fromage Mahón-Menorca (AOC – Appellation d'Origine Contrôlée). Elle est en charge de contrôler la qualité des productions et marquer toutes les pièces. Le fromage, fabriqué avec du lait entier de vache, est de nos jours produit dans une vingtaine d'exploitations agricoles. On en trouve trois types : tendre, semi-sec et sec.

DE VINS MENORCA

Camí de Ses Vinyes, 118
✆ +34 971 362 194
www.devinsmenorca.com

Ouvert toute l'année, du lundi au samedi, de 9h à 14h et de 17h à 20h30. Vente en ligne.

Une adresse de choix pour les amateurs de vins ouverte depuis 2012 : De Vins Menorca commercialise plus de 250 000 bouteilles de vin par an à travers le monde ! En magasin, on aura le choix parmi plus de mille références des meilleures caves nationales et internationales, en faisant peut-être le meilleur ambassadeur du vin sur Minorque, aussi bien pour les restaurateurs que pour le grand public. On trouve aussi divers produits locaux : huile d'olive, conserves, vermouths, liqueurs... Espaces dégustation et conseils avisés des tenanciers.

ANTIGA MELOUSSA

Moll de Ponent, 55
✆ +34 629 930 406
www.menorcaenvelero.com

Sorties en fonction de la météo. 85-100 €/personne tout inclus : excursion, snacks, buffet libre, bières, vin et soda.

Depuis plus de quinze ans, *Antiga Meloussa*, élégant et confortable voilier, sillonne les côtes minorquines. Très bien équipé, avec 3 cabines, une salle de bain complète, un coin cuisine, un salon avec hi-fi. L'équipage privilégie les sorties en petits groupes et les couples. Le départ s'effectue du port de Maó (à 10h le matin). Après un briefing, direction la mer : on borde les îles del Rei et de Llatzaret, puis direction large, le phare de Favàritx ou S'Illa de l'Aire. Au programme : détente, plongée et kayaks pour découvrir la côte. Retour vers 18h.

MENORCA CRUISING

Pantalan C - Marina Mahón
✆ +34 660 647 845
www.menorcasailing.co.uk
Informations et tarifs sur le site.

Menorca Cruising a été fondé par des Anglais expatriés sur l'île de Minorque. Spécialisés dans la navigation maritime, ils proposent des cours d'initiation pour débutants sur toutes leurs embarcations. Si vous êtes déjà un navigateur confirmé, vous pourrez louer un de leurs bateaux pour un ou plusieurs jours. Également, il est possible de louer les services d'un skipper qui vous emmènera le long des côtes de Minorque, à la découverte de recoins cachés uniquement accessibles par bateau, le temps d'une courte croisière et d'un déjeuner.

MERAK YACHT CHARTER

Carrer Moll de Llevant, 325
✆ +34 616 443 489
www.merakcharter.com
Embarcation (4m/15 cv) pour 4 personnes à partir de 100 € par jour (220 € en haute saison).

Merak Yacht Charter propose à la location des bateaux à moteur, des voiliers, des catamarans et des llaüts, sorte de chaloupe typiquement minorquine. Spécialistes de la location d'embarcations à Minorque depuis plusieurs années, Laura, Xavi et toute leur équipe vous proposent une flotte d'embarcations variée et adaptée à tous les besoins : avec ou sans patron, avec ou sans licence, bateaux pratiques ou embarcations de luxe, juste pour une journée ou pour toute une semaine. Adresse réputée et de qualité. Merak est aussi un centre de plongée (Merak Diving).

SA TERRASSA D'ES CLAUSTRE

Pati del Claustre del Carme, 50
✆ +34 626 683 234
www.esclaustre.com
Consultez la programmation actualisée sur le site Web.

Cet espace multidisciplinaire est l'une des références culturelles et musicales de Minorque. Situé juste à côté du marché d'alimentation qui porte le même nom, il accueille concerts et autres événements artistiques. Une programmation très complète et variée. La beauté du site (ancien patio du Cloître du Carme) est aussi parfait pour découvrir les marchés d'artisanat, assister à des représentations théâtrales... L'endroit est très apprécié par les locaux.

SON PARC

Son Parc est un véritable petit village en lui-même, bien qu'il n'y ait pas beaucoup d'habitants qui y vivent à l'année. Vous ne trouverez que quelques hôtels et une vingtaine d'offres pour des locations d'appartements, dissimulés adroitement entre les pinèdes. Ce « quartier » s'est fait un nom grâce à sa plage de sable fin et ses eaux cristallines, ainsi qu'à son fameux terrain de golf, situé Carrer del Golf. Ce 18-trous est le seul golf de Minorque ! L'absence d'obstacles importants et de dénivellation le dédie à l'apprentissage plutôt qu'aux joueurs de haut niveau. On trouve ici aussi l'agence d'activité plein air Happy Menorca.

HAPPY MENORCA

Vial de l'Arenal, s/n
✆ +34 653 306 173
www.happymenorca.es
Routes à pied dès 29 €, location vélo-VTT dès 18 € la journée, kayak 38 € les 4h. Prix spéciaux pour les enfants.

Gilles et Lorraine, un couple français accueillant qui, après quelques années en Laponie, ont décidé de s'expatrier au paradis minorquin, vous proposent de découvrir le côté le plus naturel et sportif de l'île : randonnée, trekking, marche nordique, kayak, vélo-VTT, golf. Loin des offres pour les « Ironman » et les plus fanatiques de sport extrême, chez Happy Menorca on jouit de toute la splendeur de la nature, de l'intérieur et de la côte minorquine, quels que soient le niveau et la forme physique. N'oubliez pas un kit masque-tuba dans votre sac en été !

ADDAIA ET ARENAL D'EN CASTELL

Addaia et Arenal d'en Castell sont deux petites zones portuaires garnies de plages très fréquentées et très touristiques, mais il ne faut pas les oublier, car les vastes paysages qu'elles offrent sont magnifiques, malgré les constructions peu heureuses sur la plage d'Arenal (villas, appartements de vacances et quelques grands hôtels). Arenal d'en Castell est par ailleurs un point d'entrée/sortie pour le GR 223 - Camí de Cavalls. Addaia est un petit port naturel disposant d'une marina et d'une petite zone urbanisée, certainement mieux intégrées au paysage qu'Arenal. On pourra assez facilement louer un appartement de vacances dans les alentours.

NA MACARET

La Cala Na Macaret est une toute petite plage (25 m d'envergure), très agréable à condition qu'elle ne soit pas trop fréquentée, flanquée de quelques bateaux de pêche à l'extrémité du village. On s'arrêtera volontiers dans l'un des restaurants de la place centrale pour goûter à cette tranquillité avant d'aller profiter du panorama sur la crique depuis Sa Punta de Sa Torre. Signalons la présence non loin d'Arenal d'En Castell (à l'ouest) et de Port d'Addaia (à l'est), plages très fréquentées et très touristiques, mais aux paysages absolument magnifiques, malgré les constructions peu heureuses sur la plage d'Arenal. Locations touristiques disponibles.

CAN BERNAT D'ES GRAU €€€

Carretera Maó-Fornells, km 3
✆ +34 650 974 685
Ouvert toute l'année. Fermé le lundi. Environ 50 €.

Le bar se trouve toujours au centre du village, mais le restaurant a déménagé dans une jolie maison minorquine à la sortie d'Es Grau (sur la route qui relit Mahón et Fornells). Véritable institution à Minorque, le restaurant Can Bernat propose des plats de poisson somptueux dans un cadre bucolique. Un niveau gastronomique élevé, dans une ambiance décontractée au possible. Nous vous conseillons de vous laisser tenter par la sélection de desserts en fin de repas, en vrai délice. En été, mieux vaut réserver plusieurs jours à l'avance, l'endroit étant prisé.

ES GRAU ★

A l'extrémité du port de Maó, prenez la route de Fornells et bifurquez sur la droite en direction Es Grau. Là, une plage tranquille s'étend au pied d'un village de petites maisons blanches, juste en face de l'île de Colom. On y trouve un petit *chiringuito* sans prétention - le bar Es Moll - où déguster des tapas iodées et siroter un verre de vin minorquin avec la mer en toile de fond... Simplement magique. C'est que, cette partie de la côte, au charme désuet, reste peu fréquentée malgré la proximité de Maó. Vous ne manquerez pas de vous aventurer par le Camí de Cavalls pour rejoindre les plages désertes de Tamarells (environ 40 minutes de marche).

MENORCA EN KAYAK

Carrer Tramuntana 9
✆ +34 669 097 977
www.menorcaenkayak.com
Location kayak 10 €/h, kayak 2 places 15 €/h. Location à la journée 35-55 €. Excursions à partir de 35 €.

Pionniers de cette activité sur l'île, Maria Teresa, Carlos et son équipe sont depuis 1990 au top des excursions en kayak à Minorque. En plus de la location de kayaks, ils mettent à la disposition une myriade d'activités pour les kayakistes novices et experts. L'excursion avec des guides experts est une option idéale pour une première expérience, à bord de kayaks stables et faciles à manœuvrer. Les sorties vers l'île Colom sont recommandées aux familles, pour assister à un coucher de soleil magique, tandis que la route des grottes et des phares promet l'action !

Es Grau.

SA MESQUIDA ★★

En sortant du port de Maó, suivez la route de La Mola et prenez la première à gauche. Du village, construit sur un promontoire, vous pourrez gagner la Cala de Sa Mesquida et son vaste banc de sable blanc long de 300 mètres. La plage est très fréquentée en été, et tout particulièrement au mois d'août, et le parking a une capacité limitée (arrivée tôt conseillée !). Sur la droite de la plage s'élève une corniche au sommet de laquelle trônent les vestiges d'une tour de défense anglaise construite en 1799, tandis que sur la gauche se dresse un promontoire de 50 mètres de haut nommé Es Pa Gros, fantastique point de vue sur la cala et ses alentours.

BAR SA MESQUIDA €€

Carrer d'En Fonso, 2

✆ +34 971 35 97 52

Ouvert mer-lun midi et soir en saison. Hors saison : lun, merc/jeu le midi + ven-sam le soir. 20-50 €.

Ce restaurant situé à l'entrée de Sa Mesquida jouit d'une excellente réputation pour la fraîcheur de ses poissons. N'hésitez pas non plus à venir pour grignoter quelques tapas, en particulier les *algues ortigues*, sortes de beignets à base d'algues locales. C'est la spécialité de la maison. Les petits budgets pourront donc venir ici à l'heure de l'apéritif et commander du vin blanc et une demi-ration d'*algues ortigues*, les autres pourront s'offrir des plats de poissons ultra frais (attention, la note grimpe !). Ambiance familiale et sympathique.

ES CAP ROIG €€€

Carretera Sa Mesquida, 13

✆ +34 971 188 383

www.restaurantcaproig.com

Ouvert de Pâques à mi octobre, de midi à minuit. Environ 50 €.

Es Cap Roig est un des restaurants préférés des Minorquins pour déguster – après une entrée de gaspacho, cocktail de crevette ou salade du pêcheur – du bon poisson frais face à la mer, mais aussi pour se repaître d'une solide *cigala menorquina* (langoustine), l'une des spécialités de l'île. On trouve également quelques viandes braisées et une sélection de paella. L'endroit est bondé tout l'été. En effet, l'emplacement du restaurant offre l'une des plus belles vues de Minorque. Vous l'aurez compris, il est indispensable de réserver à l'avance.

ES CASTELL ★

Tout proche de la capitale, Es Castell vaut le détour pour le joli port de Cales Fonts et sa vue sur l'île de Llatzeret, accessible par ferry de mai à octobre. Habitée par un peu plus de 7 000 âmes, la localité est née à la suite de la construction du Chateau de Sant Felip, fortification stratégiquement placée à l'entrée du port naturel de Maó. On appréciera la facade rouge de la mairie, en face de laquelle se trouve le musée militaire de Minorque. Notons que Es Castell abrite de très nombreux restaurants et bars à tapas, assez touristiques tout de même, ne vous laissant que l'embarras du choix. Très bien protégé du vent, la balade y est plaisante.

CALA DE SANT ESTEVE ★

En suivant la route du fort Malborough, vous arrivez sur un petit parking qui surplombe la Cala. D'en haut apparaît une petite crique tranquille où flottent quelques embarcations, entourée par de sobres maisonnettes de pêcheurs. La Cala de Sant Esteve accueille une eau profonde à la vie marine importante (n'oubliez pas masque et tuba pour profiter au mieux du lieu !). L'endroit est essentiellement fréquenté par des locaux, qui sont généralement peu nombreux. Aucun service ici, pensez à prendre de quoi grignoter et de quoi vous hydrater.

ÉGLISE NOSTRA SENYORA DEL ROSER ✞

Plaça S´Arraval Vella, 1

✆ +34 971 365 345

www.bisbatdemenorca.com

L'église dédiée à Notre-Dame del Roser a été détruite et rebâtie à de nombreuses reprises. A chaque reconstruction, elle s'est de plus en plus éloignée du village. L'édifice actuel a été achevé avec l'édification de son clocher en 1805 et se situe aux abords d'Es Castell. La plus grande particularité de cette église est d'ailleurs peut-être justement son emplacement, à l'extrémité de l'urbanisation. Elle est constituée d'une nef unique flanquée de cinq chapelles latérales.

FORT DE MARLBOROUGH

Cala Sant Esteve

✆ +34 971 157 800

Horaires variables. Fermeture de la billetterie une heure avant. Entrée 3 € (6 € avec audioguide), gratuit le lundi.

Construit par les Britanniques entre 1710 et 1726, il doit son nom à sir John Churchill, duc de Malborough, un général qui marquera fortement son époque. Une grande partie de la fortification est creusée à même la roche. Les galeries, les fosses et les douves servaient à protéger l'enceinte centrale. Assiégé une première fois en 1756 sous les ordres du duc de Richelieu, le fort est occupé par les Français jusqu'en 1763. En 1781, l'armée espagnole, dirigée par le duc de Crillón reconquiert l'île qui appartient alors à la Couronne espagnole.

MUSÉE MILITAIRE DE MINORQUE

Plaça de l'Esplanada, 19

✆ +34 971 362 100

www.museomilitarmenorca.com

Sept-mai : lun, mer et ven 10h-13h + 1er dim du mois. Juin-août : lun-ven 10h-13h + 1er dim du mois. Entrée : 3 €.

Situé dans l'ancienne caserne de Cala Corb, sur la place centrale d'Es Castell, le bâtiment date du XVIIIe siècle et fut construit sous les directives du colonel ingénieur anglais Patrick Mackellar. Le musée militaire de Minorque est composé de dix-neuf salles d'exposition plongeant les visiteurs dans l'histoire de l'île de la Préhistoire au XXe siècle. Ne manquez pas la salle consacrée à la forteresse de La Mola, ni celles abritant les outils d'ingénierie et les canons anciens.

VESTIGES DU CASTELL DE SANT FELIP

S'Esplanada, 19

✆ +34 971 362 100

www.museomilitarmenorca.com

Juin-oct : visites jeudi et dimanche à 10h et à 12h30 (mardi également en juillet et août). Entrée : 6 €.

Situé sur la rive sud de l'embouchure du port de Mahón, le Château de Sant Felip a été longtemps considéré comme la plus importante forteresse d'Europe au milieu du XVIIIe siècle. Construit au XVIe siècle selon les plans de l'ingénieur italien Juan Bautista Calvi, il abrite notamment un labyrinthe de galeries souterraines où 3 500 civils et militaires anglais ont été assiégés pendant six mois durant la conquête espagnole de 1782 (le château sera détruit après cet épisode).

HOTEL CARLOS III €€

C/ Carlos III, 2-4

✆ +34 971 363 100

artiemhotels.com/es/carlos-iii

Avril-oct. Chambre double basique dès 70 €. Hôtel réservé aux adultes (+ de 18 ans).

L'Hotel Carlos III est un très bel hôtel (de la chaîne Artiem) à la blanche façade composé de 85 chambres, déployant ses trois étages sur l'embouchure du port de Mahón, à proximité du centre-ville de la capitale. Vous pourrez vous détendre tranquillement dans la grande piscine encadrée de chaises longues, mais également profiter des services du très bon spa, du restaurant de cuisine méditerranéenne, le tout dans une ambiance calme et très professionnelle. Très bon service et bon accueil, pour un rapport qualité-prix plus qu'honnête.

Petit port de pêche d'Es Castell.

HOTEL DEL ALMIRANTE €€

Carretera Maó-Es Castell, s/n
✆ +34 971 362 700
www.hoteldelalmirante.com
Fermé hors saison. Chambre double à partir de 60 €, avec petit déjeuner.

L'Hôtel del Almirante se situe dans un bâtiment charmant qui a appartenu à l'amiral Collingwood, ami de Lord Nelson. Ambiance *so British* garantie ! L'hôtel dispose d'une quarantaine de chambres confortables, d'une piscine extérieure, d'une terrasse et d'un jardin pour profiter du beau temps. Le petit déjeuner est par ailleurs délicieux et plutôt copieux. N'hésitez pas à flâner dans le grand salon au parquet impeccablement ciré et aux murs littéralement couverts de tableaux, de cartes marines, et de gravures anciennes. Bon rapport qualité-prix.

SANT JOAN DE BINISSAIDA €€€

Camí de Binissaida, 108 ✆ +34 971 355 598
www.binissaida.com
Fermé hors saison. Chambre double à partir d'environ 180 €, petit déjeuner inclus.

Un hôtel dédié au tourisme rural situé à la sortie de Es Castell, sur la route de Binissaida. Cette grande demeure du XVIIIe siècle, entouré de 12 ha de jardins et dotés d'une superbe piscine, dispose de 15 chambres aux coloris beiges et au style moderne. Endroit idéal pour s'évader et vivre une expérience rurale et gastronomique en toute tranquillité. Restaurant gastro dirigé par l'équipe de l'ancien Ses Forquilles, basse-cour et potager. A la mi-août, on y célèbre la *Bini Night*, une soirée thématique et gastronomique avec musique en direct. Belle adresse.

SON GRANOT €€€

Carretera Sant Felip
✆ +34 871 20 08 93
www.songranot.com
Fermé hors saison. Chambre double standard à partir de 90 € avec le petit déjeuner.

Ce bel hôtel de style géorgien est situé à 500 mètres de la sortie de Es Castell. Ce lieu chargé d'histoire – pendant la domination britannique de l'île au XVIIIe siècle, le bâtiment principal fut la résidence du colonel Patrick MacKellar – dispose de huit chambres, dont cinq avec vue sur mer. Les jardins garnis d'arbres fruitiers et équipés d'une superbe piscine sont splendides et entourés de champs. Une adresse coquette où l'on mange aussi bien que l'on y dort et où le service est à la fois professionnel et cordial. Recommandé.

TRÉBOL €€€

Cales Fonts, 43
✆ +34 971 367 097
www.trebolmenorca.es
Ouvert de Pâques à mi-octobre, midi et soir. Environ 40-50 €. Réservation indispensable.

S'il ne fallait en recommander qu'un seul à Es Castell, ce serait celui-là... Ce restaurant est l'une des meilleures adresses de l'île pour déguster paellas, *arròs caldós* et *caldereta*. Avec sa décoration traditionnelle et sa typique petite terrasse face à la mer, le Trébol est l'endroit où il faut avoir dîné ! Branché malgré lui, le Trébol se réserve même le privilège d'avoir refusé une table au créateur Valentino (c'est en tout cas ce qu'on nous a dit !), un soir où le restaurant était bondé. VIP ou non, réservez au moins 2 ou 3 jours à l'avance !

CHÈSPIR BAR

Quai de Cales Fonts, 47
✆ +34 971 363 841
www.calesfonts.net
Ouvert toute l'année le midi et soir.

Endroit de référence pour siroter un vermouth ou un gin tonic et déguster des tapas faites maison, le Chèspir Bar dispose d'une très belle vue sur le port de Maó. Large sélection de vins, cocktails et jus naturels. L'ambiance y est agréable et tranquille, avec en fond musical des sonorités blues, jazz, funky et bossa-nova... On peut aussi bien se rendre au Chèspir pour travailler depuis son PC (wifi ouvert), faire une partie d'échecs ou de backgammon, bouquiner paisiblement ou tout simplement profiter du paysage marin de Cales Fonts.

ES CAU BAR

Cala Corb
✆ +34 871 70 15 08
Tous les soirs en été.

Un local mythique de Minorque, Es Cau Bar est un bar creusé à même la falaise et complètement hors du temps. Outre l'humidité et les toiles d'araignée au mur, c'est un peut-être l'une des meilleures adresses pour écouter de la musique traditionnelle minorquine. Les papis qui tiennent le bar se mettent parfois à la guitare, ou invitent leurs amis à donner des concerts sur la terrasse (en général vers 22h). Un endroit authentique, chargé d'histoire, parfait pour siroter une solide *pomada* en soirée. Une escale nocturne plus que recommandée.

SANT LLUÍS ★

A 5 km de Mahón, Sant Lluis est un passage quasi obligé pour les Français en voyage sur l'île. Elle a été fondée lors de la première conquête française, en 1760, par le duc de Richelieu. L'agglomération est néanmoins minuscule, et à part pour le clin d'œil historique, sans grand intérêt. Arrêtez-vous tout de même au Musée ethnologique Moli de Dalt : c'est un des rares moulins qui a survécu au temps parmi les nombreux qui fonctionnaient à Minorque. Construit à la moitié du XIXe siècle, il abrite à présent le musée de la Vieille Minorque. A Sant Lluis, on trouve aussi des bars typiques, quelques restaurants et une bonne infrastructure hôtelière.

MUSÉE ETHNOLOGIQUE MOLÍ DE DALT

Carrer de Sant Lluís, 4 ✆ +34 971 151 084

Ouvert de 10h à 13h et de 17h à 20h. Fermé le dimanche et le lundi.

Pendant plus de deux siècles, le village de Saint Lluís a tiré sa subsistance de ses trois moulins à vent : le Molí d'Enmig, bâti en 1776, le Molí de Baix, datant du 1780, et le Molí de Dal, construit à la moitié du XIXe siècle. Seul ce dernier – d'ailleurs l'un seuls de l'île – a survécu au passage du temps et a été transformé en musée de la vieille Minorque, présentant des ustensiles et des outils caractéristiques des travaux des champs. Un bond dans le temps !

ÉGLISE SANT LLUÍS

Carrer Sant Lluís, 81

www.bisbatdemenorca.com

Accès libre.

Située dans le petit village de Sant Lluís, cette église a été bâtie lors de l'occupation française selon les plans de l'architecte Antoine de Allemand. Trois ans après le début des travaux, en 1763, les troupes françaises sont contraintes de quitter l'île, laissant l'église sans presbytère, ni sacristie, ni clocher. Il faudra attendre 1783 pour voir le temple terminé, et dix ans de plus pour le clocher. L'édifice reste en apparence très simple, mais sa façade est impressionnante et contraste avec la taille des habitations environnantes.

SON TRETZE €€

Binidfadet, 20

✆ +34 971 150 943

www.sontretze.com

Fermé hors saison. Chambre double à partir de 80 €, petit déjeuner inclus. Les enfants ne sont pas admis (+ de 16 ans).

Son Tretze est un très bel établissement tourné vers le tourisme rural installé dans un environnement des plus agréables, juste à la sortie de village de Sant Lluís. Il s'agit d'une ancienne maison de 600 m² entièrement rénovée disposant d'un total de huit chambres à la décoration rustique-chic (chambre double, double supérieure et chambre avec terrasse privative) disposant toutes du wi-fi et de la climatisation. Les charmants jardins du Son Tretze sont par ailleurs équipés d'une piscine et les plages sont à cinq minutes en voiture.

Sant Lluís.

BODEGAS BINIFADET ★

Cami de ses Barraques, s/n
✆ +34 971 150 715
www.binifadet.com
Visites guidées (10 €), boutique spécialisée, restaurant. Réservation par téléphone.

Créé en 1979, Bodegas Binifadet a commencé sa révolution en 2004. C'est en effet à cette époque que le vignoble se modernise profondément et dépasse la production qui jusqu'alors n'était destinée qu'à la consommation familiale, permettant une commercialisation plus vaste, au niveau national et international. Basé à Sant Lluís (village bâti par les Français durant leurs sept années d'occupation de l'île au XVIIIe siècle), Binifadet est aujourd'hui un exposant majeur du secteur agroalimentaire de l'île, reconnu pour la qualité de ses productions. Situé dans le sud-est de Minorque, les conditions géologiques et météorologiques de la zone s'avèrent parfaitement adaptées à la culture de la vigne. Le vignoble bénéficie par ailleurs de la dénomination « Vino de la Tierra Isla de Menorca » (Vin du terroir de l'île de Minorque) et élabore plusieurs vins (blanc, rosé, rouge, mousseux...) basés principalement sur les cépages merlot, syrah ou chardonnay. La maison Binifadet propose également toute une gamme de produits dérivés, élaborés à partir du vin ici produit tels que des confitures, un très bon fromage de chèvre macéré, et des produits d'œnothérapie. La structure actuelle, moderne et fonctionnelle, permet d'un côté de réunir tous les paramètres nécessaires à l'élaboration du vin (niveaux souterrains), mais aussi de proposer des visites guidées des infrastructures – les guides vous livreront quelques secrets de production – qui incluent une dégustation de trois vins au choix, accompagnée de fromage au vin et de confitures.

ALCAUFAR VELL €€€

Carretera Alcalfar, km 8
✆ +34 971 151 874
www.alcaufarvell.com
Fermé hors saison. Chambre double standard à partir de 130 €, petit déjeuner inclus.

Alcaufar Vell est un magnifique hôtel installé dans une typique *finca* à la blanche façade datant du XVIIIe siècle proposant une vingtaine de chambres au style rustique très soigné. Le restaurant est par ailleurs une petite merveille, avec ses tables dressées de nappes blanches installées dans la cour, entre vieilles pierres et arbres anciens (ouverts également aux non-résidents de l'hôtel). La piscine, posée au milieu d'une belle végétation, est particulièrement agréable. Une bien belle adresse pour les amoureux de tranquillité.

APARTHOTEL PRIMA SUD SUITES €€

Carrer sa Torre de son Ganxo, 4
✆ +34 971 68 87 76
www.primasudsuites.com
Fermé hors saison. A partir d'env. 70 € avec le petit déjeuner.

Aparthotel Prima Sud Suites est un complexe accueillant un peu moins de 80 appartements construits en 2000 qui se trouvent à seulement 250 mètres de la plage et à huit kilomètres de Mahón. Cette option de logement s'avère idéale pour un séjour en famille, les plus petits pouvant barboter tranquillement dans une piscine qui leur est exclusivement dédiée. Le site dispose également de deux autres piscines pour les adultes, d'un service de bar et d'un restaurant.

INSOTEL PUNTA PRIMA PRESTIGE SUITES & SPA €€

Carrer de Sa Mitgera, s/n, Punta Prima
✆ +34 971 195 150
www.insotelhotelgroup.com
Fermé hors saison. Etablissement 5 étoiles qui propose suites de luxe à partir de 300 €.

Un des hôtels les plus luxueux de Minorque, appartenant au groupe Insotel (qui dispose également d'établissements à Majorque et Ibiza). Il se trouve dans une zone calme, à 150 mètres de la plage de Punta Prima. Au total, on dénombre 62 suites luxueuses, une belle piscine pour petits et grands, deux très bons restaurants (notons ici que le petit déjeuner est excellent), un centre de fitness tout équipé et un spa « prestige ». Autant dire que la détente est au rendez-vous.

BODEGAS BINIFADET €€

Cami de Ses Barraques, s/n
✆ +34 971 150 715
www.binifadet.com
Ouvert du lundi au dimanche, de 11h à minuit de Pâques à octobre. A partir de 35 €.

Le restaurant des bodegas Binifadet offre l'opportunité d'une belle expérience culinaire dans un décor soigné. La carte déroule une grande variété de tapas à partager comme les fromages de l'île ou croquettes de jambon, mais aussi des options sophistiquées, comme le filet de veau, le confit de canard et bien d'autres plats, qui peuvent se combiner parfaitement avec les vins de la propriété. Bon choix de desserts, dont le gâteau de fromage avec confiture de vin. Binifadet dispose aussi d'un bar à vin où vous pourrez vous restaurer de tapas et de plats à partager.

LA CARABA €€

Camí dels Baliacs, 1
✆ +34 971 15 06 82
www.restaurantelacaraba.com
De fin mai à fin octobre. À la carte, environ 35-40 €. Petit parking.

Depuis trente ans, ce restaurant réputé est le refuge des voyageurs, surtout le soir. Cuisine d'auteur, carte moderne et créative : les sardines marinées ou le poulpe accompagnés de patate et de crème d'amande comptent parmi les spécialités de La Caraba. En autres plats forts, signalons le turbot aux cacahuètes et épices, la bavette de bœuf et aubergine, ou encore le cochon de lait aux pommes. Le site dispose d'une agréable terrasse-jardin si l'on souhaite se restaurer à l'extérieur, et une salle de service au décor rustique à l'intérieur. Belle adresse.

RESTAURANT PAN Y VINO €€

Camí de la Coixa, 3 ✆ +34 971 15 02 01
www.panyvinomenorca.com
Mai-oct : mer-lun, soir uniquement. Nov-avril : ven soir, sam midi et soir, dim midi. Fermé déc/mi-fév. Menu à 38/50 €.

Patrick est installé à Minorque depuis de nombreuses années. Il propose des spécialités françaises combinées aux produits locaux. La carte est très variable selon la saison… et l'imagination du chef, toujours prêt à explorer de nouvelles tendances. Quelques propositions ? Confit de canard à l'orange et purée de carotte au cumin, crumble aubergine-tomate, tarte Tatin de légumes… L'endroit est très agréable, à commencer par la terrasse-pergola ouverte l'été. En hiver, on se dirigera plus volontiers vers l'accueillant salon intérieur. Excellente cave. On aime.

VILLA DLANCA €€

Disseminat Sollestra, 4
✆ +34 871 04 93 06
www.villablanca-restaurant.com
Mai : week-ends. Juin-août : tlj dès 19h. Sept : tlj sauf mardi. Fermé mi-sept/avril. Autour de 35 € le repas complet.

Passionnés de gastronomie, défenseurs du bien-manger et voyageurs infatigables, les propriétaires de la Villa Blanca ont décidé de poser une bonne fois pour toutes leurs fourneaux à Minorque afin d'y créer un lieu de convivialité et de bien vivre. Autour d'une cuisine saine et savoureuse, instinctive et inventive, la philosophie ici est de faire la part belle aux produits de saison et à la poésie de la mer. Chaque produit est sélectionné avec la plus grande attention parmi les meilleurs producteurs locaux et de la péninsule. Adresse chaleureusement recommandée !

BINIARROCA HOTEL RURAL & RESTAURANT €€€

Camí Vell de Sant Lluís, 57
✆ +34 971 150 059
www.biniarroca.com
Avril-oct. Chambre double 120-235 €. Petit déjeuner inclus. Restaurant ouvert tous les jours.

© MERCÈ GOST FOTO

Il s'agit du premier boutique-hôtel de Minorque, souvent cité dans la presse internationale, lancé en 1998 par une créatrice de mode anglaise qui a transformé une ancienne ferme du XVIIe siècle en un havre de paix au pur style méditerranéen. Le jardin est superbe, l'intérieur de l'hôtel comme celui des 18 chambres arbore un style rustique, et le restaurant est des plus romantiques. La piscine et la terrasse, installées sous la pergola, sont un enchantement.

VILLA MADRID €€

Camí S'Ullestrar, 46
✆ +34 971 150 464
villamadridmenorca.com
Horaire variables d'un mois à l'autre (consultez la page Facebook ou téléphonez). Comptez entre 25 et 30 €.

La Villa Madrid est un très bon restaurant spécialisé dans les pizzas et installé dans une splendide maison d'époque aux briques rouges. Vous pourrez manger dans le joli jardin éclairé de bougies, sur la terrasse ou à l'intérieur. Tranquillité et service excellents. Côté carte, en plus de la cinquantaine de très bonnes recettes de pizza, la Villa propose une quinzaine de préparations de pâtes, mais aussi quelques spécialités de la mer (crevettes, moules, poissons, calamars, etc.) Vers minuit, quand le restaurant ferme, le bar s'anime.

SA PEDRERA D'ES PUJOL €€€

Camí des Pujol, 14
✆ +34 971 150 717
www.sapedreradespujol.com
Ouvert tous les jours midi et soir, sauf le mercredi. En hiver, du vendredi au dimanche midi. Environ 50 €.

Superbe adresse de cuisine d'auteur, ce restaurant est un incontournable pour les fins palais. Fondé en 1969, il propose une sélection de mets typiques de l'île, élaborés à partir de produits locaux. Alliant finesse et créativité, le chef vous invite à une fabuleuse dégustation dans un décor rustique et chaleureux. Le restaurant dispose de 3 salles et son atout majeur est, bien entendu, sa « bodega », ouverte au public, où vous pourrez choisir, parmi une variété de 200 vins, celui qui accompagnera au mieux votre voyage gastronomique. Réservation indispensable.

ECOLÒGICS SANTO DOMINGO

Carretera de Sant Lluís à Punta Prima
✆ +34 616 53 23 93
Lun-ven 9h-13h30 et 16h30-19h30, sam 9h-13h30. Présents au marché d'Agromaó (Carrer Nou) le dimanche matin.

Sergi, jeune et sympathique minorquin, et ses adorables parents, Maria et Toni, ont récupéré une ancienne ferme abandonnée pour la reconvertir en superbe potager bio en 2014. Leur production se compose de fruits et légumes de saison, avec des variétés locales et une certification écologique. Ils disposent en outre de viandes et d'autres produits de la terre. En plus de la vente sur place et de la livraison à domicile, vous les trouverez chaque dimanche derrière les étals du marché d'Agromaó. On recommande les fraises en avril, les tomates et les melons en été !

VILLA BLANCA INTERIORS

Camí de S'Ullestrà, 4
✆ +34 658 341 249
Ouvert d'avril à octobre de 10h à 14h et sur rendez-vous.

L'esprit déco du restaurant-lounge-bar Villa Blanca se prolonge dans une très jolie boutique. Il y règne une très agréable ambiance de maison de vacances. On y trouve une jolie sélection d'objets, de textiles, de tables et lampes et de coussins et plaids aux couleurs lumineuses ! Une mine d'idées et de conseils avisés pour faire souffler un vent d'été, de soleil et de gaieté dans votre maison ! Que vous alliez faire un tour ou non au restaurant Villa Blanca, sa boutique demeure un lieu incontournable pour tous les amateurs d'intérieur.

S'ALGAR

Si l'urbanisation de S'Algar – à laquelle on accède en passant par Sant Lluis – est l'un des principaux centres touristiques de Minorque, elle ne dispose pas de plage. On trouvera en revanche des pontons aménagés sur les rochers, eux-mêmes équipés de petites échelles installées là afin de faciliter l'accès à la mer. Seuls quelques restaurants et quelques hôtels y sont regroupés. Depuis S'Algar, vous pourrez accéder à pied au merveilleux Caló d'en Rafalet, une minuscule crique idéale pour la plongée et le snorkeling. Pour cela, il vous faudra prendre le Camí de Cavalls à l'entrée de S'Algar et marcher environ 30 minutes au beau milieu de la forêt.

CALA ALCALFAR

Éloignée des foules estivales, entre Punta Prima et Punta d'Es Rafalet, Cala Alcalfar est une ravissante petite plage située au sud de la municipalité de Sant Lluís. Encadrée d'affleurements rocheux garnis de maisonnettes traditionnelles blanchies à la chaux et de quelques odorants pins, ses eaux calmes et son atmosphère familiale sont des plus apaisantes : sable fin et blanc, eau cristalline et fonds sablonneux. Lieu de villégiature estival des résidents de Mahón et de Sant Lluís, la Cala Alcalfar a néanmoins l'avantage d'être assez peu fréquentée. On y trouve un hôtel, un restaurant, un bar, un supermarché et une ancienne tour défensive.

TOUR D'ALCALFAR

Route de Sant Lluís - Alcalfar
www.ajsantlluis.org
Visite extérieure.

Située à la pointe de la Cala d'Alcalfar, cette tour a été édifiée par les Espagnols afin de défendre l'île des attaques extérieures. Elle a subi de nombreux dommages et a dû être restaurée il y a quelques années. De forme conique, elle abrite trois niveaux (repérables depuis l'extérieur par les saillies) dont le rez-de-chaussée servait de magasin de poudre à canon et était également muni d'une citerne. Un escalier en colimaçon incrusté dans le mur permet de relier l'étage supérieur à la terrasse. L'intérieur de la tour n'est pas accessible aux visiteurs.

HÔTEL XUROY €€

Cala Alcaufar
✆ +34 971 151 820
www.xuroymenorca.com
Selon la saison, chambre double de 80 à 160 €, petit déjeuner inclus.

L'hôtel Xuroi, très familial, présente l'avantage d'être situé juste en face de la plage. L'édifice présente une architecture harmonieuse, des espaces lumineux, et est décoré dans un style classique. La petite cinquantaine de chambres que compte l'établissement sont simples et bien tenues, mais ne disposent toutefois pas de la climatisation. Signalons également la vaste piscine de l'hôtel, encadrée de chaises longues et d'arbustes méditerranéens. Une adresse toute en simplicité, idéal pour un séjour tranquille. L'hôte propose également des appartements.

HOTEL SUR-MENORCA €€

Platja de Biniancolla
✆ +34 971 159 111
www.hotelsurmenorca.com
Ouvert de mai à octobre. Chambre double à partir de 70 €.

Situé dans un quartier tranquille, à 200 m de la plage de Biniancolla et à 800 m de la plage de Punta Prima, l'Hotel Sur-Menorca est un vaste établissement offrant une grande qualité de confort. La grande piscine centrale invite à la relaxation, tandis que les sportifs pourront se rendre à la salle de fitness, mais aussi participer à toute une gamme d'activités : beach-volley, pétanque, tir à l'arc, tir à la carabine, ping-pong... Possibilité de demi-pension ou pension complète. Animation pour les enfants et parc aquatique avec une multitude de toboggans.

PUNTA PRIMA

Punta Prima, que les Anglais surnommèrent « Sandy Bay » est une belle et vaste plage – longue de 120 mètres pour une largeur de 30 mètres – étirant son sable immaculé face à l'Illa de l'Aire (reconnaissable à son grand phare) jusqu'à la pointe sud-est de Minorque. Station balnéaire bien connue des estivants, elle est l'une des plages les plus fréquentées de l'île. Adaptée à la baignade des plus petits en raison de ses eaux peu profondes et aux vagues assez faibles (l'Illa de l'Aire fait office de barrière naturelle), Punta Prima ne manque pas d'offres hôtelières. Amateurs de calme, sachez qu'en haute saison, le lieu est toutefois très fréquenté.

CA'N SANTI €

Passeig de s'Arenal, 7
✆ +34 971 15 91 70
Tous les jours en saison de midi à 23h. A partir de 20 €.

Le Ca'n Santi, assurant le service en continu de 10h à 23h depuis plus de 40 ans maintenant, est une adresse qui se démarque un peu parmi les restaurants touristiques de la promenade. On y déguste de bons produits de la mer et d'excellentes paellas particulièrement bien garnies, mais aussi quelques préparations snack toutes simples et des menus pour les enfants. A cela s'ajoute un service agréable et des tarifs raisonnables avec en prime, un assez beau point de vue sur l'horizon bleuté depuis les terrasses du restaurant. Simple et efficace.

HOTEL XALOC PLAYA €

Carrer Major, 21
✆ +34 971 159 120
www.xaloc.com
Ouvert de début mai à octobre. Chambre double entre 60 et 150 €, petit déjeuner inclus.

Cet hôtel moderne à la façade orangée, qui donne sur l'Illa de l'Aire, jouit d'une position stratégique, à seulement 50 mètres de la plage de Punta Prima. On appréciera les après-midis de détente dans le jardin soigné, à dorer sur les transats installés autour de la piscine bordée de pins (avec un petit bassin pour les enfants). L'hôtel dispose d'une centaine de chambres simples, mais confortables, sobrement décorées et très bien tenues. On aimera aussi la variété du petit déjeuner servi sous forme de buffet et la gentillesse du personnel toujours disponible.

MISTER BIKE TOURS

Passeig de s'Arenal, 41
✆ +34 656 67 10 11
www.misterbiketours.com
Excursions à partir de 35 €. Locations à partir de 10 €.

Mister Bike Tours propose une nouvelle forme de tourisme dans le cadre choisi de l'île de Minorque en proposant des parcours adaptés à tous les niveaux et à tous les âges grâce à ses vélos à assistance électrique dernière génération. On profite de la balade sans forcer ! De plus, les excursions sont guidées par un vrai professionnel qui connaît les plus beaux coins de la région comme sa poche. Les cyclistes de la vieille école trouveront également pédale à leur pied, l'agence mettant à la location des VTT classiques. En selle !

SUPAIRE

Passeig de s'Arenal
✆ +34 619 57 32 11
www.supaire.com
Excursions à partir de 30 €. Locations à partir de 10 €.

SUPaire est une petite école de sports nautiques ouverte par des passionnés en 2015 (les sympathiques Iva et Jan) située à gauche de la plage de Punta Prima. Vous pourrez y louer kayaks, stand up paddles ou planches à voile pour longer la côte ou faire la traversée vers l'emblématique Île d'Aire. Cette école propose aussi des excursions guidées et des cours à prix abordables. Bon à savoir : Jan, l'instructeur qui s'occupera de vous donner des cours est francophone ! Une belle manière de découvrir ces jolis recoins de Minorque.

BINIBÈQUER ★

Binibèquer est passé de petit village traditionnel de pêcheurs à centre touristique, lorsqu'elle fut en 1972 ré-urbanisé en tâchant d'imiter l'architecture typique de Minorque. Ses maisonnettes blanches aux balcons de bois sculpté garnissant les rues labyrinthiques du village, ses cheminées typiquement minorquines et ses étroites ruelles s'emmêlant à la manière d'un labyrinthe puis courant vers la mer figurent sur d'innombrables cartes postales. On trouvera ici quelques bons restaurants, à l'image du Club Nautico Binisafua (qui n'est pas un club de voile), ou encore de Los Bucaneros ou du Paupa, avec leurs terrasses au bord de l'eau.

RESTAURANTE CLUB NAUTICO BINISAFUA €€

Passeig de la Mar, 29
✆ +34 971 357 741
nauticobinisafua.com
Compter environ 25 € pour une bonne assiette de poisson ou de fruits de mer. Ouvert tlj midi et soir en saison.

Le Club Nautica Binisafua n'est pas un centre nautique, mais un endroit aux allures de petit *chiringuito*, où vous pourrez déguster poissons et fruits de mer. A déguster, également, des riz et des pâtes toujours concoctés avec des produits de la mer. Une vue superbe, le soir, un lieu idéal pour profiter d'un joli coucher de soleil. L'accueil est agréable et sympathique. Cependant, pensez à réserver si vous voulez vous y rendre en plein mois d'août.

CALA DE BINIDALÍ

Encore une petite plage de sable fin, entourée de rochers, et donc particulièrement bien protégée des vagues et des courants marins. La Cala de Binidalí, longue de 200 mètres et large de 100 mètres, se rétrécit à mesure que l'on s'approche de la zone de baignade, et la mer devient rapidement profonde. Le paysage est magnifique : en continuant la route un peu plus loin, on profitera d'un splendide panorama du haut de la falaise. Un petit parking aménagé permet de se garer, non loin duquel on trouve un petit bar ouvert en saison seulement. Sachez également qu'en raison des eaux calmes, le lieu se prête bien à la pratique du kayak ou du stand-up paddle.

CALA CANUTELLS

Cala Canutelles est un petite plage très calme, petite disposant de très peu de structures touristiques, mais pour ceux qui seraient intéressés, il y a quand même la possibilité de se baigner. La première zone de baignade est composée d'une bande de sable d'une trentaine de mètres de long, la seconde, près du parking, est toute petite (environ 10 mètres d'envergure) et est faite d'un mélange de sable, de galets de roche. L'avantage de la Cala Canutells est qu'elle est très peu fréquentée par les touristes, en faisant un lieu parfait pour prendre le soleil dans une atmosphère des plus calmes, bien qu'elle ait tendance à s'urbaniser ces derniers temps.

GRUPOTEL MAR DE MENORCA €€

Cala Canutells s/n ✆ +34 971 153 100
www.grupotel.com
Fermé hors saison. A partir de 100 € la nuit en studio en formule all inclusive. Réductions sur le site internet.

Le Grupotel Mar de Menorca est un vaste complexe touristique situé à 200 mètres de la plage de Cala Canutells (entièrement rénové en 2014) composé d'une dizaine de bâtiments accueillant pas loin de 300 unités de logement ! Il dispose en outre d'une grande piscine, de restaurants et bars (plats snacks et boissons), propose des animations toute la journée pour les enfants et les adultes, est équipé d'un court de tennis et d'une salle de sport, et prête des vélos... Évidemment, on est loin du charme minorquin, mais l'ensemble est plutôt réussi.

CALES COVES ★

De part et d'autre de la Cales Coves, on trouve une centaine de grottes décorées de fresques qui servirent d'abris aux troglodytes de l'âge du bronze. C'est aussi la plus importante nécropole de Minorque, qui fut utilisée jusqu'à l'époque romaine. Hélas, de nombreux secrets ont à jamais disparu, car seules quelques cavités ont été fouillées par des archéologues. Le site a par ailleurs été habité au début des années 1990, les derniers occupants de ces grottes ont toutefois été expulsés en 2001. On viendra ici pour profiter des deux petites plages baignées d'une eau cristalline où évoluent des poissons multicolores, des crabes et même des poulpes.

HOTEL SA BARRERA €€

Sa Barrera, 12
✆ +34 971 377 126
www.hotelsabarrera.com

Fermé hors saison. Chambre double à partir de 60 €, petit déjeuner inclus. Réservé aux adultes.

Petit hôtel de 26 chambres, situé juste en face de la mer. Tranquillité assurée dans cet hôtel au décor coloré et chaleureux. Toutes les chambres disposent du Wi-Fi et ont un balcon. Ne travaillant pas avec les tour-opérateurs anglais, cet hôtel est de loin notre préféré de la Cala. Idéal pour les couples ou les retraités, puisque l'hôtel n'est accessible qu'aux plus de 18 ans. Il dispose aussi d'un jardin, d'un bar et d'un restaurant délicieux de cuisine méditerranéenne faite maison. Il se trouve tout près de la célèbre Cova d'en Xoroi.

PLAGES DE CALES COVES ★

Cales Coves

Les deux petites plages de Cales Coves, tapies de galets et de rochers, sont baignées d'une eau très pure (sauf quand la mer y dépose les algues mortes venues du large). A l'aplomb des roches, en s'approchant doucement, on peut contempler de nombreux poissons, des crabes et même des poulpes. Les parois rocheuses qui cernent la plage sont percées de centaines de grottes utilisées à des fins funéraires à l'époque romaine. Dans les années 1970, hippies et nudistes ont jeté leur dévolu sur ces espaces vierges, aujourd'hui très fréquentés en haute saison.

COVA D'EN XOROI ★★

Carrer de Sa Cova, 2 ✆ +34 971 377 236
www.covadenxoroi.com

Fermé entre novembre et mars. Entrée à partir de 10 € par personne (14 € à partir de 17h).

Cette authentique caverne qui débouche à flanc de falaise, jadis habitée par des troglodytes, vaut le détour. Aujourd'hui réaménagée en boîte, on s'y rend pour apprécier le coucher de soleil ou, plus tard dans la nuit, pour y danser. La musique produite par le club est en vente dans la boutique à l'entrée. Le soir venu, le lieu devient une discothèque qui ne ferait pas tache à Ibiza. On y danse sur une musique souvent assez commerciale sur un *dancefloor* situé en terrasse, à 50 m au-dessus de l'eau. L'une des plus spectaculaires boîtes de nuit d'Europe.

CALA'N PORTER

La Cala'n Porter est l'un des centres les plus touristiques de l'île, prisé pour sa plage de sable fin. Pour ceux qui ne craignent pas les foules, apprenez que les hôtels sont nombreux. L'endroit ne présente que peu d'intérêt, sauf pour ceux qui préfèrent pratiquer et perfectionner leur anglais : la *cala* est à plus de 80 % occupée par des Anglais. La plage, surveillée, est néanmoins sublime et dispose de tout ce qu'il faut pour en profiter : restaurants (El Pulpo), location de parasols, chaises-longues... On y trouve aussi un parc pour enfants. Notez qu'il ne faut manquer sous aucun prétexte une visite à la Cova d'en Xoroi à l'heure du cocktail.

© D.BOND - SHUTTERSTOCK.COM

Cala'n Porter.

MINORQUE

ALAIOR ★

Avec près de 10 000 habitants, Alaior est le troisième centre urbain de l'île. La ville est fondée par le roi Jacques II d'Aragon au début du XIVe siècle. A part l'église baroque fortifiée et le cloître de l'ancien couvent Sant Dídac d'Alaior, tous deux du XVIIe siècle, ce gros village blanc n'offre pas d'intérêt touristique majeur. Néanmoins, flâner dans ses ruelles étroites et s'attarder à l'ombre des arbres de ses petites places est agréable. Le tiers des habitants est employé dans les fabriques de chaussures, mais le village est aussi réputé pour ses produits laitiers, sa liqueur artisanale *Biniarbolla* et les fameuses glaces *La Menorquina*.

ENSEMBLE ARCHÉOLOGIQUE DE TORRALBA D'EN SALORD ★

Carretera de Torralba, Cala'n Porter-Alaior
✆ +34 655 42 44 36
nurarq.com

Les horaires varient d'un mois sur l'autre. Consultez le site internet. Entrée adulte : 4 €.

Village préhistorique de l'époque talayotique, dans lequel on peut voir deux gigantesques talayots, une *taula* superbement conservée (une des plus grandes de l'île !), plusieurs colonnes, et quelques grottes funéraires. Les fouilles archéologiques ont permis de mettre à jour un certain nombre d'objets rituels. On a notamment retrouvé la figurine d'un taureau en bronze exposée au Musée de Minorque. Brochure en français. Visite conseillée aux amateurs d'archéologie.

LLOC DE MENORCA

Carretera Maó-Ciutadella, km 7,8
✆ +34 971 372 403
www.llocdemenorca.com

Juil-août : tjl 10h-20h (juin/sept 19h, mai/oct 18h). 13 € pour les adultes, 8,50 € pour les enfants (-12 ans)

Un parc animalier pour admirer les espèces d'ici et d'ailleurs. Le concept est assez différent d'un zoo conventionnel, car les animaux de ce parc viennent de centres de réhabilitation après avoir été victimes d'accidents ou maladies. Remis sur pattes, leur réintroduction dans la nature a été considérée difficile et trop risquée pour leur survie. Chez Lloc de Menorca, les animaux disposent de soins, du travail et de l'engagement d'une équipe passionnée, qui met en place des programmes de conservation. Les visiteurs peuvent interagir avec certaines espèces.

FINCA SUBAIDA

Carretera Alaior a Arenal de'n Castell, s/n
✆ +34 971 37 90 86
www.subaida.com

Visite lun-sam 12h-18h30. 18 € avec dégustation, 9 € sans dégustation (enfant 4 €). Boutique : 9h-20h30 sauf dimanche.

La Finca Subaida est l'une des fermes qui élaborent le fameux Queso Mahón-Menorca et qui proposent également des visites guidées de ses installations (la visite-dégustation est réservée aux adultes, 10 personnes maximum, mais il existe une version *kid-friendly*, 15 personnes maximum). On visitera d'abord la grange et ses animaux, avant d'assister à une démonstration de production de fromage et de terminer, en bonne et due forme, par une appétissante dégustation de produits fermier : fromages de Mahon, confiture, *sobrassada* et vin !

MENORCA ARQUEOLÒGICA

✆ +34 606 697 662
www.menorcaarqueologica.com

Circuit à partir de 100 € par groupe. Tarifs pour les voyageurs individuels sur demande.

Elena et Sabina, respectivement archéologue et historienne, vous accompagnent dans votre découverte des vestiges archéologiques de l'île, avec une passion non dissimulée ! Trois formules possibles : « les promenades archéologiques » à la découverte des monuments les plus emblématiques de Minorque, « les marches archéologiques » qui mêlent randonnée à travers les paysages minorquins et découvertes archéologiques, et l'archéologie « à la carte » qui propose des itinéraires personnalisés. On se laissera guider les yeux fermés par ces véritables expertes !

MAISON SES PENYES B&B ALAIOR MENORCA €€

Plaça de Dalt Ses Penyes, 17
✆ +34 649 05 73 99

Ouvert de Pâques à fin octobre. A partir de 59 € petit déjeuner inclus. Adultes seulement.

Tenue par Marc, un normand d'origine, cette jolie maison propose deux chambres doubles (de 20 m² chacune) et une chambre triple (de 26 m²). Silencieuses, spacieuses et lumineuses les chambres sont parées de tons typiquement méditerranéens. Les fenêtres des chambres doubles, situées aux premier et deuxième étages de la maison, s'ouvrent sur le patio du rez-de-chaussée, et la triple, au premier étage, donne sur la paisible place « Dalt Ses Penyes ».

TURMADÈN D'ES CAPITÀ €€

Carretera des Migjorn, Km 1
© +34 971 378 065
www.turmaden.com
Fermé hors saison. Chambre double à partir de 135 €, petit déjeuner inclus.

Lovée en haut d'une colline, entre Alaior et Es Mercadal, cette ferme typique du XIXe siècle agrandie en 1923, aujourd'hui dédiée à l'agriculture biologique, sera le refuge des adorateurs de Dame nature. Les espaces à vivre s'organisent autour d'une cour centrale d'où l'on accède à la réception et à la salle à manger. Les cinq chambres et la charmante suite sont superbement agencées et décorées dans un style épuré et moderne, tout en préservant l'architecture originale de l'édifice et la touche rustique qui confèrent tant de cachet à la maison.

ES FESTUC €€

Es Carreró, 38
© +34 971 379 382
Fermé le lundi. Menu midi à 12 € (entrée, plat, dessert : 8,50 € à emporter). Autour de 20-25 € le soir.

Dans un petit local lumineux et accueillant, on vient pour picorer quelques tapas entre amis ou manger plus solidement. Tout est fait à base de produits frais, de saison et locaux, et ça se ressent dans l'assiette : salades, poissons et viandes, tartes, hamburger végétarien, pâtes et lasagnes, sans oublier les fantastiques desserts maison (coulant au chocolat et fruit de la passion, millefeuille de citron), il y en a pour tous les goûts. Bon à savoir, le menu midi, économique et nourrissant, change toutes les semaines. À découvrir !

TORRALBENC MENORCA HÔTEL €€€

Carretra d'Alaior à Cala'n Porter, km 10
© +34 971 377 211 - www.torralbenc.com
Mi-mars/oct. Dès 170 € la chambre double standard en basse saison (360 € en haute saison). Petit déjeuner inclus.

Cette ancienne ferme du XIXe siècle, parfaitement restaurée et reconvertie en hôtel de luxe, a su conserver en ses murs tout l'esprit rural de l'arrière-pays minorquin. Nichée au cœur des plaines agricoles et des vignobles du sud-est de l'île. A l'intérieur, confort et modernité sont de mise dans les six chambres pleines de cachet décorées de pierre calcaire, de bois précieux et de textiles naturels dans les tons terre et blanc. Et pour un séjour encore plus intimiste, on se réservera le superbe « Pool Cottage », une chambre douillette et spacieuse avec piscine.

TORRALBENC MENORCA RESTAURANT €€€

Carretra d'Alaior à Cala'n Porter, km 10
© +34 971 377 211
www.torralbenc.com
Mi-mars/oct. Réservation reccomandée en été. Compter 80 € par personne.

Ce restaurant suit la même philosophie que l'hôtel éponyme en intégrant l'essence et la culture gastronomique de Minorque au cœur de ses recettes. Renouvelée au gré des saisons, la carte courte et équilibrée - tout comme le menu dégustation - fait la part belle aux produits de la mer et de la terre mitonnés avec brio par le chef Luís Loza. On appréciera les combinaisons simples, mais intenses, autant que la fraîcheur des ingrédients travaillés qui fleurent bon l'authenticité.

CAN JAUMOT €

Sant Joan Baptista De La Salle, 6
© +34 971 378 294
www.canjaumot.com
Fermé le dimanche. Comptez 15 €.

Le Can Jaumot propose une cuisine minorquine typique (goûtez notamment le très bon gâteau d'aubergines maison), mais aussi une bonne trentaine de recettes de pizza, des tartines et quelques salades dans un restaurant bien tenu et sympathique doté d'une terrasse et au service très agréable. Le menu midi est une assez bonne affaire, incluant une entrée, un plat principal, un dessert et du vin. Et le tout en copieuses portions ! Le Can Jaumot est principalement fréquenté par des locaux qui viennent ici pour manger bien et à bon prix.

LICORS BINIARBOLLA

C/ Des Banyer, 60
© +34 971 37 81 22
www.biniarbolla.es
Possibilité de visiter les installations. Ventes directes à la distillerie.

Licors Biniarbolla est une entreprise familiale spécialisée dans l'élaboration artisanale de liqueurs depuis plus de 50 ans. La maison détient la recette traditionnelle des moines de Monte Toro de Menorca que l'actuelle tenancière, Cristina Quintana, a reçu de ses grands-parents. Sont distillées dans la fabrique située à Maó de nombreuses boissons et spiritueux parmi lesquels la fameuse *licor de hierbas*. La macération des herbes et fruits est faite de manière à conserver les propriétés médicinales et digestives de chacune des liqueurs.

SA COOPERATIVA DEL CAMP

Plaça de sa Bassa de Sant Pere, 33
✆ +34 971 38 03 80
www.productosartesanosmenorca.com

Sa Cooperativa del Camp est une coopérative agricole regroupant les maraîchers et autres producteurs de denrées locales de l'île. C'est à Alaior que l'on trouve le supermarché de la coopérative, permettant de faire des emplettes à bon tarif : fromages, vins, fruits et légumes, confitures... L'initiative s'étend d'ailleurs aux quatre îles des Baléares sous la marque Farmers & Co, qui dispose d'ailleurs d'une boutique en ligne. Une démarche qui vise à rapprocher consommateurs et producteurs tout en faisant la part belle aux denrées locales et de saison.

CA N'ÀNGEL CENTRE D'ART ET CULTURE

Carrer Major, 2 ✆ +34 971 37 50 02
www.aj-esmercadal.org
En été, tlj 11h-13h30 et 19h-21h. Hiver : lun-ven 19h-21h, sam-dim 11h-13h30 et 19h-21h. Entrée gratuite.

La Mairie d'Es Mercadal a réussi à récupérer et adapter cet emblématique bâtiment pour le transformer en centre culturel. Depuis 2018, Ca n'Àngel est un nouveau point de rencontre de la culture minorquine en général, et d'Es Mercadal en particulier. Géré par l'association locale d'artistes Punt@rt, cet espace dédié à l'art propose un large éventail d'activités et expositions culturelles et artistiques. Le 2e étage est aménagé pour accueillir ateliers et projections audiovisuelles.

ES MERCADAL

Situé à mi-chemin entre Ciutadella et Maó, Es Mercadal a été créé au XIVe siècle pour servir de relais entre les deux villes principales de l'île, à l'époque du repeuplement catalano-aragonais. Le passage par ce petit village niché au creux d'une vallée au pied du Monte Toro est donc obligatoire. Son architecture minorquine et son église paroissiale du XVIIIe siècle méritent largement une halte, tout comme ses bonnes tables. Signalons également la Tour de Cala Molí, construite par les anglais et située sur la péninsule qui sépare les criques Molí et Addaia. Depuis quelques années, Es Mercadal déploie une dense activité culturelle toute l'année.

CENTRE ARTISANAL

Avinguda del Metge Camps
✆ +34 971 154 436
www.artesaniademenorca.com
Mai-oct : lun-sam 9h30-14h30. Nov-avril, sur rdv. Entrée gratuite. Compter 1h de visite.

Inauguré en 2005, le Centre Artisanal de Minorque se veut l'ambassadeur de l'artisanat minorquin. A l'intérieur, les visiteurs peuvent profiter d'expositions permanentes ou temporaires mettant en avant les très nombreux métiers traditionnels de l'île (une multitude de photos et précieux témoignages de ces artisans minorquins sont exposés sur les panneaux), mais aussi d'une boutique uniquement composée de produits locaux. Ce centre a pour initiative première de préserver et de promouvoir le patrimoine minorquin. Très instructif.

BODEGAS MENORQUINAS

Camí de Tramuntana km. 1
✆ +34 971 375 334
www.bodegasmenorquinas.com

C'est à Crispin Mariano Vadell que l'on doit, après presque deux siècles d'arrêt de la viticulture sur Minorque, le retour de la fabrication de vin, et ce depuis 1987, au cœur de la plus ancienne *bodega* de l'île. Au-delà de la culture de vignes autochtones, il produit de très bons Cabernet Sauvignon au parfum qui rappelle la flore minorquine. Crispin est également un fin connaisseur de l'histoire de l'île, et il se fera un plaisir de partager quelques petites et grandes histoires avec les voyageurs de passage. Un lieu authentique, à l'écart des sentiers battus.

ÉGLISE SANT MARTÍ

Pla de l'Església
✆ +34 971 375 180
www.bisbatdemenorca.com
Accès libre.

L'église de Sant Martí a subi de nombreux bouleversements et détériorations au fil des siècles. Lors de son édification au XIIIe siècle, elle était une chapelle dédiée à Sant Narcís. Ce n'est que deux siècles plus tard qu'elle devint une église vouée à Sant Martí, totalement détruite à la suite du passage d'une tempête. L'édifice actuellement visible, aux lignes simples et à la blanche façade, a été construit au XVIIIe siècle (début des travaux en 1767). Depuis 2008, elle est dotée d'un orgue impressionnant qui vient habiller le chœur.

OFFICE DE TOURISME D'ES MERCADAL

Carrer Lepanto, 4
✆ +34 971 15 44 00
www.esmercadal.es
Lun-sam 10h30-13h30, lun 19h-21, mar/ven 18h20h, jeu 18h-22h.

Informations sur la ville d'Es Mercadal et les points touristiques de la municipalité (Fornells, Platges de Fornells, Addaia, Son Parc, Ses Salines, Cala Tirant, Cales Coves, Arenal d'en Castell, Na Macaret) ainsi que sur l'île en général. Possibilité de s'informer sur toutes les activités d'Es Mercadal et les itinéraires touristiques dans la ville, vers les plages et les zones rurales intérieures. On y propose aussi des visites guidées gratuites tous les jeudis et les samedis à 10h30.

RUTAS MENORCA

Carrer Mirada del Toro, 71, 2°
✆ +34 685 74 76 29
www.rutasmenorca.com
De mars à octobre. Tour « Un poc de tot » à partir de 55 € par personne. Propose aussi des tours à la carte.

Ralf et son équipe vous proposent une découverte de l'île à pied en passant par les meilleures étapes du célèbre Camí de Cavalls, en visite libre audio-guidée ou avec un guide professionnel. Au programme également, le tour « Un poc de tot » (*un peu de tout* en français) est idéal pour se faire une idée générale de Minorque et visiter les endroits les plus incontournables : ascension du Monte Toro, balade à la découverte des eaux cristallines de cala Galdana, montée au Far de Cavalleria, promenade tranquille vers la baie de Fornells...

JENI €

Carrer Mirada del Toro, 81
✆ +34 971 375 059
www.hostaljeni.com
Ouvert toute l'année. Comptez à partir de 80 € la chambre double avec petit déjeuner.

Jeni est un bel hôtel à la façade provençale. Il dispose d'une cinquantaine de chambres avec salle de bains, TV, téléphone et climatisation. Au rez-de-chaussée, on trouve également un élégant restaurant de cuisine traditionnelle minorquine et un bar. Ajoutez à cela une piscine et un coin spa (avec sauna et bain et à remous) et le compte y est. Des offres sont régulièrement mises à jour sur le site Internet, n'hésitez pas à le consulter. Très bonne adresse qui offre un bon rapport qualité-prix, idéal pour les familles comme pour les couples.

CAS CONCO €€

Carrer del Terreno, 26 ✆ +34 605 14 50 19
www.instagram.com/casconcomenorca
Ouvert toute l'année. Location de la maison entière. Capacité maximale : 7 personnes. Tarif selon la saison.

Propriété datant de 1896 parfaitement restaurée et reconvertie en maison de vacances au charme rustique. Située dans une partie du quartier historique très tranquille et privilégiée : suffisamment loin des endroits les plus fréquentés et assez proche des restaurants et des rues les plus animées. Les intérieurs sont au top : salle très élégante, chambres tout confort avec accès extérieur et cuisine totalement équipée. Le patio avec barbecue et la piscine privée complètent l'expérience « Cas Conco » et lui confèrent une atmosphère typiquement minorquine.

CA N'OLGA €€

Pont de na Macarrana
✆ +34 971 375 459
Mai-oct midi et soir. Août : fermé mar et dim le midi. Hiver : fermé mar. A la carte entre 30 et 50 € (vin inclus).

Ca n'Olga vous propose une carte originale, dont vous ne trouverez pas d'équivalent sur l'île. Cet élégant restaurant historique à l'ambiance familiale est situé dans une impasse du centre-ville, dans une maison typique minorquine. A l'intérieur, un beau patio et un agréable jardin vous accueillent pour un voyage culinaire. Des plats méditerranéens (salades, moules et coquillages) se trouvent aux côtés de spécialités sud-américaines (*ceviches*) françaises et orientales. Belle cave de vins et service irréprochable. Une adresse recommandée.

ES MOLÍ D'ES RACÓ €€

Carrer Major, 53
✆ +34 971 375 392
Ouvert toute l'année, midi et soir. Environ 20-30 €.

Vous pourrez déjeuner dans cet ancien moulin rénové – le Molí des Racó – qui bénéficie d'une terrasse très originale en hauteur. On y sert une cuisine traditionnelle en des portions généreuses. A la carte, signalons le délicieux *frit mallorquí*, mais aussi les classiques soupes minorquines, les *parillades* (grillades) de poisson ou encore d'escargots (*cargols*), une des spécialités de la maison. Il s'agit d'un restaurant de longue tradition, bien connu de tous les Minorquins. Service très agréable. Une escale conseillée pour connaître un peu mieux la vraie Minorque.

MINORQUE

CAS SUCRER

Carrer Nou, 46
+34 971 37 51 75
www.cassucrer.es

Ouvert du lundi au samedi de 7h30 à 14h et de 17h à 20h (plus tard en été). Dimanche de 8h à 14h.

Depuis 1884, Cas Sucrer régale Es Mercadal de pâtisseries artisanales (ensaimadas, pastissets et carquiñols, ces fameux petits biscuits secs aux amandes) et propose désormais aujourd'hui également des produits typiques de l'île à la vente. Quelques tables vous permettront de goûter quelques produits sur place comme les gâteaux, les glaces artisanales ou encore l'excellent café. Une véritable institution minorquine où l'on fera escale aussi bien à l'heure de goûter que du petit déjeuner (la pâtisserie ouvre boutique dès 7h30).

MARCHÉ D'ÉTÉ D'ES MERCADAL

www.aj-esmercadal.org

En juillet, août et septembre, tous les jeudis soir à partir de 19h.

Un des marchés en plein air les plus fameux de Minorque ! Tous les jeudis soir en été, les rues d'Es Mercadal se transforment en un authentique bazar agro-alimentaire et artisanal. Locaux et touristes se baladent parmi plus de 150 étals proposant produits du terroir, maroquinerie, bijoux artisanaux dans une ambiance animée et singulière. En général, des concerts de musique en direct et autres petites manifestations culturelles ambulantes viennent égayer le marché.

MONTE TORO ★

Du haut de ses 357 m, le Monte Toro est le point culminant de l'île. De là, la vue est superbe sur la baie de Fornells, rocailleuse et dénudée au nord, et sur la ville de Maó et le plateau au sud-est. Les âmes mystiques pourront se recueillir dans un sanctuaire élevé sur les ruines d'un couvent primitif, devant la remarquable Vierge noire, patronne de Minorque. Les sceptiques sauront respecter le silence qui règne dans ce lieu. Les débraillés en tenue de plage seront impitoyablement refoulés ! Ils pourront se rabattre sur le bar-terrasse situé à droite du sanctuaire et jouir du panorama. En été, le lieu est fréquenté par les cars de touristes.

ES MIGJORN GRAN ★

Es Migjorn est un joli petit village aux ruelles étroites et très tranquilles. Idéal si vous cherchez l'authenticité ou si vous voulez vous emprunter les nombreux chemins alentour. Les fêtes du village début août attirent les foules : un *jaleo* avec des ânes est organisé sur la place principale. Les cavaliers sont déguisés et souvent très alcoolisés ! Depuis le cimetière d'Es Migjorn, une agréable marche permet de se rendre sur le site de la *cova des Coloms* (30 min), plus vaste grotte de l'île surnommée la « Cathédrale ». On pourra ensuite sillonner les superbes sentiers bordés de pins jusqu'à la plage de Binigaus (45 min). Une belle randonnée !

MINORQUE

S'ARANGÍ FROMAGERIE

Carretera Maó-Ciutadella, km. 18,8
+34 971 154 077
www.sarangigourmet.com

Juil/mi-sept : tlj 10h-21h. Mi-sept/juin : lun et mer-sam 10h-14h et 16h-20h, dim 10h-14h.

Situées en plein cœur de l'île, la ferme et la boutique de S'Arangí invitent à succomber aux mets les plus appréciés de l'île, à savoir le fromage, mais aussi, la charcuterie artisanale typiquement minorquine. S'Arangí compte parmi les producteurs les plus réputés, en témoignent les prix remportés par les propriétaires, autant que la qualité indéniable de leurs produits. Fela, Xec, et toute la famille, s'évertuent à préserver les traditions et les savoir-faire transmis de génération en génération dans le respect de l'A.O.C « Mahón-Menorca ».

ÉGLISE SANT CRISTÒFOL

Pla de l´Església
+34 971 370 020
www.bisbatdemenorca.com

Une église typiquement minorquine avec sa façade blanche et ses bordures peintes en jaune. Sa construction s'est déroulée sur cent ans, et a débuté en 1750. Son architecture, rappelant celle d'Es Mercadal et de Ferreries, est simple : elle comporte une seule nef entourée de chapelles dont la dernière – celle du Saint-Sacrement, à gauche de l'autel – fut achevée en 1861. L'intérieur de l'église est tout aussi sobre que l'extérieur, sans ornementations, et très lumineux. Pendant la guerre civile, les images religieuses qu'elle abritait furent hélas détruites.

HOTEL S'ESTIL·LET €€

Carrer Major, 54
✆ +34 871 115 929
www.binihotels.com
Ouvert toute l'année. De 80 à 160 € (petit déjeuner inclus).

S'Estil·let est un petit hôtel de charme qui a été édifié en 2017 dans un bâtiment historique – en en respectant l'architecture traditionnelle – du vieux centre d'Es Migjorn Gran. On y trouve 4 chambres lumineuses aux noms évoquant le métier qui était jadis effectué en ce lieu et place, à savoir la cordonnerie typique de Minorque à laquelle s'adonnaient les *sabaters de banqueta* (cordonniers de tabouret). Le lieu a ensuite été une boulangerie, puis un bar assez emblématique du village. On trouve d'ailleurs, au rez-de-chaussée, un bar-cafétéria ouvert à tous.

MIBO MIGJORN FACTORY SHOP

Polígon Industrial Nau B-6
✆ +34 971 37 05 62
www.abarcasmenorquinas.com
Atelier-usine d'avarques, il est possible d'acheter directement sur place. Toutes les tailles.

Mibi compte parmi les marques d'*avarques* les plus connues et réputées de Minorque, chaussures typiques de l'île de grande qualité, fabriquées selon une tradition séculaire. Une adresse recommandée pour ceux qui cherchent à se munir de sandales typiques ou à rapporter un souvenir de l'île. Outre le magasin de la fabrique, Mibo dispose de points de vente exclusifs dans les villes de Ciutadella, Maó, Es Mercadal ou encore au centre commercial de Son Bou.

CA NA PILAR €€

Avinguda de la Mar, 1
✆ +34 971 370 212
Fermé le lundi et en hiver.

Probablement un des secrets les mieux gardés de Minorque ! Caché dans une demeure typique vieille de deux siècles, à la sortie du village, Ca Na Pilar est le lieu de prédilection des fins gourmets. Le chef Victor Lidón, qui a travaillé pendant plusieurs années dans les meilleurs restaurants du monde, est revenu en 2015 à son point de départ et a rouvert sa table de Ca Na Pilar avec un seul mot d'ordre : la mise en valeur des produits du terroir minorquin. La carte est très variable selon les saisons. Excellentes recettes méditerranéennes. A ne pas rater.

HÔTEL RURAL & RESTAURANT BINIGAUS VELL €€€

Camí de Sa Mala Garba, km. 0,9
✆ +34 971 054 050 - www.binigausvell.com
Mars-oct. Chambre double dès 166 € (275 € en haute saison), petit déjeuner inclus. Restau : 19h30-22h, 35-40 €.

Un petit trésor caché parmi les paysages méridionaux de Minorque, un havre de paix de 89 hectares pour jouir de l'esprit minorquin authentique : décoration ancienne, gastronomie typique, excursions à cheval ou en bateau... L'hôtel rural Binigaus Vell dispose de 27 chambres combinant confort moderne et respect de l'architecture traditionnelle. En plus de l'excellente carte, le restaurant propose, sur demande, d'autres plats régionaux : *peix al forn, Caldereta de llagosta*...

MINORQUE

FERRERIES

Bâti vers la fin du XIIIe siècle, après la reconquête de l'île par les Espagnols, Ferreries, niché sur les flancs de la colline de San Telm, est protégé du vent par la montagne de S'Enclusa. La ville, abritant un peu moins de 5 000 résidents, est surtout un important centre industriel connu pour la fabrication de chaussures et de bijoux fantaisie. Son église paroissiale du XIVe siècle, San Bartolomeu, tout comme son château arabe justifient tout de même une visite. Le musée de la nature de Minorque est également une bonne raison de marquer une escale ici. On trouve aussi l'un des deux campings de l'île (S'Atalaia), avec piscine, bar et resto.

CHÂTEAU DE SANTA ÀGUEDA

Camí des Alocs

✆ +34 902 929 015

Dans cette zone isolée de l'île, vous pourrez découvrir les vestiges d'un château arabe, remontant à l'époque de la Minorque musulmane (rappelons que les îles Baléares furent annexées au califat de Cordoue en 903). Mais pour y accéder, il vous faudra emprunter à pied une ancienne route romaine qui vous mènera au plateau, haut de 264 mètres au-dessus du niveau de la mer, où a été bâti le château. Ce site absolument remarquable est doté d'une douzaine de tours encore debout (sur 37 originales) et offre une vue imprenable sur toute l'île.

MUSÉE BINISSUÈS

Carretera Maó-Ciutadella, km. 31,6

✆ +34 971 373 728

www.binissues.com

Avril-oct : fermé le lundi. 6,50 € (5 € pour les -12 ans). Spectacle : 12 € (7 € pour les enfants).

Cette belle demeure seigneuriale convertie en musée abrite notamment la collection muséographique de sciences naturelles élaborée par les deux frères Carreras Torrent, Juan et Miguel, résultat d'un travail de longue haleine puisqu'elle est le fruit de 42 années de recherche. Un moyen de découvrir Minorque sous un aspect plus authentique, à travers son mode de vie, ses travaux artisanaux, sa flore et sa faune... Le musée propose de visiter deux anciennes maisons de paysans, la collection ethnographique et la collection de sciences naturelles.

HOTEL RURAL SON TRIAY €€

Carretera de Cala Galdana km 2,5

✆ +34 971 15 50 78

www.sontriay.com

Chambre double à partir de 95 € (basse saison). Wifi gratuit dans les parties communes.

Belle finca de style colonial à la façade orangée, reconvertie en hôtel rural, datée du XVIIIe siècle. Elle s'épanouit en pleine nature au sein des paysages ruraux minorquins. Les espaces extérieurs dévoilent un jardin verdoyant et soigné doté d'une agréable piscine et la Cala Galdana est accessible en moins de 10 minutes en voiture. La maison et les chambres affichent une déco rustique faite de meubles en bois sombre et d'objets anciens. Une adresse pour se ressourcer dans un cadre idyllique, convenant aussi bien aux couples qu'aux familles avec enfants.

HOTEL RURAL SON VIVES €€

Camí de Sant Patrici km 4,5

✆ +34 699 082 199

www.sonvivesmenorca.com

A partir de 120 € la chambre double. Vélo en location.

Cet établissement de tourisme rural situé à la cime d'une colline et entouré d'un vaste terrain traversé de sentiers filant vers la mer a rouvert ses portes après de profondes remises à neuf en 2015. On y trouve 12 chambres doubles, toutes dotées d'une salle de bain privée, une piscine extérieure et ses hamacs, un patio avec pergola et deux spectaculaires terrasses panoramiques permettant de jouir du lever et du coucher du soleil. Le petit déjeuner est composé de produits frais venus du potager-maison, des cours de yoga sont donnés trois fois par semaine.

SES SUCRERES €€

Carrer Sant Joan 13-15

✆ +34 971 374 192

www.hotelsessucreres.com

Ouvert toute l'année. 6 chambres. chambre double 95-175 €, suite 115-215 €. Petit déjeuner inclus.

Un hôtel de charme simple et raffiné, chaleureux et inspirant. Une atmosphère à la fois sereine, éclectique et atemporelle. Depuis 2010, Ses Sucreres est un petit hôtel de tourisme d'intérieur de six chambres situé dans le vieux quartier de Ferreries, un village authentique proche de tout, au beau milieu de Minorque. En hiver, on profite de la chaleur de la cheminée tandis qu'en été le patio et la terrasse sont là pour se rafraîchir. Humblement, Stéphanie et Ignasi ont lancé le pari de remettre en question certains standards de l'hôtellerie parfois impersonnels.

HORT SANT PATRICI €€€

Camí de Sant Patrici, s/n
✆ +34 971 374 512
www.santpatrici.com
Avril-oct. 145-320 €, petit déjeuner inclus. Séjour minimum de 2 nuits sur certaines dates. adult-only. Piscine.

La construction de cette superbe demeure minorquine commence en 1919 sur ordre de Don Fernando Vives Escudero. A sa mort, sa veuve Xini tente tant bien que mal de maintenir la maison, qui tombe littéralement en ruine. Ce n'est qu'en 2005 qu'elle est entièrement restaurée et transformée en hôtel d'agrotourisme reconnu dans les îles Baléares comme un symbole de qualité, de tradition, de passion et d'amour pour la terre. L'ensemble des chambres est décoré avec du mobilier contemporain et moderne, fait assez atypique pour ce type d'établissement.

MESÓN RIAS BAIXAS €€

Plaça Menorca, 1
✆ +34 971 374 558
www.riasbaixasmenorca.es/fr
Été : tlj midi et soir. Hiver : mar-dim le midi, ven-sem le soir. 25-30 €. Menu 19,90 €.

Voilà un petit restaurant qui vaut le détour ! On pourra y manger des fruits de mer, du poisson, mais aussi de délicieuses croquettes de morue. Accueil vraiment sympathique assuré par la bonne humeur de Toni. Les recettes sont travaillées avec les produits frais de l'île à l'image des moules grillées, des aubergines ou le calamar farci à la minorquine. Certains produits sont aussi importés de Galice, comme les huîtres et la langouste sautée. On y mangera encore des plats typiques comme les *caldereta* et la paella. Copieux menu midi.

BIJOUTERIE NÚRIA DEYÀ

Carrer Ciutadella, 12
✆ +34 971 37 35 23
www.nuriadeya.com
Ouvert en semaine de 10h à 13h30 et de 17h à 20h, le samedi de 10h à 13h30.

Native de l'île, la joaillière Núria Deyà s'est formée à la Sir John Cass Faculty puis à la London Guildhall University, avant de revenir à Minorque et d'ouvrir son atelier boutique. Travaillant de nobles matériaux comme l'or et l'argent, mais aussi des métaux innovants comme le titane ou le niobium, les agrémentant de pierres semi-précieuses, la collection de Núria est vaste et originale. Ses créations sont généralement des jeux de lignes sinueuses transformées en bagues, boucles d'oreilles, pendentifs ou bracelets. Une adresse shopping authentique !

HORT SANT PATRICI

Camí de Sant Patrici
✆ +34 971 373 702
www.santpatrici.com
Été : lun-same 9h-13h30 et 15h30-19h30. Hiver : lun-ven 9h-13h.

Vous retrouvez ici les vins et fromages du domaine du petit hôtel-agrotourisme (8 chambres) et du restaurant Hort Sant Patrici, résultat d'une production artisanale et en petites quantités. Une visite intéressante durant laquelle on découvre les secrets de fabrication du fromage et du vin, avec dégustation des produits traditionnels des îles en fin du parcours. Nous vous conseillons de rapporter dans vos valises le merlot de la maison, excellent ! Visites libres ou guidées de la fromagerie et de la bodega de vin possibles sur demande.

ILLENK

C/ Pare Huguet 6 Baixos
✆ +34 696 856 578
www.illenk.com
Ouvert de lundi a vendredi de 10h à 13h30 et de 18h à 20h. Les samedis ouvert de 10h à 13h30.

Derrière la marque Illenk se cache l'inspirée artisane – pour ne pas dire artiste ! – du cuir Lorena Martí. C'est à travers ses voyages qu'elle nourrit sa créativité et continue de renouveler sans cesse ses collections, proposant une gamme de produits de maroquinerie absolument splendide et originale allant du sac à main (ou à dos) au portefeuille et autres accessoires. Pour des idées cadeaux différentes et uniques, à tarifs abordables au vu de la qualité des productions. Possibilité de personnaliser certains articles sur demande.

MARCHÉS DE FERRERIES

Centre-ville
www.ajferreries.org
Marché artisan : sam 9h-13h. Night Market : ven (en été) 19h-23h. Marché ambulant : ven 9h-13h.

Le marché artisanal propose un bel assortiment de produits locaux (fruits et légumes), mais aussi d'artisanat minorquin : céramique, *avarques*, objets de décoration pour la maison... L'été, les rues du centre-ville accueillent le « Night Market », qui propose divers articles de maroquinerie et d'artisanat. Concerts et spectacles de danses populaires viennent égayer les deux marchés. Quant au marché ambulant, on y trouve de tout ! Une façon agréable de se mêler à la population locale et de dégotter quelques articles intéressants.

CIUTADELLA ★★★

Une rivalité séculaire oppose l'aristocratique Ciutadella – « petite ville » dans le dialecte minorquin – à Maó, l'anglaise. Elle fut la capitale de l'île jusqu'à son transfert par les conquérants britanniques à Maó au XVIIIe siècle. Le siège épiscopal de l'île, créé dès le IVe siècle, est demeuré toutefois à Ciutadella, avantage non négligeable dans une contrée catholique. Pour les habitants de Maó, Ciutadella est une ville « vendue » au tourisme, tandis que les habitants de Ciutadella considèrent Maó comme une ville désuète et sans charme. Il faut dire que la ville entière de Ciutadella est un musée à ciel ouvert. Voici quelques bonnes adresses.

CATHÉDRALE DE MENORCA

Carrer Cal Bisbe, 8
✆ +34 971 380 343
www.bisbatdemenorca.com
Entrée : 4 €. Entrée combinée avec l'accès au musée diocésain : 6 €. Brochure en français disponible.

Edifiée au XIIIe siècle sur le site d'une mosquée par le bon roi Alphnose III d'Aragon (suite à la reconquête de l'île en 1287), la cathédrale de Ciutadella (de style gothique catalan), qui trône au cœur de la vieille ville, ne sera achevée qu'au XVe siècle. Sa façade, en revanche, date du XVIIIe siècle. Elle est dédiée à Santa Maria et préserve une partie du minaret de la mosquée jadis élevée sur ce site. Un petit musée expose des objets liturgiques. La cathédrale a par ailleurs été élevée au rang de basilique mineure en 1953 par Pie XII.

CASTELL DE SANT NICOLAU

Pl. de l'Almirall Ferragut
✆ +34 971 381 050
Sur rendez-vous.

Le château de Sant Nicolau est stratégiquement situé à l'embouchure du port de Ciutadella. Cette tour de défense côtière a été construite au XVIIe siècle pour protéger la ville des attaques maritimes. De forme pyramidale, elle est entourée d'un fossé et ses façades sont ornées de sculptures baroques sur lesquelles on s'attardera. De la salle voûtée de l'intérieur – qui servait autrefois à stocker nourriture et armes – on accède à la terrasse (jadis équipée de canons) flanquée d'une petite tour d'observation via un escalier en colimaçon.

ERMITAGE SANT JOAN DE MISSA

Camí Sant Joan de Missa
✆ +34 971 380 343
www.bisbatdemenorca.com

Cet édifice est un peu éloigné du centre de Ciutadella. Pour s'y rendre, il faut quitter le cœur de la ville en empruntant la route qui va vers le sud. De là, vous apercevrez en pleine campagne, une façade blanche habillée de verdure. Ayez la curiosité de rentrer à l'intérieur de cet édifice légendaire qui faisait partie des 7 paroisses qui divisaient l'île au XIVe siècle. L'ermitage de Sant Joan joue un rôle important pendant les célébrations de la Fête de la Saint-Jean à Ciutadella.

Ciutadella.

MURAILLES ET BASTION DU GOUVERNEUR

Port de Ciutadella
✆ +34 971 380 297
www.ajciutadella.org
Visite extérieure seulement.

Les Murailles et le Bastion du Gouverneur font partie des vestiges de la muraille médiévale authentique de la ville. Presque intégralement détruite lors d'un raid turc en 1558, elle fut reconstruite au XVIIe siècle en suivant le tracé original et l'adaptant aux besoins de l'artillerie du moment. Ces édifices donnent sur le port et offrent aux spectateurs de la rive opposée une vue impressionnante. C'est désormais la mairie qui est installée à l'intérieur de ces remparts.

MUSÉE DIOCÉSAIN

Carrer del Seminari, 7
✆ +34 971 481 297
Du lundi au samedi de 10h à 16h. Entrée 3 €. Entrée combinée avec l'accès à la cathédrale : 5 €.

La collection du Musée Diocésain de Minorque s'est installée au sein du remarquable cloître du couvent baroque de Sant Agustí, dont les arcades sont soutenues par de puissants piliers. Eclectique, elle présente des vestiges archéologiques de l'ère talayotique, des objets d'art liturgique (orfèvrerie religieuse allant du XVIIe au XXe siècle), des peintures des XVIIe et XVIIIe siècles, des animaux empaillés, des peintures contemporaines du peintre Pere Dora aux influences impressionnistes ou cubistes... de quoi traverser les âges !

MUSEU MUNICIPAL DE CIUTADELLA

Plaça de sa Font, s/n
✆ +34 971 380 297
Oct-avril : mar-sam 10h-14h. Mai-sept : mar-same 10h-14h et 18h-21h. Entrée 2,50 €. Gratuit le mercredi et -12 ans.

Situé sur le Bastió de sa Font, il offre depuis la terrasse une vue splendide sur le port de Ciutadella. Le bâtiment a été construit en 1667 pour pallier le mauvais état des murailles médiévales depuis le saccage des pirates turcs en 1558. Intégré dans cette structure de défense, il vous surprendra par la solidité de ses grandes salles couvertes d'épaisses voûtes en pierre de chaux. L'exposition permanente présente un parcours de l'histoire ancienne de Minorque.

NAVETA D'ES TUDONS ★★

Carretera Maó-Ciutadella
De Pâques à octobre : lun 9h-16h30 et mar-dim 9h-20h30. Libre accès le reste de l'année. Entrée 2 €. Gratuit le lundi.

© AUTHOR'S IMAGE

La plus remarquable des *navetes* de l'île (monuments préhistoriques en forme de nef renversée) se trouve à 3 km à peine de Ciutadella, sur la route Ciutadella-Maó. L'endroit est très bien indiqué. Laissez votre voiture et prenez le chemin de terre. A 200 m à gauche, vous apercevrez une caverne qui servait de sépulture à l'âge de fer. Inutile de vous extasier sur le mur de pierre qui entoure la Naveta, il est de construction récente. Une toute petite porte d'entrée mène aux deux salles funéraires, tombes collectives où des ossements humains furent retrouvés.

PALAIS

Situées autour de la Plaça d'Es Born et de la cathédrale, les nombreuses et somptueuses résidences de l'ancienne aristocratie habitant à Minorque sont surprenantes et méritent bien qu'on s'attarde un moment sur leurs façades. Plusieurs édifices sont remarquables : la façade à loggia du palais néoclassique des comtes de Torre Saura, les palais du XVIIIe siècle de Martorell et Vigo, celui du marquis de Menas Albas et enfin le palais Salaort. Une balade agréable et immanquable au cœur de la belle Ciutadella. Pas de visites de l'intérieur néanmoins.

MINORQUE

PEDRERES DE S'HOSTAL ★★

Camí Vell, km 1
✆ +34 971 481 578
www.lithica.es
Avril-oct : 9h30-14h30 et 16h30-20h, dim 9h30-14h30. Nov-mars : tlj 9h30-14h30. Entrée : 5 € (gratuit nov-fév).

Ces anciennes carrières à ciel ouvert sont impressionnantes. En 200 ans d'activité, le plateau peu élevé a été littéralement découpé. La pierre a été utilisée dans les murs des maisons des Baléares, mais aussi de l'Espagne continentale. Un lieu très intéressant à visiter, réhabilité en 1994 par l'association Lithica, qui a su insuffler une deuxième vie à cet endroit singulier. En plus des visites guidées, l'espace accueille des événements variés et des manifestations culturelles. De très jolis jardins et un labyrinthe ont également été aménagés.

TORRE LLAFUDA

Camí Vell
Accès libre.

En prenant la voiture, à quelques kilomètres de Ciutadella, vous arrivez au site de Torre Llafuda, sur le même côté de la route principale. Impossible de le manquer, il est très bien indiqué. Ouvrez et refermez derrière vous les deux grilles d'accès et traversez la propriété privée pour atteindre ce village talayotique habité entre 1000 et 700 ans av. J.-C. La promenade sur ce site archéologique entouré de pâturages est très agréable, donnant à voir quelques vestiges de monuments antiques, dont le talayot quadrangulaire central.

TORRE D'EN QUART

Camino Algaiarens, km 3
✆ +34 971 480 512
www.torredenquart.com
Ouvert en semaine de 10h à 20h.

La Torre d'en Quart, bâtie au XIVe siècle, est l'un des bâtiments de défense les plus caractéristiques de Ciudadella, auparavant utilisée pour la surveillance de l'île. Elle fut la possession de Bernardo Quart (qui reçut la tour du roi Alphonse III d'Aragon), dont l'un des descendants, Juan Quart, reçut la distinction de chevalier en 1579. Lorsque la tour perdit sa fonction défensive, elle fut incorporée au reste de la ville. Aujourd'hui, elle a été réhabilitée en site artisanal de production de fromage. Un site historique de Ciutadella.

TALAIA CULTURA

Carrer Nou de Juliol, 18
✆ +34 647 634 487
www.talaiacultura.com
Visite guidée de Ciutadella dès 18 € (1h30 min). Excursion archéologique dès 25 € (2h). En français sur demande.

Talaia Cultura propose une visite guidée des monuments historiques les plus importants de Ciutadella ainsi que des tours archéologiques pour découvrir le patrimoine préhistorique de l'île. Une option privilégiée pour connaître les secrets les mieux gardés de la Cathédrale de Ciutadella et du couvent Sant Agustí, mais aussi pour découvrir l'histoire de la Ciutadella aristocratique, en visitant ses palais et bâtiments les plus emblématiques. Vous pourrez également vous plonger dans les origines de l'île à travers ses vestiges et ruines de culture talayotique.

TORRE D'ES CASTELLAR

Lotissement Sa Caleta
✆ +34 971 381 050
www.ajciutadella.org
Visite de l'extérieur uniquement.

La Torre d'Es Castellar est une tour faisant partie de la série d'édifices de défense construite par les Britanniques (entre 1799 et 1802) pendant leur présence sur l'île. Elle est particulièrement remarquable de par son architecture circulaire entourée d'un fossé de six mètres de large. La tour elle-même mesure huit mètres de haut et est garnie, au niveau du rez-de-chaussée, de douze meurtrières. Elle se distingue également par la manière atypique dont fut ici pensé l'accès : c'est par un couloir enfoui sous terre que les soldats y pénétraient.

CA S'ARADER €

Portal de sa Font, 37
✆ +34 670 222 115
www.casarader.com
Tarifs sur demande. WiFi. Petit déjeuner inclus.

Ca S'Arader est un tout petit hôtel de 4 chambres claires et coquettes installé dans une antique demeure du vieux-centre de Ciutadella. Chaque chambre porte le nom d'un des vents qui soufflent sur Minorque : Tramuntana, Llevant, Migjorn, et Ponent. Le petit déjeuner à base de produits locaux est un authentique délice : fromages, charcuteries, *sobrassades*, sucreries... La décoration est élégante, l'accueil cordial et en français. Bien que les propriétaires ne soient pas toujours sur place, ils sont joignables 24h/24h par téléphone.

HOSTAL MENURKA €

Carrer de Domingo Savio, 6
✆ +34 971 381 415
www.hostalmenurka.com
Fermé hors saison. A partir de 40 € la chambre double, avec petit déjeuner.

Installé dans un quartier tranquille de Ciutadella, à un lancer de pierre de la Plaça Alfons III, l'Hostal Menurka est un petit établissement familial disposant d'un peu plus de vingt chambres confortables et lumineuses. Toutes disposent d'une salle de bain privative, de l'air conditionné, d'un coffre-fort, d'un téléviseur, d'une cafetière et d'un petit réfrigérateur. L'accueil est par ailleurs irréprochable et le petit déjeuner très bon ! Notons que l'établissement propose également des villas à la location dans les environs.

HOSTAL OASIS €

Carrer Sant Isidre, 33
✆ +34 630 018 008
www.hostaloasismenorca.es
Entre 50 et 90 € la chambre double standard, petit déjeuner inclus. Fermé en hiver.

Au cœur du centre historique, le tranquille petit Hostal Oasis propose une douzaine de chambres toutes simples (doubles, triples et quadruples), toutes avec climatisation (et chauffage, pour les visiteurs hivernaux) et salle de bain privée. L'oasis à laquelle fait référence le nom de l'établissement est à n'en point douter son très joli patio intérieur, verdoyant et fleuri, où l'on pourra se détendre à toute heure de la journée et qui abrite un excellent restaurant. Une adresse de charme loin des chaînes d'hôtels impersonnel. Le calme au cœur de la ville.

HOTEL GEMINIS €

Carrer Josepa Rossinyol, 4
✆ +34 971 384 644
www.hotelgeminismenorca.com
Fermé hors saison. A partir de 50 € pour une double standard avec petit déjeuner.

Petit hôtel familial situé dans une rue tranquille en plein centre de Ciutadella, l'hôtel Geminis dispose d'une trentaine de chambres extérieures, d'une cafétéria et d'une petite piscine située au milieu du patio central (qui fait également office de solarium, avec ses quelques chaises longues). Toutes les chambres sont confortables et modernes, équipées de salle de bains, télévision satellite, téléphone et climatisation. Notons également que le personnel est particulièrement à l'écoute et efficace. Excellent rapport emplacement/qualité/prix.

971 HOTEL €€

Carrer Sant Sebastià, 10
✆ +34 648 196 973
www.971menorca.com
Chambre double à partir de 60 €. Wifi.

Petit hôtel plein de charme situé au cœur de Ciutadella, à deux pas de la cathédrale. Ancienne maison typique minorquine, qui, de la main de Pier Angela et Marcello, a été complètement aménagée et renouvelée il y a quelques années avec un goût exquis, sans perdre un iota de l'esprit original. Les élégantes chambres doubles tout confort (minibar, TV...), toutes différentes, apportent un agréable mélange de romantisme et d'intimité. Un accueillant appartement (4 personnes) totalement équipé est également disponible, une option idéale pour les familles.

CHEAP & CHIC HOTELS €€

Carrer de Sant Jeroni, 10
✆ +34 635 236 587
www.cheapandchichotels.com
Ouvert toute l'année. Chambre double à partir de 65 €. Wifi.

Située en plein centre historique de Ciutadella, cette maison de style minorquin a été reconvertie en 2013 en un moderne et fonctionnel hôtel. Avec un décor minimaliste, vous y trouverez le charme et l'atmosphère d'un endroit accueillant. Confortables chambres doubles, bien illuminées, et spacieuses junior-suites (pour 4 personnes au maximum) avec toutes les prestations, assurent un séjour réussi, au bon rapport qualité/prix. La belle et diaphane suite mansardée, située à l'étage supérieur, se présente comme le petit luxe pour une occasion spéciale.

HOTEL MARQUÉS D'ALBRANCA €€

Carrer Sant Cristófol, 2 ✆ +34 609 17 17 31
www.florderosassa.com
Ouvert toute l'année. Double à partir de 90 € (150 € en haute saison), petit déjeuner inclus.

Bien qu'il se trouve situé au cœur du centre historique, l'Hôtel d'Albranca garde encore tout son esprit rural. Endroit privilégié, avec belle et grande zone de jardins intérieurs, et une agréable terrasse où s'isoler du rythme animé des petites ruelles de Ciutadella. Point de départ pour la découverte de la partie la plus authentique de la ville, de ses habitants et ses traditions. L'hôtel dispose de 5 chambres (dont deux de grande capacité pour les familles) avec un décor rustique et chaleureux. Le petit déjeuner est un délice. Adresse intimiste.

MINORQUE

HOTEL MENORCA PATRICIA €€

Passeig Sant Nicolau 90-92 ✆ +34 971 385 511
www.hotelmenorcapatricia.com
Fermé hors saison. Chambre double à partir de 60 €, petit déjeuner inclus.

Situé à deux pas de la plaza d'Es Born et du port, l'hôtel Menorca Patricia, inauguré en 1988, est un bel établissement trois étoiles, lumineux et aux beaux volumes, fréquenté notamment par des personnalités du monde de la culture et de la politique (le plus illustre de ses clients étant sans doute le roi d'Espagne Juan Carlos, qui y séjourna avec sa femme en 1998). On y trouve une quarantaine de chambres (dont quatre suites avec terrasse) décorées dans un esprit contemporain. Petite piscine et bassin pour les enfants. Belle adresse.

HOTEL NOU SANT ANTONI €€

Carrer Sant Antoni, 9
✆ +34 682 86 30 67
www.hotelnousantantoni.com
Chambre double à partir d'environ 65 €, petit déjeuner inclus.

L'hôtel Nou Sant Antoni est une superbe adresse installée dans une maison seigneuriale de la vieille ville organisée autour d'un magnifique patio de l'époque médiévale. Voûtes, arcs et murs en pierre apportent jusque dans les chambres, décorées avec beaucoup de douceur, un cachet historique. Le service parfait et le délicieux petit déjeuner à base de produits typiques sont à la hauteur de l'établissement, qui ne compte que six chambres (dont une suite deluxe avec baignoire) pour un séjour reposant au cœur d'un petit hôtel de charme.

HOTEL PLATJA GRAN €€

Carrer Bisbe Juanó, 2
✆ +34 971 38 24 45
Chambre double à partir de 45 €.

Cet hôtel de plage, qui affiche trois étoiles au compteur, s'est installé au bord de la petite plage de sable de Cuitadella, à quelques centaines de mètres seulement du centre historique. Depuis l'hôtel, les promenades le long des côtes offrent d'agréables vues sur la mer. Doté d'installations fonctionnelles, l'hôtel dispose d'une cinquantaine de chambres spacieuses et confortables équipées de l'air conditionné, d'une télévision et d'un mini bar. Demandez une chambre avec terrasse et vue sur la mer pour profiter pleinement du cadre et des embruns marins !

HOTEL S'ESPARTERIA €€

Carrer de Sant Joan Bosco, 20
✆ +34 971 480 924
www.hotelsesparteriamenorca.com
Chambre double à partir de 60 €, avec le petit déjeuner.

Joli boutique hôtel récemment ouvert en plein centre de Cuitadella, à un jet de pierre de la cathédrale, dans les murs d'une ancienne usine de sparterie (fabrication d'objets en fibres végétales). On appréciera sa décoration méditerranéenne épurée enrichie de détails rustiques qui, ça et là, donnent du cachet à l'ensemble. Les dix chambres, dans les tons clairs, sont confortables et décorées avec goût et sobriété (mention spéciale pour la literie !). Bon petit déjeuner typique pour attaquer la journée et bel accueil en prime. Une adresse dans l'air du temps.

SODIUM €€

Av/ Jaume el Conqueridor, 82
✆ +34 635 236 587
www.sodiumhotel.com
Chambre double à partir d'environ 70 €.

Sodium est un petit boutique-hôtel de charme, installé dans l'artère principale de Ciutadella et géré par la même équipe italienne que le 971 et le Cheap & Chic. Mobilier *design* et espaces aux tournures à la fois originales et contemporaines, un séjour dans l'une des six chambres du Sodium (chacune porte le nom d'un élément chimique : lithium, potassium, césium, sodium...) donne un sentiment d'exclusivité un brin sophistiquée, mais surtout très agréable. Une belle adresse, cosmopolite et urbaine, à recommander les yeux fermés.

CAN FAUSTINO €€€

Carrer Sant Rafel, 9
✆ +34 971 489 191
www.canfaustino.com
Fermé hors saison. Chambre double à partir d'environ 180 €, avec le petit déjeuner.

Ce superbe palais du XVIe siècle, situé à l'intérieur de la vieille ville de Ciutadella, a rouvert ses portes en 2014 comme hôtel de charme, pour vivre une véritable expérience minorquine. Il propose une large sélection de chambres (doubles, supérieures, deluxe, avec terrasse, suites...), 24 petits palais tous différents, tous élégants et très soignés, équipés de tous les services. Le concept, imaginé par Olivia Putman, donne un caractère français à tous les recoins de l'hôtel, tout en respectant le décor éminemment minorquin. Incroyable petit déjeuner en buffet.

MINORQUE

Ciutadella de Menorca.

HOTEL ARAYA €€€

Carrer Sant Cristófol, 10
✆ +34 689 17 17 31
www.florderosassa.com
Ouvert toute l'année. Chambre double à partir de 110 € avec le petit déjeuner (275 € en haute saison).

Ouvert en 2018 dans le quartier historique de la ville, l'Hôtel Araya revêt un décor accueillant plein de cachet avec ses spectaculaires espaces intérieurs gorgés de détails, son esprit bohème-chic apaisant et les éléments de sa structure originelle conservés çà et là. Les huit chambres, inondées de lumière naturelle (dont 1 adaptée aux personnes handicapées), offrent un confort maximal. Petit déjeuner délicieux et complet à base de produits locaux pour attaquer la journée comme il se doit. Piscine semi-couverte, bains turcs et splendide *rooftop*.

HOTEL CAN SASTRE €€€

Plaçeta del Roser, 6
✆ +34 971 386 214
www.hotelcansastre.com
Chambre double à partir de 110 €, petit déjeuner inclus.

A deux pas de la cathédrale, ce boutique hôtel installé dans une maison familiale du XVIIe siècle ne vous laissera pas indifférent. On retrouve dans sa décoration les souvenirs sucrés de la pâtisserie fondée par Leopoldo Sastre en 1862 et maintenue par la famille jusqu'en 1987, à l'instar des machines de 1840 qui servaient à l'élaboration des caramels ou les meubles restaurés de la réception où l'on exposait les pâtisseries. Les chambres, aussi charmantes que spacieuses promettent un séjour des plus confortables au cœur de la vieille ville.

HOTEL RURAL SANT IGNASI €€€

Carretera Cala Morell ✆ +34 971 385 575
www.santignasi.com
Fermé hors saison. Chambre double à partir de 120 €, petit déjeuner inclus. Possibilité de demi-pension.

Ancienne maison appartenant à une famille de l'aristocratie minorquine et décorée avec goût dans un style méditerranéen marqué par l'influence anglaise. Vous accédez à cette belle demeure du XVIIe siècle par un petit chemin de terre très étroit (à environ 10 minutes en voiture depuis Ciutadella). A l'arrivée, la tranquillité est assurée : magnifiques jardins, piscine, une clientèle familiale et un service discret. L'hôtel propose 16 chambres doubles, 5 suites et 4 juniors, décorées avec de beaux tissus, des tons pastel et des meubles en bois.

HOTEL TRES SANTS €€€

Carrer de Sant Cristòfol, 2
✆ +34 689 17 17 31
www.florderosassa.com
Fermé mi-jan/mi-fév. Chambre double dès 110 € en baisse saison, pdj inclus. Séjour minimum de 3 nuits demandé en août.

Charmant hôtel de 8 chambres situé dans le centre historique. La maison, majestueuse, datant du XVIIIe siècle, a été restaurée avec beaucoup de goût et d'élégance. Au cours de la rénovation, on y a trouvé des restes humains de l'époque romaine. Les chambres sont toutes différentes et respectent entièrement la structure originale. Les bains turcs et la piscine sont un véritable cadeau pour les sens. A l'étage, la terrasse offre une superbe vue sur la ville. A côté, la caféteria Anima permet de se détendre dans une ambiance tranquille.

PIQNIQ €

Carrer Sant Pere, 7
✆ +34 971 482 354
Avril-oct : matin et midi (jusqu'à 15h30).

Ouvert au printemps 2016, juste à côté de l'emblématique Hogar del Pollo, par un sympathique couple de restaurateurs français, Valérie et Franck, cette enseigne est spécialisée en préparation de pique-niques à emporter, élaborés à partir de produits frais, et locaux autant que possible : salades, poke bowls, sandwiches, desserts, jus frais et boissons maison, proposant des options végétariennes et véganes pour presque tous les plats, et allant même jusqu'à prêter une glacière et un *icepack*. Tout est bon, préparé avec soin et de façon écolo.

BAR HOGAR DEL POLLO €

Carrer Sant Pere, 11
✆ +34 971 383 370
Compter entre 10 et 15 € pour une jolie sélection de tapas.

On se demande où ils sont allés chercher un nom pareil « maison du poulet », alors qu'il s'agit d'un bar à tapas galicien ! On n'y sert pas de poulet mais du *pulpo a la gallega* (poulpe façon galicienne), un délicieux *bacalao* (morue), des rations de jambon... C'est sans aucun doute la meilleure adresse de *tapeo* de Ciutadella. La clientèle est presque exclusivement locale : ça hurle, ça rit, ça papote d'une table à l'autre, tout ça dans la bonne humeur et la convivialité. Les places sur la terrasse sont chères... jetez-vous dessus à la première occasion !

FANG I ARAM RESTAURANT VÉGÉTARIEN €

C. Gabriel Martí i Bella, 11
✆ +34 971 38 48 71
www.restaurantevegetarianomenorca.com
Été : lun-sam 13h-15h30 et 19h30-23h, pdj lun-jeu 10h30-12h. Hiver : lun-sam 13h-15h30, ven-sam 19h30-23h. Menu 16,90 €.

Le Fang i Aram est le tout premier restaurant végétarien de Minorque. Il propose un très bon menu du jour (uniquement le midi en semaine) incluant une petite entrée, deux plats, un dessert et du pain, mais aussi une belle collection de suggestions originales à base de produits naturels : riz, soupes, houmous, salades, woks... Grand choix de cafés, infusions et thés. L'adresse dispose également d'un centre de yoga (www.shaktioga.com). Excellente adresse !

PIZZERIA ROMA €

Carrer Sant Pere d'Alcàntara, 18
✆ +34 971 384 718
www.cafebalear.com
Juil-sept : lun-sam 17h-0h (cuisine 19h-0h). Pizzas dès 7 €, salades 6-8 €, pâtes 6,50-9,50 €, viandes/poisson 10-20 €

Dans l'une des rues les plus tranquilles du centre de Ciutadella, cet établissement historique a ouvert en 1992. C'est « the place to be » pour les pizzas. Four à bois, ingrédients frais et de qualité, une pâte et un savoir-faire artisanal... la combinaison parfaite. En plus de la carte étoffée de pizzas, des plats à la carte avec un bon rapport qualité/prix. Salades variées, légumes grillés, sélection de charcuterie ibérique, crevettes, moules et calamars, carpaccios, entrecôtes et lotte grillée. Pizzeria Roma appartient au fameux Café Balear.

SANTA CLARA RESTAURANT €

Dormidor de Ses Monges, 4
✆ +34 971 386 358
Fermé en hiver. Comptez de 15 à 20 €.

Situé dans une petite rue tranquille, nichée à côté de l'église de Santa Clara, ce restaurant propose une bonne vingtaine de recettes de pizzas cuites au feu de bois, dont certaines sont à base de mozzarella 100 % minorquine (et sans gluten). Salades, délicieuses assiettes de pâtes fraîches, viandes, poissons et fruits de mer (le poulpe croustillant aux truffes est un régal !) sont également à la carte. De quoi satisfaire tous les goûts en somme. Le Santa Clara dispose d'une petite terrasse et de trois salles intérieures très agréables.

MON €€

Passeig de Sant Nicolau, 4
✆ +34 971 381 718
www.monrestaurantfonda.com
Réservation conseillée.

Dans un cadre blanc et lumineux, tout en élégance, composé de deux espaces – la salle de service et le patio intérieur – illuminés avec tact et parcourus de détails traditionnels et contemporains tout en simplicité, le Mon installe d'entrée de jeu ceux qui en franchissent la porte dans une plaisante posture. En cuisine, c'est le chef Felip Llufriu – passé par notamment par le Celler de Can Roca, à Gérone, l'une des meilleures tables au monde – qui manie casseroles et couteaux, oscillant entre moult influences. Peut-être l'un des meilleurs restaurants de l'île !

CAS CÒNSOL €€

Plaça des Born, 17
✆ +34 971 484 654
Ouvert midi et soir. Fermé le dimanche et en hiver. Autour de 35 € à la carte.

Restaurant *fancy* jouissant d'une belle terrasse donnant sur le port installé dans les locaux du consulat de France. On trouve au Cas Cònsol un menu poissons et fruits de mer cuisinés à la mode de Minorque, accompagnés de l'un des très bons vins de la cave. À la carte également, des préparations plus simples de pâtes, mais aussi des salades fraîches et bien agrémentées. Essayez de garder un peu de place pour dessert : le coulant au chocolat comme la tarta del músico (tarte de musicien) en valent la peine. Bon rapport qualité-prix.

LA CAYENA €€

C. Alaior, 40
✆ +34 971 48 22 12
www.lacayena.blogspot.com
Hors saison, ouvert en soirée jeudi, vendredi et samedi. En été, ouvert tous les soirs. Comptez environ 20-25 €.

Pour les âmes voyageuses, La Cayena est l'endroit tout trouvé. Pabo, Mónica et leurs petits-enfants, Nico et Martín, ont effectué un tour du monde et en ont rapporté diverses expériences et influences, notamment culinaires. Le restaurant La Cayena propose, depuis plus de dix ans, un voyage culinaire aux quatre coins du monde : salades méditerranéennes, woks thaï, tempuras japonais, spécialités italiennes et marocaines, cuisine tex-mex, indienne ou pakistanaise... Elaborés à base de produits du terroir, ils sont servis sur la terrasse et préparés avec amour !

EL HORNO €€

Carrer d'Es Forn, 12
✆ +34 971 380 767
Ouvert midi et soir. Fermé entre octobre et avril. A la carte : 30-40 €. Réservation recommandée en juillet-août.

El Horno (le « four » en français) propose une cuisine simple et de bonne qualité au croisement de la tradition française et espagnole : dorade au four et sole meunière comptent parmi les spécialités de la maison. On trouve également tous les grands classiques de l'île. Le restaurant, situé dans une jolie ruelle, travaille en collaboration avec un bateau de pêche qui lui fournit quotidiennement et en exclusivité une bonne vingtaine de kilos de poissons. Vous prendrez votre repas dans un joli décor aux allures de cave, très agréable pour un dîner en tête-à-tête.

EL TAST DE NA SILVIA €€

Carrer Santa Clara, 14
✆ +34 971 387 895
www.estastdenasilvia.com
Mai-oct : mer-lun 13h-15h30 et 20h-23h30. Hiver : mer-dim 13h-15h30, ven-sam 20h-23h30. 25 à 40 €.

Depuis 2016, ce restaurant s'est installé dans un tout nouveau local de l'emblématique Carrer Santa Clara. Ici, on pratique l'art du « slow-food ». La carte est élaborée à partir de produits du terroir et de la mer, travaillés avec goût et passion par Silvia et Toni. El Tast de na Silvia propose une gastronomie basée sur des recettes anciennes revisitées par le style très personnel de Silvia : poissons et fruits de mer, viandes et charcuteries, fruits et légumes de saison, fromages artisanaux. Un repas intimiste permettant d'approcher l'authentique Minorque.

LA GUITARRA €€

Carrer de Nostra Senyora dels Dolors, 1
✆ +34 971 381 355
Ouvert midi et soir en été. Fermé le dimanche. Se renseigner pour les horaires d'hiver. Environ 30 €.

Un restaurant très typique, mais aussi très fréquenté par les touristes. Il n'empêche que le charme est là, et vous apprécierez l'ambiance taverne du lieu à la température des plus agréables, sous la voûte de la salle de service. Un bon endroit pour goûter aux spécialités locales : *frit mallorquí* (à base de viande ou de poisson), *arròs brut* (riz cuit dans du bouillon de viande avec des légumes et des morceaux de viande), *caldereta de llagosta* (soupe de langouste), soupe majorquine. Bonne adresse pratiquant des tarifs honnêtes.

PINS 46 €€

Plaça des Pins, 46
✆ +34 971 481 674
www.cafebalear.com
Avril-oct : lun-sam 11h-0h minuit. 20/30 €.

Bep Caules, créateur et fondateur du réputé Cafè Balear situé au port de Ciutadella, vous ouvre les portes du Pins 46, un endroit pour retrouver les traditions comme le moment du *Vermut*, les plats et les recettes des années 1970. Situé au cœur du quartier historique, dans une maison typique minorquine et son accueillant patio intérieur, on y déguste d'excellentes tapas à base de produits de l'île, comme les œufs *esparracats* et bouquets de Ciutadella, la spécialité. Croquettes, poulpes *a la gallega*, carpaccios, boulettes ou moules complètent la carte.

RELS €€

Carrer Sant Isidre, 33
✆ +34 971 480 516
www.relsrestaurant.com
Fermé le lundi. Ouverture réduite hors saison. A la carte à partir d'environ 30 €.

Cette adresse discrète du centre historique, dissimulée au détour d'un porche et d'une cour fleurie, s'est installée il y a peu dans les anciens locaux d'un autre restaurant. Dans les assiettes, garnies de produits saisonniers du marché d'une grande fraîcheur, les saveurs se mêlent avec inventivité et les recettes sont revisitées avec goût (cochon de lait à la sauce aux pommes et aux échalotes glacées, agneau aux épices et salade de lentilles jaunes, poisson du marché et sa garniture... à noter que le menu change tous les deux mois !).

RESTAURANT SMOIX €€

Avinguda Jaume Conqueridor, 38
✆ +34 971 382 808
www.smoix.com
Mar-dim 13h-15h30 et 20h-23h30. Horaires réduits hors saison. A partir de 30 €. Réservation recommandée.

Voici une autre adresse de Ciutadella qui s'est refaite une beauté en 2016. Son décor élégant, boisé, aux courbes distinguées, vous plonge dans une atmosphère délicate et intimiste. Dans les assiettes, la symphonie culinaire est parfaitement orchestrée par Miquel Sánchez, un des chefs les plus réputés de l'île, qui, de mets en saveurs, ne cessera de vous surprendre. On se régalera par exemple de la lotte marinée au citron, d'un délicieux ragoût de viande ou de lentilles « Beluga » aux gambas, à la crème de poireaux et au citron.

CAFÈ BALEAR €€€

Pla de Sant Joan, 15
✆ +34 971 380 005
www.cafebalear.com
Juil-sept : lun-sam 13h-16h et 20h-0h. Oct-juin : mar-dim 13h-16h et 20h-0h. Environ 50 € à la carte. Menu midi 22-25 €.

Ouvert en 1970 et rénové en 2015, le Café Balear propose un menu du jour intéressant à midi. Très apprécié par la population locale, ce restau compte parmi les meilleurs restaurants de Ciutadella, la longue queue de clients faisant foi en été (nous vous recommandons chaudement de prendre place vers 20h grand maximum pour éviter l'attente). Une fois installé, on prendra part à une expérience gastronomique typiquement minorquine, à base de produits ramenés chaque jour de la mer par le *Rosa Santa*, le bateau de pêche du restaurant.

ÀNIMA

Carrer Sant Cristófol, 2
✆ +34 679 29 77 55
www.florderosassa.com
Ouvert toute l'année midi et soir. Fermé le mardi.

Ciutadella regorge de petits bars, restaurants, hôtels charmants... Parmi eux, Ànima (*âme* en français) se démarque par sa personnalité singulière. Dissimulé au détour d'une ruelle du centre historique, ce petit café-bistro invite à la halte, pour se désaltérer d'un thé ou d'une infusion gourmande à accompagner d'un succulent assortiment de sucreries et de pâtisseries faites maison à base de produits locaux et écolos. A la carte également, quelques assiettes froides pour se restaurer sur le pouce. Une adresse délicieuse au cadre cosy !

FUEGO €€€

Carrer de sa Muradeta, 22
✆ +34 971 48 91 91
www.canfaustino.com/fuego-restaurante

C'est derrière les antiques murailles du superbe Can Faustino (Relais & Châteaux) que l'on trouve le très bon restaurant de l'hôtel, également ouvert aux non-résidents : Fuego. En plus de deux bars lovés sous les voûtes centenaires du palais, on trouve dans le patio-jardin fleuri de bougainvilliers des tables bien dressées. L'atmosphère est charmante et délicieusement confidentielle, voire romantique lorsque le dîner est servi sur les mélodies jouées par un pianiste, installé au coin du jardin. Ici, la part belle est faite aux produits bruts et frais de l'île.

C'AN RAFA

Plaça de la Llibertat, 1
✆ +34 971 386 351
Fermé le dimanche. Comptez 10 et 15 €.

Situé en face du marché aux poissons, le C'an Rafa est l'endroit idéal pour prendre son petit déjeuner, lire son journal et contempler le remue-ménage autour du marché, avec ses étals, ses vendeurs et son ambiance si pittoresque. Un endroit discret au charme insaisissable, plutôt fréquenté par la population locale. A vous de tenter l'expérience et de goûter aux délicieuses tartines de pain « tomate » ou à une bonne *ensaimada*. Pour les appétits plus solides, la maison propose de copieuses et peu coûteuses assiettes typiques, des sandwichs et des salades.

MINORQUE

S'AMARADOR €€€

Calle Pere Capllonch, 42
✆ +34 971 383 524
www.samarador.com
Juin-sept : tlj 12h-0h. Avril-mai/oct : tlj 13h-17h et 19h-0h. Nov-mars : tlj 13h-16h et 20h-23h. Comptez 50 €.

Ce restaurant installé en plein cœur du port offre l'une des plus belles vues de la Ciutadella maritime. La carte se compose principalement de fruits de mer et de poissons, notamment la *caldereta de langosta* ou la *fritada de peix amb alls*. Pour les plus petits budgets qui souhaitent profiter du coucher de soleil en prenant un apéritif dînatoire sur la terrasse, il y a également une belle sélection de tapas : *gambes*, calamars, beignets de fromage... Les gourmands n'hésiteront pas à commander en dessert le titanesque millefeuille aux fruits rouges, un délice !

CERCLE ARTISTIC

Plaça d'Es Born, 19
✆ +34 971 30 57 53
www.cercleartistic.com
Ouvert tous les jours de 7h à 23h.

Juste à côté du théâtre, le Cercle Artistic – également nommé Bar des Born – a plusieurs atouts. D'abord, sa vaste salle de service est tapissée d'une baie vitrée s'ouvrant sur un splendide panorama de la zone portuaire de la ville. Mais c'est aussi un lieu culturel important où sont régulièrement organisées des soirées animées de musique en direct, de lectures et autres rencontres avec des artistes locaux ou étrangers. Pour connaître les événements à venir, n'hésitez pas à consulter le site internet du Cercle Artistic. Une adresse centrale et bien vivante.

GELATS TORRES

Carrer Josep Maria Cuadrado, 1
✆ +34 971 38 21 92
Tous les jours en été. Produits également disponibles dans quelques épiceries et supermarchés.

La boutique de Gelats Torres, installée dans la demeure dite Cas Mèrvol, ne se présente plus dans la région : il s'agit certainement du glacier artisanal le plus réputé de Minorque (voire des Baléares !). Le glacier propose depuis pas loin d'un siècle maintenant (l'entreprise familiale a entamé sa gourmande activité en 1930 !) un choix aussi vaste qu'excellent de glaces et autres produits locaux. Une escale rafraîchissante dont on ne se privera pas lors d'une balade dans le centre-ville de Ciutadella, en particulier au cœur de l'été.

SA FIDEUERA

Carrer Castell Rupit, 24
✆ +34 971 38 64 51
Juin-sept (+ Semana Santa) : tlj 12h-16h et 20h-0h/1h. Plateau mixte autour de 10-12 €.

Gérée par Gabi, l'ancienne petite usine de pâtes « La Ciudadelana » est actuellement un bar-bistrot appelé par tous « Sa Fideuera » car *fideu* signifie vermicelle en catalan. Vous pourrez y déguster d'excellents vermouths, bières, apéros, vins, tapas et fruits de mer de grande qualité (coques, palourdes). C'est l'endroit idéal pour siroter en terrasse un Noilly Prat, un Izaguirre, un Perrucci ou pourquoi pas un verre de Binitord (vin minorquin). A l'intérieur, l'ambiance est plutôt décontractée et on assiste parfois à des soirées de musique live.

HOLA OLA MEDITERRANEAN BEACH

Avinguda de Llevant, 11
✆ +34 656 158 751
Ouvert en saison, tous les jours de 12h à 3h.

Situé en bord de mer à la station balnéaire de Cala Blanca, Hola Ola est une jolie adresse où passer une soirée d'été, au coucher de soleil. On se sent bien dans ce *chiringuito* servant *tapas* et *pintxos*, bières, cocktails et délicieux jus de fruits. Éclectique et décontractée, Hola Ola offre plusieurs visages. Le lieu se transforme parfois en night club, parfois en salle de spectacles en plein air avec concerts de piano ou *cantaor* flamenco, parfois encore en salle de projection.

ULISSES CAFÉ

Plaça d'Es Mercat, 22
✆ +34 971 380 031
Mar-ven 7h-14h30 et 19h-23h (ven 3h), sam 7h-3h, lun 10h-23h.

Ce café populaire à l'esprit bohème s'est installé sur la place du marché. Son agréable terrasse étalée sous les arcades et sa petite salle intérieure au décor de bistro moderne invite à jouir de l'effervescence du marché. L'adresse est appréciée pour son petit déjeuner où l'on pourra par exemple se régaler d'une bonne *ensaimada* ou d'une *tortilla*, ainsi que pour son bel assortiment de tapas élaborées à base de produits frais, à accompagner d'un cocktail ou d'un bon verre de vin. Fréquenté aussi bien par des locaux que des voyageurs de passage.

LA MARGARETE

Carrer Sant Joan Baptista, 6
✆ +34 971 482 097
www.lamargarete.com
Eté : tlj 20h-3h30 (dim à p. de 21h). Oct-juin : jeu-ven dès 20h30, sam dès 16h30.

Cachée dans un coin du centre historique, une inespérée oasis de calme et de tranquillité : Welcome à La Margarete ! Une fois la porte poussée, une élégante salle intérieure vous accueille, puis un grand jardin en plein air, magnifique, au caractère unique. Autrefois magasin de chaussures, aujourd'hui bar-pub, c'est le lieu idéal pour commencer la nuit, avec de très bons cocktails. Manu et son équipe, apôtres de la soirée méditerranéenne, font bouger les foules au son d'une musique indépendante. A la fois romantique et festif, l'établissement convient à tous.

AVARCA CASTELL

Carrer Josep Mª Quadrado, 37
✆ +34 971 48 27 39
www.avarcacastell.com
Fermé le dimanche.

Pour trouver *avarca* à son pied, c'est ici qu'il faut faire ses emplettes. Depuis 1985, cette marque confectionne la traditionnelle chaussure minorquine (originellement inventée par les travailleurs des champs cherchant à combiner solidité et aération) qui fait fureur dans toute l'Espagne. L'entreprise familiale a commencé son activité de cordonnerie traditionnelle en montant un atelier de confection artisanal en périphérie de la ville, coupant, cousant et assemblant le cuir, avant de devenir l'une des marques les plus réputées d'*avarca*.

EL PALADAR JAMONERÍA & DELICATESSEN

Carrer Maó, 10
✆ +34 971 38 20 88
www.elpaladar.es
Horaires variables selon la saison. Vente en ligne sur le site internet aussi possible.

El Paladar Jamonería est une épicerie minorquine très réputée pour ses produits gourmands et spécialités de Minorque et des Baléares. On trouve ici, en vrac : charcuteries (dont la fameuse *sobrassada*), fromages, vins, jambon, huiles, *ensaïmades*, conserves, gins, liqueurs... De quoi faire le plein de bonnes provisions avant de quitter la région ! Possibilité d'emballage sous vide à emporter. El Paladar Jamoneria dispose de cinq boutiques dans l'archipel.

FIRAC MERCAT - MARCHÉ ARTISANAL

Carrer Portal de Mar
Les soirs du 15 juin au 15 septembre.

Marché artisanal et culturel qui, lors des soirées estivales, présente une vingtaine d'artisans locaux. Organisé par l'association culturelle FIRAC, qui a en charge de surveiller la qualité des exposants et certifie que tous les produits sont artisanaux (attention à ne pas confondre avec les étalages situés sur les escaliers qui descendent au port, beaucoup moins authentiques !). Bijoux, cuirs, macramés, céramiques, vêtements et chaussures, illustrations et bien plus...

EMBOTITS RAIMA ARTESANS

9 Carrer Fusters
✆ +34 971 38 31 86
www.embotitsraima.com
Boutique ouverte du lundi au vendredi de 8h à 14h et de 16h à 20h. Samedi de 8h à 14h. Vente en ligne.

© RAIMA EMBOTITS

Fondée dans les années 60 par Rafel Moll Bagur, maître artisan, la maison Raima est actuellement un des deux seuls producteurs et distributeurs de viande de veau rouge de pure race autochtone minorquine. Raima dispose de son propre cheptel dans sa ferme de Son Catlar. Génération après génération, on continue d'y élaborer des produits gastronomiques artisanaux, dont la viande de veau et la charcuterie typique (sobrassada, cuixot, carn i xulla, butifarró). Respect du terroir, des savoir-faire et de la tradition insulaire sont ici de mise !

IÑAKI SAMPEDRO

Carrer del Seminari, 36
✆ +34 971 381 206
www.inakisampedro.es
Fermé samedi après-midi et dimanche hors saison. Achats en ligne possibles.

Depuis 1983, ce prestigieux artisan propose dans son établissement une belle collection de sacs à main, portefeuilles, bijoux... Les caisses en bois et les sculptures sont parmi les objets les plus appréciés. Toutes les pièces sont faites à la main et conçues selon les techniques traditionnelles. On apprécie ses influences, reçues de ses voyages passés en Amérique et en Asie. L'artisan n'hésite pas à utiliser tous types de matériels, toujours de qualité : cuir, coton et lin. Remarquez la collection de sacs peints à la main, avec une technique très originale.

MIBO SES VOLTES

Carrer José Maria Quadrado, 30
✆ +34 971 48 04 16
www.abarcasmenorquinas.com
Ouvert de mai à octobre.

MIBO propose une belle gamme d'*avarques* pour femmes, hommes, enfants et bébés. On trouve deux autres établissements à Ciutadella, deux à Maó, un à Es Mercadal ainsi qu'une boutique dans le centre commercial de Son Bou. L'emblématique savate est déclinée sous toutes ses formes : chic, casual, classic, avec plateforme, hook & look pour les plus jeunes. Des chaussures de qualité. Notons ici que si vous passez par Minorque hors-saison, il est possible de se rendre directement à l'usine MIBO d'Es Migjorn Gran, qui reste ouvert toute l'année.

SA BONA BIRRA

Plaça de la Llibertat, 24
✆ +34 644 202 833

Ouvert du lundi au samedi, de 10h30 à 15h et de 18h30 à 23h. Dimanche de 20h à 23h.

Sa Bona Birra (« bonne bière » en catalan) ravira les amateurs de houblon : le bar propose une belle gamme de bières d'importation, mais surtout des recettes d'élaboration propre. Côté importation, vous devrez choisir parmi les 70 marques de bières artisanales internationales en magasin, tandis que côté fait-maison on aura tendance à vous recommander l'*American Red Ale*, qui est assez spectaculaire ! Possibilité d'organiser une séance de dégustation en bonne et due forme accompagnée de quelques produits typiques minorquins à déguster.

ASSOCIATION D'ÉLEVEURS DE CHEVAUX MINORQUINS

Carrer Bijuters, 36 BX
✆ +34 971 480 916
www.caballomenorquin.com

Créée en 1988, l'*Associació de Criadors i Propietaris de Cavalls de Raça Menorquina* se charge de la conservation, l'amélioration et la promotion des chevaux pur-sang minorquins. Elle compte actuellement plus de 400 membres aux Baléares et en Espagne, mais aussi en France, Italie, Allemagne, Pays-Bas et dans d'autres pays. Les membres disposent d'avantages (cours de formation, assistance vétérinaire, etc.). Une visite hautement recommandée aux amoureux du cheval !

CAVALLS SON ÀNGEL

Direction Cala Morell
✆ +34 609 833 902
www.cavallssonangel.com

25 € de l'heure par adulte, 20 € par enfant. Itinéraire 4h jusqu'à Cala El Pilar 80 €.

Dans une maison typiquement minorquine en direction de Cala Morell, vous trouverez l'enseigne Cavalls Son Àngel, un centre hippique proposant des balades guidées à cheval. Attention les yeux, le domaine et ses alentours sont superbes, entre les champs et les falaises bordées par la mer. En plus de la promenade sur le domaine, le centre propose d'autres itinéraires plus ou moins longs, notamment un magnifique parcours le long du fameux Camí de Cavalls jusqu'à Cala Pilar, une excursion pour laquelle vous devrez prévoir environ 4h.

CUK CUK

Carrer Sant Pere d'Alcantara, 13
✆ +34 675 263 368
www.cuk-cuk.com

Mai-oct : lun midi + mar-sam midi et soir. Fermé en hiver. Compter entre 28 et 36 € par personne.

Cuk Cuk est un atelier où sont proposés des cours de cuisine et des activités gastronomiques. Dans cet endroit, on apprend à cuisiner les plats typiques de Menorca : paellas, calderetas de mariscos... pour ensuite les déguster dans le charmant patio du local. Elena et Alejandro, un couple de voyageurs établi depuis quelques années à Minorque, sont tombés amoureux de l'île et se sont donné pour objectif de transmettre cette passion pour la gastronomie méditerranéenne et minorquine de la façon la plus interactive qui soit, en faisant participer les visiteurs.

DIVE INN MENORCA

Es Pla Sant Joan 10
✆ +34 651 644 319
www.diveinnmenorca.com

8h30-20h30. 50 € la plongée avec équipement et 340 € la formation Scuba Diver. Instructeur francophone en saison.

Du baptême de plongée à des cours pour futurs professionnels, Dive Inn Menorca est un centre réputé. Il propose aussi des visites guidées des fonds marins. Le centre est situé au port de Ciutadella, à trois mètres de l'eau. Il n'y a plus qu'à mettre la combinaison et partir en barque pour l'immersion ! Pablo Trenor, le gérant, est plongeur depuis des dizaines d'années et connaît très bien toute la partie ouest et sud de l'île. Douches et vestiaires à disposition bien sûr. Parking à 20 mètres, donc très facile au niveau logistique.

MENORQUAD

Carrer Tramuntana, 36
✆ +34 633 143 049
www.menorquad.com

Ouvert tous les jours de 10h à 20h. Location à la journée : 80 € pour un buggy, 60 € pour un quad.

Menorquad est une adresse assez récente sur l'île. Ce loueur de véhicules vous propose de découvrir une façon originale de circuler sur l'île. Au volant d'un quad ou d'un buggy, vous pourrez accéder à des endroits sauvages, inaccessibles en voiture et ainsi pénétrer au cœur de l'île. Faites tout de même attention à toujours vous engager sur des chemins à l'accès autorisé par les autorités locales. Les loueurs de Menorquad vous feront de toute manière un briefing avant de vous laisser filer, vous indiquant les zones les mieux adaptées pour circuler avec ces engins.

PEDALS DE MENORCA

Carrer Josepa Rossinyol, 4
✆ + 34 973 643 662
www.pedalsdemenorca.com

Parcours guidé à effectuer en VTT, qui mesure 176 km et passe par le célèbre Camí de Cavalls. L'établissement propose tout le matériel nécessaire pour effectuer le parcours en toute tranquillité : carte, livre de route et même traqueur GPS. Si quatre jours représentent une durée raisonnable pour venir à bout de l'intégralité du parcours, les plus sportifs pourront s'y atteler en trois, voire deux jours ! Lors de votre réservation, l'itinéraire détaillé et les points d'intérêt vous seront communiqués. Pour plus d'informations, n'hésitez pas à contacter l'agence.

SCUBA PLUS BUCEO Y ECOLOGÍA

Cala'n Busquets, 10
✆ +34 696 903 160
www.scubaplus.org

Open Diver Water 450 € tout inclus ; Advanced Adventurer 400 € ; Rescue Diver 410 €.

Le centre le plus réputé de l'île est géré par Antonio Portugal, fin connaisseur des profondeurs et de la plongée à Minorque. Des sorties journalières vers plus de 20 spots d'immersion autour de l'île de Minorque : des plongées tranquilles pour les baptêmes et les niveaux d'initiation, jusqu'à des immersions spectaculaires pour les spécialistes des grottes, caves et spots isolés. Pour celui qui désire faire de la plongée une profession, le centre est l'option idéale.

VELOS JOAN

Carrer de Vila Juaneda, 23
✆ +34 971 381 576
www.velosjoan.com

Location de vélo à partir de 12 € par jour.

Cette entreprise familiale, dont la réputation n'est plus à faire, propose plusieurs types de vélos pour adultes et enfants à la location ou à la vente, mais surtout des VTT, plus adaptés pour partir explorer les coins plus reculés de l'île. Cisca et Joan sont de véritables passionnés de vélos, impliqués dans divers événements cyclistes sur l'île, alors n'hésitez pas à leur demander quelques conseils. On appréciera le service assistance rassurant en cas de pépin. Un des meilleurs moyens de découvrir les paysages préservés de Minorque.

MENORCABOATS

Passeig del Moll, 78
✆ +34 971 484 281
www.menorcaboats.com

À partir de 250 € par jour pour un Aquamar 615 sans capitaine. Brevet patron d'embarcation obligatoire.

Gabriel Massanet, un loup de mer 100 % minorquin, et son équipe de Menorcaboats sont une véritable institution sur l'île (les meilleurs établissements de l'île lui confient ses clients !). Une excellente flotte de bateaux est à disposition pour découvrir la côte et les plages de Minorque en totale liberté. Des options plus basiques (Aquamar 615, Invictus 190 FX, et une semi-rigide Medline II Compact), pour une sortie avec les amis, à des embarcations plus grandes (Eden 22, Bayliner 245 et une flamante semi-rigide Lomac 660 In) bien adaptées pour les familles.

© MENORCA BOATS

© MENCRCA BOATS

MINORQUE

JAZZBAH

Pla de Sant Joan, 3
✆ +34 971 482 953
www.jazzbah.es

En été, tous les jours de 22h à 6h. Le reste de l'année, uniquement les week-ends (généralement le samedi soir).

Situé sur le port, le Jazzbah est un établissement très apprécié de la population locale, que l'on rejoint généralement après être passé par La Margarete. Il s'agit d'un grand bar sur plusieurs étages avec différentes ambiances. En bas, le Jazzbah Club, avec DJ résidents et une scène pour des concerts en live, une programmation importante avec des artistes renommés. Consulter cette dernière sur place ou sur leur site. Au 1er étage, la Terrasse-Chill Out, idéale pour prendre un verre avec une belle vue sur le port. Espace lounge privatisable.

ES BRUC €€

✆ +34 971 370 488

Eté : tlj 10h-23h. A partir de 20 €. Parking privé. Pas de réservations le midi en saison.

Endroit de référence avec plus de 50 ans d'existence, situé au début de la plage de Sant Tomàs dans un endroit privilégié, pour de spectaculaires vues sur l'îlot de Binicodrell. Point de départ ou retour des excursions vers Binigaus et Cala Escorxada. Sur la terrasse d'Es Bruc, on peut déguster de copieuses salades, viandes typiques de Minorque et spécialités à base de poissons frais du jour, tout cela à bon prix. Les assiettes sont généreuses. Les midis en juillet et août, la file d'attente peut être longue, pensez à prendre place avant 13h pour le déjeuner.

SANT TOMÀS

Pour rejoindre la petite station balnéaire de Sant Tomás, il faudra traverser la ville d'Es Migjorn Gran, dont la plage de Sant Tomás représente la principale attraction touristique. La plage elle-même est longue d'un peu moins de 400 mètres pour 25 mètres de large et est bordée d'une agréable promenade sillonnant entre les pinèdes se prêtant parfaitement à la flânerie avec la mer en fond sonore. Notons tout de même qu'on profiterait certainement un peu mieux de son charme si les clubs et hôtels du coin baissaient le volume sonore de leurs animations en haute saison ! Quelques bonnes adresses comme les restaurants Es Pins ou Es Bruc.

PLATGES DE SON BOU

Son Bou possède à n'en point douter de la plus grande plage de Minorque : 4 km de sable ! Evidemment ce n'est pas un secret et la foule est au rendez-vous en pleine saison. Outre les nombreuses activités nautiques que l'on pourra pratiquer ici, le centre aquatique situé à proximité de la plage ravira les couples avec enfant grâce ses activités pour toute la famille. Bien que peu nombreux, les vastes édifices des grands hôtels ici présents tout de même ont tendance à gâcher l'harmonie du paysage. Côté gastronomie, les restaurants de Son Bou ne font pas preuve d'une originalité spectaculaire, proposant à peu de chose près les mêmes cartes.

HOTEL SANTO TOMÁS €€€

Plage Santo Tomás
✆ +34 971 370 025
www.sethotels.com

Fermé hors saison. Chambre double standard à partir 120 €.

L'hôtel 4 étoiles Santo Tomás n'a pas lésiné sur le confort ni sur les infrastructures ! Installé en bord de mer, il dispose de deux piscines (l'une extérieure, l'autre couverte), d'un très bon spa et d'une salle de gym parfaitement équipée. Il est en outre équipé d'une petite centaine de chambres coquettes et aux tons pastel donnant sur la mer, toutes équipées de climatisation, d'une télévision satellite et d'un minibar. Notons enfin que l'hôtel abrite un assez bon restaurant spécialisé dans les grillades de viandes et de poisson.

BASILIQUE PALÉOCHRÉTIENNE DE SON BOU

Sur la plage de Son Bou, à gauche lorsque vous faites face à la mer, se trouve, juste derrière les grands hôtels, la basilique paléochrétienne de Son Bou. Pour y accéder, garez votre voiture près de l'hôtel Milanos : les ruines sont à 300 m de là. Bien que cet édifice du Ve siècle soit délabré, on discerne trois entrées menant vers une place réservée aux catacombes : trois nefs séparées par des colonnes. La basilique était jadis formée par un monolithe cylindrique en forme de croix.

TORRE D'EN GALMES ★★

Carretera Alaior-Son Bou

Mi-juin/mi-sept : mar-dim 10h-14h et 16h-20h. Avril/mi-juin + mi-sept/oct : mar-dim 10h-14h. Entrée 3 €.

C'est sans doute l'un des villages talayotiques les plus importants de l'île, tant pour son étendue, que pour son état de conservation. Sa visite permet de faire le tour des principaux types de constructions talayotiques, puisqu'il conserve trois talayots, une *taula*, plusieurs salles hypostyles et des cavernes de troglodytes. Érigés il y a plus de 3 000 ans, les talayots dominent le village de leur monumentalité, telle une démonstration de pouvoir. Leur fonction précise reste un mystère, d'autant plus qu'ils sont au nombre de trois dans ce village.

VALENTIN SON BOU HOTEL €€

Urbanització Torre Solí Nou ✆ +34 971 372 602

www.valentinhotels.com

Fermé hors saison. Chambre double, selon saison et confort, de 75 à 200 €.

Le Valentin Son Bou Hotel appartient à une chaîne disposant également d'hôtels en Andalousie, au Mexique et à Cuba. Ici, c'est dans le joli cadre de la plage de Son Bou que l'on trouve un complexe hôtelier abritant 312 unités de logement (214 chambres et 98 appartements) avec terrasse et climatisation. Restaurant, bar, piscine extérieure et piscine couverte, boutiques, courts de tennis : rien n'y manque, même pas la navette qui vous conduit à la plage située à 1,5 km de là. On est loin du charme méditerranéen, mais le confort est au rendez-vous.

CAMPING DE SON BOU €

Carretera de Sant Jaume

✆ +34 971 372 727

www.campingsonbou.com

Mai-sept. 30-70€ la tente aménagée pour deux. 50/130 € le chalet pour 4 personnes (2 chambres).

Ce camping de première classe aux installations impeccables loue des emplacements, des bungalows et des tentes aménagées. Il est installé sous une vaste pinède, à 3 km de la plage de Son Bou (un arrêt de bus se trouve non loin). Parmi les installations du camping, citons une piscine, un court de tennis, des terrains de basketball, football, beach-volley, et pétanque, des espaces de jeux pour les plus petits, un restaurant, un bar, un supermarché et une laverie. Une adresse qui conviendra aux amateurs de nature et aux familles.

VILLAS MAR BLAU MENORCA €€

Carrer dels Dofins ✆ +34 971 372 696

www.marblaumenorca.es

Mai-oct. A partir de 66 € (220 € en haute saison). Occupation maximum 4 personnes (2 adultes et 2 enfants).

Le complexe Mar Blau et ses 43 villas modernes toutes équipées, organisées en petits groupes de villas mitoyennes, s'épanouit au sein d'espaces verdoyants soigneusement entretenus où poussent les palmiers, les pins ou les hibiscus. Chaque villa, dotée d'une chambre double, d'un grand salon avec cuisine intégrée et canapé-lit, de la télévision et de l'air conditionné, dispose de sa propre terrasse avec vue sur l'horizon marin. Le jardin à la verte pelouse et la grande piscine installée au centre du complexe invitent à la détente, avec la mer en toile de fond.

MINORQUE

Platges de Son Bou.

PLATGES DE BINIGAUS ★★★

De la route générale Me-1, il existe plusieurs routes pour se rendre jusqu'aux plages vierges de Binigaus, mais toutes passent par la ville d'Es Migjorn Gran. De là, vous filerez jusqu'à la côte par le chemin qui vous inspire le mieux pour vous garer en bord de mer. Un chemin de terre vous conduira jusqu'à la superbe plage de sable fin et blanc de Binigaus, en contrebas de puissantes falaises garnies de végétation. N'hésitez pas à marquer un arrêt au *barranc* (gorge) et ses grottes mangées par la luxuriante végétation de bord de mer. Les amateurs de randonnée pourront pousser jusqu'aux plages solitaires de Cala Escorxada et Cala Fustam.

CALA MITJANA ★

Depuis Cuitadella, la route jusqu'à Cala Mitjana est bien indiquée. Vous aurez le choix entre garer votre voiture au premier parking et faire le dernier kilomètre qui vous sépare de la plage à pied, ou bien vous garer au second parking, à 100 m de l'eau. Aucune construction ne gâche la beauté sauvage de Cala Mitjana : il s'agit là d'une des plages les plus sauvages de l'île. Vous pourrez ici vous enfoncer, à la nage, dans une petite grotte profonde d'une cinquantaine de mètres (à l'est de la plage) ou utiliser le plongeoir naturel haut de 5 m (qui se trouve sur la gauche quand vous regardez la mer). La Cala Mitjana est hélas prise d'assaut en été.

CALA ESCORXADA ★★

Cala Escorxada est à 8 km d'Es Migjorn Gran. Elle fait partie de l'Àrea Natural d'Especial Interès (ANEI) qui comprend la zone allant de Cala Mitjana jusqu'à Binigaus. Vous y trouverez peu de touristes, et peu de baigneurs en général. En effet, l'accès difficile à cette plage la protège de la foule. Depuis Es Migjorn Gran, vous devrez suivre un chemin de terre pour rejoindre la côte et continuer à pied. Vous y accédez plutôt en bateau à la sublime Cala Escorxada, et sa voisine Cala Fustam, mais les plus courageux pourront faire la belle randonnée à pied (comptez une heure depuis le parking de la plage de Sant Tomas jusqu'à Cala Escorxada).

CALA GALDANA

La route en direction de Cala Galdana se prend à la sortie de Ferreries (comptez 8 km). La crique est d'une beauté à couper le souffle. Hélas, vous ne manquerez pas de remarquer quelques constructions disgracieuses qui viennent gâcher le paysage. C'est que Cala Galdana est l'une des stations balnéaires les plus prisées de l'île, en particulier par les familles. Vous trouverez assez facilement de quoi vous loger ici, en appartement, à l'hôtel (Artiem Audax, réservé à une clientèle adulte, ou Hotel Cala Galdana) ou au camping S'Atalaia, et vous pourrez, depuis la jetée, partir en excursion-bateau vers les plages alentour grâce aux taxi-boats.

MINORQUE

CALA TREBALÚGER

Cala Trebalúger est une magnifique plage de sable blanc dans les eaux de laquelle se jette l'eau douce d'un petit cours d'eau, environnée d'une odorante pinède et dont les parois des falaises sont garnies de petites grottes. Toutefois, ce petit paradis à un prix : pour y accéder, vous devrez marcher un peu. On l'atteint par la route Ferreries-Es Migjorn Gran, en prenant à droitr 1 km avant d'arriver à Es Migjorn Gran. De là, roulez sur 4,5 km en longeant les propriétés Binicodrell, Albranca, Sant Josep, Son Carabasca et Trebalúger. La plage se trouve à 1,7 km de marche de cette route. Aucun service sur la plage : prévoyez crème solaire et eau !

MENORCA TAXI MAR

Port de Cala Galdana

✆ +34 609 054 444

www.menorcataximar.com

Mai-oct : tlj. A partir de 30 € par adulte, 20 € (25 € juil-août) pour les -16 ans.

Menorca Taxi Mar est un service de taxi aquatique, très utile pour rejoindre les plages et *cales* les plus inaccessibles de l'île, ou atteindre les grottes et coins cachés de la côte sud. Les départs se font depuis le port de Cala Galdana, d'où un bateau de grande capacité (il peut accueillir une dizaine de personnes) vous conduira vers la plage que vous souhaitez et viendra vous récupérer à l'heure de votre convenance. Un service bien pratique et extrêmement professionnel qui ne lésine pas sur la sécurité. Les enfants sont bienvenus !

HOTEL CALA GALDANA €€€

Urbanització Cala Galdana
✆ +34 971 154 500
www.hotelcalagaldana.com
Ouvert de mai à fin octobre. Chambre double standard de 75 à 230 € avec petit déjeuner.

L'hôtel Cala Galdana est un établissement 4 étoiles imposant proposant des appartements et des chambres (doubles, triples et suites) tout confort avec terrasse, à tout juste 150 m de la plage. Salons, bars, boutiques, piscine (dont une pour les plus petits) et jardins : rien n'y manque, pas même la pinède. De nombreuses activités vous seront proposées dans cet hôtel qui sait allier le confort, le luxe et la simplicité. Par ailleurs, chaque soir est proposé un spectacle son et lumière aux clients, ce qui ravira les parents avec enfants.

ES BARRANC €€

Cala Galdana
✆ +34 971 154 643
www.esbarranc.es
Ouvert tous les jours de 13h à 23h. Fermé en hiver. Environ 25 €.

Ce restaurant fut l'un des premiers à ouvrir à Cala Galdana. Il jouit d'une bonne réputation pour sa cuisine minorquine. On y vient pour manger des poissons frais dans une ambiance familiale. Signalons les menus du jour (la classique et le *especial*) proposant une entrée, un plat et un dessert. À la carte, il faudra faire un choix parmi les nombreuses tapas proposées (*calamar a la andaluza*, *pulpo a la gallega*, *patatas bravas*, crevettes à l'ail, etc.) avant de se pencher sur la petite dizaine de propositions d'*arroces* et de paellas à partager.

RESTAURANTE MESÓN EL GALLO €€

Carretera de Cala Galdana, km 1,5
✆ +34 971 373 039
www.mesonelgallo.com
D'avril à octobre, de 13h30 à 15h et de 19h30 à 23h. Fermé le lundi et du 23 au 25 août. Environ 25 €.

Ne vous y trompez pas : si vous vous franchissez la porte d'El Gallo (le coq, en français), c'est pour manger de la viande ! Installé dans une jolie petite maison paysanne, ou *predio*, le restaurant El Gallo propose de succulentes *parrilladas* préparées sur le barbecue en plein air, avec pour spécialité le délicieux lapin à l'ail. Après le repas, le village talayotique de Son Mercer de Baix, à 2 km environ de Ferreries, peut fait office de destination pour une promenade digestive.

ALGENDAR RUTAS ECUESTRES [SORTIES ÉQUESTRES]

Carr. Cala Galdana, Km 0,5
✆ +34 654 93 61 15
www.excursionesacaballomenorca.com
Sortie de 2 à 3h à partir de 100 € par cheval.

C'est à Mateu Pons, professeur d'histoire et passionné de culture minorquine, que les amateurs d'équitation feront appel pour découvrir les secrets de l'île. Fils du fondateur, il a grandi au milieu des chevaux, tandis que sa mère fut la première femme de l'île à monter à cheval, bousculant les us et coutumes alors en vigueur dans la société minorquine. Aujourd'hui, Mateu et sa femme proposent des excursions exclusives en groupes réduits au cœur de somptueux paysages.

BARRANC D'ALGENDAR ★

Depuis Santa Galdana, vous pourrez partir à la découverte de ces gorges caractéristiques du sud de Minorque, creusées par les torrents qui naissent à l'intérieur des terres : larges de 6 km et profondes d'une cinquantaine de mètres, elles abritent une flore et une faune abondantes (principalement des oiseaux et des petites tortues !). Les amoureux de la nature ne seront pas déçus, ces gorges sont très certainement les plus sauvages de l'île et peut-être même le plus beau site naturel de Minorque l'île. On pourra les remonter à partir de la Cala Galdana ou bien les rejoindre en prenant le premier chemin à gauche sur la route Ferreries-Ciutadella.

CALA TURQUETA ★★

En sortant de Ciutadella, la route est très bien signalée pour rallier la Cala Turqueta. Prudence, pour la rejoindre depuis la route, le chemin est assez étroit et on voit pas forcément les voitures en face. Au bout du chemin, vous trouverez un petit parking installé dans un ancien verger bordant la plage (nous vous recommandons de vous y rendre assez tôt en plein été, le parking étant généralement plein en début d'après-midi). Sertie d'une jolie pinède, la Cala Turqueta est une plage sublime. Notons toutefois qu'en haute-saison, des bateaux de promenade y déposent leur lot de touristes toutes les deux heures... Hors saison, c'est un vrai paradis !

CALA SON SAURA ★

La Cala Son Saura est indiquée à la sortie de Ciutadella. Sur la route, vous longerez le *predio* (propriété) de Son Catlar (qui abrite l'un des sites talayotiques les plus impressionnants de l'île, n'hésitez pas à y faire une pause), puis celui de Torre Saura Vell, pour déboucher sur une grille fermée. Franchissez celle de gauche en prenant soin de la refermer derrière vous et suivez la route entre les murets de pierre. La route débouche enfin sur un champ qui fait office de parking gratuit. Laissez votre voiture : la plage n'est plus qu'à 300 m. Là, au fond d'une baie presque circulaire et entourée de pins, apparait la sauvage Cala Son Saura.

PUNTA NATI

Pour rejoindre Punta Nati, quittez Ciutadella et roulez vers le nord à travers la garrigue jusqu'au phare de Punta Nati, situé à l'extrémité nord-ouest de l'île (vous pouvez visiter au passage le village préhistorique de Torre Vella et son talayot). Les courants marins et les puissants vents soufflant dans ce coin de l'île ont été jadis à l'origine de nombreux naufrages. Celui du bateau à vapeur français Général Chanzy le 9 février 1910 fut décisif : on décida alors de l'édification d'un phare sur la Punta Nati, qui fut conçu par l'ingénieur Mauro Serret et inauguré en septembre 1913. Le site du phare est réputé pour son très beau coucher de soleil !

CALA MORELL

La petite crique Cala Morell est nichée dans une anse, entre des falaises escarpées et rocailleuses creusées de grottes. La proximité de Ciutadella (10 km) en fait un endroit à la beauté sauvage facile à rejoindre, toutefois, ceux qui s'attendent à trouver une véritable plage risquent d'être déçus. La Cala ne dispose que de très peu de sable et l'accès à l'eau se fait par les rochers ou via les plateformes de béton qui ont été ajoutées au décor. Plus que pour la baignade, on se rendra à Cala Morell pour le spectacle naturel de ses imposants rochers et pour la nécropole taylaotique qu'ils abritent. Signalons également un étonnant restaurant troglodyte.

NÉCROPOLE DE CALA MORELL

Lotissement Cala Morell

Site en accès libre. Bien indiqué : suivez les panneaux roses.

Cette nécropole est l'une des plus grandes de l'île. Utilisée à partir de 1700 av. J.-C., elle est constituée de 14 grottes creusées dans la roche d'un ravin. Certaines sont soutenues par des piliers. Des panneaux explicatifs (en catalan, espagnol, anglais ou allemand) permettent de documenter la visite. On remarquera que certaines grottes sont précédées d'un patio, dont on ignore encore la fonction précise. La route et les alentours offrent d'agréables vues. Un petit parking, juste après le virage, permet de se garer en face du site.

APPARTEMENTS CALA MORELL €€

Lotissement Cala Morell ✆ +34 971 383 233

www.calamorell.net

Dès 36 € à Sa Cala (chambre double), 99 € à Sa Cornisa (2 chambres doubles) et 120 € à Es Brucs (2/3 chambres doubles).

Complexe d'appartements au style méditerranéen situé à 7 km de Ciutadella et à 300 mètres de la plage. De l'appartement simple pour un couple, au plus spacieux pour les familles nombreuses et les groupes, le site propose des logements totalement équipés et entourés de plusieurs piscines, de jardins et d'espaces pour les enfants. Les appartements « Sa Cala » sont lumineux, avec vue sur mer ou sur jardin ; ceux de « Sa Cornisa » sont plus grands (sur deux niveaux, avec deux terrasses) et donnent sur la mer ; ceux d'« Es Brucs », enfin, sont plus luxueux.

RESTAURANTE TROGLODITA'S €€

Carrer Andròmeda, s/n

✆ +34 971 38 12 87

Ouvert entre mai et octobre, du lundi au dimanche midi et soir. Entre 20 et 30 €.

Construit dans une grotte naturelle, le restaurant dispose d'une superbe terrasse offrant une vue inoubliable sur Cala Morell. Spécialités minorquines de paellas, poissons, viandes, légumes grillés... Les prix sont un peu élevés pour certains plats mais en choisissant bien, on s'en sort correctement. Le *frit de marisc* et les aubergines farcies sont un délice. Les principaux atouts de cet endroit sont l'ambiance sereine qui y règne et le service personnalisé et chaleureux. Une visite indispensable, au moins pour prendre un apéritif en terrasse.

CALA ALGAIARENS ★

Sur la même route que Cala Morell on trouve la Cala Algaiarens, l'une des plus belles *cales* de l'île. Ici, un torrent, né dans la vallée de La Vall, franchit une gorge avant de se fondre dans l'eau cristalline de l'une des deux plages de sable fin – séparées l'une de l'autre par une petite colline – qui forment l'ensemble de la cala. Entouré de dunes parfaitement vierges, ce coin de littoral est une zone protégée. Vous pourrez laisser votre voiture dans l'un des deux parkings (l'un à 300 m, l'autre à 500 m de la plage), mais il y a généralement foule en été. Essayez d'arriver tôt, et pensez à prendre de quoi vous alimenter et de quoi vous hydrater.

SA CAVALLERIA FROMAGES

Camí de Tramuntana
✆ +34 680 68 37 48
Lun-ven 9h-19h, sam 11h-13h30. Fermé le dimanche. En dehors de ces horaires, contactez les propriétaires. Vente directe.

Depuis 2016, Sebastià et Jessica, jeune et sympathique couple minorquin, élaborent des fromages artisanaux A.O.C - Appellation d'Origine Contrôlée « Mahón-Menorca ». Plusieurs variétés pour satisfaire tous les palais : fromage artisanal à base de lait cru de vache 100 % minorquin (sec et demi-sec), ainsi que du fromage mélangé de vache et de brebis (plus léger). Tout est élaboré dans le respect de la tradition et l'histoire de la ferme, en garantissant les meilleures conditions pour les 80 vaches et les plus de 120 brebis qui l'occupent.

CALA DEL PILAR ★★

La Cala del Pilar, petit paradis de sable clair au nord de Ferreries, est un peu difficile d'accès. A Minorque, les plages désertes et sauvages se méritent ! Pour la rejoindre, vous devrez emprunter le Camí de Sant Felip, une déviation qui se trouve sur la route Maó-Ciutadella au niveau du km 34. Ensuite, roulez jusqu'à ce ne soit plus possible et garez votre voiture. Il vous faudra marcher une bonne demi-heure pour rejoindre la belle Cala del Pilar. Si la plage dispose d'une source d'eau potable (située en retrait de la plage), nous vous conseillons quand même de faire le plein d'eau et de nourriture : la zone est vierge de tout service.

CALA TIRANT

Le dernier kilomètre de la route qui mène à la Cala Tirant est un chemin terreux tout à fait praticable. Jolie petite baie assez bien protégée du vent et des vagues, l'eau y est généralement calme (un peu moins en hiver, le vent de la Tramuntana créant de belles vagues qui attirent les surfeurs) et peu profonde, en faisant une destination assez bien indiquée pour les familles avec enfants. Plage semi-urbanisée, on trouve quelques constructions sur les collines environnantes qui toutefois ne saccagent pas le paysage. Malgré l'affluence en haute saison, la Cala Tirant, grâce à ses grandes dimensions, demeure une plage paisible et calme.

MINORQUE

CAP DE CAVALLERIA ★

Pour rejoindre le cap, vous devrez ouvrir une grille indiquant « Cap de Cavalleria » (le passage est autorisé) et emprunter un chemin de terre. 4 km plus loin, sur votre gauche, vous trouverez un parking et l'accès à la Platja de Cavalleria (un sentier panoramique y mène). 1,5 km plus loin, prenez à droite au niveau de la propriété de Santa Teresa (route asphaltée). Vous dépasserez le joli port naturel de Sanitja (à gauche) pour arriver enfin au cap ! Ne reste qu'à descendre le long des falaises jusqu'à la minuscule Cala Viola pour admirer la beauté sauvage de ce cap, un spot idéal pour voir le soleil se coucher non loin de vestiges romains !

Plage du Cap de Cavalleria.

FORNELLS ★

Fornells, au nord de l'île, est une ébauche de village situé dans la splendide baie de Fornells, à l'entrée de laquelle se trouve un petit port de pêche. Ici, les petites maisons blanches de pêcheurs sont orientées vers sud pour protéger les habitants de la terrible tramontane. En roulant à petite vitesse le long de la baie, vous verrez la maison seigneuriale de Tirant Nou : sa couleur rouge brique se découpe superbement sur le fond bleu intense du ciel. Avant de déguster une *caldera de langosta* (spécialité de Fornells) sous les palmiers du port, allez flâner dans les ruelles tranquilles du village qui conduisent à l'église du XVIIe siècle.

TOUR DE FORNELLS

En saison de 9h30 à 16h. Entrée : 2,40 €. Fermeture de la billetterie 20 minutes avant.

Tour de défense aux airs de petit château construite en 1801 par les Anglais pour protéger le port et le château de Sant Antoni (aujourd'hui démoli), elle est l'une des plus grandes du genre sur l'île. Elle abrite quatre niveaux : la citerne creusée au sous-sol, le rez-de-chaussée où l'on entreposait les armes et les vivres, le premier étage servant à l'hébergement et le niveau supérieur où était installée la plateforme d'artillerie. Si l'intérieur de la tour n'a rien de particulièrement passionnant, la vue depuis la plateforme supérieure est impressionnante.

BASILIQUE PALÉOCHRÉTIENNE DE CAP DES PORT ✝

Carretera Fornells-Maó

Sur la route Fornells-Maó, prenez le chemin de gauche, sous les arbres, en direction de Ses Salines de Fornells (un panneau signale la direction). Une fois votre véhicule garé, il faudra compter un quart d'heure de marche pour rejoindre les vestiges de la basilique paléochrétienne de Cap des Port. Découverte en 1958 et fouillée à partir de 1975, sa construction remonterait à la fin du Ve siècle, début du VIe siècle. On s'attardera dans sa crypte et sur les peintures murales.

HOSTAL PORT FORNELLS €

Carrer Port de Fornells
✆ +34 971 37 63 73
www.hostalportfornells.com

Avril-oct. Chambre double dès 50 € (130 € en haute saison). Pdj 7 €. Parking privé gratuit. Wifi.

Situé à Ses Salines (juste avant d'arriver à Fornells), cet *hostal* dispose de chambres très correctes avec salle de bains, climatisation et accès extérieur/terrasse. Le calme de l'endroit, loin des foules, lui confère une atmosphère reposante, et ce, même durant la haute saison touristique. A deux pas de la mer, on pourra également profiter de la piscine extérieure pour se rafraîchir au milieu des jardins. Daniel et sa famille gèrent l'établissement depuis des décennies avec la gentillesse et l'amabilité du premier jour ! Une bonne adresse pour les petits budgets.

RESERVA LA CONCEPCIÓ €€

Réserve La Concepció
✆ +34 617 11 28 61
Avril-oct. Hébergement à partir de 60 € la nuit en baisse saison (100 € en haute saison).

Située au sud de la baie de Fornells, au milieu de la réserve naturelle, cette propriété dispose de plusieurs espaces. Après l'arrêt de l'extraction de sel en 1984, les salines ont été récupérées pour être transformées en lieu d'hébergement. Au milieu de l'extension, l'ancienne ferme, qui date du XVIIIe siècle, accueille 4 chambres tout confort, parfaitement équipées (wifi, cuisine). Possibilité de faire une visite guidée des salines, de partir en excursions à cheval, en VTT ou en kayak, ou encore d'effectuer la randonnée du Camí de Cavalls.

LA CUINA DEL PEP €

Carrer de Ses Escoles, 41
✆ +34 971 37 68 53
www.facebook.com/lacuinadelpep
Ouvert tous les jours de 9h à 1h.

C'est juste après l'église et le fameux Es Cranc que l'on débusque la très jolie et décontractée Cuina del Pep. On mitonne ici des plats simples servis en portions généreuses : tapas variées, charcuteries, viandes et poissons, mais aussi et surtout de splendides *arroces* déclinés en plusieurs recettes, le tout accompagné d'une bonne bière bien fraîche ou du vin de la maison. Les ingrédients de base sont choisis avec soin et l'ambiance familiale est des plus agréables. Et le vendredi, c'est burger ! Possibilité de commander à emporter.

HOSTAL RESIDENCIA LA PALMA €

Plaça de S'Algaret, 3 ✆ +34 971 376 634
www.hostallapalma.com
Avril/mi-oct. Chambre double 60-150 €, suite 110-200 €. Pdj 9 € (gratuit dès 3 nuits). Restau fermé lundi (sauf août).

Un hostal familial 2 étoiles d'environ 25 chambres avec salle de bains, air conditionné, TV satellite (français, anglais et allemand) et terrasse. Renouvelé en 2015 (chambres standard et bar) et en 2019 (suites) il garde toute la tradition sans renoncer à un grand confort. Les deux suites (vue port) sont un beau mirador d'où apprécier l'atmosphère locale. Joli coin pour passer des vacances et profiter de la gastronomie locale. Petite piscine et jardin. Excellent bar-restaurant.

JEEP SAFARI MENORCA ★★

Carrer del Rosari, 24 ✆ +34 687 773 248
www.jeepsafarimenorca.es/fr
Excursion « Island Discovery » à partir de 65 € pour les adultes et 45 € pour les enfants (6-12 ans).

© JEEP SAFARI MENORCA

Jeep Safari Menorca est une agence de visite guidée en jeep. Passion, enthousiasme, amabilité, professionnalisme et une profonde connaissance des endroits les plus authentiques et vierges de l'île. Loin des routes classiques et asphaltées, loin des marchands de souvenirs et des coins touristiques, ce sont des excursions alternatives qui sont proposées. Avec une flotte de véhicules 4x4 décapotables, l'île n'aura plus de secrets pour vous. Les excursions proposées nous livrent ainsi une vision intégrale, géologique et ethnologique de l'île.

CA NA MARGA €€

Urb. Ses Salines, par 1
✆ +34 971 376 410
canamarga.com
En saison, cuisine ouverte tous les jours de 19h à 1h30. Fermé de novembre à mai.

Voilà plus d'une trentaine d'années que le Ca Na Marga régale les carnivores de tous poils ! Cette jolie petite adresse des Salines est en effet l'un des meilleurs restaurants de *carne a la brasa*, c'est-à-dire de viande au barbecue, de Minorque. On y mange, dans une ambiance agréablement familiale, aussi bien de délicieuses pièces de viande braisée (agneau, poulet et beaux morceaux de bœuf) que des poissons fraîchement pêchés, des légumes passés au grill ou encore des salades plus légères. Essayer de garder une place pour l'un des dix desserts à la carte.

SA LLAGOSTA €€€

Gabriel Gelabert, 12
✆ +34 971 37 65 66
Ouvert tous les jours, midi et soir. Compter 55 € par personne.

Si vous êtes un amateur de langouste, Sa Llagosta est l'adresse qu'il vous faut ! David de Coca, un chef minorquin qui a travaillé dans les meilleures cuisines de la péninsule ibérique (Arzak, Celler de Can Roca) est retourné sur son île natale pour concocter à ses hôtes une cuisine minorquine dont la langouste est la grande vedette ! A la carte, elle est cuisinée à toutes les sauces : en *caldereta*, sautée, à l'étouffée, en ceviche, avec ses blettes en tempura, à l'ail, aux œufs, grillée, au four... Mònica, la chef de salle, saura vous conseiller.

ES CRANC €€€

Carrer de les Escoles, 31
✆ +34 971 376 442
Tlj en saison 13h-16h30 et 19h30-23h. Fermé en hiver. Il est préférable de réserver. 40/60 €, plutôt 70 € la langouste.

Es Cranc (« le crabe » en catalan) a bâti sa réputation sur l'un des plats traditionnels de Minorque, et même de la localité de Fornells : la fameuse *caldereta de llagosta*, une délicieuse et copieuse préparation à base de homard. Devenu à la mode, le restaurant est très fréquenté par les Espagnols et par les amateurs de saveurs marines en général. Il faut dire que la qualité des plats est excellente et les prix restent très abordables. C'est un des meilleurs restaurants du port, mieux vaut donc réserver bien en avance, surtout en juillet et août.

NA POLIDA

Carrer Major, 31
✆ +34 971 37 64 58
En saison, de 9h30 à 14h et de 17h à 20h.

Na Polida est une agréable boutique de prêt-à-porter (femme, homme et enfants) et de souvenirs. On y trouve notamment les collections de vêtements de la fameuse marque minorquine Pou Nou, mais aussi d'élégants foulards Hem&Edge. Depuis son ouverture en 1992, Na Polida se revendique comme vitrine de la culture de Fornells et de Minorque dans son ensemble, exposant des photographies, des peintures, des gravures et autres travaux artistiques représentatifs de l'île. Une bonne adresse pour dénicher des cadeaux « *made in Menorca* ».

ADAMASTOR 1967

✆ +34 692 609 196
www.adamastor1967.com
De mai à octobre. Location à partir de 300 € (coucher de soleil). Capacité pour 8 personnes maximum.

L'Adamastor 1967 est un *llaüt*, embarcation emblématique des Baléares, conçu il y a plus de 50 ans par Mestre Guiem Amengual, fils de pêcheur majorquin, qui a construit au cours de sa vie une bonne trentaine de ces bateaux. Une excursion en mer permettra d'avoir les mêmes sensations que les marins qui jadis s'en allaient au large pour remplir leurs filets de poissons. L'Adamastor 1967 est splendide et parfaitement conservé. Une expérience unique pour partir à la découverte des belles plages et criques de la côte nord seulement accessibles par la mer.

PASE ARTE MARCHÉ ARTISANAL

Carrer del Rosari, 24
En saison, ouvert tous les jours de 11h à 14h30 et de 18h à 23h. Fermé les jeudis en juin et en septembre.

Situé dans l'ancienne gare routière de Fornells, ce petit marché artisanal accueille une vingtaine d'artisans locaux pendant la haute saison. On y trouve une vaste gamme de produits *hecho a mano* (fait main) tels que des articles de maroquinerie, des céramiques, des pièces artisanales variées, des savons naturels, des objets déco, des bijoux, des accessoires de mode et des vêtements. Autant de bonnes idées-cadeaux ! Expositions et concerts y sont également ponctuellement organisés.

DIA COMPLERT

Passeig Marítim, 41 ✆ +34 609 670 996
www.diacomplert.com
Mai-sept. tour kayak dès 40 € (3h30), jet-ski 100 € (30 min), paddle-surf dès 40 €, snorkeling dès 35 €.

Une super agence où vous trouverez tout ce dont vous avez besoin pour pratiquer toutes sortes d'activités sportives et aquatiques : kayak, stand-up paddle, jet-ski, catamaran, flyboard. Parmi les spécialités de Dia Complert, citons les excursions en kayak ou en barque à moteur permettant de découvrir les plages et fonds sous-marins des îlots (snorkeling), mais aussi les sessions d'exploration des grottes et falaises du littoral, armé d'une planche de stand-up-paddle, sans oublier les virées adrénaline en jet-ski. Équipe pro et instructeurs qualifiés.

MINORQUE

FORNELLS DIVING CENTER

Passeig Marítim, 68
✆ +34 971 37 64 31
www.divingfornells.com/fr
Tlj 8h30-18h30. Plongée à 9h, 11h et 15h. Baptêmes dès 75 € (2h) et cours (PADI, DAN, IANTD).

Après une carrière dans l'administratif, Phil, Belge d'origine, a décidé de tout plaquer pour vivre de sa passion. Instructeur de plongée loisir et technique, il a repris le plus ancien centre de plongée de Fornells (et de toute l'île !). Les services de plongée qu'il propose sont très pros et affiliés à plusieurs fédérations. Le centre est le spécialiste de la réserve marine du nord de Minorque. Les sorties en plongée (bouteille ou apnée) vous permettront d'observer une vie marine riche en diversité, mais aussi des formations rocheuses et grottes spectaculaires.

CRANC PELUT DE MENORCA €€€

Passeig marítim, 98 ✆ +34 971 376 743
Compter environ 40 €.

On le confond souvent avec Es Cranc, mais il s'agit bien de deux restaurants différents bien qu'il s'agit de la même propriété. Cranc Pelut est situé à l'entrée de Fornells, au début du port. Si Es Cranc est le spécialiste de la *caldereta*, Cranc Pelut est l'une des meilleures adresses de Minorque pour manger une paella. Petit conseil : ne prenez pas d'entrée, la paella pour deux est absolument gigantesque (vous pouvez la manger à quatre sans problème). La gentillesse des serveurs et la jolie vue sur le port font le reste. Une excellente adresse.

KATAYAK MENORCA

Passeig Marítim, 69
✆ +34 626 486 426 - www.katayak.net
Mars-oct. Location de voilier avec capitaine pour la journée : 110 € par adulte, 65 € par enfant.

Spécialistes des activités d'aventure à Minorque, Katayak est géré par une équipe très pro et passionnée de nature proposant la découverte de Minorque en catamaran ou à bord d'un voilier en groupe réduit (10 personnes maximum pour le catamaran et 7 personnes pour le voilier). Une excellente manière d'accéder à des zones confidentielles de l'île... N'oubliez pas vos palmes, votre masque et votre tuba ! La sortie de l'après-midi permet de terminer la journée en beauté, avec le coucher de soleil en point de mire (apéritifs et boissons inclus).

MERAK DIVING

Passeig Marítim, 98
✆ +34 971 36 18 58
www.merakdiving.com
Ouvert toute l'année. Baptême à partir de 65 €. Cours à partir de 250 €. Immersions à partir de 55 €.

Disposant de deux centres (Maó et Fornells) très bien équipés (douches chaudes, vestiaires, location de matériel toujours de qualité, bateau en face du centre), Merak Diving propose des sorties plongée sur toute l'île, mais surtout dans les deux réserves marines de Minorque. Depuis le centre de Maó vers la réserve marine de S'Illa de l'Aire, et depuis le centre de Fornells vers la Réserve Marine du nord de Minorque. En plus de cours de perfectionnement pour les plongeurs expérimentés, Merak Diving propose des sorties d'initiation pour les débutants.

Les petites maisons blanches de pêcheurs de Fornells.

PACHIRA TOURS

Port de Fornells
✆ +34 659 24 02 56
www.pachiratours.com
Tour Blue : tlj 10h-13h et 15h-18h (3h). Tour Sunset : lun, mer et ven (juil-août). A partir de 35 € (enfants 25 €).

Marc et Guiem, deux intrépides navigateurs, proposent de partir à la découverte de la côte nord de Minorque à bord de leur nouvelle embarcation (2016). L'excursion varie selon l'orientation du vent et l'état de la mer : en empruntant la route de l'Ouest, on sillonnera quelques plages idylliques avec en panorama le phare de Cavalleria au loin, en passant par la grotte d'Es Vell Marí ; si le plan du capitaine est de filer à l'Est, on approchera les grottes de l'Anglès, ainsi que celles de Na Polida et d'Es Bufador, mais aussi quelques spectaculaires criques.

WIND FORNELLS

Carrer Nou, 33
✆ +34 664 335 801
www.windfornells.com
Fin-avril/fin-octobre. Cours de voile et windsurf dès 40 €.

Une entreprise familiale dont le patriarche, Ramon, est une vraie célébrité sur l'île. Spécialisés dans les sports nautiques (planche à voile, voile, ski nautique et stand up paddle), ils ont été les premiers à pratiquer le windsurf à Minorque. Chez eux, vous pourrez louer du matériel, mais aussi faire des initiations si vous êtes débutants. Très professionnel, on vous formera bien et on ne vous prêtera le matériel que si on juge que vous êtes capable d'en faire bon usage. Location de stand up paddle, excursions snorkeling et session ski nautique.

PLATGES DE FORNELLS ★

A proximité de Fornells, la zone de Platges de Fornells s'est progressivement transformé en complexe touristique d'envergure, avec ses blanches et neuves demeures posées à même les falaises qui surplombent la méditerranée. Il n'y a que peu d'intérêt à venir ici sinon pour profiter de jolie vue depuis la jetée, à moins que l'on ne souhaite s'adonner à la navigation ou à la plongée sous-marine (on trouve ici deux clubs de plongée) : la plage s'étire dans une baie fermée, sans vagues et donc plus sûre. Quelques restaurants également à signaler, comme l'agréable bar à tapas Okapi ou le chic Isabella Beach Club, dressé au-dessus des flots.

RESTAURANT SES SALINES €

PLAGE DE FORNELLS
✆ +34 971 376 491
Ouvert midi et soir sauf le mardi.

Le restaurant Ses Saline de Platges de Fornells se situe en surplomb de la plage – très fréquentée à la belle saison – et sa jolie terrasse donnant sur la mer et les bateaux – nombreux eux aussi – mouillant dans la baie est des plus agréables. Ici, ce sont les produits de la mer qui sont les vedettes, et notamment les moules, préparées de manières variées. On déguste également de très bonnes paellas marines ainsi que la fameuse caldera de langosta. Le midi, le restaurant propose un menu intéressant pour une vingtaine d'euros..

ISABELLA BEACH CLUB

Carrer Tramuntana
✆ +34 638 785 480
www.isabellamenorca.com
Mai-sept. Ouvert de 18h à 2h du matin.

Ouvert par les tenanciers de la Cova d'en Xoroi – la discothèque la plus branchée de l'île –, le Isabella est un *beach club* élégant et très *select* – en apparence du moins – installé sur un promontoire rocheux de Platja de Fornells. Cocktails et tapas mais aussi d'assez bons plats de cuisine fusion nippo-méditerranéenne, des viandes et poissons braisés et autres salades (attention, la note monte très vite), servis par une jeune équipe toujours vêtue de blanc. Une *place to be* pour le coucher de soleil à Minorque. Le lieu sert notamment à célébrer des mariages.

DIVING MENORCA

Hotel Carema
✆ +34 625 712 631
www.divingmenorca.com
Avril-oct : lun-sam 8h30-18h, dim 8h30-14h. Baptême de plongée à partir de 55 €. Immersion seule avec équipement 50 €.

Diving Menorca est un centre de plongée moderne situé à seulement quelques pas de la plage qui propose des sorties dans la réserve marine du nord de Minorque. Autant d'immersions parfaitement encadrées permettant d'explorer les grottes sous-marines de la zone. Des packs combinant plusieurs activités sont également proposées, ainsi que des formules activité + location voiture + hébergement. Les gérants, Alberto et Nicolas, sont très sympas et pourront organiser des sorties guidées en stand-up paddle ou en kayak dans le nord de l'île.

PASSPORT

ORGANISER SON SÉJOUR

Organiser un voyage dans les Baléares est assez facile : l'archipel faisant partie du territoire espagnol, et donc de l'espace européen, aucune démarche administrative n'est à prévoir et aucune contrainte sanitaire ne pèse sur les prétendants au voyage. Plusieurs choix vous incombent néanmoins, le premier étant celui d'organiser vous-même votre voyage ou de le confier à un voyagiste ou tour-opérateur spécialisé, certes un peu plus onéreux mais assez confortable. Si vous décidez de vous rendre par vos propres moyens (par avion ou par bateau), vous ne manquerez pas de choix dans le logement : les quatre iles proposent toutes sortes d'hôtels, pensions, logements ruraux et même quelques campings. Si vous comptez vous y rendre entre la mi-juin et la fin-août, prenez les devant et réservez votre logement à l'avance, les Baléares sont très fréquentées par des estivants de toute l'Europe à cette époque de l'année !

ARGENT

L'Espagne a fait partie du « premier train » du passage à l'euro. Les pesetas se sont donc inclinées devant la monnaie unique. Les Baléares (Espagne) faisant partie de la zone Euro, vous pouvez y effectuer vos retraits et paiements par carte bancaire (Visa, MasterCard, etc.) comme vous le feriez en France. Inutile d'emporter des sommes importantes en liquide. Tous vos paiements par carte sont gratuits et vos retraits sont soumis aux mêmes conditions tarifaires que ceux effectués en France (ils sont donc gratuits pour la plupart des cartes bancaires). De plus, les distributeurs et terminaux de paiement sont aussi sécurisés que dans l'Hexagone et les paiements sont majoritairement validés par code pin.

Utilisation d'un distributeur anglophone. De manière générale, le mode d'utilisation des distributeurs automatiques de billets (« ATM » en anglais) est identique à la France. Si la langue française n'est pas disponible, ce qui est relativement assez rare en Europe, sélectionnez l'anglais. « Retrait » se dit alors « withdrawal ». Si l'on vous demande de choisir entre retirer d'un « checking account » (compte courant), d'un « credit account » (compte crédit) ou d'un « saving account » (compte épargne), optez pour « checking account ». Entre une opération de débit ou de crédit, sélectionnez « débit ». ». (Si toutefois vous vous trompez dans ces différentes options, pas d'inquiétude, le seul risque est que la transaction soit refusée). Indiquez le montant (« amount ») souhaité et validez (« enter »). A la question « Would you like a receipt ? », répondez « Yes » et conservez soigneusement votre reçu.

BUDGET / BONS PLANS

Pour vous donner une idée approximative du budget qu'il vous faudra prévoir, comptez pour une chambre double de 50 à 80 € en catégorie « bien et pas cher », de 80 à 150 € en catégorie « confort ou charme » et à partir de 150 € pour la catégorie de luxe. D'une manière générale, il vous faudra mettre un certain prix pour profiter d'un séjour tranquille et loin des hordes de touristes, car se sont les grandes chaînes hôtelières qui pratiquent les prix les plus attractifs, malheureusement dans des stations bétonnées et sans charme (c'est le cas de Magaluf à Majorque et Sant Antoni à Ibiza, par exemple). Concernant les repas, comptez 12 € au minimum, environ 20 € dans un restaurant standard et à partir de 25 € dans un établissement plus chic.

PASSEPORT ET VISAS

Pour ceux qui ne le sauraient pas, votre pièce d'identité en cours de validité suffit pour vous rendre en Espagne. N'oubliez pas votre permis de conduire pour les locations de voitures et de motos.

Palma de Majorque.

L'ASSURANCE VOYAGE, LE BON RÉFLEXE POUR PARTIR L'ESPRIT TRANQUILLE

avec CATHERINE DIBOUES, responsable du marché voyage, loisir et mobilités chez Allianz TraveL

En cas d'annulation de voyage, peut-on bénéficier d'un remboursement des frais engagés ?

L'assurance voyage propose une indemnisation lorsque l'on doit abandonner son projet de séjour pour une raison indépendante de sa volonté. Contrairement aux idées reçues, les assurances liées aux cartes bancaires ne proposent pas toutes une assurance annulation.

Que se passe-t-il en cas de retard de vol ?

Avec l'assurance voyage Allianz Travel, les frais supplémentaires liés à l'attente sont pris en charge, à partir de 2h de retard. Il peut s'agir des frais de restauration, de transport lors d'un changement d'aéroport ou d'une éventuelle nuit d'hôtel.

L'assurance voyage couvre-t-elle la perte ou le dommage des bagages ?

Allianz Travel indemnise les voyageurs en cas de bagages endommagés ou perdus par la compagnie aérienne. Cela comprend l'indemnisation du bagage et son contenu.

Quelles sont les destinations couvertes par votre zoning Europe svp ? Est-ce uniquement l'UE ou l'ensemble du continent européen ?

Les pays européens ont des accords avec l'administration française. Avant de partir, il faut demander la carte européenne d'assurance maladie. La sécurité sociale et la mutuelle prennent alors en charge les frais médicaux, selon leurs barèmes. Les frais médicaux étant majoritairement plus élevés qu'en France, l'assurance voyage permet de se voir remboursé du reste à charge.

En cas de souci de santé sur place, que faut-il faire ?

En cas de doute ou pour des symptômes légers, nous proposons un service de téléconsultation médicale, par téléphone et en visio, qui permet d'être conseillé et orienté par un professionnel ainsi que d'obtenir une ordonnance si besoin. Pour une situation plus grave, il est nécessaire d'appeler les urgences locales, dont les numéros sont disponibles sur notre application mobile. Une fois à l'hôpital et dans un état stable, on appelle Allianz Travel pour déclencher les procédures de prises en charge. Notre centre d'assistance fonctionne 24h/24, 7j/7.

PERMIS DE CONDUIRE

Les permis de conduire français, belges, suisses et canadiens sont acceptés pour une période ne dépassant pas six mois ; le cas échéant, vous devrez vous munir du permis international (généralement valide de un à trois ans). Si vous désirez louer une voiture en Espagne, il faut être âgé de 21 ans avec un an de permis minimum, et être en possession d'une carte de crédit.

SANTÉ

Aux Baléares, et donc en Espagne, vous êtes dans l'Union européenne, les risques sanitaires ne sont donc pas plus importants que chez nous. Il n'y a pas de paludisme en Espagne. Néanmoins, il est toujours préférable d'avoir de quoi se protéger des piqûres de moustiques et autres insectes, ne serait-ce que pour éviter perturbations du sommeil et autres démangeaisons.

VACCINS OBLIGATOIRES

Aucun vaccin n'est obligatoire pour se rendre sur le territoire espagnol. Vous pourrez toutefois vérifier que vous êtes à jour.

SÉCURITÉ

On ne peut pas mettre toutes les îles ni tous les lieux dans le même sac, mais il y a un pourcentage assez élevé de petite délinquance, surtout urbaine. Surveillez vos affaires sur la plage et pendant la baignade. Ne tentez pas le diable en laissant des objets trop en évidence dans une voiture. Faites particulièrement attention aux pickpockets à Palma, aux alentours de la cathédrale et du Paseo Marítimo, et à San Antonio (Ibiza) en soirée.

DÉCALAGE HORAIRE

Il n'y a pas de décalage horaire entre la France et les Baléares : l'Espagne et la France partagent le même méridien.

LANGUES PARLÉES

Aux Baléares, on parle le catalan et le castillan, les deux langues sont co-officielles dans la région. Vous n'aurez – soit dit en passant – aucun problème pour vous faire comprendre dans les hôtels, les restaurants et autres magasins avec quelques notions d'anglais (le français est moins parlé). Dans chaque île pourtant, la population continue à parler le majorquin, le minorquin ou l'ibicenco, dialectes du catalan. Même si dans les grandes villes comme Palma ou Ibiza, le castillan emporte la préférence de la population. A Ibiza, par exemple, l'ibicenco est de moins en moins parlé, résultat évident de la diminution des habitants de pure souche. En revanche, Minorque reste l'île où l'on parle le plus la langue maternelle, à savoir le minorquin. Sur les quatre îles – en réponse aux lois sur l'autonomie –, la langue locale est obligatoire dans les écoles ainsi que sur tous les panneaux d'information routière ou touristique. L'allemand est devenu une langue presque courante en raison du grand nombre de résidents et de vacanciers allemands, notamment à Majorque.

Pour un voyage aux Baléares, l'usage du castillan, même très approximatif voire baragouinant, est conseillé si vous souhaitez vous aventurer à l'intérieur des terres. Il existe différents moyens d'apprendre quelques bases de la langue et l'offre pour l'auto-apprentissage peut se faire sur différents supports : CD, DVD, cahiers d'exercices ou même directement sur Internet. Notez cependant que le catalan est une langue linguistiquement plus proche du français que le castillan. Alors, si le cœur vous en dit, vous pouvez aussi vous y mettre !

Cap de Formentor.

COMMUNIQUER

Le réseau couvre très bien les grandes villes et les stations balnéaires, mais vous aurez plus de difficultés dans les petites agglomérations reculées et dans certaines plages vierges. Il n'y a désormais plus de suppléments pour les appels émis au sein de l'Union européenne. Les appels et les messages vers les numéros français vous coûteront le même prix qu'en France et vous pourrez surfer sur Internet comme vous le faites chez vous. Par contre, les appels et les messages vers des numéros espagnols peuvent toujours engendrer des frais supplémentaires. Renseignez-vous auprès de votre opérateur. La plupart des cafés, restaurants et hôtels disposent par ailleurs du wifi.

ELECTRICITÉ ET MESURES

Comme en France, les prises délivrent du 220 volts. Vos appareils fonctionneront normalement et sans adaptateur. Les Espagnols utilisent le système international d'unité et parlent donc en mètres, kilomètres, tonnes…

BAGAGES

En hiver, le temps est doux et clément, mais prévoyez toutefois un manteau chaud et des gants pour parer aux chutes du mercure à la nuit tombée. De mai à octobre, n'oubliez pas votre maillot de bain, et surtout un chapeau pour vous protéger du soleil. En mai, pensez également à prendre un parapluie, les averses sont fréquentes.

LES PHRASES CLÉS

Bonjour, je voudrais réserver un billet aller/retour pour…
Hola, me gustaría reservar un billete de ida y vuelta para....

J'ai raté mon avion. Je voudrais échanger mon billet s'il vous plaît.
Perdí el avión. Me gustaría cambiar mi billete, por favor.

Mon vol est très en retard. Ma correspondance sera bien assurée ?
Mi vuelo llega con retraso. ¿Llegaré a tiempo para coger el próximo vuelo?

Mes bagages ont été égarés, à qui dois-je m'adresser ?
Han perdido mi equipaje, ¿a quién debo dirigirme?

Louez-vous des voitures avec chauffeur ?
¿Alquilan coches con chófer?

Je n'ai presque plus d'essence. Où se trouve la station-service la plus proche ?
Apenas tengo gasolina. ¿dónde está la gasolinera más cercana?

S'Y RENDRE

Pour vous rendre aux Baléares par vos propres moyens depuis la France, l'avion est certainement l'option la moins onéreuse et le plus rapide. Le prix moyen d'un vol Paris-Palma de Majorque ou Paris-Ibiza varie de 100 à 300 €. Cette variation dépend de la compagnie empruntée mais surtout du délai de réservation. Pour obtenir des tarifs intéressants, il est indispensable de vous y prendre très à l'avance. Pensez à acheter vos billets plusieurs mois avant le départ ! L'autre option consiste à rejoindre Majorque en ferry depuis Toulon via la compagnie française Corsica Ferries (www.corsica-ferries.fr) ou à rallier l'archipel depuis Barcelone via la compagnie Baleària (www.balearia.com) ou Trasmediterránea (www.trasmediterranea.es), proposant toutes deux des liaisons fréquentes vers les quatre îles. L'option ferry offre la possibilité d'embarquer son véhicule à bord et de s'économiser une location sur place.

AIR INDEMNITE

25 bis, avenue Pierre Grenier
BOULOGNE-BILLANCOURT
✆ 01 85 32 16 28
www.air-indemnite.com

Des problèmes d'avion (retard de vol, annulation ou surbooking) gâchent le séjour de millions de voyageurs chaque année. Selon la réglementation, ceux-ci ont droit jusqu'à 600 € d'indemnité par passager ! Mais devant la complexité juridique et les lourdeurs administratives, très peu parviennent en réalité à faire valoir leurs droits. Pionnier français depuis 2007, ce service en ligne simplifie les démarches en prenant en charge l'intégralité de la procédure : analyse et construction du dossier, échanges avec la compagnie, suivi jusqu'au versement des sommes dues.

AIR FRANCE

✆ 36 54

Réservations en ligne ou par téléphone, tous les jours de 6h30 à 22h.

Air France propose plusieurs vols par jour entre Paris-Orly et Palma de Majorque. Il est aussi possible de partir depuis d'autres villes de France (Bordeaux, Lyon, Marseille, Nice, Strasbourg, Toulouse, etc.) ou d'ailleurs en Europe (Bruxelles, Francfort, Genève, etc.). Une correspondance ou un trajet en train est alors requis, et le vol peut être assuré par une compagnie partenaire. La compagnie, qui existe depuis 1933, est synonyme de qualité, de service et de confort. Sa flotte est majoritairement constituée d'Airbus âgés d'une dizaine d'années.

AIR EUROPA

✆ 01 42 65 08 00
www.aireuropa.com

Cette compagnie aérienne possède une agence à l'aéroport d'Orly. Membre de l'alliance SkyTeam, elle opère des liaisons en partenariat avec Air France. Aux îles Baléares, Air Europa propose des liaisons directes vers Minorque et Majorque. Les vols sont réguliers et partent relativement à l'heure. Un service de « Priority Boarding » est disponible au moment de la réservation pour les personnes qui souhaitent éviter les files d'attente à l'enregistrement des bagages ou bien à l'embarquement (moyennant un supplément de 8 euros).

EASYJET

✆ 08 20 42 03 15

Cette compagnie aérienne low cost à l'image jeune, tendance et dynamique propose, en s'y prenant bien à l'avance, des tarifs intéressants pour Majorque, Minorque et Ibiza. Départs possibles depuis Paris-Charles de Gaulle, mais aussi depuis plusieurs villes de province. Si vous prévoyez d'enregistrer un bagage en soute, le plus simple est de faire l'enregistrement en ligne et de faire l'impression papier de votre billet ou sur l'application mobile. Plus on s'approche de la date de départ, plus la différence de prix s'amoindrit.

IBERIA

✆ 0 825 800 965

www.iberia.com

La compagnie espagnole dessert Ibiza, Majorque et Minorque au départ de Paris et de plusieurs villes de France, avec une correspondance à Barcelone ou Madrid. Certains tarifs, à certaines dates, sont très intéressants. Plusieurs options disponibles au moment de la réservation : possibilité de choisir son siège, d'ajouter des bagages, de réserver un hôtel, de louer une voiture, ou d'accéder à un billet de classe supérieure (voir les conditions sur le site). Une fois à bord, il est possible de se connecter au réseau wifi d'Iberia.

VOLOTEA

✆ 08 99 23 20 50

www.volotea.com

Service client au téléphone de 7h à 19h, 7 jours sur 7.

La compagnie barcelonaise créée en 2012 par les deux fondateurs de Vueling se définit comme la compagnie des capitales régionales européennes. Elle opère depuis de nombreuses villes moyennes et grandes, principalement en Italie, en Espagne et en France (bases de vols internationaux à Nantes, Bordeaux et Strasbourg). Aux Baléares, des liaisons sont proposées pour relier Bordeaux, Nantes et Marseille à Majorque et Minorque. L'option Flex permet d'effectuer des changements jusqu'à 4 heures avant le départ. Attention, les vols ne sont pas assurés toute l'année.

RYANAIR

✆ 08 92 56 21 50

www.ryanair.com

Ryanair dessert en saison l'aéroport de Palma depuis Paris Beauvais, Marseille, Bordeaux et Toulouse. Également des vols depuis Marseille et Paris vers l'aéroport d'Ibiza. Ainsi que des liaisons pour Minorque au départ de Bordeaux, Marseille et Toulouse. Pour vous rendre Baléares sans supplément, il vous faudra maintenant voyager avec un sac qui se place sous le siège passager. Et le billet est non-remboursable. Mais ces conditions de transports mises à part, il faut reconnaître à Ryanair des rotations intéressantes à prix très doux.

VUELING

✆ 08 99 23 24 00

www.vueling.com

La compagnie low cost espagnole, qui a fêté ses 15 ans d'existence en 2019, propose des liaisons directes avec Palma depuis Paris, Toulouse, Lyon, Rennes et Bordeaux. Des vols directs relient également Ibiza avec Paris et Toulouse. Enfin, Vueling effectue des liaisons Paris-Minorque. Le prix sans option permet de voyager avec un bagage à main et un petit sac, mais pour ne pas avoir à se limiter sur place, il est possible de retenir l'option « optima » (plus 40 € par personne) qui inclut un bagage de 25 kg et le choix des places et l'enregistrement instantané.

TRANSAVIA

✆ 08 92 05 88 88

www.transavia.com

Transavia est une filiale low cost de la compagnie Air France/KLM. La compagnie assure, au départ de Paris Orly et de l'aéroport de Nantes-Atlantique, des liaisons à bas prix vers de nombreuses destinations en Europe et dans le monde. Aux Baléares, la compagnie propose des liaisons pour Ibiza, Palma de Majorque et Minorque. Le prix du billet ne comprend qu'un bagage à main/bagage cabine n'excédant pas les 10 kg. Pour le bagage en soute de 20 kg, comptez un supplément d'environ 30 € par vol, environ 50 € pour un bagage de 30 kg.

EUROMER & CIEL VOYAGES

5 - 7, quai de Sauvages

MONTPELLIER

✆ 04 67 65 95 12

www.euromer.com

Ouvert du lundi au samedi de 9h à 18h45 et le samedi de 9h à 17h45.

Cette agence de voyages agit depuis plus de vingt ans afin d'organiser des séjours de rêves pour ses clients. C'est la référence des traversées maritimes en Europe. Euromer propose des liaisons quotidiennes vers les quatre îles des Baléares, au départ de Barcelone, Dénia ou Valence. Elle représente les compagnies Trasmediterranea et Balearia. Vous trouverez un large choix d'hôtels à tarifs très attractifs sur les différentes îles, ainsi qu'en Espagne si vous souhaitez passer une nuit sur place, à Barcelone par exemple, avant d'embarquer.

SÉJOURS ET CIRCUITS

Si certains aiment organiser leur voyage de A à Z, d'autres préfèrent confier la logistique à une agence spécialiste. On peut choisir de partir en groupe organisé ou alors seul, en couple, entre amis ou en famille, avec un forfait clé en main ou conçu sur mesure. Les Baléares étant une zone de vacances facile d'accès pour les français, la grande majorité des agences de voyages hexagonales propose au moins quelques séjours déjà montés dans les îles espagnoles. L'avantage de passer par ce biais sont les tarifs intéressants que ces agences proposent du fait d'accords passés avec un certain nombre de structures touristiques locales. D'autres agences, françaises ou des Baléares, vous proposeront d'élaborer un séjour à la carte en s'adaptant à vos envie, tandis que d'autres encore sont spécialisées dans des vacances thématiques (histoire et patrimoine, vacances actives, séjour cheval ou voile, etc).

AGENCE DU VOYAGE À CHEVAL

1, rue Eugène-Cusenier
ORNANS
✆ 03 81 62 02 96
www.agenceduvoyageacheval.com
A partir de 527 € sans le transport.

L'Agence du Voyage à Cheval est spécialiste du voyage à cheval en France et dans le monde entier, avec pour spécificité la relation locale authentique, le respect de l'environnement et du cheval. L'agence propose une importante offre randonnée équestre, tout comme un engagement permanent pour le tourisme responsable et la préservation de l'environnement. Aux Baléares, un séjour équestre de 5 ou 8 jours est proposé à Minorque, sur le Cami des cavalls.

AMPLITUDES

60, rue Sainte Anne - **PARIS** ✆ 01 44 50 18 58
www.amplitudes.com
Ouvert du lundi au vendredi de 10h à 19h et le samedi jusqu'à 18h. Contact clients agence de Toulouse (second numéro).

Spécialiste des voyages sur mesure, en solo, en couple ou en groupe, des voyages en famille et des circuits privatifs depuis près de 30 ans, l'agence de voyages toulousaine Amplitudes et son antenne parisienne proposent des formules adaptées avec comme ligne directrice : « hors des sentiers battus ». Aux Baléares, Amplitudes propose une croisière « Les calanques de Majorque ». Un séjour en pension complète qui emmène le voyageur de Palma à Porto Petro, en passant par Cala Figuera et le parc national de Cabrera. Bain de soleil et sorties *snorkeling* au programme !

ALMA VOYAGES

573, route de Toulouse
VILLENAVE-D'ORNON
✆ 05 56 87 58 46
www.alma-voyages.com
Ouvert du lundi au vendredi de 9h à 18h30 et le samedi de 9h30 à 17h30.

Chez Alma Voyages, les conseillers connaissent parfaitement les destinations proposées. Chaque client est suivi par un agent attitré ! Une large offre de voyages avec l'émission de devis pour les voyages sur mesure vous sera proposée. Alma Voyages pratique les meilleurs prix du marché et travaille avec Kuoni, Beachcombers, Jet Tour, Marmara, Look Voyages... Si vous trouvez moins cher ailleurs, l'agence s'alignera sur ce tarif et vous bénéficierez en plus, d'un bon d'achat de 30 euros sur le prochain voyage. Catalogue sur le site Internet.

ATALANTE

36, quai Arloing
LYON
✆ 04 72 53 24 80
www.atalante.fr
Ouvert du lundi au vendredi de 9h à 18h et le samedi de 10h à 13h et de 14h à 18h.

Atalante est spécialisée dans les voyages à pied. Trekking de haut niveau ou simples promenades en famille, il y en a pour toutes les conditions physiques. Elle s'attache à faire découvrir à ses clients des régions du monde aux modes de vie préservés, riches de traditions et de cultures uniques. L'agence propose un circuit à la découverte de Majorque et des montagnes catalanes. Au programme : ascension de plusieurs sommets sur le plateau de la Tramuntana, randonnées dans les pinèdes en bord de mer... Également au catalogue, des circuits à Minorque.

LA BALAGUÈRE

48, route d'Azun
ARRENS-MARSOUS
✆ 05 62 97 46 46
www.labalaguere.com
Ouvert du lundi au vendredi de 9h à 17h et le samedi de 10h à 12h et de 14h à 17h30.

La Balaguère est une agence spécialisée dans les voyages à pied ou à vélo. Elle propose des séjours avec ou sans guide, pour les familles et petits groupes, pour tous les niveaux, du débutant au marcheur expérimenté. Elle vous emmène au bout du monde, mais aussi aux Baléares. Plusieurs séjours sont ainsi proposés à Majorque et Minorque. A titre d'exemple, le circuit « La face cachée de Majorque », d'une durée de 8 jours, vous fera découvrir les trésors de l'île : montagnes sauvages, canyons, chemin de la Trapa... dans la serra de la Tramuntana.

CERCLE DES VACANCES

31, avenue de l'Opéra
PARIS
✆ 01 40 15 15 11
www.cercledesvacances.com
Ouvert du lundi au vendredi de 9h à 20h et le samedi de 10h à 18h30.

Les conseillers du Cercle des Vacances sont des spécialistes qui partageront avec vous leurs conseils et leurs petits secrets pour faire de votre voyage une expérience inoubliable et personnalisée. Confiez-leur vos habitudes de voyages, les différentes régions que vous souhaitez découvrir et élaborez ensemble un voyage sur mesure, qui vous ressemble. Leur agence en plein cœur de Paris vous accueille du lundi au samedi pour vous proposer des séjours, des circuits et des vols à prix économiques avec un original service de conciergerie.

TRASMEDITERRÁNEA

Estació Marítima
✆ +34 902 454 645
www.trasmediterranea.com

Trasmediterránea est l'une des principales compagnies maritimes espagnoles, dont le siège se trouve à Madrid. La très vaste flotte de ferries dont dispose la compagnie la positionne en leader dans le domaine du trafic de passagers entre les quatre îles Baléares, mais aussi depuis et vers la péninsule et les îles Canaries. Son concurrent direct est la compagnie Baleària, avec laquelle elle partage les mêmes eaux. Trasmediterránea assure régulièrement plusieurs liaisons avec Barcelone, Palma de Majorque et Valence. Pensez à réserver votre billet à l'avance.

BALEARIA

Estación Marítima
✆ +34 902 160 180
www.balearia.com

Baleària est une entreprise de transport maritime, d'origine espagnole dont le siège se trouve à Dénia, dans la province d'Alicante. Disposant d'une flotte considérable, elle se partage l'essentiel du trafic de passagers entre les îles Baléares, mais aussi depuis et vers la péninsule et les îles Canaries, avec l'autre grande compagnie espagnole Trasmediterránea. Baleària propose des liaisons vers les quatre îles de l'archipel depuis Barcelone, ainsi que des liaisons inter-îles. Elle permet de rallier Barcelone, Dénia, Palma, Formentera et Valence depuis Ibiza.

CATLANTE CATAMARANS

36, quai Alphonse Le Gallo
BOULOGNE-BILLANCOURT
✆ 01 55 20 90 90
www.catlante-catamarans.com
Ouvert lundi au dimanche de 9h à 20h.

Avec plus de 18 ans d'expérience, Catlante propose de partir à la découverte des plus belles îles du monde à bord d'un catamaran lors de croisières d'exception. De l'île de Majorque au-delà des Caraïbes, l'agence vous permettra de partir en croisière. Tout est inclus à bord, même les boissons sur la plupart des destinations. Avec des navires répondant aux normes de sécurité les plus strictes et respect de l'écosystème des îles. L'agence vous permet également de privatiser ses navires à la carte.

COMPTOIR DES VOYAGES

2-18, rue Saint-Victor
PARIS
✆ 01 53 10 30 15
www.comptoir.fr
Ouvert du lundi au vendredi de 9h30 à 18h30, et le samedi de 10h à 18h30.

Comptoir des Voyages a comme concept de vendre une destination animée par de vrais spécialistes originaires ou ayant vécu dans le pays. Les Comptoirs (trente comptoirs et plus de soixante destinations au total) ont chacun leur spécificité, mais sont tous spécialisés dans le voyage en individuel à la carte. Aux Baléares, plusieurs tours sont proposés à Majorque et Minorque, dont « Les coulisses de Majorque et Minorque » ou encore « Palma aux cent visages ». Un city break de 4 jours qui propose de pousser la porte d'une ville au riche patrimoine culturel.

FILOVENT

14, avenue André Morizet
BOULOGNE-BILLANCOURT
✆ 01 70 80 97 52
www.filovent.com
Accueil téléphonique du lundi au samedi de 9h à 19h.

Pour cette agence, spécialiste de la navigation, tout a commencé en 1992 avec la location de voiliers, puis fut fondée la société RiverandBoat, pour la croisière fluviale en bateaux sans permis, sur les canaux et rivières de France et d'Europe. Aujourd'hui, Filovent s'est largement ouvert à la plaisance et propose un large choix de bateaux répartis sur 70 bases dans le monde : location de voiliers et de bateaux à moteur, avec ou sans skipper. Aux Baléares, des bases dans les quatre îles. Pour sa flotte, Filovent a sélectionné de nombreux constructeurs de bateaux.

NOMADE AVENTURE

40, rue de la Montagne-Sainte-Geneviève
PARIS
✆ 01 46 33 71 71
www.nomade-aventure.com
Ouvert du lundi au samedi de 9h30 à 18h30. Circuits sur mesure. Activités.

Nomade Aventure, comme son nom l'indique doublement, est une agence qui vous change de vos habitudes sédentaires. Avec ses voyages placés sous le thème de la nature, de la culture et de la rencontre, elle vous propulse vers de nouvelles aventures. Loin des meutes de touristes, vous mettrez à profit les bonnes connaissances des agents sur la région en profitant à la fois de circuits originaux et de spots incontournables. Nomade Aventure fait de votre voyage de véritables vacances en vous permettant de vous détendre, ils prévoient tout !

LOGITRAVEL

✆ 01 76 54 12 39
www.logitravel.fr

Née à Majorque en 2004, fondée par un groupe d'experts en tourisme et spécialistes de la Toile, cette agence en ligne indépendante offre une myriade de packs et de voyages vers plusieurs destinations à de très bons prix. Un catalogue très complet et dynamique avec des offres et des promotions en constante évolution. Le site permet de naviguer dans les différentes propositions, pour organiser en direct des vacances « low cost », flexibles, 100 % à la carte (hôtel, vol, transfert... Les séjours en famille, entre amis ou en couple sont leur cœur de métier.

TREKKING

www.trekking.fr
Produits axés sur la sécurité, pochettes, ceintures de voyages, sacoches, accessoires de photos...

Trekking n'est ni un tour-opérateur ni une agence de voyage mais un spécialiste des accessoires pour les randonneurs et les globe-trotteurs. Sur son site Internet, il propose dans son catalogue tout ce dont le voyageur a besoin : trousses de voyage, ceintures multi-poches, sacs à dos, sacoches, étuis... Une mine d'objets de qualité pour voyager futé et dans les meilleures conditions. Pour les passionnés de randonnée, de trekking ou tout simplement les voyageurs avertis qui aiment les équipements aux petits oignons et les gadgets !

NEORIZONS TRAVEL

3, place Jean Jaurès
MONTPELLIER
✆ 04 34 00 63 06
www.neorizons-travel.com

Pour un voyage solidaire basé sur le tourisme durable, ne pas hésiter à contacter Neorizons Travel. Cette agence a fait du tourisme solidaire et authentique sa spécialité. Membre de l'association française d'écotourisme, l'agence vous organisera un voyage qui mêlera bien-être et tourisme responsable. Neorizons est en effet, le premier réseau regroupant des professionnels dans le domaine de l'écoresponsabilité. Un séjour insolite est proposé aux Baléares : « Vacances spirituelles dans les montagnes d'Ibiza », dans le terrain familial de Caty Mari.

TSELANA TRAVEL

15, rue Monsigny - **PARIS**
✆ 01 55 35 00 30
www.tselana.com
Du lundi au jeudi de 10h à 19h, le vendredi de 10h à 18h et le week-end sur rendez-vous.

Créée en 2003 par trois passionnés des paysages désertiques de l'Afrique australe, Tselana Travel est une agence de voyages haut de gamme, qui propose un très large choix de destinations pour des voyages à l'écart des circuits touristiques habituels. Des Caraïbes au Kenya, en passant par l'Islande, la Turquie, le Sri Lanka ou la Malaisie, Tselana Travel associe vos envies (aventure, insolite, romantique, famille, désert, plongée, safari...) à sa connaissance approfondie des destinations pour vous proposer un voyage placé sous le signe du luxe et du raffinement.

BRAVO CLUB

✆ 08 21 23 26 26

www.bravoclub.com

Bravo Club propose, dans le monde, une vingtaine d'hôtels très confortables et idéalement situés, avec des formules *all-inclusive* comprenant vols, transports, hébergement, restauration et boissons mais aussi spectacles et activités sportives encadrées par des animateurs enthousiastes. Toujours à taille humaine pour conserver un esprit « club » familial et convivial, les Bravo Clubs sont idéals pour découvrir des destinations traditionnelles en Europe ou plus atypiques et lointaines, avec les enfants, sans stress ni mauvaise surprise.

GO VOYAGES

www.govoyages.com

Go Voyages propose le plus grand choix de vols secs, charters et réguliers au meilleur prix au départ et à destination des plus grandes villes. On y trouve de tout et surtout, facilement. On a la possibilité également d'acheter des packages sur mesure « vol + hôtel » et des coffrets cadeaux. En plus, on y trouve un grand choix de promotions sur tous les produits sans oublier la location de voitures et les navettes aéroport par exemple. La réservation est simple et rapide, le choix multiple et les prix peuvent être très compétitifs.

OPODO

✆ 01 70 91 75 75

www.opodo.fr

Centre d'appel ouvert du lundi au vendredi de 9h à 18h et le samedi et dimanche de 9h à 14h.

Pour préparer votre voyage, cette agence vous permet de réserver au meilleur prix des vols de plus de 600 compagnies aériennes, des chambres d'hôtels parmi plus de 1,7 millions d'établissements et des locations de voitures partout dans le monde. Vous pouvez également y trouver des locations saisonnières ou des milliers de séjours tout prêts ou sur mesure. De nombreuses offres de dernière minute sont proposées sur le site, de l'Amérique latine à l'Asie, en passant par l'Afrique et l'Océan Indien. Opodo dispose également de différentes options d'assistance.

PROMOVACANCES

✆ 08 99 65 48 50

www.promovacances.com

Ouvert du lundi au vendredi de 8h à minuit. Le samedi de 9h à 23h. Dimanche de 10h à 23h.

Promovacances est une agence de voyage en ligne qui propose de nombreux séjours touristiques, des week-ends, ainsi qu'un très large choix de billets d'avion à tarifs négociés sur vols charters et réguliers, des locations, des hôtels à prix réduits. En plus de cette importante offre, n'hésitez pas à guetter en ligne des promotions de dernière minute et les bons plans du jour. Enfin, des informations pratiques sont à consulter en ligne pour préparer votre voyage : santé, formalités, aéroports, voyagistes, compagnies aériennes.

AGENCE RECEPTIVE VIAJES ES FREUS

Carrer de Sant Joan

SANT FRANCESC DE FORMENTERA

✆ +34 971 32 22 84

www.esfreus.com

Es Freus, spécialiste des Baléares, possède des agences de voyages dans chacune des quatre îles de l'archipel. En tant qu'agence réceptive, il propose des formules sur mesure pouvant inclure le logement, les transferts, les excursions et la location de véhicules. Pratique si on veut se laisser guider et conseiller dans l'organisation de ses vacances. N'hésitez pas à poser vos questions directement auprès des agents, dans les bureaux de Sant Francesc Xavier.

FORMENTERA BREAK

LA SAVINA

✆ +34 932 188 343

www.formenterabreak.com

Agence réceptive basée dans le port de La Savina, plutôt tournée vers les hébergements. Elle propose aussi des packages permettant de combiner location de véhicule, billet de ferry et logement, à tarifs préférentiels. Des hébergements sont disponibles à divers endroits de l'île, dont La Savina, Migjorn et Es Pujols. Plusieurs types, de l'hôtel à l'appartement, en passant par la *vivienda*. A noter : pendant la haute et moyenne saison, un minimum de 4 nuits ou plus peut être demandé. Il est par ailleurs conseillé de réserver à l'avance, car l'offre est limitée.

FORMENTERA NATURAL

LA SAVINA

✆ +34 661 141 411

www.formenteranatural.com

L'agence Formentera Natural organise vos activités et vos séjours sur mesure à Formentera. Ignacio et Paula gèrent cette structure familiale avec beaucoup de professionnalisme. Ils s'occupent de tout, de la location de votre véhicule, à la réservation d'activités sur place (excursions en voilier, catamaran, kayak, surf paddle, snorkeling, randonnées équestres ou encore pédestres...), en passant par la réservation de votre hébergement et de votre transport depuis Ibiza. L'agence organise en outre des mariages dans ce petit paradis bleuté.

NURA TRAVEL

Carrer Vassallo, 14

MAHÓN – MAÓ

✆ +34 971 36 68 86

www.nuratravel.com

Mai-oct : lun-ven 9h-13h et 16h30-20h, sam 9h-13h. Nov-avril : lun-ven 9h-13h.

Un des réceptifs les plus réputés de Minorque avec plus de 30 années d'expérience en tourisme et transport de voyageurs. Vaste flotte de bus et minibus pour tout type de transferts privés : mariages, voyages d'entreprise, dîners de gala, transferts vers l'aéroport/port. En plus de la logistique classique, Nura Travel est spécialisé en service de transport pour tout type de randonnée et sortie cyclotouriste le long du Camí de Cavalls (GR223 qui fait le tour de l'île). En été, l'agence programme des tours à la découverte de l'île adaptés aux familles.

MENORCA ISLAND BY LODGE ATTITUDE

✆ 06 78 70 34 06

www.menorca-island.fr

david@lodge-attitude.fr

Ouvert toute l'année. DMC réceptif spécialisée en voyages personnalisés sur l'île de Minorque.

Le seul réceptif francophone installé à Minorque et ouvert pendant toute l'année. David et Clothilde, fins connaisseurs des secrets minorquins, ont réussi à créer une réseau de partenaires locaux les plus authentiques de l'île pour proposer des séjours et voyages sur mesure uniques et mémorables. Des voyages sur mesure qui s'adressent autant aux particuliers qu'aux entreprises. Très bonne adresse pour découvrir la vraie essence de Minorque de la main des spécialistes.

PRO VOYAGES - DMC BALÉARES

4 C/Bartolomeu Sureda y Miserol

PALMA DE MALLORCA

✆ +34 971 783 110

www.pro-voyages.com

Pro Voyages - DMN Baléare est un tour-opérateur spécialiste de l'archipel des Baléares (Ibiza et Majorque en particulier). Un large éventail de services et de prestataires sur place pour organiser votre séjour, en individuels et groupes. Équipe francophone. Spécialiste Golf, Rando et Cyclotourisme. Bon à savoir : toutes les offres présentées sur le site internet sont personnalisables, ce qui permet de se concocter un voyage sur mesure, inédit ou original !

MALLORCA AUTHENTIC

54 Carrer Marques de la Fontsanta

PALMA DE MALLORCA

✆ +34 971 266 396

www.mallorcaauthentic.com

Agence ouverte du lundi au vendredi de 10h à 18h30.

Agence locale francophone proposant des voyages authentiques sur l'archipel des îles Baléares. Confiez l'organisation de votre séjour à de véritables experts de la destination, résidant sur place. L'équipe de Mallorca Authentic est très attentive aux besoins de ses clients et saura vous donner les meilleurs conseils. Outre les divers séjours thématiques présents dans le catalogue (découverte en autotour ou guidée, randonnée et trekking, cyclotourisme, multi-activités, aventure, etc.), l'agence propose aussi des services à la carte.

SIDETOURS

www.sidetours.com

Une agence de référence en Espagne, qui dispose de couvertures sur toutes les îles : leurs bureaux dans les Baléares se trouvent à Palma de Mallorca pour Majorque, Mahon pour Minorque et Eivissa pour Ibiza. Les équipes sur place sont toutes francophones et se feront une joie d'élaborer, en concertation avec vous, un séjour à la carte qui conviendra à vos envies, mais aussi des sorties ponctuelles. De nombreux itinéraires et excursions déjà préparés sont également proposés : excursion à Valldemossa (Majorque), sorties aventure, découverte de Minorque en jeep...

VIAJES ISLAMAR

✆ +34 971 322 461

www.viajesislamar.com

Fondée en 1986 sur l'île de Formentera, cette agence familiale propose divers services pour un séjour réussi à Ibiza et Formentera : transferts, logement (hôtel, maison, villa et appartement), excursions, location (bateau, voitures et scooter). L'agence est installée là depuis plus de 30 ans maintenant, un temps suffisamment long qui lui a apporté une connaissance profonde du fonctionnement des îles Pityuses. On pourra obtenir de nombreux renseignements sur le site internet, mais aussi directement en agence (l'une à Ibiza, l'autre à Formentera).

JETCOST

www.jetcost.com

Jetcost compare les prix des billets d'avion et trouve le vol le moins cher parmi les offres et les promotions des compagnies aériennes régulières et *low cost*. Le site est également un comparateur d'hébergements, de loueurs d'automobiles et de séjours, circuits et croisières. L'interface du site Internet est très simple d'utilisation. Après avoir lancé la recherche, on peut affiner les résultats en fonction de ses choix afin de trouver le vol le plus intéressant, la durée du trajet, les éventuelles escales ou encore l'aéroport d'arrivée.

EASYVOYAGE

✆ 08 99 19 98 79

www.easyvoyage.com

Le concept peut se résumer en trois mots : s'informer, comparer et réserver. Des infos pratiques sur plusieurs destinations en ligne (saisonnalité, visa, agenda...) vous permettent de penser plus efficacement votre voyage. Après avoir choisi votre destination selon votre profil (famille, budget...), le site vous offre la possibilité d'interroger plusieurs sites à la fois concernant les vols, les séjours ou les circuits. Grâce à ce moteur performant, vous pouvez réserver directement sur plusieurs bases de réservation (Lastminute, Go Voyages et bien d'autres).

QUOTATRIP

www.quotatrip.com

QuotaTrip est une nouvelle plateforme de réservation de voyage en ligne qui met en relation des voyageurs à la recherche d'expériences authentiques et uniques et des agences de voyages locales sélectionnées pour leurs compétences et leur sérieux. Le réseau de QuotaTrip couvre près de 200 destinations du monde entier. Le but de ce rapprochement est simple : proposer un séjour entièrement personnalisé aux utilisateurs. QuotaTrip promet ainsi l'assurance d'un voyage serein, sur mesure, sans intermédiaires et sans frais supplémentaires.

EXPEDIA FRANCE

✆ 01 57 32 49 77

www.expedia.fr

Expedia est le site français n° 1 mondial du voyage en ligne. Un large choix de 300 compagnies aériennes, 240 000 hôtels, plus de 5 000 stations de prise en charge pour la location de voitures et la possibilité de réserver parmi 5 000 activités sur votre lieu de vacances. Cette approche sur mesure du voyage est enrichie par une offre très complète comprenant prix réduits, séjours tout compris, départs à la dernière minute... Son algorithme et sa base de données permettent en effet de proposer des formules vol et hôtel à peu près n'importe quand.

VIVANODA.FR

www.vivanoda.fr

Vivanoda.fr est un site français indépendant permettant en un clic de comparer et combiner plusieurs modes de transport (avion, train, autocar, ferry et covoiturage) entre deux villes. Vivanoda est né d'un constat simple : quel voyageur arrive à s'y retrouver dans les différents moyens de transports qui s'offrent à lui pour rejoindre la destination de son choix ? La recherche sur Internet de ces informations se révèle en effet souvent très fastidieuse... Grâce à ce site, fini les nuits blanches et bonjour les voyages à moindre coût.

INTERVIEW

LE VOYAGE-SUR-MESURE

AVEC STEVEN LE CHEVALIER ET MATHIEU VALLY DE QUOTATRIP

Quel est le concept de l'agence QuotaTrip ?

Quotatrip est la première plateforme de mise en relation entre voyageurs et agences locales. Grâce à elle, les voyageurs peuvent enfin échanger en direct avec des agences qui sont sur place et concevoir un voyage unique, au meilleur prix et 100% personnalisé.

Pourquoi voyager avec des agences locales ?

À l'inverse des agences traditionnelles, les agences locales sont des expertes de la destination choisie. Ce sont aussi les mieux placées pour concevoir des séjours qui sortent des sentiers battus. Elles sont ainsi en mesure de répondre à l'ensemble des envies, le voyageur rentre dans l'univers de l'equi-tourisme = le tourisme sans intermédiaire.

Quels sont les autres avantages pour les voyageurs ?

Il y a une multitude d'avantages. Cela permet notamment de ne pas voyager comme tout le monde, d'organiser de manière simple et rapide un séjour sur mesure et au meilleur prix. Fini les mauvaises surprises, les voyageurs posent toutes les questions qu'ils souhaitent et bénéficient d'un accompagnement sur mesure, de la conception du projet jusqu'à sa réalisation en toute sécurité car les agences référencées sont sélectionnées et recommandées par les journalistes des guides du Petitfute en toute impartialité.

Les démarches sont-elle simples à effectuer ?

Les sites de voyage en ligne font perdre beaucoup de temps aux internautes sans pour autant répondre entièrement à leurs désirs. QuotaTrip propose un formulaire simple et rapide qui permet de décrire les souhaits, les envies et les besoins. L'internaute reçoit aussitôt gratuitement et sans engagement les offres de trois ou quatre agences locales avec qui il peut ensuite échanger afin de personnaliser son projet grâce à la messagerie mise en place.

Quelles sont les destinations proposées ?

Notre plateforme propose plus de 21 000 projets de voyage sur plus de 100 destinations à travers le monde. De l'Amérique latine en passant par l'Asie et l'Afrique, nos mille agences partenaires sont là pour répondre à vos projets de voyage.

Décrivez votre projet de voyage. Echangez en direct avec les agences locales et partez au meilleur prix.

***Plus d'informations** : quotatrip.com*

© D.R

© D.R

© D.R

SE LOGER

Du logement très bon marché au plus luxueux, l'éventail est large aux Baléares : *casas de huespedes*, pensions, *hostals* et hôtels de 1 à 5 étoiles. Cette classification peut paraître ardue pour les néophytes, aussi sachez – pour faire simple – que les *casas de huespedes*, *hospedajes*, pensions et *hostals* désignent les établissements plutôt bon marché, les *residències* et apartaments-hotels, tout aussi nombreux, renvoyant à des hébergements plus chic. Enfin, concernant les hôtels, en principe, les étoiles indiquent les services théoriques de l'établissement et son standing. Soyez cependant vigilant : aux Baléares, les étoiles se distribuent assez facilement ! A noter qu'il n'y a pas de *paradores* aux Baléares, en revanche il y a de nombreux établissements ruraux de luxe (agroturisme). Enfin, il faut savoir que la location d'appartements touristiques de courte durée est interdite à Palma de Majorque !

BEWELCOME €€

www.bewelcome.org

Le système est simple, être hébergé chez l'habitant, partout dans le monde. C'est le site Internet qui se charge de contacter les accueillants et les postulants puis de les mettre en contact, que ce soit en ligne ou dans la vraie vie. Avec leur carte interactive, les profils *des « welcomers »* s'affichent, avec leurs disponibilités. Certains font part de leurs projets de voyage afin de pouvoir trouver des affinités, des opportunités d'action avec les membres du site. Pour un voyage solidaire ! De nombreuses offres en Europe du Sud.

HOME EXCHANGE €€

www.homeexchange.fr

Désormais affilié à HomeExchange, le leader mondial de l'échange hébergement, Troc Maison avait ce slogan : « Echangez… ça change tout ». L'idée reste la même : un site Internet pour échanger son logement (studio, appartement, villa…) moyennant un abonnement annuel (130 €) à l'agence en ligne, qui se charge de la présentation du bien et de la mise en contact des intéressés. Quand 50 % du budget vacances des Français passent dans le logement, le principe ne peut que fonctionner. Le choix est large avec plus de 400 000 offres dans 187 pays.

MEDIAVACANCES.COM €€

133, rue Simon Vollant - **LAMBERSART**

© 01 83 62 02 46

www.mediavacances.com

Service client ouvert du lundi au vendredi de 9h à 19h et le samedi de 9h à 13h.

Médiavacances propose des locations de vacances de particulier à particulier en France et partout dans le monde. Des offres de dernière minute sont disponibles sur le site Internet où vous pourrez également choisir votre location selon le type de vacances (montagne, mer, campagne, station thermale, ville) et d'hébergements recherchés (studio, appartement, villa, bungalow, mobile-homes…). Au total, ce sont 19 000 offres d'hébergement répertoriées dans 83 pays. Une carte interactive permet de visualiser les distances entre la location et les points d'intérêt.

WORKAWAY €€

www.workaway.info

Ici, le système est simple : être nourri et logé en échange d'un travail. Des fermes, des maisons à retaper, ou plus simplement des vendanges ou cueillettes… Une expérience unique en son genre où l'on ne paye pas son hébergement avec de l'argent mais en rendant des services. Ce mode de logement alternatif, s'il n'est pas de tout repos, est de plus en plus populaire. Lors de notre dernière visite, des hôtes proposaient le gîte et parfois le couvert, majoritairement en échange de la pratique de l'anglais avec eux... Un bon deal !

SE DÉPLACER

Dans les Baléares, pour vous déplacer d'une île à l'autre, le bateau reste la solution la moins chère et la plus pratique. Les compagnies Trasmediterranea et Balearia se partagent le gros des liaisons avec la péninsule, mais aussi du trafic inter-îles. Il existe d'autres compagnies plus petites faisant la liaison entre différentes plages, à la manière de taxi-boat. On pourra également emprunter l'avion pour faire le voyage d'une île à l'autre, mais les prix sont souvent élevés pour les non-résidents (eux bénéficient d'une réduction de 50 %). Pour ce qui est des déplacements sur le territoire même des îles, les réseaux de bus sont relativement bien développés (exception faite de Formentera) mais ce mode de transport n'est pas forcément le mieux indiqué pour circuler à son aise. On préférera au bus un véhicule de location (auto, scooter voire même vélo), nettement plus pratique pour atteindre certaines zones reculées du territoire.

AUTOS VALLS

Carrer Bajoli, 68
MAHÓN – MAÓ
✆ +34 971 573 740
www.autosvalls.com
Tlj 7h-22h (agence près de l'aéroport).

Autos Valls est une société ayant pas loin d'une trentaine d'années d'expérience dans la location de voitures et motos sur l'île de Minorque, possédant une quinzaine bureaux de location réparties dans les zones les plus touristiques de l'île. Large choix avec des voitures compactes, économique, familière, cabriolet, 4x4, minibus 7 ou 9 places, fourgonnettes ou des voitures de luxe pour les mariages, sans oublier la location de voiture low cost. Autos Valls propose également de la location de vélos et de scooters. Bonne agence.

FORMENTERA MEHARIS

LA SAVINA
✆ +34 626 057 473
www.formenterameharis.com
Selon la saison et la durée de la location, compter entre 55 et 95 € par jour.

Agence spécialisée dans la location de Meharis, un modèle iconique de voiture plein air fabriqué par la marque Citroën des années 1968 à 1988. A la base, il était conçu pour *rider* dans le désert et sur les terrains sablonneux. Simple, légère, tout terrain, peu gourmande en essence, la Citroën Méhari (dromadaire en arabe !) a le vent en poupe à Formentera. Il faut dire qu'elle s'adapte parfaitement aux caractéristiques de l'île, et est un moyen idéal pour visiter Formentera cheveux au vent, et avec style. Si vous souhaitiez passer incognito, c'est raté !

IBIZA GREEN CAR

IBIZA – EIVISSA
✆ +34 671 785 755
www.ibizagreencar.com
A partir de 39 €/jour (79 € en haute saison). Réservations en ligne et sur WhatsApp.

De la côte à l'intérieur de l'île, Ibiza Green Car permet de visiter tous les coins de l'île en préservant l'environnement, et sans renoncer aux prestations classiques. L'autonomie de 160 km de la flotte de Renault ZOE (5 places) est largement suffisante pour faire le tour de l'île 3 fois. Le réseau dispose de 20 points de recharge (gratuite et illimitée), un service de livraison-restitution 24h, un lieu de dépôt à votre convenance (aéroport, hôtel ou autre...), kilométrage illimité, assistance 24h pour les batteries déchargées. Une découverte 100 % green d'Ibiza.

MENORCA ON WHEELS

Carrer Bajolí, 65 - **MAHÓN – MAÓ**
✆ +34 666 36 01 78
www.menorcaonwheels.com
Ouvert toute l'année. Service assistance 24/24h tous les jours. Livraison/retour directement à l'aéroport.

Equipe très professionnelle et attentive qui saura vous conseiller sur le choix d'un véhicule adapté à votre séjour. Flotte variée allant du petit utilitaire au véhicule grande capacité ou doté d'une boîte automatique. Conditions faciles et sans mauvaises surprises. Les contrats de location comprennent toujours l'assurance tous risques et sont sans franchise. Avant de prendre le volant, profitez de leurs connaissances pour en savoir un peu plus sur les plus beaux endroits à visiter sur place. Ils connaissent Minorque comme leur poche !

MINI MOKE IBIZA

Zone industrielle Montecristo
IBIZA – EIVISSA
✆ +34 690 324 439
www.minimokeibiza.com
120 € pour une journée. 300 €/3 jours. 540 €/6 jours.

Profitez de l'expérience Ibiza avec la location d'une jolie Mini Moke. Ces légendaires voitures décapotables et sans portes, conçues par Aston Martin du début des années 1960 à la fin des années 1990, débarquent sur l'île pour se fondre dans une ambiance chic et « happy flower ». Cette agence est la seule des Baléares à proposer ce service pour le moins original. Parfaitement adaptée au climat méditerranéen, la Moke et ses airs de petit buggy est également un véhicule de style, et on aura le choix entre plusieurs coloris en magasin.

CLASS RENT A CAR

Avinguda Cala Llonga, 131
CALA LLONGA
✆ +34 971 196 285
www.classrentacar.es
Service « livraison-restitution 24h » aux agences de l'aéroport et du port.

Avec une douzaine de succursales sur Ibiza et une belle implantation dans l'île, il s'agit de la plus réputée compagnie de location de voitures. En permanente rénovation et modernisation, l'agence dispose d'une vaste flotte et offre toutes les couvertures possibles. Une expérience mise à la disposition des clients, une rigueur depuis plusieurs années avec toutes les garanties pour se déplacer à Ibiza en toute sûreté. De la décapotable à l'utilitaire, de la Mini au 4x4, du scooter à la berline automatique, le choix est large et s'adapte à tous les budgets.

FORMOTOR

Port de La Savina, s/n
LA SAVINA
✆ +34 971 322 929
www.formotor.com
Scooter à partir d'environ 14 €/j. Voiture à partir de 30 €/j. et véhicule électrique à partir de 40 €/j.

Belle flotte de véhicules (boîte manuelle et automatique, petit modèle, monospace, cabriolet, jeep, électrique, mais aussi scooters cylindrées, vespas, quads, vélos et vélos électriques). Présence de deux agences, la principale à La Savina et une succursale à Es Caló. Couverture et assistance totale sur tout Formentera. Le gestion familiale de la structure offre un service attentionné et en même temps très professionnel. Sur place un garage pour la maintenance et la réparation des véhicules. On parle français. Très recommandé.

IBIZA MTB

C/ Joan Castello, 1 - **SANT RAFEL DE SA CREU**
✆ +34 616 129 929
www.ibizamtb.com
Ouvert du lundi au vendredi de 10h à 13h et de 17h à 20h, le samedi de 10h à 13h. Réservations ouvertes de 9h30 à 21h.

Ibiza MTB est un service de location de vélos de route et de VTT de qualité et très bien entretenus. Cette agence propose aussi des excursions à vélo de différents niveaux (facile, intermédiaire, difficile) à travers l'ouest d'Ibiza, la côte est, le Parc naturel de Ses Salines ou encore la zone montagneuse du nord de l'île. Le parcours le plus facile fait quand même 25 km, il faut donc être un minimum sportif avant de s'y aventurer ! Vous aurez ici affaire à des cyclistes passionnés qui connaissent très bien le territoire. En piste !

LEGENDS CLASSIC MOTORCYCLES

Carretera d'Eivissa à Sant Antoni, km 2,2
IBIZA – EIVISSA
✆ +34 971 078 608
www.legendsibiza.es

Ouvert en 2012, cette agence spécialisée dans la location de Vespa, dont certaines sont de véritables pièces de collection, est une machine à voyager dans le temps ! Certes les tarifs ne sont pas les plus bas du marché du scooter de location, mais ces véhicules-là sont de véritables petits bijoux de style et d'élégance qui semblent avoir été conçus pour arpenter les territoires ruraux et bucoliques de l'île blanche. Des visites guidées de 4 heures sont également possibles !

LIBERTY SPORT - LOCATION DE VÉLO

Paseo illetas, 4
ILLETES
✆ +34 971 405 527
libertysport.es
Ouvert tous les jours de 10h à 14h et de 15h30 à 19h (18h le samedi).

A 5 km du centre-ville de Palma, à Illetes, voici une agence fiable pour louer des vélos. Elle recèle une gamme variée de vélos et accessoires, du vélo de montagne, au vélo de ville en passant par le vélo de route. On trouve des engins adaptés aux hommes, comme aux femmes. Le matériel est de qualité et les équipes sont compétentes. Les plus : on vous aide à organiser vos itinéraires, à vous préparer bien comme il faut et on vous assistera en cas de pépin.

RESTER

Comment ne pas y penser ! Les Baléares sont belles et accueillantes. Étudier ou, mieux encore, y trouver un job saisonnier peut être envisageable. Pour étudier dans les Baléares, prenez contact avec le service international de votre université. Les démarches sont longues mais en valent la peine. Concernant les stages, vous pouvez proposer vos services à des entreprises françaises implantées en Espagne (www.civiweb.com) ou directement aux entreprises espagnoles. Vous avez intérêt à négocier vos indemnités puisqu'elles ne sont pas fixées par avance. Sachez cependant que les Baléares ne sont pas la destination idéale pour trouver un stage car peu de grandes entreprises y sont implantées. La recherche d'emploi peut s'avérer tout aussi compliquée. Les jeunes diplômés y trouvent difficilement un premier emploi correspondant à leurs qualifications. Reste qu'aller y travailler quelques mois permet d'apprendre à parler espagnol !

ACTION CONTRE LA FAIM

14, boulevard de Douaumont
PARIS
✆ 01 70 84 70 70
www.actioncontrelafaim.org/
Par téléphone de 9h à 13h et de 14h à 18h.

ONG internationale spécialisée dans la lutte contre la faim dans le monde, active dans les domaines de la nutrition, santé, sécurité alimentaire, de l'eau, de l'assainissement. L'association intervient dans des situations de crise. Le but étant de rendre les populations autonomes d'un point de vue de la nutrition, en apportant une aide concrète et en formant les intervenants locaux qui prendront le relais. Ses missions de volontariat durent de trois mois à un an en Afrique, Asie, Amérique, Europe centrale, dans le Caucase, au Moyen-Orient et dans les Caraïbes.

AGENCE POUR L'ENSEIGNEMENT FRANÇAIS À L'ÉTRANGER

23, place de Catalogne
PARIS
✆ 01 53 69 30 90
www.aefe.fr

Cette agence, sous tutelle du ministère des Affaires étrangères, anime et gère un réseau de près de 500 établissements d'enseignement français à l'étranger, dans près de 140 pays. 370 000 élèves, dont 40 % de Français, fréquentent ces établissements. Offres d'emploi à l'international pour les titulaires de la fonction publique (Education nationale principalement) et informations sur la politique pédagogique, la scolarité et l'orientation émaillent le site Internet de cet organisme.

CIDJ

www.cidj.com

Le Centre d'Information et de Documentation Jeunesse a été créé en 1969, sous la tutelle du ministère de la Jeunesse et des Sports. Le site Internet est bien fait et très complet. La rubrique « Partir à l'étranger » fournit des informations pratiques aux jeunes qui ont pour projet d'aller vivre à l'étranger. Il y a une rubrique spécifique dédiée à chacun des thèmes suivants : travail, étude, stage, volontariat international et séjours linguistiques. Pour vous aider dans vos démarches, vous pouvez avoir un entretien gratuit avec un conseiller du CIDJ.

ÉDUCATION NATIONALE

www.education.gouv.fr
Modalités sur www.france.diplomatie.fr/mfi.

Vous êtes enseignant ou fonctionnaire d'État, vous souhaitez travailler à l'étranger ? Consultez le site du ministère de l'Éducation nationale, il informe sur les conditions de mobilité dans le monde. Cette initiative peut s'inscrire dans un parcours professionnel. Elle permet d'exercer son métier dans des conditions spécifiques, ou un autre métier et diversifier ainsi son expérience en enrichissant ses compétences. Les personnels d'encadrement peuvent aussi postuler dans des organismes internationaux ou de l'Union européenne.

MINISTÈRE DES AFFAIRES ÉTRANGÈRES

www.diplomatie.gouv.fr

Il est bon d'y jeter un œil avant votre départ pour connaître les formalités de départ et y glaner de bons conseils. Dans la rubrique « Services aux citoyens » vous trouverez un guide de l'expatriation, les démarches à effectuer, les modalités de demandes de documents officiels. Les informations mises à disposition dans l'espace politique, économie et socio-culturel, sont fort utiles pour les personnes qui s'intéressent aux enjeux et réalités du pays.

CAPCAMPUS

www.capcampus.com

CapCampus fut l'un des premiers portails étudiants français en ligne. Dans la rubrique dédiée aux stages et aux premiers emplois, vous trouverez aussi des offres pour l'étranger, classées par pays. Celles pour les Etats-Unis ne sont pas très nombreuses, le mieux est de consulter le site régulièrement pour ne pas passer à côtés des offres intéressantes. Le site est également utile pour se familiariser avec la vie aux Etats-Unis, car il propose également toutes les informations pratiques pour bien préparer son départ et son séjour à l'étranger.

WEP FRANCE

95, avenue Ledru Rollin

PARIS

✆ 01 48 06 26 26

www.wep.fr

WEP propose plus de 50 projets éducatifs et séjours linguistiques dans une trentaine de pays pour une durée allant de une semaine à 18 mois. Quel que soit votre projet d'études aux Etats-Unis, vous trouverez sur le site de WEP une rubrique qui y sera consacrée : étudier au lycée, dans une université, partir en séjour linguistique, faire une expérience professionnelle dans le cadre d'un stage ou vivre en immersion dans une famille américaine. Possibilité également de planifier des programmes combinés (études et projet humanitaire par exemple).

CLUB TELI

Les Clarets

SAINT-PIERRE-D'ENTREMONT

✆ 04 79 85 24 63

www.teli.asso.fr

Le Club Teli est une association d'aide à la mobilité internationale créée voici bientôt 30 ans, forte de 4 000 adhérents en France et dans 65 pays. Si vous souhaitez séjourner à l'étranger, quel que soit votre projet, vous trouverez par le biais de ce club des infos et des offres de stages, de jobs d'été et de travail pour francophones. Si vous avez besoin d'aide pour envoyer des candidatures, le Club peut vous aider à mettre votre CV aux normes du pays où vous souhaitez partir. Pour bénéficier de ces aides et informations, il faut adhérer.

BUSINESS FRANCE

77, Boulevard Saint-Jacques

PARIS

✆ 01 40 73 30 00

www.businessfrance.fr

L'Agence pour le développement international des entreprises françaises travaille en étroite collaboration avec les missions économiques. Le site Internet recense toutes les actions menées, les ouvrages publiés, les événements programmés et renvoie sur la page du Volontariat International en Entreprise (VIE). Fondée en 2015, cette structure est née de la fusion entre Ubifrance et l'Agence française pour les investissements internationaux. Elle est affiliée au Ministère de l'Europe et des Affaires étrangères et au Ministère de l'Économie et des Finances.

VIE - VOLONTARIAT INTERNATIONAL EN ENTREPRISE

www.civiweb.com

Si vous avez entre 18 et 28 ans et êtes ressortissant de l'Espace économique européen, vous pouvez partir en volontariat international en entreprise (VIE) ou en administration (VIA). Il s'agit d'un contrat de 6 à 24 mois rémunéré (avec un renouvellement de 24 mois possible) et placé sous la tutelle de l'ambassade de France. Tous les secteurs et métiers sont concernés et vous bénéficiez d'un statut public protecteur. Offres à consulter sur le site Internet.

INDEX

D

H

I

J

K

L

M

N

O

P

EDITION

Directeurs de collection et auteurs : Dominique AUZIAS et Jean-Paul LABOURDETTE

Auteurs : Martin FOUQUET, Anne-Sophie LAMOTTE, Baptiste THARREAU, Juliette COURTOIS, Mathilde LEROY, Amandine GLEVAREC, Romain RISSO, Sylvie DEL COTTO, Mathias DESHOURS, Priscilla PARARD, Margarida LLABRES-ROTGER, Jessica ARONOV, Sarah PAROT, Jean-Paul LABOURDETTE, Dominique AUZIAS et alter

Directeur Editorial : Stéphan SZEREMETA

Rédaction Monde : Caroline MICHELOT, Morgane VESLIN, Pierre-Yves SOUCHET, Natalia COLLIER

Rédaction France : Elisabeth COL, Tony DE SOUSA, Mélanie COTTARD, Audrey VEDOVOTTO

FABRICATION

Responsable Studio : Sophie LECHERTIER assistée de Romain AUDREN

Maquette et Montage : Julie BORDES, Delphine PAGANO

Iconographie et Cartographie : Anne DIOT assistée de Julien DOUCET

WEB ET NUMERIQUE

Directeur Web : Louis GENEAU de LAMARLIERE

Développeurs : Adeline CAUX et Kiril PAVELEK

Intégrateur Web : Mickael LATTES

Webdesigner : Caroline LAFFAITEUR

Community Traffic Manager : Alice BARBIER, Mariana BURLAMAQUI et Vincent PHAM

DIRECTION COMMERCIALE

Directeur commercial : Guillaume VORBURGER assisté de Manon GUERIN

Responsable Régies locales : Michel GRANSEIGNE

Responsables Développement régie inter : Jean-Marc FARAGUET et Guillaume LABOUREUR

Chefs de Publicité Régie internationale : Camille ESMIEU

Chefs de Publicité Régie nationale : Caroline AUBRY, François BRIANCON-MARJOLLET, Perrine DE CARNE MARCEIN,

Régie BALÉARES / IBIZA-MINORQUE-MAJORQUE-FORMENTERA : Laurent BOSCHERO **avec la collaboration de** Jordi BOU

DIFFUSION ET PROMOTION

Directrice des Ventes : Bénédicte MOULET assistée d'Aissatou DIOP

Responsable des ventes : Jean-Pierre GHEZ assisté de Nelly BRION

Relations Presse-Partenariats : Jean-Mary MARCHAL

ADMINISTRATION

Président : Jean-Paul LABOURDETTE

Directrice des Ressources Humaines : Dina BOURDEAU assistée de Sandra DOS REIS et Eva BAELEN

Directrice Administrative et Financière : Valérie DECOTTIGNIES

Comptabilité : Jeannine DEMIRDJIAN

Recouvrement : Fabien BONNAN assisté de Sandra BRIJLALL et Vinoth SAGUERRE

Responsable informatique : Elie NZUZI-LEBA

PETIT FUTÉ BALÉARES /IBIZA-MINORQUE-MAJORQUE-FORMENTERA

LES NOUVELLES EDITIONS DE L'UNIVERSITE
18, rue des Volontaires - 75015 Paris.
✆ 01 53 69 70 00 - Fax 01 42 73 15 24
Internet : www.petitfute.com
SAS au capital de 1 000 000 € - RC PARIS B 309 769 966
Couverture : Valma Figuera à Majorque © Juergen Sack
Impression : IMPRIMERIE CHIRAT - 42540 Saint-Just-la-Pendue
Achevé d'imprimer : juillet 2021
Dépôt légal : 31/07/2021
ISBN : 9782305058191

Pour nous contacter par email, indiquez le nom de famille en minuscule suivi de @petitfute.com
Pour le courrier des lecteurs : info@petitfute.com

IMPRIMÉ EN FRANCE